LE CONSTITUTIONNALISME
À L'ÉPREUVE DE L'INTÉGRATION
DANS L'ESPACE CEDEAO

Collection Etudes Eurafricaines
Dirigée par André Julien Mbem

Le Sahara et la Méditerranée, frontières entre l'Afrique et l'Europe, sont aussi des passerelles par lesquelles, depuis des siècles, au-delà des tragédies et des drames, se rapprochent et se remodèlent ces deux ensembles géographiques et leurs civilisations. La collection « Etudes Eurafricaines » encourage la diffusion d'études historiques et prospectives sur les symbioses dont cette partie du monde est l'antique théâtre.

Déjà parus

FOFANA Abdoulaye, *La direction du budget au Mali. Instrument stratégique de prévision et d'exécution de la Loi des finances*, 2020.
KYALO-OCHIENG Nuru Koki, *Le langage du dessin d'actualité. Approche sémiotique*, 2020.
FOFANA Ibrahima Sory, *Mali : enjeux des mutations et des recompositions du foncier à Bamako*, 2020.
HOUNZANDJI Aimé, *Une université nationale en Afrique occidentale. Dahomey-Bénin (1944-1974)*, 2020.
YAGONZELA LIAMBOMBA Didier, *L'avènement de la justice constitutionnelle en République démocratique du Congo. De la Cour suprême à la Cour constitutionnelle*, 2020.
TOUNKARA K. Mamoutou, *La migration des Maliens vers la France. Enjeux politiques, économiques et socioculturels*, 2020.
MOUVONDO Epiphanie, *La logistique de l'aval pétrolier dans les pays de la CEMAC. Révélateur et facteur des disparités socio-spatiales d'accès aux produits pétroliers*, 2020.
MBA MISSANG Frederik, *La professionnalisation de l'armée au Gabon*, 2019.
DJAME François Narcisse, *Aspects éthiques du droit public*, 2019.
OUMAR SAGARA Cheick, *Etudes de la confiance dans les transaction « M-banking » en Afrique. Le cas « Orange money » au Mali*, 2019.
BOGNI Téguia, *La cuisine camerounaise. Mots, pratiques et patrimoine*, 2019.
SOUGANE Arouna, *Migrations Internes au Mali et insertion des migrants de retour*, 2019.
AMABIAMINA Flora, NANKEU Bernard Bienvenu, *Discours et sexe dans les littératures francophones d'Afrique. Vers un changement des mentalités ?*, 2018.

Bachirou AMADOU ADAMOU

LE CONSTITUTIONNALISME À L'ÉPREUVE DE L'INTÉGRATION DANS L'ESPACE CEDEAO

Contribution à l'étude de la protection des droits fondamentaux depuis l'ouverture démocratique en Afrique

Préface de Mamadou DAGRA

L'Harmattan

À ma défunte mère Hamsata Mossi partie très tôt

5-7, rue de l'École-Polytechnique, 75005 Paris

http://www.editions-harmattan.fr

ISBN : 978-2-343-18691-7
EAN : 9782343186917

Remerciements

Je tiens tout d'abord à exprimer ma profonde gratitude à Madame Caterina SEVERINO, Professeur à l'Université de Toulon qui a accepté de diriger cette thèse. Ses précieux conseils ont été déterminants dans la volonté d'entreprendre ce travail et de le mener à bien.

Je souhaite également exprimer ma profonde reconnaissance à Monsieur Mamadou DAGRA, Maître de conférences HDR à l'Université Abdou Moumouni de Niamey, pour avoir accepté de codiriger cette thèse. Sa confiance, sa bienveillance et son amitié ont été des soutiens irremplaçables et permanents. Je remercie, par ailleurs, l'Université Abdou Moumouni de Niamey d'avoir permis la mise en place de cette cotutelle.

Je suis, de même, très reconnaissant à Monsieur Thierry SANTOLINI. Son aide précieuse et la qualité de ses conseils m'ont permis de mener à bien cette thèse dans les meilleures conditions.

Je souhaite également remercier très sincèrement les personnalités qui ont accepté de siéger dans le jury de cette thèse et de me faire l'honneur de l'évaluer.

Celle-ci doit beaucoup aux Professeurs Serigne DIOP, Alioune Badara FALL, ainsi qu'à Madame Marie-France VERDIER qui, par leurs conseils et leurs évaluations, ont orienté mon travail de manière décisive.

Je suis également très reconnaissant aux membres du Centre de droit et politique comparés CDPC-Jean-Claude ESCARRAS de Toulon pour leur disponibilité et leur aide précieuse qui m'ont permis de bénéficier d'une ambiance de travail à la fois sereine et motivante.

Je tiens par ailleurs à remercier Monsieur le Professeur Alioune SALL, juge à la Cour de justice de la CEDEAO et Maître Aboubacar Djibo DIAKITÉ greffier à la Cour de justice de la CEDEAO qui m'ont apporté une aide précieuse dans mes travaux de recherche.

J'associe finalement tous mes proches. D'abord mes parents, mes frères et sœurs dont le soutien sans faille et les encouragements ont contribué à ce que ces années de recherche, loin d'eux, soient source d'épanouissement. Qu'ils en soient ici vivement remerciés.

PRÉFACE

Lors de la soutenance de la thèse de doctorat faisant l'objet du présent ouvrage, le 21 septembre 2018, à l'Université de Toulon (France), le Professeur Sérigne Diop de l'Université Cheikh Anta Diop de Dakar (Sénégal), Président du Jury, rappelait, à juste raison, les enseignements d'Alexis de Tocqueville selon lesquels la démocratie, qui repose essentiellement sur l'égalité, est sauvée de l'anarchie par la liberté.

Il n'est pas surprenant que Dr Bachirou Amadou Adamou, démocrate dans l'âme et dont le combat permanent pour l'exercice, sans entraves, des libertés publiques au Niger et en Afrique est bien connu des acteurs nigériens et africains de la société civile, ait résolument entrepris et mené à terme cette recherche sur la protection des droits fondamentaux dans l'espace CEDEAO.

Pour l'auteur, la Communauté Economique des Etats de l'Afrique de l'Ouest consacre, en premier lieu, le droit fondamental à la démocratie. A preuve, le Protocole de Dakar de 2001 sur la Démocratie et la Bonne Gouvernance que mes éminents collègues, les Professeurs Alioune Sall et Ismaîla Madior Fall, avaient à juste titre assimilé à une « Constitution régionale ». C'est pourquoi, Dr Amadou Adamou affirme que la protection des droits fondamentaux, qui est « une priorité dans l'espace CEDEAO », est une « garantie pour la démocratie ».

La deuxième idée-force que l'intéressé développe est que l'Etat de droit est une valeur fondatrice de la Communauté. L'on comprend aisément, dans ces conditions, que les deux parties de sa recherche portent successivement sur les principes démocratiques dans l'espace CEDEAO et la construction de l'Etat de droit au sein de la Communauté.

Aussi analyse-t-il avec bonheur la protection des droits fondamentaux comme « objectif démocratique d'intégration », puis l'extension desdits droits fondamentaux comme « impératif démocratique », avant d'examiner leur protection comme « élément constitutif de l'Etat de droit », Etat de droit mis à l'épreuve par l'entreprise d'intégration et tiraillé « entre idéal commun et stratégie de développement ».

Dr Bachirou aurait pu, comme le relevait, au cours de sa soutenance, le Professeur Alioune Badara Fall de l'Université de Bordeaux (France), expliciter la notion d'Etat de droit comme un système de normes et surtout faire le départ entre l' « Etat de droit légal » et l' « Etat de droit démocratique », qui est sa préoccupation première, comme celle de tous les militants de la bonne gouvernance dans l'espace CEDEAO et en Afrique en général.

Au total, cependant, son œuvre reste remarquable :

- l'on y trouve un impressionnant travail de droit comparé entre la construction européenne et l'intégration en Afrique de l'Ouest, même s'il n'y a pas beaucoup de références à l'Union Economique et Monétaire Ouest-Africaine (UEMOA), dont le modèle d'inspiration est justement l'Union Européenne (UE) ;

- l'on y découvre son intime connaissance de la CEDEAO, dont il fait une excellente analyse du Traité Fondateur du 28 mai 1975 et du Traité Révisé du 24 juillet 1993 ;

- l'on est admiratif devant les commentaires de la jurisprudence de la Cour de Justice de la Communauté relative aux droits fondamentaux : entre autres, Dr Bachirou s'appesantit dûment sur la règle du non-épuisement des recours internes dans l'arrêt *Dame Hadidjatou Mani Koraou / République du Niger* du 27 octobre 2008, ayant condamné l'Etat nigérien à verser 10 millions de Francs CFA à la requérante, pour crime d'esclavage, au moment où nous-même étions Ministre de la Justice, Garde des Sceaux ;

- l'on note, enfin, que l'analyse des rapports entre les juridictions nationales et la Cour de Justice de la Communauté -point de départ de la recherche du Dr Amadou Adamou- est bien menée.

En définitive, l'on peut convenir avec l'auteur que la protection des droits fondamentaux a considérablement progressé dans l'espace CEDEAO. Le « constitutionnalisme régional » avance également : le Protocole de la CEDEAO de 2001 sur la Démocratie et la Bonne Gouvernance et la Charte Africaine de la Démocratie, des Elections et de la Gouvernance (CADEG) de l'Union Africaine de 2007 en sont l'illustration.

Il reste à souhaiter que la CADEG soit actualisée, en consacrant la limitation du nombre des mandats présidentiels et l'obligation de démission de leurs fonctions des Présidents de la République, candidats à leur réélection, comme l'impose l'article 46 de la Constitution malgache !

Mamadou DAGRA

Maître de Conférences de Droit Public, Université Abdou Moumouni (Niamey)

Ancien Ministre de la Justice, Garde des Sceaux de la République du Niger

INTRODUCTION

« La longue nuit est morte ! Peuples colonisés et peuples opprimés du monde entier, unissez-vous ! ».

Kwame NKRUMAH, Discours au VIe Congrès Panafricain de Manchester, octobre 1945.

Cet appel à une renaissance africaine, pour construire le continent, a pu servir, au lendemain des indépendances, de mot d'ordre à l'émergence d'une idée d'intégration africaine. Cette dernière, de façon générale, était fortement imprégnée par l'idéologie du « panafricanisme »[1].

L'Unité africaine a été au premier plan des préoccupations des leaders africains avant même l'accession de leurs pays à l'indépendance. À cet égard, s'appuyant sur cet aphorisme de Frantz FANON[2] qui nous enseigne que « chaque génération dans une relative opacité doit découvrir sa mission et la remplir ou la trahir », Edem KODJO, relève dans une approche manichéenne, que « la dernière génération des Africains s'est fait, de la lutte politique pour la décolonisation, un idéal.

---

[1]Selon la définition donnée par Hubert Kamgang, le panafricanisme peut être défini comme : « l'idéologie de la démocratie et des droits de l'homme dans le fédéral africain… [visant à] … réaliser le gouvernement des Africains par les Africains en respectant les minorités raciales et religieuses qui désirent vivre en Afrique avec la majorité noire ». Voir H. KAMGANG, *Au-delà de la Conférence nationale pour les États-Unis d'Afrique*, Paris, l'Harmattan, 1993, p. 159, cité par M. BEDJAOUI, « Bref survol historique des accomplissements vers l'Unité Africaine », *in* Abdulqawi. A. YSUF, F. OUGUERGOUZ (dir.), *L'Union Africaine, cadre juridique et institutionnel. Manuel sur l'Organisation Panafricaine*, Paris, Pedone, 2013, p. 22. Selon Mohamed BEDJAOUI, le concept de « panafricanisme » aurait été utilisé pour la première fois en 1900 lors d'une conférence à Westminster Hall à Londres. Lancée par l'Antillais Henry Sylvester Williams, cette rencontre, qui peut être considérée comme la première réunion panafricaine, stigmatisa la spoliation des terres ancestrales des populations d'Afrique australe et de la Gold Coast (Ghana) par les Européens. Mais, il tient à le préciser, les définitions qui ont été données furent multiples et variées du fait de la complexité sociologique du phénomène. Ainsi, a-t-il été défini par certains auteurs comme une idéologie, et par d'autres comme une doctrine visant à la renaissance africaine.

[2]F. FANON, *Les Damnés de la Terre*, Paris, François Maspero, 1961, p. 196.

La présente doit bâtir un continent, asseoir son économie, développer son potentiel »[3]. Cette affirmation est illustrée par le mouvement d'intégration qui s'est emparé de l'Afrique postcoloniale. Convaincus que la lutte pour le développement ne peut être dissociée du combat pour l'intégration, les États africains se sont engagés à inscrire leurs efforts de développement dans un cadre collectif qui, par le biais d'une organisation centrale, formulera une politique commune qui les mènera au progrès économique. Ce constat est largement partagé par les élites partisanes du panafricanisme militant dont notamment le leader ghanéen Kwame NKRUMAH, pour qui, l'unité du continent est la seule condition véritable de son développement[4]. Pour Sékou TOURÉ, très critique à l'égard de la balkanisation de l'Afrique par la loi-cadre et par la Constitution française de 1958, l'Union de l'Afrique est impérative. Ainsi, affirmait-il, « Ce qui nous unit, et c'est là notre chance, est bien plus important que ce qui peut nous opposer. La division de l'Afrique présente est arbitraire et illusoire. Sur le plan économique, social et culturel, nos conditions, nos moyens, nos objectifs sont identiques. Il

---

[3]E. KODJO, « La Communauté Économique des États de l'Afrique de l'Ouest CEDEAO », in *Géopolitique africaine. Sahara, L'Algérie perd son atout maitre*, Paris, Albin Michel, juin 1986, p. 137.

[4] Voir en ce sens K. NKRUMAH, *L'Afrique doit s'unir*, traduction de l'anglais aux Éditions Payot, Paris, 1964 et aux Éditions Présence Africaine, Paris, 1994. Le titre original, *Africa must unite,* fut publié par Heinemann Publishers, Londres, 1963. Ce livre donne un aperçu général du sujet et de la position de l'auteur. Ce dernier souligne à l'appui de son analyse l'exemple européen en ces termes : « Aujourd'hui, les grandes puissances européennes, de plus en plus livrées à la compétition des producteurs avides, compétition intensifiée par les nouvelles inventions scientifiques, l'écroulement des empires et l'accroissement du groupe des nations socialistes, forment des associations à la fois économiques, politiques et militaires. Il est vraiment paradoxal qu'à cette époque où l'exclusivisme national des Européens fait des concessions à des organisations supranationales, beaucoup d'États africains s'accrochent à leur récente souveraineté comme à quelque chose de plus précieux que l'intérêt de toute l'Afrique, et cherchent des alliances qui essaient de balkaniser notre continent dans l'intérêt du néo-colonialisme ». On retrouve également un exposé analogue dans le recueil de ses discours paru sous le titre « *I Speak of freedom* » : « [...] l'Afrique est par ses richesses une source de convoitise pour le monde extérieur, tandis que la pauvreté abjecte continue de s'imposer à nous. Il y a un réel danger à ce que les puissances colonialistes accordent cette sorte d'indépendance politique nominale à de petites unités individuelles, parce qu'elle leur permet de maintenir le vieux style colonial d'organisation économique après que l'indépendance ait été acquise », voir K. NKRUMAH, *I Speak of freedom,* Londres, Heinemann Publishers, 1961.

faut dénoncer le complexe des oppositions apparentes par une analyse objective de chaque secteur (…) Telle partie de l'Afrique peut bien produire mieux et plus de tel ou tel produit, mais quelle influence peut-elle avoir si le marché de ce produit est établi à Londres, le Havre ou New York et s'il dépend d'une offre dans laquelle elle-même n'intervient pas ? L'unité politique est bien la seule riposte à opposer à la colonisation économique qui s'est établie dans les échanges extérieurs et que l'Afrique est appelée à subir au-delà de l'indépendance »[5]. Une telle vision s'impose avec une force évidente au point que, comme le fait remarquer le professeur Pierre-François GONIDEC, « la fragilité de la base économique des États africains tient essentiellement au fait qu'en dépit des aspects économiques des idéologies nationalistes, la décolonisation politique ne s'est pas accompagnée d'une décolonisation économique »[6].

De ce fait, l'intégration africaine « traduit non seulement une préoccupation sociale majeure faite d'angoisses et d'espérances, mais aussi, une réalité dynamique dont la gestation et l'éclosion résultent d'un long processus historique »[7]. Les États africains, avec leurs immenses espaces géographiques aux ressources naturelles et humaines considérables, mais sortis exsangues de la colonisation, n'avaient de chance de survie que par le regroupement. Il s'agit pour eux de mettre en commun leurs potentialités économiques pour favoriser la prospérité et la croissance. Cette stratégie permettra de faire face aux défis du développement qui se posent avec acuité aux jeunes États.

En effet, l'image d'une Afrique abîmée au sortir de la colonisation, a été aux yeux de plus d'un intellectuel africain, l'un des postulats, l'une des raisons qui ont suscité l'élan patriotique africain, c'est-à-dire le

---

[5]S. TOURÉ, *L'Action du P.D.G et la lutte pour l'émancipation africaine*, pp. 79-80., cité par C. WAUTHIER, *L'Afrique des Africains. Inventaire de la négritude,* Paris, Seuil, 1964, p. 268.
[6]P.-F. GONIDEC, *Relations internationales africaines*, Paris, L.G.D.J., 1996, t. LII, p. 208.
[7]E. MOUBITANG, « La classification des actes unilatéraux des organisations d'intégration économiques africaines : cas de la CEMAC et de l'UEMOA », *in* S. DOUMBE-BILLE, B. M. METOU (dir.), *Regards sur le droit public en Afrique, Mélanges en l'honneur du doyen Joseph-Marie Bipoun Woum*, Paris, l'Harmattan, 2016,
pp. 441-466.

sentiment d'appartenance à une même patrie qu'implique le panafricanisme. Dans l'entreprise de réhabilitation et de réunification d'une Afrique dont les frontières ont été artificiellement dessinées par le colonisateur, il est un point fondamental qui paraît justifier la nécessité d'une Unité africaine : l'urgence de la réhabilitation de la « Conscience africaine », prise sous ses dimensions historiques et politiques, tendue vers la reconstruction d'une nouvelle Afrique, après l'effondrement des empires coloniaux, est devenue un objectif commun. Car, convient-il de le rappeller, la démocratie n'est pas étrangère au continent africain, notamment à la sous-région[8]. Elle a existé sous une forme authentique avant la pénétration coloniale et a permis d'assurer par des méthodes efficaces et respectueuses des droits fondamentaux, le maintien de l'ordre public et de l'État de droit. Ainsi en fut-il des grands empires comme le Ghana, le Mali, le Kanem-Bornou et le Songhaï ; des royaumes Mossi et Assante, ainsi que des empires du Jolof, du Bénin et d'Oyo[9]. Dans ces empires et royaumes, existaient alors des conseils des sages qui faisaient office de parlement ou de gouvernement, des Cours de justice et tribunaux ; il y avait une forme déconcentrée de gestion de pouvoir avec des délégations d'autorités qui s'apparentent aujourd'hui à ce que l'on pourrait qualifier de « décentralisation ».

Des émissaires ou messagers des rois et des empereurs faisaient office d'ambassadeurs et portaient ainsi la parole du pouvoir central aux cotés de certains empires. L'objectif d'intégration est ainsi affirmé sous l'angle idéologique, politique et économique et s'est trouvé inscrit au frontispice d'un combat politique. Excluant la thèse d'un continent maudit, à la civilisation barbare et anarchique, avec des hommes incapables et inférieurs vivants dans les miasmes des ordres tribaux, répandue par Léon l'Africain[10] au XVIe siècle, pour décrire l'Afrique, et qui a servi de postulat à la mission civilisatrice assignée à la

---

[8]*Cf.* notamment J. KI-ZERBO*, Histoires de l'Afrique noire : D'hier à demain*, Paris, Hatier, 1978, p. 136 ; Voir aussi, B. DAVIDSON, *West Africa befoe Colonial Era : A histroy before 1850*, Londres, Addition Wesley Longman Ltd., 1998, p. 17 ; voir également sens I. K. SOUARE, *Guerres civiles et coups d'État en Afrique de l'Ouest. Comprendre les causes et identifier des solutions possibles, op. cit.*, p. 41 et s.

[9]I. K. SOUARE, *Guerres civiles et coups d'État en Afrique de l'Ouest. Comprendre les causes et identifier des solutions possibles, op. cit.*, p. 41.

[10] Léon L'Africain, cité par Claude WAUTHIER, *L'Afrique des africains. Inventaire de la négritude, op. cit.*,p. 47.

colonisation, avant de devenir l'idée courante que se faisait la majorité des Occidentaux des sociétés africaines, le panafricanisme se présente comme le symbole de la lutte contre le colonialisme et l'impérialisme. Pour beaucoup d'intellectuels africains, cette image contestable qui n'était qu'un prétexte à la colonisation, a fait l'impasse sur la civilisation africaine, au profit d'un colonialisme désastreux fondé sur des valeurs d'emprunt. C'est ainsi que C. S. TIDIANY explique que pour justifier l'expansion coloniale en Afrique, l'impérialisme a développé « la thèse de l'infériorité raciale et de l'infériorité culturelle »[11]. Ce point de vue est largement partagé en doctrine, comme l'illustre le compte rendu que fait Charles LESCAUT, du colloque inaugural de l'Institut Panafricain des relations internationales fondé à Genève par Edem KODJO. Ainsi, dès les propos introductifs à ce colloque, on retrouve l'obejectif de l'Unité africaine sous le prisme de l'intégration économique et politique. En effet, constate C. LESCAUT lorsqu'il met en lumière les propos introductifs, « l'image de marque de l'Afrique est mauvaise du fait du misérabilisme qui semble caractériser les démarches qu'entreprennent de nombreux pays qui se partagent son aire. Les Africains doivent comprendre une fois pour toute que l'aide que l'on va quérir à l'extérieur est toujours le surcroît, l'essentiel demeurant la volonté de réussir. Pas seulement des Plans et des Programmes d'urgence, mais des réformes profondes de structures, notamment politiques. Or, on a soigneusement évité jusqu'alors d'évoquer des réformes politiques. Il faut que triomphent enfin des systèmes de liberté au détriment d'autocraties monolithiques et oppressives. Il n'existe pas de développement sans participation, sans liberté d'entreprendre et de penser, sans respect des droits fondamentaux de l'homme. Le développement se trouve chez soi et en soi, il est l'affaire de culture, mais il est illusoire sans une vigoureuse et courageuse remise en question de la morphologie actuelle de nos États. Tous les experts commencent à s'en rendre compte, mais se refusent encore à énoncer clairement et courageusement cette vérité »[12]. Toutefois, cette préoccupation d'une meilleure compréhension de l'enjeu idéologique qui s'attache à l'idéal de l'Unité africaine n'exclut

---

[11]C. S. TIDIANY, *Noir africain et culture latine, Présence Africaine*, p. 14, cité par Claude WAUTHIER, *L'Afrique des africains. Inventaire de la négritude*, *op. cit.*, p. 47.

[12]C. LESCAUT, « La franchise, premier pas vers le changement ? », in *Géopolitique africaine. Sahara, L'Algérie perd son atout maitre*, *op. cit.*, p. 33.

pas le sens de la critique. À cet égard, on peut relever des contradictions théoriques portées à une sorte de paroxysme négatif par l'éthiopien Tefere Ras-Work, lorsque, lors de son intervention au colloque de l'Institut Panafricain des relations internationales, il martèle : « à la folie des grandeurs techniques s'ajoute l'utopie politique : l'Unité africaine, inventée par des intellectuels et reprise en chœur par les politiciens n'est qu'un concept théorique, incompris des masses africaines qui ne raisonnent qu'en termes de famille, de village, de tribu. Et puis, quelle unité sur un continent qui passe son temps à défendre des frontières aussi nombreuses qu'artificielles ? Faisons partir l'unité des racines vers le sommet »[13].

Dans une perspective historique, Abdoulaye WADE, en parlant des héros des grands empires africains, leur reconnaît non seulement des capacités militaires et des vertus patriotiques, mais voit également en eux des hommes politiques animés par l'idéal d'une Unité africaine que seule la colonisation a empêchée[14].

Quelle que soit la position défendue en doctrine, on constate que l'objectif de l'Unité africaine est toujours présent chez les leaders et les intellectuels africains ; seuls les moyens de sa réalisation et le niveau d'intégration à atteindre divergent.

Dès lors, à l'heure du choix du mode de regroupement des États, il a fallu s'accorder sur la forme d'intégration[15] qu'il convenait de mettre en place, car, convient-il de le rappeler, le processus d'intégration africaine a été, au départ, confronté à deux visions politiques opposées. D'une part, il y a eu la conception unitaire défendue par Kwame NKRUMAH qui plaide pour une unification globale du continent tendant vers un objectif fédéraliste. D'autre part, une vision plus minimaliste soutenue par le sénégalais Léopold Sédar SENGHOR, proposait, au nom des réalités géographiques, un modèle d'intégration régionale fondé sur la coopération des États, qui est d'ailleurs le modèle

---

[13]T. RAS-WORK, cité par C. LESCAUT, « La franchise, premier pas vers le changement ? », *op. cit.*, p. 33.

[14]A. WADE, « Afrique Noire et Union Française », *Présence Africaine*, 1953/1 (n° 14), p. 124.

[15]Voir en ce sens I. SOW, *La protection de l'ordre juridique sous régional par les Cours de justice : contribution à l'étude de la fonction judiciaire dans les organisations ouest-africaines d'intégration*, thèse, Bordeaux IV, 2013, p. 2 et s.

retenu dans le cadre de l'Organisation de l'Unité Africaine (OUA) aujourd'hui Union africaine (UA). Pour les partisans de cette seconde approche, la priorité réside, non pas dans la création d'un vaste ensemble géopolitique qui transcenderait les frontières tracées par les colonisateurs, mais dans la consolidation de leurs nouveaux États.

Dans ce contexte, l'objectif d'intégration était tel qu'en dépit des oppositions idéologiques, une voie alternative fut proposée comme étape préalable à l'Union continentale : celle des mécanismes de coopération qui ont conduit des États nouvellement indépendants à se regrouper dans des organisations régionales d'intégration politique et/ou économique.

Quelle qu'ait pu être leur nature, les organisations économiques africaines se veulent toutes comme une étape nécessaire et obligée vers la construction du marché commun africain. Ce mouvement qualifié d'intégrationniste[16] a vu l'émergence des organisations régionales d'intégration économique sur l'ensemble du continent, au point que l'Afrique fut considérée comme l'incubatrice des organisations d'intégration économique dans le monde[17].

---

[16]Voir en ce sens, J. TENIER, *Intégrations régionales et mondialisation : Complémentarité ou contradiction ?,* Paris, La Documentation française, 2003 ; C. FLAESCH-MOUGIN et J. LEBULLENGER (dir.), *Regards croisés sur les intégrations régionales : Europe, Amériques, Afrique*, Bruxelles, Bruylant, 2010 ; voir également
P. KAUFFMANN, B. YVARS, *Intégration européenne et régionalisme dans les pays en développement*, Paris, L'Harmattan, 2004 ; voir dans le même sens A. SALL, *Les mutations de l'intégration des États en Afrique de l'Ouest. Une approche institutionnelle*, Paris, L'Harmattan, 2006 ; voir également, S-J. PRISSO-ESSAWE, *Intégration économique et droit en Afrique centrale : « étude de la Zone UDEAC »*, thèse, Montpellier I, 1997 ; D. SANOU, *La juridictionnalisation des organisations d'intégration économique en Afrique*, thèse, Paris 1, 2012.
[17]On dénombre dans les années 1990, en Afrique subsaharienne, une centaine d'organisations intergouvernementales dont certaines datent de l'époque coloniale. Voir en ce sens, J. SENGHOR, *Étude sur la rationalisation des organisations intergouvernementales en Afrique de l'Ouest*, IDEP, Dakar, 1997, cité par A. SALL, *Les mutations de l'intégration des États en Afrique de l'Ouest. Une approche institutionnelle, op. cit.*, p. 93 et s.; voir aussi A. BENHAMOU, « Les mutations du régionalisme dans les pays en développement », RADIC, 1996, pp. 871-903 ; voir également J. NEME, *Les organisations économiques internationales*, Paris, PUF, 1972, p. 10.

Mais très vite, ce qui semblait devenir la priorité des priorités des Africains, c'est-à-dire, l'intégration économique régionale[18], est confrontée à la faiblesse du cadre institutionnel des organisations[19] qui la sous-tendent, couplée à la réalité politique des États, fondée principalement sur des systèmes politiques autoritaires de parti unique. Ce sont ces deux raisons principales qui expliquent l'échec des premières tentatives d'intégration économique régionale en Afrique.

Cependant, le regain démocratique manifesté[20] sur le continent au cours de la période consécutive à la chute du Mur de Berlin, que l'on a qualifié

---

[18]E. KODJO, « La Communauté Économique des États de l'Afrique de l'Ouest CEDEAO », *op. cit*, p. 137.

[19]N. L. LUMU, « La faiblesse du cadre institutionnel décisionnel comme frein à l'intégration régionale africaine », in *État, Sociétés et Pouvoirs à l'aube du XXIème siècle, Mélanges en l'honneur de François Borella,* Presses Universitaires de Nancy, 1999, pp. 335-364 ; voir aussi A. SALL, *Les mutations de l'intégration des États en Afrique de l'Ouest. Une approche institutionnelle, op. cit.*, p. 15 et s.

[20]Les transitions amorcées dans la décennie 1990, dans la plupart des États, ont permis l'adoption des nouvelles constitutions qui consacrent la démocratie comme choix politique des peuples et la protection des droits fondamentaux comme faisant partie des objectifs à atteindre. Cette démarche est considérée comme l'une des plus indispensables à la réalisation de l'étape finale de la transition : l'institution définitive d'un État de droit. On a pu croire en effet, à la fin de la guerre froide, que la vague de démocratisation et de libération de l'espace politique africain avec l'avènement du pluarlisme politique, allait permettre une renaissance du constitutionnalisme africain. Ainsi, on évoquait une nouvelle ère de paix, de démocratie et d'essor économique. En ce sens, souligne Albert BOURGI, « La nature des régimes politiques et l'ordonnancement constitutionnel ont été, au cours des dernières années (et singulièrement depuis 1990-1991) au centre des débats politiques en Afrique. Le souvenir des turpitudes de trois décennies d'exercice autoritaire du pouvoir a conduit, ce qu'on pourrait appeler pour la commodité de l'exposé, les forces du changement, à prêter une attention plus soutenue à l'élaboration des nouvelles règles constitutionnelles. Un peu partout sur le continent, et quel que soit le mode de transition utilisé, l'objectif était le même : créer les conditions de construction d'un nouvel édifice institutionnel garant de l'équilibre des pouvoirs et de l'instauration de l'État de droit. La Constitution, désormais considérée comme le dernier rempart contre les dérives « présidentialistes » de naguère, devait ainsi permettre d'assurer le respect des libertés fondamentales et le bon fonctionnement du pluralisme retrouvé. L'autorité conférée à la Constitution, comme fondement du pouvoir, donne désormais tout leur sens aux principes et à un ordonnancement, empruntés à la Constitution de la Vème République. Il en est ainsi également des règles de séparation des pouvoirs, de l'affirmation plus marquée du pouvoir judiciaire ou encore de la consécration du poste de Premier ministre et de la délimitation des domaines respectifs de la loi ou du règlement » ; A. BOURGI, « L'évolution du constitutionnalisme en Afrique : du

de nouveau constitutionnalisme africain[21], n'a pas épargné le processus d'intégration économique régionale au point que l'on a pu parler de « renouveau du régionalisme »[22] en Afrique.

En effet, ce renouveau de l'intégration régionale en Afrique qui s'est traduit par l'insertion quasi systématique d'organes juridictionnels au sein des organisations du continent[23], n'est que la manifestation évidente de l'avènement d'un constitutionnalisme supranational.

---

formalisme à l'effectivité », *RFDC,* 2002/4 (n° 52) pp. 721-748 ; voir aussi J. DU BOIS DE GAUDUSSON, G. CONAC et Ch. DESOUCHES, (dir.), *Les Constitutions africaines publiées en langue française*, t. I et II, Paris, La Documentation française, 1997 et 1998 ; voir aussi A. CABANIS et M.-L. MARTIN, *Les Constitutions d'Afrique francophone. Évolutions récentes*, Paris, L'Harmattan, 1999.

[21]P.-F. GONIDEC, « À quoi servent les Constitutions africaines ? Réflexion sur le constitutionnalisme africain », *RJPIC*, octobre-décembre 1988, n° 4, p. 849 ; A. BOURGI, « L'évolution du constitutionnalisme en Afrique : du formalisme à l'effectivité », *op. cit.,* pp. 721-748 ; J. DU BOIS DE GAUDUSSON, « Le constitutionnalisme en Afrique », in *Les Constitutions africaines*, Bruxelles, Bruylant, 1998, p. 11 et s. ; G. GONAC, « Quelques réflexions sur le nouveau constitutionnalisme africain », *Symposium international de Bamako*, 2000 disponible sur le site de l'organisation internationale de la francophonie ; B. KANTÉ, « Le constitutionnalisme à l'épreuve de la transition démocratique en Afrique », *in* Carla M. Zoetbout *et alii., Constitutionnalism in Africa, A quest for autochtthonous principles*, Sanders Instituant, Gouda Quint-Deventer, Rotterdam, 1996, pp. 17-32 ; K. DOSSO, « Les pratiques constitutionnelles dans les pays d'Afrique noire francophone : cohérences et incohérences », *RFDC* 2012/2 (n° 90), p. 57-85 ; S.-P. ZOGO NKADA, « Le nouveau constitutionnalisme africain et la garantie des droits socioculturels des citoyens : cas du Cameroun et du Sénégal », *RFDC* 2012/4 (n° 92), pp. 1-17.

[22]D. SANOU, *La juridictionnalisation des organisations d'intégration économique en Afrique*, *op. cit.*, p. 19.

[23]L. BURGORGUE-LARSEN, « Le fait régional dans la juridictionnalisation du droit international », in *La juridictionnalisation du droit international*, Colloque de Lille, SFDI, Paris, Pedone, 2003, pp. 203-226 ; voir aussi L. BURGORGUE-LARSEN, « Prendre les droits communautaires au sérieux ou la force d'attraction de l'expérience européenne en Afrique et en Amérique Latine », in *Les dynamiques du droit européen en début de siècle, Études en l'honneur du professeur Jean-Claude GAUTRON*, Paris, Pedone, 2004, pp. 263-580 ; voir dans le même sens D. SANOU, *La juridictionnalisation des organisations d'intégration économique en Afrique*, *op. cit.*, p. 19 ; voir également I. SOW, *La protection de l'ordre juridique sous régional par les Cours de justice : contribution à l'étude de la fonction judiciaire dans les organisations ouest-africaines d'intégration*, *op. cit.*, p. 5 et s.

C'est le constat qui peut être relevé, à l'analyse des systèmes institutionnels des organisations régionales d'intégration économique en Afrique. Ainsi en est-il, par exemple, de la Communauté Économique des États de l'Afrique de l'Ouest (CEDEAO) qui apparaît comme la plus importante des organisations d'intégration économique sur le continent et dont le cadre constitutionnel est le plus achevé. Sans avoir la prétention, dans le cadre de cette étude, de comparer le système d'intégration Ouest-africain au système de l'Union européenne, cette dernière étant de loin, plus aboutie que la CEDEAO, nous nous contenterons simplement, dans certains cas, de nous appuyer sur l'expérience européenne pour le besoin de l'analyse.

I. Objet de l'étude

L'étude du constitutionnalisme dans l'espace CEDEAO, à l'aune de la protection des droits fondamentaux, paraît particulièrement intéressante, tant l'organisation Ouest-africaine a connu une profonde mutation. Au départ économique, la CEDEAO a transcendé sa dimension initiale pour atteindre la supranationalité, seul moyen à l'efficacité avérée, qui lui permettra à la fois de se saisir de son ambition communautaire et d'éviter de se présenter démunie au rendez-vous de la mondialisation.Cette évolution n'est pas sans présenter quelques analogies avec l'expérience européenne, parce que l'organisation paneuropéenne avait, elle aussi, à sa création, une vocation exclusivement économique avant d'enregistrer également une profonde mutation politique.

A. La CEDEAO

Comme son nom l'indique, la CEDEAO était, à l'origine, une organisation régionale à vocation économique, rassemblant tous les États de l'espace géographique Ouest-africain en vue d'une politique de développement économique intégrée. Mais, de toutes les organisations africaines d'intégration économique existantes aujourd'hui, sans être la plus ancienne, on peut la considérer comme la plus réussie, puisqu'elle couvre toute la région Ouest-africaine, en transcendant les clivages linguistiques, les divergences idéologiques et les héritages coloniaux des États qui se partagent aujourd'hui cette région du continent[24].

En effet, la genèse de la CEDEAO peut être recherchée dans l'échec de la tentative des partisans du panafricanisme militant, de créer, sur les décombres de l'Afrique coloniale, les États-Unis d'Afrique d'une part, et, dans l'échec des politiques nationales de développement économique mises en œuvre par les jeunes États indépendants, d'autre part.

Cette situation a conduit certains chefs d'État[25] à s'engager sur la voie de l'intégration économique de l'ensemble de la région Ouest-africaine. L'objectif était de substituer à la Communauté économique de l'Afrique de l'Ouest (CEAO), créée en 1972[26] un cadre plus large couvrant l'ensemble de la sphère géographique de la région, en dépit des réalités politiques clivantes[27].

Mais à cet impératif économique, ne faut-il pas ajouter la réalité sociologique des populations des États concernés ? En effet, le processus d'intégration Ouest-africaine résulte aussi du comportement des populations locales dont la cohabitation historique est révélatrice de leur désir de transcender les barrières artificielles que constituent les frontières coloniales. Il est intéressant de noter à cet égard que, quand Fily Dabo SISSOKO, appelait les Africains à une « prise de conscience

[24]La CEDEAO regroupe aujourd'hui : le Bénin, le Burkina Faso, le Cap Vert, la Côte d'Ivoire, la Gambie, le Ghana, la Guinée, la Guinée-Bissau, le Libéria, le Mali, le Niger, le Nigeria, le Sénégal, la Sierra-Leone et le Togo. La Mauritanie était signataire du traité jusqu'à son départ en 2001. Mais son retour est annoncé pour janvier [2018]. Le Maroc et la Tunisie ont aussi exprimé leur intention d'adhérer à l'organisation communautaire.

[25]Sylvanus OLYMPIO du Togo et Namdi AZIKIWÉ du Nigeria ont été les précurseurs de ce projet dont la concrétisation a été traduite dans le traité de Lagos du 28 mai 1975 grâce aux efforts entrepris dès 1972, par leurs successeurs respectifs : Gnassingbé EYADEMA et Yakubu GOWON.

[26] Et héritière de l'Union douanière des États de l'Afrique occidentale (UDEAO), instituée en 1960, qui regroupait uniquement les pays africains d'expression française.

[27]Voir en ce sens A. SALL, *Les mutations de l'intégration des États en Afrique de l'Ouest. Une approche institutionnelle*, *op. cit.*, p. 5 et s.

de leur identité culturelle contre le principe de l'assimilation »[28], il soulignait l'intérêt que constituent les valeurs et les traditions africaines, notamment la migration séculaire des peuples. Pour Claude WAUTHIER, ce désir de vivre ensemble que souhaitent les populations africaines « n'a pas seulement pour objet de faire prendre conscience du patrimoine culturel dont ils doivent être fiers. (...) Elle sera aussi démonstration de l'universalité de l'esprit humain par-delà les barrières raciales »[29]. Il est permis de penser que la veine régionaliste africaine réside dans le refus de l'assimilation culturelle. Ce constat est partagé par Claude WAUTHIER lorsqu'il affirme que « la démarche des intellectuels de la négritude peut en fait se schématiser sous la forme d'une progression dialectique dont le premier temps serait l'affirmation d'une équivalence de valeur entre civilisation africaine et civilisation européenne, le second la détermination d'une différence d'essence entre ces deux civilisations, et le troisième celui du refus de l'assimilation »[30].

Dans cette perspective, la leçon de l'Europe sera déterminante et l'expérience de la Communauté économique européenne (CEE) servira de modèle à la création de la CEDEAO. Le Président sénégalais Léopold Sédar senghor, affirmait lors du deuxième Sommet de la CEDEAO à Lomé en 1976 que « la CEDEAO exprime une volonté d'organisation rationnelle et, surtout, solidaire de nos complémentarités. En une période où tant de liens s'affaiblissent dans le monde, notre organisation vise à apporter une réponse nouvelle et commune aux défis du développement. C'est un signe de maturité »[31].

---

[28]F. D. SISSOKO, « Préface », Sagesse noire : sentences et proverbes malinkés, cité par Claude WAUTHIER, *L'Afrique des africains. Inventaire de la négritude*, *op. cit.*, p. 71.

[29]C. WAUTHIER, *L'Afrique des africains. Inventaire de la négritude*, *op. cit.*, p. 72.

[30] C. WAUTHIER, *L'Afrique des africains. Inventaire de la négritude*, *op. cit.*, p. 110.

[31]Propos du Président Léopold Sedar Senghor au cours du deuxième sommet de la CEDEAO à Lomé en novembre 1976. Dans le même sens le Président Gnassingbé Eyadema du Togo affirmait qu'« Étant soumis aux mêmes impératifs de développement, nous avons plus que jamais besoin de mettre en commun nos ressources en matières premières et en imagination pour coopérer de façon efficace et plus dynamique » et le Président Houphouët-Boigny de Côte d'Ivoire, d'ajouter : « L'abandon consenti de certaines libertés individuelles, par l'acceptation de règles qui dépassent chacun de nos États, est le gage d'une liberté et d'une dignité plus grandes et plus assurées, grâce aux possibilités d'action que nous nous donnons ainsi à un plus

En effet, au lendemain de la Seconde Guerre mondiale, l'Europe, très affaiblie, s'est fixée pour objectif de renaître de ses cendres, pour promouvoir une nouvelle vision tournée vers l'avenir. Il devenait dès lors urgent d'engager un mouvement d'intégration régionale à travers la création d'un marché commun permettant la croissance des échanges inter-régionaux en vue de garantir la prospérité économique européenne. C'est ainsi que dès 1946, tirant les leçons de la guerre qui vient de se terminer, dans son fameux discours de Zurich, le Premier ministre anglais, Sir Wiston Churchill, voyant l'Europe comme « un amas de décombres, un charnier, un terrain de propagation de la peste et de la haine », appelait de ses vœux à la création d'une Communauté européenne, en mettant en évidence la nécessité pour les États européens de mettre en commun leurs efforts de développement, pour faire face aux défis économiques. Il prônait ainsi la création d'un Conseil de l'Europe qui finira par voir le jour en 1949 et se déclarait favorable à une fédération européenne, une sorte d'« États-Unis d'Europe ».

Si la création du Conseil de l'Europe a constitué une étape majeure dans la construction européenne, il est intéressant de rappeler qu'au départ de l'Europe communautaire, il y a eu la fin de ce que le professeur Patrick MEUNIER a appelé « l'ère industrielle européenne »[32]. La signature en 1951 à Paris, du traité de la CECA (Communauté Européenne du Charbon et de l'Acier), sous l'instigation de Robert Schuman et Jean Monnet, a permis de définir les fondements juridiques de la première forme d'intégration européenne[33]. Mais, très vite, cette

---

haut niveau de la scène internationale et aux perspectives de meilleures conditions de vie qui s'ouvrent à nos ressortissants », voir en ce sens A. H. DIOMPY, *Le Paradoxe de l'internationalisation de droit constitutionnel en Afrique : réflexions sur les interactions normatives, institutionnelles et politiques dans l'espace CEDEAO*, thèse, Bordeaux IV, 2017, p. 727 ; Voir également, E. K. KOUASSI, *Organisations internationales africaines*, Paris, Berger Levrault, 1987, pp. 312-313.

[32]P. MEUNIER, « La Communauté européenne du charbon et de l'acier est morte, vive la fédération européenne !», *RMCUE*, 2001, p. 509. En effet, La crise charbonnière de 1958 va confisquer à la Haute Autorité son rôle d'impulsion dans la détermination des politiques industrielles dont elle a la charge.

[33]En 1950, le ministre français des Affaires étrangères Robert Schuman lance l'idée d'une Communauté européenne du charbon et de l'acier (CECA). Ce plan mis au point par Jean Monnet, a notamment reçu le soutien de l'Italien Alcide de Gasperi et de l'Allemand Konrad Adenauer. Il amorce le rapprochement franco-allemand et jette les bases de la future Union européenne. Malgré le refus de l'Angleterre, la CECA

dernière connaîtra une crise de légitimité et finira par permettre l'impulsion d'une dynamique communautaire plus globale, avec la signature en 1957 à Rome, du traité instituant la Communauté économique européenne (CEE)[34]. La vocation initialement économique s'est transformée, au gré des mutations, en une vocation plus globale, intégrant ainsi la dimension politique[35].

La Communauté Économique des États de l'Afrique de l'Ouest a suivi la même trajectoire. Le traité instituant la CEDEAO, signé à Lagos le 28 mai 1975, a explicitement inscrit la vocation économique de l'organisation dans le but de « promouvoir la coopération et l'intégration, dans la perspective d'une union économique en Afrique de l'Ouest afin d'élever le niveau de vie de ses peuples, de maintenir et améliorer la stabilité économique, renforcer les relations entre les États membres et de contribuer au progrès et au développement du continent

---

sera mise en place en 1951. La portée du régime juridique mis en place est inscrite à l'article 2 § 3 de la Convention relative aux dispositions transitoires du traité CECA qui définit la nature et l'étendue des responsabilités de la Haute Autorité. Les gouvernements des États membres ne sont plus libres d'arrêter les dispositions législatives, réglementaires ou administratives qu'ils envisageaient de prendre concernant les questions sur lesquelles le traité donne compétence à la Haute Autorité. Bien que l'article 2 § 3 de ladite convention souligne vigoureusement le principe de l'attribution délimitée de compétences, la communautarisation amorcée dans les secteurs charbon-acier poursuit une vocation d'envergure beaucoup plus significative qui couvrirait l'ensemble des secteurs économiques.

[34]Le traité signé le 7 février 1992 à Maastricht dépasse l'objectif économique initial de la Communauté et lui donne une vocation politique. Entré en vigueur le 1er novembre 1993, il institue une Union européenne entre les 12 États membres de la Communauté avant de s'étendre progressivement à 27 États membres jusqu'au référendum sur le « Brexit » du 23 juin 2016 qui a consacré la sortie du Royaume-Uni de Grande Bretagne et d'Irlande du Nord de l'Union européenne.

[35]V. CONSTANTINESCO, *Compétences et pouvoirs dans les Communautés européennes. Contribution à l'étude de la nature juridique des Communautés européennes*, Paris, LGDJ, 1974, p. 492 ; J. RIDEAU (dir.), *De la Communauté de droit à l'Union de droit. Continuité et avatars*, Paris, LGDJ, 2000, p. 522 ; V. MICHEL, *Recherches sur les compétences des Communautés européennes*, Paris, L'Harmattan, 2003, p. 704 ; P. PESCATOR, *L'ordre juridique des Communautés européennes*, Liège, 1973, réimpression, Bruylant 2006, p. 334 ; J. MOLINIER, J. LOTARSKI, *Droit du contentieux de l'Union européenne*, 4e éd., Paris, L.G.D.J., 2012, p. 280 ; D. SIMON, « Les fondements de l'autonomie du droit communautaire », in *Droit international et droit communautaire, Perspectives actuelles*, SFDI, Paris, Pédone, 2000, p. 45 et s.

africain »[36]. Mais, face à « la force des résistances qui se sont dressées devant elle, et qui tiennent tout autant à l'histoire des États »[37], la CEDEAO a pris conscience que la dynamique de l'intégration en Afrique de l'Ouest suppose, au préalable, un environnement stable de paix et de sécurité. Cela est d'autant plus nécessaire que les troubles politiques récurrents dans les États ont fortement perturbé le fonctionnement de l'organisation communautaire allant jusqu'à menacer sa survie. La révision en 1993, du traité de Lagos, au-delà d'un simple réajustement technique, procède d'une philosophie de l'intégration beaucoup plus ambitieuse. Elle place les États devant leurs responsabilités en énonçant clairement les sacrifices de souveraineté qu'implique la nouvelle approche[38], par une restructuration formelle de l'organisation communautaire tant dans ses objectifs que dans ses moyens[39]. Cette mutation fonctionnelle a permis d'inscrire la dimension sécuritaire[40] parmi les objectifs prioritaires de la CEDEAO.

---

[36]Art. 2 du traité de Lagos et article 3 du traité révisé de la CEDEAO.

[37]A. SALL, *Les mutations de l'intégration des États en Afrique de l'Ouest. Une approche institutionnelle*, *op. cit.*, p. 15.

[38]A. SALL, *Les mutations de l'intégration des États en Afrique de l'Ouest. Une approche institutionnelle*, *op. cit.*, p. 61 ; Voir aussi F. CHALTIEL, *La souveraineté de l'État et l'Union européenne, l'exemple français. Recherches sur la souveraineté de l'État membre*, Paris, L.G.D.J., 2000, 606 p.

[39]La création de nouvelles institutions absentes du traité constitutif de la CEDEAO (à savoir la Cour de justice de la Communauté, le Parlement de la Communauté, le Conseil économique et social et le Fonds de coopération et de développement) est révélatrice de cette nouvelle dynamique amorcée par l'organisation dans le processus d'intégration.

[40]L'article 58 du traité révisé au titre évocateur « Sécurité régionale » met en évidence cette dimension sécuritaire en ces termes : « Les États membres s'engagent à œuvrer à la préservation et au renforcement des relations propices au maintien de la paix, de la stabilité et de la sécurité dans la région. 2. À ces fins, les États membres s'engagent à coopérer avec la Communauté en vue de créer et de renforcer les mécanismes appropriés pour assurer la prévention et la résolution à temps des conflits inter et intra-États en mettant particulièrement l'accent sur la nécessité : a) d'entreprendre des consultations périodiques et régulières entre les autorités administratives nationales chargées des frontières; b) de mettre en place des commissions conjointes locales ou nationales chargées d'examiner les problèmes affectant les relations entre les États voisins; c) d'encourager les échanges et la coopération entre les communautés et les régions administratives ; d) d'organiser des rencontres entre les ministères sectoriels appropriés sur différents aspects des relations inter-États; e) de recourir, en cas de besoin, à des procédures de conciliation, de médiation et autres modes de règlement pacifique des différends ; f) de mettre en place un observatoire régional de paix et de

Ce renouveau de l'intégration régionale en Afrique de l'Ouest, exprimé dans la Déclaration des principes politiques de la CEDEAO adoptée à Abuja le 6 juin 1991, traduit la volonté des États de se réunir autour de certains « principes et valeurs » fondamentaux indispensables à la réalisation de l'intégration.

Dans ce contexte, « l'optimisme irraisonné »[41] suscité par la « fièvre démocratique » qui s'est emparée de l'Afrique à partir des années 1990, a pu laisser croire aux États, que l'énoncé des principes contenus dans la Déclaration du 6 juillet 1991, tels que la démocratie, l'État de droit, la protection des droits fondamentaux, suffirait à calmer les ardeurs démocratiques des populations. Mais, devant les exigences d'un véritable renouveau démocratique, il a fallu consacrer ces principes et valeurs dans le texte constitutionnel de la Communauté en guise de bonne foi. C'est ainsi que ces principes ont été incorporés dans le traité révisé qui y fait référence dès son préambule.

Toutefois, « aussi résolument tournée vers une adaptation progressive aux exigences du moment, le cantonnement de l'organisation au discours incantatoire (…) »[42] n'avait pas réussi à bâtir la conviction communautaire. La réalité, c'est qu'il a fallu consentir à la « juridicisation » des droits fondamentaux. Car, comme le note Sylvie TORCOL, «la démocratie ne s'identifie pas de façon simplement déclarative : il faut lui fixer des objectifs réalistes, des qualités minimales qui vont garantir l'authenticité du processus et le pérenniser»[43]. En ce sens, outre le traité révisé, le protocole

---

sécurité et le cas échéant des forces de maintien de la paix. g) de fournir, si nécessaire et à leur demande, une assistance aux États membres en vue d'observer le processus des élections démocratiques. 3. Les autres dispositions régissant la coopération politique, la paix et la stabilité régionales sont définies dans les protocoles y afférents ». Le Protocole relatif au mécanisme de prévention, de gestion, de règlement des conflits, de maintien de la paix et de la sécurité, signé à Lomé, le 10 décembre 1999 est venu étayer cet objectif.

[41]S. TORCOL, *Les mutations du constitutionnalisme à l'épreuve de la construction européenne : essai critique sur l'ingénierie constitutionnelle*, thèse, Toulon, 2002, p. 16.

[42]T. KANE, *La Cour de justice de la CEDEAO à l'épreuve de la protection des droits de l'homme*, mémoire de maitrise en sciences juridiques, Gaston Berger, Saint-Louis, 2012, p. 7.

[43]S. TORCOL, *Les mutations du constitutionnalisme à l'épreuve de la construction européenne : essai critique sur l'ingénierie constitutionnelle*, *op. cit*., p. 18.

A/SP1/12/01 sur la démocratie et la bonne gouvernance additionnel au protocole relatif au mécanisme de prévention, de gestion, de règlement des conflits, de maintien de la paix et de la sécurité, signé à Dakar, le 21 décembre 2001, vient préciser le cadre du constitutionnalisme Ouest-africain et, contribuer ainsi à faire émerger l'« identité constitutionnelle »[44] de la CEDEAO.

Dans cette optique, l'adoption, le 19 janvier 2005 à Accra, du Protocole A/SP1/01/05 portant amendement du Protocole A/P1/7/91 relatif à la Cour de justice de la Communauté, a marqué un tournant décisif dans l'histoire de l'intégration en Afrique de l'Ouest : elle a permis à la fois d'étendre le champ d'intervention de la Cour de justice en matière de protection des droits fondamentaux et d'ouvrir aux particuliers le prétoire de la juridiction communautaire, jusque-là réservé aux États membres et aux institutions de la Communauté.

Cette volonté de protéger les droits fondamentaux des individus s'inscrit dans la perspective d'une intégration fondée sur le droit. C'est dans cet objectif que se situe notre étude : la dynamique constitutionnelle du droit communautaire à l'aune de la protection des droits fondamentaux dans l'espace CEDEAO.

Afin de mener une telle recherche, nous ferons d'abord l'analyse théorique de certaines notions pour mieux cerner les contours du sujet.

Par la suite, nous nous interrogerons sur la dynamique de la protection des droits fondamentaux dans le contexte de la CEDEAO, avant d'aborder la question des valeurs intégrationnistes.

---

[44]Nous entendons par « identité constitutionnelle » de la CEDEAO le processus de constitutionnalisation de son ordre juridique. Sur cette notion voir notamment F.-X. MILLET, *L'Union européenne et l'identité constitutionnelle des États membres*, thèse, Paris, L.G.D.J., 2013 ; voir aussi H. FLAVIER, *La contribution des relations extérieures à la construction de l'ordre constitutionnelle de l'Union européenne*, thèse, Bruxelles, Bruylant, 2012 ; A. SALL & I. M. FALL, *Une Constitution régionale pour l'espace CEDEAO : le Protocole sur la Démocratie et la Bonne Gouvernance : www.la constitution-en-Afrique.org.*

B. La définition des concepts préliminaires

Traiter du constitutionnalisme dans le processus d'intégration de la CEDEAO pose la question de la commodité conceptuelle et de la nécessité de la détermination des contours essentiels à l'appréhension explicite de l'étude. La mise en avant de l'intérêt de cette recherche nous impose d'abord de consacrer une assise conceptuelle, afin de mettre en perspective le cadre théorique préalable. Dans cette optique, définir les notions d'intégration (1), de constitutionnalisme (2) et de droits fondamentaux (3) nous paraît être une première étape indispensable.

1. La notion d'intégration

Le *Dictionnaire de droit international public*, considère l'intégration comme correspondant à la fonction d'une organisation internationale qui vise à unifier progressivement par des mécanismes appropriés, l'économie voire le système des États membres[45]. Dans le même ordre d'idées, Abraham Hervé DIOMPY citant Naceur BOURENANE, considère que « la notion d'intégration devrait davantage être couplée avec celle de construction communautaire. Cette dernière rend compte de la nature collective d'un processus de construction d'un espace collectif entrepris de façon consciente, négociée et irréversible par des partenaires ayant choisi de partager un même destin, dans un cadre politico-institutionnel préalablement établi et choisi par eux sur une base négociée en se fondant sur une vision stratégique de leur avenir en commun »[46]. C'est aussi le sens de la définition donnée par Ernst B. HASS pour qui, l'intégration peut être perçue comme le « processus par lequel les acteurs politiques des différents champs nationaux sont persuadés de tourner leur fidélité, leurs espérances et leurs activités vers

---

[45]Voir J. SALMON, (dir.), *Dictionnaire de Droit international public*, Bruxelles, Bruylant/AUF, coll. « Universités francophones », 2001, p. 591 ; voir aussi D. SANOU, *La juridictionnalisation des organisations d'intégration économique en Afrique*, *op. cit.*, p. 34.

[46]A. H. DIOMPY, *Le paradoxe de l'internationalisation du droit constitutionnel en Afrique : réflexions sur les interactions normatives, institutionnelles et politiques dans l'espace CEDEAO*, *op. cit.*, p. 46.

un nouveau grand centre dont les institutions disposent ou exigent de disposer d'une juridiction sur les États [...] préexistants »[47]. Cette approche contemporaine met en évidence la nécessité d'une intégration fondée sur des valeurs juridiques, autrement dit, une intégration par le droit.

Quant à l'approche du professeur Pierre-François GONIDEC, elle s'accorde sur le fait que l'intégration se résume « à la fois à un processus et une situation qui, à partir d'une société internationale morcelée en unités indépendantes les unes des autres, tendant à leur substituer de nouvelles unités plus ou moins vastes, dotées au minimum du pouvoir de décision, soit dans un ou plusieurs domaines déterminés, soit dans l'ensemble des domaines relevant de la compétence des unités intégrées, à susciter au niveau des consciences individuelles, une adhésion ou une allégeance et à réaliser au niveau des structures une participation de tous au maintien et au développement de la nouvelle unité »[48].

Dans le cadre de cette étude, nous retiendrons la définition consacrée par Nicolas MOUSSIS qui nous paraît la plus complète, et en vertu de laquelle, « l'intégration multinationale implique la création graduelle, par des instruments volontairement adoptés par tous, des liens imperceptibles mais innombrables entre les nations qui prennent part à l'expérience.

Ces liens consistent en des politiques et lois communes, qui régissent les activités économiques des États membres et influencent la vie quotidienne et professionnelle de leurs citoyens »[49]. Le processus d'intégration de la CEDEAO obéit à cette logique.

---

[47] E. HASS, *The Uniting in Europe, Stanford University Press*, 1958, p. 16., cité par D. SANOU, *La juridictionnalisation des organisations d'intégration économique en Afrique*, *op. cit.*, p. 32.

[48] P.-F. GONIDEC, *Les organisations internationales africaines, Étude comparative*, Paris, L'Harmattan, 1989, p. 64.

[49] N. MOUSSIS, « Théorie de l'intégration : les politiques communes comme fondement de l'intégration multinationale », *RMCUE*, 2001, p. 536.

2. La notion de constitutionnalisme

Si le constitutionnalisme est aujourd'hui revendiqué dans toutes les démocraties comme l'acceptation juridique de la supériorité de la constitution sur toute autre règle de droit[50], son appréhension demeure toujours délicate en doctrine, tant le concept apparaît polysémique et tend à se confondre au droit constitutionnel.

En effet, la doctrine considère traditionnellement que le constitutionnalisme « se manifeste par la création et la mise en place d'une justice constitutionnelle indispensable à la reconnaissance effective des droits et libertés garantis par la constitution. Une instance judiciaire doit donc être investie du pouvoir de contrôler la légalité constitutionnelle des normes étatiques de manière à garantir la suprématie de la constitution »[51]. Pour Jean-Marie DENQUIN, le constitutionnalisme désigne « un mouvement qui vise à mettre en œuvre un idéal par les moyens propres du droit constitutionnel »[52]. Le constitutionalisme serait alors un objet juridique identifié pour servir la cause politique, et plus précisément la cause démocratique. C'est en ce sens que l'on a pu parler de « constitutionnalisme libéral »[53]. Pour ce dernier, le droit est consubstantiel à la démocratie au sens où il est

---

[50]J. LECLAIR, « L'avènement du constitutionnalisme en Occident : fondements philosophiques et contingence historique », *R.D.U.S.*, 2011 (41), p. 163

[51]J. LECLAIR, « L'avènement du constitutionnalisme en Occident : fondements philosophiques et contingence historique », *op. cit.,* pp. 163-164 ; M. FROMONT, *La justice constitutionnelle dans le monde*, Paris, Dalloz, 1996, p. 42 et s.

[52]J.-M. DENQUIN, « Situation présente du constitutionnalisme. Quelques réflexions sur l'idée de démocratie par le droit », *Jus Politicum,* n° 1, p. 1 ; P. AVRIL, « Une revanche du droit constitutionnel ? », *Pouvoirs n° 49*, la Vème République – 30 ans, Avril 1989, pp. 5- 13 ; D. ROUSSEAU, « Constitutionnalisme et démocratie », La vie des idées.fr, 19 septembre 2008, disponible sur : www.laviedesidees.fr ; M. TROPER, « Le constitutionnalisme entre droit et politique », disponible sur : www.u-picardie.fr ; Y. POIRMEUR, D. ROSENBERG, « La doctrine constitutionnelle et le constitutionnalisme français », disponible sur : www.u-picardie.fr ; A. BOURGI, « L'évolution du constitutionnalisme en Afrique. Du formalisme à l'effectivité », *RFDC*, 2002 n° 52, pp. 721-748.

[53]J.-M. DENQUIN, « Situation présente du constitutionnalisme. Quelques réflexions sur l'idée de démocratie par le droit », *op. cit.*, p. 1 ; M. TROPER, « Le constitutionnalisme entre droit et politique », *op. cit.*, p. 1 et s.

permis de parler, selon la formule de Jean-Marie DENQUIN, de « démocratie par le droit »[54], c'est-à-dire une démocratie qui implique la création des institutions sous l'empire du droit. On note à cet égard, dans l'acception de Michel TROPER qui, à travers une approche finaliste, a pu mettre en lumière le constitutionnalisme suivant l'idée générale qu'il faut dans tout État une constitution empêchant le despotisme en assurant une pleine effectivité au contrôle juridictionnel de la constitutionnalité[55]. Dans ce contexte, le constitutionnalisme pourrait être défini comme un pouvoir de régulation des systèmes politiques de manière à imposer, par une dynamique juridique, la volonté originelle du peuple, dans la pratique des institutions.

Pour Yves MÉNY, le constitutionnalisme « traduit l'acception à la fois juridique et politique de la supériorité de la Constitution sur toute autre norme. Politiquement, le constitutionnalisme signifie que la loi fondamentale est la traduction du pacte social conclu entre toutes les composantes du pays. Parce qu'elle incarne l'adhésion de l'immense majorité des éléments du corps social, la Constitution bénéficie d'une légitimité érigée en mythe sacralisé »[56].

On ne peut cependant se résoudre à considérer que le constitutionnalisme ne peut être appréhendé que d'un point de vue fonctionnel. D'un point de vue juridique on peut aussi affirmer que le constitutionnalisme est le moyen par lequel, le juge constitutionnel, dans l'interprétation des normes, peut exiger d'un pouvoir ou d'une institution, le comportement légitime qui est attendu de lui, c'est-à-dire le respect des règles auxquelles il est soumis et le cas échéant, pouvoir sanctionner la violation des telles règles. En ce sens, le

---

[54]*Ibid.*, p. 2 ; voir également, J. ROBERT, « L'ingénierie constitutionnelle et l'Europe de l'Est : le rôle de la Commission européenne pour la démocratie par le droit », *in* S. MILACIC (dir.), *La réinvention de l'État : démocratie te ordre juridique en Europe centrale et orientale*, Actes du colloque international du Sénat, Paris, 5 et 6 octobre 2002, Bruxelles, Bruylant, 2003, pp. 195-204.

[55]M. TROPER, « Le concept de constitutionnalisme et la théorie moderne du droit », *in* Terence Marshall (dir.), *Théorie et pratique du gouvernement constitutionnel ; la France et les États-Unis,* La Garenne-Colombes, éd. de l'Espace européen, 1992, p. 35 et s ; voir aussi O. BEAUD, « Constitution et constitutionnalisme », *in* P. RAYNAUD, S. RIALS (dir.), *Dictionnaire de philosophie politique*, Paris, PUF, 1996, pp. 117-126.

[56]Y. MÉNY, « Constitutionnalisme », *in* Y. MÉNY, O. DUHAMEL (dir.), *Dictionnaire constitutionnel*, Paris, PUF, 1992, pp. 212-213.

constitutionnalisme peut être perçu comme la doctrine qui fonde l'action légitime du juge constitutionnel en tant qu'autorité juridictionnelle dotée de pouvoirs d'interprétation et de sanction. Le constitutionnalisme fonde aussi l'autonomie du droit constitutionnel en tant que « droit vivant »[57] et fait du juge constitutionnel le garant du fonctionnement régulier des institutions publiques. En d'autres termes, il veille au respect, par les institutions étatiques, du cadre juridique établi par le pouvoir constituant.

Le règne du droit implique en effet l'existence d'un juge chargé d'assurer le contrôle du respect des règles juridiques. C'est pourquoi, « le juge ne peut justifier le droit que par sa qualité de juge et sa qualité de juge par le droit qu'il crée »[58]. Partant de cette conception minimaliste, on peut, dans le cadre de cette étude, voir dans le constitutionnalisme, le moyen de limitation constitutionnelle du pouvoir, que consacrent la séparation des pouvoirs et la protection des droits fondamentaux.

À cet égard, on peut soutenir la conception doctrinale selon laquelle « le constitutionnalisme naît avec les constitutions écrites révolutionnaires. Il s'agit de l'impératif politique de fixer les règles les plus "importantes" par écrit, de déterminer les obligations et les droits des gouvernants et des citoyens, donc de proclamer les droits de l'homme et du citoyen »[59].

Une fois admise, l'approche juridique de la notion du constitutionnalisme, encore faut-il accepter que ce concept puisse être transposé dans le cadre d'une intégration à l'image de la CEDEAO.

---

[57]Sur ce sujet voir notamment C. SEVERINO, *La doctrine du droit vivant. Étude du contentieux constitutionnel comparé franco-italien*, thèse, Aix-Marseille, 2001, 282 p. ; voir aussi C. SEVERINO, « Le Conseil constitutionnel et le droit vivant : mythe ou réalité ? », *in mélanges offerts à L. Favoreu, Renouveau du droit constitutionnel*, Paris, Dalloz, 2007, pp.1429-453 ; voir également B. PIGNEROL, « Le crépuscule des Lumières : Excès de droit, abus de droit », *in* Mathieu DOAT, Jacques LE GOFF et Philippe PÉDROT, *Droit et complexité. Pour une nouvelle intelligence du droit vivant*, Actes du colloque de Brest du 24 mars 2006, Presses Universitaires de Rennes (Coll. « L'Univers des Normes »), 2007, pp. 63-76, spéc. p. 64.

[58]J.-M. DENQUIN, « Situation présente du constitutionnalisme. Quelques réflexions sur l'idée de démocratie par le droit », *op. cit.*, p. 3.

[59]L. FAVOREU ; P. GAÏA ; R. GHEVONTIAN ; J.-L. MESTRE ; O. PFERSMANN ; A. ROUX ; G. SCOFFONI, *Droit constitutionnel*, 18e éd., Paris, Dalloz, 2016, p. 92.

C'est la tâche à laquelle nous allons nous atteler dans le cadre de cette étude.

Toutefois, vouloir transposer le constitutionnalisme dans le cadre de la construction communautaire, et précisément, dans le cadre de la CEDEAO, ne revient-il pas à assigner au processus d'intégration un objectif constitutionnel clair, tel un droit constitutionnel à l'intégration ? En cela, ne se rapproche-t-on pas davantage de l'idée d'une intégration obligatoire des États dans la mesure où, parce qu'elle émane de la volonté du constituant, l'intégration révèle un caractère contraignant et obligatoire pour les États qui sont dès lors tenus de la mettre en œuvre ? En effet, loin d'être l'émanation d'un mimétisme institutionnel comme cela avait été le cas dans le cadre de la construction constitutionnelle des États africains au lendemain des indépendances, la construction communautaire ouest-africaine traduit la volonté réelle des peuples africains de faire l'intégration régionale. La construction de la CEDEAO apparaît dès lors comme la formalisation de la volonté des peuples historiquement liés, à se retrouver ensemble pour le besoin de la cause communautaire.

Le constituant apporte de ce fait sa caution à la réalisation de l'intégration. Samuel-Jacques PRISSO-ESSSAWE, explique parfaitement cela en affirmant que « l'interdiction de compromettre le processus d'intégration, (...) fait échos à l'obligation de loyauté ou de fidélité pour les États membres, inséré en général dans les traités d'intégration »[60], tel qu'il résulte de l'article 5 du traité de la CEDEAO.

En ce sens, le Conseil constitutionnel sénégalais a eu l'occasion de le préciser dans une décision de 1993 que, « même si les articles [14, 15 et 16 du Traité OHADA] soumis à l'examen du Conseil constitutionnel avaient prescrit un véritable abandon de souveraineté, ils ne seraient pas inconstitutionnels » avant d'ajouter que même « s'il y avait un doute à ce sujet, il serait levé par les dispositions du paragraphe 3 du préambule de la Constitution »[61] qui soulignent la nécessité d'une unité politique,

---

[60]S.-J. PRISSO-ESSSAWE, « L'intégration régionale dans le droit constitutionnel des pays d'Afrique sub-saharienne », *in* S. DOUMBE-BILLE, B. M. METOU (dir.), *Regards sur le droit public en Afrique, Mélanges en l'honneur du doyen Joseph-Marie Bipoun Woum*, *op. cit.*, p. 342.

[61] Conseil constitutionnel Sénégalais, Décision 12/93-Affaire n° 3/C/93. Aux termes de cette décision, le Conseil constitutionnel affirme que, « Le peuple sénégalais,

culturelle économique et sociale des États africains. Il apparaît, dès lors, que le processus d'intégration par le droit traduit une volonté de renforcer l'encadrement du système communautaire par l'affirmation constitutionnelle des droits fondamentaux. Plus qu'un « phénomène de mode, d'esthétisation, de séduction d'une communauté internationale attachée aux principes et aux valeurs de démocratie, des droits de l'homme et de l'État de droit »[62], cette dimension constitutionnelle du droit communautaire, à l'aune de la protection des droits fondamentaux, met en lumière la nécessité de transformer la Communauté Ouest-africaine en une communauté de droit, et permettre ainsi la diffusion des principes et valeurs jugés essentiels à la création du patrimoine de la Communauté.

La conséquence d'une telle approche est de permettre aux États membres, dont la défaillance des systèmes est très souvent décriée, de sortir des discours incantatoires pour assurer à la fois à la Constitution sa véritable place au sommet de la hiérarchie des normes et à la juridiction constitutionnelle les prérogatives nécessaires à la protection des droits constitutionnellement garantis. De ce point de vue, l'affirmation d'un ordre juridique stable, pouvant influencer l'ordre juridique des États, apparaît incontestablement comme un progrès en faveur de la démocratie, de l'État de droit et des droits fondamentaux[63].

S'il est vrai qu'aujourd'hui presque partout en Afrique un large consensus existe en matière de droits fondamentaux, de paix et de

---

soucieux de préparer l'unité des États de l'Afrique et d'assurer les perspectives que comporte cette unité ; conscient de la nécessité d'une unité politique, culturelle économique et sociale, indispensable à l'affirmation de la personnalité ; conscient des impératifs historiques, moraux et matériels qui unissent les États africains, décide : que la République du Sénégal ne ménagera aucun effort pour la réalisation de l'unité africaine » ; voir A. SOW, « La diffusion du droit communautaire ouest-africain », in *L'État de droit,* Civitas Europa, n° 37, déc. 2016, pp. 361-362.

[62]L. SINDJOUN, *La formation du patrimoine constitutionnel commun des sociétés politiques : éléments pour une théorie de la civilisation politique internationale*, Dakar, Conseil pour le Développement de la Recherche en Sciences sociales en Afrique (CODESRIA), 1997.

[63]Voir notamment F. CHALTIEL, « Les rapports de systèmes entre le droit constitutionnel et le droit européen : développements récents », *RMCUE*, 2007, pp. 361-372 ; voir aussi A. ALEN et M. MELCHIOR, « Les relations entre Cours constitutionnelles et les autres juridictions nationales, y compris l'interférence en cette matière, de l'action des juridictions européennes », *RUDH*, 2002, pp. 333-360.

sécurité, de démocratie et de l'État de droit avec l'adoption d'un arsenal juridique considérable, l'Afrique de l'Ouest par le biais de la Communauté économique des États de l'Afrique (CEDEAO), se distingue des autres espaces sous régionaux africains, par l'originalité des textes juridiques adoptés qui, pour l'essentiel, visent à protéger les droits fondamentaux, à garantir l'État de droit et sa consolidation mais aussi à rendre effective la démocratie dans tout l'espace ouest-africain[64].

Le constitutionnalisme participe donc de cet objectif de protection des droits fondamentaux en tant que leviers d'intégration en Afrique et particulièrement en Afrique de l'Ouest.

Même si la notion est assez dense, afin d'éviter des querelles sémantiques qui alourdiraient inutilement notre démarche, il importe pour nous, avant de poursuivre l'objectif de cette étude, de préciser la notion de droits fondamentaux.

3. La notion de droits fondamentaux

L'actualité des « droits fondamentaux » donne lieu, depuis des décennies, à une pluralité de discours théoriques[65]. Apparu dans la Constitution allemande[66] de 1949, le concept de « droits fondamentaux » entend désigner des droits essentiels, qui sont les premiers « fondements » des autres droits[67]. Mais, la détermination du concept de droits fondamentaux se heurte à la complexité de l'approche

---

[64]Voir A. H. DIOMPY, *Le paradoxe de l'internationalisation du droit constitutionnel en Afrique : réflexions sur les interactions normatives, institutionnelles et politiques dans l'espace CEDEAO*, *op.cit.*, p. 27.

[65]S. ETOA, *Le passage des « libertés publiques » aux « droits fondamentaux ». Analyse des discours juridiques français,* thèse, Caen, Basse-Normandie, 2000.

[66]Loi fondamentale du 23 mai 1949, art. 1er, paragraphe 3, titre premier : « les droits fondamentaux ».

[67]T. RENOUX, « Théorie des droits fondamentaux, hiérarchie des normes et séparations des pouvoirs *»*, *in* Thierry-S. RENOUX (dir.), *Protection des libertés et droits fondamentaux*, Paris, La Documentation française, 2007, p. 32.

globale, tant les réalités qu'il recouvre sont multiples[68]. Cette complexité est, en effet, perceptible aussi bien sous l'angle de la diffusion de la « fondamentalité » de la notion que lorsqu'on la rapproche des notions connexes[69]. Selon les conceptions que l'on adopte, la dimension axiologique des droits fondamentaux divise la doctrine. Pour M.-L. PAVIA, « au sens profond et initial, un droit fondamental mérite son nom lorsqu'il est constituant - au sens d'établir – de l'identité de l'homme dans une société démocratique déterminée»[70]. Dans le même sens, le doyen Louis FAVOREU a pu affirmer que les droits fondamentaux désignent simplement « les droits et libertés protégés par des normes constitutionnelles ou (et) européennes et internationales.

Ni plus ni moins »[71]. Selon lui, les droits fondamentaux sont des « droits reconnus aux personnes physiques ou morales par des textes et normes supra-législatifs comme des "permissions" opposables aux prérogatives des trois pouvoirs [législatif, exécutif, et judiciaire] et même à celles des institutions supranationales »[72].

Le rattachement à une norme supérieure offre ainsi à ces droits une protection très complète au regard, non seulement du pouvoir exécutif, mais aussi du pouvoir législatif et judiciaire[73]. Les droits fondamentaux seraient ainsi ceux qui bénéficient d'une protection de la norme suprême[74], mais également ceux qui renvoient au genre humain[75], à

[68]S. PLATON, *La coexistence des droits fondamentaux constitutionnels et européens dans l'ordre juridique français*, Thèse, Bordeaux IV, 2007, dactyl., pp. 9-18.
[69]A. REMEDEM, *La protection des droits fondamentaux par la Cour de justice de l'Union européenne,* thèse, Clermont 1, 2013, p. 4 et s.
[70]M.-L. PAVIA, « Éléments de réflexions sur la notion de droit fondamental », *L.P.A.*, 6 mai 1994, n° 54, pp. 6-13, spéc. p. 13., cité par A. REMEDEM, *La protection des droits fondamentaux par la Cour de justice de l'Union européenne, op. cit.*, p. 4.
[71]L. FAVOREU, *Droit constitutionnel*, 12e édition, Paris, Dalloz, 2009, p. 854.
[72]L. FAVOREU (dir.), *Droit des libertés fondamentales*, « coll. », Précis, 3ème éd., Paris, Dalloz, 2005, p. 2.
[73]H. OBERDORFF, *Droits de l'Homme et libertés fondamentales*, 2e éd., Paris, L.G.D.J., 2010, p. 30.
[74]A. REMEDEM, *La protection des droits fondamentaux par la Cour de justice de l'Union européenne, op. cit.*, p. 5.
[75]V. CHAMPEIL-DESPLATS, « Réflexions sur les portées respectives de la Convention européenne des droits de l'homme et de la Charte des droits

« l'homme en tant qu'il est homme »[76]. Dès lors, pour mieux appréhender la plénitude de la notion de « droits fondamentaux », il faut se rapporter à son expression aussi bien formelle que matérielle[77]. C'est, en effet, par la conjugaison de ces deux approches que l'on peut espérer déterminer la « fondamentalité » d'un droit.

Si, tel que l'on a pu le relever, du point de vue formel, les droits fondamentaux sont les droits et libertés qui sont garantis par un texte constitutionnel et/ou international, sur le plan matériel, la « fondementalité » est appréhendée comme une propriété constitutive des droits en question[78]. Elle résulte de l'importance substantielle qui peut être accordée aux droits, notamment dans leur rapport avec « la dignité de la personne humaine »[79]. Ce sont donc les droits de l'homme qui fondent la reconnaissance matérielle des droits fondamentaux[80].

Cette approche holistique de la notion de droits fondamentaux nous permet, dans le cadre de cette étude, d'inscrire l'action de la Cour de justice de la CEDEAO en matière de protection des droits fondamentaux dans une perspective globale, puisque la Cour prend en compte les droits consacrés par les traités, et de manière plus générale, ceux qui se rapportent à la dignité humaine.

En effet, même si les traités communautaires ne participent pas *expressis verbis* à la diffusion du vocabulaire de la « fondamentalité », la Cour de justice de la CEDEAO ne semble pas distinguer les « droits fondamentaux » des « droits de l'homme » : elle les tient pour

---

fondamentaux de l'Union européenne », in *Traités des rapports entre ordres juridiques,* B. BONNET *(dir.)*, Paris, L.G.D.J., 2016, p. 1145.

[76]R. GOGUEL, « Objet et portée de la protection de droits fondamentaux », *Cours constitutionnelles et droits fondamentaux*, Aix-Marseille, Economica, 1982, p. 236.

[77]B. MATHIEU et M. VERPEAUX, *Contentieux constitutionnel des droits fondamentaux*, Paris, L.G.D.J., 2002, pp. 12-13 ; H. OBERDORFF, *Droits de l'Homme et libertés fondamentales*, *op. cit.*,p. 30.

[78]M. LEVINET, *Théorie générale des droits et des libertés*, 2e éd., Bruylant, Bruxelles, 2008, p. 62.

[79]E. PICARD, « L'émergence des droits fondamentaux en France », in *Les droits fondamentaux – une nouvelle catégorie juridique ? A.J.D.A.*, 1998, n° spécial, p. 34 ; Conseil Constitutionnel français, *Décision Bioéthique – Décision* 343-344 DC, 17 juillet 1994, *Les grandes décisions du conseil constitutionnel*, 15e éd., Paris, Dalloz, 2009, n° 37, pp. 641-657.

[80]C. GIRARD, S. HENNETTE-VAUCHEZ, *La Dignité de la personne humaine, essai sur le processus de juridicisation*, Paris, PUF, 2005, p. 18.

synonymes. La seule invocation de la violation d'un droit de l'homme, que ce droit soit réel ou supposé, suffit à établir la compétence formelle de la Cour de justice dans le contentieux y afférent, quel que soit le degré de « fondamentalité » de la norme querellée. C'est aussi notre approche dans le cadre de cette étude, lorsque nous évoquons les droits fondamentaux protégés dans l'espace CEDEAO. Pour autant, on ne peut, si l'on veut être complet dans l'appréhension de la « fondamentalité », ignorer la doctrine qui dissocie les concepts de « droits fondamentaux » et de « droits de l'homme ».

Pour Véronique CHAMPEIL-DESPLATS, c'est notamment le cas lorsque « la référence à la "fondamentalité" fonctionne comme un facteur de restriction de la catégorie des droits de l'homme — il y aurait des droits de l'homme fondamentaux et d'autres qui ne le seraient pas —, ou lorsqu'on la réduit à une dimension formelle.

Les droits fondamentaux seraient dans ce cas uniquement des droits de l'homme qui ont intégré les normes les plus élevées des ordres juridiques, les normes de valeur constitutionnelle ou internationale contraignante (c'est-à-dire excluant la *soft law*) »[81].

Cependant, loin d'être le « prolongement ou la dénaturation des droits de l'homme »[82], pour Jean MOULY, les droits fondamentaux seraient, dans une certaine mesure, une « *positivation* » des droits de l'homme[83].

De même, des critères distinctifs ont été mis en lumière pour appréhender la distinction entre les concepts de « droits fondamentaux » et de « libertés fondamentales ». Ainsi, Pour les professeurs Bertrand MATHIEU et Michel VERPEAUX, « il existe des libertés qui ne sont pas des droits, par exemple la faculté de se suicider, ou celle de recourir à un avortement, des libertés qui sont des droits ce qui est le cas le plus général pour les libertés fondamentales, comme la liberté d'aller et venir, ou le droit de grève, et des droits qui ne sont pas des libertés,

[81]V. CHAMPEIL-DESPLATS, « Réflexions sur les portées respectives de la Convention européenne des droits de l'homme et la Charte des droits fondamentaux de l'Union européenne », *op. cit.*, pp. 1145-1146.
[82]P. FRAISSEIX, Les droits fondamentaux, prolongement ou dénaturation des droits de l'homme ?, *R.D.P.*, 2001, pp. 531-553.
[83]J. MOULY, « Les droits sociaux à l'épreuve des droits de l'homme », Dr. Soc., 2002, p. 799.

comme le droit à la santé »[84]. Si la diffusion des droits fondamentaux a pu connaître quelques résistances au niveau de la doctrine, la nécessité de la garantie de ces droits a constitué l'un des principaux vecteurs de rapprochement des systèmes.

Dans le cadre de la construction communautaire, « les droits fondamentaux constituent un lieu de "rencontre" entre intégration régionale et droit constitutionnel »[85]. La protection des droits fondamentaux apparaît ainsi comme l'instrument du constitutionnalisme régional en Afrique de l'Ouest.

II. La dynamique de protection des droits fondamentaux dans l'espace CEDEAO

Rien ne semblait destiner la CEDEAO à assurer la protection des droits fondamentaux. La vocation initiale qui la sous-tendait était clairement inscrite à l'article 2 du traité constitutif de Lagos et reprise à l'article 3 du traité révisé de Cotonou. Ainsi, selon l'article 3 du traité révisé, « La Communauté vise à promouvoir la coopération et l'intégration dans la perspective d'une Union économique de l'Afrique de l'Ouest en vue d'élever le niveau de vie de ses peuples, de maintenir et d'accroître la stabilité économique, de renforcer les relations entre les États Membres et de contribuer au progrès et au développement du continent africain ». Même si l'idée d'une Communauté politique n'a jamais quitté l'esprit des pères fondateurs, ce sont les préceptes économiques qui ont favorisé la création de la CEDEAO.

Devant l'ampleur des mutations politiques, économiques et sociales, l'organisation Ouest-africaine a pris conscience que l'intégration

[84]B. MATHIEU, M. VERPAUX, *Contentieux constitutionnel des droits fondamentaux, op. cit.*, p. 17.

[85]S.-J. PRISSO-ESSSAWE, « L'intégration régionale dans le droit constitutionnel des pays d'Afrique sub-saharienne », *in* S. DOUMBE-BILLE, B. M. METOU (dir.), *Regards sur le droit public en Afrique, Mélanges en l'honneur du doyen Joseph-Marie Bipoun Woum*, *op. cit.*, p. 341.

juridique était une étape préalable nécessaire à la réalisation de l'intégration économique. Dès lors, elle s'engage dans un processus ponctué par des révisions formelles des traités fondateurs et marqué par des acquis institutionnels définissant ainsi la nouvelle approche communautaire. Cette nouvelle vision communautaire qui se veut plus pragmatique, procède de la conjugaison de deux approches : la protection des droits fondamentaux en tant que levier d'intégration **(A)** et la nécessité d'une garantie des droits fondamentaux que postule l'affirmation de l'ordre juridique communautaire (**B**).

A. La protection des droits fondamentaux en tant que levier d'intégration

Á l'instar de l'ancienne Communauté Économique Européenne, la Communauté Économique des États de l'Afrique de l'Ouest intègre la protection des droits fondamentaux pour permettre la réalisation des objectifs communautaires à travers notamment « la suppression entre les États Membres, des obstacles à la libre circulation des personnes, des biens, des services et des capitaux ainsi qu'aux droits de résidence et d'établissement »[86].

Dans cette optique, les droits fondamentaux sont apparus comme l'un des principaux vecteurs de l'intégration en Afrique de l'Ouest. Considérés dans leur dimension axiologique, les droits fondamentaux, tels que le note Véronique CHAMPEIL-DEPLATS, « ont vocation à se diffuser dans les ordres juridiques en tant que valeurs morales partagées » et « expriment un idéal commun »[87]. Consacrés de manière explicite par le Protocole AdditionnelA/SP.1/01/05 du 19 janvier 2005 portant amendement du ProtocoleA/P1/7/91 relatif à la Cour de justice

[86]Article 3 alinéa 2. iii) du traité de la CEDEAO.

[87]V. CHAMPEIL-DEPLATS, « Réflexions sur les portées respectives de la Convention européenne des droits de l'homme et la Charte des droits fondamentaux de l'Union européenne », *op. cit.*, p. 1147.

de la Communauté, les droits fondamentaux sont devenus une « *finalité* »[88] pour la Communauté ouest-africaine.

Cependant, contrairement à l'expérience européenne où l'activisme du juge a permis la reconnaissance et la protection des droits fondamentaux dans l'Union européenne[89], à travers notamment une offensive jurisprudentielle et une conception assez large de son pouvoir créateur des normes, le juge de la CEDEAO est resté étrangement à l'écart de la consécration des droits fondamentaux. L'insertion des droits fondamentaux comme « vecteurs ambitieux de la construction communautaire »[90] est le résultat d'un activisme doctrinal et de la pratique des organisations de défense des droits de l'homme.

L'arrêt *Olajide Afolabi c/ République fédérale du Nigéria* du 27 avril 2004, parce qu'il a refusé d'examiner une requête individuelle, en dépit de la violation avérée des droits fondamentaux du requérant, a été l'élément déclencheur de cet activisme qui a permis la réforme substantielle ayant introduit la protection des droits fondamentaux dans l'action communautaire.

Cette réforme consacre indiscutablement la reconnaissance des droits fondamentaux comme garantie démocratique et institue un mécanisme assez original de leur sauvegarde. L'article 9 (4) et 10 (d) du Protocole d'Accra élargit ainsi la compétence de la Cour de justice, pour statuer sur les cas de violation des droits fondamentaux dans tout État membre. La seule condition limitative tient, en effet, au caractère non anonyme de la requête et à l'exception de litispendance internationale, afin d'éviter le cumul des procédures et la contrariété de jurisprudence.

C'est plus spécifiquement dans le mécanisme de la protection des droits fondamentaux que la Cour de justice de la CEDEAO se singularise. En effet, l'accès au prétoire de la Cour est totalement ouvert aux

---

[88]Voir en ce sens, H. OBERDORFF, « La reconnaissance des droits fondamentaux par l'Union européenne », in *L'odyssée des droits de l'homme : Fondations et naissances des droits de l'homme*, Paris, L'Harmattan, 2003, p. 368 et s.

[89]CJCE, 12 novembre 1969, aff. 29/69, *« Erich Stauder/ville d'Ulm Sozialamt »*, *Rec.*, p. 419.

[90]V. CHAMPEIL-DEPLATS, « Réflexions sur les portées respectives de la Convention européenne des droits de l'homme et la Charte des droits fondamentaux de l'Union européenne », *op. cit.*, p. 1147.

particuliers qui ne sont soumis à aucune condition de filtrages, encore moins à la condition classique de l'épuisement des voies de recours. L'accès à la juridiction communautaire est d'une singularité telle que l'on a pu parler de « révolution juridique »[91] dans le processus d'intégration en Afrique de l'Ouest. La portée conférée aux droits fondamentaux se révèle, en ce sens, déterminante pour l'autonomisation de l'ordre juridique de la Communauté Ouest-africaine. À cet égard, l'on peut observer que l'absence d'un catalogue de droits identifiés a conduit la Cour de justice de la CEDEAO à développer une politique jurisprudentielle en matière de protection des droits, fondée sur un important corpus de textes juridiques internationaux et régionaux de protection des droits fondamentaux. C'est dans cette dynamique que la Charte Africaine des Droits de l'Homme et des peuples a été incorporée dans le dispositif juridique de la Communauté en tant qu'instrument de référence de la Cour de justice en matière de protection des droits fondamentaux. C'est là l'affirmation de l'attachement de la CEDEAO à certaines valeurs qui, pour leur visibilité, implique l'obligation de protection des droits fondamentaux. L'étude de ces valeurs, constituant le patrimoine de la CEDEAO, nous permettra d'établir le lien entre la prise en compte des droits fondamentaux et l'affirmation desdites valeurs dans le processus d'intégration.

Le respect des droits fondamentaux est donc aujourd'hui une priorité de la politique d'intégration régionale en Afrique de l'Ouest, tant pour la mise en œuvre de sa politique sécuritaire que pour la stabilisation de la région. Cette priorité devient plus manifeste avec les nouveaux défis qu'impliquent la lutte contre le terrorisme et la préservation de la démocratie et de l'État de droit. La CEDEAO s'est s'érigée,

---

[91]D. D'ALLIVY KELLY, « Le juge africain est entré dans l'histoire (Cour de justice de la CEDEAO, 27 octobre 2008, Hadidjatou Mani Koraou c/Niger) », 10 mai 2009. Disponible sur : www.combatsdroitshomme.blog.lemonde.fr. La Cour de justice a, en effet, précisé dans l'arrêt Dame Hadidjatou Mani Koraou c/République du Niger, les contours de ce qu'elle considère comme un « acquis communautaire » et qu'elle entend préserver. Ainsi, pour que l'accès à la juridiction soit effectif, on retrouve dans le texte du Protocole d'Accra, un principe de proximité qui permet la tenue des audiences « hors les murs » de la Cour, afin de rendre son office plus accessible aux citoyens. Cette approche pragmatique est d'autant plus nécessaire que le coût du procès peut constituer un motif d'éloignement du justiciable de la juridiction.

aujourd'hui, comme la nouvelle actrice, incontournable, de la protection des droits fondamentaux, de sorte que ces derniers apparaissent comme des vecteurs de rapprochement des différents ordres. La montée en puissance des droits fondamentaux est également perceptible, parce que leur respect fait partie des conditions impératives, désormais prises en compte dans les relations internationales, notamment en matière de coopération au développement. Le respect des droits fondamentaux apparaît ainsi comme une « conditionnalité », c'est-à-dire la condition à l'action des partenaires extérieures[92]. Par exemple, les violations répétées des droits fondamentaux par certains États ACP, signataires de la Convention de Lomé (Lomé I) a mis en lumière, la nécessité, pour l'Union européenne, d'inscrire, à coté du « droit au développement » qui était jusqu'à présent la seule prioirté[93], les droits civils et politiques, notamment les droits fondamentaux, le droit à la démocratie, le droit à la bonne gouvernance et à l'État de droit. C'est le sens du discours d'accompaganement de la Conevntion Lomé II placé en partie, sous le signe de la liberté et des Droits de l'homme[94]. Mais, c'est principalement en raison de l'adoption en 1981, de la Charte africaine des droits de l'homme et des peuples, que la question des Droits de l'homme est devenue essentielle dans les rapports extérieurs des États africains.

Comme le fait remarquer le professeur Babacar Guèye, en résumant le compromis de Lomé III : « Les États ACP ont accepté que les Droits de l'homme soient mentionnés dans la Convention qu'ils avaient toujours considérée comme inappropriée »[95], renonçant ainsi au dogme de la souveraineté en vertu de laquelle toutes les violations massives et graves des droits de l'homme étaient perpetrées. Témoignant ainsi de la

---

[92]Voir en ce sens J. RAUX, « Le respect des droits de l'homme, des principes démocratiques et de l'État de droit sous le régime de la « bonne gouvernance », principe fondamental « essentiel » de l'après Lomé IV », in *liber amicorum en l'honneur de Jacques Georgel, la liberté dans tous ses états*, Paris, Apogée, 1998, pp. 409-425.

[93]*Ibid.*, pp. 409-410.

[94]*Ibid.*, p. 410 ; voir aussi *Le Courrier ACP-CEE*, n° spécial, Bruxelles, novembre 1979.

[95]B. GUÈYE, « L'insertion d'une clause relative aux droits de l'homme dans la Convention Lomé – L'attitude des États africains », *Revue internationale de droit africain, Édition juridiques africaine, EDJA*, n° 28, 1996, pp. 7- 42, spéc. P.30.

nécessité de protéger les droits fondamentaux, le Parlement européen, a, dans sa résolution 161/61 du 17 mai 1983, affirmé pour la première fois que « Le respect des droits civils et politiques est l'une des conditions du développement »[96]. C'est le point de départ des Conventions Lomé III et IV. La Convention Lomé IV du 15 décembre 1989[97], a permis en effet, l'insertion d'une clause démocratie avec référence aux Droits de l'homme, aux principes démocratiques et à l'État de droit et dont la révision à mi-parcours, sur la base de l'accord de Maurice signé le 4 novembre 1995, a permis d'en garantir l'exécution.

Désormais, le respect des principes démocratiques et des droits de l'homme est également pris en compte et est considéré comme un élément essentiel des accrods de coopération du système des Nations unies avec les États tiers.

Mais, dans le nouveau paradigme posé par le processus d'autonomisation de l'ordre juridique de la CEDEAO, la protection des droits fondamentaux contribue signifcativement à l'affirmation de cet ordre. En témoigne l'adoption, le 21 décembre 2001 à Dakar, du Protocole sur la démocratie et la bonne gouvernance. Le terme de l'évocation de la démocartie et de l'État de droit dans ce texte témoigne de la volonté désormais partagée par les États membres, de leur conférer une effectivité commune sur la base du développement des droits fondamentaux.

B. Les droits fondamentaux comme instrument d'affirmation de l'ordre juridique communautaire

La démarche qui consiste à recourir d'un texte juridique à un autre, à laquelle se livre le juge de la CEDEAO, en l'absence d'un catalogue de droits identifiés à l'instar de la Charte européenne des droits

---

[96]JOCE C 161/61 alinéa V, 17/ 05/1983.

[97]Entré en vigueur le 1er septembre 1991.

fondamentaux[98], a pu faire croire que l'ordre juridique communautaire de la CEDEAO est au stade embryonnaire.

Or, dans sa volonté d'affirmation, la Cour de justice se présente comme l'actrice incontournable de la protection de l'ordre juridique de la Communauté, aussi bien à l'égard des États membres et des institutions communautaires qu'à l'égard des autres ordres juridiques. C'est pourquoi, l'impératif de protection des droits fondamentaux a pu conduire le juge de la CEDEAO, devant la pauvreté normative de la Communauté, à faire preuve d'ingéniosité, en recourant à certaines sources d'inspiration dont par exemple la Charte Internationale des Droits de l'Homme[99] et la Charte Africaine des Droits de l'Homme et des Peuples.

Cette technique d'emprunt n'est d'ailleurs pas caractéristique de la Cour de justice de la CEDEAO. On la retrouve dans la pratique de toutes les juridictions internationales puisqu'elle permet la « diffusion »[100] des droits fondamentaux en tant que « valeurs communes » d'une part, et « la dilution des ordres juridiques »[101], d'autre part. Elle participe de ce fait à la mise en œuvre d'un « mouvement de convergence »[102] de la pratique des juridictions. « Cette tendance », affirme Véronique CHAMPEIL-DESPLATS, « peut devenir d'autant plus forte lorsqu'elle ne repose plus sur un élan volontariste animé par un idéal humaniste, mais lorsqu'elle est rendue obligatoire. La diffusion des droits fondamentaux dans les ordres

---

[98]La Charte des droits fondamentaux a été approuvée par le Conseil européen de Nice de décembre 2000. Elle a valeur contraignante pour les institutions de l'Union européenne depuis l'entrée en vigueur du Traité de Lisbonne le 1er décembre 2009.

[99]On entend par Charte internationale des droits de l'homme : La Déclaration universelle des droits de l'homme, les 2 Pactes internationaux relatifs aux droits civils, politiques, économiques et sociaux.

[100]V. E. DUBOUT, S. TOUZÉ (dir.), *Les droits fondamentaux : Charnières entre ordres et systèmes juridiques*, Paris, Pedone, 2010 ; CHAMPEIL-DEPLATS, « Réflexions sur les portées respectives de la Convention européenne des droits de l'homme et la Charte des droits fondamentaux de l'Union européenne », *op. cit.*, p. 1147.

[101]B. BONNET, *Repenser les rapports entre ordres juridiques*, Paris, Lextenso, 2013.

[102]V. CHAMPEIL-DEPLATS, « Réflexions sur les portées respectives de la Convention européenne des droits de l'homme et la Charte des droits fondamentaux de l'Union européenne », *op. cit.*, p. 1145 et s.

juridiques se réalise alors plus comme valeur qu'elle ne s'impose comme norme »[103].

La protection des droits fondamentaux serait ainsi le plus grand « dénominateur commun »[104] entre les ordres juridiques de l'espace CEDEAO. La nécessité de garantir l'effectivité des droits fondamentaux a amené le législateur communutaire à prévoir un mécanisme de coopération entre les ordres juridiques dans l'interprétation et l'application des normes communautaires. La primauté évidente de ce mécanisme est perceptible dans l'institution de la procédure de renvoi préjudiciel. La globalisation des droits fondamentaux est à l'origine du développement d'un pluralisme juridique, destiné à assurer la primauté des traités sur le droit interne des États et sur certains de leurs engagements internationaux, lorsque ce pluralisme est bien ancré.

L'obligation de respecter le droit communautaire résulte, en effet, de l'engagement des États à œuvrer à la réalisation du projet communautaire à travers la « reconnaissance et [le] respect des règles et principes juridiques de la Communauté » ainsi que la « promotion et [la] consolidation d'un système démocratique de gouvernement dans chaque État membre tel que prévu par la Déclaration de Principes Politiques adoptée le 6 juillet 1991 à Abuja ».

Dans le contexte de la CEDEAO, la question de la conformité du droit national au droit communautaire pose nécessairement le problème des rapports entre la Cour de justice de la Communauté et les juridictions nationales des États membres. Ces rapports méritent d'être étudiés d'autant plus qu'il est précisé au paragraphe3 de l'article15 du traité révisé, « que dans l'exercice de ses fonctions, la Cour de justice est indépendante des États membres et des institutions de la Communauté », et au paragraphe 4 que, « les arrêts de la Cour de justice ont force obligatoire à l'égard des États membres, des institutions de la Communauté et des personnes physiques et morales ».

---

[103]*Ibid.*, p. 1149.

[104]V. CHAMPEIL-DEPLATS, « Réflexions sur les portées respectives de la Convention européenne des droits de l'homme et la Charte des droits fondamentaux de l'Union européenne », *op. cit.*, p. 1147.

À cet égard, si la Cour de justice de la Communauté est en retrait sur bien de domaines de l'intégration, notamment en ce qui concerne l'action extérieure de la CEDEAO, force est de reconnaître l'activisme dont elle fait preuve pour permettre la diffusion de sa jurisprudence dans les ordres juridiques nationaux. Pour assurer le relais des exigences communautaires, la Cour, à travers un « constitutionnalisme régional »[105], a développé une approche systémique lui permettant d'exiger des États membres, tout type de mesure pour se conformer au droit communautaire tel qu'interprété par son office.

La protection des droits fondamentaux semble donc se situer, dans le processus d'intégration de la CEDEAO, au sommet des valeurs constituant le patrimoine communautaire Ouest-africain. C'est donc sous l'angle de la constitutionnalisation de la protection des droits fondamentaux, comme valeur internationalement protégée, qu'il convient de rechercher les valeurs fondatrices de la CEDEAO.

III. L'affirmation constitutionnelle des valeurs intégrationnistes de la CEDEAO

La diffusion des droits fondamentaux ne s'effectue plus selon un schéma descendant par lequel la norme supérieure irrigue les normes inférieures de sa substance. La porosité des frontières entre les ordres juridiques[106] a entraîné un phénomène de migration conceptuelle[107] dans le but explicitement affirmé de l'autonomisation de chaque ordre juridique. Cette situation a conduit à l'affirmation des valeurs

---

[105]Voir sur ce sujet A. H. DIOMPY, *Le paradoxe de l'internationalisation du droit constitutionnel en Afrique : réflexions sur les interactions normatives, institutionnelles et politiques dans l'espace CEDEAO*, *op. cit.*, p. 703 et s.

[106]A. REMEDEM, *La protection des droits fondamentaux par la Cour de justice de l'Union européenne*, *op.cit.*, p. 23.

[107]F.-X. MILLET, *L'Union européenne et l'identité constitutionnelle des États membres*, *op. cit.*, p. 3.

identitaires spécifiques à chaque communauté d'États, au point que la coopération internationale est devenue, dans bien des cas, problématique. La situation en Syrie est un exemple qui illustre bien cette nouvelle forme de coopération. Aucun pays, en dehors de la Russie, ne revendique aujourd'hui, du moins ouvertement, des relations diplomatiques ou commerciales avec la Syrie, tant le régime de Bachar El Assad est jugé infréquentable et non respectueux de certaines valeurs universelles. On parle à cet effet, de « pays d'origine sûr » pour désigner désormais les pays qui veillent au respect des principes de liberté, de la démocratie, de l'État de droit et des droits fondamentaux.

Les mêmes valeurs semblent aujourd'hui gouverner les processus d'intégration à l'échelle régionale, continentale et internationale. La CEDEAO, dont on sait que la vocation première est portée sur la prospérité économique, n'est pas restée en marge de ce mouvement, qui semble être le reflet d'une nouvelle ère dite du « nouveau régionalisme », et dont la démarche consiste à identifier un ensemble de valeurs (**A**) considéré comme un actif patrimonial commun, voire un label à l'acquisition duquel doivent tendre les États et dont la pérennité doit être préservée par des mécanismes spécifiques (**B**).

A. L'identification des valeurs structurant la CEDEAO

L'apparition du phénomène des valeurs intégratives à l'échelle de la Communauté des États de l'Afrique de l'Ouest résulte, *ab intitio* d'une démarche volontariste du législateur communautaire, dans la mise en œuvre effective d'une politique de stabilisation de la région, en proie depuis des années à des conflits protéiformes qui annihilent tout effort de développement. C'est dans cette perspective qu'a commencé à se concrétiser l'idée d'une constitutionnalisation de l'intégration en Afrique de l'Ouest. Cette idée a été, par la suite, traduite matériellement par l'adoption en 2001, d'un protocole sur la démocratie et la bonne gouvernance, censé être le point culminant du processus de constitutionnalisation de la CEDEAO. Le constitutionnalisme serait donc devenu le mécanisme par lequel le processus d'intégration entend s'affirmer. En ce sens, l'adoption du Protocole de Dakar se veut comme une réponse à la nécessaire stabilité régionale préalable à la réalisation du projet intégrationniste.

La mise en avant du principe de "bonne gouvernance" démocratique constitue l'un des apports importants du protocole. Ce sont, en effet, les valeurs de la démocratie et de l'État de droit qui avaient occupé les rédacteurs du protocole, comme en témoigne son intitulé même « Protocole sur la Démocratie et la Bonne gouvernance ». Le préambule du protocole explique sa finalité : ses rédacteurs indiquent que le Protocole de Dakar intervient pour apporter les améliorations nécessaires aux Mécanismes de prévention, de gestion, de règlement des conflits, de maintien de la paix et de la sécurité du Protocole de Lomé du 10 décembre 1999, afin de le rendre plus efficace notamment dans le domaine de la « prévention des crises intérieures, de la démocratie, de la bonne gouvernance, de l'État de droit, des droits de la personne ». La proclamation opérée au chapitre premier du protocole, des « principes constitutionnels communs » à tous les États membres, témoigne d'une démarche inédite qui caractérise le processus d'intégration en Afrique de l'Ouest.

La mise en avant des principes tels que la séparation des pouvoirs, le pluralisme politique, la garantie des droits fondamentaux, l'indépendance de la justice, la nature démocratique des gouvernements et la prohibition des changements anticonstitutionnels de gouvernements, résulte d'un processus de recherche et d'affirmation identitaires. L'insertion de ces valeurs dans le processus d'intégration traduit une volonté africaine de progresser vers une communauté de valeurs qu'on pensait pourtant, très souvent à tort, incompatibles avec les spécificités culturelles de l'Afrique.

Il est, à cet égard, intéressant de rappeler la nature démocratique de la société précoloniale africaine. La démarche de la CEDEAO procède donc d'une volonté d'affirmation des valeurs démocratiques africaines et du refus de l'assimilation. En effet, trop souvent observé sous couvert du modèle institutionnel européen au regard de l'héritage colonial, l'Afrique postcolonial a plus que jamais besoin d'affirmation de son modèle. Ainsi, convient-il pour Claude WAUTHIER, de relever le caractère communautaire de la société africaine, à l'opposé de l'individualisme européen[108].

En ce qui concerne l'organisation du pouvoir démocratique dans les sociétés africaines, nul n'a peut-être mieux résumé cette dimension que Jomo KENYATTA et Mbonu OJIKE rappelant dans des termes presque identiques qu'avant l'arrivée des Européens, les Africains vivaient dans des tribus organisées par des règles démocratiques. Ils illustrent leurs thèses par l'organisation en conseil de chefs de famille au niveau du village, qui élisent à leur tour des délégués à l'assemblée des anciens à l'échelon de la tribu. Ainsi, à en croire Mbonu OJIKE, à cette époque, « à travers l'Afrique, le système politique est si hautement organisé que personne ne sent sa liberté étouffée »[109]. En ce sens, Jomo KENYATTA, rappelle, par exemple, que « Les kikouyous avaient un régime démocratique, bien qu'ayant connu à l'origine un système monarchique. À l'origine, le pouvoir était exercé par un roi despotique, Gikouyou, le fondateur de la tribu, et c'est un soulèvement de la population qui instaura un régime plus démocratique. Les rebelles établirent une Constitution qui donne le pouvoir à une classe d'âge pour une période de trente à quarante ans»[110]. La culture de l'alternance est également évoquée de façon pittoresque par le romancier Burkinabé Nazi BONI dans son œuvre *Crépuscule des Temps anciens* lorsqu'il rappelle « la relève des seniors par les juniors »[111]. La colonisation apparaît en ce sens comme la cause de la disparition des valeurs démocratiques africaines. Pour Jomo KENYATTA, la désignation des chefs autochtones par l'administration britannique, fut d'ailleurs un retour à l'arbitraire[112]. Ce constat est aussi partagé par Parmenas Githendu Mockerie, l'un des compagnons de lutte de Kenyatta, lorsqu'il affirme que « le pays kikouyou fut une démocratie pendant des siècles avant qu'il ne tombe sous la domination coloniale »[113]. Pour Sylla ASSANE, la République Lebou était quant à elle, « une

[108]C. WAUTHIER, *L'Afrique des africains. Inventaire de la négritude, op. cit.*, p. 110.
[109]M. OJIKE, *My Africa*, Londres, 1955, cité par C. WAUTHIER, *ibid.*, p. 53.
[110]J. KENYATTA, *Au pied du mont Kenya*, Accra, 1937, p. 131., cité par C. WAUTHIER, *ibid.*, p. 53.
[111]N. BONI, *Crépuscule des Temps anciens*, Paris, 1962, cité C. WAUTHIER, *L'Afrique des africains. Inventaire de la négritude, op. cit.*, p. 53.
[112]J. KENYATTA, *Au pied du mont Kenya*, p. 157., cité par C. WAUTHIER, *ibid.*, p. 53.
[113]P. G. MOCKERIE, *An African speaks for his own people*, Londres, 134, p. 36.

république démocratique répondant à toutes les acceptions du mot »[114]. L'auteur rappelle le fondement historique de cette république née en 1795 à la suite d'une révolte de la collectivité de pêcheurs lebou de la presqu'ile du Cap Vert contre l'autorité du *Damel* (roi) du Cayor.

Ce dernier fut assassiné par l'expédition en 1857 du capitaine Protet qui marqua l'installation des Français à Dakar. L'auteur met ainsi en relief l'organisation politique du Lebou qui comportait un ministère et deux chambres. Le premier ministre ou Serigne N'Dakarou était élu par une assemblée de notables, les *Diambours*, qui composaient la chambre haute, dont les membres étaient plus âgés que ceux de l'assemblée des *Fres*, ou chambre basse, aux pouvoirs plus réduits.

Et, comme le note Claude WAUTHIER, la défense de la démocratie africaine que présente Nadabaningi SITHOLÉ, un des leaders du parti Z.A.N.U. (Zimbawe African National Union) de Rhodésie du sud, est plus originale. Le système de gouvernement africain, dit-il en substance dans *African nationalism*, était si démocratique qu'il en était paralysant : « le peuple - le commun du peuple - est la base de toute autorité régulièrement constituée, bien que de nombreux observateurs européens et américains croient que ce soit le chef qui détienne seul le pouvoir. Le vrai défaut des institutions africaines était qu'elles étaient démocratiques à l'excès, et ceci en un sens, a nui au peuple, car l'exécution de tout projet, requérait la sanction de tout le clan ou de toute la tribu »[115].

L'Afrique, et particulièrement l'Afrique de l'Ouest, revendique aujourd'hui ces valeurs civilisationnelles qu'elle intègre désormais dans le processus d'intégration. Cette revendication a des implications politiques réelles et procède d'une volonté d'affirmation de la Communauté africaine. C'est d'autant plus compréhensible que pendant longtemps, l'Afrique a été l'objet de tous les préjugés, au point que certains aient pu péremptoirement affirmer que le « drame de l'Afrique » lui vient directement de sa marginalisation historique. Ainsi, le Président Nicolas Sarkozy, dans son discours très décrié de Dakar en 2007, mettait en évidence ce qu'il tenait pour vérité absolue,

---

[114]S. ASSANE, *Une République africaine au XIXe siècle*, *Présence Africaine*, I-II, 1955.

[115]N. SITHOLÉ, *African nationalisme*, Londres, 1959, p. 86, cité par C. WAUTHIER, *ibid.*, pp. 53-54.

que « l'homme africain n'est pas assez entré dans l'histoire »[116]. Cela contredit pourtant les réalités africaines où les valeurs occupent une place centrale dans la structure sociétale. De plus, à en croire Namdi Azikwé, ancien Président de la République fédérale du Nigeria et artisan de la création de la CEDEAO, « la fabrication du fer a été découverte par les Africains, (…) la conception de Dieu a été, à l'origine, africaine, (…) les Africains ont régné sur le monde de l'an 765 à l'an 713 avant Jésus-Christ (…). Tandis que l'Europe était assoupie, au Moyen Âge, une grande civilisation s'épanouissait sur les rives du Niger, s'étendant des mines de sel de Therghazza au Maroc jusqu'au lac Tchad (…) tandis qu'Oxford et Cambridge en étaient à leurs balbutiements, l'Université de Sankoré à Tombouctou accueillait "des érudits et les hommes cultivés venus de tout le monde arabe" »[117].

Aussi, loin d'être nouvelles dans les sociétés africaines, les valeurs démocratiques constituaient-elles le fondement de la pratique institutionnelle de l'Afrique précoloniale. Leur évocation dans le processus d'intégration de la CEDEAO est sans doute, tributaire des multiples crises engendrées par le pluralisme politique avec pour conséquence, la déstabilisation de la région. Cette situation a provoqué une prise de conscience de la part des États membres quant aux défis à relever pour construire une région pacifiée et partageant un socle de valeurs communes. C'est dans ce processus que la CEDEAO a pour ainsi dire consacré des valeurs que les États sont désormais obligés de reconnaître, prolongeant en quelque sorte la Charte Africaine des Droits de l'Homme et des Peuples, qui, comme le note le professeur Frédéric Sudre, est « l'inspiration culturelle commune et la volonté des États africains de prendre en compte leurs traditions historiques et les valeurs de civilisations africaines »[118]. En ce sens, le professeur Maurice Glélé AHANHANZO, se fondant sur un proverbe wolof qui soutient que l'homme est le remède de l'homme, affirme que, « pour qu'il en soit ainsi dans le monde contemporain et pour que l'Afrique reste fidèle à ses propres valeurs de civilisation tout en demeurant présente au

[116]Voir Discours prononcé par Nicolas Sarkozy, le 26 juillet 2007 à Dakar, disponible sur : www.lemonde.fr.

[117]N. AZIKIWÉ, *Renascent Africa*, cité par Claude WAUTHIER, *L'Afrique des africains. Inventaire de la négritude*, *op. cit.*, p. 107.

[118]F. SUDRE, *Droit européen et international des droits de l'Homme*, Paris, PUF, 12ème éd., 2015, p. 164.

monde contemporain, il a paru indispensable de la doter d'une Charte des droits de l'Homme qui reflète et traduise ses aspirations profondes et porte son humanisme »[119].

Dans le cadre de cette étude, nous faisons le choix de constater simplement les valeurs structurant la CEDEAO, que nous relierons à la dynamique d'intégration sans nous appesantir sur les controverses doctrinales relatives à la nature constitutionnelle de ces valeurs. Dans tous les cas, l'assise constitutionnelle du processus d'intégration que nous avons précédemment mis en lumière nous permet de ne pas nous y attarder, d'autant plus que le processus d'intégration régionale et la réalisation de l'Unité africaine sont des exigences constitutionnelles que les États membres sont tenus de mettre en œuvre.

Ainsi identifiées, les valeurs intégrationnistes de la Communauté doivent être sauvegardées par des mécanismes permettant leur efficience.

B. Les mécanismes de préservation des valeurs structurant la CEDEAO

La CEDEAO veille au strict respect des valeurs proclamées dans le texte du Protocole de Dakar. Le respect de ces valeurs apparaît ainsi comme une obligation impérative, découlant naturellement de l'adhésion à la Communauté des États de l'Afrique de l'Ouest. La consécration par un instrument juridique, de ces valeurs communes aux États membres est, en effet, proche de la démarche adoptée par l'Union européenne. Le Conseil de l'Europe, dans le cadre de la Commission de Venise, a établi des standards démocratiques que les États doivent intégrer. Ces critères formulés au sommet de Copenhague en juin 1993 ont ainsi précisé les conditions d'adhésion et d'appartenance à l'Union

[119]M. G. AHANHANZO, « Introduction à la Charte africaine des droits de l'homme et des peuples », in *Droits et libertés à la fin du XXe siècle, Études offertes à Claude-Albert COLLIARD*, Paris, Pedone, 1984, pp. 511-537.

européenne. La transposition de ces critères dans le traité constitutionnel européen marque le début de la constitutionnalisation des valeurs européennes. Ainsi, l'article 2 du traité sur l'Union européenne dispose que « l'Union est fondée sur les valeurs de respect de la dignité humaine, de liberté, de démocratie, d'égalité, de l'État de droit, ainsi que de respect des droits de l'homme, y compris des droits des personnes appartenant à des minorités. Ces valeurs sont communes aux États membres dans une société caractérisée par le pluralisme, la non-discrimination, la tolérance, la justice, la solidarité et l'égalité entre les femmes et les hommes ». L'article 6 du traité confère, quant à lui, une valeur contraignante à la Charte des droits fondamentaux du 7 décembre 2000.

Cette mention explicite des valeurs n'est évidemment pas fortuite : elle procède de la volonté de l'Union d'instaurer des rapports de confiance mutuelle avec les États membres. Comme le fait remarquer Sylvie TORCOL, « en incorporant dans le droit de l'Union, les valeurs constitutionnelles nationales, l'Union a pensé prévenir les conflits dans lesquels un État aurait opposé ces mêmes valeurs au droit de l'Union »[120]. En revanche, le Protocole de la CEDEAO sur la démocratie et la bonne gouvernance n'évoque pas explicitement la notion de « valeurs », mais, en évoluant sur le terrain constitutionnel, le texte reste au fond, favorable aux valeurs. Il proclame en ce sens des « principes de convergence constitutionnelle » fondées sur des valeurs de démocratie et d'État de droit.

La perspective d'un ancrage de ces valeurs s'est traduite par l'institution d'une procédure destinée à en sanctionner les éventuelles violations. Le mécanisme de préservation de ces valeurs a, en effet, permis de conférer à celles-ci une « dimension normative »[121] permettant leur invocation devant la juridiction communautaire. C'est, en effet, cette nécessité de voir se renforcer la Cour de justice, longtemps marginalisée dans le processus d'affirmation des valeurs intégrationnistes, que vise à consacrer la constitutionnalisation de ces

---

[120]S. TORCOL, « Partager des valeurs communes, préalable à l'émergence d'un droit constitutionnel européen », *Revue de L'Union européenne*, n° 610, Juillet-Aout 2017, Dalloz, p. 393.

[121]S. PIERRE-CAPS, « La Constitution comme ordre de valeurs », in *Mélanges en l'honneur de Dimitri Georges LAVROFF, La Constitution et les valeurs*, Dalloz, 2005, p. 284.

valeurs sous le prisme des droits fondamentaux, comme base actuelle de la protection des valeurs d'intégration communautaire[122].

L'intérêt de la CEDEAO pour les droits fondamentaux est, en effet, incontestable. Pour autant, on ne peut véritablement affirmer que la protection de ces droits a atteint l'effectivité nécessaire, au point de constituer le socle normatif commun à l'expression de ces valeurs dans le système d'intégration en Afrique de l'Ouest. C'est pourtant l'objectif aujourd'hui visé par la protection accrue des droits fondamentaux que tend à assurer la Cour de justice de la CEDEAO. L'importance du rôle du droit dans la construction communautaire fait présumer celle de la juridiction[123]. En effet, est-il besoin de rappeler que l'affirmation des valeurs d'intégration communautaire ne saurait suffire à garantir leur visibilité qui, pour être perceptible, doit être garantie par le juge chargé d'en sanctionner les éventuelles violations.

Dès lors, la dynamique des droits fondamentaux dans le processus d'intégration en Afrique de l'Ouest doit être appréhendée sous deux angles :

- d'une part elle vise à assurer la promotion des principes démocratiques dans le processus d'intégration ;
- d'autre part, elle permet de mettre en lumière les valeurs de l'État de droit dans le processus de la construction communautaire.

Les deux parties de notre recherche seront donc intitulées comme suit :

Première Partie : La protection des droits fondamentaux, élément de définition des principes démocratiques dans l'espace CEDEAO.

Deuxième Partie : La protection des droits fondamentaux, élément constitutif de l'État de droit dans l'espace CEDEAO.

---

[122]Voir en ce sens J. AUVRET-FINCK, « Les procédures de sanction internationale en vigueur dans l'ordre interne de l'Union et la défense des droits de l'homme dans le monde », *Revue trimestrielle de droit européen*, 39 (1), janvier-mars 2003, pp. 1-21.

[123]D. SANOU, *La juridictionnalisation des organisations d'intégration économique en Afrique*, *op. cit.*, p. 24.

PREMIÈRE PARTIE

LA PROTECTION DES DROITS FONDAMENTAUX, ÉLÉMENT DE DÉFINITION DES PRINCIPES DÉMOCRATIQUES DANS L'ESPACE CEDEAO

La protection des droits fondamentaux est un objectif que proclament et que visent à assurer les constitutions de la plupart des pays démocratiques ou en transition démocratique comme les États membres de la CEDEAO. La montée en puissance des principes démocratiques et la protection des droits fondamentaux, couplée aux aspirations des peuples à un idéal démocratique, et l'objectif de développement fondé sur une dimension économique, constituent les valeurs déterminantes de l'organisation ouest-africaine.

À ce titre, la CEDEAO a défini un cadre de référence pour la démocratie et l'État de droit dans ses relations avec les États membres. C'est le sens de la Déclaration des principes politiques du 6 juillet 1991 et du ProtocoleA/SP1/12/01 sur la démocratie et la bonne gouvernance du 21 décembre 2001. Cette volonté de protéger la démocratie n'est que le reflet d'une dynamique mondiale[124] qui s'est traduite, sur le plan institutionnel, par l'introduction du multipartisme comme facteur de préservation de « la paix, la sécurité et la stabilité » dans les États membres de la Communauté. En vertu du principe de primauté absolue des normes communautaires sur celles des États membres, posé comme

---

[124]C'est ce qu'il est convenu d'appeler le sens moral de la démocratie dans la mesure où, le système démocratique semble aujourd'hui avoir supplanté tous les autres systèmes, comme si la démocratie était dévenue par association aux droits fondamentaux, un synonyme de l'éthique politique, voir de l'éthique tout court. Voir sur ce sujet, P. PHARO, « Naturalisation de la vie politique et vertus démocratiques », *in* Yves Charles ZARKA, *Repenser la démocratie*, Paris, Armand Colin, 2010, p. 38 et s ; J.-Y. MORIN, « Organisations internationales et droits de l'Homme : vers de nouvelles exigences de légitimité de l'État », Colloque de la société française pour le droit international, *L'État souverain à l'aube du XXIe siècle*, Paris, Pédone, 1994, p. 233 et s ; voir aussi A. SALL, *Les mutations de l'intégration des États en Afrique de l'Ouest. Une approche institutionnelle*, Paris, L'Harmattan, 2006, p. 178.

principe fondamental du droit communautaire par la Cour de justice de la CEDEAO, dans son arrêt *professeur Etim Moses Essien c/ République de Gambie*[125] du 14 mars 2007, la juridiction communautaire se devait de rappeler aux États leurs obligations découlant des textes communautaires. En ce sens, le Traité révisé de 1993 consacre en son article 4 (g) la reconnaissance, la défense et la protection des droits de l'homme, conformément aux dispositions de la Charte africaine des droits de l'homme et des peuples. Au sens de cet article, « Les États membres de la CEDEAO adhèrent aux principes fondamentaux de la Charte africaine des droits de l'homme et des peuples ». Ce qui a permis la transposition des droits fondamentaux originellement spécifiques à la Charte, dans l'ordre juridique communautaire.

Cette démarche traduit la volonté du législateur communautaire de créer un socle commun aux droits fondamentaux, démarche d'autant plus nécessaire que la Charte est intégrée dans le bloc de constitutionnalité de la plupart des États membres[126].

L'objectif de protection des droits fondamentaux a atteint son point d'orgue avec l'adoption, le 19 janvier 2005 à Accra, du protocole additionnel A/SP./01/05 portant amendement du protocole A/P1/7/91 relatif à la Cour de justice de la Communauté.

Ce protocole pose, en effet, les bases d'un système communautaire de protection des droits fondamentaux en Afrique de l'Ouest, dans la mesure où il consacre la compétence de la Cour de justice pour « connaître des cas de violations des droits de l'homme dans tout État membre »[127].

Cette production normative a permis l'institution d'un véritable système communautaire de protection des droits fondamentaux, en

---

[125]Affaire N°ECW/CCJ/APP/05/05 *Etim Moses Essien C/ République de Gambie,* 14 mars 2007.

[126]La Charte africaine des droits de l'homme et des peuples est inscrite au préambule de la Constitution malienne du 27 février 1992 ; C'est aussi le cas au Niger où le préambule de la Constitution est partie intégrante de la Constitution. Il en est de même au Togo où le préambule de la Constitution fait partie intégrante de celle-ci. Au Bénin, la Constitution du 11 décembre 1990 connaît une rédaction similaire et intègre la Charte africaine dans le droit interne béninois.

[127]Article 9.4 du Protocole

garantissant, selon la formule de François MOYSE, « la non-déperdition de ces droits »[128], conformément à l'article10 (d) du protocole. La Cour de justice de la CEDEAO a confirmé cet objectif dans son arrêt *Chief Ebrimah MANNEH c/ République de Gambie*[129], en indiquant que parmi les droits fondamentaux garantis par la « Charte africaine des droits de l'homme et des peuples, on compte le droit à la vie et à l'intégrité de la personne, la liberté individuelle, la protection contre la torture et autres traitements inhumains et dégradants et la liberté d'opinion politique ou toute autre opinion ».

La Cour de justice pose ainsi le principe de sauvegarde de ces droits comme l'objectif à atteindre dans l'espace communautaire en mettant en place l'organisation juridique nécessaire à sa réalisation. En effet, en refusant, comme elle l'a fait dans l'arrêt *Dame Hadijatou Mani Koraou c/. République du Niger*[130], de considérer l'absence de l'épuisement préalable des voies de recours internes parmi les conditions de recevabilité des requêtes introduites devant elle, la Cour de justice a posé définitivement les conditions d'une véritable émergence des droits fondamentaux. La Cour s'est ainsi appuyée sur l'interprétation de la Cour européenne des droits de l'homme à laquelle elle fait référence pour la première fois, dans l'arrêt *De Wilde, Ooms et Versyp c/ Belgique* du 18 juin 1971, lorsque celle-ci a jugé que « conformément à l'évolution de la pratique internationale, les États peuvent bien renoncer au bénéfice de la règle de l'épuisement des voies de recours internes », pour conforter sa décision.

Elle l'explique d'ailleurs clairement lorsqu'elle affirme que « le législateur communautaire CEDEAO s'est sans doute conformé à cet appel en ne faisant pas de la règle d'épuisement préalable des voies de recours internes, une condition de recevabilité devant la Cour ; le renoncement à une telle règle s'impose à tous les États membres de la CEDEAO ». Dans le même sens, elle précise, dans l'arrêt *Mamadou Baba DIAWARA c/ République du Mali,* les contours de sa mission en

---

128F. MOYSE, « La cour de justice de l'Union européenne et la juridiction nationale, le rôle de l'avocat. CJUE et droits fondamentaux : Quo Vadis ? Disponible en ligne, consulté le 16/08/2016.

129Arrêt No. ECW/CCJ/JUD/3/08, *Chief Ebrimah MANNEH c/ République de Gambie*, 5 Juin 2008

130ECW/CCJ/JUD/06/08 *Dame Hadidjatou Mani Koraou c/ République du Niger*, 27 octobre 2008.

indiquant que celle-ci consiste à « se prononcer sur des actes concrets de violation des droits de l'homme, sur des mesures qui touchent des personnes dans leurs droits ou qui affectent ceux-ci »[131].

Il est à cet égard intéressant de noter que le système communautaire de protection des droits fondamentaux s'est construit progressivement et résulte de l'objectif *ab initio*, de la promotion des principes démocratiques dans l'espace CEDEAO où les États membres sont généralement en proie à des crises politiques récurrentes. L'objectif de protection des droits fondamentaux et de promotion des principes démocratiques sera ensuite confirmé par l'adoption du protocole sur la démocratie et la bonne gouvernance, signé à Dakar, le 21 décembre 2001. Celui-ci consacre dès son préambule, l'attachement inébranlable des États aux « principes contenus dans la Déclaration de l'OUA sur la sécurité, la stabilité, le développement et la coopération en Afrique, adoptée à Abuja, les 8 et 9 mai 2000, de même que le contenu de la Décision AHG Dec. 142(XXV) sur le cadre pour une réaction de l'OUA face aux changements anticonstitutionnels de Gouvernement adoptée par l'OUA à Alger en juillet 1999 ». Ce protocole dispose par ailleurs à son article 1er que « a) la séparation des pouvoirs exécutif, législatif et judiciaire ; la valorisation, le renforcement des Parlements et la garantie de l'immunité parlementaire ; l'indépendance de la justice, la liberté des barreaux... », sont déclarés des principes communs à tous les États membres de la CEDEAO.

Ce même article ajoute respectivement aux points (b) et (c) que : « toute accession au pouvoir doit se faire à travers des élections libres, honnêtes, et transparentes », « tout changement anticonstitutionnel est interdit de même que tout mode non démocratique d'accession ou de maintien au pouvoir ». L'adoption de ce protocole est, comme indiqué dans son préambule, une réponse « aux conflits qui sont de plus en plus engendrés par l'intolérance religieuse, la marginalisation politique et la non transparence du processus électoral » au sein des États membres de la Communauté. Il reprend aussi à son compte plusieurs Déclarations sur les principes de démocratie et des droits de l'homme auxquelles les États membres sont parties. Il s'agit notamment de la Déclaration de Harare adoptée par les États du Commonwealth le 20 octobre 1991, de

---

[131]ECW/CCJ/APP/05/13, ECW/CCJ/JUD/22/15, *Mamadou Baba DIAWARA c/ République du Mali,* 23 octobre 2015, (31).

la Déclaration de Bamako adoptée par les États de la Francophonie le 3 novembre 2000 ou encore de la Déclaration de Cotonou adoptée le 6 décembre 2000, à l'issue de la IVème Conférence internationale des démocraties nouvelles ou rétablies.

Il apparaît dès lors évident que l'approche des droits fondamentaux par le droit communautaire obéit à un idéal de démocratie et vise à répondre à un besoin d'intégration. Comme le rappelle fort bien Georges BURDEAU, « la démocratie n'est pas seulement une manière d'être des institutions, elle est plus encore peut-être une exigence morale »[132]. Être démocrate aujourd'hui serait donc finalement avoir toutes les vertus que doit avoir l'honnête homme du XXIe siècle[133]. C'est dire qu'il n'existe de société authentiquement démocratique que celle dans laquelle les droits fondamentaux des individus sont effectivement garantis. Le professeur G. COHEN-JONATHAN a pu affirmer à ce propos que c'est « la reconnaissance, l'existence et la garantie de droits politiques qui déterminent le régime de démocratie que peut connaître un pays (…) le droit à la sûreté de la personne et à la libre expression de la pensée marquent le fonctionnement suprême de la démocratie libérale »[134]. C'est aussi le sens de la démarche adoptée par la Cour européenne des droits de l'homme dans son célèbre arrêt *Handyside* du 7 décembre 1976, lorsqu'elle détermine les éléments caractéristiques d'une société démocratique. Selon le juge européen, « il n'est pas de société démocratique sans que le pluralisme, la tolérance et l'esprit d'ouverture se traduisent effectivement dans son régime institutionnel, que celui-ci soit soumis au principe de la prééminence du droit, qu'il comporte essentiellement un contrôle efficace de l'exécutif, exercé sans préjudice du contrôle parlementaire, par un pouvoir judiciaire indépendant, et qu'il assure le respect de la personne humaine »[135].

---

[132]G. BURDEAU, *Démocratie,* in EncyclopediaUniversalis, corpus 7, p. 151 ; voir dans le même sens M. TROPER, D. CHAGNOLLAUD (dir.), *Traité international de droit constitutionnel : Théorie de la constitution*, vol. I, Paris, Dalloz, 2012, 816 p.
[133]P. PHARO, « Naturalisation de la vie politique et vertus démocratiques », *in* Yves Charles ZARKA, *Repenser la démocratie*, *op. cit.*, pp. 46-49.
[134]G. COHEN-JONATHAN, *Droits de l'homme,* in EncyclopediaUniversalis, corpus 7, p. 714.
[135]CEDH, *Handyside c. Royaume-Uni*, 7 Décembre 1976 ; Voir aussi CEDH, *Sunday Times*, 26 avril 1979, §66.

Cependant, même si la protection des droits fondamentaux apparaît aujourd'hui comme une prérogative essentielle, voire une priorité de la Cour de justice de la CEDEAO, celle-ci reste néanmoins une construction indépendante des Traités originaires, comme ce fut le cas d'ailleurs de la Cour de justice de l'Union européenne[136]. Il nous semble dès lors opportun de nous interroger sur la dynamique de protection des droits fondamentaux dans l'ordre juridique communautaire et dans les différents ordres juridiques des États membres.

Eu égard à l'amélioration progressive du dispositif juridique de la Communauté et aux tendances récentes de la jurisprudence de la Cour de justice, nous pouvons présager une évolution constante de celles-ci vers une protection progressive des droits fondamentaux dans le processus de l'intégration communautaire (**Titre I**) et une extension croissante de leur champ d'application au sein de la Communauté ouest-africaine (**Titre II**).

---

[136] Voir en ce sens A. REMEDEM, *La protection des droits fondamentaux par la Cour de justice de l'Union européenne*, *op. cit.*, p. 37.

TITRE I

LA PROTECTION PROGRESSIVE DES DROITS FONDAMENTAUX COMME OBJECTIF DÉMOCRATIQUE D'INTÉGRATION

La protection des droits fondamentaux par la Cour de justice de la CEDEAO s'est faite de manière progressive et est relativement récente. Absente des textes fondateurs, elle a, on l'a dit, franchi un pas important avec l'adoption en 2005, du protocole A/P1/01/05 portant amendement du Protocole A/P1/7/91 relatif à la Cour de justice de la Communauté.

L'entrée en vigueur de ce protocole a constitué une étape majeure dans la promotion des droits fondamentaux dans l'espace communautaire. L'application de ce texte a, en effet, conduit à la création d'un environnement juridique propice à la réalisation des objectifs de la CEDEAO, notamment l'intégration judiciaire et la protection des droits fondamentaux. Outre ses compétences classiques en matière « d'interprétation et d'application des traités, des conventions et des protocoles de la Communauté, d'appréciation de la légalité des règlements et directives et toutes décisions adoptées dans le cadre de la CEDEAO, l'examen des litiges entre la Communauté et ses agents », la Cour de justice est désormais « compétente pour connaître des cas de violation des droits de l'homme dans tout État membre ». C'est le point de départ de la « juridicisation » des droits fondamentaux au sein de la Communauté. La Cour dispose dorénavant d'un cadre normatif établi pour exercer son contrôle.

Toutefois, l'absence d'instrument juridique spécifique relatif à la protection des droits fondamentaux a pu laisser croire que la réforme a été introduite de manière hésitante. Cette faiblesse peut être constatée dans le dispositif communautaire dans la mesure où ni les traités fondateurs ni les différents protocoles additionnels, ne semblent évoquer de manière explicite la nécessité d'un catalogue communautaire des droits fondamentaux. Pourtant, pareille démarche permettra d'opposer aux dissonances et incohérences des textes, une restructuration de ces derniers en vue d'une meilleure protection des droits garantis.

Ce déficit référentiel est caractéristique de l'objectif originel de la Communauté. À l'origine du traité de Lagos du 28 mai 1975, l'objectif des pères fondateurs était de réussir une intégration et une coopération économique sous-régionale.

On ne peut dès lors, dénier l'aspect utilitariste de la réforme. Le législateur communautaire CEDEAO, à défaut d'un texte juridique de référence, a introduit un système de protection des droits fondamentaux dans l'ordre juridique communautaire, en utilisant comme norme de référence, la Charte Africaine des Droits de l'Homme et des Peuples. Cette démarche, similaire à celle de la Cour de justice de l'Union européenne, avant l'adoption en décembre 2000, de la Charte des droits fondamentaux, procède d'une volonté de protéger les droits fondamentaux ignorés par les traités originaires[137].

Longtemps considérée comme une prérogative des États, la protection des droits fondamentaux s'est inscrite de manière progressive dans l'agenda de la CEDEAO, dont la Cour de justice s'emploie à assurer l'effectivité.

S'inscrivant dans une démarche évolutive, la CEDEAO est désormais convaincue que l'objectif d'intégration économique n'est réalisable qu'à la condition de la réalisation d'une intégration juridique (**chapitre1**) dont la Cour de justice serait le véritable « architecte »[138]. En effet, longtemps limitée par des compétences d'attribution fixées par les traités originaires, la Cour de justice participe aujourd'hui pleinement à la construction d'une politique de protection des droits fondamentaux dans l'espace communautaire. À cet égard, la sauvegarde des droits fondamentaux apparaît, à la lumière de l'intégration, comme l'une des caractéristiques essentielles à la création d'un espace judiciaire communautaire (**chapitre2**).

---

[137] Voir en ce sens A. REMEDEM, *La protection des droits fondamentaux par la Cour de justice de l'Union européenne, op. cit.*, p. 37.
[138] H. LABAYLE, « Architecte ou spectatrice ? La Cour de justice de l'Union dans l'Espace de liberté, sécurité et justice », *RTDE*, 2006, p. 1.

CHAPITRE I

L'INTÉGRATION JURIDIQUE COMME FACTEUR DE L'INTÉ GRATION COMMUNAUTAIRE

La protection initiale des droits fondamentaux par la Cour de justice de la CEDEAO peut apparaître comme étant hésitante et curieuse. Il a fallu attendre l'arrêt *Afolabi Olajide c/ République Fédérale du Nigeria*[139] du 27 avril 2004 pour que soit posée la question de la protection des droits fondamentaux dans l'ordre juridique communautaire. Dans cet arrêt, la Cour de justice avait, en effet, invoqué ses compétences d'attribution prévues aux dispositions de l'article 9 du ProtocoleA/P.1/7/91, pour refuser d'examiner la requête d'un ressortissant de la Communauté relative à son droit à la libre circulation, en indiquant que « ledit article méconnaît l'individu comme agent juridique original. Qu'il aménage plutôt une procédure de saisine indirecte au profit de l'individu qui se trouve obligé de passer par son État »[140]. La révolution espérée en matière de protection des droits fondamentaux n'avait donc pas eu lieu.

À ce titre, le professeur Alioune SALL établit clairement les lacunes procédurales de ce système juridique, lorsqu'il affirme que « les personnes physiques ou morales ne sont donc pas ignorées, mais on ne saurait dire qu'elles affleurent à l'ordre international parce que c'est l'État dont ils sont ressortissants qui, dans une procédure voisine de celle de la "protection diplomatique", "prend fait et cause pour eux". Il vient donc constituer un écran, comme sujet de droit, du moins comme interlocuteur des organisations internationales ou de leurs organes. La rupture avec les principes traditionnels du droit international n'a donc pas eu lieu, la CEDEAO est restée, jusqu'à une date récente tout au moins, fidèle aux conceptions classiques »[141]. Pourtant, malgré le

[139]ECW/CCJ/APP/01/03 *AFOLABI OLAJIDE c/ République Fédérale du Nigeria*, 27 avril 2004.

[140]*Ibid.*, (65).

[141]A. SALL, *Les mutations de l'intégration des États en Afrique de l'Ouest, une approche institutionnelle*, *op. cit.*, p. 162. Par cette approche restrictive, la Cour s'est

silence des traités originaires, la nécessité de concilier la protection des droits fondamentaux avec l'objectif d'intégration aurait pu conduire le juge communautaire à combler le vide juridique existant. Il a fallu attendre l'adoption tardive du Protocole d'Accra[142] pour que soit

---

fondée sur « l'intention des parties signataires du protocole » de 1991 qui consacre l'absence de saisine directe par les individus, pour réaffirmer la possibilité des États à ester en justice au nom de leurs ressortissants, ignorant de ce fait la place des droits fondamentaux dans l'ordre juridique communautaire. Dans l'arrêt Afolabi Olajide, la Cour a fait droit à l'exception préliminaire soulevée par la République fédérale du Nigeria, défenderesse, pour écarter la requête de M. Olajide pour violation de son droit à la libre circulation. En l'espèce, l'État du Nigeria avait été attrait par l'un de ses citoyens, qui estimait avoir subi un lourd préjudice dans ses affaires du fait que les autorités de son pays avaient de manière « brutale et unilatérale », décidé de la fermeture des frontières avec le République du Bénin, pays dans lequel le requérant, homme d'affaires, comptait des partenaires à l'égard desquels il avait pris des engagements de livraison. N'ayant pu ainsi honorer ses engagements, le requérant a assigné son propre État devant la Cour en se fondant sur l'article 9 du Protocole relatif à celle-ci et sur la notion d'équité, propre, à ses yeux, à constituer une base de compétence supplémentaire et subsidiaire et à laquelle l'article 9 fait référence. Ce n'est pourtant pas l'approche adoptée par la Cour de justice.

[142]Protocole Additionnel A/SP.1/01/05 portant amendement du Protocole A/P.1/7/91 relatif à la Cour de justice de la Communauté du 19 janvier 2005 dont l'article 3 dispose : « L'article 9 du protocole relatif à la cour de justice de la communauté est abrogé et remplacé par les nouvelles dispositions qui suivent : *article 9 : compétence de la Cour. 4. La Cour est compétente pour connaître des cas de violation des droits de l'homme dans tout État membre.* » ; Mais c'est l'article 4 qui introduit la réforme majeure en ce qu'il dispose : « Le protocole relatif à la cour de justice de la Communauté est amendé comme suit, avec l'introduction d'un nouvel article 10. *Article 10 : Peuvent saisir la Cour* : a) Tout État membre et, à moins que le Protocole n'en dispose autrement, le Secrétariat Exécutif, pour les recours en manquement aux obligations des États membres ; b) tout État membre, le Conseil des ministres et le Secrétariat Exécutif pour les recours en appréciation de la légalité d'une action par rapport aux textes de la communauté ; c) toute personne physique ou morale pour les recours en appréciation de la légalité contre tout acte de la Communauté lui faisant grief ; *d) toute personne victime de violations des droits de l'homme ; la demande soumise à cet effet : i) ne sera pas anonyme ; ii) ne sera pas portée devant la Cour de justice de la Communauté lorsqu'elle a déjà été portée devant une autre Cour internationale compétente ;* e) tout membre du personnel des institutions de la Communauté après épuisement sans succès des recours prévus par le Statut et Règlement du personnel de la Communauté ; f) les juridictions nationales ou les parties concernées, lorsque la Cour doit statuer à titre préjudiciel sur l'interprétation du Traité, des Protocoles et Règlements ; les juridictions nationales peuvent décider elles-mêmes, ou à la demande d'une des parties au différend, de porter la question devant la Cour de Justice de la Communauté pour interprétation. »

intégrée dans le droit communautaire CEDEAO, une politique normative explicite en faveur des droits fondamentaux. Les nombreuses critiques suscitées par l'arrêt *Afolabi*, ont conduit à l'adoption de ce protocole qui a permis d'inscrire la question de la protection des droits fondamentaux, au cœur de la construction communautaire. Il consacre ainsi un droit à agir pour toute personne désirant contester la légalité d'un acte communautaire ou s'estimant « victime de violation de droits de l'homme »[143]. L'accès au prétoire de la Cour de justice de la Communauté a ainsi été élargi à la faveur de cette réforme qui a permis d'impulser une réelle politique de protection des droits fondamentaux au sein de la Communauté.

Si l'absence d'une dynamique de protection des droits fondamentaux dans les textes fondateurs de la CEDEAO pouvait s'expliquer par la « vocation économique »[144] de l'organisation communautaire, l'absence de sources du droit communautaire permettant la mise en œuvre d'une politique globale en faveur des droits fondamentaux ne permettait pas à la Cour de justice d'établir un véritable système communautaire de protection des droits.

Cette situation était d'autant plus complexe que, face à la pluralité des ordres juridiques en matière de droits fondamentaux[145], l'efficacité de la Cour paraissait improbable.

Le mécanisme de protection des droits fondamentaux de la CEDEAO s'est ainsi laborieusement mis en place, en raison à la fois du champ d'application du traité fondateur de 1975 et des actes subséquents adoptés dans le cadre de l'intégration économique (**Section 1**) et aux impératifs juridiques et politiques de mise en œuvre de cette protection que le juge a dû prendre en compte (**Section 2**).

---

[143]Article 9.4 du Protocole A/SP.1/01/05 : « La Cour est compétente pour connaître des cas de violation des droits de l'homme dans tout État membre ».

[144]Voir article 2 du Traité de la CEDEAO.

[145]H. GAUDIN, « Un espace juridique unique », *in H. GAUDIN, (sous la dir.), Droit constitutionnel droit communautaire – vers un respect réciproque mutuel ?* Paris et Aix-en-Provence, Économica et P.U.A.M., 2001, pp. 9-10.

Section 1 : La diversité des sources dans la promotion des droits fondamentaux : entre volontarisme et contraintes.

Le droit communautaire a longtemps ignoré la question de la protection des droits fondamentaux dans l'espace CEDEAO. En l'absence d'un catalogue des droits fondamentaux, la Cour devait faire preuve d'ingéniosité et de courage pour traiter des contentieux relatifs aux droits fondamentaux. C'est ainsi que dans un élan volontariste, la CEDEAO a su faire montre de créativité pour trouver, un ensemble consensuel d'instruments juridiques internationaux (**§1**). Cependant, malgré la multiplicité des sources juridiques de protection des droits fondamentaux, celle-ci demeure encore inachevée (**§2**).

§1 : L'ingéniosité apparente dans l'utilisation des sources de protection des droits fondamentaux

Faisant montre d'une ingéniosité certaine et d'une hardiesse remarquable, la CEDEAO s'est saisie de l'instrument régional de protection des droits fondamentaux qu'elle a transposé dans son ordre juridique[146].

Les droits énoncés dans la Charte africaine des droits de l'homme et des peuples se trouvent dès lors intégrés dans l'ordre juridique de la Communauté et font désormais partie intégrante du droit applicable devant la Cour de justice de la CEDEAO. La Charte bénéficie de ce fait du statut d'acte juridiquement contraignant, de sorte que, la Cour de justice et les juridictions nationales disposent désormais d'un texte ayant vocation à servir de source principale, dans le cadre de leur mission de protection des droits fondamentaux[147]. Cette tendance à

[146]Voir supra, p. 38.

[147]Voir en ce sens X. GROUSSOT, L. PECH, « La protection des droits fondamentaux dans l'Union européenne après le Traité de Lisbonne », Fondation Robert Schuman,

l'unité normative favorise, en effet, la consolidation de la protection des droits fondamentaux, face au silence et, dans certains cas, à l'absence de textes.

Toutefois, il convient de noter que, malgré les tendances récentes de la jurisprudence de la Cour visant à la protection des droits fondamentaux et à l'intégration de la Charte africaine des droits de l'homme dans l'ordre juridique communautaire, la promotion des droits fondamentaux dans les textes originaires s'est faite de manière discrète (**A**). L'absence d'instruments propres à la protection des droits fondamentaux a conduit la Cour de justice à faire appel à plusieurs instruments juridiques internationaux pour promouvoir ces droits (**B**).

A. Une promotion discrète des droits fondamentaux dans les traités originaires

Le traité constitutif de la CEDEAO avait un objectif spécifique : l'intégration et la coopération économiques entre les États membres- et ne fait nullement référence aux droits fondamentaux. En effet, même si l'article 4 (d) consacre la création du « Tribunal de la Communauté » parmi les institutions de la CEDEAO, celui-ci avait un rôle limité. Il assure, conformément à l'article 11 du Traité, « le respect du droit et des principes d'équité dans l'interprétation des clauses communautaires. En outre il est chargé du règlement des différends dont il est saisi conformément à l'article 56 du présent Traité ». Le seul droit consacré était le droit à la libre circulation dans l'espace communautaire, prévu à l'article 27 du chapitre IV intitulé "liberté de mouvement et de résidence", aux termes duquel « Les citoyens des États membres sont considérés comme citoyens de la Communauté et en conséquence les États Membres s'engagent à abolir tous les obstacles qui s'opposent à leur liberté de mouvement et de résidence à

question d'Europe n°173, 14 juin 2010 ; voir aussi G. ISAAC, M. BLANQUET (dir.), *Droit Général de l'Union européenne*, Paris, Sirey, 2012, 768 p.

l'intérieur de la Communauté. Les États Membres, par accords mutuels dispenseront les citoyens de la Communauté du port de visas touristiques et de permis de résidence et leur permettront de travailler et d'exercer des activités commerciales et industrielles sur leurs territoires ». Il apparaît clairement que l'objectif initial de la nouvelle organisation africaine est de promouvoir la coopération et l'intégration économique des États à travers la création d'un marché régional unique[148] et ouvert aux États membres[149]. La philosophie de ce traité fondateur est à cet égard, en phase avec l'histoire, dans la mesure où les ressortissants de l'Afrique de l'Ouest, bien avant la colonisation, ont été parmi les populations les plus mobiles au monde même si l'essentiel de cette mobilité s'est effectué au sein de la région[150].

Cette réalité est une manifestation des aspirations des peuples africains à braver les frontières artificiellement créées par le colonisateur, et matérialise leur volonté de « vivre ensemble » et de circuler librement partout où ils se trouvent.

---

[148]L'article 2 du Traité de Lagos du 28 mai 1975 dispose en effet que « *Le but de la Communauté est de promouvoir la coopération et le développement dans tous les domaines de l'activité économique, particulièrement dans les domaines de l'industrie, des transports, des télécommunications, de l'énergie, de l'agriculture, des ressources naturelles, du commerce, des questions monétaires et financières et dans le domaine des affaires sociales et culturelles avec pour objectif d'élever le niveau de vie de ses peuples, d'accroître et de maintenir la stabilité économique, de renforcer les relations entre ses membres et de contribuer au progrès et au développement du continent africain.* » Il faut souligner que le Traité est entré en vigueur à titre définitif à l'égard des seize (16) États, le 20 juin 1975, date à laquelle Sept (7) États signataires l'avaient ratifié.

[149]Les États membres de la CEDEAO sont : Bénin, Burkina Faso, Cap-Vert, Côte d'ivoire, Gambie, Guinée-Bissau, Guinée-Conakry, Ghana, Libéria, Mali, Mauritanie, Nigeria, Niger, Sénégal, Sierra Léone, Togo. La Mauritanie a quitté la communauté en 2001.

[150]*Cf.* www.ecowas.int. Selon les chiffres disponibles sur le site de la CEDEAO, environ 7,5 millions de migrants ouest-africains (3% de la population régionale) habitent dans des pays de la CEDEAO autres que le leur. Les autres migrants (1,2 million) sont principalement en Europe et en Amérique du Nord. Les femmes, dont le nombre a été estimé en 2013 à environ 149 millions, constituent plus de 50% de la population de la région. La migration à travers les frontières, effectuée par les femmes dans le cadre de leurs activités commerciales, fait de celles-ci des chantres potentiels de l'intégration, mais cela n'est pas encore une réalité.

Le Traité initial de la CEDEAO apparaît en ce sens comme la résultante d'une consécration politique et la traduction juridique des aspirations des peuples à une communauté de destins à travers une coopération libre et sincère.

On peut donc se rendre à l'évidence que contrairement aux autres organisations, la création de la Communauté économique des États de l'Afrique de l'Ouest est le corollaire du comportement des populations.

Ainsi instituée, la CEDEAO paraissait totalement indifférente à toute idée de protection des droits fondamentaux. En effet, sa vocation reposait essentiellement sur des considérations économiques comme l'affirmaient alors les pères fondateurs dans le préambule du Traité de Lagos, « l'objectif final de nos efforts est le développement économique accéléré et soutenu de nos États, ainsi que la création d'une société homogène, aboutissant à l'unité des pays de l'Afrique de l'Ouest, notamment par l'élimination des obstacles de tous genres à la libre circulation des biens, des capitaux et des personnes ».

Tout comme ce fut le cas en Europe, en Afrique de l'Ouest, la reconnaissance et la protection de certains droits fondamentaux ne s'établissaient donc qu'afin de rendre le projet communautaire viable à travers la volonté d'instituer une libre circulation des marchandises et des capitaux[151]. L'idée d'une coopération juridique au sein de la Communauté n'interviendra que plus tard, avec la révision du traité de Lagos, intervenue à la faveur des mutations politiques mondiales au cours des années 1990, et des problèmes politiques auxquels étaient confrontés les États membres. Cette coopération sera ensuite renforcée au gré de l'évolution normative de la Communauté.

La révision du traité intervenue le 24 juillet 1993 entendait promouvoir cet objectif et pallier les insuffisances des textes en recherchant des solutions à la réalisation rapide d'une communauté intégrée et fonctionnelle. Le nouveau traité révisé a ainsi introduit parmi ses innovations majeures la coopération politique, la paix et la sécurité régionales. La région est, en effet, durement affectée par l'instabilité politique liée à la mauvaise gouvernance et à la multiplication des coups

---

[151]Article 27 du Traité CEDEAO du 28 mai 1975.

d'État. La déliquescence de l'environnement politique de la sous-région a ainsi conduit la CEDEAO à prendre conscience que la paix et la sécurité étaient des conditions préalables au développement économique et au progrès social et que la réalisation d'un système communautaire efficace de paix et de sécurité était nécessaire à une coopération économique significative. Le maintien de la paix est ainsi affiché dans le traité, non pas au titre de l'objectif global de la Communauté, mais comme un principe fondamental qui doit permettre à celle-ci d'atteindre ses objectifs en vue d'une prospérité économique durable[152].

Afin de mettre en perspective l'action de la CEDEAO en matière de protection des droits fondamentaux, il est intéressant de se placer sous l'angle comparatif de l'expérience européenne. Le fait que la protection des droits fondamentaux n'apparaissait pas comme une préoccupation majeure des Communautés européennes résultait de la considération selon laquelle une autre organisation[153] était déjà en charge de la protection des droits fondamentaux.

Il paraissait dès lors inopportun d'inclure une telle prérogative parmi les missions de la Communauté économique européenne devenue à la faveur du traité de Maastricht, l'Union européenne et, dont l'objectif primordial était l'intégration économique par l'établissement d'un marché commun.

Mais, contrairement à la Communauté Ouest-africaine, l'absence de dispositions spécifiques et exhaustives en matière de protection des droits fondamentaux ne s'est pas traduite par une absence de protection juridique[154]. Dès 1969, dans l'arrêt *Stauder*[155], la Cour de justice de l'Union européenne a souhaité répondre aux craintes exprimées par

---

[152]Voir publication de Gorée Institue 2010, *élections, paix et sécurité en Afrique de l'Ouest.*

[153]Le Conseil de l'Europe.

[154]X. GROUSSOT, L. PECH, « La protection des droits fondamentaux dans l'Union européenne après le Traité de Lisbonne », *op. cit.*, p.1.

[155]CJCE, *Erich Stauder contre ville d'Ulm – Sozialamt,* 12 novembre 1969, affaire 29-69 ; voir aussi CJCE, *Internationale HandelsgesellschaftmbH contre Einfuhr-undVorratsstellefürGetreideundFuttermittel,*
17 décembre 1970, affaire 11-70.

certaines juridictions nationales, en affirmant, pour la première fois, que les droits fondamentaux font partie intégrante des principes généraux du droit dont elle assure le respect.

Depuis lors, la Cour de justice de l'Union européenne a régulièrement interprété et vérifié la validité des mesures communautaires à la lumière des droits fondamentaux tels qu'ils sont protégés dans l'ordre juridique de l'Union européenne. C'est, en effet, la démarche qui était attendue de la Cour de justice de la CEDEAO dans l'arrêt *Afolabi*. Dans cet arrêt, le requérant s'est fondé sur l'article 9 du protocole /P.1/7/91[156] pour solliciter de la Cour, une interprétation extensive de ses compétences afin d'examiner sa demande au fond. Cette question est d'autant plus légitime qu'elle pose la question fondamentale du droit au juge. La Cour était donc invitée à se prononcer *a priori* sur sa compétence tout en prenant en compte le droit fondamental du requérant à comparaître et, *a posteriori,* sur la violation alléguée, conformément aux dispositions des articles 3 (2) (d) (iii) et 4 (g) du traité révisé et l'article 12 de la Charte africaine des droits de l'homme et des Peuples, par la République du Nigéria, du droit à la libre circulation des personnes et des biens.

Le principe de l'État de droit signifie que toute personne physique ou morale puisse contester la légalité de tout acte affectant ses droits et obligations. Or, c'est par une conception restrictive de son champ d'application que la Cour de justice a rejeté la requête du sieur Afolabi. Pourtant, cette situation offrait une occasion heureuse pour

---

[156]Article 9 du Protocole A/P.1/7/91 relatif à la Cour de justice dispose : « 1. La Cour assure le respect du droit et des principes d'équité dans l'interprétation et l'application des dispositions du Traité.
2. Elle connaît en outre des différends dont elle est saisie, conformément aux dispositions de l'article 56 du Traité (devenu article 76 du Traité révisé), par les États membres ou par la Conférence lorsque ces différends surgissent entre les États membres ou entre un ou plusieurs États membres et les institutions de la Communauté, à l'occasion de l'interprétation ou de l'application des dispositions du Traité.
3. Un État membre peut, au nom de ses ressortissants diligenter une procédure contre un autre État membre ou une institution de la Communauté, relative à l'interprétation et l'application des dispositions du Traité, en cas d'échec des tentatives de règlement à l'amiable.
4. la Cour a toutes les compétences que les dispositions du présent Protocole peuvent de manière spécifique lui conférer ».

l'affirmation des droits fondamentaux dans l'ordre juridique de la Communauté.

Puisqu'il y avait, en l'espèce, une situation nouvelle et non prévue par les textes communautaires. C'est ce vide juridique que la Cour de justice devait combler afin d'ouvrir son prétoire aux citoyens de la Communauté, car ni le traité révisé ni les protocoles ne prévoyaient à cette époque, l'admission d'une requête individuelle devant la Cour de justice. Seuls les États membres disposaient d'une telle prérogative.

Mais cette situation s'expliquait fort bien, car les dispositions de l'article 9.3 du protocole de 1991 relatif à la Cour de justice ne prévoyaient qu'un seul cas de litige : le litige qui pourrait naître entre le « ressortissant d'un État membre et un autre État membre ». Or, dans l'affaire *Afolabi*, il s'agissait d'une requête introduite par un ressortissant d'un État membre contre son propre État, en l'occurrence, la République fédérale du Nigeria. Dans la mesure où il était inimaginable que le Nigéria introduise la requête contre lui-même, il revenait légitimement à la personne concernée, en vertu du principe *locus standi*, de saisir directement la Cour. Une telle interprétation fut considérée par la Cour de justice comme un dépassement de compétences, voire comme une substitution au législateur communautaire, puisque la Haute juridiction indiquait qu'elle « n'est pas là pour changer les dispositions du protocole, mais pour les appliquer lorsqu'elles sont claires ou les interpréter lorsqu'elles sont difficiles à comprendre et ambigües (…) », tout en précisant qu'elle « a pour rôle de dire le droit et de l'interpréter mais n'a pas vocation de légiférer »[157].

Cette interprétation restrictive de sa compétence a eu pour conséquence de limiter son action, alors qu'il s'agissait en l'espèce d'une liberté qui fonde son action originelle, en l'occurrence la libre circulation des personnes et des biens. Il est probable que la décision n'aurait pas été la même aujourd'hui si la Cour venait à être saisie d'une requête similaire, même en l'absence de requête individuelle, désormais prévue par le protocole d'Accra.

[157]ECW/CCJ/APP/01/03 *Afolabi Olajide c/ République Fédérale du Nigeria*, 27 avril 2004, § (55).

Cette absence de pragmatisme de la Cour de justice pourrait cependant s'expliquer par la nature de la requête et la nouveauté de son office, longtemps inopérant. Le problème soulevé par l'affaire *Afolabi*, une première pour la Cour de justice, a pu, selon l'expression du professeur Alioune SALL, donner l'impression à celle-ci « qu'on lui en demandait trop ». Or, en procédant de la sorte, la Cour voulait certainement renforcer sa légitimité à l'égard des États membres qu'elle ne voulait point irriter, en faisant preuve de pédagogie. Il fallait surtout ménager la susceptibilité des États et contenir les effets du « souverainisme » sur les décisions de la Cour, en assurant à celles-ci, la force exécutoire nécessaire[158].

Les critiques suscitées par la position de la Cour aussi bien en doctrine qu'auprès des organisations de défense des droits de l'homme, avait conduit la CEDEAO à affirmer la nécessité d'une intégration juridique comme préalable à l'objectif communautaire d'intégration et de coopération économique.

C'est dans ce contexte qu'a eu lieu l'adoption du protocole d'Accra dont l'entrée en vigueur a permis le développement des droits fondamentaux. Dès lors, la protection des droits fondamentaux est devenue la préoccupation majeure de la Cour de justice et le contentieux qui s'y attache, l'élément central de l'ordre juridique communautaire.

En outre, ce n'est pas le seul changement majeur apporté par le Protocole d'Accra, puisque le nouvel article10 (d) ouvre la saisine de la Cour à « toute personne victime de violation des droits de l'homme ». Bien qu'indubitablement la plus controversée, cette disposition prévue au point (d) de l'article10 apparaît comme le changement le plus important et constitue la pierre angulaire de la réforme introduite par le Protocole, puisqu'il a permis à la Cour de justice d'ouvrir largement son prétoire aux citoyens de la Communauté et de développer un système juridique de protection des droits fondamentaux.

---

[158]Voir en ce sens J. ANDRIANTSIMBAZOVINA, *L'autorité des décisions de justice constitutionnelles et européennes sur le juge administratif français : Conseil constitutionnel, Cour de justice des communautés européennes et Cour européenne des droits de l'homme*, Paris, L.G.D.J., 1998, 663 p.

Il convient d'admettre que l'article10 a emporté un changement juridique radical en ce qui concerne le contentieux de la protection des droits fondamentaux : il ne fait pas une mention expresse de l'épuisement des voies de recours internes parmi les conditions de recevabilité de la requête, respectivement énumérées aux points (i) et (ii) de l'article10 qui prévoient que, pour être recevable, la requête : « ne sera pas anonyme » ; «ne sera pas portée devant la Cour de justice de la Communauté lorsqu'elle a déjà été portée devant une autre Cour internationale *compétente* ». Cette omission, qu'elle soit volontaire ou involontaire, a permis un développement croissant du contentieux des droits fondamentaux au sein de la Communauté. Aussi bien pour une partie de la doctrine à laquelle nous appartenons que pour certains observateurs, et de manière plus décisive pour la Cour de justice, cette situation est satisfaisante et permet une protection efficiente des droits fondamentaux dans l'espace juridique communautaire. Ce large soutien explique peut-être l'absence d'une nouvelle modification des dispositions du protocole, malgré l'appel d'une partie de la doctrine, et plus largement, des gouvernements nationaux, à combler le « vide juridique ». L'engorgement de la juridiction communautaire ne constitue pas un argument suffisant pour revenir sur ce que la Cour de justice qualifie dans sa jurisprudence d'« avancée normative » du mécanisme de protection des droits fondamentaux dans la Communauté.

L'adoption du Protocole d'Accra constitue un changement modeste dans l'objectif d'intégration économique, qui passe indéniablement par l'intégration juridique. Même si la consécration d'un catalogue communautaire des droits fondamentaux, rendant ceux-ci plus visibles aux citoyens de la CEDEAO, est encore manquante, force est de constater l'évolution progressive de ces droits dans le cadre de l'intégration communautaire.

Ce faisant, le plan de la CEDEAO, présenté comme sa « vision stratégique 2020 » adoptée le 15 juin 2007 et dont l'objectif est d'atteindre un niveau d'intégration satisfaisant en rapprochant davantages les peuples, définit trois chantiers principaux que sont la construction de l'union économique, monétaire et commerciale, la promotion du développement durable et l'éradication de la pauvreté, la paix et la sécurité régionale, la consolidation de la paix et de la démocratie comme les priorités à court et moyen termes. Cela a permis de renforcer la portée des droits fondamentaux au sein de la Communauté et de remédier au « déficit de droits » politiques. La protection des droits fondamentaux est donc devenue aujourd'hui, une exigence particulière et une condition indispensable à la réalisation de l'objectif d'intégratioon. Dès lors, en l'absence de dispositions spécifiques, plusieurs instruments juridiques internationaux concourent à la promotion des droits fondamentaux en tant que sources d'inspiration du juge communautaire.

B. La recherche d'instruments juridiques internationaux pour promouvoir les droits fondamentaux

La prise de conscience de l'importance des droits fondamentaux dans la mise en œuvre du droit communautaire s'est opérée de manière progressive.

Le droit communautaire CEDEAO constitue, par ailleurs, une construction originale appelé à réaliser, en Afrique de l'Ouest, un ordre juridique communautaire.

À cet égard, l'intégration juridique, préalable nécessaire à l'intégration économique, devra prendre en compte « diverses sources d'hétérogénéité normative »[159], en l'absence d'un catalogue de droits fondamentaux propre à la Communauté.

Or, il est traditionnellement admis que la diversité des sources du droit est de nature à engendrer des interférences entre les textes et entraîne souvent des conflits[160]. C'est assurément pour éviter la survenance des

---

[159]D. LOUKAKOU, « De la diversité des sources du droit et quelques implications sur le processus d'intégration juridique dans l'espace OHADA », *Mélanges en l'honneur de Jerry Sainte-Rose,* pp. 821- 841. Disponible en ligne sur le lien suivant : www.daldewolf.com.

[160]F. TERRÉ, *Introduction générale au droit*, coll. « Précis Dalloz », 5e éd., 2000, n°149, p. 172.

conflits dans l'interprétation et l'application des différents textes que la CEDEAO s'est fixée une série d'objectifs dont entre autres, «l'instauration d'un environnement juridique propice » et « l'harmonisation des normes et mesures »[161]. La réalisation de ces objectifs commande, néanmoins, l'adoption d'une démarche cohérente, ainsi qu'une appréhension globale et homogène du cadre normatif, dans un souci d'effectivité et d'efficacité[162]. Il y avait cependant certaines inquiétudes exprimées, car les progrès du droit constatés sur le continent, semblent se heurter à un phénomène majeur qui caractérise le processus d'intégration régionale en Afrique, et suscite la perplexité. Il s'agit de l'éclosion d'une pluralité d'organisations communautaires, dotées de compétences normatives et juridictionnelles concurrentes et regroupant quelquefois les mêmes pays[163]. Comme le fait remarquer S.-J. PRISO-ESSAWE, « La pluralité des institutions productrices de normes dans des domaines partagés établit une diversité des sources du droit applicable. Compte tenu des risques de concurrence et de conflits et eu égard au principe d'autonomie des droits communautaires, lequel sous-tend l'autonomie des normes générées par les organisations considérées, la diversité des sources du droit, en raison notamment de l'insécurité juridique et judiciaire, et des dysharmonies qui en résultent, pourrait rendre illusoire les objectifs fondamentaux assignés à la Communauté »[164]. C'est en réponse à ces inquiétudes qu'il est prévu à l'article 2 du traité, que la CEDEAO sera à terme, la seule Communauté économique de la région aux fins de l'intégration économique. C'est

---

[161]Voir article 5 du Traité révisé.

[162]D. LOUKAKOU, « De la diversité des sources du droit et quelques implications sur le processus d'intégration juridique dans l'espace OHADA », *op. cit.,* p. 822.

[163]D. COSSI SOSSA, « Les concurrences de compétence entre les hautes juridictions communautaires de l'Afrique de l'Ouest et du centre : réalités et approches de solutions », communication à la Deuxième Rencontre Inter-juridictionnelle des Cours Communautaires de l'UEMOA, de la CEDEAO, de la CEMAC et de l'OHADA, Bamako, du 9 au 13 février 2009 ; voir aussi D. LOUKAKOU, « De la diversité des sources du droit et quelques implications sur le processus d'intégration juridique dans l'espace OHADA », *op. cit.,* p. 822 et s.

[164]S.-J. PRISO-ESSAWE, « Les "espaces juridiques" de sécurisation des investissements en Afrique : entre droits communautaires et droit uniforme », Revue Lamy Droit Civil, janvier 2010, p. 59, voir aussi D. LOUKAKOU, « De la diversité des sources du droit et quelques implications sur le processus d'intégration juridique dans l'espace OHADA », *op. cit.*, p. 822 et s.

certainement cette philosophie qui a permis à la CEDEAO de résister aux différentes instabilités politiques, et de devenir aujourd'hui, une des organisations communautaires africaines les plus dynamiques.

Les principes démocratiques constituent assurément le socle de la protection des droits fondamentaux au sein de la Communauté. À cet égard, dans son pouvoir d'appréciation du contentieux des droits fondamentaux, la Cour de justice s'évertue à rappeler plusieurs instruments juridiques internationaux auxquels les États membres sont parties. La prééminence du droit dans une société démocratique constitue un principe fondamental, voire une exigence démocratique que la CEDEAO entend assurément concrétiser.

Ainsi, avec l'adoption du traité révisé, les États membres ont affirmé leur adhésion aux principes fondamentaux de la Communauté à l'appui de l'objectif d'intégration. L'article 4 (g) dispose par exemple que les États membres affirment leur adhésion « au respect, à la promotion et à la protection des droits de l'homme et des peuples conformément aux dispositions de la Charte africaine des droits de l'homme et des peuples ». L'exigence du respect des droits fondamentaux s'impose désormais aux États dans le cadre du droit communautaire. Cette même exigence est affirmée dans le cadre de l'Union africaine. Le même article prévoit à son point (j), « la promotion et la consolidation d'un système démocratique de gouvernement dans chaque État membre tel que prévu par la Déclaration des principes politiques adoptée le 6 juillet 1991 à Abuja ».

C'est cette exigence que la Cour de justice s'emploie à traduire en réalité. Tel qu'indiqué dans le préambule du protocole d'Accra, « le rôle de la Cour de justice dans l'élimination des obstacles à la réalisation des objectifs de la Communauté et l'accélération du processus d'intégration » est dès lors déterminant.

En vertu de la mission de promotion et de protection des droits fondamentaux que lui confient les traités, la Cour de justice produit une importante jurisprudence lui permettant d'exercer un contrôle sur l'exécution des engagements des États membres, notamment en matière de protection des droits fondamentaux. La référence aux engagements pris par les États membres reste marquée par l'esprit du droit international. Et la Cour a eu l'occasion de préciser, dans sa jurisprudence, qu'elle exerce les fonctions d'une juridiction internationale[165].

Outre la Charte Africaine des Droits de l'Homme et des Peuples dont la spécificité tient notamment à l'affirmation des droits des peuples à l'existence et à l'autodétermination[166], la Cour s'est efforcée de disposer d'un arsenal juridique supplémentaire pour mieux assurer la protection des droits fondamentaux et affronter les obstacles à la réalisation des objectifs communautaires. Elle intègre ainsi dans son corpus plusieurs instruments juridiques internationaux dont notamment la « Charte internationale des droits de l'homme »[167]. On peut cependant s'interroger sur l'opportunité d'intégrer tous ces instruments non encore exhaustifs, dans le corpus juridique de la Communauté puisque leur respect fait déjà objet de contrôles de plusieurs juridictions internationales. De même, l'on retrouve ces textes dans le dispositif interne de plusieurs États membres, le plus souvent dans leur bloc de constitutionnalité. Cette situation illustre bien le risque de conflits et de dissonances dans l'interprétation et l'application de certaines décisions de juridictions internationales.

L'éventualité d'une contrariété de jurisprudences est, par exemple, évidente entre la Cour de justice communautaire et la Cour africaine des droits de l'homme et des peuples qui se partagent, entre autres, l'application de la Charte.

---

[165]Arrêt No. ECW/CCJ/JUD/3/08, *Chief Ebrimah MANNEH c/ République de Gambie*, 5 Juin 2008. Dans cet arrêt, la Cour a affirmé la portée internationale de son office en précisant clairement qu'elle « exerce les fonctions d'une juridiction internationale

[166]R. M. K. KOUDE, « Peut-on, à bon droit parler d'une conception africaine des droits de l'homme ? », *RTDH*, n° 62, 2005, pp. 539-561.

[167]Comme déjà indiqué V. supra, Introduction, la Charte internationale des droits de l'homme est composée de : la Déclaration universelle des droits de l'homme du 10 Décembre 1948 ; le Pacte international relatif aux droits civils et politiques (PIDCP) entré en vigueur le 23 mars 1976 ; le Pacte international sur les droits économiques, sociaux et culturels (PIDESC) entré en vigueur 3 janvier 1976 (tous deux adoptés par l'Assemblée Générale des Nations Unies le 16 janvier 1966) ; la Convention sur l'élimination de toutes les formes de discrimination à l'égard des femmes de 1979 ; la Convention relative aux droits de l'enfant de 1989.

En effet, si la multiplicité des sources est un gage d'efficacité dans la protection des droits fondamentaux, elle peut aussi conduire à des interprétations multiples et divergentes. Les conflits paraissent alors inévitables. Pour y remédier, il est donc indispensable que, dans leur mission de protection des droits fondamentaux, les juges communautaires puissent disposer d'un catalogue propre à la Communauté et dont ils seront les interprètes naturels.

Nonobstant le volontarisme affiché par la Cour de justice de devenir l'acteur central de la protection des droits fondamentaux dans l'ordre juridique communautaire, le processus de la protection de ces droits est encore inachevé tant l'application des traités et protocoles se heurtent parfois à une certaine résistance des États.

§2 : Une promotion encore inachevée des droits fondamentaux

Si depuis sa création, la Cour de justice de la CEDEAO a pu jusqu'ici mener une activité « juridictionnelle » importante, en dépit de ses moyens limités, c'est son volontarisme qui a pu conduire à une interprétation extensive de ses compétences. Par une interprétation téléologique, elle a pu dégager une importante jurisprudence en matière de droits fondamentaux. Prenant en compte les instruments juridiques internationaux de protection des droits de l'homme, notamment la Charte Africaine des Droits de l'Homme et des Peuples, la Cour de justice, dont la vocation est de promouvoir les droits fondamentaux en Afrique de l'Ouest, et garantir le respect de l'ordre juridique communautaire, pourrait-elle être véritablement la garante du droit communautaire ? La Charte Africaine des Droits de l'Homme et des Peuples, dont elle est la gardienne au sein de la Communauté, permettrait-elle l'aboutissement d'une autonomie du droit communautaire ouest-africain ?

C'est précisément là que se pose la question de l'opportunité d'un droit communautaire autonome afin de garantir au sein de la CEDEAO, un système authentique de protection des droits fondamentaux. L'interprétation de la Charte Africaine des Droits de l'Homme et des Peuples par le juge communautaire présente un risque évident de conflits dès lors que la Cour africaine des droits de l'homme se considère comme une véritable juridiction au service de la Charte. La difficulté est en effet perceptible dès lors que l'ensemble des États membres de la CEDEAO sont parties à la Charte. Le risque est d'autant plus évident que les décisions des deux juridictions ont vocation à s'imposer aux États et pourraient progressivement constituer une difficulté car, comme l'a précisé le juge de la CEDEAO dans l'arrêt *Hadijatou Mani Koraou c/ République du Niger*, la Cour de justice « assure la protection des droits énoncés dans la Charte sans pour autant procéder de la même manière que la Commission africaine des droits de l'homme et des peuples »[168].

En dépit de la démarche de la Cour de justice consistant à révendiquer l'autonomie relative à l'application de la Charte africaine des droits de l'homme dont l'essentiel des droits proclamés se retrouvent dans plusieurs instruments juridiques internationaux[169], celle-ci ne peut véritablement assurer la garantie d'un ordre juridique communautaire que par la création d'un catalogue communautaire des droits fondamentaux à valeur effectivement contraignante. À cet égard, la

[168]ECW/CCJ/JUD/06/08 *Dame Hadidjatou Mani Koraou c/ République du Niger*, 27 octobre 2008, (§42).

[169]Les droits et devoirs qu'énonce la Charte africaine des droits de l'homme et des Peuples se trouvent dans sa première partie, tandis que la partie deux est consacrée aux mécanismes de contrôle. Les devoirs consacrés par la Charte se répartissent en deux grandes catégories : les devoirs généraux vis-à-vis de la famille, de la société et de l'État d'une part (art. 27), et les devoirs spécifiques vis-à-vis de ses « semblables sans discrimination aucune » (art. 28), d'autre part. Cependant, la doctrine est unanime à ce propos, l'analyse des droits de la personne protégée par la Charte ne dégage aucune originalité par rapport aux instruments juridiques internationaux classiques tels la Déclaration universelle des droits de l'Homme de 1948, ou les Pactes internationaux de 1966. Voir F. OUGERGOUZ, *La Charte africaine des droits de l'homme et des Peuples. Une approche juridique des droits de l'homme, entre tradition et modernité,* Paris, PUF, 1993, p. 67 ; Voir aussi M. KAMTO (dir), *La Charte africaine des droits de l'homme et des peuples et le protocole y relatif portant création de la cour africaine des droits de l'homme. Commentaire article par article,* coll. Droit international, Bruxelles, Bruylant, 2011 ; voir également V. E. YEMET, *La Charte africaine des droits de l'homme et des Peuples,* Paris, l'Harmattan, 1996, p. 44 ; R. M. K. KOUDE, « Peut-on, à bon droit parler d'une conception africaine des droits de l'homme ? », *op. cit.*, p. 553 et s.

CEDEAO doit promouvoir, pour une protection effective des droits fondamentaux, l'élaboration d'un texte communautaire telle une Charte communautaire, à l'instar de la Charte européenne des droits fondamentaux. L'effet pratique de cette protection doit être évalué à travers une analyse du régime de l'« opérabilité » des textes communautaires dans les différents ordres juridiques internes des États membres (**A**). En effet, les juridictions constitutionnelles des États se limitant le plus souvent à leurs compétences d'attribution, semblent abandonner le contentieux des droits fondamentaux au profit de la Cour de justice qui apparaît de ce fait comme la véritable juridiction des droits fondamentaux, exerçant parfois une véritable activité constitutionnelle (**B**).

A. La validité des textes communautaires de droits fondamentaux dans les différents ordres juridiques des États membres

L'efficacité d'un traité international est fortement déterminée par la valeur qui lui est accordée en droit interne. Réfléchir sur le statut, c'est-à-dire le rang des conventions internationales des droits de l'homme dans un État, c'est vouloir prendre la mesure de leur opérationnalité potentielle ou théorique dans cet État[170].

Ainsi que le note Roger Magloire Koussetogue KOUDE, « aujourd'hui, ce n'est pas tant l'existence des textes qui pose problème mais leur pertinence, leur validité et leur "opérabilité". L'actualité internationale, telle que nous la vivons, montre que le respect universel des droits de l'homme et de la dignité reste encore un principe axiologique, un idéal loin d'être atteint. Cette avancée difficile des droits de l'homme, voire leur rejet dans certains contextes particuliers, semble donner du crédit aux thèses selon lesquelles les droits de l'homme seraient incompatibles

[170] A. SOMA, « L'applicabilité des Traités internationaux de protection des droits de l'homme dans le système constitutionnel du Burkina Faso », *African Yearbook of international law*, 2008, vol. 16, pp. 313-342.

avec certaines cultures dans lesquelles ils n'auraient jamais existé en tant que tels. En Afrique, de nombreux pays se sont longtemps opposés à la mise en œuvre et au respect des instruments juridiques internationaux en matière des droits de l'homme auxquels ils ont pourtant librement souscrit, et ce au nom de l'"authenticité africaine". Pour justifier cette opposition, certains États, outre la souveraineté nationale et la non-ingérence qu'ils agitent en permanence, vont jusqu'à prétendre que les droits de l'homme, tels que définis dans la Déclaration universelle de 1948, étaient contraires aux "valeurs profondes africaines" »[171]. Cette attitude, pour critiquable qu'elle soit, s'explique par un désir d'autonomie de certains acteurs africains qui veulent, pour ainsi dire, "couper le cordon ombilical" avec les anciennes puissances coloniales. En effet, constate l'auteur, « Parallèlement à ce discours de résistance, il y a en Occident, un autre discours idéologique lui aussi qui prétend à l'exclusivité occidentale des droits de l'homme présentée comme fruit de la seule philosophie des Lumières, ayant vocation à s'universaliser, et donc, à s'exporter vers le reste du monde. Cette idée, outre le fait qu'elle est historiquement et scientifiquement fausse, contribue à accréditer la bonne vieille thèse de la sacro-sainte "mission civilisatrice" de l'Occident ».

La question de la pertinence des textes relatifs aux droits fondamentaux dans les différents systèmes juridiques des États, met en lumière toute une philosophie d'intégration. Elle permet surtout d'appréhender l'influence considérable du droit international sur la politique et la pratique interne des États en matière de protection des droits fondamentaux. L'activité internationale de protection des droits fondamentaux se fonde sur une multitude de textes par lesquels les États s'engagent à promouvoir et à protéger les droits fondamentaux conformément aux standards internationaux[172]. Le consentement d'un État à être lié par un traité international suppose l'engagement de cet État à l'intégrer dans son corpus juridique pour être invocable[173] devant les juridictions nationales. C'est en ce sens que la Cour de justice de la CEDEAO a constamment rappelé dans sa jurisprudence, sa compétence

[171]R. M. K. KOUDE, « Peut-on, à bon droit parler d'une conception africaine des droits de l'homme ? », *RTDH*, n° 62, 2005, *op. cit.*, pp. 541-542.
[172]*Cf.* A. SOMA, « L'applicabilité des Traités internationaux de protection des droits de l'homme dans le système constitutionnel du Burkina Faso », *op. cit.*, p. 316.
[173]*Ibid.*, p. 331 et s.

à contrôler les engagements internationaux des États en matière de protection des droits fondamentaux.

C'est la valeur accordée à un texte international qui fonde, en effet, son efficacité. On comprend dès lors, la transposition de plusieurs textes juridiques internationaux de protection de droits de l'homme dans l'ordonnancement juridique des États membres de la CEDEAO, qui sont pour la plupart encore à la recherche de « repères démocratiques et institutionnels »[174]. C'est le cas notamment de la Charte africaine des droits de l'homme et des peuples que l'on retrouve, par exemple, dans les préambules des constitutions nigérienne et burkinabé ; la Déclaration universelle des droits de l'homme visée aux préambules des constitutions ivoirienne, béninoise, togolaise ou guinéenne ; la Déclaration des droits de l'homme et du citoyen de 1789 inscrite dans la constitution sénégalaise. Il en est de même des Pactes internationaux de 1966 que l'on retrouve dans les préambules des constitutions nigérienne, togolaise et guinéenne. Cela apparaît comme l'engagement des États à préserver les acquis démocratiques et à édifier un État de droit garantissant la jouissance des droits fondamentaux de l'individu. Sans prétendre à l'exhaustivité, tous ces textes peuvent être invoqués soit devant le juge national soit devant le juge communautaire. C'est en raison de la nécessité de rendre effective la protection des droits fondamentaux au sein de la Communauté que le juge communautaire a, de manière abondante, étendu ses compétences, au contrôle de conventionalité des traités et conventions internationaux auxquels les États membres sont parties. Cette démarche qui ne pervertit en rien la pratique communautaire de protection des droits fondamentaux, rend plutôt compte de son activisme.

Pour autant, le mécanisme de réception du droit communautaire dans l'ordre juridique interne des États semble inopérant. La jurisprudence de la Cour de justice devait logiquement conduire à inclure les juridictions nationales parmi les organes de protection des droits fondamentaux visés par les textes communautaires. Le dispositif prévu à l'article 10. f. du Protocole d'Accra devrait permettre l'inclusion des juridictions nationales dans le mécanisme du renvoi préjudiciel, et par

---

[174]Rapport de la Mission d'Analyse La Cadence du Développement Démocratique au Burkina Faso, International IDEA, *La Démocratie au Burkina Faso*, Stockholm, International IDEA, 1998, p. 17 et s.

voie de conséquence, créer des rapports entre les ordres juridiques internes des États et la Cour de justice de la Communauté.

Pourtant, l'absence au sein des États, d'une implication des textes communautaires, ne permet pas de favoriser l'interaction ou la coopération judiciaire entre les systèmes, voulue par le traité de la CEDEAO[175]. Cette absence d'incorporation des textes communautaires dans les différents ordres juridiques des États, n'est pas de nature à affaiblir la « portée des innovations introduites en matière judiciaire »[176]. Il est, en effet, peu compréhensible que les textes communautaires soient relégués à une certaine désuétude qui pourrait, au fil du temps, entraver « l'affermissement et l'application uniforme du droit de l'intégration »[177] tel qu'il découle de l'engagement général des États[178], et remettre ainsi en cause le principe de primauté du droit communautaire.

Les textes communautaires ne semblent pas exercer la moindre influence sur les législations des États membres. Cette situation peut apparaître comme une banalisation des engagements des États.

[175]Voir en ce sens J.-J. PARDINI, « Brèves réflexions sur les interactions entre les ordres juridiques », in liber Amicorum J-C Escarras. La communicabilité entre les systèmes juridiques, Bruxelles, Bruylant, 2005, pp. 131-159, spéc.p.156 ; L'article 57 du traité CEDEAO du 28 mai 1975 dispose en effet : «1. Les États membres s'engagent à promouvoir la coopération judiciaire en vue d'harmoniser les systèmes judiciaires et juridiques... ».

[176]A. SALL, *Les mutations de l'intégration des États en Afrique de l'Ouest : une approche institutionnelle, op. cit.*, p. 169 ; voir aussi P. PESCATOR, « La coopération entre la cour communautaire, les juridictions nationales et la CEDH dans la protection des droits fondamentaux », Revue du Marché commun et de l'Union européenne, n° 466/mars 2003, pp. 151-159.

[177]A. SALL, *Les mutations de l'intégration des États en Afrique de l'Ouest : une approche institutionnelle, op. cit.*, p. 170.

[178]Article 5 du Traité CEDEAO « 1. Les États membres s'engagent à créer les conditions favorables à la réalisation des objectifs de la Communauté ; en particulier à prendre toutes mesures requises pour harmoniser leurs stratégies et politiques et à s'abstenir d'entreprendre toute action susceptible d'en compromettre la réalisation.

2. Chaque État membre s'engage à prendre toutes mesures appropriées, conformément à ses procédures constitutionnelles, pour assurer la promulgation et la diffusion des textes législatifs réglementaires nécessaires à l'application des dispositions du présent traité.

3. Chaque État membre s'engage à honorer ses obligations aux termes du présent traité et à respecter les décisions et les règlements de la Communauté. »

Cependant, ce n'est pas tant le comportement des États qui semble représenter un risque d'inflexion du droit communautaire, que la façon dont les textes communautaires aménagent la souveraineté des États, leur permettant ainsi de se dégager des contraintes du droit communautaire en recourant à des procédures parfois consensuelles. Et ce n'est pas non plus, l'attitude de certains organes de la Communauté qui permettra la réalisation de l'objectif d'intégration.

La Cour de justice de la Communauté doit s'affirmer en tant que véritable juge de l'interprétation et de l'application des traités. Mais, comme le souligne le professeur A. SALL, « encore faut-il que ce nouvel empire du droit dans le fonctionnement des organisations communautaires ouest-africaines soit bien compris »[179]. Car constate-t-il avec scepticisme, l'attitude du Conseil des ministres de la CEDEAO qui s'est offusqué du recours en annulation exercé par le président du Parlement de la Communauté à l'encontre d'un acte du Conseil des ministres lui-même et de deux actes du Secrétariat exécutif de l'époque. Le Conseil, dit-il, n'a pas hésité à voir la preuve d'une « logique d'affrontement »[180], comme si le règlement judiciaire de dissentiments n'était pas un règlement pacifique. C'est la confirmation de la règle africaine du consensus, tendant à privilégier démesurément des voies parallèles à la voie juridique. S'il est vrai qu'un « bon arrangement vaut mieux qu'un mauvais procès », il reste encore à démontrer que la voie du consensus n'est pas qu'une sorte de stratagèmes permettant à des États réfractaires à la voie judiciaire, de se soustraire aux prescriptions statutaires. En vérité, souligne Alioune SALL : « Derrière cette prévention manifestée par le Conseil des ministres, il y a une méprise et une regrettable nostalgie. Considérer le recours à des voies de droit comme un acte d'hostilité procède en effet d'une conception quelque peu surprenante du mode de régulation d'une organisation ; notamment le réflexe atavique de l'inclination pour le mode de règlement informel, politique, que les États africains ont longtemps manifesté et sur laquelle la doctrine s'est accordée depuis des lustres. Certes, le recours à des mécanismes de type juridique n'est ni une panacée, ni un critère de « maturité » des organisations humaines. Mais lorsqu'on a délibéré de

[179]A. SALL, *Les mutations de l'intégration des États en Afrique de l'Ouest : une approche institutionnelle, op. cit.*, p. 170.
[180]Projet de rapport de la cinquante quatrième session ordinaire du Conseil des ministres, doc. ECW/LIV/12, Abuja, juin 2005, p. 16.

fonctionner sur le mode du droit, il est incongru d'en fustiger la mise en œuvre.

De la même manière, la demande exprimée par le conseil des ministres, tendant à ce que la Cour de justice de la Communauté sursoit à l'examen desdits recours, « jusqu'à la décision du président en exercice de la Conférence sur leur résolution définitive » rappelle-t-elle une sorte de relégation de la fonction judiciaire, appelée à s'effacer devant les organes politiques. Des telles impressions sont bien entendu regrettables. Elles attestent cependant que les ruptures impliquées par les nouvelles options ne doivent pas seulement s'exprimer dans les textes, mais qu'elles doivent d'abord imprégner les mœurs, les mentalités, les habitudes »[181].

Notons par ailleurs qu'une attitude similaire avait été adoptée par la République de Gambie qui avait déclaré par lettre adressée au Président de la Commission de la CEDEAO, avec ampliation à la Cour, qu'« elle refuse de participer ou d'assister à l'audience de la Cour du 26 septembre 2007 »[182] pour laquelle notification lui avait été faite.

En l'espèce, la République de Gambie a été assignée devant la Cour de justice par un de ses ressortissants, en l'occurrence Chief Ebrimah MANNEH, sur le fondement de l'article 6 de la Charte Africaine des Droits de l'Homme et des Peuples, pour déclarer son arrestation illégale et arbitraire. Malgré la notification faite à la République de Gambie, en tant que défenderesse, celle-ci n'a pas introduit de mémoire en défense dans le délai de 30 jours prévu par le règlement de la Cour, et, encore moins justifié ce manquement.

C'est dans ce cadre que la Cour avait ordonné une notification d'audience à la République de Gambie qui n'avait pas pris part à l'audience du 26 septembre 2007. Une nouvelle date d'audience a été fixée pour le 26 novembre 2007 et la République de Gambie, malgré la notification de la Cour, n'a pas comparu à l'audience.

---

[181]A. SALL, *Les mutations de l'intégration des États en Afrique de l'Ouest : une approche institutionnelle, op. cit.*, pp. 170-171.
[182]Lettre de la Gambie au Président de la Commission de la CEDEAO du 23 août 2007. ; *Cf.* aussi l'arrêt ECW/CCJ/JUD/3/08 *CHIEF EBRIMAH MANNEH c/ République de Gambie* du 05 juin 2008.

Cette attitude de la Gambie avait suscité de vives critiques et soulevé des inquiétudes quant à l'avenir de la Cour de justice et de l'effet de ses décisions à l'égard des États membres. L'explication est sans doute à rechercher dans ce que la doctrine qualifie de « présidentialisme africain »[183], dont l'ancrage est tel que les chefs d'État avaient du mal à accepter l'idée qu'une décision, fût-elle juridictionnelle, puisse remettre en cause leur légitimité.

Cependant, le développement actuel du droit communautaire est en train de franchir un pas important, puisque non seulement les États admettent de plus en plus le caractère contraignant des décisions de la Cour de justice, mais surtout ils semblent concéder la part de souveraineté nécessaire à la réalisation de l'intégration communautaire.

En revanche, il convient de souligner que pour être effective, l'intégration communautaire doit être soutenue par les États, à travers les juges nationaux qui doivent prendre conscience de leurs obligations en interprétant le droit national au regard du droit communautaire, faisant ainsi du juge national le juge commun du droit communautaire[184].

Il semble que certaines juridictions nationales, notamment les juridictions constitutionnelles, ne soient pas prêtes à devenir des véritables juges des droits fondamentaux parce que, à bien des égards, elles semblent se conforter dans leurs compétences d'attribution, faisant parfois, une interprétation restrictive du texte constitutionnel.

---

[183]G. CONAC, « Le juge et la Construction de l'État de droit en Afrique francophone », *in État de droit, Mélanges en l'honneur de Guy BRAIBANT, Dalloz, 1996,* pp. 105-119 ; voir aussi A. BOURGI, « L'évolution du constitutionnalisme en Afrique : du formalisme à l'effectivité », RFDC, 2002/4 n° 52, p. 723 et s ; voir également J. GICQUEL, « Le présidentialisme négro-africain. L'exemple camerounais », in *Mélanges Georges Burdeau, Le Pouvoir*, Paris, L.G.D.J., 1977, p. 701 et s ; G. CONAC, « Portrait du chef de l'État », in *Les pouvoirs africains, Pouvoirs* n° 25, 1983. p. 121 ; V.- R. MANANGOU, « Le néo-présidentialisme africain : entre paternalisme et superposition », *RFDC*, 2015/3 n° 103, pp. 26- 53.

[184]O. DUBOS, *Les juridictions nationales, juge communautaire,* coll. Nouvelle bibliothèque des thèses, Paris, Dalloz, 2001.

B. Les réticences des juridictions nationales face au renforcement des droits fondamentaux

Le professeur Dominique ROUSSEAU souligne que le contrôle de la constitutionnalité des lois est un critère essentiel d'appréciation des régimes démocratiques, au même titre que la séparation des pouvoirs, l'indépendance du pouvoir judiciaire, la liberté du suffrage et le pluralisme des partis politiques et des moyens d'expression. Mais, comme le remarque Abdoulaye Diarra[185], c'est à ce niveau que se situent les difficultés auxquelles les juridictions constitutionnelles peuvent être confrontées. Parlant du mimétisme des Cours constitutionnelles africaines, le professeur Dominique Rousseau a pu faire observer que « la réussite de la greffe ne tient pas seulement à son inscription dans le texte constitutionnel ; elle dépend aussi du contexte social, politique, juridique dans lequel ces cours vont devoir fonctionner »[186]. Or, en Afrique, la création des juridictions constitutionnelles procède le plus souvent d'un changement de régime, régime dans lequel, pendant longtemps, tout le pouvoir avait été monopolisé par l'exécutif.

S'agissant des droits fondamentaux que ces hautes juridictions ont vocation à protéger, il est intéressant de rappeler les propos du professeur F. SUDRE qui note que « l'évolution des droits fondamentaux renvoie aujourd'hui à l'identité universelle de la personne humaine fondée sur le principe de l'égalité de tous les êtres humains. Affirmer leur caractère objectif, c'est signifier que ces droits ne sont pas attribués aux individus par le biais d'un statut juridique particulier révocable, mais qu'ils sont attachés par principe, à la seule

---

[185]A. DIARRA, « La protection constitutionnelle des droits et libertés en Afrique noire francophone depuis 1990. Les cas du Mali et du Benin », disponible sur la revue en ligne *Afrilex* : www.afrilex.u-bordeaux4.fr,pp. 1-30.

[186]D. ROUSSEAU, *La justice constitutionnelle en Europe*, Paris, Montchrétien, 2e édition, 1996, pp. 29-30 ; Voir également dans le même sens M. TROPER, *La séparation des pouvoirs et l'Histoire constitutionnelle française*, L.G.D.J., Paris, 1973 ; voir également G. D. LAVROFF, « L'évolution constitutionnelle et politique des Etats d'Afrique noire », *Annales Africaines*, 1972, p. 11 ; voir aussi F. MODERNE, *Les institutions constitutionnelles des États d'Afrique francophones et de la République Malgache*, Paris, Economica, 1979.

qualité de personne humaine ou, dans certains cas, à l'appartenance à un groupe défini »[187].

L'affirmation de ce principe conduit à la reconnaissance, par les États, des droits fondamentaux de la personne humaine dont les juridictions nationales, notamment les juridictions constitutionnelles, assurent donc le respect et la sauvegarde. Il existe, on le sait, un lien étroit entre la Constitution et les libertés[188]. C'est cet esprit qui a gouverné la rédaction de la Déclaration des droits de l'homme et du citoyen de 1789 que rappelle Philippe Ardant, en citant Jean-Joseph Mounier lorsqu'il fait observer, qu'au moment de sa rédaction, « pour qu'une Constitution soit bonne, il faut qu'elle soit fondée sur les droits de l'homme et qu'elle les protège évidemment »[189].

C'est aussi cet esprit qui fonde la philosophie générale de tous les États membres de la CEDEAO, lorsqu'ils consacrent dans leurs textes constitutionnels, la « juridicisation » de certains textes internationaux de protection des droits fondamentaux[190]. En énonçant les droits

---

[187]F. SUDRE, *Droit européen et international des droits de l'homme,* Coll. Droit fondamental, 12è éd., Paris, PUF, 2015, p. 53.

[188] P. ARDANT « Les constitutions et les libertés », *Pouvoirs, n° 84*, 1998, p. 61.

[189] J.-J. MOUNIER, cité par P. ARDANT, « Les constitutions et les libertés », *op. cit.*, p. 61 ; voir dans le même sens G. CARCASSONE, « changer de régime sans changer de Constitution : l'initiative des acteurs », in *mélanges offerts à L. Favoreu, Renouveau du droit constitutionnel*, Paris, Dalloz, 2007, pp. 543-552.

[190]La Constitution du Bénin consacre un titre entier aux droits fondamentaux. Ainsi libellé : Titre II : Droits et devoirs de la personne humaine, juste après le Titre I sur la Souveraineté et l'État, ce titre comporte 34 articles qui traitent des droits fondamentaux de la personne. Rappelons, par ailleurs, que l'article 7 prévoit que les droits et devoirs garantis par la Charte africaine des droits de l'homme et des Peuples font partie intégrante de la Constitution. L'adhésion du constituant béninois aux principes de démocratie et des droits de l'homme tels que définis par la Charte des Nations Unies de 1945 et la Déclaration Universelle des Droits de l'homme de 1948 est aussi rappelée au Préambule de la Constitution. Le constituant nigérien du 25 novembre 2010 prévoit dans le préambule de la Constitution, son attachement aux principes de la démocratie pluraliste et aux droits humains tels que définis par la Déclaration universelle des droits de l'homme de 1948, le Pacte international relatif aux droits civils et politiques de 1966, le Pacte international relatif aux droits économiques, sociaux et culturels de 1966, la Charte africaine des droits de l'homme et des peuples de 1981. Pour donner encore plus d'éclats aux droits fondamentaux, il souligne de façon générale, son attachement aux instruments juridiques régionaux et internationaux de protection et de promotion des droits humains tels que signés et

protégés, les textes constitutionnels organisent de façon autonome les mécanismes juridiques assurant leur effectivité. Par ces mécanismes, les juridictions nationales sont appelées à contrôler la fondamentalité des droits consacrés, c'est-à-dire leur conformité à la Constitution.

Le respect des droits fondamentaux participe de la construction d'un État de droit démocratique. Et comme le note fort bien Jean RIVERO, « la construction d'un État de droit ne doit pas se limiter à l'institutionnalisation du contrôle de la légalité. Il faut un deuxième niveau sans lequel on ne saurait parler d'État de droit. Il s'agit de rendre effective la soumission du législateur souverain à la règle qui fonde son pouvoir en le contraignant par là, au respect des libertés publiques »[191]. Dès lors, la protection des droits fondamentaux implique l'institution d'un contrôle de constitutionnalité des lois de nature à « remettre en cause souvent, sinon le plus souvent, la conformité ou la non-conformité d'un texte de valeur législative aux normes de valeur constitutionnelle définissant les droits individuels ou sociaux et les libertés publiques »[192]. Or, l'on constate aujourd'hui, une hésitation, voire une réticence de plus en plus affirmée, des juridictions constitutionnelles, à opérer en droit interne, un véritable contrôle des lois qui vise à purger toutes les impuretés relevées.

L'environnement politique africain, longtemps caractérisé par un monolithisme, auquel s'est substituée, avec l'avènement du multipartisme, une instabilité due à la recrudescence des crises politiques, n'a pas été favorable à l'instauration d'une véritable justice constitutionnelle. Et c'est pour contribuer à cet objectif général de dévéloppement et de consolidation de la démocratie et de l'État de droit,

---

ratifiés par le Niger avant de consacrer le Préambule comme partie intégrante de la Constitution. Il en est de même dans plusieurs États membres de la CEDEAO comme le Mali, la Cote d'ivoire, le Burkina Faso, la Guinée, le Sénégal, le Togo.

[191]J. RIVERO, « Fin d'un absolutisme », *Pouvoirs n°13*, Le Conseil constitutionnel, p. 6.

[192]G. VEDEL « Le Conseil constitutionnel, gardien du droit positif ou défenseur de la transcendance des droits de l'Homme », *Pouvoirs n° 13*, avril 1980 (juillet 1991), p. 209 ; voir aussi G.VEDEL, *les bases constitutionnelles du droit administratif, Études et Documents du Conseil d'État*, 1954, p. 21 ; voir également G. BRAIBANT, « De la CEDH à la Charte des droits fondamentaux de l'UE », in *Libertés, justice, tolérance, mélanges en hommage au Doyen Gérard Cohen-Jonathan*, Bruxelles, Bruyant, 2004, Vol. I, pp. 327-333.

ainsi qu'à l'obejctif de protection des droits fondamentaux qu'il a fallu consentir à la création des juridictions constitutionnelles appelées à œuvrer à la « juridicisation » de la vie politique. Aussi, certaines Constitutions font-elles des juridictions constitutionnelles, les organes régulateurs du fonctionnement des institutions et de l'activité des pouvoirs publics[193]. Les juridictions constitutionnelles se trouvent ainsi investies, outre la mission protectrice des droits fondamentaux, d'un « rôle de pacification et d'encadrement de la vie politique qui est, par nature, tumultueuse »[194].

La forte propension à une constitutionnalisation des droits fondamentaux est, de ce fait, un objectif commun aux États en ce qu'elle constitue une garantie pour la démocratie. Comme le note Abdoulaye Diarra, « L'objectif est de rompre systématiquement avec les pratiques des systèmes politiques anciens en matière de Droit de l'homme (…) La lutte pour la démocratie pluraliste est inséparable du respect et de la sécurisation juridique des droits fondamentaux de la personne humaine »[195]. Dans cette optique, l'ensemble des États de la CEDEAO accorde une place importante aux droits fondamentaux dans leurs constitutions. Ces dernières consacrent généralement un titre ou un chapitre spécial qui regroupe les droits fondamentaux et que la

---

[193]Article 114 de la Constitution du Bénin dispose « La Cour Constitutionnelle est la plus haute Juridiction de l'État en matière constitutionnelle. Elle est juge de la constitutionnalité de la loi et elle garantit les droits fondamentaux de la personne humaine et les libertés publiques. Elle est l'organe régulateur du fonctionnement des institutions et de l'activité des pouvoirs publics ». Au Niger, c'est l'article 46 de la Constitution du 25 novembre 2010 qui prévoit une telle prérogative au président de la République en ce qu'il dispose : « Le Président de la République est le chef de l'État…Il assure le fonctionnement régulier des pouvoirs publics et la continuité de l'État.». Mais cela n'a pas empêché la Cour constitutionnelle de se déclarer comme l'organe régulateur du fonctionnement régulier des pouvoirs publics. En effet, dans son arrêt n°006/CC/MC du 15 mai 2014 la Cour a, dans un considérant remarquable, procédé à une interprétation large des dispositions combinées des articles 120 et 126 de la Constitution, pour se reconnaître un « rôle de régulation du fonctionnement des institutions et des pouvoirs publics », dont elle assure désormais la continuité, en ce qu'elle s'estime « fondée à prendre toute décision tendant à prévenir toute paralysie du fonctionnement des institutions de la République ».

[194]S. BOLLE, « Les juridictions constitutionnelles et les crises électorales », *Actes du 5e Congrès de l'ACCPUF*, Cotonou, juin 2009.

[195]A. DIARRA, « La protection constitutionnelle des droits et libertés en Afrique noire francophone depuis 1990. Les cas du Mali et du Benin », *op. cit.*, p. 13.

doctrine qualifie de « déclarations de droit interne » ; reprenant le plus souvent la liste des droits consacrés par les instruments juridiques internationaux de protection des droits fondamentaux. Il convient de relever, sur certains points, la volonté des États à imprimer un élan interne de protection adaptée au contexte national.

Ainsi, le peuple béninois proclame solennellement, dès le préambule de la Constitution, sa ferme détermination à créer un État de droit et de démocratie pluraliste.

Dans cet État « les droits fondamentaux de l'homme, les libertés publiques, la dignité de la personne humaine et la justice sont garantis, protégés et promus comme la condition nécessaire au développement véritable et harmonieux de chaque béninois tant dans sa dimension temporelle, culturelle que spirituelle ». Le peuple malien proclame aussi dans le préambule de la Constitution son attachement au principe de la démocratie pluraliste et au respect des droits de l'homme.

Il en est de même du peuple nigérien qui proclame dans le préambule de la Constitution du 25 novembre 2010, sa résolution « à bâtir un État de droit garantissant, d'une part, l'exercice des droits collectifs et individuels, la liberté, la justice, la dignité, l'égalité, la sûreté et le bien-être comme valeurs fondamentales de notre société et, d'autre part, l'alternance démocratique et la bonne gouvernance ».

Le constituant sénégalais proclame également « le respect des libertés fondamentales et des droits du citoyen comme base de la société sénégalaise ; le respect et la consolidation d'un État de droit dans lequel l'État et les citoyens sont soumis aux mêmes normes juridiques sous le contrôle d'une justice indépendante et impartiale ».

C'est aussi le cas du peuple ivoirien qui exprime dans le préambule de la Constitution ivoirienne du 8 novembre 2016, sa « détermination à bâtir un État de droit dans lequel les droits de l'Homme, les libertés publiques, la dignité de la personne humaine, la justice et la bonne gouvernance (…) sont promus, protégés et garantis » ; Le peuple Burkinabé exprime aussi son attachement à la démocratie pluraliste et aux droits fondamentaux.

De même, le peuple togolais exprime son attachement à l'« État de droit fondé sur le pluralisme politique, dans lequel les droits fondamentaux de l'Homme, les libertés publiques et la dignité de la personne humaine doivent être garantis et protégés ». Enfin, le peuple guinéen exprime lui aussi, sa volonté d'édifier « un État de droit et de démocratie pluraliste ». La plupart des constitutions des États membres de la CEDEAO comportent des droits fondamentaux[196], énumérés explicitement dans la Loi fondamentale comme le droit à la vie, à la liberté, à la sécurité et à l'intégrité de la personne (illustrant le caractère sacré et inviolable de la personne humaine)[197] ; le droit à l'égalité[198]; le droit aux libertés de pensée, de conscience, de religion, de culte, d'opinion, d'expression et de création dans le respect de la loi[199]; le droit à la liberté d'aller et venir, au libre choix de la résidence, à la liberté d'association, de réunion, de cortège et de manifestation[200] ; le droit à

[196]C'est le cas par exemple de la Constitution béninoise qui consacre juste après le Titre I sur l'État et la souveraineté, un Titre II : (Des Droits et devoirs de la personne humaine). Ce titre comporte 34 articles traitant exclusivement et de façon non exhaustive, des droits fondamentaux. La Constitution nigérienne, dans une rédaction similaire consacre 36 articles traitant des droits et devoirs de la personne humaine. La Constitution malienne du 26 mars 2012 connaît une rédaction similaire. On retrouve la même écriture dans le Titre II (Des libertés, devoirs et droits fondamentaux) de la Constitution guinéenne et qui comporte 22 articles. La Constitution du Togo a la même rédaction. La Constitution du Sénégal traite dans un Titre II des libertés publiques et de la personne humaine, des droits économiques et sociaux et des droits collectifs. La Constitution de Côte d'Ivoire va plus loin et consacre dès son Titre premier : « Des droits, des libertés et devoirs » un premier chapitre de 27 articles qui traite des libertés et des droits et un second chapitre qui traite des devoirs. C'est aussi le cas de la Constitution du Burkina Faso qui se veut plus originale et dont le titre premier « Des droits et devoirs fondamentaux » se subdivise en quatre chapitres. Le premier chapitre traite en 10 articles des droits et devoirs civils, le deuxième chapitre consacre les droits civils et politiques, le troisième chapitre garantit les droits et devoirs économiques et le quatrième chapitre les droits et devoirs sociaux et culturels.

[197]Art. 8 et 15 C. Bénin ; art. 9 C. Mali ; art. 11 et 12 C. Niger ; art. 7 C. Sénégal, art. 10, 14 et 21 C. Togo ; art. 2 C. Burkina Faso ; art. 2 C. Cote d'ivoire, art. 5 et 6 C. Guinée.

[198]Art. 26 C. Bénin; art. 2 C. Mali; art. 8 C. Guinée; art. 2 C. Côte d'Ivoire; art. 1er et 4 C. Burkina Faso; art. 11 C. Togo; art. 7 C. Sénégal; art. 10 C. Niger.

[199]Art. 30 et 31 C. Niger; art. 8, 10, 11 et 12 C. Sénégal; art. 23 C. Bénin; art. 25 C. Togo; art. 4 C. Mali; art. 8 et 9 C. Burkina Faso; art. 7 C. Guinée; art. 9, 10, et 16 C. Côte d'Ivoire.

[200]Art. 7 et 9 C. Burkina Faso; art. 11, 12 et15 C. Côte d'Ivoire; art. 10 C. Guinée; art. 25 C. Bénin; art. 5 C. Mali; art. 32 C. Niger; art. 22 et 30 C. Togo; art. 8, 12 et 14 C. Sénégal.

l'inviolabilité du domicile, à la vie privée et familiale, au secret de la correspondance et des communications[201] ; le droit à la présomption d'innocence[202] ; le droit à la défense[203] ; le droit à la propriété[204]; le droit à une presse libre[205] ; le droit à la liberté de création artistique et culturelle[206] ; le droit pour toute personne faisant l'objet d'une mesure privative de liberté de se faire examiner par un médecin de son choix[207] ; le droit de n'être poursuivi, arrêté ou inculpé qu'en vertu d'une loi promulguée antérieurement aux faits reprochés[208] ; le droit à un environnement sain[209] ; le droit de ne pas être contraint à l'exil et le droit d'asile[210] ; le droit à l'éducation, à la formation, à l'instruction, au travail, au logement, aux loisirs, à la santé et à la protection sociale[211] ; le droit à la liberté syndicale[212] ; le droit de grève[213] ; le droit de l'égal accès aux médias d'État[214] ; les droits de la femme et de l'enfant[215].

---

[201]Art. 6 C. Burkina Faso ; art. 4 et 5 C. Cote d'ivoire ; art. 12 et 18 C. Guinée ; art. 20 et 21 C. Bénin ; art. 6 C. Mali ; art. 27 et 29 C. Niger ; art. 28 et 29 C. Togo ; art. 13 et 16 C. Sénégal.

[202]Art. 9 C. Guinée; art. 22 C. Côte d'Ivoire; art. 17 C. Bénin; art. 9 C. Mali; art. 20 C. Niger; art. 4 C. Burkina Faso; art. 18 C. Togo.

[203]Art. 9 C. Guinée; art. 22 C. Côte d'Ivoire; art. 17 C. Bénin; art. 9 C. Mali; art. 20 C. Niger; art. 9 C. Sénégal; art. 16, 17 et 18 C. Togo; art. 4 C. Burkina Faso.

[204]Art. 15 C. Burkina Faso; art. 13 C. Guinée; art. 22 C. Bénin; art. 15 C. Côte d'Ivoire; art. 13 C. Mali; art. 28 C. Niger; art. 27 C. Togo; art. 15 C. Sénégal.

[205]Art. 7 C. Guinée; art. 24 C. Bénin; art. 7 C. Mali; art. 8 C. Burkina Faso; art. 26 C. Togo; art. 11 C. Sénégal.

[206]Art. 28 C. Burkina Faso; art. 16 C. Côte d'Ivoire; art. 8 C. Mali.

[207]Art. 18 C. Bénin; art. 10 C. Mali; art. 16 C. Togo.

[208]Art. 16 C. Bénin; art. 3 C. Mali; art. 18 C. Niger; art. 9 C. Guinée; art. 22 C. Côte d'Ivoire; art. 5 et 29 C. Burkina Faso; art. 15 C. Togo; art. 9 C. Sénégal.

[209]Art. 19 C. Côte d'Ivoire; art. 16 C. Guinée; art. 27 C. Bénin; art. 15 C. Mali; art. 35 C. Niger; art. 41 C. Togo; art. 8 C. Sénégal.

[210]Art. 3 C. Burkina Faso; art. 12 C. Côte d'Ivoire; art. 12 C. Mali; art. 22 C. Togo; art. 16 C. Niger.

[211]Art. 18, 19, 26 et 27 C. Burkina Faso ; art. 7 et 8 C. Cote d'ivoire ; art. 17 C. Mali ; art. 22, 23, 26 et 33, C. Niger ; art. 30 C. Bénin pour le droit au travail ; art 15, 20, 23 et 25 C. Guinée ; art. 34, 35 et 37 C. Togo ; art. 8, 17,22 et 25 C. Sénégal.

[212] Art. 21 C. Burkina Faso; art. 20 C. Guinée; art. 18 C. Côte d'Ivoire; art. 31 C. Bénin; art. 20 C. Mali; art. 39 C. Togo; art. 8 et 25 C. Sénégal; art. 34 C. Niger.

[213] Art. 22 C. Burkina Faso; art. 18 C. Côte d'Ivoire; art. 20 C. Guinée; art. 31 C. Bénin; art. 21 C. Mali; art. 34 C. Niger; art. 39 C. Togo; art. 25 C. Sénégal.

[214] Art. 7 C. Guinée; art. 17 C. Mali.

[215] Art.6 C. Côte d'Ivoire pour la protection de l'enfant ; préambule C. Mali ; art. 17 C. Sénégal ; art. 26 alinéa 2 C. Bénin.

Ce n'est donc pas l'absence de garantie des droits fondamentaux qui semble empêcher une protection effective de ces droits, car on le voit bien, la promotion des droits fondamentaux paraît plus importante dans les constitutions africaines : celles-ci consignent dans leur lettre, plusieurs instruments internationaux, plus que dans la plupart des constitutions occidentales, très enclines à garantir une certaine souveraineté étatique. En Afrique, ce qui fragilise la protection des droits fondamentaux, c'est bien l'insécurité permanente qui caractéristise les systèmes juridictionnels des États, voire l'absence totale de la justice en tant qu'organe indépendant des pouvoirs politiques[216]. C'est dans un souci d'efficacité que les États membres de la CEDEAO ont voulu sécuriser certains droits fondamentaux en les intégrant formellement dans les textes constitutionnels. Les droits ainsi constitutionnalisés ne doivent en aucun cas être violés. Ils doivent être reconnus à tout homme quelle que soit sa condition sociale ou religieuse.

La nécessité de garantir l'effectivité des droits fondamentaux a conduit les constituants à les inscrire dans la norme ayant la plus haute valeur juridique[217]. La suprématie de la constitution ne peut être assurée que par la présence d'une véritable juridiction constitutionnelle, chargée de veiller au respect des droits fondamentaux et capable de protéger la constitution. Or, Il arrive que les décisions de ces juridictions soient en cause devant la Cour de justice de la CEDEAO, par l'action individuelle des requérants qui allèguent le plus souvent la violation de leurs droits fondamentaux. Parfois, en raison de la faiblesse de la juridiction constitutionnelle dont le rôle se limite au contentieux électoral, et, dans certains cas, à cause de son incapacité à exercer un véritable contrôle de constitutionnalité des lois, partant, à assurer la protection des droits fondamentaux. Dans le contexte africain de juridicisation des droits fondamentaux et de constitutionnalisation de la vie politique, les résultats se sont révélés décevants, eu égard à la « tradition » du parti unique et à la tentation de la concentration des pouvoirs, illustration du « présidentialisme africain ».

---

[216]A. DIARRA, « La protection constitutionnelle des droits et libertés en Afrique noire francophone depuis 1990. Les cas du Mali et du Benin », *op. cit.*, pp. 13- 14.
[217]A. DIARRA, « La protection constitutionnelle des droits et libertés en Afrique noire francophone depuis 1990. Les cas du Mali et du Benin », *op. cit.*, p. 14.

Souffrant d'une méfiance endémique à l'égard du contrôle de constitutionnalité perçu comme une mise en cause[218] de l'autorité du chef de l'État, les juridictions constitutionnelles en Afrique, n'ont pas connu une évolution facile. Si aujourd'hui le pouvoir créateur de ces juridictions est relativement accepté, il n'en demeure pas moins qu'il continue de faire couler beaucoup d'encre dans la majorité des pays africains. Un climat de suspicion persiste, à tort ou à raison, sur leur capacité à résister aux « assauts » des hommes politiques sur la Constitution et à infliger de véritables sanctions. Cette situation est plus manifeste dans le contrôle de constitutionnalité des lois qu'exercent les juridictions constitutionnelles, conformément à leurs attributions. Les lois qui, par définition, sont soutenues par une majorité politique, et contestées par une opposition[219], sont très souvent sujettes à controverses et exposent l'office du juge constitutionnel à plus d'« attaques politiciennes »[220] dans le contrôle qu'il exerce.

Or, comme le fait remarquer le doyen FAVOREU, l'activité de la juridiction constitutionnelle est indissociable du fait politique. Car, soutient-il, « même si son activité et ses méthodes sont de nature juridique, la portée de ses décisions a souvent et inévitablement un caractère politique »[221].

Cette position est le prolongement de la thèse soutenue par Charles EISENMANN lorsqu'il affirme dès 1928 que « par la nature même des choses, la justice constitutionnelle est comme un miroir où se reflète - fragmentaire sans doute mais fidèle - l'image des luttes politiques suprêmes d'un pays - qu'elle a précisément pour effet de transformer en dernière analyse en litige de droit »[222]. On comprend alors le sentiment que peut laisser la portée de ses décisions dans une société où

---

[218]V. CHAMPEIL-DESPLATS, « Le Conseil constitutionnel, protecteur des droits et libertés ? », *CRDF*, n° 9, 2011, p. 11.
[219]*Ibid.*, p. 11.
[220]*Id.*
[221]L. FAVOREU (dir.), « Rapport général introductif », in *Cours constitutionnelles européennes et droits fondamentaux*, Paris-Aix-en-Provence, Economica-Presses universitaires d'Aix-Marseille, 1982, p. 29.
[222]C. EISENMANN, *La justice constitutionnelle et la Haute cour constitutionnelle d'Autriche*, thèse, Paris, Economica, 1986, p. 137.

le présidentialisme est bien souvent le modèle de gouvernance. De ce point de vue, l'histoire de la justice constitutionnelle en Afrique est en partie celle de « la construction de sa légitimité et de la conquête d'une place dans le nouveau paysage institutionnel »[223].

Comme le note le professeur Alioune Badra FALL, « le juge africain ne bénéficie guère de nos jours de l'idée que l'on se fait habituellement et légitimément d'un organe chargé de dire le droit, de rendre la justice. Sa crédibilité est sérieusement battue en brèches.

Il peine encore à se débarrasser de cette image qu'il renvoyait aux citoyens. Ce constat est d'autant plus terrible que lui dont la haute mission est de trancher les conflits et protéger les citoyens contre les violations de leurs droits fondamentaux et contre tout arbitraire de la part des pouvoirs publics, se trouve quotidiennement et violemment pris à partie et soupçonné de partialité, de corruption, de négligence et même très souvent d'incompétence »[224].

En ce qui concerne le juge constitutionnel, c'est en raison de son rôle éminemment politique tant par son mode de désignation que par sa mission, notamment en tant que juge du contentieux électoral, que son action tend à être « délégitimée ».

En effet, on peut constater une action volontariste du juge en matière de contentieux électoral et une certaine inertie en matière de protection des droits fondamentaux. À cela s'ajoute les difficiles modalités d'accès aux juges constitutionnels, souvent trop éloignés du citoyen.

L'accès au prétoire du juge constitutionnel est, en effet, dans beaucoup de pays, soit totalement fermé au citoyen, soit restreint. Dans bien des cas, il est réservé essentiellement à une catégorie de personnalités, le plus souvent politiques, donnant ainsi l'impression d'être une juridiction aux ordres.

---

[223] V. CHAMPEIL-DESPLATS, « Le Conseil constitutionnel, protecteur des droits et libertés ? », *op. cit.*, p. 11

[224] A. B. FALL, « Le juge, le justiciable et les pouvoirs publics : pour une appréciation concrète de la place du juge dans les systèmes politiques en Afrique », in *Le Statut du juge en Afrique*, publié en juin 2003. Disponible sur la revue en ligne *Afrilex*.

À l'exception de la Constitution du Bénin qui accorde la saisine directe au citoyen[225], toutes les autres constitutions des États membres de la CEDEAO ne permettent la saisine du juge constitutionnel que par la voie de l' « exception d'inconstitutionnalité ». Ce qui, de manière implicite, limite, voire rend inexistant, les recours devant la juridiction constitutionnelle. Cette situation est révélatrice d'une spécificité tendant à privilégier en toute situation le « consensus » pour éviter de se retrouver devant les juridictions.

Ainsi, selon le doyen Kéba M'BAYE, « la notion de droit de l'homme et des libertés fondamentales reste liée, dans un pays donné, à la culture, à la religion et à la philosophie. L'état du développement économique d'un pays peut avoir des incidences sur l'effectivité de certains droits insérés dans le droit positif »[226].

Aussi, rappelle-t-il sur ce point, « la situation économique des peuples qui constituent la société qui a sécrété une déclaration de droits et ses règles de sauvegarde n'est également pas étrangère à la consistance des droits concernés et à la façon de les protéger »[227].

Dans le même sens, Abdoulaye DIARRA affirme que, « L'effectivité du régime juridique d'un pays n'est pas sans rapport avec l'état du développement économique et le niveau d'information et d'éducation

---

[225]Constitution dahoméenne du 11 avril 1968, cité par Jean du BOIS de GAUDUSSON, « Les procédures de garantie et leurs limites dans les constitutions francophones africaines », *RTDH*, n° 2, 1990, p. 252. La compétence de la Cour constitutionnelle du Bénin est plus étendue en matière de protection des droits et libertés de la personne humaine. L'article 122 de la Constitution du Bénin dispose : « Tout citoyen peut saisir la Cour constitutionnelle sur la constitutionnalité des lois, soit directement, soit par la procédure de l'exception d'inconstitutionnalité invoquée dans une affaire qui le concerne devant une juridiction. Celle-ci doit surseoir jusqu'à la décision de la Cour constitutionnelle qui doit intervenir dans un délai de trente jours ». Une autre originalité de la procédure d'intervention de la Cour constitutionnelle du Bénin réside aussi dans le fait qu'« elle se prononce d'office sur la constitutionnalité des lois et de tout texte réglementaire censés porter atteinte aux droits fondamentaux de la personne humaine et aux libertés publiques… » (art. 121 alinéa 2 C. Bénin).

[226]K. M'BAYE, « Droits de l'homme et pays en développement, Humanité et droit international », in *Mélanges en l'honneur de René-Jean DUPUY*, Paris, Pedone, 1991, p. 213.

[227]K. M'BAYE, « Droits de l'homme et pays en développement, Humanité et droit international », *op. cit.*, p. 213.

des citoyens »[228]. Or, il faut se rendre à l'évidence que « le droit constitutionnel s'est transformé ; il n'est plus seulement le droit de l'État, il est aussi, il est devenu, de plus en plus, le droit du citoyen »[229], en ce qu'il lui garantit la jouissance effective de ses droits. Dans ces conditions, la protection des droits fondamentaux n'est pas seulement un idéal mais renvoie à un impératif de cohérence de la justice constitutionnelle.

C'est donc le défi de l'effectivité de la protection des droits garantis qui se posent désormais aux juridictions constitutionnelles. Ces dernières doivent prendre conscience du rôle important qu'elles doivent jouer dans l'affirmation des valeurs démocratiques, en assurant une protection efficiente des droits fondamentaux.

Aujourd'hui, la juridiction constitutionnelle apparaît dans beaucoup de pays, notamment les États membres de la CEDEAO, plus comme une juridiction du contentieux politique qu'une véritable juridiction. Les juridictions constitutionnelles n'appliquent, en effet, leur contrôle avec la même intensité en matière de protection des droits fondamentaux qu'en matière politique.

En tout état de cause, il appartient au juge constitutionnel d'imprimer sa marque en tant que protecteur naturel de la Constitution, de la démocratie, de l'État de droit et des droits fondamentaux afin de permettre, au niveau national, une dynamique communautaire de protection des droits fondamentaux par la mise en œuvre de mécanismes appropriés.

---

[228]A. DIARRA, « La protection constitutionnelle des droits et libertés en Afrique noire francophone depuis 1990. Les cas du Mali et du Benin », *op. cit.*, p. 16.

[229]B. MATHIEU, « Question prioritaire de constitutionnalité - La question de l'interprétation de la loi au cœur de la QPC, Libres propos », *JCP G*, n°44, 1er novembre 2010.

Section 2 : La mise en œuvre des mécanismes de protection des droits fondamentaux

L'affirmation de la protection des droits fondamentaux, suppose en effet, une exigence fonctionnelle. Comme le note Nada YOUSSEF, « la consécration théorique des droits fondamentaux ne suffit pas. Il faut les garantir par une protection judiciaire efficace. Cette dernière n'est possible que par l'existence d'un pouvoir judiciaire indépendant et impartial et d'une justice constitutionnelle garants des droits fondamentaux »[230]. L'évolution récente des droits fondamentaux, dans le cadre de l'intégration communautaire en Afrique de l'Ouest, nécessite désormais une mise en œuvre en droit interne, des mécanismes communautaires de protection des droits fondamentaux et des principes de l'État de droit.

Ce qui assurément, doit permettre aux juridictions nationales, d'être au premier chef, en charge de la protection des droits que les États se sont engagés à assurer. En ce sens, « quelle qu'ait pu être l'importance des déclarations politiques réitérées par lesquelles les institutions communautaires ou les États membres réaffirmaient leur attachement à la démocratie, à l'État de droit et au respect des droits de l'homme, c'est bien au juge communautaire qu'incombe la responsabilité concrète de situer les droits fondamentaux et notamment ceux consacrés »[231] par la Charte Africaine des Droits de l'Homme et des Peuples dans la légalité communautaire.

En outre, les instruments internationaux de protection des droits fondamentaux auxquels les États membres ont adhéré constituent des sources formelles du droit communautaire. Ce qui caractérise le recours à des « valeurs et standards communs » de protection des droits fondamentaux aussi bien dans l'ordre juridique des États que dans l'ordre juridique communautaire.

---

[230]N. YOUSSEF, *La transition démocratique et la garantie des droits fondamentaux*, Paris, éditions publibook, 2011, p. 656.

[231]D. SIMON, « Des influences réciproques entre la CJCE et CEDH : « je t'aime, moi non plus » ? », *Pouvoirs*, 2001/1 n° 96, pp. 31-49.

En dépit des spécificités qui peuvent être relevées dans les différentes approches entre les juridictions (**§1**), on peut néamoins, mettre en évidence, une convergence croissante dans la définition des droits fondamentaux (**§2**).

§1 : La spécificité dans les différentes approches juridictionnelles

L'affirmation de la spécificité par rapport au droit communautaire, du droit interne, par la Cour de justice, tient à son caractère subsidiaire. Le juge national est de ce fait, le garant de la protection des droits fondamentaux dans l'espace communautaire.

Ce n'est qu'en cas de défaillance que le juge communautaire est invité à intervenir. Le caractère autonome et la nature spécifique des deux ordres juridiques (interne et communautaire) fondent les méthodes d'interprétation de leurs juridictions qui marquent la spécificité de leur approche.

La place accordée aux droits fondamentaux dans les systèmes juridiques nationaux (**A**) se traduit par le degré d'intervention du juge communautaire dans le contentieux des droits fondamentaux (**B**).

A. La portée de la protection des droits fondamentaux dans l'ordre juridique interne

René Cassin écrivait après la Seconde Guerre mondiale, dans cette période où l'Europe des libertés s'est construite en réaction au nazisme et au fascisme, qu'« une démocratie ne mérite son nom que si les droits de l'homme bénéficient [...] d'une protection effectivement sanctionnée, grâce au contrôle d'une juridiction »[232]. La consécration des droits fondamentaux dans l'ordre constitutionnel est le premier élément conditionnant l'existence d'une véritable justice constitutionnelle dont l'objectif serait d'assurer une protection décisive des droits fondamentaux à l'intérieur d'un État[233].

Dans nos pays à démocratie fragile et en gestation, où les majorités parlementaires sont encore animées par des inclinaisons dominatrices et abusives, doit-on encore priver les citoyens des moyens d'action susceptibles de veiller à ce que les droits et libertés fondamentaux que prône la Constitution ne soient pas compromis[234]. L'avancée démocratique que nous observons ne doit pas nous faire perdre de vue, l'état de fragilité de nos systèmes, fortement ralentie par des facteurs endémiques propres à nos États. Dans toutes les constitutions actuellement en vigueur dans les États membres de la CEDEAO, il est prévu un contrôle de constitutionnalité des lois, dans un premier temps timide et parfois limité par des conditions manifestement restrictives de saisine, du fait d'une « conception présidentialiste »[235]. Mais, par la suite, certaines juridictions constitutionnelles de l'espace CEDEAO tentent, par leur activisme, de rompre nettement avec cette conception, en rendant une authentique justice constitutionnelle. Plusieurs constituants ont introduit cumulativement dans leurs constitutions, un contrôle *a priori* des lois et un contrôle *a posteriori* par la voie de l'exception d'inconstitutionnalité. Dès lors, précise G. CONAC, « L'adhésion à l'État de droit passe par une valorisation jurisprudentielle du droit constitutionnel ».[236] Car, explique-t-il, « Dans

[232]R. CASSIN, « Préface », *in* M. Letourneur, J. Méric, *Conseil d'État et juridictions administratives*, Paris, Armand Colin, 1955, cité par J.- M. SAUVÉ, « Y a-t-il trop de droits fondamentaux ? », Rentrée solennelle de la faculté de droit de Montpellier, le 18 septembre 2012, p. 4, disponible en ligne sur le site du conseil d'État : www.conseil-etat.fr.

[233]A. SOMA, « Modélisation d'un système de justice constitutionnelle pour une meilleure protection des droits de l'homme : trans-constitutionnalisme et droit constitutionnel comparé », *RTD*, n° 78, 2009, pp. 437-466.

[234]I. Y. NDIAYE, « L'accès à la justice constitutionnelle par le citoyen », actes du 6e Congrès de l'Association des cours constitutionnelles des pays ayant en partage l'usage du français (ACCPUF), Marrakech, juin, 2015.

[235]G. CONAC, « Le juge et la construction de l'État de droit en Afrique francophone », *op. cit.*, p. 106.

[236] *Id.*

un État de droit, le droit constitutionnel est "le droit des droits". C'est lui qui les légitime et en définit les principes. Par les canaux des décisions des différentes juridictions sous le contrôle des Cours suprêmes, le droit constitutionnel aurait ainsi vocation à irriguer de sa sève toutes les branches du droit »[237].

Par conséquent, le constituant ayant défini le corpus juridique des droits fondamentaux, il appartiendra au juge de se déterminer en fonction des objectifs à atteindre avec toujours le souci d'éviter tout risque d'altération de la norme constitutionnelle. Le juge doit ici faire preuve de pragmatisme dans sa démarche afin de ne laisser aucune place au doute sur son impartialité. C'est au juge constitutionnel que revient la tâche de veiller au respect de la protection des droits fondamentaux. Mais encore faut-il qu'il se sente investi de la légitimité et du courage nécessaires.

Or, comme a pu l'écrire Constance GREWE à propos des cours constitutionnelles européennes, « on constate une fois encore, que ces deux éléments sont plus systématiquement réunis là où le droit écrit a déjà pourvu au renforcement des droits et à la reconnaissance de procédures de protection que dans les pays où l'un ou l'autre souffre de faiblesse. Mais, ce constat vaut surtout pour les pays d'Europe occidentale ; en Europe centrale et orientale, le développement et l'avancement des textes n'entraînent pas aussi systématiquement un pouvoir ou une volonté du juge constitutionnel de protéger effectivement les droits fondamentaux » [238]. Ainsi, poursuit l'auteur, « tant en ce qui concerne les droits fondamentaux qu'en matière de recours constitutionnels, l'attitude des juridictions constitutionnelles oscille grosso modo entre la retenue et l'audace. Certes, un même juge peut successivement adopter ces deux attitudes ; en ce sens, le classement effectué ici ne peut exprimer que des tendances très générales »[239].

[237]G. CONAC, « Le juge et la construction de l'État de droit en Afrique francophone », *op. cit.*, p. 106.
[238]C. GREWE, « Cours constitutionnelles européennes et droits fondamentaux », disponible sur internet : www.coleurope.eu., pp. 17-18.
[239]*Ibid.*, p. 18.

En raison de ces considérations, écrit Abdoulaye SOMA, « pour qu'un système de justice constitutionnelle soit efficace dans la protection nécessaire de l'ensemble des droits de l'homme, il convient que la norme constitutionnelle, qui lui sert de fondement consacre cumulativement l'ensemble des droits fondamentaux de l'homme, c'est-à-dire indépendamment de leur classification catégorielle. Il doit corrélativement leur raccorder une importance égale, dans leur promotion, leur reconnaissance, leur traitement et de la protection de leur mise en œuvre »[240]. L'affirmation des droits fondamentaux suppose alors leur élévation au sommet de la hiérarchie de l'ordonnancement juridique des États afin de leur garantir l'intangibilité nécessaire à leur protection. Quelle que soit leur origine normative, en intégrant l'ordonnancement juridique de l'État, les droits fondamentaux connaissent la même valeur constitutionnelle. Mais encore faut-il pour cela, que la juridiction constitutionnelle puisse disposer d'un mécanisme de protection revêtu lui-même du sceau de la constitutionnalité, de manière à assurer sa mission en toute indépendance.

Le principe d'indépendance du juge constitutionnel s'affirme comme indispensable à la protection des droits fondamentaux. On ne peut valablement concevoir l'action des juridictions constitutionnelles dans un contexte où leurs membres se trouveraient dans un état de soumission ou de subordination quelconque à l'égard de quelque pouvoir que ce soit. La légitimité du juge constitutionnel et au-delà de tout juge, se construit, entre autres, par l'efficacité de son contrôle[241]. En ce sens, le professeur Dominique ROUSSEAU a pu écrire, « comme critère de la démocratie, le contrôle possède ainsi deux caractères : un aspect "interne" à la société politique, chacune de ses institutions se contrôlant, et un aspect "externe". Les gouvernés devant disposer d'un droit de contrôle sur ces institutions. Ce second caractère devient aujourd'hui l'élément central de l'exigence démocratique. Parce que le premier s'est avéré insuffisant, parce que les individus, mieux informés et disposant d'un savoir plus grand, accèdent à la compréhension du jeu

---

[240]A. SOMA, « Modélisation d'un système de justice constitutionnelle pour une meilleure protection des droits de l'homme : trans-constitutionnalisme et droit constitutionnel comparé », *op. cit.*, p. 447.
[241]M.-M. MBORANTSUO, *La contribution des Cours constitutionnelles à l'État de droit en Afrique*, *op. cit.*, p. 47.

politique et n'acceptent plus d'être tenus à l'écart et de délivrer un blanc-seing à leurs élus »[242]. Si la Constitution peut offrir ce cadre, encore faut-il que celui-ci puisse prospérer sur le terrain de la pratique et ne pas être mis à mal par les défaillances des moyens matériels. En Afrique plus qu'ailleurs, où le pouvoir judiciaire connaît un déficit de légitimité croissant, cette indépendance est nécessaire à l'affirmation de la démocratie et des droits fondamentaux.

Le mode de désignation des membres de la juridiction constitutionnelle dans les États membres de la CEDEAO apparaît à ce titre significatif. Au Sénégal, en vertu de l'article 93 de la Constitution du 22 janvier 2001, « tous les cinq membres du Conseil constitutionnel sont nommés par le Président de la République » ; au Bénin, l'article 15 de la Constitution prévoit une Cour constitutionnelle de sept membres dont quatre nommés par le bureau de l'Assemblée nationale et trois par le Président de la République ; en vertu de l'article 128 de la Constitution ivoirienne du 8 novembre 2016, le Conseil constitutionnel est composé outre « le président et les anciens présidents de la République, de six conseillers dont deux sont nommés par le président de la République, deux par le président de l'Assemblée nationale et deux par le président du sénat ». Au Mali, l'article 91 de la constitution du 27 février 1992 prévoit « neuf membres à la Cour constitutionnelle dont trois nommés par le président de la République, trois par le président de l'Assemblée nationale et trois par le Conseil supérieur de la magistrature ». Au Togo, l'article 100 de la Constitution promulguée le 14 octobre 1992 et révisée par la loi 2002-029 du 31 décembre 2002 prévoit « neuf membres à la Cour dont trois sont désignés par le président de la République, trois élus par l'Assemblée nationale et trois élus par le sénat ». C'était aussi le cas au Burkina Faso où l'article 153 de l'ancienne Constitution prévoyait outre les anciens chefs d'État du Faso, douze membres dont six nommés par le président de la République, trois par le président de l'Assemblée nationale et trois par le président du sénat. La spécificité nigérienne est un cas atypique en Afrique.

---

[242] D. ROUSSEAU, *La justice constitutionnelle en Europe,* Paris, Montchrestien, 3e éd., 1998, p. 41.

L'article 121 de la Constitution du 25 novembre 2010 prévoit une Cour constitutionnelle de sept membres dont deux personnalités ayant une grande expérience professionnelle en matière juridique ou administrative parmi lesquelles une est proposée par le Président de la République et une proposée par le bureau de l'Assemblée nationale ; deux magistrats élus par leurs pairs dont un du premier grade et un du deuxième ; un avocat ayant au moins dix années d'exercice élu par ses pairs ; un enseignant-chercheur titulaire d'un doctorat en droit public élu par ses pairs ; un représentant des associations de défense des droits humains et de promotion de la démocratie, titulaire au moins d'un diplôme de 3ème cycle en droit public élu par le ou les collectifs de ces associations. En Guinée, l'article 100 de la nouvelle constitution du 7 mai 2010 connaît une rédaction similaire.

Les constitutions africaines ont résolument préféré le système de nomination au système d'élection. Or, ce dernier nous paraît offrir plus de garanties pour la légitimité et l'indépendance plus ou moins apparente des juridictions constitutionnelles. Cette conception est d'ailleurs établie par une théorie juridique bien connue en droit : la théorie des apparences ainsi formulée : « Justice must not only be done : it must also be seen to be done »[243] ; c'est-à-dire que l'indépendance et l'impartialité des institutions de la justice doivent à la fois être apparentes et fondamentales, subjectives et objectives.

Il demeure évident que même s'il est tout à fait possible qu'un juge constitutionnel nommé par une autorité politique puisse jouir d'une véritable indépendance[244], il est à craindre que son autonomie juridictionnelle matérielle, dans la mise en œuvre effective des droits fondamentaux, ne soit lourdement affectée.
Dans tous les cas, une meilleure protection des droits fondamentaux dans l'espace CEDEAO requiert un cadre juridique homogène.

---

[243]Voir en ce sens, A. AUER, G. MALINVERNI et M. HOTTELIER, *Droit constitutionnel Suisse, les droits fondamentaux,* 2e éd., Berne, Staempfli, vol. II, 2006, p. 575 et s.

[244]A. SOMA, « Modélisation d'un système de justice constitutionnelle pour une meilleure protection des droits de l'homme : trans-constitutionnalisme et droit constitutionnel comparé », *op. cit.*, p. 452.

B. La nécessité d'un cadre juridique homogène pour une meilleure protection des droits fondamentaux

Pour Jean-Marc SAUVÉ, « Le contrôle de constitutionnalité est une chance pour la garantie des droits. Mais la valeur ajoutée d'un tel contrôle a pour contrepartie une responsabilité particulière de l'ensemble des juges. Si les juges opposaient les systèmes juridiques distincts et pourtant ressemblants et même miroitants dont ils relèvent et qui véhiculent des principes et des valeurs analogues, au lieu de contribuer à les coordonner et les harmoniser entre eux, alors ils pourraient à tout moment se faire briseurs de miroirs et créateurs d'insécurité juridique. Aux antipodes du dialogue, ils alimenteraient la guerre des juges. Cela ne saurait bien sûr servir ni la garantie des droits, ni l'État de droit. La coopération est une responsabilité, un devoir des juges »[245]. Il met ainsi en évidence la nécessité d'une coopération loyale entre les juridictions au bénéfice de la démocratie et de l'État de droit. En effet, poursuit l'auteur en citant Rudolph Von Ihering, « le droit est bien un combat mais pour les juges, il n'est pas un combat contre l'autre ; il est un combat contre soi-même, contre la tentation de ne regarder que son pré-carré et sa propre pensée, contre l'ivresse et le vertige du solipsisme. Ce n'est qu'à cette condition que la paix pourra être le terme du droit »[246].

La consécration des droits fondamentaux en droit communautaire est, certes, une chance pour les citoyens de la Communauté, mais, elle soulève aussi des nouvelles questions et des nouvelles incertitudes quant à leur développement dans les ordres juridiques nationaux. On a l'impression que le juge communautaire est devenu, par la force des choses, le juge naturel des droits fondamentaux, nonobstant le principe de subsidiarité qui gouverne son rapport au droit interne.

---

[245]A. SOMA, « modélisation d'un système de justice constitutionnelle pour une meilleure protection des droits de l'homme : trans-constitutionnalisme et droit constitutionnel comparé », *op. cit.*, p. 452.

[246] R. V. IHERING, *Le combat pour le droit,* traduit de l'allemand par A.-F. Meydieu, Durand et Pedone-Lauriel Paris, 1875, p. 1 Cité par J.-M. SAUVÉ, « le contrôle de constitutionnalité en Europe », *op. cit.*, p. 6.

Le juge national, juge commun des droits fondamentaux, du moins en théorie, n'est plus, sinon de moins en moins, sollicité pour assurer la protection des droits fondamentaux.

L'absence de la condition de l'épuisement des voies de recours internes parmi les conditions de recevabilité d'une requête devant la Cour de justice de la CEDEAO, a pu entraîner l'isolement du juge national dans la dynamique de protection des droits fondamentaux.

L'ouverture du prétoire du juge communautaire au requérant individuel a-t-il pu provoquer dans les ordres juridiques nationaux, un abaissement, voire un affaiblissement de la garantie des droits fondamentaux. On peut être tenté de le croire au regard du constat de plus en plus évident d'une sorte de neutralisation du juge interne à cet égard.

Tandis que les juges nationaux exercent leur office, de manière isolée, sans référence au droit communautaire, la Cour de justice de la CEDEAO se refuse, dans le cadre du droit communautaire, à toute interprétation des règles constitutionnelles des États. Pourtant, c'est la technique dit de l' « interprétation conforme » qui a permis à la Cour de justice de l'Union européenne de dégager une jurisprudence abondante.

Par exemple, c'est grâce à cette technique que la Cour de justice de l'Union européenne a, dans l'arrêt *Melki et Abdeli*[247], pu valider le mécanisme du contrôle de la question prioritaire de constitutionnalité issue de la réforme constitutionnelle française de 2008. Dans l'espace CEDEAO par contre, il n'y a pas la moindre interaction entre le droit national et le droit communautaire, comme c'est le cas en Europe où la Cour de justice a construit sa riche jurisprudence sur la base des traditions constitutionnelles communes des États membres, générant ainsi des principes généraux du droit communautaire[248]. La double garantie des droits fondamentaux dans l'espace CEDEAO est apparue

[247]CJUE, 22 juin 2010, *Melki* et *Abdeli*, § 50 à 57.
[248]CJCE, arrêt *Costa c. ENEL* du 15 juillet 1964 ; voir également CJCE, *Handelsgesellschaft* du 17 décembre 1970 ; voir aussi CJCE, arrêt *Simmenthal* du 9 mars 1978.

comme un véritable progrès de ces droits en Afrique de l'Ouest. Plus qu'un simple enjeu juridique, la garantie des droits fondamentaux est un impératif politique, éthique et philosophique. Ces derniers s'inscrivent comme l'assise même de nos sociétés[249]. Au-delà des considérations, il convient d'envisager le sort des droits fondamentaux dans cet élan de communautarisation. Comme le notent certains auteurs, « l'intégration du droit communautaire et des droits nationaux ne saurait faire oublier la différence de fonctions des hautes juridictions constitutionnelles nationales, d'une part, et de la Cour de justice de la Communauté, d'autre part.

Aux premières, le souci et la responsabilité de veiller à l'intégrité de l'ordre juridique interne et au respect scrupuleux de la norme constitutionnelle, écrite ou orale ; à la seconde, la tâche de faire en sorte que le droit communautaire soit correctement interprété et appliqué de façon uniforme dans tous les États membres, faute de quoi les normes arrêtées par les institutions communes ne seraient, justement, plus "communautaires". Les rôles sont peut-être complémentaires ; ils peuvent et doivent certainement se combiner harmonieusement ; mais ils ne sont, à l'évidence, pas identiques »[250]. Pour autant, la réflexion sur ce qu'implique le développement des droits fondamentaux dans les différents ordres juridiques est encore embryonnaire en Afrique. La dynamique de la protection des droits fondamentaux dans l'espace communautaire Ouest-africain s'est révélée très complexe. La pratique, plutôt que de produire une interaction entre le droit national et le droit communautaire, a laissé place à un transfert du contentieux spécifique des droits fondamentaux en faveur du juge communautaire. Ainsi, la compétence du juge communautaire en matière de protection des droits s'avère être plus étendue et plus complexe : même pendante devant une juridiction nationale, une affaire peut être portée devant la juridiction communautaire, déniant ainsi au juge national, la part de légitimité et d'autonomie qui lui revenait. Cette situation n'est certainement pas favorable à une interaction entre les systèmes.

---

[249]J.-M. SAUVE, « La dynamique de protection des droits fondamentaux en droit national et en droit européen », conférence prononcée à l'université de Jagellonne de Cracovie (Pologne), 22 octobre 2012, disponible sur le site du Conseil d'État.

[250]J.-P. PUISSOCHET, G. C. RODRIGUEZ IGLESIAS, Rapport de la CJCE, in Cahiers du Conseil Constitutionnel n°4 (Dossier : Droit communautaire – droit constitutionnel) – avril 1998, p. 1.

La relation censée unir les deux systèmes juridiques n'a pu se réaliser faute de communicabilité. Il n'y a manifestement pas encore une pénétration perceptible du droit communautaire en droit interne. Si l'intégration juridique semble réussir c'est simplement parce que les normes communautaires présentent une parenté suffisante avec les normes nationales pour être compatibles avec ces dernières[251]. Cette compatibilité provient des instruments juridiques internationaux adoptés par les États membres auxquels la Cour de justice fait souvent référence.

Toutefois, la portée des droits fondamentaux ne peut être effective que lorsque ces droits bénéficient d'une protection effectivement sanctionnée. Il ne suffit pas de proclamer les droits fondamentaux pour espérer leur épanouissement : il faut encore prévoir le mécanisme de leur application. On sait à cet égard, que certains régimes autoritaires disposent de Chartes de droits qui, dans les faits, sont vides de sens, faute de mécanismes de contrôle et de sanction.[252]

La contribution du juge au développement des droits fondamentaux est à cet égard significative. Le juge constitutionnel apparaît dès lors comme un acteur incontournable[253]. Mais comme le souligne Véra Morales, « si la protection effective des droits fondamentaux est une condition inhérente à leur statut, il serait vain de tenter de circonscrire ce rôle à une juridiction unique »[254].

Les juges de droit commun occupent aussi une place importante dans cette dynamique de protection. En France par exemple, les juges judiciaire et administratif ont été les acteurs clés de la protection des

---

[251]L. DUBOUIS, « Droits nationaux, Droit communautaire : influences croisées », *in* Jacques BOURRINET (dir), *monde européen et international, Mélanges en hommage à Louis DUBOUIS,* La Documentation française, Paris, 2000, p. 11.
[252]*Id.*
[253]Voir en ce sens B. GENEVOIS, « Le Conseil constitutionnel et le droit communautaire dérivé », *RFDA*, 2003, n°4, pp.651-661.
[254]V. MORALES, « La protection juridictionnelle des droits fondamentaux : révélation d'une entente conceptuelle », *in* L. BURGORGUE-LARSEN et J. PINI (dir), *Le renouveau du droit constitutionnel par les droits fondamentaux*, VIe Congrès français de droit constitutionnel, Montpellier 9, 10 et 11 juin 2005, p. 1.

droits fondamentaux. « Le juge administratif, en particulier, intervient de manière étendue et efficace, alors même que rien ne le prédisposait à une telle mission »[255].

En Afrique, plusieurs dispositions constitutionnelles confient à l'autorité judiciaire la garde des libertés individuelles et collectives. C'est le cas de l'article 125 de la Constitution du Burkina Faso de 1991 qui dispose : « Le pouvoir judiciaire est gardien des libertés individuelles et collectives. Il veille au respect des droits et libertés définis dans la présente Constitution ». L'article 81 de la Constitution malienne connaît une rédaction similaire. L'article 113 de la Constitution togolaise va beaucoup plus en profondeur en ce qu'il consacre à son alinéa 3 : « Le pouvoir judiciaire est garant des libertés individuelles et des droits fondamentaux des citoyens ».

Mais c'est surtout l'existence d'une protection supranationale des droits fondamentaux qui rend complexe le traitement, au niveau national, du contentieux des droits fondamentaux, surtout dans la mesure où la règle de l'épuisement des voies de recours n'est pas une condition de recevabilité des recours individuels dirigés vers le juge communautaire.

Pourtant, la finalité poursuivie par les différentes juridictions est la même : assurer une meilleure protection des droits fondamentaux. Sous ce rapport, l'abandon par les juridictions nationales, sur l'autel des droits fondamentaux, d'une part de leur souveraineté, se comprend mieux.[256]

En effet, « Le système d'intégration se caractérise essentiellement par le fait que les États y abandonnent une partie de l'exercice de leurs compétences au profit d'institutions, qualifiées parfois de « supranationales », qui expriment une volonté autonome, par des décisions prises dans certains cas à la majorité »[257]. Mais quelle est la

---

[255] Voir en ce sens J.-M. SAUVÉ, « Le juge administratif et la protection des droits et libertés fondamentaux » *in Mélanges Serge Guinchard,* Paris, Dalloz, 2010, p. 545 et s.

[256] V. MORALES, « La protection juridictionnelle des droits fondamentaux : révélation d'une entente conceptuelle », *op. cit.*, p. 8.

[257] E. CEREXHE, « L'intégration juridique comme facteur d'intégration régionale », in *Avancées et confins actuels des droits de l'homme aux niveaux international,*

part acceptable de souveraineté que l'on peut hypothéquer ? Peut-on, aux motifs d'un soutien nécessaire à la construction communautaire, concéder toute sa part de souveraineté en matière de protection des droits fondamentaux ? C'est pourtant le constat qui se dégage à l'aune des décisions de la Cour de justice de la CEDEAO. Il est évident que le souci d'assurer la meilleure protection possible des droits fondamentaux ne justifie pas pour autant un abandon total de la souveraineté. La coopération dans le cadre de la CEDEAO, se caractérise par la mise en place d'institutions qui tendent à assurer une collaboration des États membres en vue d'un objectif commun, dans le respect des souverainetés nationales. La Cour de justice répond à cet objectif.

Or, il est vrai que certaines juridictions nationales peinent à connaître du contentieux des droits fondamentaux, tant leur identification en tant que « juge de la fondamentalité des droits » paraît de plus en plus complexe et risquerait de flétrir leur légitimité. Le juge national est pourtant, du moins en théorie, conduit à interpréter le droit national à la lumière du droit communautaire. Il doit ainsi écarter les normes internes contraires à des normes du droit communautaire. Cette exigence s'explique en vertu du principe de primauté conféré au droit communautaire[258]. Mais encore faut-il que la réception par le juge national, de la norme communautaire bénéfice à l'ordre juridique interne et qu'un dialogue puisse véritablement s'installer entre les juridictions.

Il y a manifestement une absence de valorisation de la jurisprudence communautaire par les juridictions nationales. Pour l'heure, la pratique révèle des réticences du juge national à écarter le droit national au profit du droit communautaire, non par résistance, mais par une méconnaissance des normes communautaires et du principe de primauté du droit communautaire. C'est certainement la raison pour laquelle la Cour de justice exerce souvent elle-même le contrôle de « communautariété » de l'ordre juridique interne en matière des droits

---

européen et national, Mélanges offerts à SILVIO MARCUS HELMONS, Bruxelles, Bruylant, 2003, p. 30.

[258]P. CASSIA, « Le juge administratif, la primauté du droit de l'Union européenne et la Constitution française », *RFDA*, 2005, pp. 465-471.

fondamentaux. Et l'absence d'un recours direct des citoyens devant le juge constitutionnel facilite une telle substitution.

Or, si l'intégration communautaire devait sous-entendre l'interprétation par le juge constitutionnel du droit constitutionnel interne, conformément au droit communautaire[259], l'on peut s'interroger sur la portée d'une telle interprétation en l'absence d'une intégration dans l'ordre juridique interne, des normes communautaires. Toujours est-il que la prise en compte par le juge constitutionnel du droit communautaire reste une étape essentielle au développement des droits fondamentaux, parce que de nature à permettre un authentique contrôle normatif fondé sur la nécessité d'assurer la prééminence de ces droits.

En effet, l'exigence du respect du droit communautaire est une exigence constitutionnelle affirmée dans les différentes lois fondamentales des États membres. Pourtant, les juridictions nationales, loin d'avoir opté pour une politique d'alignement systématique et inconditionnelle sur la jurisprudence de la Cour de justice, se montrent moins réceptives[260].

L'obstacle à la transposition du droit communautaire est manifestement le manque de volonté politique des États. Le constat que l'on peut dresser est que les juridictions constitutionnelles nationales se refusent souvent à intégrer les normes communautaires dans les normes de références en vertu desquelles elles assurent leur contrôle,[261] y compris la Charte africaine des droits de l'homme qui apparaît aujourd'hui comme l'instrument privilégié de l'ordre public communautaire en Afrique de l'Ouest. Néanmoins, si pour l'heure les juridictions nationales n'ont apparemment manifesté à l'égard de la Cour de justice de la CEDEAO aucune hostilité, il est concevable qu'une telle attitude

---

[259]B. MATHIEU, « Les rapports normatifs entre le droit communautaire et le droit national. Bilan et incertitudes relatifs aux évolutions récentes de la jurisprudence des juges constitutionnel et administratif français », *Revue française de droit constitutionnel,* 2007/4 (n°72). pp. 675-693.

[260]J.-F. FLAUSS, « Principes généraux du droit communautaire dans la jurisprudence des juridictions constitutionnelles des États membres », *in* J. BOURRINET *(dir) monde européen et international, Mélanges en hommage à Louis DUBOUIS,* Paris, La Documentation française, 2000, p. 48.

[261]Voir en ce sens J. RIDEAU, « Le rôle de l'Union européenne en matière de protection des droits de l'homme », *RCADI,* 1997, p. 282.

ne soit que de courte durée, car l'évolution des droits fondamentaux en Afrique de l'Ouest nécessite l'implication de tous les ordres juridiques, avec même un risque de conflits entre systèmes. La consolidation des droits fondamentaux devrait confirmer l'importance de l'impact des systèmes nationaux sur la protection de ces droits et permettre d'évaluer l'efficacité des différents systèmes juridiques des États membres, en raison du déficit de légitimité démocratique du juge communautaire tant par son mode de désignation que par le contrôle qu'il exerce. Car, comme l'écrit Jean CARBONNIER, « le droit communautaire est l'un de ces droits venus d'ailleurs qui sont des droits venus de nulle part, des droits qui n'ont ni histoire ni territoire »[262].

Et ainsi que le souligne l'éminent auteur, dans le contexte de la CEDEAO, le droit communautaire souffre d'un déficit de légitimité et semble surgir d'une « abstraction », puisqu'imposé par ce que Louis DUBOUIS a pu qualifier de « technocratie de juristes apatrides »[263]. Si cette conception pourrait être compréhensible, il reste que tout processus d'intégration communautaire doit, pour être conduit à son terme, s'appuyer sur le droit national pour sécréter des normes communautaires elles-mêmes fortement inspirées des droits nationaux. Mais dans le cas du système communautaire ouest-africain, seul le droit communautaire semble se frayer un chemin, exerçant dans le même temps une tutelle déstabilisatrice sur le développement de la protection des droits fondamentaux en droit interne, conduisant à un isolement de plus en plus remarqué du juge national. On a l'impression qu'en intégrant le cercle de la juridiction communautaire, les États membres ont donné un « permis de contourner » les droits nationaux. Pourtant, il n'y a pas de communauté concevable sans une communauté de droit, l'une s'ajoute à l'autre pour doter les États membres d'un fonds commun de règles.[264] On ne peut espérer atteindre le niveau souhaité de protection des droits fondamentaux sans un contrôle de constitutionnalité *a posteriori,* sinon diffus, dont la mise en œuvre appartient à tout citoyen. Une restriction du droit d'accès à l'office du juge constitutionnel participe fortement à un isolement de celui-ci, car les citoyens disposent de la possibilité de saisir directement le juge

---

[262]J. CARBONNIER, *Droit et passion du droit sous la Vème République*, 1996, p. 48.
[263]L. DUBOUIS, « Droits nationaux, Droit communautaire : influences croisées ». *op. cit.*, p. 12.
[264]*Ibid.,* p. 15.

communautaire en cas d'atteinte à leurs droits fondamentaux. Et c'est bien ce qu'il advient aujourd'hui dans presque tous les États membres, où les citoyens font appel au juge communautaire pour assurer le respect de leurs droits fondamentaux. Un autre point tient à l'adaptation des systèmes nationaux au progrès de la construction communautaire, partant, des droits fondamentaux.

Ainsi que le note le professeur Jean-François FLAUSS, « l'adaptation des dispositions constitutionnelles nationales aux exigences du droit communautaire[265] a pu conduire à la constitutionnalisation, par suite d'une révision de la Constitution, de principes généraux du droit communautaire eux-mêmes repris par les traités communautaires ou/et des textes de droit dérivé.

En pareille hypothèse, le juge constitutionnel national, garant du respect de la Constitution, deviendra aussi, chemin faisant, le gardien de la sauvegarde de la norme communautaire[266]».

De ce point de vue, dans l'espace CEDEAO, le juge constitutionnel national est conforté dans sa démarche lorsque la Charte africaine est intégrée dans son « bloc de constitutionnalité », car, elle sert de base au contrôle de constitutionnalité qu'il exerce.

En bonne logique, les juridictions nationales des États membres de la CEDEAO, appelées à assurer l'intégration communautaire, devraient, pour des raisons structurelles, s'intéresser davantage aux normes communautaires.

Cela a le mérite de rapprocher les systèmes juridiques nationaux et communautaire dans leur objectif commun : la protection effective des droits fondamentaux, par une approche analogue dans leur définition.

[265]Voir M. FROMONT, « Le droit constitutionnel national et l'intégration européenne » *Revue des affaires européennes RAE,* 1997 spec., p. 194 et s.
[266]J.-F. FLAUSS, « Principes généraux du droit communautaire dans la jurisprudence des juridictions constitutionnelles des États membres ». *op. cit.,*p. 52.

§2 : Vers une approche analogue des juridictions dans la définition des droits fondamentaux

L'attention accordée aux droits fondamentaux par le juge communautaire et les juges constitutionnels des États membres de la Communauté, permet assurément de mieux encadrer la pratique des juridictions, notamment les différents contrôles exercés en la matière. Dans presque tous les États ayant incorporé la Charte africaine des droits de l'homme et des Peuples dans leur droit interne, comme la plupart des États membres de la CEDEAO où elle est intégrée dans le texte constitutionnel, le juge constitutionnel participe, comme le souligne Jean-François FLAUSS, à un double mouvement, d'une part de « constitutionnalisation des normes communautaires », d'autre part, de « communautarisation des normes constitutionnelles »[267].

Les normes communautaires n'ayant pas nécessairement le même statut dans les différents systèmes nationaux de justice constitutionnelle, les juridictions nationales, devraient, autant que possible, s'inspirer des constructions jurisprudentielles de la Cour de justice de la CEDEAO dans la mesure où la Charte africaine des droits de l'homme et des peuples demeure l'une des normes de référence privilégiées du juge communautaire.

Il serait, en effet, regrettable que les décisions des juridictions nationales ne se fondent pas sur la jurisprudence de la Cour de justice alors que rien ne semble s'opposer à une telle démarche. Celle-ci aura, bien au contraire l'avantage de rapprocher les pratiques entre les juridictions (**A**) afin de garantir la primauté du droit communautaire sur le droit interne des États (**B**).

---

[267] J.-F. FLAUSS, « Principes généraux du droit communautaire dans la jurisprudence des juridictions constitutionnelles des États membres ». *op. cit.*p. 51.

A. L'existence de tendances fortes au rapprochement des pratiques entre les juridictions

Le faible impact du droit communautaire sur la jurisprudence nationale relative aux droits fondamentaux est la résultante d'une dichotomie jurisprudentielle, pourtant favorable à une « collaboration préjudicielle »[268]. Même si le droit communautaire ne fait pas partie des normes de référence du contrôle de constitutionnalité, il a en partage plusieurs sources juridiques avec les juridictions nationales. En effet, la Charte Africaine des Droits de l'Homme et des Peuples, qui constitue la norme de référence de la Cour de justice de la Communauté est aussi présente dans le bloc de constitutionnalité des États membres. On est certes tenté de se demander pourquoi le juge national doit faire recours à la jurisprudence communautaire pour l'interprétation d'une norme déjà présente dans son corpus juridique. En réalité, la référence à la jurisprudence communautaire garantit au juge interne, une protection supplémentaire à celle offerte par la norme juridique elle-même.

Il existe une très large convergence, en substance, entre les droits fondamentaux constitutionnellement protégés au plan national et les droits fondamentaux communautaires. En ce sens, le professeur Joël RIDEAU a d'ailleurs pu noter, parlant des juridictions européennes, que « pareille équivalence de vue existe même lorsque les principes généraux du droit communautaire touchant aux droits de l'homme n'ont pas d'équivalent au plan constitutionnel »[269]. Une telle opinion n'est pas partagée par les juridictions de l'espace CEDEAO, d'où l'absence de collaboration préjudicielle dans la pratique.

L'on serait plutôt tenté de s'associer à la position du professeur FLAUSS lorsqu'il affirme que « L'interprétation croissante entre le droit communautaire et les droits constitutionnels nationaux devrait progressivement fixer un nouveau schéma de relations entre les

---

[268] *Ibid.*, p. 57.
[269] J. RIDEAU, « Le rôle de l'Union européenne en matière de protection des droits de l'homme », *op. cit.*,p. 335.

juridictions constitutionnelles et la Cour de justice. D'une part, la transposition dans les Constitutions nationales des principes communautaires modifie la signification du contrôle de constitutionnalité, pour autant que ce dernier soit en mesure d'être exercé par rapport à des normes "matériellement" communautaires. D'autre part, l'intégration dans le corpus de référence du juge communautaire, de normes équivalentes en substance à des normes constitutionnelles nationales, affectera, *de facto*, le contrôle de conventionalité pratiqué par la Cour de justice, dès lors qu'à bien des égards, celui-ci s'apparentera à un contrôle de constitutionnalité. Un tel scénario risque de déplaire à la fois aux tenants de l'"orthodoxie constitutionnelle" et aux partisans de l'"intégrisme communautaire"»[270].

Une telle démarche aura, à notre avis, le mérite d'unifier le droit communautaire en évitant les éventuelles différences qui pourraient naître des approches nationales. Car, faut-il le souligner, même si les États membres sont assez proches constitutionnellement les uns des autres, à l'intérieur de la Communauté, des divergences importantes subsistent en pratique. Ce qui explique certainement la volonté des rédacteurs du traité révisé d'intégrer parmi les principes du droit communautaire, les « convergences constitutionnelles » des États membres. Contrairement au juge européen qui, « faute de pouvoir puiser dans des sources philosophiques ou idéologiques propres »[271], s'est, pendant longtemps, nourri « des ordres juridiques nationaux »[272], en faisant souvent recours « à la tradition constitutionnelle ou juridique commune aux États membres »[273]. Le juge africain, a, lui, fondé sa jurisprudence en se référant, faute d'un catalogue des droits, aux instruments juridiques internationaux auxquels les États membres sont parties.

[270] J.-F. FLAUSS, « Principes généraux du droit communautaire dans la jurisprudence des juridictions constitutionnelles des États membres ». *op. cit.*, p. 60.
[271] M.-F. CHRISTOPHE TCHAKALOFF, « Les principes généraux du droit communautaire », in *Le Droit administratif, Jacques BOURRINET (dir) monde européen et international, Mélanges en hommage à Louis DUBOUIS,* Paris, La Documentation française, 2000, p. 83 et s.
[272] *Ibid.,* p. 84.
[273] *Id.*

La protection des droits fondamentaux est désormais un objectif commun du juge communautaire et des juges nationaux, devenus par la force des choses, des collaborateurs inséparables voire indispensables. Et les propos du professeur Étienne PICARD, illustrent fort bien cette vision quand il affirme qu'« en droit communautaire strict, celui-ci n'exerce pas à proprement parler une "influence" sur les droits nationaux, puisque, dans son champ d'application, il leur est incorporé et que le droit national en forme un élément même, et réciproquement : loin de se contenter d'une "influence" sur le droit national, le droit communautaire s'y substitue ou le constitue par l'effet combiné de son application directe et de sa primauté, dans toute la mesure où jouent ces deux caractères essentiels (...) »[274]. Or, ajoute l'auteur, « Rechercher l'éventuelle influence que deux entités peuvent exercer l'une sur l'autre suppose qu'elles soient séparées ou, à tout le moins, distinctes, et qu'elles présentent une autonomie foncière que cette influence serait précisément susceptible d'affecter. Or, en la matière, cette substitution et cette constitution excluent cette autonomie, de sorte que le concept d'influence pris au sens strict se trouve ici sans emploi »[275]. En outre, même dans le cas où elle serait admise, l'influence dans l'espace CEDEAO, paraît limitée, du fait de la spécificité du droit communautaire, dont la vocation est plutôt de se substituer au droit national et dont l'action demeure principalement économique. Il apparaît difficile que la réalisation de l'intégration économique, qui demeure la finalité de la Communauté, puisse avoir lieu dans un cadre juridique diversifié.

Mais, la nécessité d'une intégration juridique s'est affirmée avec vigueur au sein de la CEDEAO : l'article 57 du traité révisé de 1993 souligne que, pour réaliser les objectifs d'intégration communautaire, « les États membres s'engagent à promouvoir la coopération judiciaire en vue d'harmoniser les systèmes judiciaires et juridiques ». À vrai dire, le rapprochement des législations nationales, au-delà de la nécessité du fonctionnement de la Communauté, favorise l'exécution des décisions dans l'espace communautaire.

---

[274]E. PICARD, « L'influence du droit communautaire sur la notion d'ordre public », AJDA, *Droit administratif et droit communautaire. Des influences réciproques à la perspective d'un droit administratif européen : les données du débat contemporain*, *AJDA*, 1996, n° spécial juin, p. 55.
[275]*Ibid.*, p. 55.

L'harmonisation des législations facilite aussi la création des conditions favorables à la fondation d'une appartenance commune et d'une citoyenneté commune. Le rapprochement des droits nationaux constitue ainsi un moyen et un instrument auxquels il faut recourir, dans certains cas, pour assurer, d'une manière effective, la protection des droits fondamentaux. Cette technique a pu être utilisée par la Cour de justice de l'Union européenne pour construire un système juridique relativement autonome par rapport à ses attributions formelles. Ce système repose essentiellement sur les principes généraux du droit communs aux États membres, mais également sur les principes généraux d'origine jurisprudentielle, spécialement construits par la Cour de justice pour assurer le bon fonctionnement des institutions communautaires[276].

Dans l'espace CEDEAO, la directive, en tant que norme communautaire, vient renforcer cette exigence de rapprochement, en assurant l'équilibre entre les compétences des institutions supranationales et le respect de la souveraine nationale[277]. Et comme l'ont écrit certains[278], elle constitue une règle de « cohabitation appelée à protéger la Communauté contre un exercice anarchique des souverainetés nationales ». Si le rapprochement des droits trouve son origine dans une directive, c'est-à-dire, un acte de l'autorité communautaire dont la Cour de justice est en droit de contrôler la légalité, les dispositions législatives, réglementaires ou administratives des États membres, issues d'une directive, restent des règles de droit interne[279], donc sous le contrôle du juge interne.

---

[276]CJCE, 12 nov. 1969, *Stauder*, aff. 29/69 ; CJCE, 17 déc. 1970, *Internationale Handelsgesellschaft,* aff. 11/70 ; CJCE, 14 mai 1974, *Nold*, aff. 4/73) ; CJCE, 28 oct. 1975, *Rutili*, aff. 36/75 ; CJCE, 26 juin 1980, *National Panasonic,* aff. 136-79.

[277]E. CEREXHE, « L'intégration juridique comme facteur d'intégration régionale », in *Avancées et confins actuels des droits de l'homme aux niveaux international' européen et national, op. cit.,*p. 36.

[278]J. VERHOEVEN, *Droit de la Communauté européenne,* p. 244 cité par E. CEREXHE, *ibid.*, p. 36.

[279]E. CEREXHE, L'intégration juridique comme facteur d'intégration régionale », *Avancées et confins actuels des droits de l'homme aux niveaux international, européen et national, op. cit.,* p. 37.

Au risque de créer des incohérences et de constater à l'égard de la Charte africaine des droits de l'homme, des décisions contradictoires, l'une émanant des juridictions nationales, l'autre de la Cour de justice de la CEDEAO, il est absolument nécessaire, pour des raisons de cohérence du système institutionnel et d'efficacité des procédures, qu'un rapprochement soit organisé, permettant le respect des décisions relatives aux droits fondamentaux.

En effet, la fonction des juridictions constitutionnelles étant d'assurer le respect des droits fondamentaux nationaux inscrits dans la Constitution et la Cour de justice de la CEDEAO n'assurant pas *a priori* le respect de ces droits, mais celui des droits inscrits dans les traités et leurs protocoles, on conçoit mal une analogie voire un rapprochement entre deux entités aux activités parallèles, qui, en toute logique, ne devraient jamais se rencontrer. Mais, dans la mesure où la Cour de justice partage l'interprétation et l'application de la Charte africaine des droits de l'homme et d'autres instruments juridiques internationaux avec les juridictions nationales, une abstraction totale de communicabilité s'avère dès lors impossible.

Il est évident, en conséquence, que le contrôle de constitutionnalité se confond, en substance, avec le contrôle de « communautariété ». C'est pourquoi, certains États membres comme le Niger soutiennent que l'absence de l'épuisement des voies de recours interne parmi les conditions recevables devant la Cour de justice, est une « omission que la pratique doit combler »[280]. C'est-à-dire que soit tentée, au préalable devant les juridictions nationales, la protection des droits fondamentaux de façon à offrir à l'État en cause, une chance de voir régler le conflit dans l'ordre juridique interne. Mais cette opinion n'est pas partagée par la Cour de justice, qui estime que l'État devrait par son action législative, prévenir la survenance du conflit plutôt que de solliciter une action réparatrice.

Cependant, on note, depuis lors, une certaine évolution et, le risque que les décisions de la Cour de justice ne soient pas exécutées semble de plus en plus s'estomper devant l'exigence de protection des droits

[280]ECW/CCJ/JUD/06/08 *Hadidjatou Manière Koraou C. République du Niger*, 27 octobre 2008.

fondamentaux et de la démocratie. Les autorités étatiques nationales ont pris conscience que la place qu'occupe l'individu au sein de la Communauté n'a cessé de croître.

Dans tous les cas, on observe que le droit communautaire évolue à son aise aujourd'hui : même si les juridictions nationales ont pu manifester une certaine indifférence, la vision extensive de la protection des droits fondamentaux ne pourrait devenir réalité que si un ordre juridique commun se mettait en place. Comme le souligne E. CEREXHE, « L'ordre juridique communautaire doit être un, unique, uniforme ou il ne l'est pas »[281]. La spécificité de cet ordre juridique commun est qu'il emprunte au droit international un principe hiérarchique supérieur sur le droit national : le principe de prééminence.

B. La perspective utile d'un principe de prééminence du droit communautaire

Le principe de primauté ou de prééminence d'un droit garanti suppose une supériorité hiérarchique ou, pour reprendre l'expression du professeur Bertrand MATHIEU, une « prévalence »[282] de ce droit sur d'autres droits. Il est considéré comme un principe fondamental du droit, notamment en droit international. En Europe par exemple, ce principe est d'origine jurisprudentielle en ce qu'il a été consacré par la Cour de justice de l'Union européenne dans l'arrêt *Costa c. ENEL* du 15 juillet 1964. Dans cet arrêt, la Cour de justice avait déclaré que « le droit issu des institutions européennes s'intègre aux systèmes juridiques des États membres qui sont obligés de le respecter »[283]. Ce principe est aussi établi en droit communautaire, même s'il tient beaucoup plus à

---

[281]E. CEREXHE, L'intégration juridique comme facteur d'intégration régionale », in *Avancées et confins actuels des droits de l'homme aux niveaux international, européen et national, op. cit.*, p. 38.

[282]M. BERTRAND, « L'appréhension de l'ordre juridique communautaire par le droit constitutionnel français », in *Les dynamiques du droit en début de siècle. Études en l'honneur de J-C. GAUTRON,* Paris, Pédone, 2004, p. 173.

[283]CJCE, 15 juillet 1964, *Costa c. ENEL,* affaire n°6/64.

l'engagement des États membres tel qu'il ressort de l'article 5 du traité de la CEDEAO qui dispose : « 1. Les États Membres s'engagent à créer les conditions favorables à la réalisation des objectifs de la Communauté ; en particulier à prendre toutes mesures requises pour harmoniser leurs stratégies et politiques et à s'abstenir d'entreprendre toute action susceptible d'en compromettre la réalisation. 2. Chaque État Membre s'engage à prendre toutes mesures appropriées, conformément à ses procédures constitutionnelles, pour assurer la promulgation et la diffusion des textes législatifs et réglementaires nécessaires à l'application des dispositions du présent traité. 3. Chaque État Membre s'engage à honorer ses obligations aux termes du présent Traité et à respecter les décisions et les règlements de la Communauté».

Le principe de prééminence est un principe général classique du droit international, par lequel un État qui, sur le plan international, donne son consentement à être lié par un traité, et, partant, intégrer dans son corpus juridique les dispositions de ce traité pour qu'elles soient invocables par les sujets de droit sous sa juridiction[284]. C'est en ce sens que la plupart des constitutions des États membres[285] consacrent le principe de primauté des traités sur les lois nationales.

En matière d'intégration communautaire, l'application dans le contentieux national du principe de primauté du droit communautaire revêt un enjeu qui n'est pas purement symbolique. En effet, si la Cour de justice est en mesure d'influencer suffisamment la jurisprudence des juridictions nationales, cela signifierait que les juges nationaux s'inspirent fortement des textes communautaires et de la jurisprudence communautaire dans leurs interprétations des textes nationaux de référence et de ceux dont ils assurent le contrôle[286]. Cela permettrait, à terme, au juge national, notamment le juge constitutionnel, d'assurer un

---

[284]Voir A. SOMA, « L'applicabilité des Traités internationaux de protection des droits de l'homme dans le système constitutionnel du Burkina Faso », *op. cit.*,p. 3.

[285]Constitution nigérienne du 25 novembre 2010 (articles 168 à 172) ; Constitution du Burkina Faso du 2 juin 1991 (articles 148 à 151) ; Constitution du Bénin du 11 décembre 1990 (articles 144 à 149) ; Constitution de la Guinée du 7 mai 2010 (149 à 151) ; Constitution du Mali du 27 février 1992 (articles 114 à 116) ; Constitution du Sénégal du 7 janvier 2001 (articles 88 à 91).

[286]J. RIDEAU, « Le rôle de l'Union européenne en matière de protection des droits de l'homme », *op. cit.*,p. 282.

encadrement du contrôle de conventionalité que le juge ordinaire est appelé à exercer, quand celui-ci tendrait à se muer *de facto* en contrôle de constitutionnalité[287], puisque les sources du droit communautaire sont, pour la plupart, constitutives du bloc de constitutionnalité des États membres. La Charte internationale des droits de l'homme et la Charte africaine des droits de l'homme et des peuples constituent à cet égard, « des vecteurs de propagations dans l'ordre juridique national »[288] du droit communautaire, puisque fondant son inspiration en matière de protection des droits fondamentaux.

Dans cette perspective, s'est exprimée une volonté de prééminence du droit communautaire sur le droit national des États membres, de manière éclatante, dans le préambule du traité révisé de la CEDEAO qui dispose que « l'intégration des États membres en une communauté régionale viable peut requérir la mise en commun partielle de leur souveraineté nationale au profit de la communauté dans le cadre d'une volonté politique collective ». C'est la nature même d'acte conventionnel du traité de la CEDEAO qui requiert son acceptation et sa ratification par chacun des États membres, y compris le principe de primauté qui s'y attache.

Comme le notent certains auteurs, « un ordre juridique apporte en effet aux normes qui le composent la cohérence que leur confère le fait de relever de la même norme fondamentale, mais il les sépare en même temps des normes qui relèvent d'autres ordres, d'autres normes juridiques fondamentales, et cela d'autant plus qu'il est doté d'organes bien structurés qui seront tentés de faire prévaloir leurs propres normes.

Ces théories ont été élaborées dans la perspective de concilier les différents ordres juridiques nationaux et internationaux et l' « ordre juridique intermédiaire » dont le droit communautaire est constitutif »[289]. L'exigence de protection des droits fondamentaux, et au-delà, l'exigence de la construction communautaire, tend donc à faire

---

[287]J.-F. FLAUSS, « Principes généraux du droit communautaire dans la jurisprudence des juridictions constitutionnelles des États membres », *op. cit.,* p. 51.
[288]*Id.*
[289]J. CHARPENTIER, « Éléments de cohérence entre ordres juridiques distincts », in *Carrefour des droits, Mélanges en l'honneur de Louis DUBOUIS,* Dalloz, 2002, p. 293.

imposer des normes supérieures à celles relevant de l'ordre juridique interne. Selon le professeur CHARPENTIER, « La primauté de l'ordre juridique international favorise l'unité et la paix, alors que la primauté de l'ordre juridique interne ou plutôt des ordres juridiques internes couronnerait l'anarchie et les rivalités - elles sont d'ordre logique : une norme n'a de sens que si elle ne peut pas être remise en cause par ceux auxquels elle s'applique. C'est d'ailleurs ce qui explique l'imperfection des normes protectrices du patrimoine commun de l'humanité [...] contre les dégradations qui à terme porteraient atteinte à la survie de l'espèce humaine elle-même, elles doivent emprunter les instruments juridiques de l'ordre interétatique (conventions, principes coutumiers...) qui s'imposent aux États tenus de respecter ces normes internationales, mais non pas à l'ordre juridique international lui-même, à la Communauté internationale. La primauté des normes de l'ordre juridique supérieur sur celles des ordres juridiques inférieurs, et spécialement des normes internationales sur les normes internes - dépend donc à la fois de la nécessité objective d'étendre la portée d'une norme à l'ensemble des ordres juridiques qui composent l'ordre juridique supérieur et de la volonté des organes de ces composantes de respecter cette primauté »[290].

L'on peut donc en déduire que les juridictions constitutionnelles nationales doivent se soumettre à l'interprétation de la Cour de justice de la Communauté, au même titre que toute juridiction ordinaire d'un État membre. L'éminent professeur précise, du reste, que, « si dans l'application des normes (...), le juge se trouve face à une contradiction entre deux normes susceptibles de s'appliquer dans un litige, l'une faisant partie de l'ordre juridique dont il relève, l'autre d'un ordre juridique supérieur, il sera inévitablement enclin, par la place qu'il occupe dans les structures de l'ordre juridique dont il est l'organe, de ne pas en méconnaître les normes, et d'en assurer l'efficacité ». C'est le comportement qui est attendu des juges internes des États membres de la CEDEAO.

[290]*Ibid.*, p. 299 ; voir aussi J. CHARPENTIER, « L'humanité : un patrimoine mais pas de personnalité juridique », in *Les hommes et l'environnement,* Paris, Frison-Roche, 1998, pp. 17-21.

Tel le principe de la coopération loyale, ce comportement est considéré comme essentiel à l'affirmation du principe de primauté du droit communutaire. Le Conseil constitutionnel français l'a demontré, lorsque, après quelques années d'hésitations, il a explictement affirmé en 2004, que transposer une directive est une exigence constitutionnelle[291]. Or, c'est cette absence d'obligation, dans la transposition des directives, qui favorise, dans le contexte de la CEDEAO, l'indigence du contentieux communuataire. Cependant, dans les textes communautaires de la CEDEAO, il n'y a pas de dispositions qui consacrent expressément le principe de primauté et, la Cour de justice ne s'est pas encore prononcée clairement sur l'insuffisante, voire l'inexistante référence au droit communautaire en tant que norme juridique supérieure pour les juridictions étatiques. On aurait pu espérer voir le juge communautaire trancher la question de la hiérarchie des normes d'autant plus que rien ne semble justifier la résistance des juridictions nationales, au moment où l'on sollicite la pleine portée de ce principe dans l'ordre interne[292].

C'est d'ailleurs le sens de l'intégration de la Charte africaine des droits de l'homme dans l'ordre juridique communautaire, car l'attribution de la valeur de « droit primaire » à la Charte lui confèrerait incontestablement un plus grand retentissement, et développerait l'impact des droits fondamentaux dans l'ordre juridique de la CEDEAO

---

[291]Voir Décision n°2004-496 DC du 10 juin 2004, *Loi pour la confiance dans l'économie numérique ;* Voir aussi H. OBERDORFF, « Le Conseil constitutionnel et l'ordre juridique communautaire : coopération et contrôle (à propos de la décision du Conseil constitutionnel n° 2004-496 du 10 juin 2004 relative à la loi pour la confiance dans l'économie numérique) », *Revue du droit public*, 2004 (4), pp. 869-877 ; A. LEVADE, « Le Conseil constitutionnel aux prises avec le droit communautaire dérivé », *Revue du droit public*, 2004 (4), pp. 889-911 ; J.-P. CAMBY, « Le droit communautaire est-il soluble dans la Constitution ? », *Revue du droit public*, 2004 (4), pp. 878-888, F. CHATIEL, « Droit constitutionnel européen. 2004-2006 », RFDC, 2007, vol. 69, n°1, pp. 161-173.

[292]L. BURGORGUE-LARSEN, « Les résistances des États de droit », *in* J. RIDEAU (dir.), *De la Communauté de droit à l'Union de droit*, Paris, L.G.D.J., 2000, spéc. p. 448 et s. ; Voir aussi E. DUBOUT, « De la primauté « imposée » à la primauté « consentie ». Les incidences de l'inscription du principe de primauté dans le traité établissant une Constitution pour l'Europe », contribution aux Actes du IVe Congrès de l'Association française de droit constitutionnel, des 9, 10 et 11 juin 2005 à Montpellier, disponible sur : www.droitconstitutionnel.org

par le renforcement de leur assise. La Cour de justice en a posé le principe dans son arrêt *professeur Etim Moses Essien c/ République de Gambie* du 14 mars 2007, dans lequel elle rappelait aux États membres leurs obligations découlant des textes communautaires.

La protection des droits fondamentaux constitue un des éléments essentiels de l'identité et du mouvement d'intégration communautaire[293]. Ainsi, dans la doctrine de la Cour de justice, aussi bien le traité que les règlements communautaires l'emportent, en cas de conflits, sur les lois internes, même postérieures, et même sur les normes constitutionnelles.[294] Ainsi que le note le professeur B. MATHIEU, « la feinte indifférence du juge constitutionnel face au droit communautaire »[295] est amenée à prendre fin un jour, car le principe de prééminence du droit communautaire sur le droit national, y compris le droit constitutionnel, devrait amener la Cour de justice à interpeller les États membres sur leurs obligations et leurs engagements à ne pas faire obstacle au projet de construction communautaire. Cela aura pour mérite d'assurer le respect des exigences communautaires. Ces exigences supposent que soient intégrées, dans le droit interne des États membres, des dispositions du droit communautaire, de façon que le contrôle de constitutionnalité puisse conduire à lever les obstacles à la diffusion du droit communautaire dans l'ordre juridique national, favorisant ainsi l'institution progressive d'un espace judiciaire communautaire.

---

[293]M. WATHELET, S. VAN RAEPENBUSCH, « La protection des droits fondamentaux au sein de l'Union européenne après le traité de Nice », in *Avancées et confins actuels des droits de l'homme aux niveaux international' européen et national,* Bruxelles, Bruylant, 2003, p. 349.

[294]R. GUASTINI, « La primauté du droit communautaire : une révision tacite de la Constitution italienne », Cahiers du Conseil constitutionnel, n°9 (Dossier : Souveraineté de l'État et hiérarchie des normes), février 2001.

[295]B. MATHIEU, « L'appréhension de l'ordre juridique communautaire par le droit constitutionnel français », in *Les dynamiques du droit en début de siècle. Études en l'honneur de J.-C. GAUTRON, op. cit.*, p. 169.

CHAPITRE II

L'INSTITUTION PROGRESSIVE D'UN ESPACE JUDICIAIRE COMMUNAUTAIRE

La dynamique de la construction communautaire ouest-africaine s'est fondée sur la création de plusieurs organes au sein desquels la Cour de justice occupe une place prépondérante. A l'origine, l'article 11 du traité fondateur du 28 mai 1975 instituait un « Tribunal de la Communauté ». Ce dernier avait un rôle marginal : il était simplement chargé d'assurer l'interprétation des textes en vue de la réalisation de l'objectif économique de la Communauté[296].

À la faveur des différentes réformes intervenues, l'espace judiciaire de la Communauté s'est progressivement consolidé avec la création, à l'article 15 du traité révisé, de la Cour de justice de la Communauté. Contrairement à l'ancien tribunal de la Communauté, la singularité de la Cour de justice est évidente. Son indépendance et la force obligatoire de ses arrêts sont affirmées : « Dans l'exercice de ses fonctions, la Cour de justice est indépendante des États Membres et des Institutions de la Communauté. Les arrêts de la Cour de justice ont force obligatoire à l'égard des États Membres, des Institutions de la Communauté, et des personnes physiques et morales ». Les rédacteurs du traité de 1993 ont ainsi voulu doter la Cour de justice de moyens efficaces, lui permettant de faciliter, autant que possible, le fonctionnement des institutions communautaires, avec une unité d'interprétation et d'application du droit communautaire.

La mission de protection juridictionnelle assignée à la Cour de justice a ainsi permis à celle-ci de développer une importante jurisprudence pour protéger efficacement les droits fondamentaux (**Section1**) au sein de la Communauté. Mais, cette protection restera illusoire, en l'absence

---

[296]Aux termes de l'article 11 du traité le tribunal « assure le respect du droit et des principes d'équité dans l'interprétation des clauses du présent Traité. En outre il est chargé du règlement des différends dont il est saisi conformément à l'article 56 du présent Traité ».

d'une réelle volonté des États membres de créer un espace juridique propice à l'épanouissement des droits fondamentaux (**Section2**).

Section 1 : Vers une protection évolutive et renforcée des droits fondamentaux

Depuis l'arrêt *Afolabi c. République du Nigeria*, les regards ont été de plus en plus tournés vers la Cour de justice de la CEDEAO. L'adoption en 2005 du Protocole relatif à la Cour a permis une profonde modification de l'environnement politique et juridique de la CEDEAO. La prolifération des recours individuels en est l'éloquente illustration.

Cependant, les traités instituant la CEDEAO ne comportaient pas de liste des droits fondamentaux. En conséquence, la réforme introduite par le Protocole de 2005 a suscité un véritable engouement auprès des citoyens de la Communauté. Les rédacteurs du Traité révisé avaient intégré à l'article 4 (g) les principes fondamentaux de la Charte africaine des droits de l'homme et des peuples dans le droit communautaire. C'est ce pragmatisme qui a permis à la Cour de justice de faire face aux flux de requêtes provoqué par la réforme de 2005.

La Cour l'a d'ailleurs confirmé dans l'arrêt *Hadidjatou Mani Koraou c. Republique du Niger* du 28 octobre 2008 en affirmant que « l'adhésion de la Communauté aux principes de la Charte signifie que même en l'absence d'instruments juridiques de la CEDEAO relatifs aux droits de l'homme, la Cour assure la protection des droits énoncés dans la Charte (...) ». Pour asseoir ainsi la primauté du droit communautaire sur le droit national et garantir, de façon effective et adéquate, une meilleure protection des droits fondamentaux, la Cour de justice s'est lancée dans une « opération de compilation des droits fondamentaux communautaires »[297], puisant son inspiration dans les divers instruments juridiques relatifs aux droits fondamentaux auxquels les

[297]D. GRIMM, « La Cour européenne de justice et les juridictions nationales vues sous l'angle du droit constitutionnel allemand », Cahiers du Conseil constitutionnel n°4 (Dossier : Droit communautaire – droit constitutionnel), avril 1998, disponible sur le site du Conseil constitutionnel.

États membres ont adhéré (**§1**). En mettant en place un tel dispositif juridique au sein de la Communauté, la Cour veut démontrer que la protection des droits fondamentaux dans l'espace CEDEAO est une nécessité, voire un impératif dont elle assure progressivement le respect (**§2**).

§1 : Une protection des droits renforcée par la prolifération des textes de référence

La double protection des droits fondamentaux dans l'espace communautaire s'est organisée de manière superposée. La Constitution, au premier chef, et les conventions internationales, de manière complémentaire, organisent cette protection au sein de la Communauté, à travers la reconnaissance d'un certain nombre de droits fondamentaux d'une part, et avec l'ouverture de recours devant les juridictions nationales et la Cour de justice, aux fins de sanctions en cas de violation de ces droits, d'autre part.

C'est précisément cette superposition des textes qui permettra, à terme, d'unifier le système communautaire ouest-africain de protection des droits fondamentaux et d'assurer une primauté effective du droit communautaire sur les droits nationaux.

C'est dans cette perspective que les droits fondamentaux sont apparus comme un fonds commun de droits consacrés par plusieurs textes juridiques (**A**).

L'évolution de ces droits résulte de la portée juridique qui découle des diverses interprétations dont la Cour de justice revendique l'exclusivité (**B**).

A. L'identification des textes relatifs à la protection des droits fondamentaux

Une fois adoptées, les nouvelles Constitutions africaines post-conférences nationales[298] devaient faire face à ce que la doctrine a appelé « le présidentialisme africain »[299], c'est-à-dire, la confusion des pouvoirs entre les mains du chef de l'État. En d'autres termes, « l'impression d'omnipotent que donnent certains chefs d'État qui n'hésitent pas à entrer en conflit avec les juges qui tenteraient de contrôler leurs actions soit en limitant leur pouvoir d'attribution soit en limitant leur champ de compétence »[300]. Ainsi, on a pu voir au Niger un juge constitutionnel très offensif qui n'a pas hésité à annuler un décret du Président de la République »[301] avant d'être congédié à son tour par un autre décret du Président de la République en réponse à sa témérité.

Les jeunes démocraties sur le continent ont donc pour défi, la consolidation de l'État de droit. Cette démarche s'est trouvée confortée par l'adoption, le 24 juillet 1993, au sommet de Cotonou, du Traité révisé de la CEDEAO, texte normatif et de référence de la Communauté, qui scelle l'engagement des États membres. C'est sur la base de ce corpus, lui-même enrichi par le protocole additionnel de 2005, relatif à la Cour de justice, que les droits fondamentaux trouveront de façon efficiente, un écho dans la Communauté. Dans le

---

[298]Nous entendons par cette expression, la période consécutive à la chute du mur de Belin et qui a aussi marqué le continent africain avec la vague de démocratisation amrocée. Cette période a été l'occasion, pour plusieurs pays comme le Benin, le Niger ou le Togo, d'organiser des assises natioanales que l'on a appelé conférences nationales, pour poser les bases de la transition démocratique et mieux préparer l'avenir. C'est ce que la doctrine considère comme le point de départ du renouveau démocratique africain.

[299]G. CONAC, « Le juge et la construction de l'État de droit en Afrique francophone », *op. cit,* p. 106.

[300]*Ibid.,* p. 107.

[301]L'arrêt n° 04/CC/ME du 12 juin 2009 qui a annulé le décret n° 2009-178/PRN/MI/SP/D du 5 juin 2009 portant convocation du corps électoral pour le référendum sur la Constitution de la sixième République ; Voir aussi arrêt n° 05/CC du 26 juin 2009, disponible sur le site de la Cour constitutionnelle : www.cour-constitutionnelle-niger.org.

but de remédier principalement au « déficit de droits » que l'on peut observer dans les textes originaires, le législateur communautaire a intégré dans le Traité révisé de 1993, la Charte africaine des droits de l'homme, comme composante du droit communautaire susceptible d'être invoqué devant la Cour de justice. L'adhésion des États membres de la CEDEAO aux principes fondamentaux, tels qu'ils résultent de l'article 4 (g), participe de la mission de consolidation des droits fondamentaux applicables au sein de la Communauté.

Les États membres n'ont pas voulu adopter une déclaration formelle des droits propres à la Communauté consistant à garantir des nouveaux droits intégrés dans un catalogue à l'image de la Charte européenne des droits fondamentaux. Ils ont plutôt choisi de renforcer la légitimité de la Charte africaine des droits de l'homme, permettant ainsi à la Cour de justice d'en apprécier « la nature et l'étendue des droits fondamentaux énoncés »[302].

Si la démarche paraît appréciable, puisqu'elle met en lumière la volonté d'une prise en compte de la spécificité africaine de protection des droits fondamentaux, il n'en reste pas moins que le contrôle juridictionnel des règles constitutionnelles à l'aune de la Charte africaine est une réponse à l'inertie de la Cour africaine des droits de l'homme. En dépit de son originalité, la Charte africaine, peine encore à trouver un juge d'application et c'est à bon droit que le juge de la CEDEAO a été désigné par les États membres pour l'appliquer en tant qu'instrument de base de l'action communautaire, en matière de protection des droits fondamentaux.

Les gouvernements nationaux ont certainement voulu défendre l'idée déjà exprimée dans leurs textes constitutionnels en faveur d'une union plus grande des États africains et reprise dans le préambule du traité de la CEDEAO, consacrant la prééminence de la Charte africaine. C'est là la preuve d'une certaine convergence constitutionnelle des droits fondamentaux applicables en droit communautaire et du statut d'instrument privilégié de « l'ordre public africain »[303] de la Charte

[302]X. GROUSSOT, L. PECH, « La protection des droits fondamentaux dans l'Union européenne après le Traité de Lisbonne », *op. cit.*, p. 1 et s.

[303]Nous utilisons ce concept par emprunt et en référence à la Convention européenne de sauvegarde des droits de l'homme qu'une bonne partie de la doctrine qualifie d'instrument de « l'ordre public européen ».

africaine des droits de l'homme et des peuples, puisque l'on retrouve ses dispositions dans presque tous les ordres juridiques tant aux niveaux national, communautaire que régional. Au total, dans l'ordre juridique africain, il y a un intérêt accru pour la sauvegarde des droits fondamentaux, contrairement à ce que laisse paraître une certaine opinion. Du reste, comment pourrait-il en être autrement car, l'évolution même du droit international classique n'est que la conséquence de l'évolution historique de l'humanité depuis la fin de la Deuxième Guerre mondiale, perçue comme une guerre de croisade contre le mépris de la personne humaine consacrée par le fascisme en général et le nazisme en particulier[304]. C'est en réponse aux atrocités que le monde a connues au cours des deux grandes guerres qu'a été adoptée, dans le cadre des Nations unies, la Déclaration universelle des droits de l'homme le 10 décembre 1948. Cette dernière marque la fin d'une conception souverainiste de l'État en considérant l'individu comme sujet du droit international. Mieux, le texte onusien a consacré plusieurs exigences relatives au respect des droits fondamentaux et à la démocratie. C'est le respect de ces exigences qui semble être devenu la préoccupation majeure de la CEDEAO, dans la mesure où la garantie des droits fondamentaux et de la démocratie est érigée comme un préalable à l'intégration économique.

Cette exigence de promotion et de protection des droits fondamentaux a conduit la Cour de justice à accorder une importance particulière aux instruments juridiques internationaux de protection des droits de l'homme auxquels les États membres ont adhéré, en s'érigeant en une «juridiction internationale dont la vocation est de sanctionner la méconnaissance d'obligations résultant des textes internationaux opposables aux États »[305].

La Cour de justice a toujours rappelé sa position de principe[306]. Elle refuse de connaître l'intention du législateur national en s'érigeant juge de la légalité interne des États. Pourtant, sa démarche consistant à

---

[304]M. KAMARA, « La promotion et la protection des droits fondamentaux dans le cadre de la Charte africaine des droits de l'homme et des Peuples et du Protocole facultatif additionnel de juin 1998 », *RTDH,* n° 63, 2005, p. 709.

[305]Affaire n°ECW/CCJ/APP/19/15, Jugement n° ECW/CCJ/JUD/16/15, *Congrès pour la Démocratie et le Progrès (CDP) et autres c. L'État du Burkina*, CE 13 juillet 2015, (25).

[306]*Ibid.,* points (23, 24 et 25).

contrôler les obligations internationales des États revêt, dans bien des cas, le même caractère, puisque les instruments internationaux desquels découlent ces obligations sont intégrés le plus souvent dans les textes nationaux des États[307]. C'est donc en toute conscience que la Cour a voulu se « rattraper » dans son arrêt *CDP et autres c. L'État du Burkina* du 13 juillet 2015, lorsque, assouplissant sa position de principe précitée, elle affirme que « sa fonction ne consiste pas à découvrir l'intention du législateur national, ou de concurrencer les juridictions nationales sur leur propre terrain qui est celui de l'interprétation des textes nationaux précisément. Mais la Cour retrouve sa compétence dès lors que l'interprétation ou l'application d'un texte national a pour objet ou pour effet de priver des citoyens de droits tirés d'instruments internationaux auxquels les États sont parties »[308].

En se refusant à inclure dans le débat judiciaire, les textes constitutionnels des États membres, qui intègrent dans leur droit interne, ces instruments juridiques internationaux, la Cour de justice semble s'imposer une certaine autocensure afin de ménager la susceptibilité des États, donnant ainsi l'impression de respecter la marge de souveraineté des États. Or, en réalité, il n'en est rien puisque l'on note un renforcement des compétences de la Cour de justice en matière de protection des droits fondamentaux, au détriment des juridictions nationales, de plus en plus isolées.

En adoptant une telle démarche, la Cour de justice communautaire a su faire preuve de pragmatisme, puisqu'elle a permis d'asseoir la légitimité de son office, en amenant les États membres à accepter son autorité, allant jusqu'à concéder parfois, la part de souveraineté qui leur revient en matière de protection des droits fondamentaux. C'est pourquoi, il n'est pas, de notre point de vue, exagéré de relever dans les rapports entre les deux ordres juridiques, un transfert de souveraineté de l'ordre national vers l'ordre communautaire. Il convient donc de

---

[307]Ce sont essentiellement la Déclaration Universelle des droits de l'homme du 10 décembre 1948, les Pactes internationaux relatifs aux droits civils, politiques, économiques, sociaux et culturels de 1966, la Déclaration des droits de l'homme et du citoyen de 1789, la Charte africaine des droits de l'homme et des Peuples du 27 juin 1981, la Convention sur l'élimination de toutes les formes de discrimination contre les femmes, visée dans le préambule de plusieurs Protocole de la Communauté...etc.

[308]*Ibid.,* point (27).

constater que face au triomphe des droits fondamentaux dans l'espace communautaire, s'est mis en place un ordre juridique communautaire qui a permis de renforcer les garanties de ces droits dans le système Ouest-africain. C'est dans cette perspective que s'est amorcé un vaste mouvement de refonte normative afin de répondre, tel qu'il résulte du préambule du traité révisé, « à la nécessité de s'adapter aux changements qui s'opèrent sur la scène internationale afin d'en tirer un meilleur profit ». La vague d'adoption de plusieurs instruments juridiques afin de permettre la réalisation des objectifs principaux de la Communauté, fixés à l'article3 du traité a permis de déterminer un cadre normatif communautaire[309].

Le cadre normatif communautaire de protection des droits fondamentaux est donc l'aboutissement d'un long processus historique et socio-politique qui a permis l'affirmation et la diffusion progressives des droits fondamentaux en droit communautaire. Dès lors, les actes communautaires deviennent de par leur nature, un moyen efficace de protection juridictionnelle des droits fondamentaux.

L'ensemble de ces textes reconnaît effectivement le caractère indispensable des droits fondamentaux dans une démocratie. C'est pourquoi, ils imposent avec plus de force juridique le respect de ces droits aux États. Cette démarche est suscitée par la recherche d'une protection plus efficace des droits fondamentaux contenus dans des textes conventionnels parfois peu contraignants et dont l'application est laissée à la discrétion des États.

Comme le note M. Mounirou SY, « c'est dans un souci de rendre cette protection plus efficace et d'élaborer un cadre plus homogène et moins disparate que l'ensemble de la communauté internationale, qu'ont été adoptées des Déclarations particulières des droits et mis en place

[309]On peut citer par exemple la Déclaration des principes politiques de la CEDEAO adoptée à Abuja le 6 juillet 1991 sur la liberté, les droits des peuples et la démocratisation ; le Protocole de Lomé relatif au mécanisme de prévention, de gestion, de règlement des conflits, de maintien de la paix et de sécurité, pour répondre comme indiqué au préambule, « aux préoccupations des États de la multiplication des conflits menaçant la paix et la sécurité du continent (...) » ainsi que son Protocole additionnel A/SP1/12/01 sur la Démocratie et la bonne gouvernance adoptée deux ans plus tard, en 2001 à Dakar pour prévenir « les crises intérieures, de la Démocratie, de la bonne gouvernance, de l'État de droit, des droits de la personne ».

quelques systèmes régionaux de protection des droits de l'homme »[310]. Par conséquent, le degré de protection des droits fondamentaux dans un État apparaît comme un indice ou une unité de mesure voire un critère essentiel d'évaluation du niveau de démocratisation de cet État.

En raison de la pluralité des instruments de référence de la Cour de justice en matière de protection des droits fondamentaux, ces derniers se sont affirmés avec plus de vigueur dans l'ordre juridique de la CEDEAO. Il convient donc de retenir qu'il existe désormais, en Afrique de l'Ouest, un système communautaire de protection des droits fondamentaux.

Dès lors, l'enthousiasme qui accompagne l'évolution des droits fondamentaux résulte de la philosophie même qui sous-tend ces droits. Il n'y a pas aujourd'hui de société véritablement démocratique que celle qui consacre les droits fondamentaux et en assure la sauvegarde. C'est donc « l'incitation au label de démocratie » qui explique la bonne fortune des droits fondamentaux dans l'espace CEDEAO. Mais qu'en est-il concrètement de leur juridicisation au sein de la Communauté ? C'est certainement l'objectif de la juridicisation de ces droits qui a conduit à l'extension des obligations des États.

B. L'évolution des droits fondamentaux du fait de l'extension des obligations des États

L'imbrication des textes juridiques déterminant l'action protectrice de la Cour de justice en matière de garantie des droits fondamentaux a conduit à l'érection du principe de la primauté du droit communautaire sur les droits internes des États. Ces derniers étant eux-mêmes soumis aux textes internationaux qui servent de base à l'action de la Cour. L'engagement des États les rend donc « débiteurs »[311] du respect des

---

[310]M. M. SY, *La protection Constitutionnelle des droits fondamentaux en Afrique : l'exemple du Sénégal,* Paris, L'Harmattan, 2007, p. 29.

[311]F. TULKENS, S. VAN DROOGHENBROECK, « L'évolution des droits garantis et l'interprétation jurisprudentielle de la Convention Européenne des droits de l'homme », disponible en ligne : www.cejm.upmf-grenoble.fr.

droits consacrés par les règles du droit communautaire de la CEDEAO, créant ainsi une obligation à la charge des États membres, tenus de protéger ces droits et, par là même, de prévenir toute atteinte contre les droits dont bénéficient tous les individus vivants sur leurs territoires. De ce fait, l'État devient responsable devant la Cour de justice en vertu des actes relevant de sa juridiction.

La responsabilité d'un État membre peut ainsi être engagée devant la juridiction communautaire en raison d'actes attentatoires aux droits fondamentaux commis sur son territoire. Sont par-là visées les « hypothèses où la *causa proxima* de la violation alléguée est, soit le fait des autorités nationales elles-mêmes soit le fait direct d'une autre personne, publique ou privée. En clair, selon la jurisprudence communautaire »[312], la qualité de l'auteur de l'acte en cause ne fait pas échapper l'État sur le territoire duquel l'acte a été commis, au contrôle du respect de ses obligations par la Cour de justice, peu importe que la question soit déjà prise en charge par les autorités étatiques. Même pendante devant les juridictions de l'État en cause, l'affaire peut être examinée par la Cour de justice. L'obligation qui incombe ici à l'État est une obligation non pas de résultat mais de moyen, c'est-à-dire que l'État devrait, par son dispositif juridique, prévenir la survenance de la violation alléguée.

La nécessité croissante d'assurer une protection efficace et effective des droits fondamentaux a certainement conduit les rédacteurs du traité de la CEDEAO à denier aux États membres, non pas seulement le monopole de la protection des droits fondamentaux, mais aussi, non sans étonnement, la marge d'appréciation que l'on remarque en pratique dans les autres systèmes. Cette spécificité communautaire, certes audacieuse, est venue mettre fin au mythe de l'invincibilité des États qui n'hésitaient pas, jadis, à brandir l'argument de la souveraineté, pour se hisser au sommet de la pyramide. C'est en réponse à cette situation révélatrice d'un malaise évident des systèmes nationaux de protection des droits fondamentaux, dont la faiblesse est toujours perceptible, que les rédacteurs du traité communautaire ont entendu se saisir du droit comme facteur de l'intégration communautaire.

---

[312]Voir en ce sens l'arrêt ECW/CCJ/JUD/06/08, arrêt *Dame Hadidjatou Mani Koraou c/ République du Niger,* 23 octobre 2008.

Le défi du réglement des conflits politiques récurrents dans les États membres[313], véritable « talon d'Achille » pour l'efficacité de la protection étatique des droits fondamentaux, a permis à la CEDEAO d'initier une véritable politique d'intégration avec comme vecteur fondamental la protection des droits fondamentaux par un juge communautaire. L'objectif étant d'amener les États membres à s'inspirer, dans l'application de la norme communautaire, de l'autorité interprétative de la Cour, en mettant à leur charge des obligations objectives. C'est la dimension jurisprudentielle de l'obligation objective des États dans le processus d'intégration communautaire que la Cour de justice de la CEDEAO a consacrée dans l'arrêt *Hadidjatou Mani Koraou c/ République du Niger du* 27 octobre 2008.

Dans cet arrêt, la Cour semble emprunter un raisonnement identique à la Cour européenne des droits de l'homme[314], mettant à la charge des États membres une obligation positive visant à protéger la dignité humaine, en protégeant les individus se trouvant sur le territoire de l'État contre le crime d'esclavage, conformément aux exigences conventionnelles.

---

[313]M. GAUD et J. DU BOIS DE GAUDUSSON, « Les solutions constitutionnelles des conflits politiques », in *Afrique contemporaine*, n° spécial, 4e trimestre 1996, pp. 250-256.

[314]CEDH, *Soering c/ Royaume-Uni* du 7 juillet 1989, Série A, n°161, Spéc. § 91. Dans cet arrêt la Cour européenne des droits de l'homme a estimé que la responsabilité d'un État partie à la Convention peut être engagée à raison d'une violation de la Convention commise, en amont ou en aval, par un autre État, fut-il lui-même ou non partie à la Convention. Elle a ainsi conclu que le Royaume-Uni méconnaîtrait l'article 3 de la Convention s'il extradait un meurtrier vers les États-Unis en l'exposant, de ce fait, au traitement dégradant que constituerait un séjour prolongé dans le « couloir de la mort » ; voir également, l'arrêt *Drozd et Janousek c. France et Espagne* du 26 juin 1992 dans lequel la Cour a admis qu'un État partie peut méconnaître les articles 5 et 6 de la Convention en procurant exécution, sur son territoire, à une condamnation pénale prononcée par un autre État en méconnaissance des garanties du procès équitable ; voir aussi CEDH, arrêt *Pellegrini c. Italie* du 20 juillet 2001 ; Voir aussi *CEDH, A. c/. Royaume-Uni* du 23 septembre 1998 ; voir dans le même sens D. D'ALLIVY KEELY, « Le juge africain est entré dans l'histoire. Cour de justice de la CEDEAO, 27 octobre 2008, *Hadidjatou Mani Koraou c/ État du Niger* », disponible en ligne : www.combatsdroitshomme.blog.lemonde.fr ; voir aussi A. BULTRINI, « La responsabilité des États membres de l'UE pour les violations de la CEDH imputables au système communautaire », *Revue trimestrielle des droits de l'homme*, n° 49/2002, 1 janvier 2002, pp. 5-43.

En l'espèce, alors qu'elle n'avait que douze ans, Hadijatou Mani Koraou, une jeune femme de coutume Bouzou a été vendue par le chef de la Tribu Kenouar au Sieur El Hadj Souleymane Naroua, de coutume Haoussa âgé de quarante six ans, pour la somme de deux cent quarante mille francs CFA.

Cette transaction est intervenue au titre de la « Wahiya », une pratique en cours en République du Niger, consistant à acquérir une jeune fille, généralement de condition servile, pour servir à la fois de domestique et de concubine. La femme esclave que l'on achète dans ces conditions est appelée « Sadaka » ou la cinquième épouse c'est-à-dire une femme en dehors de celles légalement mariées et dont le nombre ne peut excéder quatre conformément aux prescriptions de l'Islam. La « Sadaka», en général, exécute les travaux domestiques et s'occupe du service du « maître ». Celui-ci peut, à tout moment, de jour comme de nuit, avoir avec elle des relations sexuelles.

Pendant environ neuf ans, Hadijatou Mani Koraou a servi au domicile d'El Hadj Souleymane Naroua, en exécutant toutes sortes de tâches domestiques et en lui servant de concubine. De ces relations avec son maître, sont nés quatre enfants dont deux ont survécu.

Le 18 août 2005, El Hadj Souleymane Naroua a délivré à la jeune femme un certificat d'affranchissement de sa condition, signé par lui-même et contresigné par le chef du village. Hadijatou a alors voulu quitter le domicile qui lui tenait lieu de prison, ce qui lui a été refusé par El Hadj Souleymane Naroua au motif qu'elle était et demeurait son épouse. La jeune femme a néanmoins réussi à s'enfuir.

Le 14 février 2006, Hadijatou Mani Koraou saisit le tribunal civil et coutumier de Konni d'une action en divorce pour faire valoir son désir de recouvrer sa liberté totale et d'aller vivre ailleurs. Par un jugement du 20 mars 2006, le tribunal constate « qu'il n'y a jamais eu mariage à proprement parler entre la demanderesse et El Hadj Souleymane Naroua, parce qu'il n'y a jamais eu paiement de la dot ni célébration religieuse du mariage et que Hadijatou Mani Koraou demeure libre de refaire sa vie avec la personne de son choix ». Suite à l'appel interjeté par le défendeur, le jugement a été infirmé. Le pourvoi formé par Hadidjatou Mani Koraou a permis la cassation et l'annulation de la décision infirmative rendue en appel. La décision rendue après cassation avec renvoi a donné raison à la requérante et un second pourvoi a été formé par le défendeur contre cette dernière décision. La Cour suprême nigérienne n'avait pas encore vidé sa saisine, lorsqu'avait été formulée, devant la Cour de justice de la CEDEAO, la requête assignant l'État du Niger pour violation notamment des articles 1, 2, 3, 5, 6 et 18 (3) de la Charte africaine des droits de l'homme et des Peuples.

L'État du Niger contestait alors la recevabilité de la requête devant la Cour de justice, au motif d'une part, que la procédure civile sur le divorce était toujours pendante après le second pourvoi formé par le défendeur, et que d'autre part, la reprise de la procédure pénale était subordonnée à l'échéance de cette procédure civile. Il ajoutait que « c'est la règle de l'épuisement des voies de recours internes qui permet de dire, si un État protège assez ou pas les droits de l'Homme sur son territoire », avant de faire observer que « la protection des droits de l'Homme par les mécanismes internationaux est une protection subsidiaire, qui n'intervient que si un État, au plan national, a manqué à son devoir d'assurer le respect de ces droits ».

Dans son arrêt, la Cour de justice vise les dispositions de l'article10 d) ii. du Protocole A/SP.1/01/05 pour évacuer l'argument tiré de la règle de l'épuisement préalable des voies de recours internes devant elle. Aux termes de cet article, « peuvent saisir la Cour.... Toute personne victime de violation des droits de l'homme ; la demande soumise à cet effet...ne sera pas portée devant la Cour de Justice de la Communauté lorsqu'elle a déjà été portée devant une autre Cour internationale compétente ». Selon la Cour, le fait que l'affaire soit pendante devant les juridictions nationales ne lui enlève en rien son caractère sérieux, c'est-à-dire le bien-fondé de la requête introduite devant elle. Seul le cumul des procédures internationales est proscrit. À aucun moment le juge de la CEDEAO ne prend en compte le contentieux pendant devant les juridictions internes pour conclure à une présomption de bonne foi des autorités nigériennes de protéger efficacement les droits fondamentaux de la requérante.

La jurisprudence établie confirme à ce titre que « le fait qu'un État s'abstienne de porter atteinte aux droits garantis ne suffit pas pour conclure qu'il s'est conformé à ses engagements ; il fait naître à la charge des États des obligations positives consistant en l'adoption et l'application effective de dispositions pénales sanctionnant les pratiques visées »[315] à l'article 5 de la Charte africaine. En ce sens, la Cour de justice a estimé dans l'arrêt Hadidjatou Mani Koraou que les autorités nigériennes n'ont pas pris les mesures nécessaires pour garantir à leurs citoyens, les droits et libertés proclamés dans la Charte Africaine des Droits de l'Homme et des Peuples, violant ainsi l'article 1er de ladite Charte. Ce dernier impose aux États, l'obligation de faire respecter ces droits parce que « les États membres reconnaissent les droits, devoirs et libertés énoncés dans cette Charte et s'engagent à adopter des mesures législatives ou autres pour les appliquer ». Or, si en matière d'esclavage le Niger a adopté les mesures prescrites par l'article précité, puisqu'il consacre depuis une loi n°2003-025 du 13 juin 2003 l'infraction d'esclavage dans son code pénal, la législation adoptée par l'État du Niger n'a pas permis de protéger efficacement ses citoyens. Ainsi, au sens de l'article 1er de la Charte africaine des droits de l'homme et des Peuples, le code pénal nigérien n'avait pas assuré à la requérante une « protection suffisante et effective contre la "servitude" à laquelle elle avait été assujettie, à tout le moins, contre le travail "forcé et obligatoire" »[316] et contre les relations sexuelles exigées d'elle, qui en réalité avait fait d'elle non pas seulement une esclave domestique mais aussi une esclave sexuelle.

Tout comme la Cour européenne des droits de l'homme dans sa jurisprudence constante[317], la Cour de justice de la CEDEAO a affirmé sans équivoque et non sans une certaine fermeté, sa position en matière de lutte contre l'esclavage en adoptant une conception large de l'infraction. Ainsi, selon le juge communautaire, « l'esclavage peut exister sans qu'il y ait torture ; même bien nourri, bien vêtu et confortablement logé, un esclave reste un esclave s'il est illégalement privé de sa liberté par la force ou par la contrainte. On pourrait éliminer toute preuve de mauvais traitement, oublier la faim, les coups et autres actes de cruauté, le fait reconnu de l'esclavage c'est-à-dire du travail obligatoire sans contrepartie demeurerait. II n'y a pas d'esclavage bienveillant. Même tempérée par un traitement humain, la servitude

---

[315]CEDH, *Siliadin c/ France*, 26 Octobre 2005, requête n° 73316/01.

[316]CEDH, *Siliadin c/ France*, *op. cit.*

[317]CEDH, *Rantsev C/ Chypre et la Russie*, 07 janvier 2010, requête n° 25965/04 ; CEDH, *M. et autres C/ Bulgarie et Italie*, 31 juillet 2012, requête n° 40020/03 ; CEDH, *L. E. c/ Grèce*, 21 janvier 2016, requête n° 71545/12.

involontaire reste bien sûr de l'esclavage. Et la question de la nature du lien entre l'accusé et la victime est essentielle ». Cette argumentation a permis d'écarter l'argumentaire de l'État du Niger, tiré de la relation matrimoniale, donc du caractère privé des rapports entre les parties, en l'absence de toute forme de mauvais traitement pouvant être considéré comme une pratique d'esclavage.

L'extension de la théorie dite des « obligations positives » a connu un véritable développement dans la jurisprudence internationale. En droit européen par exemple, c'est à partir de l'arrêt *Marckx c. Belgique* du 13 juin 1979 que la Cour européenne des droits de l'homme a admis que les engagements conventionnels des États, d'essence plutôt négative, peuvent se doubler d'une obligation positive visant à garantir le respect effectif des droits et libertés reconnus. Dans cette perspective, la jurisprudence de la Cour fut amenée à déduire l'obligation pour les États de veiller, au moyen des encadrements législatifs, administratifs et judiciaires adéquats, à ce que des violations de la CEDH ne soient pas commises dans des rapports individuels.

De même, dans l'arrêt *Dame Hadidjatou Mani Koraou*, la Cour de justice de la CEDEAO semble emprunter un raisonnement proche en relevant que le Niger était amené à répondre de la violation de l'article 5 de la Charte africaine des droits de l'homme qu'il a rendu possible, du fait de l'inertie des juges nationaux, quand bien même la violation alléguée était le fait direct d'un particulier, d'une personne privée. C'est donc la négligence voire la « tolérance bienveillante »[318] qui est reprochée aux autorités nigériennes qui auraient pu relever et dénoncer d'office la condition d'esclave à laquelle était soumise la requérante conformément aux dispositions du code pénal nigérien. Il s'agit là d'une obligation de moyens mis à la charge des États au sens de l'article 1er de la Charte africaine des droits de l'homme dont la portée constitue un véritable rappel du principe *pacta sunt servanda*[319]. Il s'agit donc de donner plein effet à l'engagement des États.

---

[318]CEDH, arrêt *Chypre C/ Turquie*, 10 mai 2001, §81.
[319]S. SZUREK, « Commentaire de l'article 1 de la Charte africaine » *in Maurice KAMTO (dir), La Charte africaine des droits de l'homme et des peuples et le Protocole y relatif portant création de la Cour africaine des droits de l'homme, commentaire article par article*, Coll., Bruxelles, Bruylant, 2011, p. 82.

Car comme l'a fait remarquer la Commission africaine des droits de l'homme, « ce n'est que lorsque les États prennent leurs obligations au sérieux que les droits des citoyens peuvent être protégés »[320]. C'est donc une finalité déterminée par l'idéal démocratique que d'assurer à l'homme dans sa dimension juridique et humaine, la jouissance et le développement de ses droits fondamentaux, en d'autres termes, le respect de sa dignité humaine à travers la reconnaissance de sa personnalité juridique. C'est aussi et surtout l'illustration-même de l'impératif de protection des droits fondamentaux dans l'espace CEDEAO.

§2 : L'impératif de protection des droits fondamentaux au sein de la Communauté

L'essor d'intégration communautaire en Afrique de l'Ouest implique désormais l'intégration juridique et « vise à harmoniser les règles juridiques dans un espace démocratique où subsistent des États souverains avec leur pleine capacité »[321]. La vocation intégrationniste de la CEDEAO a conduit les États membres à céder parfois la part de souveraineté qui leur revient au profit de la Communauté. C'est le cas par exemple dans le domaine de la libre circulation des personnes, des biens et des capitaux, de la monnaie et des politiques communes etc. Cette « révolution » amorcée se fonde sur l'engagement des États à associer leurs efforts dans le domaine économique et depuis peu, dans les domaines politique et juridique, afin de faire face au défi du développement et, garantir, comme souligné dans le traité, un meilleur « niveau de vie des populations ».

Très vite, les États se sont aperçus que nulle intégration n'est envisageable sans une affirmation des principes démocratiques. Or, la

---

[320]CmADHP, Communication 211/98, *Legal Ressources Foundation c/ Zambie,* § 62, p. 87, 29e session ordinaire, Tripoli, Libye, 7 mai 2001, AHG/229(XXXVII), 14e rapport annuel d'activités, 2000-2001.

[321]J. DUTHEIL DE LA ROCHÉRE, « Droit au juge, accès à la justice européenne », *Pouvoirs*, n° 96, 2001, p. 123.

promotion de la démocratie suppose au préalable la création d'un espace communautaire crédible (**A**) pouvant contribuer à l'éclosion d'un authentique droit communautaire (**B**) qui tiendra compte de la place du citoyen dans le processus d'intégration.

A. L'impératif lié à l'objectif de construction communautaire

Si à l'origine les textes fondateurs de la CEDEAO ne prévoyaient que l'intégration économique parmi les objectifs de la Communauté, on retrouve cependant dès le préambule du traité révisé, la volonté exprimée des États à prendre en compte la dynamique de protection des droits fondamentaux. C'est en effet, le fondement principal de la révision du traité puisque les États membres voulaient tenir compte de « la nécessité de s'adapter aux changements qui s'opèrent sur la scène internationale afin d'en tirer un meilleur profit » et inscrire leur action dans un processus d'intégration accélérée.

Cet élan intégrationniste sera très vite confronté aux réalités politiques des États encore à la recherche du système adéquat qui permettra « l'aboutissement d'un cheminement démocratique, parfois long, semé d'embûches et sans cesse remis en question par la vie politique »[322].

Le défi de l'intégration passe nécessairement par la stabilisation politique de la sous-région (**1**) qui se trouve en état d'insécurité permanente. Une fois la stabilisation réussie, la CEDEAO peut, sur le plan de son action en faveur de la démocratie, devenir un modèle de Communauté où la liberté d'aller et venir des citoyens (**2**) lui garantira la pleine effectivité.

---

[322]D. BANGOURA (dir.), Observatoire Politique et Stratégique de l'Afrique (O.P.S.A), *L'Union africaine face aux enjeux de paix, de sécurité et de défense,* Collection sociétés africaines et diaspora, Paris, L'Harmattan, 2003, p. 16.

1. La CEDEAO face au défi de la stabilité

Depuis les indépendances de ses membres, la CEDEAO, dans sa division régionale et géographique, a été le théâtre de plusieurs conflits armés, dont : cinq guerres civiles[323], une quarantaine de coups d'État militaires réussis[324], ainsi que cinq cas de rébellion ou de mouvements séparatistes[325]. À tous ces événements, il faut ajouter un nombre incalculable de tentatives de coups d'État. Ces guerres civiles, mouvements séparatistes, rébellions et coups d'état militaires ont eu des répercussions non seulement sur les pays concernés, mais aussi sur la sous-région en général. Sur le plan politique, ces conflits ont engendré l'effondrement et la désintégration de l'État de droit, favorisant, même

---

[323]La guerre civile du Nigeria (juillet 1967-janvier 1970) a duré trente mois. C'est la guerre dite du « Biafra », due à la décision du gouvernement fédéral de faire retourner sous le giron fédéral la région sécessionniste de l'est du pays, rebaptisé « République du Biafra », alors sous le commandement du Col. Emeka Ojuwkwu.
La rébellion de Charles Taylor au Liberia avec le mouvement appelé : *National Patriotic Front of Liberia* a conduit le pays à une guerre civile de six ans (1990-1996). Puis s'en est suivi le Front révolutionnaire uni de Sierra Leone (*Revolutionary United of Sierra Leone - RUF)* de Foday Sankoh qui a duré dix ans (1991-2001). La guerre civile en Guinée-Bissau entre les troupes loyalistes du Président Joao Bernando (Nino) Vieira et les partisans de son ancien chef d'état-major, le Général Ansumane Mane avait duré presque un an (juin 1998-mai 1999). La Côte d'ivoire, a été secouée par une guerre fratricide entre les troupes loyalistes du Président Laurent GBAGBO au sud et le groupe rebelle du Mouvement Patriotique de Côte d'ivoire (MPCI) de Guillaume Soro, devenu par la suite les Forces Nouvelles (FN) au nord. Cette crise aura duré presque dix ans (septembre 2002- avril 2011).
[324]Des coups d'État ont eu lieu pratiquement dans tous les quinze pays membres de la CEDEAO. La République du Niger détient le plus grand nombre (4 coups d'état militaires).
[325]Le Mouvement des forces démocratiques de Casamance (MFDC) dirigé par l'Abbé Augustin Diamacoune Senghor protestait contre le pouvoir central de Dakar et annonça son intention de faire sécession en 1982. Au milieu des années quatre-vingt-dix, la communauté touareg, dirigée respectivement par le Mouvement Populaire de l'Azaouad (MPA) et le Front de Libération de l'Aïr et de l'Azawak (FLAA) se révolta dans les régions nord du Mali et du Niger avant d'être contenue quelques années plus tard. Un autre Mouvement similaire a éclaté au Niger en 2007 sous le nom du Mouvement des Nigériens pour la Justice (MNJ) et à la faveur du désordre créé par la crise Libyenne, le Mouvement National pour la Libération de l'Azawad (MNLA) a vu le jour au Mali.

pour une courte durée, un climat d'anarchie et de chaos généralisé ainsi qu'une culture de la violence[326]. Dans ce contexte, la CEDEAO, à l'instar de l'Union africaine à l'échelle régionale et de l'ONU à l'échelle internationale, entend s'adapter à la nouvelle donne politique internationale consécutive au phénomène de démocratisation des années quatre-vingt-dix et à la chute du mur de Berlin, en intégrant dans son Traité révisé de 1993, des dispositions relatives à la sécurité régionale. C'est le sens de l'article 58, de ce traité qui, en son alinéa 1er, dispose que « les États membres s'engagent à œuvrer à la préservation et au renforcement des relations propices au maintien de la paix, de la stabilité et de la sécurité dans la région ». Il s'agit essentiellement pour la CEDEAO, de prévenir et de réguler les conflits internes et interétatiques.

L'étude des grandes démocraties contemporaines montre que les systèmes politiques démocratiques sont soumis à des principes tels que par exemple le principe de dignité humaine, le principe de la libre expression, le principe de l'égalité des citoyens devant la loi qui, lorsqu'ils sont appliqués, sont porteurs de paix civile. En effet, ces principes préviennent les conflits politiques d'une part, parce qu'ils favorisent le pluralisme politique, le respect des droits et libertés fondamentaux et, d'autre part, parce qu'ils organisent l'accès, l'exercice et le contrôle du pouvoir dans le cadre d'un État de droit démocratique. Ainsi la prévention et la résolution des conflits en Afrique passent d'abord par l'application de ces principes dans l'ordre interne. Dans l'ordre étatique, démocratie ne signifie pas absence de conflit, les conflits politiques et sociaux étant inhérents à toute vie en société. La démocratie non seulement admet les conflits, mais les favorise, les prévient et les régule grâce à des mécanismes politiques et juridiques. *A contrario*, lorsque ces principes sont bafoués, les conflits peuvent éclater au grand jour et se développer.[327]

---

[326]*Cf.* I.K. SOUARÉ, *Guerres civiles et Coups d'état en Afrique de l'Ouest : comprendre les causes et identifier des solutions possibles*, Paris, l'Harmattan, 2007, p. 15-16.

[327]D. BANGOURA (dir.), Observatoire Politique et Stratégique de l'Afrique (O.P.S.A), *L'Union africaine face aux enjeux de paix, de sécurité et de défense, op. cit.*, p. 18.

La CEDEAO, dans son traité revisé, s'est fixée comme objectif de contribuer à la stabilisation de la sous-région en se donnant les moyens nécessaires à la promotion et à la sauvegarde de la paix civile. La décision A/DEC.11/10/98 du 31 octobre 1998 relative au mécanisme de prévention, de gestion, de règlement des conflits et de maintien de la paix et de la sécurité, vient renforcer l'application des principes politiques de la CEDEAO tels qu'issus de la Déclaration d'Abuja du 6 juillet 1991 sur la liberté, les droits des peuples et la démocratisation. Cette dynamique va se poursuivre avec l'adoption du Protocole A/P1/12/99 relatif au mécanisme de prévention, de gestion, de règlement des conflits et de maintien de la paix et de la sécurité signé à Lomé le 10 décembre 1999 amendé plus tard par le Protocole A/P1/12/00.

Dans la nouvelle stratégie de prévention de conflits de la CEDEAO, après les enseignements tirés des expériences précédentes, les États membres demeurent les gardiens de la paix et de la sécurité sur leurs territoires et sont les premiers responsables de la sécurité régionale. Néanmoins, la Communauté n'entend pas rester en marge et exprime sa ferme volonté de se transformer en une Communauté intégrée, passant ainsi d'une « CEDEAO des États » à une « CEDEAO des Peuples ».

En faisant le choix de mettre l'humain au cœur de sa stratégie de prévention des conflits, la CEDEAO est bien consciente, comme cela a d'ailleurs été souligné au préambule du Protocole de Lomé[328], que « la bonne gestion des affaires publiques, le respect de l'État de droit et le développement durable, sont indispensables pour la paix et la prévention des conflits ». Il faut noter que l'adoption de ce protocole résulte des précédentes expériences des opérations de maintien de la paix au sein de la Communauté. L'exemple des interventions du groupe de surveillance du cessez-le-feu (ECOMOG) au Libéria en 1990 et en Sierra Leone en 1997 ainsi que les missions de la CEDEAO au Liberia (ECOMIL) en 2003 et en Côte d'Ivoire (ECOMICI) en 2002 ont permis à la Communauté d'acquérir un avantage comparatif par rapport à l'ONU, dans le domaine de la consolidation et du maintien de la paix, au point d'être cité comme un modèle sur le continent. Ainsi, pendant

[328]Protocole A/P1/12/99 du 10 décembre 1999 précité.

la crise ivoirienne de 2002, le dynamisme de la CEDEAO, lui a valu le soutien de l'Union africaine qui est pourtant l'organisation régionale dont on attendait l'intervention. Celle-ci a préféré appuyer les efforts de médiation et d'interposition, plutôt que d'agir directement elle-même en première ligne. Cette attitude a été justifiée pour deux raisons évidentes :

- d'une part, la nouveauté de l'institution régionale dont la création date de deux ans plus tôt, soit le 11 juillet 2000 à Lomé et dont la signature de l'Acte constitutif n'est intervenue que deux ans après, soit le 9 juillet 2002 à Durban et dont les différents organes, notamment la Commission, le Parlement et le Conseil de paix et de sécurité ne seront installés qu'en juillet 2003, à l'issue du sommet de Maputo ;

- d'autre part, l'Union africaine, est convaincue de la compétence de la CEDEAO, parce que plus expérimentée et plus proche sur les plans géographique et géopolitique du cœur de la crise. Et parce que la CEDEAO est doté d'un mécanisme de prévention, de gestion et de règlement des conflits depuis décembre 1999, elle s'avère être mieux outillée que l'Union africaine en la matière[329].

L'efficacité de ce mécanisme découle de la « prévention active » ou de ce qu'il est convenu d'appeler « prévention opérationnelle »[330], avec le système d'alerte précoce et les moyens interactifs, (« missions de bons offices », « force en attente »), mais aussi de la « prévention structurelle », qui prône des réformes politiques et institutionnelles tant en matière de gouvernance qu'en matière de développement durable, dans le cadre des initiatives de consolidation de la paix. C'est le sens du chapitre IX du Protocole A/P1/12/99 sur la consolidation de la paix.

Cependant, en dépit des progrès enregistrés ces dernières années au sein de la Communauté, en matière de démocratie et de règlement des conflits, la menace des conflits est permanente, tant l'instabilité politique est récurrente voire évidente dans certains États membres. À

---

[329]D. BANGOURA (dir.), « L'Union africaine face à la crise ivoirienne : (19 septembre – 13 novembre 2002) », in *L'Union africaine face aux enjeux de paix, de sécurité et de défense,* Observatoire Politique et Stratégique de l'Afrique (O.P.S.A), *op. cit.* p. 183.
[330]*Ibid.,* p. 183.

cela s'ajoutent les obstacles au développement, notamment l'état de pauvreté grandissant des populations, nonobstant les richesses naturelles dont est dotée la région. Et comme l'explique l'ancien secrétaire général de l'ONU, « les principales causes des conflits résident dans le déficit d'État de droit et de démocratie dans la plupart des pays africains ainsi que dans la prolifération des armes »[331].

En effet, « si les conflits africains s'expliquent par plusieurs facteurs, ils trouvent le plus souvent leur source principale et immédiate dans la volonté de certains groupes d'individus à accéder au pouvoir ou s'y maintenir »[332] par des manœuvres non conventionnelles. Cela illustre le manque d'effectivité des principes démocratiques, voire la violation de la démocratie pourtant reconnue comme le meilleur système garantissant la paix civile.

En conséquence, la CEDEAO a vu son mandat politique et économique s'élargir graduellement, afin de gérer de manière interdépendante, aussi bien les problèmes de gouvernance que ceux liés au développement durable. Les contours du cadre d'intervention de la CEDEAO s'inscrivent, dès lors, dans le corpus normatif régional et international. Il s'agit principalement des « traités fondateurs de la CEDEAO, de l'Union africaine, du NEPAD et de l'ONU et des documents juridiques connexes »[333]. Notons toutefois que depuis sa création, la CEDEAO a déterminé parmi les principes fondamentaux régissant son fonctionnement, les principes de coopération, d'assistance mutuelle et de non-agression. C'est dans ce cadre que la Communauté a adopté à Lagos le 22 avril 1978 le Protocole de non-agression et le 29 mai 1981 à Freetown, le Protocole d'assistance mutuelle en matière de défense. Cet Accord de Non-Agression et d'Assistance en matière de Défense (A.N.A.D.) a donc été remplacé par un cadre normatif plus global en matière de prévention, de gestion, de règlement des conflits, le Protocole de Lomé du 10 décembre 1999, qui permet de faire face plus

---

[331]K. ANNAN, Rapport du SG ONU, *Les causes des conflits et la promotion de la paix et d'un développement durable en Afrique,* 16 avril 1998.
[332]H. BALDE, « L'Union africaine et la prévention des conflits » *in* D. *BANGOURA (dir.), Observatoire Politique et Stratégique de l'Afrique (O.P.S.A), L'Union africaine face aux enjeux de paix, de sécurité et de défense, op. cit.*, p. 100.
[333]Voir le Document cadre de prévention des conflits de la CEDEAO, adopté par la Commission de la CEDEAO, Abuja, janvier 2008.

durablement aux menaces qui pèsent sur la paix et la sécurité dans l'espace communautaire, par une gestion plus efficace des crises.

L'engagement de la CEDEAO dans la stabilisation politique, sécuritaire, sociale et économique de l'espace communautaire fait d'elle l'initiatrice des actions en matière de paix. Et la mise en œuvre du cadre normatif de prévention et de gestion des conflits au sein de la Communauté aboutira indéniablement aux objectifs intégrationnistes de maintien et d'accroissement de la stabilité économique dans l'espace CEDEAO, tels que consacrés à l'article 3 du Traité révisé. Le défi est donc de créer une Communauté intégrée, où il n'existerait point de frontières entre les États et où tous seraient citoyens de la Communauté, avec les mêmes droits et devoirs, en vertu du principe de libre circulation des personnes et des biens.

2. La CEDEAO et le principe de libre circulation des personnes et des biens

La mise en œuvre du Protocole A/P 1/5/79 sur la libre circulation des personnes, le droit de résidence et d'établissement pose les problèmes traditionnels de la mobilité des citoyens dans l'espace CEDEAO. Les États membres ont, en effet, consacré le principe de la libre circulation des personnes et des biens à travers plusieurs autres textes, après le Protocole de 1979 :

- le ProtocoleA/SP1/7/85 portant code de conduite pour l'application du Protocole A/P 1/5/79 ;
- le Protocole A/SP1/7/86 relatif à l'exécution de la deuxième étape (droit de résidence) du Protocole A/P 1/5/79 ;
- le Protocole A/SP1/6/88 portant modification des articles 4 et 9 du traité de la CEDEAO relatifs respectivement aux institutions de la Communauté et aux commissions techniques et spécialisées ;
- le Protocole A/SP2/5/90 relatif à l'exécution de la troisième étape (droit d'établissement) du Protocole A/P 1/5/79.

L'adoption de ces textes vise à écarter les entraves liées à la liberté de circulation des personnes, des biens, des services, au droit de résidence et d'établissement. C'est en effet la condition essentielle à la réalisation de l'objectif de mobilité des citoyens dans l'espace communautaire.

Dès 1979, une directive du 29 mai prévoit la création de guichets spéciaux par les États membres à chaque point d'entrée officiel pour les formalités d'entrée de leurs nationaux et des citoyens de la Communauté. C'est dans ce sens que le Protocole A/P/3/5/82 du 29 mai 1982 portant code de citoyenneté de la Communauté a été adopté. Pour permettre l'effectivité du Protocole initial sur la libre circulation des personnes, la CEDEAO a progressivement comblé les lacunes, assurant ainsi simultanément l'autonomie et la cohérence de l'ordre juridique de la Communauté.

L'application effective de ce Protocole initial s'est faite en plusieurs étapes et l'effectivité devait être perceptible dans un délai global de quinze ans. La première étape consacrant le droit d'entrée dans les États membres a été précisée par la résolution A/RES/2/II/84. Elle consiste à assurer dans un délai de cinq ans, précisément entre 1980 et 1985, l'abolition du visa d'entrée pour les citoyens de la Communauté. Au fil des ans, la mobilité est devenue un impératif démocratique et la libre circulation des personnes dans l'espace communautaire un droit fondamental. L'importance primordiale que la Communauté y attache l'illustre conséquemment : en juillet 1985, la CEDEAO, dans sa décision A/DEC.2/7/85, prévoit l'institution d'un carnet de voyage entre les États membres ; dans une deuxième étape, la décision A/DEC.2/5/90 a consacré le droit de résidence, en instituant la carte de résident dans les États membres ; enfin, la décision A/DEC.1/5/2000 a institué le passeport de la CEDEAO et consacré le droit d'établissement.

Depuis juillet 2014, une réforme majeure de révision de l'arsenal juridique introduite par la Conférence des chefs d'État, a permis de fixer une nouvelle organisation de la liberté de circulation au sein de la Communauté. Le carnet de voyage de la CEDEAO, qui n'a pas atteint le niveau souhaité a été remplacé par une carte d'identité biométrique qui deviendra le titre de voyage officiel de la Communauté. Le libre établissement accordé aux citoyens de la Communauté a permis la suppression de la carte de résident et le libre accès à l'emploi dans les différents États membres. Pour favoriser la mise en œuvre de ces réformes, il a été institué l'ECOVISA, un visa de type Schengen, permettant une harmonisation des procédures de demande de visa dans les États membres et, au final, un système unique de visa pour l'ensemble de la Communauté.

La Déclaration des principes politiques de la CEDEAO adoptée à Abuja le 6 juillet 1991 sur la liberté, les droits des Peuples et la démocratisation avait réitéré l'engagement de la Communauté à garantir et respecter les droits fondamentaux des citoyens, leurs libertés individuelles et l'État de droit et à garantir une gouvernance responsable sensible à leurs besoins. La nouvelle dimension politique du droit communautaire[334] a ainsi généré plusieurs droits fondamentaux

Cette vision a permis l'adoption de la première génération de règles communautaires donnant une expression particulière aux droits fondamentaux[335].C'est dans ce contexte que la Cour de justice de la CEDEAO revendique la protection effective des droits fondamentaux au sein de la Communauté, en vue d'un droit communautaire effectif.

B. L'impératif lié à l'effectivité du droit communautaire

Selon Eric Millard, « La demande d'effectivité des droits fondamentaux passe nécessairement par des moyens procéduraux, juridiquement conçus autour de la figure du juge et l'action juridique, pour mobiliser la force du droit à l'appui de la garantie et de la protection des valeurs des droits de l'homme : de l'*habeas corpus* au droit au recours effectif, les juristes n'ont pas trouvé mieux, et sans doute ne le peuvent-ils pas, pour s'approcher de la garantie des droits de l'homme et donc pour

[334] F. FERRO, J. CARMONA, « Les droits fondamentaux dans l'Union européenne. Le rôle de la Charte après le Traité de Lisbonne », pp. 1- 29, disponible sur internet : www.europarl.europa.eu.
[335] *Ibid.*, p. 3 et s.

réaliser l'effectivité que recherche la philosophie des droits fondamentaux »[336].

Dans le processus d'intégration communautaire, le droit devait assurer la cohérence et l'efficacité de l'ensemble, être à la fois le moteur de l'intégration, le langage commun de ses acteurs et le régulateur des rapports institutionnels[337]. Aussi, la Cour de justice de la Communauté a-t-elle joué le rôle-clé qui était attendu d'elle au point de susciter dès ses premières décisions de vives critiques. L'énoncé jurisprudentiel de la Cour de justice dans l'arrêt *Afolabi* a permis de mettre en lumière des contradictions évidentes du droit communautaire et sur les conditions de son application, et a mis en exergue, la nécessité d'élargir le champ de compétence de la Cour en matière de protection des droits fondamentaux. La Cour de justice dispose ainsi de la plénitude de compétence lui permettant de prendre activement part à la dynamique de construction d'un authentique droit communautaire en Afrique de l'Ouest.

À cet égard, le juge de la CEDEAO devrait garantir conformément à l'article 9 du Protocole relatif à la Cour de justice de la Communauté, le respect par les institutions de la Communauté et ses agents de leurs obligations, et par les États membres de leurs engagements tels qu'ils résultent des traités. À l'analyse fonctionnelle de l'article 9 du Protocole relatif à la Cour, il résulte que celui-ci vise à protèger le droit communautaire et à garantir son effectivité.

Tirant argument de la nécessité démocratique, entendue comme « la participation de chacun à la normativité qui régit les rapports de la société »[338] les droits fondamentaux sont devenus un impératif dont le

---

[336]E. MILLARD, « Précision et effectivité des droits de l'homme », *La Revue des droits de l'homme* [En ligne], 7/2015, mis en ligne le 26 mai 2015, consulté le 30 septembre 2016 sur: www.revdh.revues.org.

[337]O. COSTA, « La Cour de justice et le contrôle démocratique de l'Union européenne », *Revue française de science politique* 2001/6 (Vol. 51), pp. 881-902. Disponible en ligne à l'adresse : www.cairn.info.

[338]R. ADJOVI, « Union africaine et démocratie : aspects constitutionnels internes et internationaux », *in* D. BANGOURA (dir.), *Observatoire Politique et Stratégique de l'Afrique (O.P.S.A), L'Union africaine face aux enjeux de paix, de sécurité et de défense, op. cit.*, p. 67.

respect est revendiqué dans toute la Communauté. Cette conception conforte le juge communautaire dans le contrôle qu'il exerce sur le respect du droit communautaire. Il y a désormais une interdépendance entre les objectifs de protection des droits fondamentaux et de bonne application du droit communautaire dans les ordres juridiques nationaux[339]. Selon Roland ADJOVI, cette démarche vise implicitement à reduire le déficit démocratique qui caractérise les systèmes politiques des États membres, car, dit-il, « l'inscription des États africains et de leurs relations dans un cadre démocratique est une garantie de la paix interne, puisqu'un tel cadre permet l'épanouissement des citoyens et des politiques, de sorte que les différends qui peuvent surgir trouvent un espace de résolution "juste et équitable", si tant est que la justice et l'équité soient de ce monde »[340].

Le droit communautaire, est devenu, depuis quelques années, un droit vivant dont les citoyens de la Communauté se sont saisis. L'affirmation du droit au juge démontre aujourd'hui l'action du juge de la CEDEAO dont l'intervention est de plus en plus sollicitée. En témoigne le flux important et croissant de requêtes dont il est saisi chaque année, depuis la réforme introduite par le Protocole d'Accra.

La Cour de justice dans son interprétation de la Charte et de son champ d'application en tant qu'instrument de référence du droit communautaire, telle que cela résulte de l'arrêt *Hadidjatou Mani Koraou*, a apporté des précisions. La question s'est en effet posée de savoir si le champ d'application de l'article 10. d) du Protocole A/SP.1/01/05 relatif à la Cour de justice de la CEDEAO, qui ne mentionne nullement la condition de l'épuisement des voies de recours parmi les conditions de recevabilité des requêtes dont elle est saisie, pouvait être, au regard de l'article 4 (g) du traité révisé, une omission que l'article 56 de la Charte pourrait couvrir. La Cour de justice a retenu, pour l'article 10.d. un champ d'application autonome et plus large que celui de l'article 56 de la Charte, de sorte que ce dernier ne soit pas opposable aux requérants. Par cette interprétation, la Cour de

---

[339]O. COSTA, « La Cour de justice et le contrôle démocratique de l'Union européenne », *Revue française de science politique* 2001/6 (Vol. 51), *op. cit.*, p. 882.
[340]R. ADJOVI, « Union africaine et démocratie : aspects constitutionnels internes et internationaux », *op. cit.*, p. 68.

justice a consacré une conception large du droit au recours et joue, à cet égard pleinement son rôle en garantissant une application homogène du traité dans la Communauté. La Cour considère ainsi, à l'image de sa consœur européenne[341], que le principe du « droit au juge » est un élément central de l'État de droit, voire un droit fondamental du citoyen de la Communauté et que l'absence de la règle de l'épuisement préalable des voies de recours internes parmi ces conditions de recevabilité des requêtes est un acquis communautaire qu'il faut préserver. Ainsi consacré, le droit au juge est perçu comme l'instrument de mise en œuvre effective voire la condition nécessaire à l'effectivité du droit communautaire[342]. Les impératifs de clarté et d'accessibilité du droit applicable devant la Cour, doivent guider les développements du droit communautaire en lui assurant à terme, une pleine effectivité et la primauté nécessaire à la stabilité du droit communautaire et à l'évolution des droits fondamentaux. En vertu de la primauté du droit communautaire, il incombe aussi aux juridictions nationales l'obligation de faire prévaloir l'effectivité de la norme communautaire sur la norme nationale[343].

S'il est donc désormais admis que l'article 10.d. du Protocole A/SP.1/01/05 relatif à la Cour de justice de la CEDEAO fonde un droit très général d'accès à la justice, la portée de ce droit se trouve limitée par l'action des juridictions nationales qui s'abstiennent de tout dialogue avec le juge communautaire. Or, il convient de souligner que parmi les conditions d'une application fructueuse du droit communautaire, Jean-Marc SAUVÉ, dont nous partageons l'avis, avait mis en lumière « le dialogue loyal et soutenu entre les juridictions nationales et la Cour de justice »[344] en soulignant qu'« il ne serait

[341]J. DUTHEIL DE LA ROCHÉRE, « Droit au juge, accès à la justice européenne », *op. cit.*, pp. 126-132.
[342]J. DUTHEIL DE LA ROCHÉRE, « Droit au juge, accès à la justice européenne », *op. cit.*, p. 126.
[343]Voir en ce sens C. BLUMANN, « un mimétisme à l'envers : le contrôle de constitutionnalité des engagements externes en droit constitutionnel et en droit communautaire », in *mélanges offerts à L. Favoreu, Renouveau du droit constitutionnel,* Paris, Dalloz, 2007, pp. 1039-1064.
[344]J.-M. SAUVÉ, intervention au colloque organisé par la Commission européenne : « La Charte des droits fondamentaux de l'Union européenne : évaluer et répondre aux besoins de formation des juristes et des autorités publiques », Bruxelles, décembre 2014.

conforme ni au droit communautaire, ni à nos intérêts nationaux, ni aux droits des justiciables d'adopter une posture de défiance à l'égard de la Cour et, d'une manière générale, à l'encontre de l'unité et de la primauté du droit communautaire. Lorsque la Cour s'est prononcée sur une question de principe, il convient que les juridictions nationales suivent l'interprétation qu'elle a retenue ».

Il est donc nécessaire d'adapter l'ordre juridique national aux exigences des traités et partant, à l'évolution des droits fondamentaux qui se trouve très souvent limitée en pratique du fait des comportements des États.

Section 2 : Les obstacles à l'évolution des droits fondamentaux

L'accès direct au prétoire du juge communautaire, ouvert aux requérants individuels en matière de contentieux des droits fondamentaux, devra à terme, de l'avis général, « faire triompher la démocratie et l'État de droit »[345]. Mais cet enthousiasme sera très vite estompé par la fortune des droits fondamentaux en droit interne. L'absence d'une réelle volonté de la part de certains gouvernements, dans la mise en œuvre des dispositions du droit communautaire en vue de promouvoir efficacement la portée des droits fondamentaux dans la Communauté, a mis en lumière la nécessité d'une approche pragmatique dans la mise en œuvre des instruments de protection de ces droits.

Il ne s'agit donc pas de se limiter simplement à la consécration théorique des droits fondamentaux, il faut aller au-delà en assurant un environnement propice à leur évolution. Comme le relève Jean-Marc SAUVÉ, « Il ne serait en effet que de peu d'utilité d'énoncer des droits fondamentaux, si ceux-ci n'étaient pas effectivement garantis. Certains

[345] J. L. ATANGANA AMOUGOU, « Avancées et limites du système africain de protection des droits de l'homme : la naissance de la Cour africaine des droits de l'homme et des Peuples », *Droits fondamentaux*, n°5, Janvier-décembre 2003. Disponible sur la revue en ligne : www.droits-fondamentaux.org.

régimes autoritaires disposent ainsi de chartes de droits ; ils n'en demeurent pas moins des régimes qui bafouent les droits fondamentaux »[346].

Ces caractéristiques intrinsèques à tout régime démocratique vont se répercuter de manière critique sur le système d'intégration de la CEDEAO. Le rythme de transposition des directives communautaires en droit interne l'illustre conséquemment. Cette situation vient renforcer le constat d'une indifférence commune des États à l'égard de la portée des droits fondamentaux garantis et, entrave significativement l'action de la Cour de justice. Ceci conduit à relever dans le mécanisme communautaire de protection des droits fondamentaux, une certaine fantaisie (**§1**) qui entérine l'idée d'une absence de culture démocratique en Afrique renforcée par un présidentialisme établi. Ce, d'autant plus que les États semblent méconnaître le principe de compétences d'attribution et donc la sphère d'influence du droit communautaire (**§2**).

§1 : Les droits fondamentaux confrontés à l'absence de volonté politique des États

La portée des droits fondamentaux consiste, dans une large mesure, « à rassembler et non diviser, à unir et non désunir »[347]; d'où la nécessité d'une harmonisation des différents systèmes juridiques prenant part à l'objectif de promotion et de protection de ces droits dans l'espace Communautaire. Le besoin d'un équilibre entre les ordres juridiques paraît dès lors évident. Mais encore faut-il que les acteurs prennent réellement conscience de cette nécessité.

---

[346]J.- M. SAUVÉ, « Y a-t-il trop de droits fondamentaux ? », *op. cit.*, p. 4.

[347]F. TULKENS, J. CALLEWAERTS, « Le point de vue de la Cour européenne des droits de l'homme », *in* J.-Y. CARLIER, O. DE SCHUTTER (dir.), *La Charte des droits fondamentaux de l'Union européenne, son apport à la protection des droits de l'homme en Europe,* Bruylant, Bruxelles, 2002, p. 219.

La dynamique de promotion des droits fondamentaux dans l'espace CEDEAO doit être au cœur des politiques d'intégration dans les États. Mais c'est surtout aux organes communautaires, notamment la Conférence des chefs d'État et de gouvernement ainsi que le Parlement de la Communauté, de donner l'impulsion nécessaire à la protection des droits fondamentaux par l'élaboration des politiques de promotion de ces droits.

C'est dans ce cadre que la protection des droits fondamentaux s'inscrit comme une conditionnalité démocratique (**A**) à laquelle les États doivent s'efforcer de répondre en garantissant une jouissance de ces droits dans leurs ordres juridiques internes. Mais la portée des droits fondamentaux ne sera réellement établie que lorsque sera défini un cadre de référence propre à la CEDEAO en vue de permettre l'imbrication du droit communautaire tant au niveau national qu'aux niveaux des instances communautaires **(B).**

A. Les droits fondamentaux à l'épreuve du déficit démocratique

La question de la compatibilité entre la démocratie et la protection des droits fondamentaux a souvent fait l'objet de débats en doctrine. Le contexte politique rend assurément possible le développement des droits fondamentaux d'un État à un autre. Les États n'assurent pas le même niveau de protection des droits fondamentaux. Selon les pays, la consécration des droits fondamentaux peut s'avérer comme une consécration développée ou limitée. On retrouve selon les pays, une tendance plus ou moins forte à la consécration constitutionnelle des droits fondamentaux. Or, « quelle que soit l'étendue de la liste des droits consacrés, ceux-ci ne sauraient être véritablement effectifs que s'ils bénéficient de la protection efficace »[348] nécessaire à leur évolution.

---

[348]N. YOUSSEF, *La transition démocratique et la garantie des droits fondamentaux, op. cit.,* p. 206.

Le statut juridique national des droits fondamentaux n'élimine pas toute possibilité d'atteinte à ces droits. La situation de ces droits reste encore fragile et précaire en Afrique, du fait de l'instabilité politique récurrente des États. Le progrès des droits fondamentaux dépend du traitement spécifique qui leur est réservé par les acteurs étatiques. Or, en Afrique, la question de la stabilité politique est devenue le véritable serpent de mer du développement. Les différentes crises politico-juridiques dont souffre le processus démocratique dans la plupart des États, rendent parfois inefficace toute protection des droits, et ce, même en présence d'un texte suprême et d'une juridiction visant à assurer leur protection. Ainsi en est-il, par exemple, en cas d'« existence d'un vide constitutionnel »[349] à la suite d'une interruption de l'ordre constitutionnel normal, auquel la plupart des États membres de la CEDEAO sont confrontés, le plus souvent par une intervention militaire, en réponse généralement à une crise politique interne. Ce qui expose les droits fondamentaux à des violations récurrentes et graves. Certains États vont jusqu'à justifier des atteintes aux droits fondamentaux par le caractère exceptionnel de la situation politique. Dans l'arrêt *Mamadou Tandja c/ Salou Djibo et État du Niger*[350] par exemple, la République du Niger avait été condamnée pour arrestation et détention arbitraires par la Cour de justice de la CEDEAO.

En l'espèce, à la suite d'un coup d'État militaire intervenue le 18 février 2010 pour mettre fin à une crise politique générée par le maintien au pouvoir du chef de l'État dont le mandat est arrivé à terme, le requérant, en l'occurrence l'ancien chef de l'État Mamadou Tandja, a été placé en résidence surveillée par les nouvelles autorités. C'est dans ce contexte que le requérant, citoyen de la Communauté et ancien président de la République du Niger a attrait le General Salou Djibo et l'État du Niger devant la Cour de justice de la Communauté pour s'entendre condamner pour atteinte à ses droits fondamentaux notamment sa liberté d'aller et venir sur le fondement des dispositions des articles 6, 12 et 16 de la

---

[349]Les différentes séries de Coups d'États dans certains pays comme le Niger, le Mali, la Cote d'ivoire, la Guinée Conakry, la Guinée-Bissau n'ont pas permis la poursuite d'un ordre constitutionnel favorable à l'évolution des droits fondamentaux. Les différentes transitions militaires ont été l'occasion d'exposer les droits fondamentaux à des violations graves.

[350]Arrêt n° ECW/CCJ/JUD/05/10 *Mamadou Tandja c/ General Salou Djibo et l'État du Niger* du 8 novembre 2010.

Charte africaine des droits de l'homme et des peuples. Il invoque au soutien de sa requête d'autres instruments de protection des droits fondamentaux notamment la Déclaration universelle des droits de l'homme, le Pacte internationale relatif aux droits civils et politiques et la Convention des Nations unies contre la torture et autres peines ou traitements cruels, inhumains ou dégradants du 10 décembre 1984. Et pour justifier cette détention arbitraire, l'État du Niger a entendu soulever une exception d'incompétence de la Cour de justice en faisant valoir la nature politique de l'affaire. En effet, le défendeur, en l'occurrence l'État du Niger soutient que « la détention de Monsieur Mamadou TANDJA, qui fait suite à un coup d'État, est purement politique et qu'elle ne peut pas être assimilée à une détention judiciaire soumise au formalisme ordinaire. Que pour cette raison, la Cour devrait se déclarer incompétente (...) ».

La Cour de justice vise l'article 9.4 du Protocole d'Accra pour écarter l'exception d'incompétence soulevée par le défendeur. La Cour estime ainsi que l'article précité ne fait aucune distinction quant à la compétence entre la violation des droits fondamentaux du fait politique et les autres violations des droits. Au sens de cet article, la simple invocation de violation des droits fondamentaux suffisait à établir la compétence de la Cour de justice. Dans cette affaire, l'État du Niger, en l'absence d'une procédure judiciaire ouverte contre le requérant, n'a pu produire aucun acte judiciaire pour justifier sa détention ; il s'est simplement contenté de soutenir que « l'arrestation et la détention de monsieur Mamadou TANDJA répondent à des impératifs d'ordre politique ».

Or, dans un État de droit, le motif politique ne peut pas être une excuse recevable au soutien d'une violation des droits fondamentaux de la personne humaine. C'est d'ailleurs en raison de leur importance décisive que ces droits sont marqués du sceau de la « fondamentalité ». C'est dans ce sens que la conférence mondiale sur les droits de l'homme a adopté, en 1993, la Déclaration et le Programme d'action de Vienne, où elle soutenait que la démocratie, le développement et le respect des droits de l'homme et des libertés fondamentales sont interdépendants et se renforcent mutuellement et que la communauté internationale devrait s'employer à renforcer et promouvoir la démocratie, le développement et le respect des droits de l'homme et des libertés fondamentales dans le monde entier[351]. Si, au regard de la communauté internationale « la démocratie est indispensable à la promotion et à la protection des droits fondamentaux »[352], l'absence de démocratie ne siginfie pas forcément l'impossibilité d'une émergence de certains droits fondamentaux.

Dans un contexte de mondialisation des droits fondamentaux, on a souvent opposé à ces derniers l'indigence des principes démocratiques que l'on constate dans de nombreux pays africains. En effet, la consécration théorique des droits fondamentaux ne suffit pas à garantir leur pleine effectivité sans une réelle volonté des États. Cela explique que l'on retrouve approximativement les mêmes explications au déficit des droits fondamentaux et souvent à l'absence de leur garantie. Si cette justification mérite d'être prise en compte, elle ne soustrait pas les États à leur obligation de garantir le respect et la sauvegarde des droits fondamentaux de la personne. Par conséquent, l'argument tiré de l'instabilité politique ou du déficit démocratique n'inciterait assurément pas à l'acceptation d'un terreau défavorable au développement des droits fondamentaux. La faiblesse des systèmes politiques habituellement reprochée aux États entraîne certes une atteinte importante à la jouissance des droits fondamentaux mais ne saurait suffire à dissimuler une politique de sape des droits à laquelle certains gouvernements ont tendance à recourir au gré d'événements politico-historiques particuliers.

C'est un principe universellement admis que la démocratie constitue un milieu naturel pour la protection, la promotion et la réalisation effective des droits de l'homme et la réalisation de la justice. Une évaluation objective du degré de respect des droits de l'homme et de l'État de droit permet une appréciation correcte de l'état de la démocratie dans un pays donné.

En particulier, la preuve de l'accès aux affaires publiques et de la participation à celles-ci ainsi que l'expression du choix souverain du peuple fournissent des indications tangibles du respect des valeurs démocratiques et de l'efficacité des institutions en charge de la gouvernance dans un ordre démocratique[353]. L'aspiration des peuples à

---

[351]A/CONF.157/23 du 12 juillet 1993, p. 8 ; voir également A/HRC/22/29 du 17 décembre 2012.

[352]Voir la résolution 16/36 du Conseil des droits de l'homme des Nations unies.

[353]A/HRC/22/29 du 17 décembre 2012.

la démocratie comme système de gouvernement et la tendance croissante à la démocratisation accélérée l'illustrent éloquemment.

Les manifestations les plus marquantes de déficit démocratique sont celles provoquées par les obstacles institutionnels à la pratique démocratique, les atteintes délibérées aux libertés, les restrictions à la participation des citoyens au processus démocratique, un débat public pauvre ou inexistant, l'absence de politiques efficaces en matière d'autonomisation et l'insuffisance de l'accès à la justice, ainsi que l'accès au pouvoir ou des changements de régime par des moyens anticonstitutionnels[354]. C'est en ce sens qu'il faut comprendre le déficit démocratique en Afrique de l'Ouest où les États sont en proie à des crises politiques récurrentes aux conséquences souvent desastreuses pour la démocratie et les droits fondamentaux. Cela est d'autant plus évident que les pays membres de la CEDEAO sont les plus en proie à des troubles institutionnels et politiques. Ainsi en est-il par exemple de la recrudescence des coups d'État militaires dans les ordres politiques des États membres notamment les « États francophones »[355], alors même que « l'ingénierie constitutionnelle »[356] africaine amorcée était censée mettre fin à la violence comme moyen d'accession au pouvoir et à faire de l'élection la source unique de la légitimité.

Comme le note fort bien Alexis ESSONO ONOVO, « l'incompatibilité de principe entre la démocratie et la violence armée est si évidente que la démocratie postule l'abandon de tout recours à la force au profit d'une régulation juridique des rapports entre les acteurs politiques. Elle implique que le pouvoir s'acquiert, non par les armes, mais par le jeu pacifié des rapports politiques conflictuels au travers d'élections disputées »[357]. L'irruption fréquente de l'armée sur la scène politique

[354]A/HRC/22/29 du 17 décembre 2012.

[355]Le Niger a connu par exemple quatre coups d'État militaire en moins de 50 ans (15 avril 1974, 27 janvier 1996, 9 avril 1999 et 18 février 2010). Notons que le Coup d'État du 9 avril 1999 s'est soldé par l'élimination physique du chef de l'État, le Général Ibrahim Baré Maïnassara.

[356]S. TORCOL, *Les mutations du constitutionnalisme à l'épreuve de la construction européenne. Essai critique sur l'ingénierie constitutionnelle*, Thèse de doctorat, Université de Toulon, 2002.

[357]A. ESSONO OVONO, « Armée et démocratie en Afrique, une relation ambivalente à normaliser », Afrique contemporaine 2012/2 (n°242), pp. 120-121.

africaine a conduit très souvent à une hypothèque des droits fondamentaux de la personne humaine. Et la doctrine est unanime là-dessus, il faut une consolidation d'une culture démocratique en Afrique[358] pour mieux assurer aux droits fondamentaux un plein épanouissement. Car, si l'on s'en tient à l'histoire récente, le bilan des régimes militaires dans les pays d'Afrique notamment l'Afrique francophone, on constate que, partout, ils ont constitué un véritable frein à l'enracinement de la démocratie et à la promotion d'un État de droit. L'exercice du pouvoir politique par les militaires s'est traduit le plus souvent par la concentration des pouvoirs au profit des dirigeants, la violation massive des droits fondamentaux et *in fine* le sous-développement. Alors qu'ils expliquent souvent leur intrusion dans la vie politique par la nécessité de préserver l'ordre constitutionnel ou défendre la démocratie, les militaires se sont révélés souvent pires que le mal qu'ils dénonçaient[359].

Le coup d'État contre le Général Baré Mainassara le 9 avril 1999 qui a conduit à l'élimination physique du chef de l'État en est la parfaite illustration. La Cour de justice de la CEDEAO a d'ailleurs eu l'occasion de se prononcer sur cette affaire[360]. En l'espèce, les nouvelles autorités militaires installées après le coup d'État au cours duquel le Président de la République a perdu la vie, avaient, par un décret du 9 août 1999, promulgué la nouvelle Constitution de la Vème République du Niger et dont l'article 141 prévoyait une amnistie aux auteurs.[361] Conformément à cet article, une loi d'amnistie[362] avait été votée par la nouvelle Assemblée nationale, dès sa première session. Cet « habillage juridique » à géométrie variable a laissé libre court aux auteurs d'une

---

[358] J. DU BOIS DE GAUDUSSON, « Constitution sans culture constitutionnelle n'est que ruine du constitutionnalisme », *Mélanges en l'honneur de Slobodan Milacic,* Bruxelles, Bruylant, pp. 333-348.
[359] A. ESSONO OVONO, « Armée et démocratie en Afrique, une relation ambivalente à normaliser », *op. cit.,* p. 120.
[360] Arrêt n° ECW/CCJ/JUD/23/15, *Les ayants droit Ibrahim BARÉ MAÏNASSARA C/ République du Niger,* 23 octobre 2015.
[361] Article 141 : « une amnistie est accordée aux auteurs des coups d'État des 27 janvier 1996 et 9 avril 1999.
Une loi sera votée à cet effet lors de la première session de l'Assemblée nationale »
[362] Loi n°2001-01 du 24 janvier 2000 portant amnistie des auteurs des Coups d'État des 27 janvier 1996 et 9 avril 1999.

atteinte grave à un droit fondamental, en l'occurrence le droit à la vie et à l'intégrité physique de la personne.

Par voie de conséquence, tous les recours formulés par les ayants droit de la victime devant les juridictions nationales se sont soldés par un échec. Le dispositif ainsi institué autour d'une mesure d'amnistie a eu pour effet d'empêcher aussi bien des poursuites pénales et de dénier aux victimes le droit d'accès à la justice. C'est dans ce sens que la Cour de justice a rappelé sa jurisprudence antérieure en affirmant comme elle l'a fait dans l'arrêt *Sidi Amar Ibrahim c/ République du Niger*[363] que si une loi d'amnistie a pour effet « d'écarter toute poursuite judiciaire relativement aux faits en cause, l'inefficacité d'une loi d'amnistie en cas violation de violations graves et massives des droits fondamentaux de l'homme » pourrait être admise. C'est d'ailleurs la tendance généralement admise par la doctrine et la jurisprudence internationales[364].

La Cour de justice de la CEDEAO fixe ainsi « le niveau d'acceptabilité d'une loi d'amnistie » et considère en outre que « les lois d'amnistie ne sauraient constituer un voilage forcené du passé, une fin de non-recevoir péremptoirement opposée à toute entreprise légitimement curieuse de connaître la vérité. La loi d'amnistie laisse intact le droit à la vérité des victimes »[365]. De même, au Mali, l'arrivée au pouvoir, à la suite du Coup d'État perpétré contre le Président Amadou Toumani TOURÉ, du capitaine Amadou Haya SANOGO, a conduit au déclin de cet État avec la horde de violations des droits fondamentaux que l'on sait. Il en est de même de la Guinée Conakry avec l'arrivée au pouvoir

---

[363]Arrêt n° ECW/CCJ/JUD/01/11 *Sidi Amar Ibrahim c/ République du Niger* du 8 février 2011, §52.

[364]La jurisprudence internationale affirme que « retenir l'application de la loi d'amnistie en cas de violations massives et graves des droits fondamentaux de l'homme, tels que consacrés par la coutume internationale et les instruments pertinents des droits de l'homme, équivaut à supprimer le droit à un recours effectif devant les tribunaux compétents ». Voir en ce sens la décision de la Chambre d'appel de la special court of Sierra Leone, Décision 14 mars 2004, affaire kallon et Kamara (SCLC-04-15-060-1 SCSL-04-15-PT-060-II) ; affaire Barious Altos, Cour interaméricaine des droits de l'homme, judgment of November 30, 2002 (series C n° 87 Cases of Barious Altos vs Peru).

[365]Arrêt n° ECW/CCJ/JUD/23/15, *Les ayants droit Ibrahim BARÉ MAÏNASSARA C/ République du Niger* du 23 octobre 2015, *op. cit.,* §54.

du capitaine Moussa Dadis Camara. En Côte d'ivoire c'est une crise politique qui a paralysé le pays en entraînant une guerre fratricide qui s'est soldée par des milliers de morts[366]. En effet, à la suite de la proclamation des résultats définitifs du second tour de l'élection présidentielle organisée le 28 novembre 2010, une crise post-électorale a secoué le pays, opposant les partisans de l'ancien président Monsieur Laurent Gbagbo aux partisans de Monsieur Alassane Ouattara. La crise qui a duré environ cinq mois a été l'occasion de violations massives et graves des droits fondamentaux sous le regard impuissant des institutions en charge de la protection de ces droits. Or, on le sait, des institutions faibles ou qui fonctionnent mal font partie des dangers potentiels pour la démocratie[367]. La faiblesse des institutions est pourtant devenue le « talon d'Achille » de la pratique démocratique en Afrique si bien qu'on parle souvent de « l'effondrement de l'ordre étatique »[368] dont la conséquence a été inexorablement la perturbation de l'ordre politique des États.

Mais l'inclinaison, voire le déclin des droits fondamentaux est manifeste face à l'État qui est « à la fois le protecteur et le principal

[366]Selon le rapport de la commission nationale d'enquête mise en place le 20 juillet 2011 pour enquêter sur les cas de violations des droits fondamentaux en Côte d'ivoire pendant la période de la crise soit du 31 octobre 2010 au 15 mai 2011, « au cours de la période couverte par ce rapport, la Commission a relevé des cas de violations graves des droits de l'homme et du droit international humanitaire, notamment des exécutions sommaires, des disparitions forcées et involontaires, des viols, des cas de torture et des traitements inhumains et dégradants, des arrestations massives et individuelles arbitraires et illégales, des attaques indiscriminées et ciblées contre les populations civiles non armées notamment des femmes et des enfants, pour leur appartenance politique ou ethnique, des attaques contre les mosquées et autres édifices religieux, des appels au meurtre et à la haine nationale contre les ressortissants de la Communauté de l'Afrique de l'Ouest, (CEDEAO), des attaques ciblées contre les propriétés individuelles et privées, des atteintes à la liberté d'opinion et d'expression, de libre mouvement, des attaques contre le personnel de l'Opération des Nations Unies en Côte d'Ivoire (ONUCI) et des agences du système des Nations Unies ».

[367]A/HRC/22/29 du 17 décembre 2012.

[368]Parmi les principales causes de perturbations, on peut citer : un dirigeant autocratique, un parlement inefficace ou irresponsable, des tentatives de manipulation de l'ordre constitutionnel et des résultats des élections, une armée mue par l'intérêt politique plutôt que par le souci de la sécurité nationale et les effets délétères de la corruption. La vacance de pouvoir est un autre problème de taille pour la démocratie et la démocratisation.

responsable de leurs violations »[369] pour des impératifs de souveraineté et d'ordre public. Ce qui explique certaines résistances dans l'exécution des arrêts de la Cour dont le caractère contraignant est pourtant explicitement établi. Nonobstant les dispositions de l'article 19 du Protocole additionnel de 2005 relatif à la Cour notamment l'alinéa 2 en vertu duquel « les décisions de la Cour (...) sont, (...), immédiatement exécutoires et ne sont pas susceptibles d'appel », certains États membres manifestent encore quelques résistances. Ainsi en est-il par exemple de la République de Gambie qui, à deux reprises[370], s'est montrée hostile à l'autorité de la Cour de justice et refusait de comparaître devant son office malgré les différentes notifications. C'est en ce sens qu'il faut comprendre les propos d'Abass BUNDU selon lesquels il n'existe pas « une culture d'intégration dans la région »[371]. L'intégration suppose effectivement une volonté politique réelle des États, qui doivent servir de levier à l'action de la Communauté plutôt que de servir d'obstacles.

Il convient, pour reprendre les propos de Demba SY, de constater qu'« en Afrique, l'implosion des régimes autoritaires, militaires, mono-partisans et présidentialistes »[372] a servi d'incubateur à une horde attentatoire aux droits fondamentaux. Le comportement de la République de Gambie est à cet égard significatif. Dans l'affaire *Etim Moses Essien contre la République de Gambie et l'Université de Gambie* du 29 octobre 2007, le juge relève que « les défenderesses ainsi que leurs avocats n'ont ni comparu ni été représentées ». Elles ont tenu à adresser à deux reprises des lettres au Président de la Commission pour exprimer leur insatisfaction par rapport à la décision rendue par la Cour de justice de la Communauté et pour « demander au Président de la Commission d'intervenir pour leur permettre d'interjeter appel »[373].

369P. H. IMBERT, « l'apparente simplicité des droits de l'homme : réflexions sur les différents aspects de l'universalité des droits de l'homme », *Revue Universelle des Droits de l'Homme*, VI, 1989, pp. 34- 50.

370Arrêt ECW/CCJ/APP/05/05, *Etim Moses Essien c/ République de Gambie et Université de Gambie*, 29 octobre 200 ; Arrêt ECW/CCJ/APP/04/07, Chief *Ebrimah Manneh c/ République de Gambie,* 9 juin 2008.

371A. BUNDU, *Paix et stabilité régionale : préalables à l'intégration,* rapport annuel 1992/1993 du secrétaire exécutif de la CEDEAO, Lagos, juin 1993, p. 51.

372D. SY, « La renaissance du droit constitutionnel en Afrique : question de méthode », *Droit sénégalais n°* 3, juin 2004, p. 52.

373Dans la seconde lettre adressée au Président de la Commission, on peut lire ce qui suit ; « ... les défenderesses ne participeront à aucune autre session de la Cour de

Ce qui, selon le professeur Alioune SALL, « est une attitude de défiance de l'État Gambien à l'égard de la Cour de justice. Il souligne ainsi qu'en adoptant cette attitude "déplacée", l'État Gambien a superbement défié la Cour »[374].

C'est en ce sens que les propos du juge Kéba Mbaye s'avèrent significatifs puisqu'il estime que « l'idée même de droits de l'homme et son application satisfaisante exigent des conditions politiques, économiques et sociales minimales.

À la limite le respect des droits de l'homme n'est possible que dans une société organisée aux institutions éprouvées »[375]. Et comme l'explique fort bien El Hadji Malick SANGHARE dans sa thèse, ces propos de l'éminent juge « subordonnent la protection des droits de l'homme dans le continent à une certaine maturité institutionnelle qui, malheureusement, tarde à se manifester dans plusieurs États »[376].

Dans ce contexte, la Cour pour exercer son autorité, a tout intérêt à adopter une démarche cohérente et éviter par l'usage excessif de ses nombreux instruments de référence, le risque d'une contradiction avec les autres juridictions internationales du fait d'une interprétation « à l'emporte-pièce » qui pourrait remettre en cause sa crédibilité.

C'est pourquoi, la détermination d'un cadre juridique de référence aura le mérite d'encadrer le champ d'intervention de la Cour de justice de la CEDEAO engrangeant un droit communautaire autonome en Afrique de l'Ouest qui constitue aujourd'hui le principal défi.

Justice de la Communauté jusqu'à ce que la question de compétence soit réglée de manière effective par l'institution d'une Cour d'Appel indépendante »

[374]A. SALL, Les *mutations de l'intégration des États en Afrique de l'Ouest. Une approche institutionnelle, op. cit.*, p. 338.

[375]K M'BAYE, *Les droits de l'homme en Afrique,* 2e éd., Paris, Pedone, 2002, p. 70.

[376]M. SANGHARE, *La réception du droit international des droits de l'homme au Sénégal,* thèse, Grenoble, 2014, p. 11.

B. La nécessaire détermination d'un cadre de référence à l'action de la Cour de justice

L'article 4 (g) du traité révisé de la CEDEAO rend la Charte africaine des droits de l'homme et des peuples juridiquement contraignante et l'intègre comme une source immédiate de droit tant pour les autres institutions de la CEDEAO que pour la Cour de justice elle-même. Cette dernière a fait remarquer dans l'arrêt *Dame Hadidjatou Mani Koraou* son autonomie d'interprétation de la Charte en estimant que « l'on ne saurait déduire que les modalités de protection et de promotion des droits de l'homme par la Cour doivent être celles prévues dans la Charte ».

C'est ce qui l'a conduit à opérer une distinction entre les droits énoncés par la Charte dont elle assure désormais le respect et les modalités de mise en œuvre de la Charte qui ne sauraient lui être opposables.

La position de la Cour inaugure ainsi la voie menant vers un système autonome de protection des droits fondamentaux en droit communautaire malgré le risque saillant de divergences d'interprétation.

Ce risque est d'autant plus évident que la Cour de justice, par une interprétation large, a intégré dans son droit un corpus important de textes conventionnels de protection des droits fondamentaux.

Cependant, même si cette construction prétorienne marque en apparence une évolution importante des droits fondamentaux dans l'espace communautaire (**1**) puisqu'il consacre une garantie formelle de ces droits, la mise en œuvre des mécanismes de protection pourrait se révéler d'une certaine fragilité pour les droits fondamentaux rendant inefficace leur portée (**2**) dans les différents ordres juridiques nationaux.

1. L'évolution apparente des droits fondamentaux

L'article 4 (g) du traité révisé de la CEDEAO définissait clairement le cadre dans lequel devait opérer le juge communautaire. Le droit applicable devant le juge communautaire trouvait son origine dans la Charte africaine des droits de l'homme et des Peuples. La réception des droits énoncés par la Charte dans l'ordre juridique communautaire est tributaire de l'engagement général des États membres tel qu'il résulte de l'article 5 du traité révisé.

Le traité de la CEDEAO n'a pas fait référence aux autres instruments internationaux de protection des droits fondamentaux et leur prise en compte par le juge de la CEDEAO est le résultat d'un processus historique. En effet, l'arrêt *Olajide Afolabi vs Federal Republic of Nigeria* de 2004, considéré en quelque sorte comme le "baptême de feu", a fait avaler à la Cour de justice, toutes sortes de couleuvres et a mis en exergue la nécessité d'ouvrir le prétoire du juge communautaire aux requérants individuels. C'est donc en réponse à la kyrielle de critiques, « assortie d'une menace sur la primauté »[377] du droit communautaire, pourtant indispensable à l'élévation des droits fondamentaux communautaires et à l'action de la Cour de justice dans ses rapports avec le droit national, qu'a eu lieu l'adoption du Protocole d'Accra. Ce dernier dispose à son article 9.4 « *la Cour est compétente pour connaître des cas de violation des droits de l'homme dans tout État membre* » a permis au juge communautaire de puiser à d'autres sources d'inspiration. Elle a ainsi fait appel à toutes les conventions internationales auxquelles les États membres sont parties. Cette démarche peut être compréhensible à plusieurs égards, dans la mesure où elle permet d'intégrer dans le champ d'application du droit communautaire, des droits non garantis par la Charte africaine.

Pareille démarche avait été adoptée par la Cour de justice de l'Union européenne qui, par une interprétation large de l'article 6 du traité de l'Union européenne, a utilement intégré dans son corpus normatif, des

[377] J.-P. JACQUÉ, « La protection des droits fondamentaux dans l'Union européenne après Lisbonne », in *L'Europe des libertés, Revue d'actualité juridique,* n° 26, pp. 2-12. Disponible sur internet : www.leuropedeslibertes.u-strasbg.fr.

droits non encore garantis par les textes communautaires. C'est aussi le cas de la Cour européenne des droits de l'homme pour laquelle, comme le note le professeur Jean-Pierre JACQUÉ, « Cette démarche a été particulièrement utile en ce qui concerne les droits sociaux qui ne sont pas garantis par la Convention européenne des droits de l'homme »[378].

En revanche, dans le cadre de la CEDEAO, la Cour de justice a élaboré de façon prétorienne et du point de vue qui est le nôtre, de manière excessive, un corpus de droits qui risquerait à terme d'éprouver durement l'efficacité de ses décisions. En intégrant comme elle l'a fait, l'ensemble des conventions internationales de protection des droits fondamentaux auxquelles les États membres sont parties, la Cour risquerait d'être submergée de requêtes parfois inutiles. Elle risque surtout d'être victime de son succès en provoquant une ruée vers son prétoire qu'elle ne pourra plus maîtriser.

On peut en déduire, au regard de la pratique de la Cour qu'en tant que sources formelles du droit communautaire, les instruments juridiques internationaux de protection des droits auxquels les États membres sont parties, rendent difficile l'adaptation à « l'interprétation dynamique » de ces textes.

On ne peut pas vouloir d'un droit autonome avec du droit importé. Il est de ce fait inutile de conserver ces références parce qu'elles créeraient une confusion juridique et surtout que la Charte africaine reprend déjà des droits énoncés par la plupart de ces textes notamment la DUDH, les deux Pactes internationaux de 1966 et les Constitutions des États membres, même si, en ce qui concerne les constitutions la Cour se borne à dire qu'elle n'assure pas le contrôle alors que rien ne semble le lui interdire. La doctrine soutient d'ailleurs qu'à l'épreuve du « cosmopolitisme normatif »[379], les ordres juridiques se trouvent dans l'obligation, [...] de cohabiter sur le même espace judiciaire, de partager les mêmes valeurs et de s'adresser aux mêmes destinataires de droits.[380]

---

[378]J.- P. JACQUÉ, *ibid.*, p.2. L'auteur illustre ses propos par les arrêts *Viking* du 11 décembre 2007 (point 43) et *Laval* du 18 décembre 2007, affaire C-341/05 (point 90).
[379]Voir en ce sens S. BLOETZER, *L'Union européenne – un ordre cosmopolitique européen en émergence,* Institut européen de l'université de Genève, Genève 20024, p. 207.
[380]Voir R. BENTIROU MATHLOUTHI, « Le dialogue des ordres juridiques européens : prometteur d'un « *jus commune* » ou d'un « *jus singulare* » des droits

Prenant en considération la spécificité de la Charte africaine et le niveau élevé des droits proclamés, on pourrait se demander si l'intégration de la Charte africaine des droits de l'homme dans l'ordre juridique de la CEDEAO ne suffirait pas à donner à la Communauté un système de protection adéquat des droits fondamentaux.

Pourquoi la Cour se borne-t-elle à affirmer son désir d'autonomie en l'absence d'un cadre de référence propre à son action ? N'est-ce pas l'occasion d'abandonner ce réflexe mimétique très souvent reproché à l'Afrique et défendre une autonomie fondée sur l'originalité ? L'adoption d'un catalogue propre à la Communauté permet de répondre à ce besoin.

Car, ainsi que le souligne Silke HATTENDORFF à propos de la Cour de justice de l'Union européenne, « le fait de disposer de son propre catalogue des droits, vaste et moderne englobant les droits civils et politiques, économiques, sociaux et culturels, confère assurément à la Communauté un nouveau degré d'identification étroitement lié aux droits fondamentaux »[381] et l'autonomie nécessaire à la mise en œuvre d'un droit communautaire. « Ceci, poursuit l'auteur, facilite une orientation de la Cour de justice vers les droits fondamentaux dans un contexte autonome et détachés des buts économiques des traités. Tout cela favorise par ailleurs une meilleure connaissance et une prise de conscience de la part des citoyens des garanties fondamentales dont ils jouissent ».

En effet, l'extension sans frontières des compétences de la Cour de justice de la CEDEAO, favorisant sa propension à contrôler tous les textes juridiques internationaux de protection des droits fondamentaux auxquels les États membres sont engagés, risquerait à terme, de

---

fondamentaux ? », communication présentée dans le cadre du ProDoc « Fondements du Droit Européen », organisé les 16 et 17 septembre 2011, à l'Université de Genève, sur le thème : *Dés-odres juridiques européens-European Legal (Dis)order ; Cf.* pour plus de détails, L. BURGORGUE LARSEN, « De l'internationalisation du dialogue des juges », *in* J.-C. BONICHOT, P. DELVOLVE, E. GLAZER, CH. MAUGUE, F. MODERNE, A. ROUX (dir.), *Le dialogue des juges, Mélanges en hommage à B. Genevois,* Paris, Dalloz, 2008, pp. 95-130.

[381] S. HATTENDORFF, « La double protection des Droits de l'Homme en Europe » In : *Quel avenir pour l'intégration européenne ?* [En ligne], Tours : Presses universitaires François-Rabelais, 2010. Disponible sur internet : www.books.openedition.org.

fragiliser les droits fondamentaux et notamment le système de protection dont elle assure la mise en œuvre.

2. Le risque d'une fragilisation

La réforme substantielle introduite par le Protocole additionnel A/SP.1/01/05 relatif à la Cour de justice de la Communauté a vu l'extension matérielle du champ d'application de la Cour de justice qui n'a de cesse d'augmenter. La Cour est désormais libre de s'appuyer sur tout texte juridique conventionnel auquel un État membre est engagé pour trancher un différend portant sur les droits fondamentaux pour lequel cet État est attrait devant sa juridiction. Dans cet élan, le juge de la CEDEAO peut donc opérer son contrôle sur la base de n'importe quel texte juridique de protection des droits fondamentaux à condition que l'État membre assigné devant elle ait adhéré au texte invoqué. Cette démarche a pour mérite d'amener l'État membre à exécuter la décision sans qu'il ait la possibilité de se soustraire de son obligation sous prétexte que la décision intervenue serait fondée sur un texte qui ne l'engagerait pas. La compétence de la Cour communautaire dans ce cas de figure, échappe à toute restriction voire à tout encadrement.

Dans l'arrêt *Hadidjatou Mani Koraou* par exemple, la Cour de justice a visé au soutien du traité de la CEDEAO et de ses protocoles, un ensemble de textes conventionnels dont notamment la Déclaration universelle des droits de l'homme, la Convention sur l'élimination de toutes les formes de discrimination à l'égard des femmes, la Convention relative à l'esclavage et la Convention supplémentaire relative à l'abolition de l'esclavage, de la traite des esclaves et des institutions et pratiques analogues à l'esclavage. À l'addition de ces textes fut visée la Charte africaine des droits de l'homme et des Peuples. Et plus récemment, dans l'arrêt *CDP et autres c/ Burkina Faso* du 13 juillet 2015, ce sont essentiellement les sources exogènes telles que le Pacte international relatif aux droits civils et politiques, la Charte africaine de la démocratie, des élections et de la gouvernance qui ont fondé l'action des requérants. Ces exemples montrent bien combien la charge de travail de la Cour de justice va s'avérer ardue face aux flux de requêtes.

Toute chose qui amène à se demander où s'arrêtera le champ de compétence de la Cour de justice de la Communauté ? Même si au regard de l'article 10. d. ii, les conditions de recevabilité supposent une limite à l'action de la Cour, la disposition ainsi consacrée : « *la requête ne sera pas portée devant la Cour de Justice de la Communauté lorsqu'elle a déjà été portée devant une autre Cour internationale* », ne fait que répondre à un principe de droit international et ne restreint en aucune manière le champ d'application de la Cour.

L'article 9.4 du Protocole d'Accra se contente simplement de souligner la compétence de la Cour de justice en matière de droits de l'homme sans en préciser les limites. C'est donc naturellement que la Cour de justice a entendu élargir l'étendue de son champ de compétence. Désormais, c'est le champ du droit international qui détermine l'action de la juridiction ouest-africaine sur les droits fondamentaux. Aussi bien le requérant que la Cour de justice peuvent sans limitation aucune, invoquer n'importe quel texte juridique de protection des droits de l'homme à l'appui de leur action. Cette situation ne rassure pas la communauté des juristes à laquelle nous appartenons puisqu'elle vient ajouter à la confusion déjà perceptible dans l'environnement juridique international. Même si l'article 9.4 du Protocole formule la compétence d'attribution de la Cour de justice de façon à lui garantir une liberté d'action, il ne donne pas un blanc-seing à la Cour de façon à tenir compte de tout le corpus juridique universel de protection des droits fondamentaux. Par cette formulation, les rédacteurs du Protocole de 2005 espéraient laisser au juge communautaire la marge d'appréciation nécessaire à la construction normative pour un authentique contentieux communautaire des droits fondamentaux. Ils pensaient sans doute pouvoir compter sur le pragmatisme du juge. Or, en s'appropriant comme il le fait, la longe liste de textes conventionnels de protection des droits fondamentaux, le juge de la CEDEAO semble se soucier véritablement plus de son image que de la place des droits fondamentaux dans la Communauté.

Au regard de son attitude, la Cour de justice ne donne-t-elle pas l'impression d'en faire trop, en apparaissant comme le juge des droits fondamentaux universels ou une sorte de juridiction sans frontières ? Ne perd-t-elle pas de vue son objectif de construction communautaire ? En empruntant une telle démarche, la Cour de justice de la CEDEAO ne risque-t-elle pas de provoquer des divergences d'interprétation avec les autres juridictions internationales ?

Si la position de la Cour de justice peut apparaître audacieuse, elle présente, en substance, un risque évident de conflits avec les autres juridictions dans l'interprétation des textes juridiques qu'elles partagent. Aussi, les États membres se trouveraient-ils parfois dans une situation d'appréciation à un double niveau des décisions issues de plusieurs juridictions internationales ? Ceci ne favorise assurément pas l'application des décisions en droit interne et risquerait à terme de mener à une anarchie juridique. Il faut bien l'admettre, la Cour de justice de la CEDEAO ne donnerait pas l'impression de trop en faire si elle se fondait simplement sur la Charte Africaine des Droits de l'Homme et des Peuples dont la qualité est sans équivoque et est intégrée au droit communautaire.

De plus, l'instrument régional africain présente des similitudes évidentes avec la plupart des textes onusiens sur plusieurs points. Ainsi, le pouvoir d'action que lui confère l'article 10 du Protocole A/SP.1/01/05 permettra au juge, lorsqu'il n'existe aucune base juridique en vue d'atteindre les objectifs visés par le traité, de faire appel à des instruments internationaux. C'est ce que la doctrine européenne qualifie de « théorie des pouvoirs implicites »[382] et par le truchement duquel la Cour de justice de l'Union européenne a construit un authentique système de protection des droits fondamentaux en se fondant notamment sur les principes généraux de droit, la Convention européenne des droits de l'homme et les traditions constitutionnelles des États membres. La Cour de justice de l'Union européenne a souligné, depuis longtemps, « la nécessité de respecter les droits fondamentaux de tout individu. Son importante jurisprudence fixe des normes de protection en se fondant sur un ensemble de sources du droit: les dispositions des traités, y compris la Charte des droits fondamentaux de l'Union, les conventions internationales auxquelles font référence les traités - c'est notamment le cas de la Convention européenne de sauvegarde des Droits de l'homme et des libertés fondamentales ainsi que de la Convention de Genève de 1951 relative au statut des refugies - , les droits fondamentaux tels qu'ils résultent des traditions

[382]Voir l'article 352 du traité FUE.

constitutionnelles communes aux États membres, les instruments juridiques internationaux auxquels sont parties les États membres ainsi que ceux auxquels est partie l'Union »[383].

Le juge de la CEDEAO gagnerait donc à développer sa jurisprudence au regard de la « Charte intégrée » de manière à assurer une protection efficace des droits fondamentaux au sein de la Communauté que de procéder, comme il le fait, à une embellie normative au résultat inefficace. On remarque une volonté tenace de la Cour de justice à vouloir étendre son contrôle sur tout texte conventionnel de protection de droits, comme si elle avait peur que son autorité créatrice de norme soit ébranlée. D'ailleurs cette attitude peut être perçue comme un complexe de la Cour de justice, obstruant ainsi l'espoir d'une intégration juridique et économique suscité par le traité révisé de 1993 et ses différents protocoles.

La témérité du juge de la CEDEAO, quoiqu'appréciable à certains égards, n'est pas sans conséquence sur l'efficacité de ses décisions et partant, sur la portée des droits garantis. Plus clairement encore, la Cour ne peut, sans disposer d'un catalogue propre de protection des droits fondamentaux, revendiquer une autonomie d'interprétation des textes dont elle n'a pas la propriété. Elle ne peut encore moins s'autoproclamer juge de l'universalité des droits fondamentaux, à moins d'un « impérialisme juridique ». Notons par ailleurs comme Arnaud RMEDEM qu'« introduire la protection des droits fondamentaux par l'adjonction d'un catalogue extérieur au droit communautaire conduirait nécessairement ce dernier à une relative perte d'autonomie puisqu'il serait soumis au respect de droits d'origines externes. Or, le juge communautaire demeure dans une volonté d'affirmer l'ordre juridique dont il est le gardien »[384]. Il convient de remarquer que l'ensemble des textes exogènes inspirant le juge communautaire ont des juges déclarés. C'est le cas de la Charte internationale des droits de l'homme qui est l'instrument juridique à la base de l'action de la Cour internationale de justice ou encore de la

---

383Voir la note du parlement européen « Le respect des droits fondamentaux dans l'Union européenne » disponible sur : www.europarl.europa.eu.

384A. REMEDEM, *La protection des droits fondamentaux par la Cour de justice de l'Union européenne, op. cit.*, p. 97.

Charte africaine des droits de l'homme à la base de l'action de la Cour africaine des droits de l'homme et des Peuples vouée à devenir à la faveur d'une fusion annoncée avec la Cour africaine de justice, l'une des deux sections de la future Cour africaine de justice et des droits de l'homme[385]. La Cour de justice de la CEDEAO, au lieu de se lancer dans une croisade d'égos qui n'a pas lieu d'être, devra s'employer à construire un socle juridique authentique en coupant tout lien avec les textes exogènes dont elle s'approprie, du point de vue qui est le nôtre, bien plus à tort qu'à raison, la jouissance, et, inciter dans le même temps, la Communauté à se doter d'un catalogue de droit propre.

Outre le risque de divergences, la multiplicité des sources interpelle sur le risque d'imprécision et d'incompréhension des décisions du juge communautaire. Ceci d'autant plus que la Cour de justice semble ne pas tenir compte de la spécificité africaine et de son environnement juridique. En intégrant dans le droit communautaire la Charte africaine des droits de l'homme et des Peuples, les rédacteurs du traité révisé de la CEDEAO ont certainement pris en compte le substrat culturel, puisqu'elle est le fruit de la réflexion des juristes africains qui n'ont pas manqué de prendre en compte les réalités propres aux populations africaines. Dans ce contexte, « affirmer l'aspiration à l'universalité, ne peut conduire à ignorer les différences »[386], car les droits fondamentaux ne sont pas un « énoncé de vérité qu'on pourrait étendre à toutes les cultures du monde »[387]. La voie est donc étroite : elle revient à tendre à l'affirmation des valeurs communes, sans toutefois nier le substrat culturel et historique de ces valeurs. Sans doute, faut-il, pour opérer la synthèse nécessaire, délaisser des termes trop connotés et parler, non d'universalisme et de relativisme, mais de globalisation respectueuse de certaines différences. En d'autres termes, les droits fondamentaux ne sont pas tous affirmés au même endroit ni au même moment, ne sont pas nécessairement compris de la même façon selon le substrat culturel, juridique ou social et ne sont pas conciliés, ni limités de la même manière[388]. L'important apport pouvant résulter des références aux

---

[385]Les chefs d'États africains avaient décidé de la fusion des deux Cours pour des motifs économiques.

[386]J.-M. SAUVÉ, « Y a-t-il trop de droits fondamentaux ? », *op. cit.*, p. 8.

[387] F. JULIEN, *De l'universel, de l'uniforme, du commun et du dialogue entre les cultures,* Fayard, 2008, p. 186.

[388]J.-M. SAUVÉ, « Y a-t-il trop de droits fondamentaux ? », *op. cit.*, p. 8.

sources du droit communautaire[389] a, de manière évidente, contribué à leur prise en compte effective dans la protection des droits fondamentaux. Mais l'usage immodéré[390] qu'en fait le juge de la CEDEAO suscite la perplexité lorsqu'on sait la difficulté relative à l'application des textes « exogènes » adoptés dans un contexte particulier qui n'est pas forcément similaire au contexte spécifique africain.

En effet, même si la question de la garantie des droits fondamentaux en Afrique se pose avec beaucoup d'acuité, les conditions de leur développement supposent au préalable la compréhension des concepts juridiques et du cadre d'action dans lequel le juge est porté à agir. Or, la multiplicité des sources de droits fondamentaux dans l'espace CEDEAO conduit inévitablement à la question de leur accessibilité. Il est de ce fait intéressant de rappeler les propos de Jean-Marc SAUVÉ lorsqu'il fait le constat d'une « dynamique de protection des droits fondamentaux »[391] qui s'est construite, « durant le dernier demi-siècle, sur la multiplication des déclarations de droits et sur la pluralité des ordres juridiques et des juges »[392]. Cette situation, s'interroge-t-il, « peut certes faire naître des interrogations, voire nourrir un certain scepticisme, sur la stabilité et la cohérence de la garantie des droits. Toujours plus de droits fondamentaux, au contenu et au champ d'application proches mais pas nécessairement identiques, affirmés et protégés dans des systèmes juridiques distincts mais imbriqués, conduisent-ils à une meilleure protection des titulaires de ces droits ? » Il est évident que le souci de la garantie efficace de la protection des droits fondamentaux ne justifie pas pour autant des prises de positions totalement aberrantes[393].

---

[389]A. REMEDEM, *La protection des droits fondamentaux par la Cour de justice de l'Union européenne, op. cit.*, p. 140.
[390]A. REMEDEM, *La protection des droits fondamentaux par la Cour de justice de l'Union européenne, op. cit.*, p. 140.
[391]J.-M. SAUVÉ, « Y a-t-il trop de droits fondamentaux ? », *op. cit.*, p. 3.
[392]*Id.*
[393] V. MORALES, « La protection des droits fondamentaux : révélation d'une entente conceptuelle » *op. cit.*, p. 9.

La démarche de la Cour de justice de la CEDEAO engendre la perplexité, tant la crainte que l'ambiguïté de ses décisions ne puisse conduire à un affaiblissement de la portée des droits garantis est encore pressante.

Pourtant, cette attitude ne doit pas surprendre, elle apparaît comme la réponse aux multiples critiques de la Cour après l'arrêt *Afolabi*. Le besoin qu'éprouve le juge communautaire de préserver une marge d'autonomie est essentiellement marqué par le souci de pratiquer un contrôle aussi pragmatique que possible en se démarquant des autres juridictions.

Il est à craindre qu'en réponse au réflexe mimétique qu'on lui reprochait, le juge de la CEDEAO ait développé une ambition démesurée dans sa mission de protection des droits fondamentaux au point de s'ériger juge de tous les droits fondamentaux de la terre, au risque de dévier de sa mission fondamentale d'application et d'interprétation des traités communautaires en vue d'une intégration économique.

Notons par ailleurs que la Cour de justice n'a pas l'exclusivité de la protection des droits fondamentaux au sein de la Communauté qui est devenue un domaine sensible. Elle est aussi confrontée à l'« activisme juridique » des États qui n'hésitent pas à lui rappeler un principe essentiel régissant en théorie leur rapport : le principe de la subsidiarité, source de plusieurs controverses.

§2 : La controverse du primat de la protection des droits fondamentaux

Les droits fondamentaux proclamés dans les textes constitutionnels et conventionnels s'imposent comme une composante essentielle, mais aussi, et surtout, une composante partagée de nos systèmes juridiques[394]. Leur enracinement est fonction de leur niveau de protection juridictionnelle, ce qui suppose que leur reconnaissance entraîne systématiquement l'intervention du juge conformément à la logique du raisonnement qui soutient que partout où il y a une règle de droit, il doit y avoir un juge qui puisse en garantir le respect, et éventuellement sanctionner toute violation[395]. Et tel que le note Pierre ESPLUGAS, « à défaut de sanction, la proclamation des droits et libertés par un texte peut en effet être réduite à une simple déclaration d'intention sans portée réelle »[396]. Dans cette perspective, une place de choix est accordée à la structure chargée de contrôler le respect des droits fondamentaux au sein de la Communauté. Il s'agit en théorie, d'abord des juridictions nationales (**A**) et subsidiairement de la Cour de justice de la Communauté (**B**).

A. L'action primaire des juridictions nationales dans l'application du droit communautaire

Si en théorie, la mission de protection des droits fondamentaux dévolue au juge national, en tant que juge commun du droit communautaire, semble être admise, en pratique, cette liberté de contrôle juridictionnel reconnue aux juges nationaux reste problématique puisqu'elle semble être niée par la Cour de justice qui exerce parfois cette compétence à sa place.

---

[394]Voir notamment H. KELSEN « Les rapports de systèmes entre le droit international et le droit interne », R.C.A.D.I, 1926-IV, vol. 14 pp. 231-337 ; voir aussi J.-M. SAUVE, « propos introductif » à la table ronde organisée sur la thématique de « La protection des droits fondamentaux au niveau de l'Union européenne et des États membres », *in La protection des droits fondamentaux après Lisbonne : L'interaction entre la Charte des droits fondamentaux de l'Union européenne, la Convention européenne des droits de l'homme et les constitutions nationales*, XXVème Congrès de la Fédération internationale de droit européen (FIDE), Tallinn, 30 mai - 2 juin 2012.

[395]M. FROMONT, *La justice constitutionnelle dans le monde,* Paris, Dalloz, 1996, p.1.

[396]P. ESPLUGAS, « Protection des droits et libertés » *in* P. SEGUR (dir), *Droit constitutionnel,* Paris, Ellipses, 2002, p. 89.

En effet, conformément à l'engagement général des États tel qu'il ressort de l'article 5 du traité de la CEDEAO, les autorités étatiques ont pour obligation de mettre en œuvre des politiques favorables à la réalisation des objectifs de la Communauté cités à l'article 3 du traité révisé. Cette obligation prend une dimension particulière pour les autorités juridictionnelles qui, en tant que gardiennes de la légalité, assurent la garantie des droits conventionnels par les autorités publiques.[397] C'est le sens des dispositions des alinéas 2 et 3 de l'article 5 précité en ce qu'ils consacrent respectivement : « Chaque État membre s'engage à prendre toutes mesures appropriées, conformément à ses procédures constitutionnelles, pour assurer la promulgation et la diffusion des textes législatifs et règlementaires nécessaires à l'application des dispositions du présent Traité » ; « Chaque État membre s'engage à honorer ses obligations aux termes du présent traité et à respecter les décisions et les régalements de la Communauté ».

Cette double exigence témoigne de la conception que les rédacteurs du traité se font de la mission du juge national. Cette mission de protection des droits fondamentaux née de l'engagement général des États, place le juge national au premier rang du mécanisme communautaire de protection des droits fondamentaux. En vertu de leurs engagements conventionnels, il incombe, en effet, aux autorités nationales, et essentiellement aux autorités juridictionnelles, d'assurer en premier lieu le respect des droits édictés[398]. Les juridictions nationales, notamment les juridictions constitutionnelles des États membres, constituent des acteurs majeurs de la protection des droits fondamentaux.

Le mécanisme de protection des droits fondamentaux institué par le traité de la CEDEAO renforcé par la Charte africaine des droits de l'homme et des peuples ainsi que plusieurs protocoles y afférents comprend donc à la fois les juridictions nationales et la Cour de justice de la Communauté. Ce mécanisme a permis à certaines juridictions constitutionnelles de s'affranchir des tutelles politiques en donnant très

---

[397] B. DELZANGLES, « Le rôle du juge national comme garant de la Convention européenne des droits de l'homme : renforcement ou affaiblissement ? », in *Mutation de l'État et protection des droits de l'homme,* D. LOCHAK (dir), Nanterre : Presses Universitaires de Paris Ouest, 2007, pp. 114.

[398] B. DELZANGLES, « Le rôle du juge national comme garant de la Convention européenne des droits de l'homme : renforcement ou affaiblissement ? », *op. cit.,* p. 102.

vite les gages d'une confiance légitime et de l'indépendance de leur office. C'est le cas par exemple de la Cour constitutionnelle béninoise qui, comme le fait observer Joël AIVO, « soupçonnée à sa création d'être un corps politique, du fait du mode de désignation de ses membres et de ses fonctions même, a donné très rapidement les signaux forts de sa juridictionnalisation et de son indépendance vis-à-vis des autres pouvoirs. D'abord, l'établissement des règles régissant l'organisation interne, le fonctionnement de l'institution a consacré la volonté du juge constitutionnel de s'affranchir très tôt de la tutelle des politiques et de garantir son indépendance et surtout d'instituer un véritable procès constitutionnel répondant aux règles similaires à celles de l'instance judiciaire et administrative »[399].

Par l'exercice du contrôle de constitutionnalité, le juge constitutionnel assure une veille permanente de l'animation de la démocratie et de la sauvegarde des droits fondamentaux dans un État. Ce type de contrôle exercé par le juge constitutionnel « souvent avec rigueur et parfois beaucoup d'excès »[400], semble être accepté et est complètement intégré dans les mœurs juridiques africaines. La protection des droits fondamentaux est donc indissociable du contrôle de constitutionnalité qui suppose « une confrontation des textes au régime des libertés, fixé par la Constitution » et renforcé par le droit communautaire et le droit international. Certains auteurs[401] affirment même que les droits fondamentaux sont devenus un phénomène qui appartient au terroir de toutes les nations de sorte qu'ils ne sont étrangers à aucune culture. Ce qui fait dire à M. MABAKA que « La protection des droits fondamentaux apparaît alors comme un standard constitutionnel, voire un intérêt commun de l'humanité. Ce souci universel rend impérieuse l'intégration des conventions internationales de protection des droits fondamentaux au sein des ordres juridiques étatiques »[402] .

---

[399]F. J. AÏVO, *Le juge constitutionnel et l'État de droit en Afrique : l'exemple du modèle béninois*, Paris, L'Harmattan, 2006, p. 126 ; Sur la question du procès constitutionnel voir notamment T. SANTOLINI, *Les parties dans le procès constitutionnel*, Bruxelles, Bruylant, 2010, 436 p.

[400]F.J. AÏVO, *ibid.*, p. 126.

[401]D. ALLAND, *Droit international public,* Paris, PUF, coll. Droit Fondamental, 2000, p. 577.

[402]P. M. MABAKA, « L'incorporation de la Convention européenne des droits de l'homme dans l'ordre juridique britannique », *RTDH*, 2000, pp. 11-41.

Il est indubitable que, bon gré ou malgré eux, les juges nationaux sont au cœur du phénomène d'intégration juridique. De ce fait, ils deviennent, par la protection qu'ils assurent, les « agents de la communautarisation » du droit dans l'ordre juridique interne[403]. La primauté constitutionnelle reconnue aux droits fondamentaux dans les différents États impose donc l'introduction dans l'ordre juridique interne, des dispositions relatives aux droits fondamentaux qui établissent des droits et obligations à la fois pour les États et pour les particuliers.

La valorisation constitutionnelle des droits fondamentaux a permis l'ascension progressive de ces droits dans les différents ordres juridiques des États. En illustre clairement la forte intégration dans les constitutions nationales, des instruments juridiques internationaux de protection des droits de l'homme et les déclarations internes des droits que l'on retrouve dans les constitutions. La fondamentalité des droits inhérents à la personne réside dès lors dans la garantie que procurent les textes constitutionnels et de la sanction qu'assurent les juridictions nationales, notamment les juridictions constitutionnelles. C'est donc l'importance qu'accordent les juridictions constitutionnelles et les textes constitutionnels des États aux droits fondamentaux qui détermine leur degré de jouissance ou de protection.

Cette position a été affirmée de manière éloquente par Mouhamadou Mounirou SY lorsqu'il soutient la naissance d'un droit fondamental en Afrique en parlant du pluralisme. Ainsi, explique-t-il, « le désir de consolider le processus démocratique est tel que le pluralisme paraît émerger comme un droit dépourvu de toute forme de restriction en raison de sa primauté constitutionnelle »[404]. Cette évolution normative s'explique par un contexte historique propre au continent africain, car, poursuit l'auteur, « la limitation exagérée et abusive des libertés dans beaucoup d'organisations étatiques africaines a provoqué des réactions sous forme de protestations, de révoltes et de révolutions à la suite desquelles, le plus souvent, on a reconnu aux citoyens des libertés et des droits par la Constitution et par les lois. Parmi ceux-là, figure en

---

[403]P. M. MABAKA, « L'incorporation de la Convention européenne des droits de l'homme dans l'ordre juridique britannique », *op. cit.*, p. 13.

[404]M. M. SY, « La protection constitutionnelle des droits fondamentaux en Afrique : l'exemple du Sénégal », *op. cit.*, p. 288.

premier le pluralisme ». Ce droit a permis la consécration de plusieurs autres droits fondamentaux désormais protégés dans les États comme c'est le cas, par exemple, de la liberté d'expression, de la liberté religieuse, de la liberté d'association. Le Conseil constitutionnel français a estimé, par exemple, à plusieurs reprises, que « le respect du pluralisme est une des conditions de la démocratie » et le pluralisme « constitue le fondement de la démocratie »[405].

Ce faisant, la Constitution demeure l'instrument privilégié de la protection des droits fondamentaux des États et le juge constitutionnel garant du respect de la Constitution. C'est l'une des principales caractéristiques qui fondent le principe même de la démocratie. C'est ce que certains auteurs ont pu qualifier « d'interdépendance de la démocratie et des droits fondamentaux »[406].

En effet, il n'y a pas de société démocratique concevable sans une garantie des droits fondamentaux. Depuis lors, ces exigences ont été traduites dans les textes communautaires de la CEDEAO afin d'améliorer les droits fondamentaux et partant, la démocratie. Les États membres sont donc tenus de s'assurer de la conformité de leurs textes aux normes communautaires.

L'existence du seul corpus juridique ne saurait toutefois répondre efficacement au besoin de la protection des droits fondamentaux. C'est par la mise en œuvre des mécanismes de protection que la sauvegarde des droits fondamentaux pourra être garantie de manière efficiente au sein de la Communauté. Dans cette perspective, la volonté des États s'est traduite le plus souvent par une réorganisation de leur carte judiciaire avec une attention particulière accordée à l'accès des citoyens à la justice pour faire cesser les éventuelles atteintes à leurs droits fondamentaux. Le rôle des juridictions nationales dans la protection des droits fondamentaux est donc considérable. En effet, la réussite effective de l'intégration est soumise au respect préalable des normes adoptées et toute violation de celles-ci doit être sanctionnée par le juge. Il y a donc lieu d'insister sur la mise en œuvre du principe de primauté qui implique pour le juge national, l'obligation d'écarter sa propre loi

---

[405]Le pluralisme politique et les campagnes électorales, Conseil supérieur de l'audiovisuel, République française. Disponible sur : www.csa.fr, consulté le 27 mars 2014.

[406]D. LOCHAK, *Les Droits de l'homme,* 3e éd., Paris, La Découverte, 2002, p. 73.

nationale au profit de la norme communautaire chaque fois qu'elle est contraire à cette dernière ou qu'elle empêche son invocation par un justiciable[407]. C'est d'ailleurs ce qui ressort de l'article 5 du traité révisé de la CEDEAO relatif à l'engagement général des États, et, plus largement, de la jurisprudence de la Cour de justice.

La mise en œuvre des mécanismes de protection des droits fondamentaux nécessite toujours, au-delà des sources formelles qui en constituent le socle, la production et l'application de normes juridiques destinées à la poursuite de l'objectif de promotion des droits fondamentaux. Ainsi que le relève le juge Abraham. D. ZINZINDOHUE à l'occasion de l'arrêt *Simmenthal*, il résulte de la jurisprudence établie que « Le juge national chargé d'appliquer, dans le cadre de sa compétence, les dispositions du droit communautaire, a l'obligation d'assurer le plein effet de ces normes, en laissant au besoin inappliquée, de sa propre autorité, toute disposition contraire de la législation nationale, même postérieure, sans qu'il ait à demander ou à attendre l'élimination préalable de celle-ci par voie législative ou par tout autre procédé constitutionnel »[408].

L'objectif de l'intégration communautaire suppose donc un encadrement des règles constitutionnelles des États membres lorsqu'ils procèdent à l'exécution du droit communautaire[409] dont la Cour de justice doit assurer le respect. C'est la conséquence logique du principe de primauté du droit communautaire. C'est à l'aune de ces considérations que nous soutenons, à l'instar du législateur communautaire[410] et de la jurisprudence constante[411], quand bien même les États doivent garantir la protection des droits fondamentaux des individus, la protection assurée par la Cour de justice, même en

[407]A. D. ZINZINDOHUE, « Autorité juridictionnelle des Cours internationales à l'égard des cours nationales : le cas de la Cour de justice de l'UEMOA », in *internationalisation du droit, internationalisation de la justice,* 3e Congrès de l'AHJUCAF, Ottawa, 21-23 Juin 2010. Disponible en ligne : www.ahjucaf.org.

[408]CJCE, 9 mars 1978, *Simmenthal.*

[409]O. PEIFFERT, « l'encadrement des règles constitutionnelles par le droit de l'Union européenne », VIIIe Congrès français de droit constitutionnel, AFDC, Nancy, 16-18 juin 2011.

[410]Voir article 10 (d) du Protocole de 2005.

[411]Voir en ce sens arrêt *Hadidjatou Mani Koraou c. République du Niger,* §39 ; voir aussi CEDH, *De Wilde, Ooms et Versup c/ Belgique, 18 juin 1971.*

l'absence de l'épuisement préalable des voies de recours internes, garantit de manière effective la sauvegarde de ces droits au sein de la Communauté.

L'intervention de la Cour de justice apparaît en ce sens comme une œuvre utile en ce qu'elle permet de renforcer la protection assurée par les États.

B. La fonction de suppléance difficilement acceptable pour le juge communautaire

Le principe de subsidiarité des juridictions internationales dans leurs rapports avec les juridictions nationales est la règle communément admise en droit. De son origine latin *subsidium* qui signifie « réserve » en français, le mot renvoie à l'idée de secours ou d'assistance en cas de besoin et a vocation, en tant que principe de répartition des compétences, à régir tous les types de rapport existants entre des entités ou groupement hiérarchisés, dont les champs de compétence parce qu'ils coïncident, ont besoin d'être structurés[412]. Et, comme le souligne Madame Laurén AUDOUY dans sa thèse, « la subsidiarité en tant que principe philosophique, politique mais aussi juridique, cherche donc à ordonner des compétences partagées entre diverses autorités, dans l'objectif de garantir une plus grande efficacité de l'action, en fonction très généralement du critère de proximité ». En effet, nous dit-elle en citant M. CHEMILLER-GENDREAU, « face à un enchevêtrement des compétences et des responsabilités, la subsidiarité suppose, avant tout,

[412]Voir pour plus de précisions L. AUDOUY, *Le principe de subsidiarité au sens du droit de la Convention européenne des droits de l'homme,* thèse, Montpellier I, soutenue le 11 septembre 2015 ; voir également M. SCHMITT, *Autonomie collective des partenaires sociaux et principe de subsidiarité dans l'ordre juridique communautaire,* Presses Universitaires d'Aix-Marseille, 2009, p. 90, Voir aussi F. CHALTIEL, « Le principe de subsidiairité dix ans après le traité de Maastricht », RMCUE, 2003, pp. 365-374.

que "l'échelon le plus bas n'abandonne à l'échelon supérieur que ce qui est strictement nécessaire et, *a contrario*, la compétence de collectivité supérieure s'étend aux fonctions qu'elle peut remplir de manière plus efficace que les communautés de base" »[413]. Cette conception de la subsidiarité appelle à une restriction des pouvoirs de l'autorité supérieure, en l'occurrence la Cour de justice, car la compétence des juridictions nationales demeure la règle. C'est ce que la doctrine qualifie de « subsidiarité négative »[414], c'est-à-dire la forme de subsidiarité à laquelle adhèrent les partisans d'un « souverainisme étatique ». Ils invitent la juridiction internationale à s'abstenir de toute intervention dans les contentieux encore pendants devant les juridictions nationales. À l'inverse, « la subsidiarité positive »[415] incite à une intervention de l'autorité supérieure au soutien de l'autorité inférieure en cas de défaillance ou d'insuffisance.

En conséquence, l'intrusion du pouvoir supérieur, en l'occurrence la Cour de justice de la CEDEAO, est donc uniquement légitime grâce à l'utilité ou au soutien qu'elle apporte à l'autorité défaillante, c'est-à-dire les juridictions nationales, dans l'exercice d'une tâche précise, dans notre cas, la protection des droits fondamentaux. C'est donc cette incapacité des juridictions internes, lorsqu'elle est avérée, qui l'autorise – et même lui impose – d'intervenir, tout en limitant son action aux seuls besoins[416] du contentieux des droits fondamentaux. Dès lors, souligne Florence CHALTIEL, « Le principe de subsidiarité est donc indéniablement un principe à double tranchant, légitimant aussi bien l'autorité la plus petite et la plus proche de l'individu que la plus éloignée et la plus vaste. Appliqué aux rapports entre la Communauté et ses États membres, il peut satisfaire aussi bien les tenants d'une conception extensive des compétences communautaires que les

---

[413]M. CHEMILLIER-GENDREAU, « Le principe de subsidiarité : enjeu majeur, débat confus », *Le Monde Diplomatique*, édition de juillet 1992, p. 13.

[414]A. PELLISSIER TANON, « La subsidiarité, ce qu'elle n'est pas, ce qu'elle devrait être », Extraits de Liberté économique et Progrès social, le bulletin d'information et de liaison des libéraux, 1999, n°90, pp 21-33.

[415]M. SCHMITT, *Autonomie collective des partenaires sociaux et principe de subsidiarité dans l'ordre juridique communautaire, op. cit.*, p. 64. .

[416]L. AUDOUY, *Le principe de la subsidiarité au sens du droit de la Convention européenne des droits de l'homme, op. cit.*, p. 11 ; voir notamment CEDH, Cour plénière, 23 juillet 1968, *affaire « relative à certains aspects du régime linguistique de l'enseignement en Belgique »*, n°1474/62, série A n°6, 1. B. *§ 10.*

partisans d'une conception protectrice des compétences nationales »[417]. C'est cette dimension positive du concept de subsidiarité qui semble avoir inspiré les rédacteurs du Protocole de 2005 dans leur choix audacieux de ne pas faire de l'épuisement des voies de recours internes une condition de recevabilité devant la Cour de justice. Et la jurisprudence de la Cour s'inscrit dans la lignée des rédacteurs du Protocole et entend bien s'y conformer en refusant le second rôle dans le contentieux communautaire des droits fondamentaux.

Dès lors, « le principe de subsidiarité ne définit pas un partage de compétences exclusives et concurrentes, (...), mais il organise le séquençage d'un contrôle interne décentralisé avec, par défaut, un contrôle externe mutualisé »[418]. Ce n'est pas la position de la Cour de justice de la CEDEAO qui soutient dans sa jurisprudence[419] que dans le cadre de la protection des droits fondamentaux, les compétences des juridictions nationales et de la juridiction communautaire, « quoique séquentielles »[420] ne sont pas partagées. La Cour se place en juge naturel du contentieux des droits fondamentaux duquel les juridictions étatiques doivent s'inspirer. Pour le juge de la CEDEAO, il appartient à l'État membre d'adapter sa législation à l'environnement juridique communautaire et de veiller à prévenir la survenance d'une situation contentieuse ou du moins attentatoire aux droits fondamentaux sur son territoire. Cette approche communautariste remet en cause le principe traditionnellement admis du concept de subsidiarité en ce qu'elle vise à faire des juridictions nationales des juridictions préventives voire les « sentinelles » sinon des juges abstraits du contentieux des droits fondamentaux, c'est-à-dire que le juge national ne connait pas concrètement du contentieux lui-même, il joue un rôle passif car il sera réduit à prévenir les risques de violation des droits fondamentaux en devenant en quelque sorte le « lanceur d'alerte » des atteintes intervenues sur le territoire de l'État membre. C'est donc le juge

[417]F. CHALTIEL, « Le principe de subsidiarité dix ans après le traité de Maastricht », *op. cit.*, p. 365.

[418]Intervention de J.-M. SAUVE, « La subsidiarité : une médaille à deux faces ? », séminaire organisé par la Cour européenne des Droits De de l'homme, Strasbourg, 30 janvier 2015.

[419]Voir ECW/JUD/CCJ/08 *Hadidjatou Mani Koraou c/ République du Niger*.

[420]L. AUDOUY, *Le principe de la subsidiarité au sens du droit de la Convention européenne des droits de l'homme, op. cit.*, p. 11.

communautaire qui, dès la violation du droit alléguée, est qualifié pour connaître du contentieux. La démarche quoiqu'ambitieuse, puisqu'elle consacre une spécificité africaine, bouleverse profondément la règle procédurale de la marge d'appréciation des États et affecte de manière évidente, l'action du juge national, touchant ainsi sa crédibilité et risque à terme de remettre en cause, du fait de la propension impérialiste du juge communautaire, les rapports avec les juridictions nationales. Cela est d'autant plus évident que la Cour de justice est aujourd'hui saisie de questions particulièrement délicates que son « éloignement » la rend peu apte à résoudre[421]. Fort heureusement, l'intuition n'a pas échappé aux rédacteurs du traité de la CEDEAO qui ont développé la possibilité pour la Cour de justice de siéger hors les murs. En effet, aux termes de l'article 26 du Protocole de 1991 relatif à la Cour, « la juridiction communautaire peut se déplacer lorsque des circonstances l'exigent en tout lieu autre que celui de son siège ». Instituée dès l'abord pour des questions liées à l'intégration économique, c'est dans le cadre de la protection des droits de l'homme que cette possibilité de siéger hors les murs d'Abuja prend tout son relief[422].

Pour Béatrice DELZANGLES, « L'applicabilité directe d'une norme internationale suppose que celle-ci n'ait pas besoin, pour être applicable, d'être introduite dans l'ordre juridique interne des États membres par une disposition spéciale [...]. Le fait de permettre aux individus de se prévaloir directement des dispositions conventionnelles devant le juge interne est une possibilité qui leur est offerte par les États et qui ne dépend que de ceux-ci »[423]. Il n'appartient donc pas à la Cour de justice d'imposer aux juridictions internes des États un quelconque effet direct des dispositions conventionnelles. C'est pourquoi, dans le cadre du contentieux communautaire des droits fondamentaux, la règle de l'épuisement des voies de recours internes n'est pas une condition

---

[421]F. TULKENS, S. VAN DROOGHENBROECK, « L'évolution des droits garantis et l'interprétation jurisprudentielle de la Convention Européenne des droits de l'homme », disponible en ligne : www.cejm.upmf-grenoble.fr.

[422]T. KANE, *La Cour de justice de la CEDEAO à l'épreuve de la protection des Droits de l'homme*, mémoire de maîtrises en sciences juridiques, Sénégal, 2012. Disponible sur internet : www.memoireonline.com.

[423]L. AUDOUY, *Le principe de la subsidiarité au sens du droit de la Convention européenne des droits de l'homme, op. cit.*, p. 11.

exigible à l'examen des requêtes formulées devant la Cour. S'il est vrai que cette spécificité procédurale peut être perçue comme un obstacle à la diffusion d'une culture des droits fondamentaux au sein des États, étant entendu que c'est par la règle de l'épuisement préalable des voies de recours internes qu'on peut évaluer le niveau de protection des droits fondamentaux dans un État, l'intérêt de cette procédure peut être recherché dans la volonté d'affecter exclusivement à la Cour communautaire, le contentieux relatif aux droits fondamentaux. Et cette dernière l'a d'ailleurs bien exprimée dans son arrêt *Hadidjatou Mani Koraou c. République du Niger* lorsqu'elle évoque la nécessité de prendre en compte l'évolution du principe de protection subsidiaire dans le contentieux des droits fondamentaux tout en rappelant la jurisprudence internationale. Cette démarche a contribué de manière évidente à la consécration de plusieurs droits fondamentaux dont notamment le droit à un recours individuel direct, l'examen des requêtes dans un délai raisonnable, etc. Au surplus, la Cour de justice de la CEDEAO porte un intérêt particulier aux principes directeurs du procès et consacre ainsi dans sa jurisprudence : le principe de célérité et d'efficacité des procédures. Par les principes qu'elle consacre, la juridiction communautaire est ainsi conduite à « voler la vedette » aux juridictions nationales en consacrant un principe de la confiance légitime avec les justiciables et le respect de ses décisions est en train de devenir une réalité dans les pratiques politiques des États en s'imposant à eux.

En vertu de l'engament général des États tel qu'il résulte de l'article 5 alinéa 2 du traité révisé, « Chaque État Membre s'engage à prendre toutes mesures appropriées, conformément à ses procédures constitutionnelles, pour assurer la promulgation et la diffusion des textes législatifs et réglementaires nécessaires à l'application des dispositions du présent Traité ». C'est donc là une brèche tendue aux juridictions nationales pour mettre en œuvre les moyens d'un contrôle primaire de la norme communautaire.

En outre, les juges nationaux doivent rendre leurs décisions en s'inspirant des arrêts de la Cour de justice du fait de leur autorité interprétative. Pourtant, les juges nationaux ont manqué l'occasion de réaliser ce rapprochement voulu par le législateur communautaire lorsqu'il consacre de par le principe de subsidiarité, l'obligation des États membres. C'est donc l'attentisme et même parfois l'inertie de certaines juridictions nationales, encore trop souvent soumises à la tutelle du pouvoir exécutif, qui a conduit les rédacteurs du traité à accroitre les prérogatives du juge communautaire. Si le principe de subsidiarité régule originairement les systèmes de protection des droits fondamentaux, dans le cadre de la CEDEAO, son contexte semble évoluer, et la Cour de justice l'a bien compris en « mettant davantage ce principe au service du principe d'efficacité »[424] en vue de la réalisation de l'objectif d'intégration communautaire, quitte à se substituer dans certains cas, aux juridictions étatiques.

La Cour de justice de la CEDEAO n'assure donc pas une assistance périodique aux juridictions nationales en cas de défaillance, elle s'approprie le plein contentieux des droits fondamentaux dès l'instant où elle est sollicitée.

Le principe de subsidiarité est devenu donc un principe de substitution puisque de par la nature et les effets des décisions qu'elle rend, la Cour de justice apparaît comme une véritable voie de recours voire une Cour de cassation. La Cour rend des arrêts dont la portée est obligatoire et entachée de l'autorité de chose jugée en matière de protection des droits fondamentaux. En ce sens, elle apparaît véritablement comme un quatrième degré de juridiction. Même si les arrêts ne constituent pas une réformation du jugement de la juridiction nationale, leur incidence est évidente sur la jurisprudence interne et incite parfois à une rédefinition du droit interne.

Mais c'est principalement en raison de l'absence de la règle classique de l'épuisement des voies de recours interne parmi les conditions de recevabilité des requêtes formulées devant elle, que la Cour apparaît comme une juridiction de cassation, ouvrant ainsi un risque de conflits avec les juridictions nationales.

Une doctrine des plus autorisée s'est révélée à cet égard très critique en déduisant dans cette démarche, une forme d'« impérialisme juridictionnel »[425] de la Cour de justice. Nonobstant la position clairement dégagée par la Cour de justice dans sa jurisprudence

---

[424] L. AUDOUY, *Le principe de la subsidiarité au sens du droit de la Convention européenne des droits de l'homme, op. cit.*, p. 11.

[425] A. SALL, *Les mutations de l'intégration des États en Afrique de l'Ouest : une approche institutionnelle, op. cit.*, p. 165.

constante[426], les accusations fusent encore en doctrine. De telles considérations trouvent leur origine, du point de vue qui est le nôtre, dans la tradition juridique des États, généralement peu enclins à rendre accessible le prétoire d'une catégorie de juge notamment le juge constitutionnel, aux citoyens en tant que requérant individuel. Exception faite du Bénin et des pays de tradition anglo-saxonne, les autres États membres de la CEDEAO, lorsqu'ils consacrent le droit au juge, encadrent vigoureusement la mise en œuvre. C'est donc un faux procès qui est fait à la Cour de justice du fait de la révolution entamée. La Cour a affirmé qu'elle ne peut sans préjudice des droits des requérants au juge, introduire une condition nouvelle que les textes communautaires n'ont pas prévu. En vertu de la primauté du droit communautaire, il est possible, à notre sens, d'envisager de manière globale, l'effet utile du recours en réformation des décisions des juridictions nationales devant la Cour de justice.

Le respect de la démocratie et de l'État de droit commande aujourd'hui de ne pas porter atteinte aux droits fondamentaux, mais il incite aussi à un comportement nouveau notamment de la part des autorités étatiques. Et c'est sur ce dernier qu'il convient aujourd'hui d'insister, pour poursuivre l'objectif d'intégration communautaire. Car, pour reprendre les propos d'Olivier PEIFFERT, « l'État membre, lorsqu'il exerce avec certaines compétences, propres ou retenues, par le recours à l'adoption de règles constitutionnelles, ou lorsqu'il définit les règles relatives à la justice constitutionnelle, ce qui relève indubitablement de sa compétence, est susceptible de porter atteinte à l'effet utile du droit communautaire »[427].

C'est à l'aune des résistances à la primauté par les droits nationaux, que la Cour s'accorde avec véhémence à assurer la protection des droits fondamentaux au risque parfois de se substituer au juge national. Et la souveraineté de l'État est un concept qui ne résistera pas à l'objectif d'intégration et ne saurait être hermétique aux limitations, du moins lorsqu'elles sont librement consenties par l'État[428] en vertu du principe

[426]Arrêt N°ECW/CCJ/JUD/03/15 *Convention Démocratique et Sociale Rahama c/ République du Niger*, 23 avril 2015.
[427]O. PEIFFERT, « l'encadrement des règles constitutionnelles par le droit de l'Union européenne », VIIIe Congrès français de droit constitutionnel, *op. cit.,* p. 4.
[428]X. MAGNON, *Therorie (s) du droit*, coll. Université droit, Paris, Ellipses, 2008.

pacta sunt servanda. C'est ce que la jurisprudence de la Cour s'efforce de démontrer en insistant sur l'autorité interprétative de celle-ci.

Dans le processus d'intégration amorcé en Afrique de l'Ouest, la dimension économique est devenue interdépendante de la dimension juridique. En effet, il ne peut y avoir d'intégration économique sans le respect préalable des droits fondamentaux de la personne. Les droits fondamentaux sont devenus une composante essentielle voire indispensable dans le processus d'intégration communautaire.

Dans un ordre juridique ayant eu une vocation initialement économique[429], l'expansion des droits fondamentaux a désormais atteint l'office du juge de la CEDEAO au point que ces derniers sont aujourd'hui considérés comme « une composante partagée de nos systèmes juridiques, car ils transcendent les frontières existants entre les ordres juridiques des États membres, l'ordre juridique communautaire, l'ordre juridique régional et, plus largement, l'ordre international »[430]. Pourtant, rien ne présageait une telle mutation puisqu'au départ aucune disposition des traités fondateurs n'attribuait au juge communautaire des compétences particulières pour protéger les droits fondamentaux. L'institution du « tribunal de la Communauté » dans le traité constitutif de la CEDEAO du 28 mai 1975 avait une vocation purement économique. À la faveur des changements intervenus à l'échelle internationale après la chute du mur de Berlin et la vague de démocratisation amorcée sur le continent, une révision du traité conduisant à la création d'une Cour de justice a pu avoir lieu. Mais c'est à partir de la révolution normative du Protocole du 19 janvier 2005 relatif à la Cour que l'action de celle-ci a pu être précisée et son champ d'intervention graduellement défini.

Mais en l'absence d'un catalogue des droits propres à la Communauté, le juge a dû faire preuve de pragmatisme et d'ingéniosité pour assurer

---

[429]A. REMEDEM, *La protection des droits fondamentaux par la Cour de justice de l'Union européenne, op. cit.*, p. 82.

[430]J.-M. SAUVÉ, « propos introductifs », XXVe Congrès de la Fédération internationale droit européen (FIDE), « La protection des droits fondamentaux au niveau de l'Union européenne et des États membres », in *La protection des droits fondamentaux après Lisbonne : L'interaction entre la Charte des droits fondamentaux de l'Union européenne, la Convention européenne des droits de l'homme et les Constitutions nationales,* Tallinn, 30 mai – 2 juin 2012.

la construction d'un ordre juridique dans un espace en proie à une instabilité chronique. Et, la pérennisation d'un tel ordre juridique jaillissant ne peut se traduire que par l'action combinée des États membres et notamment les juridictions constitutionnelles. Pourtant, l'action du juge communautaire se trouve principalement limitée par l'indisponibilité des juges nationaux à prendre en compte le droit communautaire. Conscient de ces difficultés, le juge de la CEDEAO a très vite développé son autorité interprétative lui permettant de garantir la prééminence du droit communautaire mais également inscrire son action dans un champ plus large.
L'expansion des droits fondamentaux dans l'espace CEDEAO s'est traduite par une vision évolutive engendrant une multiplication des sources du droit.

Or, les droits fondamentaux disposent aujourd'hui d'une pluralité de juges et donc d'interprètes. Cette situation met en évidence une certaine confusion fonctionnelle et un certain malaise dans ce qui s'apparente à une diversification des options dans la protection des droits fondamentaux.

L'avènement progressif de l'espace judiciaire communautaire Ouest-africain comme espace de protection des droits fondamentaux crée d'inévitables tensions avec les droits nationaux et soulève des questions juridiques épineuses en termes de relations entre les systèmes. « L'expansion des droits, la multiplication de leurs sources et la pluralité de leurs interprètes révèlent la nécessité d'ordonner l'enchevêtrement et d'articuler des systèmes juridiques possédant chacun sa propre logique, mais irrémédiablement imbriqués »[431]. Quelle que soit l'étendue de leur protection au sein des États membres, les droits fondamentaux ne sauraient échapper au contrôle de la Cour, donc au respect des instruments juridiques qui en constituent les standards internationaux. Par conséquent, les mécanismes permettant la protection de la constitution ne sauraient faire obstacle à l'application immédiate et effective du droit communautaire[432]. Les règles

---

[431]J.-M. SAUVÉ, « Propos introductifs », XXVe Congrès de la Fédération internationale droit européen, « La protection des droits fondamentaux au niveau de l'Union européenne et des États membres », *op. cit*, p. 2.

[432]Voir en ce sens O. PEIFFERT, « l'encadrement des règles constitutionnelles par le droit de l'Union européenne », VIIIe Congrès français de droit constitutionnel, *op. cit.*, p. 7 et s.

procédurales nationales ne peuvent faire obstacle à la protection juridictionnelle effective des droits nés des traités, de surcroît, si les dispositions procédurales en cause ne permettent pas de satisfaire, par une interprétation conforme au droit communautaire[433]. En tout état de cause, si les juridictions nationales, notamment les juridictions constitutionnelles, paraissent s'être soumises à cette position de principe, ce n'est pas sans rappeler certaines inquiétudes qui laissent penser que, par-delà les apparences, l'évolution des droits fondamentaux au sein de la communauté Ouest-africaine reste limiter en pratique.

433 *Ibid.*, p. 17.

TITRE II

L'EXTENSION DU CHAMP DES DES DROITS FONDAMENTAUX COMME IMPÉRATIF DÉMOCRATIQUE

Depuis Emmanuel KANT, dans son « Projet de paix perpétuelle »[434], le droit apparaît comme pouvant contribuer à la paix. Sur le plan international, la Charte des Nations Unies en constitue un modèle. L'organisation des Nations Unies passe progressivement d'une simple observation de la régularité des scrutins à la mise en œuvre « pure et simple des élections », à l'organisation « d'opérations d'assistance technique, de coordination et d'appui »[435]. Dans la quête de l'intégration régionale, et avec le renouveau démocratique en Afrique, qui est en soi un rapport de forces entre les régimes politiques en place et les forces du changement, l'on a voulu faire assumer au Droit, sa véritable fonction de régulation de la société[436]. Le débat est axé depuis quelques années sur la dimension démocratique, notamment l'effectivité des principes démocratiques dans les différents systèmes politiques des États africains. Mais ce sont essentiellement les exigences de maintien de la paix et de la sécurité qui ont permis d'établir un lien direct, voire une interdépendance entre les principes démocratiques et l'instauration d'une paix véritable, dont le préalable est la stabilité politique. Ainsi, peut-on lire dans *l'Agenda pour la paix* présenté en 1992 par M. Boutros-Ghali, alors Secrétaire Général des Nations Unies, qu'« un rapport évident existe entre les pratiques

---

[434]Voir en ce sens J. HABERMAS, *La Paix perpetuelle. Le bicentenaire d'une idée kantienne*, Paris, Cerf, 1996. Voir aussi R. ADJOVI, « Union africaine et démocratie : aspects constitutionnels internes et internationaux » *in* Observatoire Politique et Stratégique de l'Afrique (O.P.S.A), *L'Union africaine face aux enjeux de paix, de sécurité et de défense,* D. BANGOURA (dir.), *op. cit.*, p. 68.

[435]R. BEN ACHOUR, « Pour des standards internationaux en matière d'élections » *in* Karel VASAK, *Amicorum Liber : Les droits de l'homme à l'aube du XXI*^e^ *siècle,* Bruxelles, Bruylant, 1999, p. 66.

[436]J. I. SENOU, « Le nouvel avatar démocratique en Afrique : l'obsession du second mandat », *Revue française de droit constitutionnel (RFDC)* 2016/3 (N°107), pp. 633-653.

démocratiques [...] et l'instauration d'une paix et d'une sécurité véritables dans un ordre politique nouveau et stable »[437].

La question de l'exigence démocratique s'est peu à peu s'affirmée dans le champ du droit international, notamment du droit international des droits de l'homme, pour prendre toute son ampleur à la fin de la Guerre froide, puis après la chute du Mur de Berlin[438].

Paraphrasant Spinoza, Jacques DUFRESNE écrit que « la démocratie serait le gouvernement le plus naturel de l'homme »[439]. Roland ADJOVI note à ce titre que « la meilleure expression juridique de ce principe politique semble être les droits fondamentaux »[440], avant de conclure que « La démocratie renverrait dès lors essentiellement à une catégorie particulière des droits fondamentaux, une catégorie comprenant les règles de base de la vie en société ». Ainsi, les droits politiques, jusque-là confinés dans le pré-carré du droit constitutionnel, vont amorcer une reconnaissance timide puis s'épanouir en droit international[441] et plus tard en droit communautaire. Il est aujourd'hui indiscutable que le syncrétisme qui lie la démocratie et l'État de droit rend indispensable leur réalisation fusionnée. En d'autres termes, seul le respect inconditionnel de la démocratie au sens matériel peut prémunir contre les violations des libertés les plus essentielles et empêcher le retour des horreurs[442] que l'humanité a connues. Les droits

---

[437]B. BOUTROS-GHALI, *Agenda pour la paix, diplomatie préventive, rétablissement de la paix, maintien de la paix,* Rapport présenté par le Secrétaire général en application de la Déclaration adoptée par La Réunion au Sommet du Conseil de sécurité le 31 janvier 1992, 17 juin 1992.

[438]*Cf.* J. LAFERRIÈRE, *Manuel de droit constitutionnel* [Texte imprimé], 2ème éd., Paris, Domat-Monchrestien, 1947, p. 197 et s ;

voir aussi G. VEDEL, *Droit constitutionnel*, Paris, Sirey, 1949, *Cf.* également Y. LÉCUYER, *L'européanisation des standards démocratiques,* Presses Universitaires de Rennes, 2011, p. 16.

[439]J. DUFRESNE, cité par R. ADJOVI, « Union africaine et démocratie : aspects constitutionnels internes et internationaux » *in* Observatoire Politique et Stratégique de l'Afrique (O.P.S.A), *L'Union africaine face aux enjeux de paix, de sécurité et de défense,* D. BANGOURA (dir.), *op. cit.*, p. 68 ; voir également Y. Ch. ZARKA (dir.), Repenser la démocratie, op. cit., p. 5 et s.

[440]R. ADJOVI, « Union africaine et démocratie : aspects constitutionnels internes et internationaux » *op. cit.,* p. 68.

[441]Y. LÉCUYER, *L'européanisation des standards démocratiques, op. cit.,* p. 16.

[442]*Ibid.,* p. 16.

politiques trouvent en ce sens, une résonance particulière et intègrent la catégorie des droits fondamentaux que les juges s'accordent à protéger.

En effet, l'article 21 de la Déclaration universelle des droits de l'homme dispose que « toute personne a le droit de prendre part à la Direction des affaires publiques de son pays, soit directement, soit par l'intermédiaire de représentants librement choisis. [...] La volonté du peuple est le fondement de l'autorité des pouvoirs publics ; cette volonté doit s'exprimer par des élections honnêtes qui doivent avoir lieu périodiquement, au suffrage universel égal et au vote secret ou suivant une procédure équivalente assurant la liberté du vote », tandis que l'article 25 du Pacte international de 1966 relatif aux droits civils et politiques prévoit que « tout citoyen a le droit et la possibilité, sans aucune des discriminations visées à l'article 2 et sans restrictions déraisonnables : a) de prendre part à la direction des affaires publiques, soit directement, soit par l'intermédiaire de représentants librement choisis ; b) de voter et d'être élu, au cours d'élections périodiques, honnêtes, au suffrage universel et égal et au scrutin secret, assurant l'expression libre de la volonté des électeurs [...] ».

Dans le contexte régional africain, l'article 13 de la Charte africaine des droits de l'homme et des peuples énonce les droits politiques en ces termes : « 1. Tous les citoyens ont le droit de participer librement à la direction des affaires publiques de leur pays, soit directement, soit par l'intermédiaire de représentants librement choisis, ce, conformément aux règles édictées par la loi.

2. Tous les citoyens ont également le droit d'accéder aux fonctions publiques de leurs pays.

3. Toute personne a le droit d'user des biens et services publics dans la stricte égalité de tous devant la loi. ».

La dynamique issue de ces dispositions dont la vocation commune est la consécration d'un droit à la démocratie, est confirmée, à la CEDEAO, dans le cadre de l'intégration communautaire par l'adoption, en décembre 1999, du protocole dit de « Lomé » sur le mécanisme de prévention, de gestion, de règlement des conflits, de maintien de la paix et de la sécurité, lui-même renforcé par un protocole A/SP1/12/01 sur la démocratie et la bonne gouvernance signé à Dakar le 21 décembre 2001. L'objectif désormais exprimé par la doctrine générale est le renforcement des droits politiques incitant, dans la nouvelle tendance des relations internationales, à l'instauration de la démocratie comme socle de plusieurs droits fondamentaux.

Bien qu'étant initialement ignorés des textes fondateurs de la CEDEAO, les droits fondamentaux sont aujourd'hui le socle indispensable de la construction communautaire. Dès lors, la démocratie est devenue un enjeu fondamental de l'intégration communautaire (**Chapitre 1**) que la Cour de justice entend vulgariser sur la base d'une approche normative autonome (**Chapitre 2**).

CHAPITRE I

LA DÉMOCRATIE A L'ÉPREUVE DE L'INTÉG RATION

La vision fondatrice de la CEDEAO était au départ celle d'une « autosuffisance collective » à travers la coopération et l'intégration des quinze (15) pays de la sous-région « en un ensemble économique doté d'un marché unique organisé autour d'une union économique et monétaire ». Cette initiative fut le résultat d'une prise de conscience de la part des pères fondateurs de l'organisation sous-régionale que les « marchés intérieurs des États membres, pris individuellement, en raison de leur étroitesse, étaient loin d'être compétitifs dans un environnement mondial marqué par l'existence de grands blocs commerciaux »[443].

Cependant, face à une instabilité presque chronique dans la sous-région, principalement caractérisée par de nombreux coups d'État militaires et des crises politiques, les dirigeants des États membres de la CEDEAO furent obligés de se préoccuper de la paix et de la sécurité sous régionale, en tant que facteur indispensable à leur projet de développement socio-économique. C'est donc dans ces circonstances que la Conférence des chefs d'État et de gouvernement a adopté en 1999, le protocole de Lomé sur le mécanisme de prévention, de gestion, de règlement des conflits, de maintien de la paix et de la sécurité, ultérieurement renforcé par le protocole A/SP1/12/01 sur la démocratie et la bonne gouvernance.

La CEDEAO s'est appuyée sur son plan d'action pour la démocratie et sur son mode de fonctionnement institutionnel pour se placer en acteur incontournable de la paix en Afrique de l'Ouest, au point de devenir le « pilier incontestable sur lequel se base le processus d'intégration continentale »[444]. S'il peut donc apparaître surprenant de traiter des

[443]Voir CEDEAO (mai 2000), *vingt cinquième anniversaire (1975 – 2000) : Bilan & perspectives,* Abuja, Secrétariat Exécutif de la CEDEAO.
[444]I. BOCAR. BA, D. SANGA (dir.), *La CEDEAO a 40 ans : une évaluation des progrès vers l'intégration régionale en Afrique de l'Ouest*, Nations Unies,

standards démocratiques, objet par excellence du droit constitutionnel, sous l'angle du droit communautaire, il s'avère qu'ils sont en réalité au cœur même de l'ordre conventionnel des droits fondamentaux. En effet, la CEDEAO a entre autres missions d'irriguer de sa sève, un ordre politique et démocratique avec toutes les nuances que l'on peut imaginer. Les États membres étaient d'avis que la philosophie de la Charte africaine des droits de l'homme notamment son article 20 consacrant le droit du peuple à l'existence et à l'autodétermination nécessite une synergie d'actions. Les Nations Unies ont déjà proclamé que l'exercice du droit à l'autodétermination des peuples est un processus continu[445] qui s'inscrit dans la durée, et « ne s'épuise pas par le simple fait d'être libre »[446]. Tous les peuples ont le droit de déterminer librement leur statut politique et d'assurer leur développement économique, social et culturel. En Afrique plus qu'ailleurs, ce droit essentiel s'affirme avec plus de vigueur pour avoir été longtemps ignoré pendant la période coloniale. Ce droit s'oppose à la fois à « l'occupation externe »[447] mais aussi et surtout aux États dans leurs rapports avec les peuples reconnus comme tels par la communauté internationale pour protéger leur intégrité territoriale[448]. Ainsi que le note Nada YOUSSEF, « l'occupation externe ne constitue pas l'unique moyen de pression,

---

Commission Économique pour l'Afrique, CEDEAO. Disponible en ligne : www.uneca.org.

445Rapport du Secrétaire Général des Nations Unies sur le renforcement du principe d'élections périodiques et honnêtes, 4 novembre 1991, A/46/609/Add.1 ; Voir aussi Assemblée Générale des Nations unies, *Promotion et consolidation de la démocratie,* résolution 55/96, cinquante-cinquième session, 81e séance plénière du 4 décembre 2000, A/RES/55/96, 28 février 2001, p. 1, disponible sur le site internet : www.ohchr.org.

446H. MAMADOU, commentaire « article 20 », in *La Charte africaine des droits de l'homme et des Peuples et le Protocole y relatif portant création de la Cour africaine des droits de l'homme, commentaire article par article,* M. KAMTO (dir.), *op. cit.*, p. 453.

447N. YOUSSEF, *La transition démocratique et la garantie des droits fondamentaux, op. cit.*, p. 17 ; voir aussi P. CLARET, « La marche forcée des États postcommunistes vers l'État de droit et la démocratie pluraliste », *in* S. MILACIC (dir.), *La réinvention de l'État : démocratie te ordre juridique en Europe centrale et orientale*, *op. cit.*, pp. 93-111.

448H. MAMADOU, commentaire « article 20 », in *La Charte africaine des droits de l'homme et des Peuples et le Protocole y relatif portant création de la Cour africaine des droits de l'homme, commentaire article par article,* M. KAMTO (dir.), *op. cit.*, p. 467.

exercé par un pays sur un autre, qui vole et viole ce droit essentiel. C'est aussi le cas de l'occupation interne d'un pays par une minorité infime. Une occupation interne, dans le sens où l'unique président, l'unique famille, l'unique parti ou un pouvoir non représentatif du peuple occupe et confisque le pouvoir sans remettre sa dévolution à d'autres par les moyens démocratiques reposant sur les élections libres, transparentes et périodiques »[449]. Pourtant, même si la démocratie ne se réduit pas aux élections, l'existence d'élections libres, honnêtes, crédibles et périodiques, donne à la scène politique des allures de démocratie où les droits fondamentaux ne seront pas vidés de leur substance et s'épanouiront.

Dès lors, la démocratisation des systèmes internes des États membres, est devenue, dans le processus d'intégration ouest-africain, un impératif. La visée intégrationniste initialement économique s'étend désormais sur un volet politique. Dans ce passage d'une « CEDEAO des États » c'est-à-dire à visée économique, à une « CEDEAO des Peuples », donc à visée politique, se pose une question fondamentale : la CEDEAO a-t-elle érigé un ordre politique régi par des principes démocratiques à l'aune desquels se mesure le degré de démocratie des États membres ?

En effet, sur le fondement du protocole de « Dakar » sur la démocratie et la bonne gouvernance, la Communauté ouest-africaine pose les bases juridiques d'un véritable droit à la démocratie fondé sur des standards régionaux de protection des droits fondamentaux.

La poursuite de cet objectif a conduit l'organisation sous régionale à bâtir son discours sur la nécessité d'un ordre politique commun (**section 1**) en s'appuyant davantage sur l'argument de la stabilité politique et de la paix comme gage de consolidation de tout système démocratique et, partant, de la réalisation de l'objectif final de la Communauté (**section 2**).

---

[449]N. YOUSSEF, *La transition démocratique et la garantie des droits fondamentaux, op. cit.*, pp. 17-18.

Section 1 : L'émergence d'un ordre politique communautaire Ouest-africain

Dans sa construction, la CEDEAO a bénéficié des apports du traité révisé de 1993 qui a porté, dans sa rédaction, une attention soutenue à la démocratie et aux droits fondamentaux comme préalables à la réalisation de l'objectif économique. Ces nouvelles dimensions apparaissent dès le préambule pour être confirmées par les « Buts et objectifs » et les « Principes fondamentaux de la Communauté ».

Ainsi, le préambule du protocole affirme que l'objectif final de la Communauté est l'aboutissement à « l'Union économique des pays de l'Afrique de l'Ouest » et qu'à cet effet un transfert de souveraineté est nécessaire « au profit de la Communauté dans le cadre d'une volonté politique collective »[450].

Parmi les principes fondamentaux énumérés à l'article 4, figurent, outre les principes classiques du droit international[451], d'autres principes spécifiques au régionalisme ouest-africain dont notamment le « maintien de la paix, de la sécurité et de la stabilité régionale, le respect, la promotion et la protection des droits fondamentaux, la transparence, la justice économique et sociale et la participation populaire au développement ainsi que la promotion et la consolidation d'un système démocratique de gouvernement dans chaque État membre ».

L'évolution institutionnelle consécutive à l'entrée en vigueur du traité révisé de 1993 et les différents protocoles subséquents[452], ont permis de conforter le projet communautaire qui renvoie à un espace juridique et

---

[450]I. BOCAR. BA, D. SANGA (dir.), *La CEDEAO a 40 ans : une évaluation des progrès vers l'intégration régionale en Afrique de l'Ouest*, Nations Unies, Commission Économique pour l'Afrique, CEDEAO, *op. cit.,* pp. 16- 27.

[451]Ce sont essentiellement les principes d'égalité souveraine, de coopération interétatique, de non-agression, de règlement pacifique des différends, etc.

[452]Voir Journal officiel de la CEDEAO, juin 2006, vol. 49. Révision : Le Protocole additionnel A/SP.1/06/06 portant amendement du traité révisé de la CEDEAO ; Protocole de Lomé du 10 décembre 1999 ; le Protocole de Dakar du 21 décembre 2001 ; Protocole additionnel A/SP2/06/06 ; Protocole additionnel A/SP.3/06/06 Portant amendement du Protocole A/P.2/8/94 relatif au Parlement de la Communauté.

politique où « l'individu dans sa dimension de citoyen apparaît comme la principale source de légitimité démocratique »[453]. Plus fondamentalement, l'entrée en vigueur du Protocole sur la démocratie et la bonne gouvernance, participe de l'élaboration de cette « ingénierie conventionnelle » qui érige la « démocratie en mode de dévolution du pouvoir et en une philosophie de l'homme et de la société »[454]. Partant de cette prémisse, la démocratie implique tout à la fois le vote, mode de dévolution et la protection des droits fondamentaux son aspect substantiel. C'est, en effet, de la complémentarité des droits politiques, que naît un ordre politique[455]. C'est en ce sens que certains auteurs[456], ont pu relever la dimension constitutionnelle du protocole de la CEDEAO sur la démocratie et la bonne gouvernance. Toutefois, le développement du contentieux des droits politiques a mis en exergue la question de cet ordre politique qui saisit les ordres constitutionnels des États membres (**§1**) et dont l'impact sur le processus d'intégration s'est avéré considérable dans la définition d'un standard démocratique au sein de la Communauté (**§2**).

§1 : Le droit constitutionnel national saisi par le droit conventionnel « communautaire »

Le principe démocratique est au cœur du processus de l'intégration ouest-africain, au sens où la promotion et la consolidation de la démocratie telles que prévues par la Déclaration des principes politiques de la CEDEAO, sont érigées comme des valeurs suprêmes de la CEDEAO. L'objectif était de garantir une stabilité dans l'espace communautaire en proie à des crises multiples, de façon à réduire le déficit démocratique existant, en préservant les droits politiques d'une

[453]C. MAUBERBARD, « Vers une possible démocratie « transnationale » européenne ? Du discours à la méthode dans l'établissement d'une démocratie européenne », *Revue de l'Union européenne*, 2012, p. 185.
[454]Y. LÉCUYER, *L'européanisation des standards démocratiques, op.cit.*, p. 20.
[455]*Ibid.*, p. 20.
[456]I. M. FALL, A. SALL, « Une Constitution régionale pour l'espace CEDEAO : Le Protocole sur la démocratie et la bonne gouvernance de la CEDEAO », *op. cit.*, p. 1 et s.

part et en garantissant l'intégration économique d'autre part. Le texte apparaît, dans certaines de ses dispositions, comme « le volet politique de l'intégration économique, qui est l'objet initial de la Communauté »[457]. L'objectif économique justifie à cet égard la nécessité démocratique. Tel qu'il ressort du préambule du protocole de Lomé, « les conflits qui sont de plus en plus engendrés par l'intolérance religieuse, la marginalisation politique et la non transparence du processus électoral » sont des facteurs justifiant la détermination d'un ordre politique dans l'espace communautaire CEDEAO.

Mais, l'argument de la démocratisation suffit-il à conférer à l'organisation communautaire des prérogatives aussi importantes au point de supplanter l'ordre politique des États ? Cette question conduit à rechercher la dimension constitutionnelle des normes conventionnelles applicables en droit communautaire (**A**) et, partant, à déterminer la valeur particulière des textes endogènes susceptibles d'être invoqués devant le juge de la CEDEAO (**B**).

A. La dimension constitutionnelle des normes internationales applicables en droit communautaire

L'ordre politique communautaire repose essentiellement sur des valeurs intégratives qui pallient la carence de légitimité démocratique inhérente à la logique du droit international[458]. Le principe de primauté du droit communautaire sur le droit national suppose que la loi nationale ne puisse pas remettre en cause l'obligation tirée du droit communautaire. Le respect de la prééminence du droit communautaire devient alors, l'étalon démocratique permettant d'apprécier la conduite ou l'inconduite des États membres quel que soit le domaine[459].La référence constante de la Cour de justice à d'autres instruments de

---

[457] *Ibid.*, p. 2.
[458] Y. LÉCUYER, *L'européanisation des standards démocratiques, op.cit.*, p. 21.
[459] CEDH, *Soering c/Royaume-Uni,* 7 juillet 1989, rec. A 161, § 88.

protection des droits fondamentaux comme facteurs pertinents d'intégration du droit communautaire et de légitimation des décisions rendues d'une part, et, la prise en compte de l'exigence démocratique en vue du renforcement des droits politiques dans plusieurs textes juridiques internationaux engageant les États membres et susceptibles d'être invoqués devant le juge communautaire d'autre part, sont autant d'éléments qui participent de la formation d'un droit fondamental à la démocratie[460].

L'argument tiré de la nécessité démocratique et de l'impératif de paix et de sécurité dans la réalisation de l'objectif communautaire, a fortement contribué à « affermir progressivement la substance constitutionnelle de l'ordre conventionnel et offrir au bloc de conventionnalité des accents prononcés de constitutionnalité »[461]. En atteste la possibilité pour la Cour de justice d'intervenir, « non plus contre les États pour leurs seuls faits judiciaires ou policiers mais sur la vie politique même »[462], en contrôlant par exemple la conformité de la réglementation interne d'un État membre en matière de la participation politique des citoyens. Ainsi en est-il de l'arrêt *CDP et autres c/ Burkina Faso* du 13 juillet 2015 dans lequel la Cour de justice a écarté l'application de la nouvelle loi électorale Burkinabé au motif que celle-ci méconnaîtrait les « obligations résultant de textes internationaux opposables au Burkina Faso »[463]. Tout en reconnaissant la souveraineté des juridictions nationales dans l'interprétation ou l'application des textes nationaux, qu'il s'agisse des normes constitutionnelles ou infra-constitutionnelles[464], celles-ci ne sauraient prospérer en dehors du cadre

---

[460]O. CORTEN et C. DENIS, commentaire « Article 13 », in *La Charte africaine des droits de l'homme et des Peuples et le Protocole y relatif portant création de la Cour africaine des droits de l'homme, commentaire article par article,* M. KAMTO (dir.), *op.cit.*, p. 310.

[461]Y. LÉCUYER, *L'européanisation des standards démocratiques, op. cit.*, p. 23.

[462]J. Y. DUPEUX, « La dissolution des partis liberticides dans la jurisprudence de la Cour européenne », in *Les Partis liberticides et la Convention européenne des droits de l'homme,* Bruxelles, Bruylant, 2005, p. 75.

[463]Arrêt n° ECW/CCJ/JUG/16/15, *CDP et autres c/ L'État du Burkina*, CE 13 juillet 2015, §25.

[464]Voir en ce sens Arrêt n° ECW/CCJ/APP/02/05 *HON. Jerry Ugokwe c/ Federal Republic of Nigeria*, 7 octobre 2005; Arrêt N°ECW/CCJ/APP/05/06 *Moussa Léo Keïta c/ République du Mali*, 22 mars 2007; Arrêt n° ECW/CCJ/APP/01/06 *Al Hadji Hammani Tidjani c/ Republic Fédérale du Nigeria*, 28 juin 2007 ; Arrêt n° ECW/CCJ/JUD/06/08 *Dame Hadidjatou Mani Koraou c/ République du Niger*, 27

normatif communautaire. En d'autres termes, seul le respect inconditionnel des instruments internationaux applicables en droit communautaire et auxquels l'État membre est partie, pourrait justifier l'abstention de la Cour de justice.

La Cour rappelle en effet que « si le principe de l'autonomie constitutionnelle et politique des États implique sans conteste que ceux-ci aient la latitude de déterminer le régime et les institutions politiques de leur choix, et d'adopter les lois qu'ils veulent, cette liberté doit être exercée en conformité avec les engagements que ces États ont souscrit en la matière »[465]. Cela suppose que dans sa politique de promotion et de protection des droits fondamentaux, le juge national, ne doit pas perdre de vue la valeur déterminante du droit international pour la mise en œuvre nécessaire à l'efficacité de la protection des droits fondamentaux. L'activité internationale de protection des droits fondamentaux se fonde sur une multitude de textes internationaux par lesquels les États se sont engagés, en ratifiant certains, à promouvoir et à protéger ces droits conformément aux standards qui y sont érigés[466].

Au demeurant, si l'objet de la Constitution est l'organisation du fonctionnement de l'État[467]ou encore la définition des rapports entre le pouvoir et le citoyen dans le sens d'une meilleure protection des droits fondamentaux[468], celui-ci est désormais partagé par les textes conventionnels intégrés dans le processus juridique d'intégration communautaire. L'objectif est de permettre, à terme, la consécration

---

octobre 2008 ; n° ECW/CCJ/APP/07/08 , *Hisséne Habré c/ État du Sénégal*, 18 novembre 2010 ; Arrêt n° ECW/CCJ/APP/09/09 *Bakarry Sarré et 28 autres c/République du Mali*, 17 mars 2011 ; Arrêt n° ECW/CCJ/JUD/03/15 *Convention Démocratique et Sociale Rahama c/ République du Niger*, 23 avril 2015.

[465]Arrêt n° ECW/CCJ/Arrêt N°ECW/CCJ/JUG/16/15, *CDP et autres c/ L'État du Burkina*, CE 13 juillet 2015, § 31.

[466]A. SOMA, « L'applicabilité des traités internationaux de protection des droits de l'homme dans le système constitutionnel du Burkina Faso », *op. cit.*, p. 3.

[467]G. VEDEL, *Qu'est-ce que la Constitution ? disponible sur le site du Conseil constitutionnel :* www.conseil-constitutionnel.fr, 1998 ; voir aussi B. MATHIEU, *Qu'est-ce que la Constitution ? La Constitution en 20 questions : question n°1 cinquantième anniversaire de la Constitution (2008), disponible sur le site du conseil constitutionnel :* www.conseil-constitutionnel.fr.

[468]M. TROPER, « Constitutionnalisme et démocratie *», in Du droit interne au droit international, Mélanges en l'honneur de Raymond GOY,* Publications de l'Université de Rouen, 1998, pp. 143-150.

d'une démocratie constitutionnelle conformément aux normes et standards internationaux. On comprend, dès lors, l'ambition de la Cour de justice de la CEDEAO de vouloir intégrer de manière prétorienne, dans le champ normatif communautaire, les instruments juridiques internationaux. Ce procédé s'est révélé efficace, car il sert de fondement à l'action de la Cour de justice et « constitue une source de légitimation de l'entreprise d'adoption de normes et standards »[469] en matière de protection des droits fondamentaux au sein de la Communauté. Cette technique n'est que le prolongement de la pratique interne des États qui consacrent au renfort de leurs textes constitutionnels, une importante liste d'instruments internationaux.

L'adoption du Protocole de la CEDEAO sur la démocratie et la bonne gouvernance est révélatrice d'une profonde révolution normative au sein de la Communauté. Et comme le soulignent certains auteurs[470], ce protocole s'illustre essentiellement par son caractère constitutionnel, malgré sa nature juridique *a priori* conventionnelle, c'est-à-dire en tant que traité international.

Eu égard aux obligations qu'il comporte, le protocole s'est ingéré dans un secteur sensible de la souveraineté des États membres, qui est celui de leur organisation constitutionnelle, politique, administrative et bouleverse ainsi l'architecture juridique internationale classique. En atteste, l'existence dans ce protocole, en tant qu'instrument international, de mécanismes de sanctions des obligations des États. Ce qui pour certains, peut paraître « (…) en effet surprenant que des textes de cette nature soient assortis de sanctions »[471].

En effet, « l'impulsion constitutionnalisante »[472] de ce protocole réside dans la catégorie des droits et des principes qu'il consacre ainsi que les modalités de leur mise en œuvre dans ses deux premiers chapitres. Le chapitre premier comprend à lui seul quarante-trois (43) des cinquante (50) articles que comporte le protocole. Subdivisé en huit (8) sections, ce chapitre consacre la formation d'un ordre politique communautaire africain qui s'ordonne autour de l'affirmation des valeurs communes et

[469]I. M. FALL, A. SALL, « Une Constitution régionale pour l'espace CEDEAO : Le Protocole sur la démocratie et la bonne gouvernance de la CEDEAO », *op. cit.*, p. 3.
[470]*Ibid.*, p. 6.
[471]*Ibid.*, p. 5.
[472]Y. LÉCUYER, *L'européanisation des standards démocratiques, op. cit.*, p. 21.

de la déclinaison des principes[473]. La première section évoque des « principes de convergence constitutionnelle ». Il s'agit de consacrer un certain nombre de principes politiques indispensables à la réalisation de la démocratie comme patrimoine juridique et politique commun des États membres de la CEDEAO.

Pareille démarche avait d'ailleurs été adoptée par le Conseil de l'Europe qui se réfère dès le préambule de la Convention européenne de sauvegarde des droits de l'homme, au « patrimoine commun d'idéal et de traditions politiques, de respect de la liberté et de prééminence du droit » des États européens, pour déterminer sa politique de construction régionale.

La jurisprudence ainsi que la doctrine européenne y voient l'occasion de réaliser un ordre constitutionnel européen. Et dès 1961, La Commission européenne des droits de l'homme n'a pas rechigné à affirmer dans l'arrêt *Autriche c/ Italie* du 11 janvier 1961, que la sauvegarde de « leur patrimoine commun de traditions politiques, d'idéaux, de liberté et de prééminence du droit »[474] est une nécessité pour les démocraties libérales européennes[475].

Pour paraphraser M. Pierre Garonne[476], on peut ainsi affirmer que le modèle constitutionnel ouest-africain en formation est fondé sur l'existence d'un standard minimum articulé autour d'un volet constitutionnel qui comprend : le principe de la séparation des pouvoirs, le respect des droits du Parlement et de ses membres, l'indépendance de la justice, le respect des droits de la défense reconnus aux avocats[477],

[473]Y. LÉCUYER, *L'européanisation des standards démocratiques, op. cit.*, p. 21.
[474]Commission EDH, *Autriche c/Italie,* 11 janvier 1961, Ann. Conv. Vol. 4, p. 139 ; Voir aussi D. ROUSSEAU, « La notion du patrimoine constitutionnel européen », in *Le patrimoine constitutionnel européen*, Strasbourg, Conseil de l'Europe, 1997, p. 22-23.
[475]Y. LÉCUYER, *L'européanisation des standards démocratiques, op. cit.*, p. 24 ; voir aussi J. SCHWARZE, *la naissance d'un ordre constitutionnel européen : l'interaction du droit constitutionnel national et européen*, Baden-Baden : Nomos, Bruxelles : Bruylant, 2001, 572 p.
[476]P. GARONNE, *RDP,* 2001, n° 5, p. 1439 et s., cité par Y. LÉCUYER, *in L'européanisation des standards démocratiques, op. cit.*, p. 24.
[477]Art. 1.a) du Protocole A/SP1/12/01 sur la démocratie et la bonne gouvernance additionnel au Protocole relatif au mécanisme de prévention, de gestion, de règlement des conflits, de maintien de la paix et de la sécurité, signé le 21 décembre 2001 à Dakar.

l'organisation des élections libres, honnêtes et transparentes[478], la prohibition des changements anticonstitutionnels de régime[479], le respect des principes démocratiques de gestion des affaires publiques[480], la neutralité politique de l'armée[481], le caractère laïc de l'État[482], le principe de non-discrimination[483], le respect des engagements internationaux[484], l'organisation et le financement des partis politiques, la liberté de l'opposition politique et la libre participation aux compétitions électorales[485], la garantie des libertés publiques[486], la liberté de la presse[487] et la garantie d'un statut aux anciens chefs d'État[488].

Quant au volet politique, il s'articule autour d'un ordre politique qui énonce notamment l'encadrement de la loi électorale de chaque État membre, le respect de la Constitution, le droit de vote[489] et le contentieux électoral[490].

En outre, la section V du Protocole consacre une démocratie sociale et prescrit aux États l'obligation de « lutter contre la pauvreté », la « promotion du dialogue social » et fait de la promotion des droits de la femme et de la jeunesse une exigence démocratique à laquelle les États membres sont tenus de satisfaire. La même exigence doit être satisfaite en matière d'éducation et de bonne gouvernance conformément aux sections VI et VII du Protocole.

En effet, le Protocole met les normes constitutionnelles des États à l'épreuve et annonce clairement l'abandon de certaines « spécificités constitutionnelles nationales »[491] sur l'autel d'un droit communautaire

[478]Art. 1.b) du Protocole A/SP1/12/01.
[479]Art. 1.c) du Protocole A/SP1/12/01.
[480]Art. 1.d) du Protocole A/SP1/12/01.
[481]Art. 1.e) du Protocole A/SP1/12/01.
[482]Art. 1.f) du Protocole A/SP1/12/01.
[483]Art. 1.g) du Protocole A/SP1/12/01.
[484]Art. 1.h) du Protocole A/SP1/12/01.
[485]Art. 1.i) du Protocole A/SP1/12/01.
[486]Art. 1.j) du Protocole A/SP1/12/01.
[487]Art. 1.k) du Protocole A/SP1/12/01.
[488]Art. 1.l) du Protocole A/SP1/12/01.
[489]Art. 2 du Protocole A/SP1/12/01.
[490]Art. 7 du Protocole A/SP1/12/01.
[491]Y. LÉCUYER, *L'européanisation des standards démocratiques, op. cit.*, p. 24.

en construction[492]. Ce dernier se traduit par l'exercice des modes de la souveraineté démocratique, c'est-à-dire une recomposition constitutionnelle dans l'espace juridique communautaire[493]. Mais la tentative d'instituer un ordre constitutionnel dans l'espace régional et sous régional africain n'est pas nouvelle, elle procède d'une volonté des États à la recherche de repères, depuis l'avènement du renouveau démocratique africain, d'imprimer un standard minimum fondé sur des valeurs communes. La vocation d'un ordre politique africain a été exprimée dans plusieurs textes endogènes régionaux adoptés dans le cadre de l'intégration africaine et dont le protocole de la CEDEAO sur la démocratie et la bonne gouvernance n'est que le prolongement.

B. La valeur particulière des textes endogènes

Pour le professeur A. SALL, « Les progrès de la démocratie pluraliste, consécutifs à la fin de l'affrontement Est-Ouest, ont été une onde de choc qui n'a pas épargné le continent africain »[494]. C'est donc à cet égard que la Conférence des chefs d'État et de gouvernement de la CEDEAO avait adopté, le 6 juillet 1991, la Déclaration de principes politiques qui affirme dès son préambule, n'être que la résultante d'une évolution mondiale. Et à l'éminent professeur de faire remarquer que cette Déclaration reflète « les nombreux changements spectaculaires et fondamentaux qui s'opéraient sur la scène politique et économique

[492]Nous utilisons cette formule pour paraphraser Le professeur Jean François FLAUSS. Voir à ce sujet, « La contribution de la jurisprudence des organes de la Convention européenne des droits de l'homme à la formation d'un droit constitutionnel européen », *RUDH*, 1995, n°11-12, p. 382 ; voir notamment J.-L. QUERMONNE, « L'émergence d'un droit constitutionnel européen », *Revue international de droit comparé*, 2006, v.58, n°2, avril-juin, pp.581-591

[493]Voir en ce sens L. BURGORGUE-LARSEN, « Ombres et lumières de la constitutionnalisation de la Charte des droits fondamentaux de l'UE », Cahiers de droit européen, n°5-6/2004, pp. 663-690 ; voir aussi Y. LÉCUYER, *L'européanisation des standards démocratiques, op. cit.*, p. 24.

[494]A. SALL, *Les mutations de l'intégration régionale en Afrique de l'Ouest. Une approche institutionnelle, op. cit.*, p. 178.

internationale, en particulier, le remplacement des régimes totalitaires par des gouvernements démocratiquement élus et l'introduction des économies de marché »[495]. Sur le plan institutionnel, cette évolution s'est traduite par l'introduction du multipartisme dans les systèmes politiques, facteur que la Déclaration relie à la « paix, la sécurité et la stabilité dans la sous-région ». Les États membres de la Communauté « s'engagent à respecter pleinement » les droits fondamentaux des citoyens, y compris les droits politiques dont notamment : « la liberté de pensée, de conscience, d'association, de religion ou de croyance (...) sans distinction de race, de sexe, de langue ou de religion ». Plus concrètement, dit-il, ces États veulent « encourager et (...) promouvoir dans chacun des pays, le pluralisme politique et les institutions représentatives et garantes de la sécurité et de la liberté individuelles, dans le respect de la loi (...) ».

Cette nouvelle vision s'est traduite par l'extension du rôle de la CEDEAO, désormais apte à servir de contrepoids aux cloisons de développement et de réalisation des objectifs intégrationnistes de la Communauté. La perspective d'une intégration économique est conditionnelle à l'attitude de la CEDEAO face aux violations de la règle constitutionnelle notamment en matière de dévolution du pouvoir. La Communauté se déclare désormais résolue à promouvoir les droits fondamentaux et les démocraties constitutionnelles et sociales comme « principes de convergence constitutionnelle » communs aux États membres. Mieux, elle prévoit des mécanismes de sanctions « en cas de rupture de la Démocratie par quelque procédé que ce soit et en cas violation massive des droits de la personne dans un État membre »[496]. Et pour donner plein effet à son action, le Protocole de la CEDEAO sur la démocratie et la bonne gouvernance, se situant dans la continuité de la Déclaration des principes politiques, adoptée dix ans plus tôt a rappelé dans son préambule plusieurs textes scellant l'engagement des États membres en faveur de la démocratie et des droits fondamentaux. Il s'agit pour la Communauté d'accorder une valeur primordiale aux textes régionaux qui proclament l'attachement des États à la consolidation des principes démocratiques et à la préservation de l'État de droit, gages d'une stabilité favorable à l'action de la Communauté. C'est en ce sens que le protocole de Lomé, affirme, à la suite de la

[495] *Id.*

[496] Article 45 Protocole A/SP1/12/01 sur la démocratie et la bonne gouvernance.

Déclaration des principes politiques de la CEDEAO, au titre des conditions relatives à sa mise en œuvre, un certain nombre d'obstacles à la paix et à la sécurité, notamment « les violations massives des droits de l'homme ou de remise en cause de l'État de droit »[497] et les « cas de renversement ou de tentative de renversement d'un gouvernement démocratiquement élu »[498].

L'action normative de la CEDEAO s'est ensuite inspirée de plusieurs Déclarations de principes démocratiques auxquelles les États membres ont adhéré dans le cadre régional ou plus largement dans le cadre des organisations multilatérales. En ce sens, le protocole de 2001 rappelle dans son préambule, « les principes contenus dans la Déclaration de l'OUA sur la sécurité, la stabilité, le développement et la coopération en Afrique, adoptée à Abuja, les 8 et 9 mai 2000, de même que le contenu de la Décision AHG Dec. 142 (XXV) sur le cadre pour une réaction de l'OUA face aux changements anticonstitutionnels de Gouvernement adoptée par l'OUA à Alger en juillet 1999 ».

Cette série de Déclarations, considérées tantôt comme des engagements généraux et abstraits, tantôt comme des principes fondateurs de la nouvelle organisation régionale, en l'occurrence l'Union africaine, dans le but de renforcer le processus de démocratisation sur le continent[499], marque de manière évidente, un tournant décisif dans le choix des États africains d'un modèle de gouvernement. Cette option constitue une réponse aux multiples interruptions de l'ordre constitutionnel établi, le plus souvent, du fait d'une action militaire, et exprime clairement l'adhésion des peuples africains aux principes et valeurs démocratiques nécessaires à la réalisation du projet communautaire.

L'expression de ce choix s'est aussi manifestée de manière abstraite dans la Déclaration d'Harare adoptée le 20 octobre 1991, par les États du Commonwealth dont certains sont membres de la CEDEAO (Nigeria, Ghana, Gambie, Sierra-Leone) et dont le plan d'action a été adopté en 1995. Cette Déclaration a réaffirmé la lutte contre le racisme,

---

[497]Article 25 (d) du Protocole du 10 décembre 1999.

[498]Article 25 (e) du Protocole du 10 décembre 1999.

[499]F. TABALA KITENE, *Le statut des sanctions contre les changements anticonstitutionnels de gouvernement dans les textes et la pratique de l'Union africaine. Contribution à l'étude de la production des normes par les organisations internationales*, thèse de doctorat, Université de Gand, 2013, p. 256.

l'inviolabilité des droits fondamentaux de la personne sous tous leurs aspects et la nécessaire intégrité de la démocratie[500] parmi ses principes fondamentaux. Ainsi, à son article 4, les États membres réitèrent leur foi dans la démocratie et les droits fondamentaux en ces termes : « we believe that international peace and order, global economic development and the rule of international law are essential to the security and prosperity of mankind; we believe in the liberty of the individual under the law, in equal rights for all citizens regardless of gender, race, colour, creed or political belief, and in the individual's inalienable right to participate by means of free and democratic political processes in framing the society in which he or she lives; we recognise racial prejudice and intolerance as a dangerous sickness and a threat to healthy development, and racial discrimination as an unmitigated evil; we oppose all forms of racial oppression, and we are committed to the principles of human dignity and equality; (…) ». Cela a permis de créer une nouvelle dynamique en faveur de la démocratie et d'affirmer davantage l'engagement du Commonwealth envers les droits de la personne[501].

Notons que l'engagement des États membres dans le cadre de la francophonie, à travers la Déclaration de Bamako adoptée le 3 novembre 2000 découle de la même logique et constitue un apport normatif à l'action de la CEDEAO. En effet, Parmi les axes de la francophonie figurent en bonne place la paix, la démocratie et les droits de l'homme.

C'est en quelque sorte le volet politique de son action qui a été défini avec l'adoption d'une Charte au sommet de Hanoï en 1997. Comme le souligne Abdou DIOUF, « c'est l'effort entrepris pour valoriser la dimension humaine et sociale du développement, lutter contre les inégalités qui s'aggravent, promouvoir la paix, la stabilité, renforcer l'état de droit et la protection des droits et libertés, le respect des

---

[500]N. MICHAUD, « Le Canada et l'idée du Commonwealth : nécessité, mission ou outil de politique étrangère ? » *Revue Internationale de politique Comparée,* 2007/1 (Vol. 14), pp. 19-40.

[501]R. BOURNE, « High Level Review of the future of the Commonwealth », Londres, Commonwealth Policy Studies Unit, 2001., cité par N. MICHAUD, « Le Canada et l'idée du Commonwealth : nécessité, mission ou outil de politique étrangère ? », *op. cit.,* p. 21.

identités, des cultures et des langues »[502] qui sous-tendent les nouvelles priorités de l'organisation. À cet égard, la Déclaration de Bamako, est apparue comme le « nouvel investissement démocratique de la Francophonie »[503], et, plus largement, un instrument normatif de référence à l'action des organisations régionales dont la CEDEAO, en matière de démocratie et des droits de l'homme.

La perspective philosophique des textes précités en faveur de la démocratie a fourni à la CEDEAO un « outil de coordination politique »[504] nécessaire à la mise en œuvre des textes qui se définissent par leur originalité et qui tiennent compte, d'une part, des réalités régionales, et d'autre part, des standards internationaux.

Cette démarche a pour avantage de permettre à la Communauté d'adopter une approche réaliste en matière de protection de la démocratie et des droits fondamentaux.

Le Protocole sur la démocratie et la bonne gouvernance apparaît dès lors comme l'instrument normatif de référence pour l'action de la CEDEAO, notamment la Cour de justice, dans le domaine de la paix, de la démocratie et des droits fondamentaux.

Cela d'autant plus que la valeur particulière du protocole a affecté l'évolution normative des États et son action rendue crédible par la décision de la Cour constitutionnelle du togo du 9 décembre 2009[505].

Ainsi que le fait remarquer Stéphane BOLLE, dans cette décision, le juge constitutionnel togolais « vise seulement le protocole CEDEAO sur la démocratie et la bonne gouvernance et la Charte africaine des droits de l'homme et des peuples, et non les autres engagements internationaux consacrant le droit à la participation électorale tels la Déclaration universelle des droits de l'homme de 1948 et les Pactes

---

[502]A. DIOUF, « L'action politique de la Francophonie », *Géoéconomie,* 4/2010 (n°55), pp. 15-22. Disponible en ligne : www.cairn.info.

[503]*Ibid.,* p. 16.

[504]N. MICHAUD, « Le Canada et l'idée du Commonwealth : nécessité, mission ou outil de politique étrangère ? », *op. cit.,* p. 24.

[505]Décision N°C-003/09 du 09 juillet 2009, Cour constitutionnelle du Togo, disponible sur internet : www.legitogo.gouv.tg.

internationaux relatifs aux droits civils et politiques de 1966 »[506]. Certains auteurs y voient là une certaine audace du juge togolais qui, « par sa hardiesse et son ouverture d'esprit remarquables (...) contribue à vulgariser les dispositions du protocole »[507] et conforte ainsi l'argument tiré de l'existence, en Afrique de l'Ouest, d'un « texte de référence du constitutionnalisme régional », de nature à contribuer à la définition d'un standard démocratique dans l'espace CEDEAO.

§2 : La définition d'un standard démocratique dans le processus d'intégration

La question de la démocratie n'était pas ignorée des rédacteurs du traité de Lagos. L'objectif politique de l'intégration régionale de la Communauté, consistant, aux termes de l'article 2 du traité du 28 mai 1975, « à élever le niveau de vie des peuples, de maintenir et d'accroître la stabilité économique, de renforcer les relations entre les États membres et contribuer au progrès du développement du continent africain » devait nécessairement être lié à la promotion et à la protection de la démocratie. Cependant, aucune référence explicite à la démocratie n'est faite dans les dispositions du texte. À l'instar du traité de Rome[508],

[506]S. BOLLE, « Le Code électoral saisi par la Cour constitutionnelle », article de blog, in *La Constitution en Afrique*, disponible ne ligne : www.la-constitution-en-afrique.org.

[507]I. M. FALL, A. SALL, « Une Constitution régionale pour l'espace CEDEAO : Le Protocole sur la démocratie et la bonne gouvernance de la CEDEAO », *op. cit.*, p. 1.

[508]Le 25 mars 1957 furent signés à Rome deux traités : le premier crée la Communauté économique européenne (CEE) ; le second crée la Communauté européenne de l'énergie atomique (CEEA ou EURATOM). Ces deux traités sont entrés en vigueur le 14 janvier 1958 entre les six États signataires à savoir : l'Allemagne, la Belgique, la France, l'Italie, le Luxembourg et les Pays-Bas. Prenant pour base le traité CECA, le traité de Rome élargit le champ de la coopération supranationale et relance ainsi la construction européenne, ralentie par l'échec, en 1954, du projet politique de la Communauté européenne de défense (CED). La CEE avait pour mission, par l'établissement d'un marché commun et le rapprochement progressif des politiques économiques des États membres, de promouvoir un développement harmonieux des

le traité de Lagos a mis l'accent sur les objectifs et les réalisations économiques, avec la perspective de la mise en place d'un marché commun, des libertés de circulation et de concurrence[509] et des premières politiques communes[510].

Les considérations politiques ne sont pas absentes, mais elles sont prudemment mises en « veille » du fait de l'expérience de l'échec de l'union politique voulue à la création de l'OUA[511]. Les chefs d'État africains étant très attachés à leur autorité politique, toute idée de délégation de ce pouvoir serait par avance vouée à l'échec.

L'irrésistible dynamique de la construction communautaire, a cependant permis de révéler, la nécessité pour l'organisation ouest-africaine, d'apporter à ses États membres, un niveau de stabilité nécessaire à leur développement à travers une approche commune.

Dès lors, l'ajout d'une dimension politique s'est avéré indispensable pour une coopération véritable, en faisant de la démocratie un élément primordial du développement (**A**).

Cette évolution normative n'est que la résultante d'une évolution mondiale favorisée par un environnement international fortement marqué par les exigences démocratiques (**B**).

---

activités économiques dans l'ensemble de la Communauté, une expansion continue et équilibrée, une stabilité accrue, un relèvement accéléré du niveau de vie, et des relations plus étroites entre les États qu'elle réunit.

[509]Chapitre IV, article 27, Traité CEDEAO du 28 mai 1975. Ce traité sera consolidé par le Protocole A/P1/5/79 sur la libre circulation des personnes, le droit de résidence et d'établissement, signé à Dakar le 29 mai 1979 lui-même renforcé par le Protocole A/P3/5/82 portant code de la citoyenneté communautaire ; signé à Cotonou le 29 mai 1982 et es Protocoles additionnels A/SP2/5/90, A/SP1/6/89 et A/SP2/5/90 sur le droit de résidence et le droit d'établissement, signés respectivement à Lomé le 6 juillet 1985, à Ouagadougou le 30 juin 1989 et à Banjul le 29 mai 1990.

[510]C. BERTRAND, « La démocratie participative dans le système institutionnel de l'Union européenne », *Siècles* [en ligne], 37|2013, mis en ligne le 12 décembre 2013, consulté le 30 septembre 2016. Consultable en ligne sur : www.siecles.revues.org.

[511]Voir supra, p. 5 et s.

A. L'insertion d'un « brevet de démocratie » parmi les « clauses d'intégration »

L'établissement de « seuils démocratiques » dans le processus d'intégration a contribué à la diffusion des principes démocratiques dans l'espace CEDEAO. L'exigence démocratique, désormais inscrite dans l'agenda de la Communauté, a été propice au développement politique de la Communauté. Cette situation s'explique notamment par le contexte politique international. Car, comme le souligne Yannick LÉCUYER, « le changement du millénaire marque une période de transition pour la démocratie et la légitimité démocratique, période caractérisée par la remise en cause des fondements épistémologiques et ontologiques traditionnels ainsi que l'émergence de nouvelles réflexions théoriques sur la notion de démocratie »[512]. En atteste d'ailleurs la célèbre Déclaration de l'Assemblée générale des Nations Unies du 8 septembre 2000 qui consacre une part importante à la promotion et au renforcement des pratiques démocratiques à travers la garantie d'un triptyque : « Droits de l'Homme, démocratie et bonne gouvernance »[513].

Pendant longtemps, la communauté internationale était, en effet, plus concentrée sur l'autodétermination externe des peuples colonisés sans se préoccuper du droit de ces peuples à choisir librement leurs gouvernants. Cette situation a été favorable à l'instauration, parfois pendant plusieurs décennies, des régimes autoritaires. Excepté le cas spécifique de l'apartheid[514], toute interrogation sur la forme de ces régimes et leur mode de fonctionnement se heurtait immédiatement à l'objection du « domaine réservé » et de la souveraineté des États et était considérée comme une flagrante immixtion, contraire au principe de non-ingérence. En atteste l'arrêt de la Cour internationale de justice

---

[512]Y. LÉCUYER, *L'européanisation des standards démocratiques, op. cit.*, p. 24.
[513]A/Res/55/2 du 13 septembre 2000 ; *Cf.* aussi la Déclaration finale et le « Programme d'action de la Conférence mondiale sur les droits de l'homme », Vienne 14-25 juin 1993, Doc. A/Conf 157/23 – 12 juillet 1983.
[514]T. CHRISTAKIS, *Le droit à l'autodétermination en dehors des situations de décolonisation, in* Jacques Bourrinet (dir.), CERIC, Paris, La Documentation française, 1999, p. 328.

sur les *Activités militaires et paramilitaires*[515], dans lequel celle-ci souligne le droit de chaque État à déterminer librement et sans ingérence extérieure, ses choix politiques internes. Toutefois, avec la vague de démocratisation amorcée à la faveur du succès de la démocratie libérale, le contexte a radicalement changé et a eu d'importants impacts sur l'évolution normative tant au niveau international, régional que communautaire. Les États ont pris des engagements en faveur de la reconnaissance d'un principe de légitimité démocratique. Ainsi, de l'indifférence quasi générale dans le domaine de la politique intérieure des États, le droit international a substantiellement évolué, de sorte qu'on peut aujourd'hui observer une effervescence en faveur de la démocratie, marquée d'ailleurs par l'adoption de mesures de plus en plus coercitives à l'égard des États qui violeraient leurs engagements[516].

Dans le cadre de la CEDEAO, la validité et la pertinence des engagements des États membres se trouvent confirmés par le traité révisé et les protocoles subséquents. Le Protocole de Dakar prescrit quant à lui, un « seuil démocratique » auquel les quinze (15) États membres doivent satisfaire. Il vise à articuler la prévention des conflits politiques avec le souci de consolider la bonne gouvernance démocratique dans une région où les forces armées continuent, trop souvent, à jouer un rôle prédominant dans les décisions et orientations politiques des gouvernements en place.[517] Il est alors apparu nécessaire

---

[515]*Nicaragua c/ États-Unis d'Amérique*, 27 juin 1986, Rec. *CIJ*, 1986, §§ 258, 261 et 263. « Les orientations politiques internes d'un État relèvent de la compétence exclusive de celui-ci [...]. Chaque État possède le droit fondamental de choisir et de mettre en œuvre comme il l'entend son système politique, économique et social. [...] » ; « [L]a Cour ne découvre aucun instrument ayant une valeur juridique unilatérale ou synallagmatique, par lequel le Nicaragua se serait engagé quant au principe et aux modalités de la tenue d'élections. [...] » ; « [L]'adhésion d'un État à une doctrine particulière ne constitue pas une violation du droit international coutumier ; conclure autrement reviendrait à priver de son sens le principe fondamental de la souveraineté des États sur lequel repose tout le droit international, et la liberté qu'un État a de choisir son système politique, social, économique et culturel ».

[516]T. CHRISTAKIS, *Le droit à l'autodétermination en dehors des situations de décolonisation, op. cit.*, p. 329.

[517]P. OYANE-ONDO, Document de réflexion de l'AFP à l'occasion de Bamako +10, XXVIe Session de l'Assemblée Parlementaire de la Francophonie, Document n° 8, Commission politique, Dakar, 5-8 juillet 2010.

de réglementer la démocratie dans un cadre juridique pour éviter, selon les termes de John Stuart, la « tyrannie de la majorité »[518]. La démocratie apparaît dès lors comme un système où d'une part, les gouvernants émanant (plus ou moins directement) du suffrage universel ne doivent pas être soumis à des autorités non élues comme les militaires ou les hauts fonctionnaires ; d'autre part, ils doivent jouir d'une grande autonomie par rapport à des puissances extérieures car, au-delà d'un certain point, l'aliénation de l'indépendance nationale disqualifie la nature politique du régime[519].

Le défi posé à la CEDEAO concerne l'implication plus concrète de l'Organisation communautaire dans la consécration et le respect par les États membres, des principes et valeurs démocratiques. En effet, il n'y a pas de démocratie sans bonne gouvernance, comme il n'y a pas de bonne gouvernance sans démocratie et État de droit. Et comme l'a rappelé Boutros Boutros Ghali, ancien Secrétaire général de l'ONU, « La démocratie favorise une conduite judicieuse des affaires publiques. Elle en constitue le paramètre de développement le plus important »[520]. Car, explique-t-il, « le développement pour être durable, suppose la bonne gestion des affaires publiques, la primauté du droit, l'efficacité des institutions étatiques, la transparence, la responsabilité des gouvernants, le respect des droits de l'homme ainsi qu'une participation réelle des citoyens aux processus politiques de leurs pays »[521].

Le droit communautaire trouve là un terreau favorable sur lequel peuvent se construire des règles d'un droit autonome, tant la question de la démocratie et de la bonne gouvernance se pose avec acuité dans les espaces internes des États membres de la CEDEAO. C'est en ce sens que le pluralisme, considéré comme un droit dépourvu de restriction en

---

[518]J. STUART, *On Liberty*, Londres, Longman, 1869, [première édition, 1850].

[519]P. SCHMITTER, T.L. KARL, « What democracy is…and is not », *in* L. DIAMOND, F. M. F. PLATTNER (eds), *The Global Resurgence of Democracy*, Baltimore Md, The Johns Hopkins University Press, 1993, p. 45., cité par C. JAFFRELOT (dir.), « Comment expliquer la démocratie hors Occident? », in *Démocraties D'ailleurs,* Paris, Karthala, 2000, p. 8.

[520]B. BOUTROS-GHALI, « Agenda pour la démocratisation », Doc. A/51/761, 17 janvier 1997, § 58.

[521]Rapport du Secrétaire général des Nations Unies sur l'Organisation, A/52/5 du 13 septembre 1997, §22. ; Voir aussi A/53/1 du 27 août 1998, A/53/554 du 29 octobre 1998, etc.

raison de sa primauté constitutionnelle[522] a été érigé au rang des caractéristiques nécessaires à la mesure du degré de démocratie d'un État membre.

Autrement dit, c'est l'une des conditions nécessaires à l'octroi d'un « brevet de démocratie ». Désormais le pluralisme apparaît comme un droit fondamental inhérent à la démocratie et protégé en droit communautaire comme une exigence démocratique. Il n'y a pas, en effet, de démocratie concevable sans la valorisation du pluralisme social et politique[523]. Le pluralisme constitue une composante fondamentale de la démocratie en ce qu'il consacre l'expression, sans censure, d'opinions plurielles dont notamment, le multipartisme, la pluralité associative, scolaire, religieuse, etc.[524] Parmi les conséquences du pluralisme, y figurent notamment « l'existence d'une opposition, avec un statut formel ou implicite ; la remise en jeu régulière du pouvoir dans des élections libres où le vote est secret »[525]; en vue d'assurer une alternance au pouvoir en tant que caractéristique essentielle de la démocratie libérale.

Pour autant, malgré les professions de foi de plusieurs dirigeants africains qui n'ont de cesse de proclamer leur attachement aux valeurs de la démocratie libérale, de l'État de droit et des droits fondamentaux, la CEDEAO a pendant longtemps, été confrontée à une remise en cause du pluralisme dans plusieurs États membres.

Cette situation s'explique par un facteur juridique que la doctrine[526] qualifie de présidentialisme. Dans ce contexte, on voit apparaître dans

---

[522]Voir en ce sens, J. GICQUEL, J.-E. GICQUEL, Droit constitutionnel et institutions politiques, 31e éd., Paris, L.G.D.J., 2017-2018, 926 p. ; Voir aussi J. GICQUEL, « La construction de la démocratie », in *Droit constitutionnel et institutions politiques,* Paris, Montchrestien, 31ème éd., 2017-2018, p. 186 ; M. M .SY, *La protection constitutionnelle des droits fondamentaux en Afrique. L'ex du Sénégal, op. cit.,* p. 288.
[523]C. JAFFRELOT (dir.), « Comment expliquer la démocratie hors Occident ? », in *Démocraties D'ailleurs, op. cit.,* p. 11.
[524]P. ARDENT, B. MATHIEU, *Institutions politiques et droit constitutionnel,* 20eme éd., L.G.D.J, 2008, p. 154.
[525]P. ARDENT, B. MATHIEU, *Institutions politiques et droit constitutionnel, op. cit.,* p. 155.
[526]G. CONAC, « Le présidentialisme en Afrique noire. Unité et diversité. Essai de typologie », in *L'évolution récente du Pouvoir en Afrique noire,* Bordeaux IEP-CEAN, 1977, p. 19.

les sphères étatiques, quelques réformes symboliques, dues généralement, aux pressions extérieures plus qu'aux aspirations des populations[527], une démocratie de façade plus encline à conforter la stature internationale des gouvernants qu'à libéraliser l'espace politique. L'absence du fait démocratique constitue un obstacle politique évident à la construction communautaire. C'est en ce sens qu'il faut comprendre la démocratie en tant qu'« idée de droit comme représentation de l'ordre désirable dans une société donnée »[528].

Dans sa vision de la démocratie par le truchement du standard de société démocratique[529], la Cour européenne des droits de l'homme a dégagé des principes cardinaux autour du triptyque « pluralisme, tolérance et esprit d'ouverture »[530]. Le pluralisme apparaît donc comme la « dimension éthique »[531] de la démocratie. C'est à cette dimension éthique que nous faisons allusion dans la formule « brevet de démocratie », car elle est constitutive d'un idéal que l'on retrouve dans l'action normative de la CEDEAO.

La démocratie devenant aujourd'hui l'une des conditions fondamentales d'appartenance à la Communauté, la Cour de justice est désignée de fait comme le juge du « degré démocratique » des régimes politiques des États membres. Elle s'attribue aussi, comme l'a fait la Cour européenne des droits de l'homme, le rôle de « veiller à ce qu'un régime véritablement démocratique existe dans les territoires auxquels le traité s'applique »[532]. Le protocole de Dakar a érigé un corpus de règles électorales et démocratiques que les États membres s'engagent à respecter et, qui, est accompagné « d'un système juridictionnel permettant de sanctionner la violation de ces règles et d'un mécanisme

---

[527]N. E. GHOZALI, « L'introuvable bonne gouvernance démocratique dans les pays du Maghreb : le déni de liberté », *in* Y. BENACHOUR, J. R. HENRY, R. MEDHI (dir.), *Le Débat juridique au Maghreb, de l'étatisme à L'État de droit, Études en l'honneur d'Ahmed Mahiou,* éd. Publisud-Iremam, p. 261.
[528]F. SUDRE, « Les libertés protégées par la Cour européenne des droits de l'homme », *in* D. ROUSSEAU et F. SUDRE (dir.), *Conseil constitutionnelle et Cour européenne des droits de l'homme : droits et libertés en Europe*, Paris, STH, 1990, p.18.
[529]Y. LÉCUYER, *L'européanisation des standards démocratiques, op. cit.*, p. 25.
[530]CEDH, *Handyside c/Royaume-Uni,* 7 décembre 1976, rec. A24, § 49.
[531]Y. LÉCUYER, *L'européanisation des standards démocratiques, op. cit.*, p. 25.
[532]CEDH, *Matthews c/ Royaume-Uni,* 18 février 1999, rec. 1999-I, § 49.

garantissant l'exécution des décisions juridictionnelles par les États éventuellement condamnés »[533].

Notons avec Yannick LÉCUYER que « le contentieux relatif aux standards démocratiques imposent inévitablement d'apprécier les problématiques politiques, démocratiques et constitutionnelles traditionnellement cantonnées au droit interne »[534]. Dès lors, le contentieux des droits politiques occupe une place prépondérante dans l'ordre communautaire ouest-africain.

L'évolution normative de la CEDEAO amorcée par le traité révisé a été renforcée par le protocole de Lomé lui-même complété par le protocole de Dakar. Elle a ainsi permis d'encadrer l'engagement par lequel des États membres consentent à se doter d'un régime de démocratie représentative, de le consolider par l'organisation d'élections honnêtes, libres et périodiques et de le préserver en assurant une garantie effective des droits fondamentaux.

La question fondamentale qui se pose ici est de savoir si la CEDEAO est devenue l'organe régional africain ayant de manière définitive, consacré le droit des peuples à la démocratie ? On pourrait avoir le réflexe de le penser au regard des principes et valeurs que consacrent le protocole de Dakar qui, pour ainsi dire, crée un droit des peuples à la démocratie ou du moins une obligation des États d'organiser des élections démocratiques libres et périodiques en encadrant substantiellement le processus.

Ce n'est donc pas la question de la légitimité démocratique qui se pose aujourd'hui à la Communauté dans la mesure où, les quinze États membres jouissent tous de régimes démocratiques relativement acceptables, mais c'est principalement le respect des principes démocratiques qui n'est pas assuré.

Le respect de l'État de droit est un préalable sans lequel les principes établis seraient inefficaces et incapables de garantir une véritable démocratie pluraliste. Avant de procéder à l'analyse des dispositions du Protocole de Dakar, il importe de s'interroger sur la dimension

---

[533]J.-P. COSTA, « La Cour européenne des droits de l'homme : vers un ordre juridique européen ? » in *Mélanges en hommage à Louis Edmond PETTITI,* Bruxelles, Bruylant, 1998, p. 198.

[534]Y. LÉCUYER, *L'européanisation des standards démocratiques, op. cit.*, p. 29.

internationale de la démocratie et sur l'éventuelle influence de l'environnement juridique international sur le contexte régional africain et, en l'espèce, sur la CEDEAO.

B. L'influence décisive de l'environnement juridique international

L'intérêt, désormais plus grand, de la communauté internationale, pour la démocratie, se traduit par l'existence de divers instruments juridiques auxquels les États membres ont proclamé leur foi[535].

Il convient de noter qu'à l'origine l'article 25 du Pacte international relatif aux droits civils et politiques qui constitue le fondement de la démocratiosation à l'échelle internationale était d'une portée limitée puisqu'il s'intéressait essentiellement au phénomène de colonisation. Après l'achèvement du processus de décolonisation[536], la philosophie de cet article va prendre une autre dimension en intégrant les peuples dans le processus de gestion des affaires publiques. C'est le point de départ de ce qu'on a appelé « l'agenda de démocratisation ». L'État n'est que le détendeur de la somme des souverainetés individuelles que les citoyens ont bien voulu lui conférer. L'individu devient dès lors, le sujet du droit international. À ce titre, il doit aspirer à la liberté de se faire représenter en ayant le droit de désigner librement son représentant à travers des élections qui traduisent honnêtement son expression. Progressivement, l'idée centrale de cet article a permis de confirmer le

[535]C'est le cas par exemple du Pacte international relatif aux droits civils et politiques des Nations Unies qui consacre à son article 25 les droits politiques des peuples en ces termes : « Tout citoyen a le droit et la possibilité, sans aucune des discriminations visées à l'article 2 et sans restrictions déraisonnables : a) de prendre part à la direction des affaires publiques, soit directement, soit par l'intermédiaire de représentants librement choisis ; b) de voter et d'être élu, au cours d'élections périodiques, honnêtes, au suffrage universel et égal et au scrutin secret, assurant l'expression libre de la volonté des électeurs ; c) d'accéder, dans les conditions générales d'égalité, aux fonctions publiques de son pays ».

[536]T. CHRISTAKIS, *Le droit à l'autodétermination en dehors des situations de décolonisation, op. cit.*, p. 334.

développement politique des États et d'évaluer leur légitimité démocratique.

C'est sur le fondement de cet article que le comité des droits de l'homme de l'ONU, dans son rapport de 1996, avait d'ailleurs appelé la République fédérale du Nigeria, à prendre « des mesures immédiates pour rétablir sans retard la démocratie et les droits constitutionnels »[537] en mettant fin au régime militaire en place depuis quatre ans, jugé incompatible avec les dispositions conventionnelles du Pacte.

Tel que le fait remarquer Théodore CHRISTAKIS, « le pacte international relatif aux droits civils et politiques n'est pas le seul à reconnaître le droit à la démocratie. D'autres instruments, universels et régionaux, reconnaissent de tels droits à des degrés variables, faisant même parfois de la démocratie le seul système politique compatible avec la mise en œuvre effective de ces instruments conventionnels »[538].

Ainsi en est-il de la Convention sur l'élimination de la discrimination raciale du 4 janvier 1969 dont l'article 5 dispose au point c) que les États parties doivent garantir, sans aucune discrimination, la jouissance de : « Droits politiques, notamment le droit de participer aux élections de voter et d'être candidat selon le système du suffrage universel et égal, le droit de prendre part au gouvernement ainsi qu'à la direction des affaires publiques, à tous les échelons, et le droit d'accéder, dans des conditions d'égalité, aux fonctions publiques ». L'objectif ici visé est d'assurer une protection des droits fondamentaux des personnes appartenant à des groupes minoritaires et reconnus comme tels.

Les droits politiques de la femme sont aussi garantis dans la Convention de 1959 renforcée par la Convention sur l'élimination de toutes les formes de discrimination à l'égard des femmes de 1979.

Ces deux instruments ont notamment pour but d'assurer la pleine participation de la population féminine, à la vie politique des États. Cette participation qui n'était guère garantie dans la plupart des pays du monde il y a encore quelques décennies, reste encore problématique, tant le faible degré de participation de la femme à la vie publique et

[537]A/51/40, 1996, § 292.
[538]*Ibid.*, p. 347.

politique est encore persistant[539].Cette dynamique va progressivement être diffusée dans les systèmes régionaux de protection des droits fondamentaux. Ainsi, dans le système européen, les États parties réaffirment dès le préambule de la Convention, « leur profond attachement à ces libertés fondamentales qui constituent les assises même de la justice et de la paix dans le monde et dont le maintien repose essentiellement sur un régime politique véritablement démocratique, d'une part, et, d'autre part, sur une conception commune et un commun respect des droits de l'homme dont ils se réclament »[540]. Et la Cour européenne va confirmer cela en soulignant dès les premières affaires, que la démocratie est « l'unique modèle politique envisagé par la Convention et, partant, le seul qui soit compatible avec elle »[541]. Elle rejoint ce faisant, la position des pères du protocole n°1 selon laquelle les droits politiques « n'existent, n'ont de signification et de contenu pratique que dans la démocratie et par elle »[542]. La mise en valeur de cette position s'est traduite de manière explicite dans l'article 3 dudit Protocole qui dispose : « Les hautes parties contractantes s'engagent à organiser, à des intervalles raisonnables, des élections libres au scrutin secret, dans les conditions qui assurent la libre expression de l'opinion du peuple sur le choix du corps législatif ».

On remarque dans la formulation de cet article l'absence de droit de participation à la direction des affaires publiques et même du droit d'accès à la fonction publique. En ce qui concerne le droit aux élections, celui-ci est expressément limité aux seuls « choix du corps législatif ». Ce qui, selon certains auteurs[543] « pourrait laisser penser, contrairement aux textes onusiens, que cet article n'énonce qu'une garantie

---

[539]T. CHRISTAKIS, *Le droit à l'autodétermination en dehors des situations de décolonisation, op. cit.,* p. 349.

[540]J.-F. FLAUSS, *l'influence de la CEDH sur les États tiers*, Bruxelles, Bruylant/Nemesis, 2002, 162 p ; Voir aussi R. ABRAHAM, « Les incidences de la CEDH sur le droit constitutionnel et administrative des États parties », *Revue universelle des droits de l'homme*, v. 4, nos. 10-11, 1992, pp. 409-418.

[541]CEDH, *PCU c/Turquie,* 30 janvier 1998, rec. 1998-I, § 45.

[542]F. TEITGEN, Ass. Cons., séance du 16 août 1950, CR, p. 50., cité par Y. LÉCUYER, *L'européanisation des standards démocratiques, op. cit.*, p. 28. ; Voir aussi L. COHEN-TANUGI, *La métamorphose de la démocratie française. De l'État jacobin à l'État de droit*, Paris, Gallimard, 1993, p. 78 et s.

[543]T. CHRISTAKIS, *Le droit à l'autodétermination en dehors des situations de décolonisation, op. cit.,* p. 351.

institutionnelle d'élections libres et non pas un droit individuel de participer aux élections ». Cette idée a d'ailleurs été confortée par la position retenue dans un premier temps par la Commission européenne[544]. Le contexte historique n'est cependant pas étranger à cette formulation. Et la doctrine révèle que « lors de de l'adoption de la Convention européenne au palais Barberini le 4 novembre 1950, le droit à des élections, très proches de l'exercice de la souveraineté et de notions constitutionnelles formant le pré-carré traditionnel des États ne dépassera pas le stade des travaux préliminaires pour deux raisons évidentes.

Tirant les leçons des deux grandes guerres, l'Europe voulait se prémunir contre le retour de la guerre et le retour éventuel des dictatures en privilégiant les démocraties. Il fallait alors affirmer et proposer une alternative universaliste face au stalinisme et au bloc soviétique. Il s'agissait de l'européanisation en urgence des libertés humanistes »[545]. Toutefois, la jurisprudence de la Cour européenne des droits de l'homme a été le pivot de l'affirmation des droits politiques dans le socle démocratique du système européen en conférant une « place centrale » à l'article 3 du protocole n°1. La Cour a de manière non équivoque exprimé dès son arrêt fondateur[546] que la Convention tout entière est à interpréter à la lumière du régime politique démocratique et de ses droits.

C'est en ce sens qu'il faut comprendre le préambule de la Convention dont la philosophie s'entend par le fait que « le système européen de défense des droits de l'homme n'a de raison d'être que par l'existence préalable de la démocratie ce qui implique *ab initio* le respect de certains standards démocratiques et électoraux »[547].

Le respect de la volonté du peuple et de la légitimité démocratique enracine davantage le droit à des élections libres dans la Convention

---

[544]Voir Commission EDH, *Req.* n°1065/61, X c. Belgique, décision du 30 mai 1961, Annuaire de la Convention, vol. 4, pp. 260-261.
[545]Y. LÉCUYER, *L'européanisation des standards démocratiques, op. cit.*, p. 36 ; voir aussi A. MOINE, *L'émergence d'un principe d'élections libres en droit international,* thèse, université Nancy II, 1998, p. 79.
[546]CEDH, *Mathieu Mohin c/ Belgique,* 2 mars 1987, *rec.* A113, § 47-50.
[547]Y. LÉCUYER, *L'européanisation des standards démocratiques, op. cit.*, p. 37.

européenne et la Cour se fonde sur les traditions démocratiques des États parties afin d'en dégager selon les termes de Théodore CHRISTAKIS, « les dénominateurs communs et les traits essentiels »[548]. Et, malgré une absence remarquée, le droit à des élections libres n'était pas totalement étranger à la dynamique conventionnelle[549] et les organes de la Convention, la Commission d'abord, la Cour ensuite, y ont fortement contribué, si bien que la démocratie est apparue « non pas comme un système politique souhaitable, mais un système obligatoire, le seul compatible avec la Convention »[550].

La Cour a cependant laissé une marge d'appréciation aux États pour réglementer les droits civiques des citoyens notamment les conditions relatives à la nationalité, à l'âge, à la résidence, etc., sans manquer de rappeler les réserves substantielles. Elle précise en effet que les États doivent garantir la pleine effectivité de ces droits en s'abstenant de prendre des mesures visant à les vider de leur contenu ou à créer une rupture d'égalité des citoyens dans l'exercice de ces droits[551]. Le rôle important des droits fondamentaux dans la consécration de la démocratie, a été souligné avec beaucoup de vigueur, dans le système interaméricain de protection des droits de l'homme. Cela d'autant plus que, la plupart des États américains avaient connu des périodes plus ou moins longues de dictatures militaires[552].Ainsi, la commission interaméricaine avait précisé dans son rapport annuel de 1990, que « la notion de la démocratie représentative se base sur le principe selon lequel le peuple est titulaire de la souveraineté, il élit ses représentants dans les démocraties indirectes pour qu'ils exercent le pouvoir

[548]T. CHRISTAKIS, *Le droit à l'autodétermination en dehors des situations de décolonisation, op. cit.,* p. 353.
[549]Y. LÉCUYER, *L'européanisation des standards démocratiques, op. cit.*, p. 38.
[550]T. CHRISTAKIS, *Le droit à l'autodétermination en dehors des situations de décolonisation, op. cit.,* p. 353 ; Voir aussi CEDH, *PCU c/Turquie,* 30 janvier 1998.
[551]CEDH *Mathieu Mohin c/ Belgique,* 2 mars 1987 *;* CEDH, *Mathews c/ Royaume-Uni* [GC], n° 24833/94, § 63 ; CEDH, *Hirst c/. Royaume-Uni*, 6 octobre 2005, § 61.
[552]C. M. CERNA, "*Universal democracy: an international legal right or the pipe dream of the west?",* New York University journal of international law and politics, Vol. 27, pp. 289-329. À l'entrée en vigueur du Pacte de San José en 1978, la plupart des États américains étaient dirigés par des juntes militaires. C'est le cas par exemple du Pérou jusqu'en 1980, l'Argentine en 1983, l'Uruguay en 1984, le Brésil en 1985, le Paraguay en 1989 et le Chili (1989).

politique »[553]. Plus tard, dans l'affaire *Yatama c/ Nicaragua,* la Cour a affirmé que le droit de vote est « l'un des éléments essentiels pour l'exercice de la démocratie et l'une des formes par lesquels les citoyens exercent le droit à la participation politique »[554].

En Afrique, le critère démocratique n'est pas présent dans la Charte africaine des droits de l'homme et des peuples. Cette situation ne peut se comprendre sans être replacée dans le contexte historique particulier africain. Il s'agit d'appréhender l'évolution politique africaine et, partant, les droits corollaires. Le système de parti unique ayant fortement, et pendant longtemps, dominé le contexte politique, a rendu impossible toute culture démocratique, puisque toute idée de démocratie se heurtait à l'argument de la souveraineté des États. Seul le droit à la participation politique se trouve garanti à l'article 13 de la Charte[555]. La portée restreinte des dispositions de cet article, lorsqu'on le compare à d'autres instruments qui ont la même vocation, notamment l'article 25 du Pacte international relatif aux droits civils et politiques, l'article 3 du Protocole n°1 de la Convention européenne des droits de l'homme ou encore l'article 23 de la Charte interaméricaine des droits de l'homme, a amené la doctrine à le considérer plus comme une déclaration de principe qu'une règle juridique précise et contraignante[556]. C'est d'autant plus compréhensible que la Charte est le plus récent des instruments précités. Face à la kyrielle d'analayses doctrinales, l'Union africaine a fini par adopter en 2007, une Charte africaine de la démocratie, des élections et de la bonne gouvernance. Cet instrument régional, plus qu'un texte conventionnel ordinaire, est

---

[553]Commission interaméricaine des droits de l'homme, *Rapport annuel,* 1990-1991, Chapitre V, III.

[554]L. BURGORGUE-LARSEN, A. UBEDA DE TORRES, *Les Grandes décisions de la Cour interaméricaine des droits de l'homme,* Bruxelles, Bruylant, 2008, p. 645.

[555]L'article 13 alinéa 1 de la charte dispose en effet que : « Tous les citoyens ont le droit de participer librement à la direction des affaires publiques de leur pays, soit directement, soit par l'intermédiaire de représentants librement choisis, ce, conformément aux règles édictées par la loi ».

[556]R. GITTLEMAN, « The African Charter of Human and People's Rights. A legal Analysis », *R.C.A.D.I.*, 1985, V, tome 194, p. 73., cité par Olivier CORTEN et Catherine DENIS, commentaire « Article 13 », in *La Charte africaine des droits de l'homme et des Peuples et le Protocole y relatif portant création de la Cour africaine des droits de l'homme, commentaire article par article,* M. KAMTO (dir.) *; op. cit.,* p. 310.

une véritable révolution normative. À l'instar du Protocole de la CEDEAO sur la démocratie et la bonne gouvernance, cette Charte régionale est un véritable « bréviaire de démocratie ».

Dès le préambule, les États affirment leur « volonté collective d'œuvrer sans relâche pour l'approfondissement et la consolidation de la démocratie, de l'État de droit, de la paix, de la sécurité et du développement ». Il est donc manifeste que les États africains considèrent aujourd'hui la démocratie comme le seul modèle de gouvernement compatible avec la paix. Cela passe nécessairement, comme indiqué dans le préambule de la Charte, par l'« enracinement dans le continent, d'une culture d'alternance politique fondée sur la tenue régulière d'élections transparentes, libres et justes, conduites par des organes électoraux nationaux, indépendants, compétents et impartiaux ». Ce qui exclut tout système fondé sur le modèle ancien de parti unique et tout régime autoritaire. L'accent est mis sur la « nécessité démocratique » ; le mot démocratie est repeté avec insistance dans ce texte.

C'est sur la base de ces évolutions que le « droit à la démocratie » a pu « faire fortune » dans la société internationale et, partant, dans la Communauté ouest-africaine. L'évolution majeure a consisté à corriger les inégalités de fait que pouvait faire apparaître l'exercice de certaines libertés du fait de l'intervention, parfois injustifiée et souvent exagérée, des autorités étatiques[557].

La démocratie libérale a l'ambition de mettre le pouvoir entre les mains de tous. Elle condamne toute société où il est confisqué par un individu ou par une minorité. Pourtant elle n'a pas pu empêcher que se développent de nouvelles formes d'oligarchies[558]. On comprend dès lors, la démarche de la CEDEAO qui consiste à élever le degré d'exigence démocratique dans le système politique des États, par une protection renforcée de la démocratie.

[557]Voir en ce sens, P. ARDENT, B. MATHIEU, *Institutions politiques et droit constitutionnel, op. cit.*, p. 155.
[558]*Ibid.*, p. 156.

Section 2 : La protection renforcée de la démocratie

L'accès au pouvoir par les urnes est la principale caractéristique d'un régime démocratique. Les élections libres et démocratiques constituent ainsi le critère de base de la démocratie. L'élection démocratique est un principe de justification et une technique de décision. Le moment électoral est un moment crucial aussi bien pour la construction d'une démocratie que pour sa protection[559].

Devenant de plus en plus la « caution de la légitimité de tout pouvoir »[560], le discours sur l'État de droit tend aujourd'hui, plus que jamais à s'élargir et à conquérir des dimensions nouvelles et à poser des problèmes nouveaux notamment la tendance à imposer la légitimité démocratique par la force armée[561]. La situation désormais répandue de remise en cause de l'ordre constitutionnel existant, saurait-elle fonder un droit d'ingérence ?

L'urgence d'une réponse aux multiples entorses à la démocratie, a conduit la CEDEAO à s'inscrire dans une logique d'élection d'un certain nombre de principes au rang des normes « inderogeables » **(§1)** et dont l'effectivité est tributaire de l'efficacité de la mise en œuvre des objectifs intégrationnistes **(§2)**.

---

[559]*Cf.* en ce sens G. VEDEL, *Droit constitutionnel*, Paris, Sirey, 1949, p. 14 et s ; Cf. aussi J. LAFERRIÈRE, *Manuel de droit constitutionnel* [Texte imprimé], 2ème éd., Paris, Domat-Monchrestien, 1947 ; N. AKACHA, « Crise électorale et changement anticonstitutionnel de gouvernement », *in R. BEN ACHOUR (dir.), Les changements anticonstitutionnels de gouvernement. Approche de droit constitutionnel et de droit international,* Actes du colloque organisé les 4 et 5 avril à Tunis, Cahiers de l'Institut Louis FAVOREU, Vol. 1., PUAM, 2014, p. 93.

[560]J. CHEVALLIER, *L'État de droit,* Paris, Montchrestien, 1992, p. 153.

[561]H. GUELDICH, « L'ingérence démocratique : peut-on imposer la légitimité démocratique par la force armée ? », *in* R. BEN ACHOUR (dir.), *Les changements anticonstitutionnels de gouvernement. Approche de droit constitutionnel et de droit international,* Actes du colloque organisé les 4 et 5 avril à Tunis, Cahiers de l'Institut Louis FAVOREU, Vol. 1., PUAM, 2014, p. 115. ; voir aussi L. COHEN-TANUGI, La métamorphose de la démocratie française. De l'État jacobin à l'État de droit, *op. cit.*, pp. 137-146.

§1 : L'élévation des principes démocratiques au rang des normes « indérogeables »

Il n'est pas de Communauté économique possible sans une Communauté politique et juridique fondée sur des valeurs communes. Il était donc nécessaire pour l'organisation communautaire d'inscrire la question de la légitimité démocratique dans son agenda. La notion de la légitimité démocratique exprime « l'idée ou la doctrine selon laquelle le régime démocratique est le seul dont la domination et la capacité des ordres auxquels on doit obéir sont acceptées et reconnues »[562]. À cet égard, la sauvegarde de la démocratie suppose la garantie d'un régime démocratiquement élu, à l'abri de tout changement anticonstitutionnel (**A**). L'exigence démocratique constitue ainsi un impératif juridique dans l'ordre communautaire ouest-africain et dont la violation entraînerait la mise en œuvre des mécanismes de sanctions prévus à cet effet (**B**).

A. La prohibition des changements anticonstitutionnels de gouvernement

Le dispositif normatif africain en matière de protection de la démocratie apparaît comme un des plus efficaces au regard du dispositif juridique existant tant au niveau international que régional et plus spécifiquement au regard des instruments adoptés dans le cadre du système des Nations Unies, tant l'approche est offensive contre le phénomène récurrent de remise en cause de l'ordre constitutionnel. Cette situation est symptomatique d'un contexte historique régional, parce que l'Afrique a été et est encore, l'un des continents le plus en proie à l'instabilité politique, d'autant plus que les changements anticonstitutionnels de

---

[562]A.-J. ARNAUD, *Dictionnaire encyclopédique de théorie et de sociologie de droit*, Paris, L.G.D.J, 1998, p. 225.

gouvernement y « constituent l'une des causes essentielles d'insécurité, d'instabilité, de crise et même de violents affrontements (...) »[563].

Pour faire face à cette instabilité politique récurrente sur le continent, l'Acte constitutif de l'Union africaine consacre plusieurs principes dont celui mentionné à son article 3 (p), « [la] condamnation et [le] rejet des changements anticonstitutionnels de gouvernement ». Cette consécration juridique s'est faite de manière progressive. Et comme le rappelle Ben Achour Rafâa, « le processus de l'affirmation des principes démocratiques et d'État de droit a, d'abord eu lieu au niveau de l'Organisation de l'Unité africaine, ensuite de l'Union africaine »[564]. D'où l'affirmation de Roland ADJOVI, lorsqu'il estime que cette consolidation textuelle « constitue un acquis normatif de l'ancienne OUA dans la mesure où les Déclarations d'Harare (1997), d'Alger (1999) et de Lomé (2000) érigeaient déjà en norme cette prohibition des putschs » [565]. C'est cet acquis normatif qui a conduit à l'adoption de la Charte africaine de la démocratie, des élections et de la gouvernance. Cette interprétation dynamique de l'acte constitutif de l'Union africaine est confirmée, dans le cadre de la CEDEAO, par le Protocole sur la démocratie et la bonne gouvernance.

La prohibition des changements anticonstitutionnels de gouvernement est également inscrite dans certaines constitutions comme celle du Bénin dont l'article 66 qualifie le Coup d'État et le putsch d'illégitimes et appelle dans des telles circonstances, à la désobéissance civile et à la résistance patriotique, et autorise dans le même temps le recours à un soutien militaire extérieur. Il en est de même de la constitution malienne du 27 février 1992 dont l'article 121, alinéa 3 dispose : « Tout coup d'État ou putsch est un crime imprescriptible contre le Peuple Malien » ou encore de la constitution du Burkina Faso de 1991 dont l'article 167 dispose : « La source de toute légitimité découle de la présente constitution. Tout pouvoir qui ne tire sa source de cette constitution,

---

[563]Charte africaine de la démocratie, des élections, et de la gouvernance, Préambule, paragraphe 8, huitième session ordinaire de la Conférence de l'Union africaine tenue à Addis-Abeba, le 30 janvier 2007. Disponible sur : www.un.org.

[564]R. BEN ACHOUR (dir.), « Rapport introductif », in *Les changements anticonstitutionnels de gouvernement. Approche de droit constitutionnel et de droit international, op. cit.*, p. 15 et s.

[565]R. ADJOVI, « Union africaine et démocratie : aspects constitutionnels internes et internationaux », *op. cit.*, p. 78.

notamment celui issu d'un coup d'État ou d'un putsch est illégal. Dans ce cas, le droit à la désobéissance civile est reconnu à tous les citoyens ». La même philosophie se retrouve au préambule de la nouvelle constitution ivoirienne d'octobre 2016.

Il importe dès lors, dans un premier temps, de s'accorder sur la notion même de « changement anticonstitutionnel de gouvernement », pour ensuite se demander si un tel « changement anticonstitutionnel » de gouvernement est susceptible de justifier la mise en œuvre d'un droit d'intervention de la CEDEAO ou dans le cadre plus large de l'Union africaine. Pour Roland ADJOVI, « le changement anticonstitutionnel pourrait se définir littéralement par la mutation intervenue dans les organes de l'État en dehors du processus constitutionnel prévu à cet effet. Cette définition appelle toutefois d'autres précisions, s'agissant notamment des organes de l'État et de la constitution. Il faut entendre par organes de l'État, l'un quelconque des trois pouvoirs de l'État, selon la théorie classique : l'exécutif, le législatif et le judiciaire. Toute mutation dans les titulaires de ces organes constitue un changement de gouvernement. Cette affirmation paraît évidente pour les deux premiers pouvoirs, car ils sont les plus en vue dans le fonctionnement de l'État et la gestion quotidienne de la chose publique. Pourtant, le troisième, le pouvoir judiciaire, n'est pas à négliger. Car une mutation dans sa composition pourrait également nuire au gouvernement. Ainsi en est-il d'un renouvellement d'une Cour suprême ou d'une Cour (ou conseil) constitutionnelle ayant compétence contentieuse en matière électorale »[566]. Cette définition est la traduction parfaite de celle issue de la « Déclaration de Lomé de 2000 sur le cadre pour une réaction de l'OUA face aux changements anticonstitutionnels de gouvernement »[567] qui établit une liste exhaustive de types de renversements de l'ordre constitutionnel :

---

[566]R. ADJOVI, « Union africaine et démocratie : aspects constitutionnels internes et internationaux », *op. cit.*, p. 78.

[567]AHG/Decl.5 (XXXVI), Conférence des Chefs d'État et de gouvernement, XXXVI Session ordinaire, IV Session ordinaire de l'AEC. Dans cette Déclaration dite de « Lomé », l'OUA exprime sa « grave préoccupation face à la réapparition du phénomène des coups d'État en Afrique. Nous reconnaissons que cette situation constitue une menace à la paix et à la sécurité sur le continent, ainsi qu'une tendance très préoccupante et un sérieux revers pour le processus de démocratisation en cours sur le continent ».

- Coup d'État militaire contre un gouvernement issu d'élections démocratiques ;
- Intervention de mercenaires pour renverser un gouvernement issu d'élections démocratiques ;
- Intervention de groupes dissidents armés et de mouvements rebelles pour renverser un gouvernement issu d'élections démocratiques ;
- Refus d'un gouvernement de remettre le pouvoir au parti vainqueur à l'issue d'élections libres, justes et transparentes.

À cette liste s'est ajoutée, avec l'adoption de la Charte africaine de la démocratie, des élections et de la gouvernance, une nouvelle clause que l'on trouve à l'article 23 ainsi rédigé « tout amendement ou révision des Constitutions ou instruments juridiques qui porte atteinte aux principes de l'alternance démocratique ». Cette disposition a ensuite été renforcée par la décision du 2 février 2010, adoptée à l'occasion de la quatorzième session de la Conférence des chefs d'État et de gouvernement, sur la prévention des changements anticonstitutionnels de gouvernement et le renforcement des capacités de l'Union africaine à gérer de telles situations, dans laquelle les chefs d'État et de gouvernement de l'Union réaffirment leur ferme opposition à tout mode d'accession au pouvoir autre que celui prévu par la Constitution[568].

Le Protocole A/SP1/12/01 de la CEDEAO sur la démocratie et la bonne gouvernance, va dans le même sens lorsqu'il interdit à son article 1er toute accession au pouvoir autre que celle issue « des élections libres, honnêtes et transparentes ».

Le même article proscrit « tout changement anticonstitutionnel de régime » ainsi que « tout mode non démocratique d'accession ou de maintien au pouvoir ».

Cet imposant corpus normatif est symptomatique de l'instabilité politique de la région. Cette évolution normative est la réponse juridique aux multiples crises politiques dans la région. Elle vise à articuler la prévention des conflits avec le souci de consolider la bonne gouvernance démocratique dans une région où les forces armées continuent, trop souvent, à jouer un rôle prédominant dans les décisions

568 Assembly/AU/Dec. 269(XIV) Rev.1.

et orientations politiques des gouvernements issus d'élections démocratiques[569].

Comme l'illustre à cet égard Issaka. K. SOUARÉ, jusqu'à une date très récente encore, les coups d'État militaires étaient la méthode la plus commune de changement politique en Afrique subsaharienne, comme ailleurs dans le « Tiers-monde ». Et l'Afrique de l'Ouest s'est, à cette occasion, illustrée par « son attractivité pour les ingénieurs de coups d'État »[570].

Ces coups d'État militaires ont atteint une telle fréquence au point qu'au Bénin, par exemple on a enregistré, au bout d'une décennie (1963-1973), six cas réussis, soit un coup d'État militaire tous les vingt mois en moyenne. Le Nigeria a également expérimenté la même fréquence de coups d'État militaires dont huit cas réussis (1966-1993), suivi du Ghana qui a connu cinq coups d'État (1960-1981)[571] puis du Burkina Faso et du Niger. La dernière série de coups d'État intervenus sur le continent africain a concerné essentiellement l'Afrique de l'Ouest. Par exemple, en Guinée-Bissau le 14 septembre 2003, en Guinée Conakry le 23 décembre 2009, au Niger le 18 février 2010, au Mali le 22 mars 2012 et le dernier en date est celui de la Guinée-Bissau le 12 avril 2012. Il n'est donc pas surprenant que ce type de changement politique ait fait l'objet d'une interdiction dans l'ordre politique de la CEDEAO et, plus largement, de l'Union africaine.

Il convient donc de se demander comment la CEDEAO définit concrètement la notion de changements anticonstitutionnels de gouvernement. Car contrairement à la Charte africaine de la démocratie, des élections et de la gouvernance, le protocole de la CEDEAO sur la démocratie et la bonne gouvernance ne donne pas d'indications claires. Il se contente d'énoncer assez vaguement au titre des « principes constitutionnels communs aux États membres » une position de principe par laquelle elle interdit à l'article 1. C), « tout changement anticonstitutionnel et tout mode non démocratique d'accession ou de

[569]Voir P. OYANE-ONDO, « Document de réflexion de l'APF à l'occasion de Bamako +10 », Document n° 8, Commission politique, Assemblée Générale de la Francophonie, XXXVIe Session, Dakar, 5-8 juillet 2010.
[570]I. K. SOUARÉ, *Guerres civils et coups d'État en Afrique de l'Ouest. Comprendre les causes et identifier des solutions possibles*, Paris, L'Harmattan, 2007, p. 54.
[571]*Ibid.*, p. 54.

maintien au pouvoir ». Cette formulation générale, n'est pas de nature à favoriser son application et limite considérablement l'action normative de la Communauté dans la prévention et la gestion des crises politiques et constitutionnelles. Cette disposition a pourtant une vertu, en ce qu'elle joue un rôle central dans la promotion et la consolidation de la culture démocratique. Elle présente aussi l'avantage, de prévenir par la culture démocratique, les crises de changements anticonstitutionnels, étant donné que le coup d'État est devenu en Afrique de l'Ouest, le mode ordinaire d'accession au pouvoir le mieux partagé. En effet, si les coups d'État militaires sont en train d'être timidement endigués, un phénomène nouveau s'est fait jour. C'est ce que la doctrine qualifie de « coup d'État Constitutionnel »[572]. Contrairement au « coup d'État classique mené afin de renverser l'ordre constitutionnel existant, le coup d'État constitutionnel est défini comme l'action menée par un des organes de l'ordre constitutionnel existant, généralement l'exécutif, afin de modifier ce dernier. [...] avec, dans bien des cas, l'appui d'autres organes de l'ordre constitutionnel existant, et le plus souvent les juridictions constitutionnelles, qui opposent rarement une résistance »[573].

L'imprécision du Protocole de Dakar sur la qualification de « changement anticonstitutionnel » s'apprécie dans la difficulté d'application du texte communautaire qui semble desservir l'action de la Communauté. Ainsi, dans son arrêt *CDP et autres c/ Burkina Faso* du 13 juillet 2015, la Cour de justice de la CEDEAO a eu l'occasion de préciser et combler le flou juridique existant.

Mais encore une fois, et comme elle l'avait déjà fait dans l'affaire *Madame AMEGANVI Manavi Isabelle et autres c/ L'État du Togo*[574], la Cour s'est « auto-limitée » en refusant de se prononcer sur « la qualification même des conditions légales dans lesquelles le précédent

[572]M. FAU-NOUGARET, « Manipulations constitutionnelles et coup d'État constitutionnel en Afrique francophone », disponible sur la revue en ligne : www.afrilex.u-bordeaux4.fr.

[573]*Ibid.*, p. 2 ; voir aussi Cour constitutionnelle du Niger, Avis n°02/CC du 25 mai 2009 ; Arrêt n°04/CC/ME du 12 juin 2009 ; Arrêt n°05/CC du 26 juin 2009.

[574]Arrêt N°. ECW/CCJ/JUD/09/11, CE 07 octobre 2011 ; Voir aussi Arrêt n° ECW/CCJ/JUG/06/12 du 13 mars 2012 ; Voir également, S. BOLLE, « Quand la Cour de justice de la CEDEAO s'autolimite » in commentaire de blog, disponible en ligne : www.ddata.over-blog.com.

régime a voulu modifier la Constitution »[575]. Dans cette affaire, la Cour était invitée à se prononcer sur une disposition querellée de la nouvelle loi électorale burkinabé, qui, s'inspirant des dispositions de la Charte africaine de la démocratie, des élections et de la gouvernance, notamment l'article 25 paragraphe 4, érigeait un nouveau cas d'inéligibilité à l'article 135, concernant « toutes les personnes ayant soutenu un changement anticonstitutionnel qui porte atteinte au principe de l'alternance démocratique, notamment au principe de limitation du nombre de mandats présidentiels ayant conduit à une insurrection ou à toute autre forme de soulèvement ».

La Cour avait alors conclu à une violation des droits fondamentaux des requérants notamment leur droit d'éligibilité. Mais ce qui retient le plus l'attention, c'est l'attitude de la haute juridiction ouest-africaine dans ce que le professeur Jean-François AKANDJI-KOMBÉ a appelé « la mise en balance des droits individuels, d'une part, et le droit de l'État démocratique à se protéger, d'autre part »[576]. L'absence d'audace du juge communautaire lui a valu des critiques acerbes au point que certains auteurs ont pu affirmer qu'il « a esquivé la discussion sur le fait de savoir si l'opération de modification de la Constitution constitue un changement anticonstitutionnel et partant, constitue-t-elle un motif légitime pouvant justifier l'inéligibilité, en refusant de se prononcer sur le droit régional et sous régional applicable »[577]. Pourtant la CEDEAO dispose d'un cadre normatif important en l'espèce et peut en tant qu'organisation sous-régionale, intégrer le cadre normatif de l'Union africaine et le prendre en considération pour la réalisation de ses objectifs[578] comme elle le fait déjà avec la Charte africaine des droits de l'homme.

---

[575]ECW/CCJ/JUD/16/15, *CDP et autres c/ Burkina Faso, op. cit.*, § 30.
[576]Voir J.-F. AKANDJI-KOMBÉ, « Le juge de la CEDEAO et la révolution démocratique Burkinabé. Brèves remarques préoccupées sur une décision inquiétante », article de blog, publié le 21 juillet 20015. Disponible en ligne : www.jfakiblog.com.
[577]*Ibid., p. 1 et s. ;* Voir aussi M. FAU-NOUGARET, « Manipulations constitutionnelles et coup d'État constitutionnel en Afrique francophone », *op. cit.*, P.16.
[578]N. KRIDIS, « La CEDEAO et les changements anticonstitutionnels », *in* R. BEN ACHOUR (dir.), *Les changements anticonstitutionnels de gouvernement. Approche de droit constitutionnel et de droit international, op. cit.*, p. 54.

C'est ce paradoxe que relève Matthieu FAU-NOUGARET qui constate avec regret que si dans le cas Burkinabé, « la Cour avait eu le courage de se prononcer sur le point de savoir s'il y avait eu tentative de changement anticonstitutionnel de pouvoir, alors elle aurait pu en tirer toutes les conséquences, [tant] au regard de la Charte africaine de la démocratie, des élections et de la gouvernance [que du Protocole de la CEDEAO sur la démocratie et la bonne gouvernance] qui sont contraignants à l'égard du Burkina Faso. Elle aurait pu, dès lors, dans le respect du Protocole relatif à la Cour de justice de la Communauté, indiquer l'interprétation devant être faite de la disposition querellée, en l'occurrence l'article 135 du code électoral pour qu'il soit conforme aux textes internationaux »[579]. Cela est d'autant plus remarquable que le Protocole de la CEDEAO paraît être le seul instrument juridique qui proscrit explicitement le « le maintien au pouvoir » par un mode non démocratique. Toutefois, ces propos doivent, de notre point de vue, être nuancés, car l'attitude du juge n'est pas dénuée de pragmatisme au regard de la difficulté qui entoure cette notion de « changement anticonstitutionnel ». L'attitude sinon l'impuissance de l'Union africaine face aux changements survenus à l'occasion de ce que l'on a appelé le « printemps arabe » est illustratif de la complexité de la mise en œuvre de la notion. En dépit du cadre normatif existant et de la liste exhaustive de situations que l'on peut qualifier de « changement anticonstitutionnel de gouvernement », l'Union africaine s'est trouvée désemparée face aux changements survenus à la suite des mouvements révolutionnaires tels ceux intervenus en Tunisie, en Égypte[580] et récemment au Burkina Faso, mettant ainsi en lumière les difficultés objectives relatives au droit à l'insurrection populaire en vertu du droit des peuples à disposer d'eux-mêmes. Cela est d'autant plus évident que le droit à l'insurrection populaire ne bénéficie que de peu d'encadrement juridique par les instruments internationaux[581]. Ce

---

[579]M. FAU-NOUGARET, « Manipulations constitutionnelles et coup d'État constitutionnel en Afrique francophone », *op. cit.*, pp. 16 -17.

[580]R. BEN ACHOUR (dir.), « Rapport introductif », in *Les changements anticonstitutionnels de gouvernement. Approche de droit constitutionnel et de droit international, op. cit.*, p. 17.

[581]*Cf.* article 20 de la Charte africaine des droits de l'homme et des peuples de 1981 : « 1. Tout peuple a droit à l'existence. Tout peuple a un droit imprescriptible et inaliénable à l'autodétermination. Il détermine librement son statut politique et assure son développement économique et social selon la voie qu'il a librement choisie. 2.

qui met en lumière, la difficulté pratique de l'application matérielle d'un tel droit, notamment la détermination de la légalité au moment de son enclenchement.

Par conséquent, la Cour de justice semble s'inscrire dans la même démarche que les rédacteurs du protocole de Dakar qui consiste à prendre en compte, pour chaque situation de changement anticonstitutionnel, les spécificités propres à la gestion de la crise. Et comme le souligne Noura KRIDIS, « La Communauté adopte une stratégie graduée en trois phases appliquée dans le cadre d'un processus continu : la première réside dans la prévention des changements anticonstitutionnels par le renforcement de la culture de la démocratie, la consécration de l'État de droit , et l'amélioration de la capacité institutionnelle ; la deuxième phase porte sur le règlement des crises politiques par des sanctions, des modes diplomatiques et opérationnels, enfin la consolidation de l'ordre constitutionnel par un accompagnement dans la phase de transition »[582] à travers des opérations d'assistance en matière électorale. Car, poursuit l'auteure, « l'élection qui est à la base de la démocratie sert à légitimer le pouvoir. Mais l'élection "imparfaite" est à la base d'un changement anticonstitutionnel »[583].

La CEDEAO semble avoir opéré un choix politique original dans la prévention des conflits et la consolidation de la démocratie, de sorte à endiguer le fléau des changements anticonstitutionnels de gouvernement. Pour autant, ces objectifs ne peuvent être atteints qu'à travers l'intervention du juge, puisqu'il ne suffit pas de professer sa foi

Les peuples colonisés ou opprimés ont le droit de se libérer de leur état de domination en recourant à tous moyens reconnus par la Communauté internationale. 3. Tous les peuples ont droit à l'assistance des États parties à la présente Charte, dans leur lutte de libération contre la domination étrangère, qu'elle soit d'ordre politique, économique ou culturel » ; Voir aussi les Articles 33 et 35 de la Constitution montagnarde française du 24 juin 1793 qui disposent respectivement : « La résistance à l'oppression est la conséquence des autres droits de l'homme » ; « Quand le gouvernement viole les droits du peuple, l'insurrection est, pour le peuple, et pour chaque portion du peuple, le plus sacré des droits et le plus indispensables des devoirs ».

[582]N. KRIDIS, « La CEDEAO et les changements anticonstitutionnels », *in* R. BEN ACHOUR (dir.), *Les changements anticonstitutionnels de gouvernement. Approche de droit constitutionnel et de droit international, op. cit.*, p. 54.

[583]*Ibid.*, p. 54.

en la démocratie par la tenue d'élections libres, faut-il encore que soient prises en compte les exigences démocratiques relatives à la gestion et à l'organisation du scrutin dans une absolue transparence[584]. En d'autres termes, une fois entamé, le processus démocratique doit être protégé de façon que les résultats qui en seront issus soient crédibles. Or, qui mieux que le juge pourrait assurer cette protection quand on sait que la plupart des conflits en Afrique de l'Ouest trouvent leur origine dans les élections.

En dépit de la faiblesse juridique perceptible, on constate un changement d'attitude des organisations régionales africaines et, plus largement, des organisations internationales, face aux entorses récurrentes à la démocratie que constituent les changements anticonstitutionnels de gouvernement. La prohibition des changements anticonstitutionnels de gouvernement n'est donc rien d'autre que l'érection des principes démocratiques au rang de normes « inderogeables ».

C'est en ce sens que nous convenons avec Slim Laghmani, « qu'une coutume mettant hors la loi les coups d'État contre des régimes issus d'élections démocratiques est en train de naître »[585].

En atteste d'ailleurs la déclaration de l'ancien Secrétaire général de l'ONU Koffi Annan lorsqu'il affirme, dans son rapport présenté à l'Assemblée générale en septembre 1997 que, « l'opinion selon laquelle les coups d'États dirigés par des juntes militaires contre des gouvernements démocratiquement élus sont inacceptables est devenue la norme »[586].

Il reste à déterminer les actions dont dispose la CEDEAO en cas de violation de cette norme. Si l'on s'accorde sur la définition de changement anticonstitutionnel comme « l'interruption de l'ordre constitutionnel existant par un groupe d'individus en vue de s'accaparer

---

[584]N. KRIDIS, « La CEDEAO et les changements anticonstitutionnels », *op. cit.*, p. 54.

[585]S. LAGHMANI cité par P. TARVERNIER, « Les organisations internationales et les changements anticonstitutionnels de gouvernement », *in* R. BEN ACHOUR (dir.), *Les changements anticonstitutionnels de gouvernement. Approche de droit constitutionnel et de droit international, op. cit.*, p. 34.

[586]Rapport du Secrétaire général sur l'activité de l'organisation, doc. A/52/1, 3 septembre 1997, § 37.

du pouvoir dont ils n'ont reçu aucun mandat du souverain primaire »[587], on peut alors affirmer sans risque, à l'instar de Roland ADJOVI, que « toute mutation anticonstitutionnelle de gouvernement, parce qu'elle favorise la survenance des atteintes graves et massives aux droits fondamentaux, doit faire l'objet, en raison de l'impératif de prévention, d'une sanction. Car il serait contraire à la souveraineté individuelle d'attendre que la tentative de putsch débouche sur un bain de sang pour recourir à la force afin de rétablir la légalité, garante du respect de cette souveraineté »[588].

B. Les sanctions en cas de changement anticonstitutionnel de gouvernement

L'« embellie juridique » de la CEDEAO en matière de consolidation et de protection de la démocratie tient à l'instabilité chronique de la sous-région. En effet, l'absence, dans la plupart des États membres, encore en transition démocratique, d'institutions démocratiques fortes, le faible niveau de gouvernance, l'insécurité alimentaire sont parmi les facteurs qui menacent la stabilité régionale[589]. C'est à cet objectif de consécration d'une démocratie durable dans les États membres que répond le cadre normatif instauré progressivement au sein de la Communauté. Et, de façon complémentaire, ce corpus juridique permet de se prémunir des changements anticonstitutionnels de régime par un mécanisme de sanction, de prévention et de règlement des conflits[590].

[587]R. ADJOVI, « Union africaine et démocratie : aspects constitutionnels internes et internationaux », *op. cit.*, p. 78.
[588]*Ibid.*, p. 78.
[589]Voir en ce sens A. FALL, I. K. SOUARÉ, D. ZOUNMENOU, *Rapport sur la sécurité humaine dans l'espace CEDEAO. Les cas du Bénin, du Burkina Faso, de la Guinée et du Togo*. Situation Report, *Institute for Security studies,* 2012.
[590]Voir pour plus de détails, N. KRIDIS, « La CEDEAO et les changements anticonstitutionnels » *in* R. BEN ACHOUR (dir.), *Les changements anticonstitutionnels de gouvernement. Approche de droit constitutionnel et de droit international, op. cit.*, p. 54.

D'où l'adoption en 1999 du protocole sur le mécanisme de prévention, de gestion, de règlement des conflits et de maintien de la paix et de la sécurité.

Ce protocole est venu concrétiser de manière formelle la décision A/DEC. 11/10/98 du 31 octobre 1998, adoptée à Abuja par la Conférence des chefs d'État et de gouvernement de la CEDEAO. Ainsi peut-on lire à l'article 2 du protocole de 1999, les principes fondamentaux auxquels les États sont attachés et dont le point (c) énonce « la promotion et la consolidation d'un gouvernement et d'institutions démocratiques dans chaque État membre », et crée, « au sein de la Communauté un mécanisme destiné à assurer la sécurité et la paix collectives »[591].

Il résulte de ces dispositions conventionnelles a été la création du Conseil de Médiation et de Sécurité[592] que l'on assimile généralement au Conseil de sécurité des Nations Unies du fait de son pouvoir décisionnel. En effet, aux termes de l'article 7 du Protocole de 1999, « [...] la Conférence délègue au Conseil de Médiation et de Sécurité le pouvoir de prendre en son nom des décisions pour la mise en œuvre appropriée des dispositions du Mécanisme ». L'article 10 du même protocole précise les prérogatives essentielles de cet organe en ce qu'il, « (a) Décide de toutes les questions relatives à la paix et à la sécurité » ; « (b) décide et met en œuvre les politiques de prévention, de gestion, de règlement des conflits, de maintien de la paix et de la sécurité » ; « (c) autorise toutes les formes d'intervention et décide notamment du déploiement des missions politiques et militaires » ; « (d) approuve les mandats et les termes de référence de ces missions ». Conformément à l'article 17 (c), d'autres organes viendront assister et appuyer le Conseil de Médiation et de Sécurité ; parmi lesquels le plus opérationnel[593] est le Groupe de contrôle et de cessez-le-feu de la CEDEAO (ECOMOG). Quant au chapitre IV du Protocole, il est consacré aux systèmes d'observation de la paix et de la sécurité sous-régionales et d'alerte précoce pour mieux prévenir les conflits dans la sous-région. Afin de garantir l'effectivité de la mission de prévention des conflits, il est prévu à ce chapitre, la création d'un système d'observation de la paix et

---

[591]Article 1er du Protocole du 10 décembre 1999.

[592]Chapitre II du Protocole.

[593]Articles 21 et 22 du Protocole.

de la sécurité sous régionale avec « (a) un centre d'observation et de suivi basé au siège du Secrétariat général » à Abuja et « (b) des zones d'observation et de suivi dans la sous-région » réparties sur la base de la proximité des États afin de garantir l'efficacité dans la mission d'observation et de suivi notamment la collecte et le traitement d'informations.

Les bureaux de zone sont chargés de collecter les données sur la base d'indicateurs politiques, économiques, sociaux et sécuritaires ; indicateurs susceptibles d'affecter la paix et la sécurité de la zone ou de la sous-région[594] et partant, d'entraîner le renversement ou la tentative de renversement de gouvernements issus d'élections démocratiques. Si cette stratégie de coordination figure parmi les originalités du mécanisme de la CEDEAO en matière de prévention de la paix et de la sécurité, il n'en demeure pas moins que l'efficacité de sa mise en œuvre suscite quelques réserves en doctrine. Certains auteurs[595] expriment des risques d'appropriation voire de manipulations de ces centres d'observation et de suivi par les gouvernements nationaux qui décident de la nomination des fonctionnaires qui y travailleront. Ce d'autant plus que parmi les indicateurs susceptibles d'affecter la paix et la sécurité dans la sous-région, figurent entre autres, la bonne gouvernance démocratique, le respect des droits fondamentaux de la personne, la garantie des libertés publiques et individuelles. Or, ce ne sont pas tous les gouvernements des États membres de la CEDEAO qui adhèrent *stricto sensu* aux principes de bonne gouvernance ou qui respectent les droits fondamentaux des citoyens. Cette situation n'est pas de nature à favoriser la sincérité et la crédibilité dans la collecte et le traitement d'informations. C'est pourquoi il convient de garantir l'indépendance des fonctionnaires concernés dans leurs modes de recrutement et de nomination.

Il convient de noter, par ailleurs, que parmi les conditions relatives à la mise en œuvre du Mécanisme de prévention, de gestion et de règlement des conflits, figurent entre autres « le cas des violations massives des droits de l'homme ou de remise en cause de l'État de droit » et le cas « de renversement ou de tentative de renversement d'un gouvernement

---

[594]I. K. SOUARÉ, *Guerres civils et coups d'État en Afrique de l'Ouest. Comprendre les causes et identifier des solutions possibles, op. cit.*, p. 202.
[595]*Ibid.*, p. 202.

démocratiquement élu ». Cette volonté de la Communauté est beaucoup plus systématique dans le protocole de Dakar qui prévoit des mécanismes de sanction « en cas de rupture de la démocratie par quelque procédé que ce soit et en cas de violation massive des Droits de la Personne dans un État membre (...) »[596]. Ce mécanisme repose sur une gradation.

La Conférence des chefs d'État et de gouvernement peut alors « refuser de soutenir les candidatures présentées par l'État membre en cause dans toutes les organisations internationales », puis « refuser de tenir une session sur le territoire de cet État », ou « suspendre celui-ci de toutes les instances de la Communauté », mesure qui ne délie pas l'État membre concerné de son obligation de contribuer au budget, selon le paragraphe 3 de l'article 45 du Protocole.

On peut y voir en cette logique de gradation, une originalité africaine dans la mesure où elle « veille à ne jamais devenir une logique de l'escalade ou de l'irréversible »[597] dès lors que pendant la période d'application des sanctions, « la CEDEAO continuera de suivre, d'encourager et de soutenir tout effort mené par l'État membre suspendu aux fins de retour à la vie institutionnelle démocratique normalement ».

À cet égard le professeur Alioune SALL affirme que « le protocole sur la bonne gouvernance constitue assurément une formulation systématisée de la doctrine de l'État de droit telle que le CEDEAO la fait sienne depuis quelques années »[598]. Ainsi que le fait remarquer l'auteur, dès ses premières interventions, comme ce fut le cas au Liberia, « l'action de la CEDEAO a revêtu deux aspects : un aspect militaire, par le biais des opérations de maintien de la paix et, un aspect

---

[596]Article 45 du Protocole A/SP1/12/01 sur la démocratie et la bonne gouvernance additionnel au Protocole relatif au mécanisme de prévention, de gestion, de règlement des conflits et de maintien de la paix et de la sécurité, signé à Dakar, le 21 décembre 2001.

[597]A. SALL, *Les mutations de l'intégration des États en Afrique de l'Ouest. Une approche institutionnelle, op. cit.,* p. 180 ; voir aussi I. M. FALL ; A. SALL, « Une Constitution régionale pour l'espace CEDEAO : Le Protocole sur la démocratie et la bonne gouvernance de la CEDEAO », disponible en ligne : www.jaga.afrique-gouvernance.net ; Voir également article 45 du Protocole.

[598]A. SALL, *Les mutations de l'intégration des États en Afrique de l'Ouest. Une approche institutionnelle, op. cit.,* p. 180.

politique, à travers l'insistance sur la nécessité d'un retour à un ordre constitutionnel et à l'instauration d'un pouvoir démocratique issu d'élections transparentes »[599].

La CEDEAO, s'est inscrite dans une démarche volontariste qui consiste non seulement à « prendre position sur une négation de l'État de droit ou des principes constitutionnels qui le fondent »[600], mais aussi et surtout à réussir le retour d'un ordre constitutionnel, à travers l'organisation d'élections libres et équitables telles que prévues par le Plan de la paix de la CEDEAO relatif au Libéria, adopté par la décision du 28 novembre 1991[601] en vue de la mise en place d'un gouvernement démocratiquement élu. Pareille démarche avait été adoptée à l'occasion de la crise en Sierra Leone et en Guinée-Bissau. Á ce titre, certains auteurs ont pu affirmer qu'« il se dégage, progressivement, une tradition voire un dogme juridique de la non-violence politique à l'échelle régionale »[602], même s'ils n'ont pas manqué de souligner les cas où le recours à des véritables sanctions ont dû prévaloir. Par exemple, au Libéria, Charles TAYLOR s'est vu menacer d'une « mise au banc » s'il n'appliquait pas le plan de paix de la CEDEAO[603] ; en Sierra Leone, une décision d'embargo a été prise par la Conférence des chefs d'État et de gouvernement, complétée par la dévolution aux forces de l'ECOMOG[604], d'une mission de surveillance et de coercition. Dans la crise politique et constitutionnelle en Côte d'Ivoire, la CEDEAO avait, pour la première fois, menacé d'user de la force pour instaurer la démocratie[605] et installer le candidat déclaré vainqueur de l'élection par la commission électorale indépendante (CEI), sur le fondement de l'article 9 du Protocole sur la démocratie et la bonne gouvernance qui dispose : « à l'issue de la proclamation définitive des résultats des

[599]*Ibid.*, 180.
[600]*Ibid.*, p. 180.
[601]Voir J. O. CEDEAO 1991, vol. 19, p. 27, cité Par A. SALL, Les *mutations de l'intégration des États en Afrique de l'Ouest. Une approche institutionnelle, op. cit.*, p. 181.
[602]A. SALL, *Les mutations de l'intégration des États en Afrique de l'Ouest. Une approche institutionnelle, op. cit.*, p. 181.
[603]AC n°164, 1992, p. 275 cité par A. SALL, *Les mutations de l'intégration des États en Afrique de l'Ouest. Une approche institutionnelle, op. cit.*, p. 181.
[604]Décision A/DEC.8/8/97 relatives aux « sanctions contre le régime illégal de Sierra Léone ».
[605]Déclaration du 24 décembre 2010 issue du Sommet extraordinaire d'Abuja.

élections, le parti politique et/ou le candidat battu doit céder, dans les formes et délais de la loi, le pouvoir au parti politique et/ou candidat régulièrement élu ».

Il y a lieu de signaler que, le 7 décembre 2010, la CEDEAO avait déjà suspendu la Côte d'Ivoire de ses instances en application de l'article 45 du protocole de Dakar, appelant les acteurs à respecter la volonté exprimée par le peuple ivoirien traduite dans les résultats des scrutins. La même démarche consistant à suspendre un État membre des instances de la CEDEAO et à prévoir d'autres formes de sanctions conformément à cet article 45 avait été suivie en 2012 au Mali à la suite du coup d'État intervenu contre le gouvernement démocratique d'Amadou Toumani Touré. Ce fut aussi le cas en décembre 2016 en Gambie où la CEDEAO avait envisagé l'option militaire. Cette intervention de la Communauté, soutenue par le Conseil de sécurité de l'ONU avait pour but de « débarquer » le Président sortant Yaya Jammeh, pour installer le candidat déclaré vainqueur, en l'occurrence M. Adama Barrow. Tout récemment, la Conférence des chefs d'État et de gouvernement a adopté, lors de son Sommet du 4 février 2018, une décision A/DEC. 2.01/2018 portant adoption des sanctions personelles visant à favoriser la restauration de la gouvernance démocratique et le respect de l'État de droit en République de Guinée Bissau. Dans cette décision, une vingtaine de personnalités politiques designées comme responsables de la persistance de la crise politique et du non respect des accords conclus entre les acteurs pour un règlement de la crise, ont écopé des sanctions suivantes : suspension de leur participation aux activités de la Communauté, interdiction de voyager et dénégation de visas à leur encontre ainsi que leurs familles, gel de leurs avoirs et ceux de leurs familles. Cette décision, prise sur le fondement de l'Acte addtionnel A/SA. 13/02/12 du 17 février 2012 portant régime des sanctions à l'encontre des États membres qui n'honorent pas leur obligation vis-à-vis de la CEDEAO et l'article 45 du Protocole sur la démocratie et la bonne gouvernance, est en effet emblématique. C'est la première fois que des sanctions visent directement des personnes physiques pour non respect de la démocratie et de l'État de droit. Généralement, c'est l'État membre qui est débiteur d'une telle obligation.

Cette stratégie de la CEDEAO postule une originalité africaine de prévention, de gestion et de règlement des conflits et atteste de la crédibilité de la Communauté dans ses rapports avec les États. L'efficacité de ses interventions a pu conduire la CEDEAO, dans bien des cas, à devenir l'interlocutrice privilégiée de l'organisation des Nations Unies ou de l'Union africaine.

Cette situation est d'autant plus encourageante que dans le cadre de l'Union africaine, malgré l'institution d'une procédure de réaction aux changements anticonstitutionnels de gouvernement et le système de sanctions qui en découlent, l'efficacité du mécanisme est souvent décriée. En effet, comme le souligne Râafa BEN ACHOUR, « les révolutions arabes ont mis en évidence les limites de l'architecture de l'Union africaine dans l'objectif de promotion de la démocratie »[606].

Malgré l'hostilité aux changements anticonstitutionnels de gouvernement, la Charte africaine de la démocratie, des élections et de la gouvernance s'est révélée incapable de trouver une réponse aux révolutions arabes et à l'insurrection populaire au Burkina Faso. En effet, la question de savoir si ces mouvements révolutionnaires, peuvent être qualifiés de changements anticonstitutionnels, outrepasse le champ matériel d'application de l'article 23 de la Charte. Par ailleurs une réponse négative équivaut à une méconnaissance des voies constitutionnelles de changement de gouvernement conformément aux principes démocratiques, en l'occurrence la consultation électorale comme mode par excellence de participation populaire[607]. Cela crée l'opportunité d'une nouvelle définition de la notion de « changement anticonstitutionnel de gouvernement » au niveau de l'Union africaine qui prendra en compte la réalisation de « l'alternance par un moyen autre que le suffrage mais tout autant démocratique »[608] comme ce fut

[606]R. BEN ACHOUR (dir.), « Rapport introductif », in *Les changements anticonstitutionnels de gouvernement. Approche de droit constitutionnel et de droit international, op. cit.*, p. 17. ; Voir aussi C. STURMAN, « Unconstitutional changes of government: The Democrat's Dilemma in Africa », *SAIIA policy briefing,* n° 30, March, 2011, p. 2.
[607]R. BEN ACHOUR (dir.), « Rapport introductif », in *Les changements anticonstitutionnels de gouvernement. Approche de droit constitutionnel et de droit international, op. cit.*, p. 18 ; Voir aussi S. BAKER DJOUMESSI KENFACK, « La Charte africaine de la démocratie, des élections et de la gouvernance; disponible en ligne : www.fr.slideshare.net.
[608]S. BAKER DJOUMESSI KENFACK, *ibid.,* p. 8.

le cas des révolutions populaires où s'affirme systématiquement le droit des peuples à l'autodétermination.

Toutefois, force est de constater que depuis la crise ivoirienne de 2010, la CEDEAO menace de plus en plus d'utiliser la force armée pour « déloger » les gouvernements qui refusent de céder le pouvoir même après leur défaite. Si une telle situation participe de la protection de la démocratie et de la prohibition des changements anticonstitutionnels, elle pose cependant la question de la légitimité de la CEDEAO à recourir à tous les moyens y compris la force armée pour protéger ou installer un pouvoir démocratiquement élu. En effet, s'il existe une norme communautaire proscrivant le changement anticonstitutionnel, les textes communautaires sont restés silencieux quant aux mécanismes de rétablissement de la démocratie. En réalité, c'est en entérinant le cadre normatif de l'Union africaine en droit communautaire que la CEDEAO légitime son action, puisque son cadre normatif aussi développé soit-il, ne permet pas une intervention par la force mais privilégie surtout une gestion préventive et, le cas échéant, un mécanisme de dialogue à l'instar de la pratique coutumière africaine désormais ancrée dans nos sociétés : « la Palabre ». Celle-ci consiste à réunir, en cas de crise, le Conseil des sages, sous « l'arbre à palabres » où sont présentés, discutés et solutionnés les problèmes. L'autorité coutumière est particulièrement réelle dans la pratique juridique et démocratique africaine qu'elle est reconnue dans plusieurs constitutions.[609] C'est d'ailleurs cet esprit qui semble avoir guidé les rédacteurs du protocole de 1999 dans la consécration des principes démocratiques dans le processus d'intégration.

§2 : L'effectivité des principes démocratiques dans le processus d'intégration

---

[609]Voir les articles 99 et 167 de la Constitution nigérienne du 25 novembre 2010 : art 167 : « L'État reconnaît la chefferie traditionnelle comme autorité coutumière » ; Voir aussi article 143 Constitution du Togo ; voir également articles 270 et s. de la Constitution du Ghana. Voir aussi Préambule de la C onstitution du Burkina Faso, point 6 : Le peuple du Faso « Reconnaissant la chefferie coutumière et traditionnelle en tant qu'autorité morale dépositaire des coutumes et des traditions dans notre société » ; voir aussi article 175 de la Constitution Ivoirienne du 30 octobre 2016.

Une fois consacrés, les principes démocratiques doivent, pour être effectifs, avoir une pleine application dans les différents États membres conformément à leurs obligations. Partant de la conception selon laquelle les principes démocratiques sont des « droits-prérogatives attribués aux individus dans leur propre intérêt afin de jouir d'une valeur »[610], et « d'exiger d'autrui une prestation »[611], en l'espèce, des élections libres, on peut percevoir l'intérêt que constituent les élections dans la vie démocratique d'un peuple. En effet, l'élection fonde la démocratie et légitime l'action des autorités élues. C'est pourquoi elle est la voie la plus fréquemment empruntée pour associer le citoyen au pouvoir. Elle est devenue, selon la formule consacrée par la doctrine, un « rite démocratique »[612]. Il est manifeste qu'en tant que moyens fondamentaux pour promouvoir et favoriser la démocratie, les droits électoraux font l'objet d'une protection particulière.[613]

Il est alors évident que la volonté de rendre effective la démocratie dans l'espace CEDEAO a conduit le législateur communautaire à ériger un cadre normatif rendant exigible le respect des principes démocratiques. Dès lors, le droit des citoyens de participer à la gestion des affaires publiques demeure l'une des caractéristiques fondamentales de la démocratie.

Ce droit se comprend au regard de la théorie de la souveraineté populaire développée par Rousseau, en vertu de laquelle le citoyen doit être associé directement à l'exercice du pouvoir. Aussi, après avoir énoncé les principes constituant le standard démocratique de la Communauté, la CEDEAO proclame-t-elle les droits politiques comme des droits fondamentaux des citoyens communautaires (**A**) et l'organisation des élections libres, honnêtes et transparentes, comme une nécessité démocratique à laquelle les États membres sont tenus (**B**).

610Y. LÉCUYER, *L'européanisation des standards démocratiques, op. cit.*, p. 44.
611Y. LÉCUYER, *L'européanisation des standards démocratiques, op. cit.*, p. 44.
612P. ARDENT, B. MATHIEU, *Institutions politiques et droit constitutionnel, op. cit.*, p. 182.
613Voir en ce sens L. HENNEBEL, H. TIGROUDJA, *Traité de droit international des droits de l'homme*, Paris, Pedone, 2016, p. 1161.

A. L'effectivité du fait de l'encadrement de l'exercice des droits politiques

De par leur objectif, les droits politiques visent à protéger les prérogatives de l'individu dans la cité. Ils définissent, à cet effet, « l'espace de liberté concédé par l'ordre juridique et politique »[614]. L'exigence démocratique a pour finalité la protection de ces droits.

L'exigence démocratique joue, au surplus, le rôle d'un « principe matriciel »[615] en droit international des droits de l'homme puisque de celle-ci découle une autre exigence : le pluralisme qui vise à irradier l'interprétation des droits et libertés politiques protégés par les instruments internationaux[616]. Cela est d'autant plus évident que l'on retrouve dans l'ensemble des instruments conventionnels étudiés, l'affirmation des droits politiques.

Dans le contexte de la CEDEAO, et, plus largement, le contexte régional que constitue l'Union africaine, l'affirmation de ces droits s'est faite avec plus de vigueur et d'audace.

Le cadre normatif consacrant les droits politiques que sont la Charte africaine des droits de l'homme et des peuples, le Protocole additionnel à la Charte relatif aux droits des femmes, la Charte africaine de la démocratie, des élections et de la gouvernance, le protocole sur les mécanismes de prévention, de gestion et de règlement des conflits et de maintien de la paix et de la sécurité et son protocole additionnel de 2001 sur la démocratie et la bonne gouvernance, revêtent, contrairement aux instruments adoptés dans le cadre des Nations Unies[617], un caractère contraignant à l'égard des États.

---

[614]Y. LÉCUYER, *L'européanisation des standards démocratiques, op. cit.*, p. 44.
[615]L. HENNEBEL, H. TIGROUDJA, *Traité de droit international des droits de l'homme, op.cit.*, p. 1161.
[616]Y. LÉCUYER, *L'européanisation des standards démocratiques, op. cit.*, p. 44.
[617]Art. 21 de la DUDH, Art. 25 du PIDCP.

Les textes africains sont spécifiques en ce qu'ils précisent les conditions de mise en œuvre d'un régime démocratique et mettent en lumière la délicate question des rapports entre les droits individuels subjectifs et la démocratie en tant que droit objectif. Le modèle démocratique mis en avant dans ces textes est ainsi représentatif, participatif et égalitaire.[618] C'est ce que le protocole de la CEDEAO sur la démocratie et la bonne gouvernance qualifie de « principes de convergences constitutionnelles » et dont la longue liste est établie à son article premier[619].

Les droits électoraux et de participation aux affaires publiques constituent des droits et libertés qui impliquent une intervention de l'État. Ce dernier, au moyen de ses lois, y compris les lois constitutionnelles, doit organiser le système électoral dans un sens qui garantit l'égalité des citoyens ; il doit aussi mettre au point les règles d'accès aux fonctions et affaires publiques en posant entre autres, les critères d'âge, de nationalité, tout en respectant les principes établis par le cadre normatif, notamment les principes d'égalité et de non-discrimination. Ces droits ne sont donc pas absolus et exigent, pour leur consécration, une intervention de l'autorité publique, qui dispose d'une certaine autonomie dans le choix de sa pratique électorale, tout en étant strictement encadrée par l'exigence démocratique[620]. Le respect de ces principes fonde la légitimité du suffrage du fait de son caractère universel.

Les textes africains énoncent des droits politiques en tant que droits subjectifs disséqués en i) - droit d'élire des représentants et d'être élu ; ii) - droit de se porter candidat ; iii) - droit de prendre part, sans discrimination, aux affaires publiques et iv) - droit d'accéder aux fonctions publiques. Cependant, même si ces textes semblent explicites, leur application au niveau interne pose un certain nombre de questions,

---

[618]L. HENNEBEL, H. TIGROUDJA, *Traité de droit international des droits de l'homme*, *op. cit.*, p. 1166.

[619]Les rédacteurs du Protocoles ont mis en avant les grands pricnipes démocratiques tel le principe de la séparation des pouvoirs, le principe d'indépendance de la justice, l'accession démocratique au pouvoir à travers des élections libres et transparentes, la garantie de l'immunité parlementaire, le principe de la laïcité, la neutralité de l'armée et la prohibition des changements antinconstitutionnels des régimes.

[620]L. HENNEBEL, H. TIGROUDJA, *Traité de droit international des droits de l'homme*, *op. cit.*, p. 1166.

du fait notamment de leur ineffectivité. Les juridictions nationales assurent une protection des droits politiques d'une manière jugée souvent insuffisante.

Ainsi en est-il, par exemple, de la Côte d'Ivoire où, après la mort en 1993, du Président Félix Houphouët-Boigny qui a dirigé le pays depuis son indépendance, son successeur désigné Henri Konan Bédié - alors Président de l'Assemblée, rival du Premier Ministre Alassane Dramane Ouattara, candidat aussi à la succession - « prit le pouvoir », avant d'être élu à son tour, en 1995. La même année, il lança une campagne inspirée par l'idée d'exclusion, « l'ivoirité », qui, théoriquement, valorise la culture ivoirienne, mais, dans les faits, avait été imaginée pour empêcher M. Ouattara, candidat de la région nord du pays, de prendre part à la compétition électorale, notamment l'élection présidentielle de 2000. La Cour suprême de l'époque valida une loi qui n'autorisait un candidat à se présenter à l'élection présidentielle que si ses deux parents étaient nés sur le sol ivoirien[621]. Ainsi pouvait-on lire à l'article 35 de la Constitution ivoirienne du 1er aout 2000 : « [...] Le candidat à l'élection présidentielle doit être âgé de quarante ans au moins et de soixante-quinze ans au plus. Il doit être ivoirien d'origine, né de père et de mère eux-mêmes ivoiriens d'origine. Il doit n'avoir jamais renoncé à la nationalité ivoirienne. Il ne doit s'être jamais prévalu d'une autre nationalité [...] ».

Cette manœuvre consistant à invoquer la nécessité de renforcer l'identité nationale, compte tenu des frontières artificielles du pays, avait comme finalité, la privation de représentation des populations immigrées et en majorité musulmanes du nord. Cette politique discriminatoire menée par Bedié lui a valu en décembre 1999, un coup d'État militaire qui entraîna sa chute. Le Général Robert Guei, auteur du putsch, fut candidat à l'élection présidentielle contre principalement M. Laurent Gbagbo, M. Ouattara ayant été disqualifié au nom de l'« ivoirité ». Cette élection s'est soldée par une série de contestations ayant fait basculer le pays dans le chaos du fait d'une division entre le nord et le sud, exacerbée par ce concept d'« ivoirité ». Une guerre fratricide va

[621] S. WING, *Démocratie malienne et dialogue constitutionnel (1991-2007)*, Paris, Karthala, 2013, p. 80.

alors s'installer pendant près d'une décennie, suite à la rébellion née dans le nord du pays, en septembre 2002.

Si l'autonomie des États dans le choix de leur pratique électorale implique leur intervention dans la détermination du titulaire des droits politiques, celle-ci doit se faire de manière non équivoque, à la lumière des principes établis par les instruments internationaux. Et au regard du cadre normatif de la CEDEAO, les droits politiques doivent s'entendre comme étant des droits individuels et subjectifs puisque liés à la citoyenneté mais aussi comme des droits collectifs dont la jouissance peut être conférée à la personne morale[622]. La Cour de justice de la Communauté a consacré ce principe dans l'arrêt *CDP et autres c/ Burkina Faso* du 13 juillet 2015, en indiquant qu'il « serait déraisonnable de refuser à des partis politiques le droit de la saisir dès lors que des droits liés à leur vocation de compétiteurs électoraux étaient violés »[623].

Malgré un encadrement strict des principes démocratiques, les États disposent d'une large marge de manœuvre dans la mise en œuvre des droits politiques au niveau interne[624]. Les États peuvent restreindre la jouissance de certains droits civiques et politiques à certaines catégories de citoyens, dès lors qu'une telle restriction est justifiée. La pratique montre cependant que, compte tenu de l'exigence démocratique, toute restriction étatique doit être rigoureusement justifiée[625].

Cela est perceptible dans plusieurs dispositions constitutionnelles en droit interne. Par exemple, la Constitution de la République fédérale du Nigeria pose les conditions relatives à la participation à la direction des affaires publiques à son article 137 ; la Constitution du Liberia encadre le droit politique relatif à l'élection législative à l'article 30 et l'élection présidentielle aux articles 50 et 52 ; la Constitution du Ghana connaît une rédaction similaire aux articles 57 et 94, et consacre le droit de vote à son article 42 en ces termes : « Every citizen of Ghana of eighteen years of age or above and of sound mind has the right to vote and is

[622]Voir article 10 du Protocole A/SP.1/01/05 relatif à la Cour de justice de la Communauté.
[623]ECW/CCJ/JUD/16/15, *CDP et autres c/ Burkina Faso, op. cit.*, § 20.
[624]L. HENNEBEL, H. TIGROUDJA, *Traité de droit international des droits de l'homme, op. cit.*, p. 1169.
[625]*Id.*

entitled to be registered as a voter for the purposes of public elections and referenda ». La Constitution nigérienne du 25 novembre 2010 prévoit les conditions limitatives des élections présidentielles et législatives respectivement aux articles 47 et 84. La Constitution du Burkina Faso consacre un chapitre entier aux droits et devoirs politiques. On peut remarquer une certaine homogénéité dans le contenu donné aux droits politiques[626] dans les différents textes constitutionnels.

Cependant, il convient de faire observer que les droits politiques ne sont pas absolus et exigent d'importantes interventions de l'État, puisque, par définition, ils contiennent des libertés qui doivent être aménagées. D'où l'importance de la législation nationale en la matière[627]. La Cour de justice de la CEDEAO a d'ailleurs souligné, à propos de la crise politique et constitutionnelle de 2015 au Burkina Faso, « qu'il est hors de question qu'elle assure la police des élections que les États organisent [...] »[628]. Cette décision s'inscrit dans une démarche déjà amorcée par la Cour internationale de justice dans l'*Affaire des activités militaires et paramilitaires au Nicaragua et contre celui-ci*[629], quant au droit des États de choisir leur régime politique interne pour autant qu'il ne viole pas le droit international[630]. L'autonomie des États dans l'organisation de leurs systèmes électoraux n'est limitée que par l'exigence démocratique. Or, l'on constate, dans certains cas, l'existence de législations floues, ambiguës ou donnant lieu à des pratiques teintées d'arbitraires[631]. De même, la jurisprudence

---

[626]*Ibid.*, p. 1170.

[627]L. HENNEBEL, H. TIGROUDJA, *Traité de droit international des droits de l'homme*, *op. cit.*, p. 1176.

[628]ECW/CCJ/JUD/16/15, *CDP et autres c/ Burkina Faso, op. cit.*, § 19.

[629]J. D'ASPREMONT, *L'État démocratique en droit international,* Paris, Pedone, 2008, p. 264 ; Voir aussi L. HENNEBEL, H. TIGROUDJA, *Traité de droit international des droits de l'homme*, *op. cit.*, p. 1176.

[630]CIJ, *Activités militaires et paramilitaires au Nicaragua et contre celui-ci (Nicaragua c. États Unis),* arrêt du 27 juin 1986.

[631]ECW/CCJ/JUD/16/15, CDP et autres c/ Burkina Faso, *op. cit.*, § 22 et s., Voir aussi article 35 de la Constitution ivoirienne du 23 juillet 2000 : « Le président de la République est élu pour cinq ans au suffrage universel direct. Il n'est rééligible qu'une fois. Le candidat à l'élection présidentielle doit être âgé de quarante ans au moins et de soixante-quinze ans au plus. Il doit être Ivoirien d'origine, né de père et de mère eux-mêmes Ivoiriens d'origine. Il doit n'avoir jamais renoncé à la nationalité

internationale rappelle que la restriction automatique des droits politiques, au détriment d'un groupe particulier de personnes, est contraire à la vocation internationale de protection des droits fondamentaux de la personne dans la mesure où cette restriction serait discriminatoire ou ne s'appuierait pas sur une base légale claire et précise, mais également si elle ne s'appuie pas sur une justification raisonnable et objective[632].

Ces conditions encadrant les éventuelles restrictions sont nécessaires pour garantir l'effectivité des droits politiques qui ne doivent pas rester « théoriques et illusoires »[633]. Cela permet également de mesurer l'intensité du contrôle des législations internes en matière de droits politiques. Et la Cour de justice de la CEDEAO le rappelle : « si donc le principe de l'autonomie constitutionnelle et politique des États implique sans conteste que ceux-ci aient la latitude de déterminer le régime et les institutions politiques de leur choix, et d'adopter les lois qu'ils veulent, cette liberté doit être exercée en conformité avec les engagements que ces États ont souscrits en la matière »[634].

Par cette décision, la Cour de justice ouvre définitivement son prétoire aux justiciables communautaires, en matière de contentieux des droits politiques. La Cour a d'ailleurs rappelé qu'elle veille à protéger des droits politiques dont la violation n'est pas encore « avérée mais

---

ivoirienne. Il ne doit s'être jamais prévalu d'une autre nationalité. Il doit avoir résidé en Côte d'Ivoire de façon continue pendant cinq années précédant la date des élections et avoir totalisé dix ans de présence effective. L'obligation de résidence indiquée au présent article ne s'applique pas aux membres des représentations diplomatiques et consulaires, aux personnes désignées par l'État pour occuper un poste ou accomplir une mission à l'étranger, aux fonctionnaires internationaux et aux exilés politiques. Le candidat à la présidence de la République doit présenter un état complet de bien-être physique et mental dûment constaté par un collège de trois médecins désignés par le Conseil constitutionnel sur une liste proposée par le conseil de l'Ordre des médecins. Ces trois médecins doivent prêter serment devant le Conseil constitutionnel. Il doit être de bonne moralité et d'une grande probité. Il doit déclarer son patrimoine et en justifier l'origine ».

[632]*ECW/CCJ/JUD/16/15, CDP et autres c/ Burkina Faso, op. cit.*, § 28, 30 et s. *;* Voir aussi CEDH, *Parti travailliste Géorgien c. Géorgie,* arrêt du 8 juillet 2008, § 118 et s.

[633]L'expression est utilisée par la Cour européenne des droits de l'homme dans l'arrêt *Namat Aliyev c. Azerbaïdjan* du 8 avril 2010, § 72.

[634]ECW/CCJ/JUD/16/15, *CDP et autres c/ Burkina Faso, op. cit.,* § 31.

imminente »[635], car « si elle devait attendre l'épuisement des effets d'une transgression pour dire le droit, sa juridiction, dans un contexte d'urgence, n'aurait aucun sens, les victimes présumées de telles violations se retrouvant alors inexorablement lésées dans la compétition électorale ». Cette position audacieuse de la Cour de justice se justifie amplement au regard de ce que le droit de concourir au suffrage universel, de participer aux élections, est devenu un principe démocratique clé qui s'est généralisé, au gré des évolutions politiques et constitutionnelles, dans toutes les démocraties libérales[636], de façon à garantir « l'équilibre entre liberté politique et égalité politique »[637]. La réalisation d'un tel équilibre implique la reconnaissance du suffrage universel. Or, avec l'instauration du suffrage universel, tous les citoyens deviennent titulaires d'un droit fondamental à la démocratie[638]. Autrement dit, le droit à la qualité de citoyen entraîne le pouvoir de voter, dès lors que la qualité de citoyen est accompagnée des autres qualités exigées par la loi positive pour pouvoir voter[639]. En ce sens, l'électorat apparaît comme un authentique droit fondamental.

C'est en ce sens qu'il convient de comprendre les propos de René REMOND lorsqu'il affirme que, « la démocratie s'enrichit et développe toutes sortes de virtualités. Ce n'est pas seulement un mode d'organisation de pouvoirs mais aussi un faisceau d'aspirations, en particulier à l'égalité et à l'universalité de ses aspirations. La démocratie ne peut se satisfaire d'inégalités trop criantes. [...] Si tous les citoyens sont appelés à participer au choix des représentants de la nation, il est indispensable, pour que l'élection soit autre chose qu'un simulacre »[640], qu'ils puissent faire leur choix en toute liberté et en toute connaissance de cause.

---

[635]*Ibid.,* § 16.

[636]R. CARRE DE MALBERG, *Contributon à la théorie générale de l'État*, t. II , [réimp.], Paris, CNRS, 1962, p. 411 et s ; voir aussi L. DUGUIT, *Traité de droit constitutionnel*, t. II, Paris, 1928, p. 542 et s.

[637]Y. LÉCUYER, *L'européanisation des standards démocratiques, op. cit.*, p. 54.

[638]*Ibid.*, p. 55.

[639]*Cf.* L. DUGUIT, *Traité de droit constitutionnel*, t. II, *op. cit.*, p. 585 et s.

[640]R. RÉMOND, « Les cycles révolutionnaires au XIXe Siècle en Europe », *in* S. DARNTON, O. DUHAMEL (dir.), *Démocratie,* Paris, Rocher, 1998, p. 52.

Le progrès des droits politiques et leur prise en compte dans la catégorie des droits protégés par les juridictions internationales a permis d'aboutir, dans le cadre de la CEDEAO, à leur encadrement juridique et combler ainsi le vide existant dans le droit interne des États membres. Et le législateur communautaire semble intensifier ce contrôle en mettant à la charge des États, d'autres obligations dont notamment celle d'organiser des élections libres, honnêtes et transparentes.

B. L'obligation d'organiser des élections libres, honnêtes et transparentes

Selon Olivier DUHAMEL, « toutes les définitions de la démocratie passent par le libre choix des gouvernants par les gouvernés, des détenteurs du pouvoir par les citoyens. Certaines définitions dépassent ce principe, aucune ne l'écarte »[641]. Cette approche traduit parfaitement la philosophie de l'article 21 de la DUDH qui consacre non seulement le principe selon lequel le gouvernement doit émaner de la volonté populaire, mais aussi son corollaire, à savoir le principe d'élections périodiques et honnêtes qui permettent au peuple d'exprimer sa volonté et d'exercer son contrôle sur les gouvernants[642].

Ainsi, poursuit l'auteur, « en affirmant que le pouvoir venait d'en bas et non d'en haut, que le peuple devait décider comment il serait gouverné, que l'obéissance ne pouvait se fonder que sur le consentement, les révolutionnaires américains et français d'abord, renversaient la conception de l'Ancien Régime. On ne commanderait plus au nom de Dieu. On ne régnerait plus au nom d'un titre héréditaire. On ne gouvernerait que selon les règles fixées dans une Constitution. Et les gouvernants seraient librement choisis, par les citoyens, pour une

---

[641]O. DUHAMEL, « Élections et Partis », *in* S. DARNTON, O. DUHAMEL (dir.), *Démocratie,* Paris, Rocher, 1998, p.140 et s.

[642]Article 21 de la Déclaration Universelle des Droits de l'Homme de 1948 : « La volonté du peuple est le fondement de l'autorité des pouvoirs publics : cette volonté doit s'exprimer par des élections honnêtes qui doivent avoir lieu périodiquement, au suffrage universel égal et au vote secret ou suivant une procédure équivalente assurant la liberté du vote ».

période limitée fixée par avance »[643] Aussi, constate-t-il, « l'ordre politique repose sur le choix des citoyens, alors qu'on ne rencontre rien de tel dans les autres domaines de la vie. L'enfant ne choisit ni son père ni sa mère. L'élève ne choisit ni son professeur ni son proviseur. Le salarié privé ne choisit pas son patron. Le salarié public ne choisit pas son supérieur hiérarchique. Bref, personne ne choisit à qui il devra obéir. Sauf le citoyen »[644].

Le droit à des élections libres, honnêtes et transparentes suppose des garanties procédurales évidentes affectées au droit à des élections libres sans lesquelles celui-ci est vidé de sa substance : la régularité du vote (**1**) et la tenue d'élections honnêtes (**2**).

1. La régularité des élections

La régularité des élections apparaît comme une exigence élémentaire[645]. Elle est généralement définie comme étant la « conformité à la règle », la « qualité de ce qui est conforme au droit, spécialement aux exigences de forme (...) »[646]. Elle vise à assurer une « mise à jour » régulière de la coïncidence entre la représentation et la volonté du peuple ou, plus prosaïquement, la volonté de la majorité. Le caractère raisonnable des intervalles entre deux échéances électorales agit directement sur le degré de démocratisation des régimes politiques mais aussi sur leur efficacité.

Un mandat trop long perd à l'usage son caractère démocratique tandis qu'un mandat trop court entraîne une perte d'efficacité de l'action législative et porte en lui le risque d'une dérive démagogique et clientéliste du régime. Il s'agit donc de trouver le délai adéquat qui

[643]O. DUHAMEL, « Les élections », in S. DARNTON, O. DUHAMEL (dir.), *Démocratie, op.cit.,* p. 140.
[644]*Ibid.,* p. 140.
[645]O. DUHAMEL, « Les élections », in S. DARNTON, O. DUHAMEL (dir.), *Démocratie, op.cit.,* p. 141.
[646]G. CORNU, cité par Abdoulaye DIARRA, *Démocratie et droit constitutionnel dans les pays francophones d'Afrique noire. Le cas du Mali depuis 1960, op. cit.,* pp. 317-318.

permet à l'élu de conserver son indépendance et de ne pas devenir titulaire d'un mandat impératif de « fait-tout » en assurant le caractère démocratique de son mandat[647].

La régularité des élections vise à assurer la liberté du scrutin à travers son caractère secret et à remédier aux pratiques courantes de fraude électorale que l'on observe dans les processus électoraux de certains États membres de la CEDEAO. Pour contrer ces pratiques et assurer la transparence des opérations, il fallait un système de sanctions et d'annulation des élections entachées d'irrégularités.

Dès lors, l'intervention du juge, notamment le juge constitutionnel s'avère indispensable. Par le contrôle qu'il assure, le juge constitutionnel veille à la régularité des listes électorales, à la représentation des candidats dans les bureaux de vote, à la vérification des identités des électeurs, à la transparence des urnes ou machines à voter, à la régularité du dépouillement, à la possibilité du recours contre les élections. Le juge dispose à ce titre de moyens nécessaires pour opérer un contrôle effectif en tant que juge électoral.

A l'exception de la Guinée-Bissau, dans la quasi-totalité des États membres de la CEDEAO, le contrôle de la régularité des élections est attribué au juge constitutionnel[648].

C'est ce que Abdoulaye DIARRA a pu qualifier de « bloc de régularité »[649], c'est-à-dire le bloc normatif comprenant les dispositions constitutionnelles, mais aussi les dispositions législatives et les actes réglementaires édictés par l'autorité compétente auquel il faut désormais ajouter les dispositions conventionnelles et les traités tels que la Charte africaine de la démocratie, des élections et de la gouvernance

---

[647] *Cf.* J. LAFERRIÈRE, *Manuel de droit constitutionnel* [Texte imprimé], 2ème éd., Paris,
Domat-Monchrestien, 1947, p. 459 et s ; Y. LÉCUYER, *L'européanisation des standards démocratiques, op. cit.*, p. 48.

[648] Article 86 de la Constitution malienne du 12 janvier 1992 ; Article 154 de la Constitution du Burkina Faso du 27 janvier 1997 ; Article 127 Constitution nigérienne du 25 novembre 2010 ; Article 126 Constitution de Côte d'ivoire du 8 novembre 2016 ; Article 117 Constitution Béninoise du 11 décembre 1990 ; Article 93 Constitution Guinéenne du 7 mai 2010.

[649] A. DIARRA, *Démocratie et droit constitutionnel dans les pays francophones d'Afrique noire. Le cas du Mali depuis 1960, op. cit.*, p.318.

ou encore le protocole de la CEDEAO sur la démocratie et la bonne gouvernance.

La régularité des élections suppose, par ailleurs, la liberté de candidature. Des conditions restrictives peuvent certes exister, puisque l'éligibilité est conditionnée par certaines règles nationales comme la citoyenneté, mais ces restrictions sont exceptionnelles. Elle est inaccessible aux incapables, civiques ou mentaux, aux étrangers, aux criminels et à certains délinquants. Et, comme le note le professeur Patrick Wachsmann, les droits de participation à la prise de décisions ne peuvent être accordés à toute personne se trouvant, même durablement, sur le territoire de l'État en cause : « ils sont réservés aux citoyens, membres actifs de la société politique qu'organise l'État, qui sauf dérogation exceptionnelle, doivent eux-mêmes posséder la nationalité de cet État »[650].

La notion de citoyenneté apparaît *a priori* comme une évidence lorsqu'il s'agit des droits politiques[651], mais la prise en compte de cette notion est parfois problématique. La Cour de justice de la CEDEAO rappelle à ce titre certains contours lorsqu'elle estime qu'« il peut certes arriver que dans des conjonctures particulières, la législation d'un pays institue des impossibilités d'accéder à des fonctions électives à l'encontre de certains citoyens ou de certaines organisations.

Mais la restriction de ce droit d'accès à des charges publiques doit alors être justifiée, notamment, par la commission d'infractions particulières »[652]. Elle renchérit en énonçant que la restriction ne doit pas avoir « pour seul effet d'empêcher les requérants à se porter candidats », de « limiter également de façon importante le choix offert au corps électoral » ou d'« altérer le caractère compétitif de l'élection». La liberté du vote implique qu'en amont d'autres libertés permettent aux citoyens de se forger leur opinion, et que le système politique soit suffisamment ouvert pour qu'un véritable choix intervienne. Les droits fondamentaux de l'homme ont ainsi un lien direct avec les élections

---

[650]P. WACHSMANN, « Participation, communication, pluralisme », *AJDA,* 1998, n° spécial, p.173.
[651]Y. LÉCUYER, *L'européanisation des standards démocratiques, op. cit.*, p. 56.
[652]ECW/CCJ/JUD/16/15, *CDP et autres c/ Burkina Faso, op. cit.,* § 28.

libres. La liberté d'opinion, sans quoi la discussion démocratique ne peut avoir lieu. La liberté d'association, afin que des partis se forment et proposent des options différentes. La liberté des médias pour que la campagne électorale prenne un sens[653]. Ces principes s'imposent en démocratie et ne sont respectés que par l'intervention d'une institution indépendante, par exemple, une juridiction constitutionnelle et, dans certains cas, une commission électorale indépendante. C'est pourquoi le juge communautaire intègre le droit aux élections libres comme « un paramètre juridique incontournable »[654] de toute société démocratique puisqu'il est « nécessaire à la stabilité de l'ordre démocratique »[655], et partant, à la tenue d'élections honnêtes.

2. L'honnêteté des élections

L'honnêteté des élections figure en bonne place parmi les « principes constitutionnels communs » à tous les États membres de la CEDEAO énoncés à la section relative aux « principes de convergence constitutionnelle » du protocole de Dakar. Ce principe apparaît d'ailleurs dans d'autres textes conventionnels comme la Déclaration universelle des droits de l'homme (article 21) et le Pacte international relatif aux droits civils et politiques (article 25). Cependant, la notion ne figure pas dans la lettre de la Charte africaine des droits de l'homme et des peuples dont l'article 13 se contente d'énoncer simplement la liberté du vote et de candidature.

L'insuffisance de ce texte, au regard des autres textes internationaux a d'ailleurs été longtemps critiquée en doctrine[656] car, l'honnêteté du

---

[653]O. DUHAMEL, « Les élections » *in* S. DARNTON, O. DUHAMEL (dir.), *Démocratie,* éditions du Rocher, 1998, p. 142.

[654]E.-P. GUISELIN, « l'âge, variable juridique des élections politiques », *RDP*, 2009, n° 1, p.100.

[655]ECW/CCJ/JUD/16/15, *CDP et autres c/ Burkina Faso, op. cit.,* § 32.

[656]Voir en ce sens O. CORTEN, C. DENIS, « commentaire de l'article 13 de la Charte africaine », *in* Maurice KAMTO (dir), *La Charte africaine des droits de l'homme et des peuples et le Protocole y Relatif portant création de la Cour africaine des droits de l'homme, commentaire article par article, op. cit.,* p. 309 et s ; Voir aussi

scrutin apparaît comme un impératif plus pressent. L'existence de cette honnêteté, qui est la qualité essentielle du processus électoral, est très souvent à la base des conflits en Afrique. L'idée en soi ne saurait passer pour une nouveauté[657]. Il est manifeste qu'aucune démocratie ne saurait se réaliser si elle ne tient compte de cette caractéristique essentielle que constitue l'honnêteté des élections.

C'est cette lacune que la Charte africaine de la démocratie, des élections et de la gouvernance semble combler lorsqu'elle affirme à son article 17, « l'engament des États parties à organiser des élections libres, transparentes et justes ». Cette exigence à la fois morale et procédurale, implique au premier chef, l'existence de règles de procédure permettant d'endiguer certaines des pathologies les plus graves du processus électoral comme la corruption et la fraude[658]. Elle pose en marge, la question de l'encadrement financier du processus électoral, car la démocratie qui n'a pas de prix, a néanmoins un coût[659].

En effet, l'honnêteté et la sincérité qui lui servent de corollaires, ne sont pas des exigences de second ordre[660]. Il ne peut y avoir d'élections réellement libres sans un processus électoral honnête. Il est, en effet, impossible de séparer la liberté de l'honnêteté des élections et de la sincérité du scrutin. Il s'agit, pour reprendre l'expression de la Cour européenne des droits de l'homme, d'un principe inhérent à la « clause politique »[661].

La Cour de justice de la CEDEAO va dans le même sens, en reconniassant dans l'arrêt *CDP et autres c/ Burkina Faso*, la possibilité aux États de fixer les modalités et les conditions d'accès au droit de vote

---

G. CONAC, « Les difficultés d'acclimatation de l'État de droit en Afrique », *in G. CONAC (dir.), État de droit et démocratie : L'Afrique en transition vers le pluralisme politique,* Paris, Economica, coll., la vie du droit en Afrique, 1993, pp. 494-497 ; *Cf.* aussi R. BEN ACHOUR, « La Charte africaine des droits de l'homme et des peuples : Histoires et Problèmes », in *Études internationales,* 1998, n°8, pp. 10-23.

[657]Elle a largement été developpée en doctrine. Voir en ce sens G. VEDEL, *Manuel élémentaire de Droit constitutionnel, op.cit.,* p. 144 et s ; L. COHEN-TANUGI, *La métamorphose de la démocratie française, op. cit.*, p. 155 et s.

[658]Y. LÉCUYER, *L'européanisation des standards démocratiques, op. cit.*, p. 51.

[659]Voir en ce sens le colloque organisé par le Sénat et le centre d'études comparatives des élections, *L'encadrement financier du processus électoral,* Paris, 18 février 2010.

[660]Y. LÉCUYER, *L'européanisation des standards démocratiques, op. cit.*, p. 51.

[661]CEDH, *Adamsons c/ Lettonie,* 24 juin 2008, § 130.

ou d'éligibilité à condition que cette prérogative ne soit «utilisée comme un moyen de discrimination des minorités politiques »[662].

L'honnêteté apparaît dès lors comme la résultante de la transparence. Cette dernière s'entend comme une exigence démocratique en ce qu'elle concerne tant la loi électorale et l'ensemble du processus qui le précède que le résultat du vote. C'est en ce sens que le protocole A/SP1/12/01 de la CEDEAO sur la démocratie et la bonne gouvernance, doit être compris lorsqu'il interdit à son article 2.1 toute modification substantielle de la loi électorale sans le consentement d'une large majorité des acteurs politiques, et ce, dans un délai minimum de six (6) mois avant la tenue du scrutin.

Par exemple dans une décision El 07-024 du 23 mars 2007, la Cour constitutionnelle du Bénin a autorisé le report de la date du scrutin initialement prévue le 25 mars au 31 mars 2007 « dans le souci d'organiser des élections honnêtes, régulières, libres, crédibles et transparentes qui recueillent la confiance des électeurs, partis et mouvements politiques »[663].

En effet, dans cette décision, la Cour s'est appuyée sur l'argument tiré de l'impréparation matérielle de la commission électorale nationale autonome (CENA) notamment l'« indisponibilité », dans les délais impartis, des listes électorales et des matériels de vote, le non-respect des obligations légales tenant à la formation des membres des bureaux de vote, pourtant essentiels au bon déroulement du scrutin, pour autoriser le report de la date initialement prévue pour la tenue du scrutin.

La Cour européenne des droits de l'homme a, dans une démarche de transparence, fait observer dans l'arrêt *Parti national basque c/ France* du 7 juin 2007, que les règles concernant le financement des partis politiques et des campagnes électorales, notamment la prohibition du financement des partis politiques par toutes personnes morales à l'exception des partis et groupement politiques français, s'inscrivent dans un corps de règles visant à assurer la transparence financière de la vie politique. Elle souligne également qu'elle perçoit d'autant plus

[662]ECW/CCJ/JUD/16/15, *CDP et autres c/ Burkina Faso, op. cit.*, § 29.
[663]Cour Constitutionnelle Bénin, Décision El 07-024, 23 mars 2007.

« l'importance d'une réglementation de cette nature "dans une société démocratique" qu'elle est mise en exergue tant par la Commission de Venise que par l'Assemblée parlementaire du Conseil de l'Europe »[664].

Or, dans les lois électorales de la plupart des États membres de la CEDEAO, notamment les États francophones, on trouve des dispositions similaires sur les financements des partis politiques. Le contentieux n'a pas encore été porté devant la Cour de justice de la Communauté, puisque les États semblent afficher, dans le cas où ce dispositif existe, une certaine complaisance dans le contrôle des activités des partis politiques notamment celles relatives à leur financement.

Ainsi en est-il par exemple du Niger où l'article 33 de la Charte des partis politiques[665] fait obligation aux partis de produire leurs comptes annuels au plus tard le 31 mars de chaque année à la Cour des comptes, chargée de vérifier leur sincérité, leur régularité et leur moralité sous peine de sanction. Cette sanction peut être graduelle ou cumulative du paiement d'une amende et de la perte de la part des subventions accordée par l'État. Pourtant, malgré ces dispositions législatives, le dernier rapport 2015 de la Cour des comptes sur le contrôle des comptes annuels des partis politiques exercice 2014[666] à relever plusieurs incongruités quant au respect des dispositions de la Charte des partis politiques. C'est dire que, même dans les cas où le contrôle est effectué, il l'est parfois avec beaucoup de complaisance.

La condition de transparence permet également de satisfaire un principe juridique incontournable : la clarté de la loi, notamment la loi électorale, qui, comme nous l'avions souligné précédemment, est souvent source de controverses en Afrique. En effet, le manque de clarté des règles électorales favorise parfois des atteintes substantielles à l'honnêteté des élections consécutives à l'interprétation quelquefois arbitraire des dispositions électorales[667].

---

[664]CEDH, *Parti national basque c/ France*, 7 juin 2007, § 45 ; Voir aussi pour plus de détails Y. LÉCUYER, *L'européanisation des standards démocratiques, op. cit.*, p. 53.
[665]Au Niger, la Charte des partis politiques a été instituée par l'Ordonnance 2010-84 du 16 décembre 2010.
[666]Disponible en ligne : www.courdescomptes.ne.
[667]Y. LÉCUYER, *L'européanisation des standards démocratiques, op. cit.*, p. 53.

Le contentieux électoral présente, dans le cadre procédural, des enjeux politiques et juridiques considérables. Il est révélateur de l'honnêteté, voire de la sincérité du scrutin en tant qu'expression directe et réelle de la volonté de l'électeur. Dès lors que cette dernière ne peut pas être connue de manière certaine, et donc qu'il est impossible de connaître avec certitude le choix majoritaire, l'élection est annulée par le juge[668]. Mais encore faut-il que les décisions du juge électoral soient respectées.

On comprend dès lors le choix du juge constitutionnel comme juge électoral, notamment en ce qui concerne les élections dont les enjeux sont considérables et d'envergure nationale telles les élections présidentielles et législatives.

Ce choix est d'autant plus justifié que les décisions du juge constitutionnel bénéficient de l'autorité de chose jugée et s'imposent généralement à tous. L'existence, dans certaines constitutions, des dipsositions interdisant tout « discrédit »[669] des décisions de justice, confèrent aux décisions du juge constitutionnel l'autorité nécessaire à leur efficacité.

Cela est d'autant plus vrai que le juge constitutionnel jouit aujourd'hui de l'estime du citoyen, très enclin au respect des décisions de celui qu'il considère comme le « juge populaire » et légitime dont l'indépendance semble ne plus souffrir de la méfiance endémique que connaît aujourd'hui encore le juge ordinaire, souvent considéré, à tort ou à raison, comme le sbire du pouvoir exécutif.

Les acteurs politiques ont de plus en plus tendance à se soumettre à cette autorité et à accepter les décisions même lorsqu'elles leur sont défavorables. Au Mali, par exemple, la Cour suprême, en tant que juge électoral, avait annulé l'ensemble des élections législatives de 1997 et a fait procéder à l'organisation d'un nouveau premier tour[670].

---

[668] R. GHEVONTIAN, « La notion de sincérité du scrutin », in *Cahiers du Conseil constitutionnel,* 2002, n° 13, p. 63.

[669] Art. 134 de la Constitution nigérienne du 25novembre 2010 « Tout jet de discrédit sur les arrêts de la Cour est sanctionné conformément aux lois en vigueur ». Cette disposition présente cependant le risque de soumettre certains opposants à la loi du silence même devant des décisions arbitraires.

[670] J. DU BOIS DE GAUDUSSON, « Les élections à l'épreuve de l'Afrique », *Cahiers du Conseil constitutionnel,* 2002, n° 13, p. 100.

Malgré ces quelques avancées remarquables dans la nouvelle vision politique sur le continent, notamment dans le processus démocratique amorcé en 1990 et qui requiert l'organisation épisodique d'élections en tant que caracrtéristique essentielle de la démocratie, les critiques des élections se multiplient, et souvent exprimées en des termes vifs et parfois virulents. Le constat est que les élections qui avaient été considérées comme une voie privilégiée de sortie de crises et d'expression du pluralisme se voient attribuer sur le continent, la responsabilité des tensions, voire des ruptures de consensus qui affectent la vie politique des États.

Comme le note le professeur Jean Du Bois De GAUDUSSON, « c'est plus radicalement l'existence d'élections qui est en cause et qui est condamnée ; celles-ci ne permettraient pas de satisfaire aux exigences de la démocratie et de la participation populaire »[671]. En atteste la crise post-électorale survenue récemment en République de Gambie où le Président sortant, Yayah Jammeh avait, dans un premier temps, publiquement reconnu sa défaite sur la base des résultats provisoires proclamés par la Commission électorale indépendante avant de contester, quelques jours plus tard, la sincérité du scrutin. Cette contestation fait suite à un communiqué de la commission électorale qui reconnaissait avoir commis certaines erreurs qui, selon elle, n'affectent pas substantiellement l'issue du vote. La Cour suprême, normalement juge du contentieux électoral, n'a pas eu l'occasion de se prononcer sur cette question, faute de juges disponibles[672]. La fermeté de la CEDEAO

---

[671]*Id.*

[672]Car manquant de magistrats nationaux suffisamment qualifiés et expérimentés, la Gambie est souvent obligée de solliciter des juges étrangers. C'est ainsi qu'à la proclamation des résultats de l'élection présidentielle du 1er décembre 2016 qui donnait vainqueur le candidat de l'opposition avec 19. 000 voix d'écart, le président sortant, Yahya Jammeh a porté l'affaire en justice. Le 13 décembre, son parti, l'APRC, a saisi la Cour suprême d'une demande d'annulation de l'élection, arguant d'irrégularités dans la comptabilisation des votes et l'organisation du scrutin. Deux autres recours ont également été déposés le 3 janvier, dont une émanant du chef de l'État lui-même. Mais, faute de juges disponibles, le président de la Cour suprême a, dans un communiqué, annoncé que celle-ci ne pourra pas statuer et a invité les parties au litige à le résoudre pacifiquement avant la passation des pouvoirs prévue au 19 janvier 2017. Ce qui, pour le Chef de l'État sortant, était inconcevable, puisqu'il a assuré le 20 décembre 2016, qu'il ne céderait pas le pouvoir tant que la Cour suprême n'aurait pas statué sur ses recours. Ce qui a ouvert la voie à un conflit post-électoral ;

à traduire le résultat de l'élection comme « l'exact reflet de la volonté, exprimée par la majorité du corps électoral »[673] gambien, a conduit le Président en place à céder le pouvoir au candidat élu.

La persistance des dysfonctionnements des processus électoraux de certains États africains ainsi que l'ampleur et la fréquence des pratiques frauduleuses que tous s'accordent à dénoncer[674], ont eu pour conséquence de faire croire que le continent est le chantre des élections tronquées au point que les violences, les fraudes, les altérations à la sincérité sont devenues l'apanage des élections en Afrique, occultant ainsi, tout résultat positif. Pourtant, s'il est vrai que la pratique africaine de la démocratie a pendant longtemps été dominée par le monolytisme, l'histoire et l'actualité montrent que même dans les démocraties libérales établies, les élections ne sont pas toujours conformes à l'idéal démocratique[675]. Du reste, convient-il de le souligner, plusieurs pays de la CEDEAO ont réussi des élections transparentes, libres, honnêtes et acceptées de tous. Il en est ainsi de la République fédérale du Nigeria où à la suite de la première alternance démocratique réussie, Muhammadu Buhari remporta l'élection présidentielle du 31 mars 2015 avec 53,9% des suffrages contre le Président sortant Goodluck Jonathan. Le Président élu s'en est d'ailleurs félicité en affirmant dans son allocution que le Nigeria « a rejoint la communauté des nations qui remplacent par les urnes un président en place au cours d'un scrutin libre et honnête »[676] Au Bénin, à la suite d'une alternance démocratique, Patrice Talon succéda à Thomas Yayi Boni en mars 2016 avec 65,36% des suffrages contre 34,74% pour son challenger Lionel Zinzou. Au Ghana, l'élection présidentielle du 8 décembre 2016 fut remportée par l'opposant Nana Akufo-Addo avec 53,3% des suffrages contre 44,7%

---

voir en ce sens Jeune Afrique, « Présidentielle en Gambie : La Cour suprême ne statuera pas sur le recour de Yayah Jammeh avant plusieurs mois », 10 janvier 2017.

[673]R. GHEVONTIAN, « La notion de sincérité du scrutin », *Cahiers du Conseil constitutionnel, op. cit.*, p. 63.

[674]J. DU BOIS DE GAUDUSSON, « Les élections à l'épreuve de l'Afrique », *op. cit.*, p. 100.

[675]G. VEDEL, *Manuel élémentaire de droit constitutionnel*, Paris, Sirey, 1949, p. 144 et s ; C.-A. COLLIARD, *Libertés publiques*, Paris, Dalloz, 6ème éd., 1982, p. 2 et s ; J. DU BOIS DE GAUDUSSON, « Les élections à l'épreuve de l'Afrique », *op. cit.*, p. 101.

[676]*Le Monde Afrique*, « L'opposant Buhari remporte la présidentielle au Nigéria », 1 avril 2015. Consultable sur : www.lemonde.fr.

pour le Président sortant John Dramani Mahama. Plus récemment au Libéria, l'élection présidentielle du 26 décembre 2017 a consacré la victoire de Georges Weah avec 61, 5% des voix contre 38, 5 % pour son adversaire, le vice-président sortant, Joseph Boakai.

Dans la construction démocratique, la Communauté met en œuvre des efforts considérables pour assurer aux droits politiques, notamment le droit de vote, considéré comme « ce droit fondamental parce que conservateur de tous les autres »[677], une meilleure garantie. Pour permettre la réalisation d'élections honnêtes, transparentes et crédibles, objectif essentiel dans la période d'ancrage de la démocratie dans laquelle se trouve la plupart des États membres de la CEDEAO, la Cour de justice ne cache pas sa volonté de privilégier le Protocole sur la démocratie et la bonne gouvernance.

---

[677]Cette formule est attribuée à la Cour suprême des États-Unis de 1886. Elle est citée par le professeur Jean DU BOIS DE GAUDUSSON, « Les élections à l'épreuve de l'Afrique », *op. cit.*, p. 101.

CHAPITRE II

LE PROTOCOLE SUR LA DÉMOCRATIE ET LA BONNE GOUVERNANCE, INSTRUMENT DE RÉFÉRENCE DE LA COUR DE JUSTICE

L'intérêt de la CEDEAO pour la démocratie et la bonne gouvernance est indéniable. Pour autant, on ne peut véritablement affirmer que le processus d'intégration communautaire soit pénétré de bonne gouvernance démocratique au point de pouvoir le comparer à d'autres systèmes d'intégration comme celui de l'Union européenne qui est fondé sur le modèle des « traditions constitutionnelles communes » aux États membres, lesquels États sont des vieilles et grandes démocraties.

La recrudescence des conflits politiques dans la sous-région a renforcé la conviction des États membres de la Communauté sur la nécessité d'adopter un mécanisme de maintien de la paix et de la sécurité, dans le processus d'intégration communautaire. Si, pour reprendre les propos du professeur Fréderic SUDRE, « il y a une faiblesse majeure - et pour tout dire, congénitale du dispositif droit de l'homme »[678] dans le système démocratique des États membres de la CEDEAO, celle-ci résulte de l'absence d'un projet global en faveur des droits fondamentaux[679]. La « conditionnalité démocratique » est ainsi inscrite parmi les principes fondamentaux de la Communauté.

La vocation de la CEDEAO à protéger les droits fondamentaux, notamment les droits politiques, s'est traduite de manière évidente ces dernières années. En effet, l'expérience démocratique de la plupart des États membres de la CEDEAO s'est soldée par un échec, avec parfois pour conséquences, des violences électorales et/ou post-électorales débouchant le cas échéant, sur un changement anticonstitutionnel de régime. Cette situation a conduit très souvent la communauté

[678]F. SUDRE, « L'Union européenne et les droits et les droits de l'homme. De quelques interrogations... », *R.A.E–L.E.A.*, 2006/1, p. 7 et s.
[679]A. REMEDEM, *La protection des droits fondamentaux par la Cour de justice de l'Union européenne, op. cit.*, p. 26.

internationale à assurer la police des élections dans plusieurs États membres. La protection des droits fondamentaux, telle qu'opérée par certains systèmes internationaux, s'inscrit dans un cadre démocratique universel qui ne tient pas souvent compte des contextes et réalités propres aux États.

La création d'un socle normatif propre à la Communauté est alors apparue nécessaire. Ce dernier est alors destiné à servir de fondement à l'action de la Communauté comme instrument privilégié de promotion des principes démocratiques (**Section1**), et permettre, à terme, d'inscrire l'action de la CEDEAO dans un processus global de protection accrue des droits fondamentaux (**Section2**).

Section 1 : L'instrument privilégié de promotion des valeurs démocratiques

Le protocole de la CEDEAO sur la démocratie et la bonne gouvernance vise à répondre à l'absence de socle normatif encadrant les principes démocratiques au sein de la Communauté. Son adoption en tant que droit primaire de la CEDEAO, résulte d'une prise de conscience des États membres sur la nécessité de réguler leur organisation juridique et institutionnelle, et, partant, leur organisation constitutionnelle. Il permet non seulement de combler un vide juridique mais aussi d'accompagner les États membres dans leur processus d'enracinement de la démocratie. Le protocole vient ainsi uniformiser la pratique démocratique des États avec en filigrane un objectif majeur : la consécration d'une authentique « tradition constitutionnelle commune » aux États en Afrique de l'Ouest.

Pour endiguer les éventuelles résistances de certains gouvernements qui craindraient les conséquences qu'une éventuelle alternance peut entraîner sur eux et leurs proches, le protocole s'est assuré de leur garantir « un statut spécial incluant une liberté de circulation et des avantages et privilèges y afférents ». En outre, le protocole les préserve d'éventuels « acharnement ou harcèlement » dont ils pourraient faire l'objet à la faveur d'une alternance. Le socle de l'intégration communautaire repose, en effet, essentiellement sur la stabilité politique des États.

Pour certains auteurs, « le protocole est ainsi à la fois une bonne base et une source de légitimation de l'entreprise de l'adoption des normes et standards en matière électorale dans la région Ouest-africaine »[680]. Il sert particulièrement de fondement à la Cour de justice qui entend bien s'en saisir dans sa mission de protection des droits fondamentaux (**§1**) tant il paraît adapté aux objectifs démocratiques de la Communauté (**§2**).

§1 : Le Protocole de 2001 : la volonté de la Cour de justice de se référer à un catalogue de droits identifiés

L'insertion du protocole sur la démocratie et la bonne gouvernance, dans l'ordre juridique de la Communauté, apparaît, en effet, comme une véritable révolution.

S'il apparaît évident que la protection des droits fondamentaux s'est nettement accrue, il n'en demeure pas moins que l'essentiel de l'ordre juridique communautaire est fondé sur des instruments juridiques internationaux avec des interprètes déclarés.

Le protocole de Dakar vient ainsi conforter un choix volontariste de la Communauté, de se doter d'un texte juridique propre, dans la promotion des principes démocratiques (**A**) afin d'atteindre les États membres dans la reconnaissance de la valeur particulière de ce texte (**B**).

---

[680] I. M. FALL ; A. SALL, « Une Constitution régionale pour l'espace CEDEAO : Le Protocole sur la démocratie et la bonne gouvernance de la CEDEAO », *op. cit.*, p. 3.

A. La valeur particulière du Protocole de 2001 dans la promotion des principes démocratiques

L'objectif de la construction politique de la CEDEAO est de réconcilier durablement les peuples, longtemps éprouvés par des conflits engendrés par la « marginalisation politique et la non transparence des processus électoraux »[681] et créer un espace de paix, de liberté et de sécurité indispensable à la promotion et à la défense de la démocratie[682] et partant, à la réalisation de l'objectif final de la Communauté. Comme le notent les professeurs Isamaïla Madior FALL et Alioune SALL, ce texte « se fait l'écho de cette conception, qui a émergé dans les années 1990, que les véritables menaces qui pèsent sur la paix du monde se trouvent désormais, non dans l'impérialisme ou la volonté de puissance des nations comme ce fut le cas naguère, mais bien dans leur instabilité interne, étant entendu que les dysfonctionnements politiques nationaux des États sont susceptibles de produire des conséquences transnationales »[683]. La référence à la séparation des pouvoirs et à la création des contre-pouvoirs ainsi que le fonctionnement pluraliste dans le texte du protocole, est la suite logique de cette nouvelle orientation politique de la CEDEAO, puisqu'ils constituent les valeurs cardinales, donc le « passage obligé » [684] pour l'instauration de la démocratie. Soucieux de promouvoir une nouvelle image des systèmes politiques nationaux, les rédacteurs du protocole se sont inspirés de nombreux textes adoptés soit dans le cadre même de la CEDEAO, soit dans un cadre plus large, panafricain ou non, spécialement en ce qui concerne la « nécessité démocratique » dans le maintien de la paix et de la stabilité politique[685].

---

[681]Préambule du Protocole A/SP1/12/01 sur la démocratie et la bonne gouvernance.

[682]C. BERTRAND, « La démocratie participative dans le système institutionnel de l'Union européenne », *op.cit.,* p. 1.

[683]I. M. FALL ; A. SALL, « Une Constitution régionale pour l'espace CEDEAO : Le Protocole sur la démocratie et la bonne gouvernance de la CEDEAO », *op. cit.,* p. 2.

[684]A. DIARRA, *Démocratie et droit constitutionnel dans les pays d'Afrique francophone noire. Le cas du Mali depuis 1960, op. cit.*, p. 187.

[685]Le préambule du protocole énumère une longue liste de textes de référence qui participent tous à la promotion de la démocratie. On y trouve par exemple : le protocole relatif au mécanisme de prévention, de gestion, de règlement des conflits,

La singularité du protocole tient au fait qu'au-delà des principes démocratiques qu'il affirme, son article premier, en consacrant des principes constitutionnels communs aux États membres, dégage, d'une certaine manière un standard démocratique auquel les États membres sont désormais tenus de se conformer. Le texte dresse une liste de principes dont le respect est requis des États et institue un droit de regard de la Communauté sur la pratique démocratique des États membres.

Cette démarche a pour but d'interdire le retour au système de parti unique et éviter « la manipulation malintentionnée des normes constitutionnelles par les pouvoirs »[686] en place. C'est en ce sens que le protocole proscrit dès son article 2, toute réforme de la loi électorale dans les six mois précédant les élections, sauf consensus d'une majorité des acteurs politiques.

Les rédacteurs ont certainement en mémoire les manipulations des textes dans la décennie qui a précédé l'instauration du pluralisme démocratique, où des chefs d'État ont modifié substantiellement les textes électoraux pour écarter des adversaires sérieux, comme ce fut le cas en Côte d'Ivoire. La crainte partagée de se retrouver dans des situations similaires explique le réflexe des rédacteurs du Protocole dans l'écriture de cet article. En érigeant des principes constitutionnels communs aux États membres, les rédacteurs du protocole voulaient

---

de maintien de la paix et de la sécurité, signé à Lomé, le 10 décembre 1999 auquel se rattache directement le protocole de 2001 sous étude. S'y ajoutent aussi le Traité révisé de la CEDEAO du 24 juillet 1993, notamment son article 58 relatif au « maintien de paix » ; la Déclaration de l'OUA sur la sécurité, la stabilité , le développement et la coopération en Afrique, adoptée à Abuja, les 8 et 9 mai 2000 ; la Décision AHG Dec. 142(XXV) sur le cadre pour une réaction de l'OUA face aux changements anticonstitutionnels de gouvernement adoptée par l'OUA à Alger en juillet 1999 ; la Charte africaine des droits de l'homme et des peuples de 1981 ; la Convention sur l'élimination de toutes les formes de discrimination contre les femmes ; la Déclaration d'Harare adoptée par les États du Commonwealth le 20 octobre 1991 ; la Déclaration de Bamako adoptée par les États de la francophonie le 3 novembre 2000 ; la Déclaration de Cotonou adoptée le 6 décembre 2000 à l'issue de la IVème Conférence internationale des démocraties nouvelles ou rétablies. La référence à cette impressionnante liste d'instruments juridiques est l'illustration du caractère ambitieux du texte communautaire.

[686] I. M. FALL ; A. SALL, « Une Constitution régionale pour l'espace CEDEAO : Le Protocole sur la démocratie et la bonne gouvernance de la CEDEAO », *op. cit.*, p. 3.

certainement affirmer le rôle essentiel que devrait désormais jouer la CEDEAO notamment la Cour de justice, dans la qualification et l'instauration de régime démocratique dans l'espace communautaire.

Le principe de neutralité politique de l'armée et de son caractère républicain participe de cet objectif. En effet, l'armée a pendant longtemps été l'artisan des changements anticonstitutionnels opérés dans la quasi-totalité des États africains[687]. Le principe d'élections libres, honnêtes et transparentes comme seul mode d'accession au pouvoir et l'obligation d'accepter l'alternance démocratique rendent désormais illégitime et illégale toute irruption de l'armée sur la scène politique ou tout mode antidémocratique d'accession ou de maintien au pouvoir. Le protocole procède à une véritable définition de la fonction militaire en énumérant les principales missions de l'armée.

S'agissant du principe du pluralisme politique, désormais consacré comme un élément nécessaire à la démocratie, il participe à la pacification de la vie politique, en régulant les changements de majorité, afin de garantir l'enracinement d'une culture démocratique fondée sur l'alternance. En ce sens, les chefs d'États en fin de mandat, sont assurés de leurs statuts d'anciens chefs d'État, incluant tous les privilèges y afférents. La CEDEAO et, notamment la Cour de justice, joue ainsi, depuis lors, un rôle prépondérant dans le maintien d'un système démocratique au sein des États membres, dans la consécration de l'État de droit et dans la protection des droits fondamentaux.

L'élection étant la principale source de conflits internes, le protocole prévoit toute une section[688] visant à accompagner les processus électoraux dans les États membres de manière à garantir la tenue d'élections dans des conditions satisfaisantes au regard des standards démocratiques.

Aussi, le caractère singulier du protocole tient en effet, au fait qu'il est assorti de sanctions. Ainsi, certains auteurs ont pu affirmer qu'« il s'agit manifestement de "marquer le coup", en indiquant le volontarisme affiché des rédacteurs de sortir des "proclamations de principe" pour

---

[687]I. M. FALL ; A. SALL, « Une Constitution régionale pour l'espace CEDEAO : Le Protocole sur la démocratie et la bonne gouvernance de la CEDEAO », *op. cit.*, p. 4.

[688]Section III— De l'observation des élections et de l'assistance de la CEDEAO, notamment les articles 11, 12, 13, 14, 15, 16, 17 et 18.

adopter de véritables engagements juridiques » afin de « substituer au “droit mou“ un droit impératif »[689]. Il s'agit également d'enclencher les chantiers structurants pour une indispensable[690]construction démocratique.

La valeur juridique particulière du protocole sur la démocratie et la bonne gouvernance consiste dans le fait qu'il détermine le cadre et les principes composant les constitutions des États. Il influe ainsi sur l'organisation interne des États et se situe au plus haut niveau de la hiérarchie des normes des États membres. Il s'intéresse directement aux valeurs de démocratie sociale notamment la lutte contre la pauvreté, la garantie des besoins et services essentiels des populations, la promotion de l'emploi, le développement prioritaire des secteurs sociaux, la juste redistribution des ressources et des revenus, la liberté syndicale, l'économie de marché, l'organisation paysanne, artisanale et artistique[691]. S'y ajoutent aussi l'éducation, la culture, la religion[692] en tant que valeurs préexistantes au droit ou indépendantes à celui-ci, considérées par appréciation générale, comme nécessaires, utiles ou avantageuses, et dont la qualité de valeur juridique fondamentale est le résultat d'une régulation juridique de niveau approprié[693].

Les prescriptions formulées dans le texte du protocole, de par leur objet et leurs destinataires, mais aussi par l'étendue des droits et devoirs qui y sont définis ainsi que par la marge de manœuvre qu'elles attribuent aux États membres, constituent des principes fondamentaux qui fixent des orientations générales, des directions majeures à suivre, des attentes abstraites et offrent un large champ d'action aux États qui en sont les destinataires concernant les modalités d'application et d'exécution. Ces

---

[689]I. M. FALL ; A. SALL, « Une Constitution régionale pour l'espace CEDEAO : Le Protocole sur la démocratie et la bonne gouvernance de la CEDEAO », *op. cit.,* p. 4.
[690]K. NACIRI, « Les révolutions arabes à l'assaut de systèmes constitutionnels obsolètes. Un pouvoir constituant originaire nouveau », *in* R. BEN ACHOUR (dir.) *Les changements anticonstitutionnels de gouvernement. Approche de droit constitutionnel et de droit international, op. cit.*, p. 75.
[691]Section V – De la lutte contre la pauvreté et de la promotion du dialogue social, articles 25, 26, 27, 28.
[692]Section VI – Éducation, culture et religion, articles 29, 30, 31.
[693]A. ADAM, « Sur les valeurs juridiques fondamentales », in *Mélanges en l'honneur de Slobodan Milacic, Démocratie et liberté : tension, dialogue, confrontation,* Bruxelles, Bruylant, 2008, p. 29.

principes sont des points de repère essentiels au cours de l'interprétation authentique des dispositions constitutionnelles[694].

Selon le texte du protocole, ces principes fondamentaux doivent être communs aux États membres en ce qu'ils participent de la promotion de tous les aspects du développement de l'Homme et d'autres objectifs individuels ou collectifs concernant les peuples et les nations. Les États membres de la Communauté sont chargés de les mettre en œuvre par leur implication dans leur dispositif juridique interne.[695]

Le Protocole sur la démocratie et la bonne gouvernance apparaît alors à la fois comme le prolongement du cadre démocratique des États et le catalogue des droits fondamentaux au sein de la Communauté. Mais qu'en est-il réellement de sa mise en œuvre au sein des États membres ? Ces derniers reconnaissent sa valeur particulière.

B. La reconnaissance par les États membres de la valeur particulière du Protocole

Parlant de la problématique de l'enracinement de la Constitution comme régulateur du fonctionnement des pouvoirs publics, René REMOND, affirme que « même si le débat semble aujourd'hui définitivement tranché en faveur des constitutions, il n'en demeure pas moins que le meilleur des textes au regard de l'esprit qui l'a conçu n'a pas d'avenir ni de chance de durer s'il n'est pas reçu par l'opinion et ne répond pas à ce qu'elle attend »[696] La même remarque peut valoir pour les textes supranationaux comme le protocole de la CEDEAO sur la démocratie et la bonne gouvernance. En effet, le protocole apparaît comme l'instrument standardisé en matière de protection des droits

---

[694]*Ibid.*, p. 31.

[695]*Ibid.,* p.32 ; voir aussi F. CHALTIEL, « Constitution française, constitution européenne, vers l'osmose des ordres juridiques ? », RMCUE, 2005, p. 280.

[696]R. RÉMOND, « Les français et leur Constitution », in *Le nouveau Constitutionnalisme*, *Mélanges en l'honneur de Gérard CONAC,* Paris,Economica,2001, p. 23.

fondamentaux notamment en ce qui concerne les principes constitutionnels des États avec leurs corollaires, les droits politiques. Aussi, partant de la philospohie qu'il énonce à son préambule, on peut observer, qu'au-delà de la simple conformité à ses dispositions pratiques, le protocole appelle à une adhésion à leur inspiration en ce sens qu'il vise plusieurs déclarations de principes d'inspiration libérale.

Le protocole sur la démocratie et la bonne gouvernance est entré en vigueur le 20 février 2008 après sa ratification par le neuvième État, conformément à son article 49, en dépit des réserves exprimées par une partie de la doctrine[697] quant à son application effective tant sa nature juridique était discutable. La ratification par la quasi-totalité des États membres, écarte l'hypothèse d'un obstacle à l'entrée en vigueur du texte, du fait de l'autonomie constitutionnelle dont pourraient se prévaloir certains États. L'acte de reconnaissance du protocole par les États, c'est-à-dire sa ratification, implique juridiquement un jugement de valeur sur son entrée en vigueur. Cette dernière permet d'établir une relation entre le protocole et le droit national des États. En ce sens, le protocole apparaît comme un instrument pivot en matière de protection des droits fondamentaux et notamment dans le cadre de la consolidation de la démocratie au sein de la Communauté. En outre, il est aussi le symbole de l'orientation politique de la Communauté et constitue un instrument de contrôle de l'action démocratique des États membres.

On peut donc considérer l'adoption de ce protocole comme une réponse à l'ineffectivité souvent décriée, et fréquemment partagée, des dispositions constitutionnelles de certains États africains. Comme le souligne le professeur Jean DU BOIS DE GAUDUSSON, « malgré les quelques nuances et exceptions généralement admises, la faiblesse congénitale du constitutionnalisme en Afrique et son impuissance à régir les relations de pouvoir et à exercer ses fonctions d'arbitrage politique est d'autant plus manifeste qu'au-delà des textes et institutions souvent en trompe-l'œil, revus et corrigés pour les besoins de la cause, le pouvoir politique s'analyse en un réseau de pouvoirs dominé par l'hégémonie bureaucratique politico-partisane, maîtrisée par le chef de

[697] I. M. FALL ; A. SALL, « Une Constitution régionale pour l'espace CEDEAO : Le Protocole sur la démocratie et la bonne gouvernance de la CEDEAO », *op. cit.*, p. 1 et s.

l'État et un clan, voire une ethnie ; bénéficiaire d'une véritable confusion institutionnelle, le chef de l'État est toujours au cœur du pouvoir, le cœur même du pouvoir »[698]. Cette opinion est d'autant plus pertinente que le débat autour de la fragilité de l'architecture constitutionnelle de certains États membres est loin d'être épuisé.

Les rédacteurs du Protocole ont été assez pragmatiques pour neutraliser de manière anticipée, les effets pouvant résulter de l'argument tiré d'une possible *« chasse aux sorcières »* contre les partisans de l'ancien régime pour faire échec à toute alternance démocratique. Ils avaient sans doute, encore en mémoire les conséquences dévastatrices engendrées sur le continent, faute d'alternance, par le système de parti unique, institué, dans la plupart des États francophones, au lendemain des indépendances. L'absence de pluralisme politique avait été à l'époque justifiée par le fait que les États hérités de la colonisation avait besoin du temps, de stabilité politique pour mieux se construire. Le Président ivoirien Félix Houphouet Boigny affirmait par exemple : « Nous n'avons pas hérité d'une nation mais d'un État.

Nous devrons d'abord nous concentrer sur la construction de notre nation qui doit traduire notre commune volonté de vivre ensemble. Mais avant la réalisation de cette nation, il est impensable que nous puissions avoir plusieurs partis qui, recouvreraient immédiatement à nos différences tribales »[699]. Cet argument a servi de fondement à l'enracinement d'un monolithisme politique dans plusieurs pays francophones d'Afrique avec des régimes spéciaux les uns plus rigides que les autres, rendant impensable, toute conception de démocratie pluraliste. Cette tentation demeure encore aujourd'hui, tant la culture de l'alternance apparaît comme une nouveauté dans la plupart des États.

Pour endiguer les éventuelles résistances de certains gouvernants qui craindraient les conséquences d'une probable alternance sur eux et leurs proches, le protocole leur garantit « un statut spécial incluant une liberté de circulation et des avantages et privilèges y afférents »[700]. En outre, il

[698]J. DU BOIS DE GAUDUSSON, « Quel statut constitutionnel pour le chef d'État en Afrique », in *Le nouveau Constitutionnalisme, mélanges en l'honneur de Gérard CONAC, op. cit.*, p. 330.
[699]Félix Houphouet Boigny, interview accordée à la Télévision française en 1965.
[700]Article 1er § i.

les préserve d'éventuels « acharnement ou harcèlement »[701] dont ils pourraient faire l'objet à la faveur d'une alternance. En ce sens, le Protocole se présente comme étant à la fois le document de référence de la CEDEAO en matière électorale et le code de bonne conduite. Telle fut d'ailleurs la démarche adoptée par les États européens avec le traité de Maastricht dont l'adoption visait un double objectif. D'une part, il postule la consolidation de l'acquis communautaire, et d'autre part, il prévoit de nombreux développements sur le plan des compétences transférées à la défunte Communauté européenne et sur le plan institutionnel notamment en matière de sécurité intérieure, de défense et de monnaie[702].

À l'occasion de la ratification du traité de Maastricht, tous les États ont été obligés de confronter le contenu dudit traité et l'état de leur Constitution nationale[703]. Ce fut un préalable à sa ratification, par les douze (12) États membres de l'époque[704]. Cette nécessité d'adaptation a progressivement évolué pour devenir une condition à l'adhésion des nouveaux membres. C'est le minimum de niveau de garantie de « bonne gouvernance constitutionnelle » requis des États pour préserver l'acquis communautaire de l'Union européenne. Et aujourd'hui, « Le constat ne fait guère de doute : tout pays qui souhaite adhérer à l'Union européenne doit désormais procéder à un examen détaillé de la compatibilité de sa Constitution avec le droit européen tel qu'il est »[705].

On peut en déduire, sans risque de se voir opposer un réflexe mimétique, que le Protocole de la CEDEAO sur la démocratie et la bonne gouvernance, de par sa structure, poursuit le même objectif, notamment en ce qui concerne la pratique démocratique. Cette question n'est d'ailleurs pas nouvelle ; elle est le prolongement de la Déclaration

---

[701]Article 10 : « Tout détenteur du pouvoir à quelque niveau que ce soit, doit s'abstenir, de tout acharnement ou harcèlement contre le candidat ayant perdu les élections et ses partisans ».

[702]Voir pour plus de détails, J.-C. MASCLET, « Rapport introductif », *in* D. Maus, J.-C. MASCLET (dir.), *Les Constitutions nationales à l'épreuve de l'Europe,* Paris, La Documentation française, 1993, p. 7.

[703]F. CHALTIEL, « Constitution française, constitution européenne, vers l'osmose des ordres juridiques ? », *op. cit.*, pp. 280-288.

[704]D. MAUS, « L'influence du droit international contemporain sur l'exercice du pouvoir constituant », *op. cit.*, p. 90.

[705]*Ibid.,* p. 93.

des principes politiques de la CEDEAO de 1991 dont la philosophie se retrouve dans l'ensemble des constitutions des États membres. Cela explique l'absence de révision constitutionnelle dans les Etats membres pour la ratification du protocole. C'est assurément la preuve du développement de la réflexion internationale sur les problèmes constitutionnels, de l'élaboration de documents pertinents et, sans doute, d'une prise de conscience[706].

Il en résulte donc, de notre point de vue, que la reconnaissance de la valeur particulière de ce Protocole par les États membres de la CEDEAO ne réside pas plus dans sa structure que dans son origine. L'entrée en vigueur du protocole dès février 2008, soit moins de sept ans après son adoption, a permis de rejeter la thèse développée plus tôt sur les difficultés relatives à sa mise en œuvre. Ce constat s'impose à la lumière de la décision de la Cour constitutionnelle du Togo du 9 juillet 2009 qui semble intégrer ledit Protocole dans son bloc de constitutionnalité.[707] Le juge constitutionnel togolais démontre ainsi que les États membres de la CEDEAO ont besoin de la Communauté pour consolider leurs structures. Mais cette consolidation ne pourra se réaliser sans une valorisation des textes communautaires, consistant à privilégier l'application des textes propres à la Communauté comme le protocole sur la démocratie et la bonne gouvernance.

Toutefois, on peut s'interroger sur les raisons de la persistance d'une relative faiblesse de la diffusion du Protocole dans le système normatif des États membres en dépit de son caractère contraignant. Si l'effort de la construction normative du juge constitutionnel togolais a permis d'intégrer implicitement ce texte dans son « bloc de constitutionalité », seule la Guinée a, de manière explicite, intégré le protocole de 2001 dans son texte constitutionnel au rang des instruments de protection des droits fondamentaux auxquels elle proclame son adhésion. On y retrouve aussi la philosophie du protocole, notamment certains

---

[706]D. MAUS, « L'influence du droit international contemporain sur l'exercice du pouvoir constituant », *op. cit.*, p. 99 ; voir aussi J. GERKRATH, *l'émergence d'un droit constitutionnel pour l'Europe : modes de formation et sources d'inspiration de la constitution des Communautés et de l'Union européenne*, Éd. De l'université de Bruxelles, collection études européennes, 1997, 425 p.

[707]S. BOLLE, « Le code électoral saisi par la Cour constitutionnelle ». Article de blog, La Constitution en Afrique : www.la-constitution-en-afrique.org.

principes démocratiques qu'il consacre, dans le préambule de la nouvelle Constitution ivoirienne de 2016.

L'explication réside, comme nous l'avons déjà souligné, dans l'indifférence des juges nationaux dont le réflexe naturel consiste à se référer systématiquement aux seuls textes nationaux. Cet état d'esprit affecte négativement le développement du droit communautaire en Afrique de l'Ouest. Ce phénomène est d'autant plus frappant que depuis l'entrée en vigueur du protocole, l'ensemble des quinze États membres de la CEDEAO ont connu des cycles électoraux avec plusieurs contentieux à la clé. À l'exception de la Cour constitutionnelle togolaise susmentionnée, aucune juridiction nationale n'a fait référence au texte du protocole, à l'occasion d'un contentieux électoral ou constitutionnel. Le recours systématique au droit national ne reflète pas une opposition, encore moins une résistance volontaire à la construction d'un droit communautaire de la part des juges nationaux pour protéger leur « pré-carré », mais l'absence d'influence du droit communautaire sur les systèmes juridiques des États. Il appartient donc à la Cour de justice de la Communauté d'œuvrer très largement sur le plan juridique, pour un renforcement et une prise en compte effective du cadre normatif de la CEDEAO en droit interne et donner ainsi à l'ordre juridique communautaire toute la force dont elle a besoin pour s'affirmer.

L'expérience de la Cour de justice de l'Union européenne est à cet égard, illustratif de la nécessité pour le droit communautaire, de s'appuyer sur les juridictions nationales comme levier de développement, dans le sens où « la transposition en droit interne d'une directive communautaire résulte d'une exigence constitutionnelle à laquelle il ne pourrait être fait obstacle qu'en raison d'une disposition expresse contraire de la Constitution »[708]. Comme le souligne le professeur Joël RIDEAU, « La consécration de la primauté absolue du droit communautaire sur le droit national, y compris le droit constitutionnel, témoigne d'une vision très hiérarchisée des rapports entre le droit communautaire et les droits nationaux.

[708]F. CHALTIEL, « Les rapports de système entre le droit constitutionnel et le droit européen », *op. cit.*,
p. 362.

La jurisprudence sur l'effet direct du droit communautaire sans cesse étendue par la manipulation des critères jurisprudentiels originels a visé à assurer l'impact du droit primaire et du droit dérivé dans les ordres juridiques nationaux. Elle a permis aux justiciables d'invoquer ces normes devant les juges nationaux considérés comme les juges communautaires de droit commun et placés à ce titre, à défaut d'une hiérarchie judiciaire, sous une tutelle normative exercée par la Cour de justice des Communautés européennes »[709].

Pour remédier aux difficultés d'application de la norme communautaire au sein des États membres, l'auteur évoque quelques pratiques non moins importantes de la Cour de justice de l'Union européenne. Ainsi, « le recours aux méthodes d'interprétation constructives a-t-il contribué à consolider et à augmenter les compétences et les pouvoirs des institutions communautaires, [...], et, de ce fait, à réduire la marge d'action et de liberté des pouvoirs publics nationaux, de plus en plus encadrés dans leurs interventions par des indications jurisprudentielles d'une précision croissante portant non seulement sur le contenu à donner aux normes nationales mais aussi sur leur nature ». C'est très exactement l'objectif que vise le protocole de la CEDEAO sur la démocratie et la bonne gouvernance. Mais encore faut-il que son juge naturel puisse pleinement s'en saisir et s'élever vigoureusement contre les entraves à l'émergence de la norme communautaire.

La Cour de justice de l'Union européenne, a, dans une situation comparable, réussi à bouleverser les rapports traditionnels entre le juge et la loi et devenir un constituant d'appoint. Ce dernier, par son pouvoir d'interprétation, a su en réalité, asseoir le droit communuataire comme la base primoridale de l'État de droit, et partant, du droit constitutionnel des États membres dans la mesure où elle a construit le droit institutionnel en interprétant les traités de manière audacieuse, sans hésiter à les dépasser, voire, dans certains cas, à les écarter sous le prisme de l'« effet nécessaire des traités » ou de l'« interprétation téléologique »[710].

---

[709]J. RIDEAU (dir.), « Introduction. Quinze États membres en quête d'Union », in *Les États membres de l'Union européenne, adaptations, mutations, résistances*, Paris, L.G.D.J, 1997, p. 5.
[710]J. RIDEAU (dir.), « Introduction. Quinze États membres en quête d'Union », *op. cit.*, p. 5.

Dans sa volonté d'affirmer l'ordre juridique dont il est le gardien[711], le juge européen a ainsi consacré une autonomie conceptuelle[712] aux principes généraux du droit communautaire en les élévant à la hauteur du droit constitutionnel européen en ce sens qu'il assure lui-même l'édiction des tels principes et assure par la même occasion, la vérification de leur assise constitutionnelle.

Il s'agit là d'un droit du juge communautaire à corriger les textes constitutionnels des États membres. Ainsi, la valeur attachée à ces principes conduit à les considérer comme étant naturels, inhérents à la construction communautaire[713]. Ils sont donc des principes directeurs qui s'imposent aux institutions communautaires[714] mais également aux autorités nationales mettant en œuvre le droit communautaire[715]. C'est sous ce rapport que le Protocole de Dakar joue le rôle d'instrument de promotion des droits fondamentaux adapté aux objectifs de la CEDEAO.

§2 : Le Protocole de 2001 : un instrument de promotion des droits fondamentaux adapté aux objectifs de la CEDEAO

Comme le note Arnaud REMEDEM, « introduire la protection des droits fondamentaux par l'adjonction d'un catalogue extérieur au droit communautaire conduirait nécessairement ce dernier à une relative perte d'autonomie puisqu'il serait soumis au respect de droits d'origines externes. Or, le juge communautaire demeure dans une

[711]A. REMEDEM, *La protection des droits fondamentaux par la Cour de justice de l'Union européenne, op. cit.*, p. 96

[712] J.-C. GAUTRON « Un ordre juridique autonome et hiérarchisé », in J. RIDEAU (dir.), *De la Communauté de droit à l'Union de droit, Continuités et avatars européens*, Paris, L.G.D.J., 2000, p. 35 et s.

[713]A. REMEDEM, *La protection des droits fondamentaux par la Cour de justice de l'Union européenne, op. cit.*, p. 97.

[714]C.J.C.E., 26 avril 2005, aff. C-376/02, « Goed Wonen », Rec., p. 3445, pt. 32.

[715]C.J.C.E., 13 juillet. 1989, aff. 5/88, « Wachauf », Rec., p. 2609, pt. 19.

volonté d'affirmer l'ordre juridique dont il est le gardien »[716]. Même si la Cour de justice de la CEDEAO semble ne pas l'admettre, le socle sur lequel se fonde son action affecte substantiellement son autonomie. C'est pourquoi, l'adoption du Protocole sur la démocratie et la bonne gouvernance marque une volonté d'affirmation de l'autonomie du droit communautaire (**A**) pour permettre à la Cour de justice de mieux assurer la protection des droits fondamentaux (**B**).

A. Un instrument juridique préservant l'autonomie du droit communautaire

Au sens du droit communautaire notamment le droit de l'Union européenne, l'autonomie est « un principe fondamental signifiant que le droit communautaire n'a qu'une source de validité : les traités constitutifs exclusivement. L'ordre juridique communautaire serait ainsi distinct de l'ordre juridique international, et sa spécificité intrinsèque fonderait son "autonomie existentielle" »[717]. Quant au dictionnaire Cornu, il définit l'autonomie, au sens général, comme « le pouvoir de se déterminer soi-même ; la faculté de se donner sa propre loi » ; en droit international public, elle désigne, « au sens le plus étendu, [la] capacité que possède tout sujet du droit international à l'effet de librement exercer la plénitude de ses propres compétences ; dans un sens plus restreint, [la] capacité que possède une collectivité non souveraine au regard du droit international à l'effet de librement déterminer les règles juridiques auxquelles elle entend se soumettre dans la limite des compétences qu'elle exerce en propre »[718].

Aussi bien sous l'angle européen qu'au sens du droit international public, le Protocole de la CEDEAO sur la démocratie et la bonne

---

[716] A. REMEDEM, *La protection des droits fondamentaux par la Cour de justice de l'Union européenne, op. cit.*, p. 96.
[717] P.Y. MONJAL, *Les termes juridiques européens*, Paris, Gualino, 2006, p. 26.
[718] G. CORNU, *Vocabulaire juridique,* Paris, PUF, 8éme éd., 2007.

gouvernance, apparaît comme un instrument juridique propre à la Communauté et fonde l'autonomie du droit communautaire.

Il importe de souligner qu'avant l'adoption de ce Protocole, l'exigence de démocratisation et du respect des droits fondamentaux est l'apanage des seuls États membres et accessoirement de la "communauté internationale" dans sa forme générique, c'est-à-dire, le système des Nations Unies, l'Union européenne et les États pris isolément dans le cadre des accords ou conventions particulières avec certaines puissances qui font de la conditionnalité politique le socle de la coopération avec les États. La démocratisation et le respect des droits fondamentaux constituent également des vertus que les institutions, toujours en quête de modèle de démocratie libérale, s'efforcent d'ériger en pratique, au gré de l'évolution des contextes, afin que l'exigence démocratique ait un réel contenu politique.

Si, comme l'a souligné une partie de la doctrine, ce Protocole, « devrait être considéré comme le texte de référence du constitutionnalisme régional »[719], il faut noter que son intégration dans le bloc de constitutionnalité de certains États membres (comme le Togo, la Guinée ou la Cote d'ivoire) et sa ratification accélérée par les États membres, sont significatives d'une volonté d'affirmation de l'autonomie d'un droit communautaire en construction en Afrique de l'Ouest. Le défi démocratique étant le principal défi de l'intégration communautaire, la CEDEAO a voulu instaurer entre les États membres, des rapports d'un type nouveau où la coopération intergouvernementale classique n'a plus sa place, du moins en qualité de principe directeur.[720] Elle institue des « formes de coopération entre pouvoirs publics constitutionnels »[721]. C'est ce que les rédacteurs du protocole ont qualifié de « principes de convergence constitutionnelle ».

Le Protocole crée, à l'égard des États membres, une multitude d'obligations, dans des domaines constitutionnels, considérés comme la part de souveraineté qui appartient à l'État et pour la préservation de

---

[719]I. M. FALL ; A. SALL, « Une Constitution régionale pour l'espace CEDEAO : Le Protocole sur la démocratie et la bonne gouvernance de la CEDEAO », *op. cit.,* p. 1.
[720]C. BLUMANN, « Caractéristiques générales de la coopération interinstitutionnelle », in *l'Union européenne. Carrefour de coopérations,* Josiane AUVRET-FINCK (dir.), Paris, L.G.D.J., 1998, p. 29.
[721]*Ibid.*, p. 31.

laquelle, le juge constitutionnel est souvent appelé à se prononcer. Or, le but premier du protocole est d'ordonner les relations entre droit communautaire et droit interne de manière à garantir une coopération juridictionnelle entre les deux ordres juridiques. Le protocole apparaît alors comme le droit primaire de la Communauté, une des sources autonomes du droit communautaire. Il s'agit donc de protéger une entité et son droit contre les dangers et les contraintes issus de l'extérieur de cet ordre. C'est en ce sens que certains auteurs « voient en la primauté du droit une forme de revendication voire une déclaration d'indépendance »[722]. C'est bien l'enjeu du protocole de la CEDEAO, il ne s'agit pas de contrôler l'organisation constitutionnelle des États en se substituant à eux, mais plutôt de contrer les aspirations hégémoniques d'une communauté internationale, toujours apte à décider de l'orientation politique des États.

Mais, l'entrée en vigueur du Protocole de Dakar, va-t-il bousculer l'ordre constitutionnel des États membres et veiller à s'assurer du respect des obligations qu'il a fixées. Ce texte introduit dans l'ordre juridique communautaire, « les principes de convergence constitutionnelle » et prévoit un mécanisme habilitant la CEDEAO à exercer un rôle pivot, c'est-à-dire à exercer un droit de regard, et, le cas échéant, disposer d'un pouvoir de sanction à l'égard des États récalcitrants. Le droit communautaire étant un droit intégré au droit des États membres[723], le Protocole est apparu comme un texte préservant l'autonomie du droit communautaire par rapport au droit national et au droit international. Pourtant, la Cour de justice de la CEDEAO a toujours affirmé que ce sont les « instruments juridiques internationaux qui fondent l'ordre juridique communautaire »[724] ouest-africain. Ainsi, par exemple, dans l'affaire *Konso kokou PAROUNAM c/ République Togo,* la Cour a rappelé que « dans le contentieux de la violation des droits de l'homme dont elle peut connaître, ne sont pertinentes que des règles tirées notamment des conventions internationales qui lient les

---

[722]L. AZOULAI, E. DUBOUT, « Repenser la primauté. L'intégration européenne et la montée de la question identitaire », disponible en ligne : www.google.fr.
[723]Voir sur ce sujet, F. CHALTIEL, « Les bases constitutionnelles du droit communautaire » in *Mélanges en l'honneur de Pierre Pactet, L'esprit des institutions et l'équilibre des pouvoirs*, Paris, Dalloz, 2003, p. 554 et s.
[724]Arrêt n° ECW/CCJ/JUG/16/15, *CDP et autres c/ Burkina Faso*, 13 juillet 2015, § 25.

États »[725]. Elle a ensuite affirmé dans un autre arrêt du 24 avril 2015, *P.A. Bodjona c/ République du Togo,* que « dans son analyse, elle se réfèrera donc exclusivement à des normes de droit international, normes qui s'imposent en principe aux États qui y ont souscrit »[726].

Cette position de la Cour ne manque pas surprendre, car selon la jurisprudence constante, seules les normes internationales auxquelles les États membres sont engagés ont droit de cité devant son prétoire. Il est donc curieux, de constater un soudain besoin d'autonomie, de surcroît dans le domaine très délicat de la démocratisation et pour lequel plusieurs instruments internationaux avaient été adoptés.

N'est-ce pas là, une prise de conscience de la Communauté sur la nécessité d'utiliser un catalogue propre, qui ne serait non pas un catalogue de trop, mais une véritable traduction des réalités africaines dans le domaine de la démocratie et de la sauvegarde des droits fondamentaux? L'introduction dans le corpus normatif de la Communauté, d'un protocole sur la démocratie et la bonne gouvernance, marque en effet le couronnement de l'évolution du droit communautaire en Afrique de l'Ouest. Le protocole de Dakar paraît bien s'inscrire dans sa spécificité, dans la logique même de l'« autonomie existentielle » du droit communautaire. L'autonomie sert à l'évidence à l'affirmation de la compétence de la Cour[727], d'autant que la CEDEAO doit jouer un rôle central dans le processus de la démocratisation des régimes étatiques. Les pressions jadis exercées pour un retour à l'ordre constitutionnel établi, lorsque cet ordre venait à être interrompu, comme cela arrivait très souvent dans la région, venaient de l'extérieur, notamment des organisations internationales comme les Nations Unies ou l'Union européenne qui menacent soit d'exercer des pressions économiques soit de suspendre certains accords de coopération. Par exemple, l'Union européenne dispose dans le cadre de sa politique de coopération avec les États tiers, des principes

[725] Arrêt n° ECW/CCJ/JUD/02/16, *Konso kokou PAROUNAM c/ République Togo*, 16 février 2016, § 24.

[726] Arrêt n° ECW/CCJ/JUD/06/15, *Bodjona AKOUSSOULELOU c/ République du Togo*, 24 avril 2015, § 37.

[727] V. MICHEL, « L'autonomie du droit de l'Union européenne au regard de la jurisprudence récente de la CJCE », in *Approche critique du vocabulaire juridique européen : l'autonomie du droit de l'Union européenne en débat, Chronique de droit européen et comparé n°XXV,* disponible en ligne : www.cejec.u-paris10.fr.

fondamentaux dont le respect est requis à savoir : le respect de la démocratie, de l'État de droit et des droits fondamentaux. Ces mêmes principes conditionnent l'adhésion d'un nouvel État à l'Union. Depuis le traité d'Amsterdam, non seulement les pays qui veulent adhérer à l'Union européenne mais aussi les États déjà membres doivent garantir un standard de démocratie et de respect des droits de l'homme[728].

Le Protocole de Dakar marque ainsi une étape majeure dans la prise en compte par le droit communautaire, des principes démocratiques. Sur le plan juridique, il permet aux citoyens communautaires de soumettre au juge des contentieux relatifs à la bonne gouvernance démocratique, à l'organisation du processus électoral et dans le cas plus spécifique à l'État de droit. Ce sont des principes désormais inscrits parmi les principes fondamentaux de la CEDEAO et pour le respect desquels la Cour de justice est compétente. Il ne saurait être ici question de remettre en cause les constitutions des États dont les préambules déjà « peu avares en références »[729], renvoient à plusieurs instruments internationaux. Les rédacteurs de ces instruments n'ont pas seulement entendu préjuger de la valeur juridique des textes, laissant le soin à la pratique et à la jurisprudence, d'opérer les ajustements nécessaires. À la différence, le texte communautaire comporte une spécificité en ce qu'il institue un mécanisme de sanction.

La volonté de la communauté de consolider les fondements juridiques des « mesures à visée politique »[730] a conduit la CEDEAO à prendre des mesures parfois coercitives, en ce qui concerne notamment la démocratisation et le respect des droits fondamentaux. En l'absence de

---

[728]En Effet, l'article 2 du Traité sur l'Union (TUE) affirme que l'Union « est fondée sur les valeurs et le respect de la dignité humaine, de la liberté, de la démocratie, d'égalité, de l'État de droit, ainsi que de respect des droits de l'homme, y compris les droits des personnes appartenant à des minorités. Ces valeurs sont communes aux États membres dans une société caractérisée par le pluralisme, la non-discrimination, la tolérance, la justice, la solidarité et l'égalité entre les femmes et les hommes » ; Voir aussi V. ZAMBRANO, « L'Union européenne et les changements antidémocratiques de gouvernement », *in* R. BEN ACHOUR (dir.), *Les changements anticonstitutionnels de gouvernement. Approche de droit constitutionnel et de droit international, op. cit.*, p. 45.

[729]A. SALL, *Les mutations de l'intégration des États en Afrique de l'Ouest. Une approche institutionnelle, op. cit.*, p. 180.

[730]T. De WILDE D'ESTMAEL, *La dimension politique des relations économiques extérieures de la Communauté européenne*, Bruylant, 1998, p. 445.

fondement juridique, les mesures perdent en autorité. Elles perdent également en précision[731] et en valeur et encourent le risque de se voir opposer le déficit de légitimité. Or, c'est sous l'angle de l'autonomie du droit communautaire qu'il convient d'apprécier le protocole. En tant que traité communautaire, il se situe au sommet de la hiérarchie du droit communautaire et fait partie des sources de validité de ce droit. Ce qui implique forcément la référence de la part du droit national qui en assure la vulgarisation, et donc l'effectivité nécessaire à l'autonomie du droit communautaire, en lui reconnaissant toute son importance, en tant qu'instrument privilégié du droit communautaire.

D'ailleurs comment pourrait-il en être autrement, car l'absence d'une référence des juridictions nationales au texte communautaire conduirait indubitablement à un échec de l'intégration engendré par l'absence de convergence des principes constitutionnels communs aux différents États membres. On ne peut enfin manquer d'évoquer et d'insister sur l'insertion dans le Protocole de Dakar, de l'article 45 relatif aux mécanismes de sanctions. Au-delà de l'obligation qu'il met à la charge des États, cet article permet de définir les rôles respectifs des organes communautaires dans le processus de décision, notamment celui de la Cour de justice, toujours soucieuse de mieux protéger les droits fondamentaux de la Communauté.

B. Le Protocole de 2001 : un instrument communautaire permettant à la Cour de justice de mieux s'affirmer dans la protection des droits fondamentaux

L'article 45 du protocole insiste en particulier dans son paragraphe 1 sur la nécessité de sauvegarder la démocratie et les droits de la personne humaine dans les États membres qui ont la responsabilité d'en assurer

[731] L. CAVARE, « L'idée sanction et sa mise en œuvre en droit international public », *RGDIP* 1937.385, spéc. p. 424., cité par I. PINGEL (dir.), « Rapport introductif », in *Les sanctions contre les États en droit communautaire, Actes du colloque tenu à Paris le 8 avril 2005*, coll. « contentieux européen » Paris, Pedone, 2006, p. 11.

le respect. Dans ses paragraphes 2 et 3, sont listées par gradation, les différentes sanctions susceptibles d'être prises à l'encontre d'un État membre, en cas de violation grave et persistante des principes de convergence constitutionnelle consignés à l'article 1er du Protocole.

Toutefois, la période de suspension n'entrave en rien le soutien de la CEDEAO aux efforts de l'État membre concerné pour un retour à l'ordre constitutionnel normal. Pour les professeurs Alioune SALL et Ismaïla Madior FALL, « l'insertion d'une disposition de cette nature est révélatrice. Elle atteste que les rédacteurs du Protocole sur la bonne gouvernance, tout aussi soucieux qu'ils ont été de concrétiser des valeurs démocratiques, n'en sont pas moins restés « réalistes », et n'ont pas perdu de vue les difficultés, dépendantes de sa volonté, qu'un État peut rencontrer dans l'exécution de ses engagements internationaux. Comme tout instrument juridique, le Protocole pourrait donc, à l'épreuve des faits, se révéler, au moins provisoirement, totalement ou partiellement inapplicable » du fait de certaines difficultés contextuelles.

En effet, tout dépend du résultat recherché. Le protocole de la CEDEAO met en avant le respect des principes démocratiques et des droits fondamentaux de la personne et vise implicitement, lorsque cela se produit, une modification du comportement de l'État membre en cause. L'ambition est souvent mesurée, et l'ampleur de la modification souhaitée pourrait, de ce fait, être variable. Elle peut aller d'un changement limité de politique à un changement définitif, en passant par une série d'objectifs intermédiaires, respect des droits fondamentaux ou tenue d'élections libres[732], honnêtes et transparentes par exemple. Il peut aussi s'agir de l'exécution d'un arrêt de la Cour ou d'une décision de la Conférence des chefs d'État et de gouvernement en application du traité de la CEDEAO.

Ainsi que le souligne le professeur Isabelle PINGEL, « l'efficacité des mesures de sanction dépend tout d'abord de la situation des parties impliquées. Une mesure aura d'autant plus d'effet que l'État contre lequel elle est dirigée aura à perdre à ne pas s'y conformer et que l'organisation qui en prend l'initiative sera soucieuse et capable de la

---

[732]I. PINGEL, « Rapport introductif », *in* I. PINGEL, D. ROSENBERG (dir.), *Les sanctions contre les États en droit communautaire,* coll. « contentieux européen », *op. cit.*, p. 13.

respecter. Le rapport de forces entre les parties est donc capital, en dehors de leur puissance respective »[733]. La pratique interne de la Communauté a permis de montrer les limites des sanctions politiques telles que prévues à l'alinéa 2 de l'article 45 du protocole. En effet, depuis l'entrée en vigueur du protocole, et en dépit des sanctions susceptibles d'être prononcées à l'encontre des États, le résultat souhaité est rarement atteint, comme l'atteste le nombre de crises politiques et/ou de coups d'État survenus dans la région depuis 2008, date d'entrée en vigueur du protocole. Il serait excessif de conclure que les sanctions sont inefficaces, mais elles pourraient être davantage plus efficaces si elles émanaient de l'organe juridictionnel de la Communauté. La Cour de justice donnera plus de gage, dans l'application de la « solution qui consisterait, plus simplement, à faire moins usage, mais meilleur usage des sanctions, à les prévoir et à les appliquer sans faiblesse et sans discrimination. La communauté aurait beaucoup à gagner en dignité et en crédibilité, à s'attacher à ce défi. Car c'en est un de penser, sans verser dans l'angélisme, la paix possible, le droit respecté et les valeurs communes au service de tous »[734].

Le protocole sur la démocratie n'organise que l'engagement de la responsabilité objective des États membres. Cette dernière consiste à faire constater, par le juge communautaire, le manquement aux obligations dérivées du traité, et à assortir pareille constatation d'une obligation à en tirer des sanctions sur le plan interne.[735] Cela permettra de doter la Cour d'un véritable pouvoir de police à l'effet d'établir tout manquement étatique aux obligations communautaires.[736] C'est d'ailleurs ce que semble être la démarche des rédacteurs du Protocole lorsqu'ils rattachent la cause de la sanction, de manière générale, aux cas de « rupture de la Démocratie par quelque procédé que ce soit » ou « de violation massive des Droits de la personne ». Ces formulations ne sont pas fortuites, elles résultent de la volonté des rédacteurs du

---

[733]I. PINGEL, « Rapport introductif », *in* I. PINGEL, D. ROSENBERG (dir.), *Les sanctions contre les États en droit communautaire,* coll. « contentieux européen », *op. cit.*, p. 12.
[734]*Ibid.*, p. 14.
[735]L. AZOULAI, « Les réformes de la sanction juridictionnelle », in *Les sanctions contre les États en droit communautaire, Actes du colloque tenu à Paris le 8 avril 2005*, coll. « contentieux européen », *op. cit.*, p. 17.
[736]*Ibid.*, p. 17.

protocole, de conférer à la Cour de justice l'autorité qui lui est reconnue, dans l'interprétation et l'application du droit communautaire.

Le professeur Loïc AZOULAI a pu écrire dans une situation comparable, que « dire qu'un État a manqué à ses obligations communautaires ne signifie rien si l'on ne détermine pas préalablement l'autorité habilitée à dire le comportement conforme au droit et à prescrire le rétablissement de l'ordre violé. La source réelle et primordiale de la "sanction" dans la Communauté, réside dans l'autorité reconnue à la Cour de justice. Que lui soit donné le pouvoir de délimiter les comportements étatiques conformes au droit de la Communauté, elle s'autorisera, sans souci de fondement, mais sans rencontrer non plus de réelle opposition, du pouvoir de décider des moyens de les ordonner ».[737]

On peut en déduire que le pouvoir de sanction conféré à la Conférence des chefs d'État et de gouvernement de la CEDEAO n'est qu'une sorte de « poudre aux yeux » afin de ménager la susceptibilité des personnalités qui y siègent et dont on sait combien elles sont attachées à leurs prérogatives. Le véritable pouvoir de sanction appartient, à y regarder de près, à la Cour de justice qui trouve là une véritable occasion de s'affirmer dans son rôle protecteur du droit communautaire. En effet, la crainte d'une interprétation extensive[738], arbitraire et détournée justifie d'autant plus que soit reconnue l'autorité de la Cour de justice, dans l'application des sanctions y compris les sanctions politiques ou « pour motifs politiques »[739], à l'encontre des États « récalcitrants ». Il est aussi démontré que « l'opposition entre les sanctions politiques et les sanctions juridictionnelles se fonde davantage sur la procédure d'édiction des sanctions, et tout spécialement sur la qualité de l'institution qui les prononce, que sur la nature des sanctions elles-mêmes »[740]. Or, si la Cour, dans son fonctionnement, offre une garantie du contradictoire, il n'est pas

---

[737]L. AZOULAI, « Les réformes de la sanction juridictionnelle », *op. cit.*, p. 18.
[738]I. M. FALL ; A. SALL, « Une Constitution régionale pour l'espace CEDEAO : Le Protocole sur la démocratie et la bonne gouvernance de la CEDEAO », *op. cit.*, pp. 5-6.
[739]V. CONSTTANTINESCO, « Les sanctions politiques contre les États membres », in *Les sanctions contre les États en droit communautaire, Actes du colloque tenu à Paris le 8 avril 2005*, coll. « contentieux européen », *op. cit.*, p. 39.
[740]*Ibid.*, pp. 39-40.

évident que ce soit le cas de la Conférence des chefs d'État et de gouvernement, portée à préjuger au préalable, de la nature du régime en place et de leur degré de coopération, que de s'instituer juge d'instruction pour les besoins de la circonstance. De plus, comment ne pas craindre le risque d'une partialité tant les intérêts politiques en présence peuvent être parfois considérables.

Le mécanisme institué à l'article 45 du protocole vise à garantir l'effectivité des principes consacrés à l'article1er. Ces principes, qualifiés de principes de convergence constitutionnelle servent désormais à l'action des juridictions étatiques notamment les juridictions constitutionnelles lorsqu'une contradiction venait à être relevée avec le principe de l'autonomie constitutionnelle des États.

En théorie, une telle contradiction ne saurait être concevable dans la mesure où l'on imagine mal un État membre adopter un système constitutionnel en contradiction avec ces principes de convergence communs aux États membres, sans s'exposer à des sanctions. D'ailleurs, il ne pourrait en être autrement, car en toute hypothèse, c'est le processus même de l'intégration communautaire qui s'en trouverait durement affectée.

Même si, a priori, aucune mention n'est faite de la compétence de la Cour de justice dans la constatation d'une éventuelle violation des principes établis et, partant, dans l'application d'une sanction, il ne s'agit pas d'une omission volontaire. Il suffit de se reporter aux termes employés pour déterminer la cause de la sanction pour mieux s'en convaincre. L'insertion de ces formulations générales est révélatrice des besoins d'encadrement des principes politiques au sein de la Communauté et partant, de l'intervention de la Cour pour en garantir le respect. Comment en effet constater l'existence d'une « rupture de la Démocratie » ou une « violation massive des Droits de la personne » susceptible d'entraîner une sanction à l'égard d'un État membre sans en apprécier les faits ?

En dépit de l'autorité reconnue à la Conférence des chefs d'État et de gouvernement de prendre des sanctions à l'encontre d'un État membre, celle-ci demeure encore, pour reprendre l'expression du professeur CONSTANTINESCO, « suspecte d'une conversion trop récente aux valeurs de démocratie et aux droits fondamentaux pour qu'elle soit véritablement profonde et sincère »[741] au point de lui conférer un pouvoir d'interprétation des textes juridiques communautaires.

Convenons donc avec le professeur Fabrice PICOD, « qu'une norme juridique n'avait de sens que si elle s'inscrivait dans un système ou ordre juridique qui lui confère une place par rapport à d'autres normes. Autrement dit, une norme juridique doit, pour déployer tous ses effets, obéir à une hiérarchie normative. Cette hiérarchie peut être expressément établie par un texte fondamental ou bien découler d'une reconnaissance opérée par une autorité indépendante des auteurs des normes en cause, laquelle est chargée d'en assurer le contrôle »[742]. C'est en ce sens qu'il convient certainement de comprendre les propos du professeur Jean-François AKANDJI-KOMBE lorsqu'il affirme que « la "révolution" africaine en cours n'est pas de l'ordre de la table rase, qu'elle ne vise pas à proprement parler au renversement total de l'ordre établi.

A la vérité, elle se présente comme plus subtile, peut-être plus complexe aussi. Sa finalité serait plutôt de combler le gap entre le droit et les pratiques, autrement dit de faire en sorte que les principes et règles formellement démocratiques de l'ordre juridique soient respectés, qu'ils soient à la fois effectifs et stables. Dans une telle perspective, la norme souhaitable et souhaitée, c'est bien la règle de droit en vigueur. Et la donnée à renverser est la pratique, tant les pratiques de violation pure et simple de la règle de droit que celles d'accommodement de cette règle au gré des caprices des gouvernants »[743].

Loin d'être de la complaisance, ce laconisme des rédacteurs du protocole, se traduit sans doute comme un « appel de phares » à la Cour de justice. L'occasion avait d'ailleurs été donnée à celle-ci dans l'affaire *CDP et autres c/ Burkina Faso*. Dans cette affaire, les requérants se sont appuyés sur une importante liste d'instruments juridiques de protection

---

[741]V. CONSTTANTINESCO, « Les sanctions politiques contre les États membres », *op. cit.*, pp. 39-40.

[742]F. PICOD, « La normativité du droit communautaire », in *Cahiers du Conseil constitutionnel*, n° 21, Janvier 2007.

[743]J.-F. AKANDJI-KOMBE, « Le juge de la CEDEAO et la révolution démocratique burkinabé. Brèves remarques préoccupées sur une décision inquiétante », *op. cit.*, pp. 2- 3.

des droits fondamentaux dont notamment la Déclaration universelle des droits de l'homme[744], le Pacte international relatif aux droits civils et politiques[745], la Charte africaine des droits de l'homme et des peuples[746], la Charte africaine de la démocratie, des élections et de la gouvernance[747] et le protocole de la CEDEAO sur la démocratie et la bonne gouvernance[748]. Pourtant, la Cour n'a pas su saisir la brèche qui lui a été tendue, l'invitant à définir, en complément au protocole, ce qu'il faut entendre par « changement anticonstitutionnel » et les conséquences à tirer pour tout participant à une telle entreprise. Curieusement, et c'est ce qui est reproché à la Cour par une partie de la doctrine[749], malgré l'applicabilité des textes régionaux et plus spécifiquement le protocole de la CEDEAO, dans le contentieux qui lui est soumis, ces derniers n'ont pas été évoqués dans la décision de la Cour. La vision simpliste de la Cour a permis de faire abstraction de toute disposition relative à la Charte africaine de la démocratie, des élections et de la gouvernance et au protocole de la CEDEAO sur la démocratie et la bonne gouvernance, pourtant applicable en l'espèce et invoqués par les requérants. On aurait pu attendre de la haute juridiction ouest-africaine, qu'elle puisse privilégier ses propres textes si elle veut affirmer comme elle le revendique, son autonomie dans l'application du droit communautaire.

Il est alors permis de se demander si la Cour de justice ne cherche pas encore ses repères, au prix de quelques hésitations. Il est en effet évident que le moyen pour y parvenir et affirmer au mieux son autorité dans l'application du droit communautaire serait de privilégier ses propres textes. Mais, dès lors que la Cour fait elle-même abstraction des textes « endogènes », il est à craindre que la structure de l'ordre communautaire elle-même ne soit en péril et que les juridictions nationales ne prennent pour exemple l'attitude délibérée de la Cour de justice de méconnaître le droit applicable. Il n'est d'ailleurs pas

---

744 Article 2 alinéa 1er, article 21 alinéas 1 et 2.
745 Article 26.
746 Articles 2 et 13.
747 Articles 3.7, 3.11, 4.2, 8.1 et 10.3.
748 Article 1er i).
749 J.-F. AKANDJI-KOMBE, « Le juge de la CEDEAO et la révolution démocratique burkinabé. Brèves remarques préoccupées sur une décision inquiétante », *op. cit.*, p. et s.; *voir aussi* M. FAU-NOUGARET, « Manipulations constitutionnelles et coup d'État constitutionnel en Afrique francophone », *op. cit.*, pp. 14- 15.

surprenant que les juridictions nationales ne soient pas motivées à assurer les concordances des jurisprudences nationales avec les règles communautaires[750]. Pourtant, on aurait pu penser que l'entrée en vigueur du protocole allait servir de vivier à la Cour pour mieux protéger les droits fondamentaux dans l'espace communautaire, tant le texte était ambitieux et audacieux, au point d'être considéré comme le « texte de référence du constitutionnalisme régional »[751] en Afrique de l'Ouest et l'instrument d'une protection accrue des droits fondamentaux dans l'espace communautaire.

Section 2 : L'instrument d'une protection accrue des droits fondamentaux dans l'espace communautaire

L'extension du champ d'application du droit communautaire a conduit incontestablement à l'élargissement de la protection des droits fondamentaux, et partant, l'accroissement de la compétence de la Cour de justice. Le protocole de la CEDEAO sur la démocratie et la bonne gouvernance participe de ce mouvement.

Du fait de la valeur particulière qui lui est accordée et des principes politiques qu'il consacre, le protocole apparaît comme un instrument de protection élevée des droits fondamentaux, (**§1**).

Cependant, malgré son apport dans ce domaine, le protocole demeure perfectible (**§2**).

750L. AZOULAI, « Les réformes de la sanction juridictionnelle », in *Les sanctions contre les États en droit communautaire, Actes du colloque tenu à Paris le 8 avril 2005*, coll. « contentieux européen », *op. cit.*, p. 27.

751I. M. FALL ; A. SALL, « Une Constitution régionale pour l'espace CEDEAO : Le Protocole sur la démocratie et la bonne gouvernance de la CEDEAO », *op. cit.,* p .1.

§1 : Un isntrument de protection élevée des droits fondamentaux

L'importance particulière du protocole sur la démocratie et la bonne gouvernance dans la protection des droits fondamentaux a pu faire dire à une partie de la doctrine qu'il est « l'instrument de référence du constitutionnalisme régional en Afrique de l'Ouest »[752] et, de ce fait, il dépasserait le cadre d'un simple traité ordinaire (**A**). En effet, l'adoption du protocole, procède d'une démarche ambitieuse de la Communauté.

Désormais, la protection des droits fondamentaux irrigue l'ensemble du projet communautaire dont les droits fondamentaux constituent le socle même et dont le protocole sur la démocratie et la gouvernance est l'instrument qui garantit la pérennité (**B**).

A. « Constitution communautaire » ou Traité ordinaire ?

La formulation même de l'intitulé combinant les notions de « traité » et « Constitution », peut paraître troublante. De surcroît, on peut reprocher à cet intutilé un réflexe mimétique consistant à transposer dans le contexte de la CEDEAO, un interminable débat doctrinal qui prend sa source en Europe où l'élan de la construction européenne s'est vu confronté à la résistance des souverainistes qui opposent aux traités communautaires l'autonomie constitutionnelle des États. Pourtant, pareil débat est inévitable, tant la nature juridique même du Protocole nécessite discussion profonde. Au regard de sa structure et de son contenu, la question qui nous vient tant à l'esprit est la suivante : le Protocole de la CEDEAO sur la démocratie et la bonne gouvernance peut-il vraiment être considéré comme un traité ?

---

[752] I. M. FALL ; A. SALL, « Une Constitution régionale pour l'espace CEDEAO : Le Protocole sur la démocratie et la bonne gouvernance de la CEDEAO », *op. cit.*, p .1.

À cette question, certains auteurs pour qui l'existence d'une Constitution matérielle semble désormais établie, avaient conclu de façon péremptoire, au « statut de Constitution » et de « la valeur constitutionnelle des dispositions » du Protocole, affirmant ainsi qu'on est en présence d'un « texte matériellement constitutionnel »[753]. Aussi, ont-ils ajouté que « le caractère ambitieux de son écriture autant que de sa logique profonde, est, d'un point de vue formel, non seulement structuré à la manière d'une Constitution, et que ses dispositions intéressent directement l'organisation et le fonctionnement des pouvoirs publics constitutionnels des États ».

À cette thèse, on pourrait opposer celle qui soutient que « les traités communautaires ne forment qu'une Constitution incomplète et imparfaite »[754]. Mais cela suffirait-il à mettre à mettre fin au débat ? Assurément non ! Pour mieux s'en convaincre, il convient de s'intéresser aux caractéristiques fondamentales et structurelles que revêt la norme constitutionnelle et qui sont susceptibles d'être rattachées au traité communautaire.

En effet, l'articulation entre le droit communautaire et le droit interne[755] est au cœur du débat juridique sur l'intégration africaine et particulièrement l'intégration communautaire en Afrique de l'Ouest. Il apparaît, de l'esprit intégrationniste, que le droit communautaire connaît une double hiérarchie normative : la première, qui est classique, s'applique au sein des règles de droit communautaire ; la seconde, dont l'orthodoxie peut être contestée d'un strict point de vue constitutionnel, consiste à faire primer les règles de droit communautaire sur les règles de droit national en raison de l'intégration des ordres juridiques[756].

À la différence du traité établissant une Constitution pour l'Europe dont l'entrée en vigueur soumise à la ratification de tous les États membres, avait été confrontée à la résistance des peuples qui l'ont rejeté,

---

[753]*Id.*

[754]J. GERKRATH, *L'émergence d'un droit constitutionnel pour l'Europe*, Bruxelles, éd. De l'Université de Bruxelles, 1997, p. 124.

[755]Voir F. CHALTIEL, « Les rapports de système entre le droit constitutionnel et le droit européen », *op. cit.,*
pp. 361-372.

[756]F. PICOD, « La normativité du droit communautaire », in Cahiers du Conseil constitutionnel, *op. cit.*, p. 4.

notamment en France, aux Pays-Bas et en Irlande, le protocole de la CEDEAO sur la démocratie et la bonne gouvernance, ne prétend pas, du moins formellement, à un statut de Constitution. Le terme n'apparaît d'ailleurs que trois (3) fois dans le texte du Protocole principalement au chapitre relatif aux principes communs aux États.

C'est en raison du contexte spécifique à l'intégration communautaire que les traités sont amenés à investir occasionnellement le domaine réservé des États membres, pour mettre en œuvre des « compétences de nature étatique »[757].

L'affirmation de la nature constitutionnelle du protocole réside, de notre point de vue, dans l'appréhension d'un « impérialisme juridique » qui risquerait, à terme, de supplanter l'autonomie constitutionnelle des États.

Mais peut-on opportunément considérer l'évolution du droit communautaire comme une menace à la souveraineté des États membres ? Suffit-il d'un rapprochement, d'une ressemblance ou même d'une convergence entre deux normes pour entériner leur équivalence ou plus exactement, leur conformité ? N'est-ce pas là, une assimilation susceptible de bouleverser les relations entre les deux ordres juridiques ? Dans leur manuel de Droit constitutionnel, Bertrand MATHIEU et Michel VERPEAUX reconnaissent que si les traités ne répondent pas à la « définition normative » de la Constitution, ils répondent en bien des points à sa « définition formelle et matérielle ».[758] La Constitution est en effet la forme d'expression la plus directe de la volonté du peuple, puisque son élaboration et sa promulgation obéissent à des exigences particulières.

C'est la traduction parfaite du droit des peuples à l'autodétermination tel qu'il résulte des dispositions de l'article 20 alinéa 1er de la Charte africaine des droits de l'homme et des peuples qui prévoit que le peuple « détermine librement son statut politique et assure son développement économique et social selon la voie qu'il a librement choisie ». A l'inverse, les traités communautaires, comme c'est le cas du protocole

[757]V. LEBON, *Le constitutionnalisme européen*, Pulim, Coll. Droit public, 2007, p. 65.

[758]B. MATHIEU, M. VERPEAUX, *Droit constitutionnel*, Paris, PUF, 2004, p. 26

sur la démocratie et la bonne gouvernance, sont l'émanation non pas de la volonté des peuples, mais des gouvernements nationaux, jouissant de la capacité juridique de les négocier, les ratifier ou les réviser[759]. En outre, convient-il d'affirmer comme R. BERNHARDT, que l'existence de toute Constitution est subordonnée à l'existence d'un cadre étatique juridiquement établi. Autrement dit, il serait attentatoire à l'esprit des traités de couvrir ces derniers du sceau de la constitutionnalité, « étant donné qu'il ne s'agit ni d'un État, ni d'une structure analogue, même si l'on peut concevoir que le stade ultime de l'évolution puisse être une Union fédérale ou confédérale d'États »[760].

Il apparaît à l'évidence que le Protocole de la CEDEAO sur la démocratie et la bonne gouvernance, présente formellement et matériellement des critères objectifs d'une Constitution. Si de ce point de vue, le caractère constitutionnel du protocole est incontestable, un tel rapprochement ne saurait suffire à assimiler le traité communautaire à une Constitution régionale. Il participe simplement d'un renforcement et de la cohérence de l'unité de l'ordre communautaire. C'est en raison de cette quête de l'unité de l'ordre communautaire que les États membres ont consenti à transférer partiellement leur souveraineté dans les domaines indispensables à l'intégration communautaire, tels que par exemple le domaine économique au sens large (marché commun, l'abandon du contrôle aux frontières entre les quinze États membres, la perspective de la création d'une monnaie unique etc.), le domaine de la sécurité avec la création d'une force régionale (ECOMOG), les domaines politique et juridique. Il est donc indispensable que les États consentent à céder au moins partiellement, leur souveraineté pour que la Communauté puisse exister. La doctrine reconnaît d'ailleurs que l'intégration communautaire entraîne inéluctablement des « sacrifices de souveraineté ». La difficulté consiste à déterminer la limite admissible du « sacrifice » pouvant être consenti[761].

---

[759]Voir par exemple les Articles 168, 169, 170, 171 de la Constitution nigérienne du 25 novembre 2010.

[760]R. BERNHARDT, « Les sources du droit communautaire : la « Constitution » de la Communauté », in *trente ans de droit communautaire, Office des publications officielles des Communautés européennes (OPOCE),* Coll. Perspectives européennes, Bruxelles-Luxembourg, 1982, p. 73 et s.

[761]P. ARDANT, B. MATHIEU, *Institutions politiques et droit constitutionnel*, 22e éd., Paris, L.G.D.J., 2010, p.433.

Il est dès lors important que les États membres, dans la mesure où le droit communautaire leur est directement applicable et s'impose à eux, puissent participer à son élaboration. De plus, certains États comme le Niger, le Bénin et la Côte d'ivoire sont tenus, de par, leur constitution, « de tout mettre en œuvre pour réaliser l'intégration régionale et sous régionale »[762]. Ainsi, dans le préambule de la constitution du Burkina Faso, le constituant exprime son désir d'« intégration économique et politique avec les autres peuples d'Afrique en vue de la construction d'une Unité fédérative de l'Afrique ». Le peuple malien exprime « son attachement à la réalisation de l'Unité Africaine, à la promotion de la paix, de la Coopération régionale et internationale ». Il en est de même du peuple guinéen qui exprime « son attachement à la cause de l'Unité Africaine et de l'intégration sous régionale et régionale du Continent ». La constitution de la République fédérale du Nigeria connaît pareille écriture dans son préambule qui prévoit que le peuple qui consacre une part importante à la promotion de la solidarité inter-africaine en ces termes : « dedicated to the promotion of inter-African solidarity ». L'ordre juridique communautaire, émanation directe de la volonté des États souverains, distinct de l'ordre juridique national et international, n'existe que par cette seule approche volontariste. Il serait donc exagéré de qualifier les traités communautaires de Constitution même s'ils en portent des critères convergents. C'est en ce sens qu'il faut comprendre les propos de Jean Monnet, fervent défenseur de l'Union européenne, lorsqu'il affirme que « Nous ne coalisons pas des États, nous unissons des hommes »[763]. Cependant, ce constat de la « dimension étatique de la construction communautaire »[764] ne doit pas mettre en péril le processus d'intégration. Dans son expression institutionnelle ou communautaire[765], la CEDEAO aspire par la

---

[762]Voir le préambule de la Constitution nigérienne du 25 novembre 2010 ; voir aussi le préambule de la Constitution du Bénin du 11 décembre 1990. ; voir également la Constitution ivoirienne du 30 octobre 2016.

[763]J. MONNET, cité par J. RIDEAU (dir.), « Introduction. Quinze États membres en quête d'Union », in *Les États membres de l'Union européenne, adaptations, mutations, résistances*, *op. cit.*, p.1.

[764]J. RIDEAU (dir.), « Introduction. Quinze États membres en quête d'Union », in *Les États membres de l'Union européenne, adaptations, mutations, résistances*, *op. cit.*, p.1.

[765]J. RIDEAU (dir.), « Introduction. Quinze États membres en quête d'Union », *op.cit.*, p. 2.

méthode supranationale, particulièrement l'intégration sous régionale, à atteindre l'objectif de l'Unité africaine longtemps souhaité par les peuples africains. C'est de cette démarche évolutive que découle le protocole de Dakar, en tant que traité communautaire.

Même s'il est généralement admis que, dans un système juridique établi, une constitution apparaît comme un ensemble de règles juridiques organisant la vie politique et sociale ainsi que le pouvoir et s'imposant à lui, l'obligeant à respecter certaines formes, à utiliser des procédures convenues, prévoyant la participation des citoyens au choix des gouvernants, à l'élaboration de certaines décisions, etc.[766], c'est la portée philosophique qui est déterminante, en ce qu'elle opère une véritable limitation de pouvoirs. Une telle portée philosophique ne peut être effective que si les règles constitutionnelles sont respectées.

Or, comme le soulignent certains auteurs, « beaucoup de constitutions, [En Afrique en particulier], ne sont que des façades. Sachant l'importance que lui attache la communauté internationale, une constitution est élaborée, mais la vie politique, le fonctionnement du pouvoir s'organise en dehors d'elle sur la base des rapports de forces. Les plus féroces dictateurs offrent souvent ainsi dans leurs textes constitutionnels le visage d'une paisible démocratie. Les opposants, s'ils existent peuvent s'exprimer, se réclameront alors de la constitution contre le pouvoir, lutteront pour le respect de la constitution »[767]. Il faut donc dépasser le cadre formel et matériel pour s'intéresser à l'aspect finaliste d'une constitution.

Celle-ci ne saurait en être véritablement une norme fondamentale si en dépit de ses caractères formel et matériel, elle n'a pas pour finalité de composer l'organisation des pouvoirs publics et d'en fixer les limites. Elle ne peut opérer que dans un cadre formellement défini comme une communauté étatique. Or, la CEDEAO, ne peut, pour utiliser les termes de la Cour de justice de l'Union européenne, « en raison de sa nature même, être considérée comme un État »[768]. En effet, en vertu du

[766]P. ARDANT, B. MATHIEU, *Institutions politiques et droit constitutionnel, op. cit.*, p. 61.
[767]*Id.*
[768]CJUE, 18 décembre 2014, Projet d'accord d'adhésion à la Convention européenne des droits de l'homme, avis 2/13, EU:C:2014/2454, spéc. Point 156.

« principe de spécialité »[769], l'ordre juridique communautaire est différent de l'ordre national et international, et ne peut à ce titre, être considéré comme un ordre constitutionnel. L'esprit de ce principe a été logiquement poursuivit par le principe de la hiérarchie des ordres juridiques. L'ordre juridique communautaire s'imposant à l'ordre national, les traités qui en sont issus comme le protocole de 2001, ne peuvent pas être qualifiés de constitution, même si la tentation peut exister, à moins de faire montre d'un « afroscepticisme ».

Nul n'ignore les positions hostiles à la construction européenne de certaines figurent emblématiques européennes comme Margaret Thatcher ; en France, où des opposants déclarés à la supranationalité européenne comme Michel Debré, Jacques Foyer, Philipe Séguin n'ont pas ménagé les institutions comme l'ancienne Cour de justice des Communautés européennes. La méfiance s'est encore accrue lorsque dans une décision *Parti écologiste « Les verts »* du 23 avril 1986, la Cour de justice a qualifié le traité de Rome instituant la Communauté européenne de « Charte constitutionnelle d'une communauté de droit ». Ce sont surtout les visées fédéralistes européennes de certains juges européens comme Pierre PESCATOR et Robert LECOURT qui ont suscité les vigoureuses réactions des souverainistes. La tentative avortée d'un projet de constitution européenne, a certes permis de révéler « l'embryon de constitution matérielle »[770] de l'Union européenne avec des pouvoirs considérables dans les domaines économiques et sécuritaires, sans néamoins parvenir à ériger un ordre constitutionnel communautaire effectif.

Les professeurs Bertrand MATHIEU et Philippe ARDENT, font remarquer à ce titre, que « le processus du développement de la construction européenne traduit une dissociation volontaire entre l'élaboration d'une constitution et l'évolution vers une structure étatique. L'utilisation du terme « Constitution » ne renvoie pas au modèle étatique ; mais il viserait à marquer symboliquement la

---

[769] P. ARDANT, B. MATHIEU, *Institutions politiques et droit constitutionnel, op. cit.*, p. 65.

[770] P. ARDANT, B. MATHIEU, *Institutions politiques et droit constitutionnel, op. cit.*, p. 66 ; voir aussi J.-P. COSTA, « La Convention européenne des droits de l'homme et la Constitution de la France », in *Mélanges en l'honneur de G. Conac, Le nouveau constitutionnalisme*, Paris, Economica, 2001, pp. 249-253.

reconnaissance d'une communauté politique qui s'affirme en tant que telle et dont la constitution est l'attribut. En bref, si l'Europe n'a pas encore de véritable « Constitution », sa transformation en une société politique et en un ordre juridique doté de règles d'organisation, de fonctionnement et d'un système de valeurs communes en font incontestablement un objet du droit constitutionnel contemporain »[771]. C'est sans doute, en ce sens que, les professeurs Ismaïla Madior FALL et Alioune SALL considèrent le protocole de la CEDEAO sur la démocratie et la bonne gouvernance comme le « texte de référence du constitutionnalisme régional »[772] en Afrique de l'Ouest.

La constitutionalité dont est revêtu le protocole, sera perceptible au moyen d'un interprète, la Cour de justice elle-même, qui confère une cohérence formelle à un ensemble de normes et inscrit cet ensemble dans un ordre de valeurs[773]. C'est à cette condition que la pérennité du projet communautaire pourrait être garantie.

B. Un instrument garantissant la pérennité du projet communautaire

Dès son préambule, le protocole de la CEDEAO sur la démocratie et la bonne gouvernance met en exergue les facteurs entravant l'élan intégrationniste amorcé en Afrique de l'Ouest depuis 1975.

La Communauté se dit, en effet, préoccupée par « les conflits qui sont de plus en plus engendrés par l'intolérance religieuse, la marginalisation politique et la non-transparence du processus électoral ». La mauvaise gouvernance et ses corollaires sont donc bien

---

[771]P. ARDANT, B. MATHIEU, *Institutions politiques et droit constitutionnel, op. cit.*, p. 66.
[772]I. M. FALL ; A. SALL, « Une Constitution régionale pour l'espace CEDEAO : Le Protocole sur la démocratie et la bonne gouvernance de la CEDEAO », *op. cit.*, p. 1.
[773]L. AZOULAI, E. DUBOUT, « Repenser la primauté. L'intégration européenne et la montée de la question identitaire », *op. cit.*, p. 8.

à l'origine de presque tous les facteurs d'instabilité dans la Communauté[774]. Le protocole est présenté comme une réponse complémentaire aux efforts déjà entrepris en matière de prévention, de gestion, de règlement des conflits, de maintien de la paix et de la sécurité, afin de garantir la stabilité nécessaire au développement communautaire. Il appréhende de manière profonde le volet politique de la Communauté et s'intéresse directement comme indiqué dans son titre, à la « Démocratie » et à la « Bonne gouvernance ». La bonne gouvernance démocratique apparaît donc comme la garantie de la pérennité du projet communautaire.

L'expérience révèle que la bonne gouvernance démocratique est inéluctable dans le cheminement vers l'intégration communautaire. Celle-ci se mesure à l'aune de la pratique politique, notamment l'implication des populations dans le fonctionnement quotidien des pouvoirs publics. Il faut y ajouter également d'autres critères comme la séparation des pouvoirs, le pluralisme politique, l'État de droit, le respect des droits fondamentaux, le respect de l'alternance démocratique, la tenue des élections libres, transparences et honnêtes, etc.

Mais pour que ces élections atteignent leurs objectifs et pour qu'elles aient un sens et une crédibilité, il faut qu'elles se déroulent dans des conditions acceptables au regard des standards démocratiques internationaux.

L'élection est la voie la plus fréquemment empruntée pour associer le citoyen au pouvoir[775], elle apparaît aujourd'hui comme un des moyens de mesure de la bonne gouvernance démocratique dans un pays. C'est pourquoi, le protocole s'appesantit longuement sur la question. Le processus électoral dans des démocraties en construction, comme la plupart des États membres de la CEDEAO, est une phase très délicate. L'expérience a montré qu'une élection mal organisée peut faire basculer un pays dans un conflit dont les dégâts sont incommensurables.

---

[774]Voir en ce sens I. K. SOUARE, *Guerres civiles et coups d'État en Afrique de l'Ouest. Comprendre les causes et identifier des solutions possibles, op. cit.*, p. 69 et s.

[775]P. ARDANT, B. MATHIEU, *Institutions politiques et droit constitutionnel, op. cit.*, p. 194.

Tirant les expériences des pratiques électorales qui ont été émaillées de conflits sur le continent et particulièrement dans la sous-région, les rédacteurs du protocole ont consigné un article2 interdisant « toute réforme substantielle de la loi électorale dans les six mois qui précèdent une élection, sans le consentement d'une large majorité des acteurs politiques ».

Le même article prévoit en conséquence l'organisation périodique des scrutins et prescrit le respect strict de l'égalité homme-femme devant la loi électorale. La philosophie de cet article n'est pas sans rappeler quelques exemples pratiques où les réformes électorales entreprises ont eu pour but soit de disqualifier un adversaire jugé sérieux[776] soit d'assouvir des fins personnelles pour se maintenir au pouvoir[777]. Comme le souligne le professeur Jean DU BOIS DE GAUDUSSON,

---

[776]En Côte d'ivoire par exemple, pour se débarrasser d'un adversaire qu'il juge sérieux et se maintenir au pouvoir, Henri Konan Bédié n'a pas hésité à réformer le code électoral ivoirien intégrant désormais un article nouveau qui détermine les conditions d'éligibilité à la présidence de la République. C'est cet article 49 qui a formalisé le concept de l'« ivoirité » sur la base duquel, le candidat Alassane Dramane Ouattara a été déclaré inéligible, sous prétexte que l'un de ses deux parents n'était pas d'origine ivoirienne. L'argument tiré de ce concept a servi de fondement à une véritable chasse aux sorcières engagée contre l'électorat favorable à celui-ci, en l'occurrence les Ivoiriens originaires du nord et les immigrés venus des pays voisins, notamment le Burkina Faso et le Mali. Cette pratique discriminatoire et regrettable n'a pas été sans conséquence sur les droits fondamentaux des populations qui ont été persécutées même après la période qui a suivi l'élection présidentielle d'octobre 2000 selon un rapport de la commission d'enquête internationale des Nations unies de 2001.

[777]Au Niger, le président Mamadou Tandja n'a pas hésité à modifier la Constitution en vigueur, pour s'octroyer un bonus de trois ans, en dépit de son mandat venu à terme le 22 décembre 2009. Pour y arriver, il s'est accordé les pleins pouvoirs et a dissout tous les organes de contre-pouvoirs qui ne lui étaient pas favorables dont l'Assemblée nationale et la Cour constitutionnelle. Cette période fut émaillée de violences et d'atteintes graves aux droits fondamentaux des citoyens. Cet état de fait a abouti à un coup d'État militaire contre son régime illégal, le 18 février 2010 et qui porta le commandant Salou Djibo au pouvoir. Au Sénégal, une situation similaire avait été observée lorsqu'à l'expiration de son deuxième mandat, le président sortant, Abdoulaye Wade, avait émis le vœu de se représenter pour un 3e mandat. Malgré l'avis favorable du conseil constitutionnel qui a validé sa candidature le 27 janvier 2012, les forces politiques n'étaient pas enchantées et affirmaient leur ferme opposition à une telle candidature. Ce qui a provoqué une forte mobilisation de l'électorat consacrant la victoire de Macky SALL.

« il reste qu'en dépit des progrès significatifs réalisés mais variables selon les États, l'organisation et la gestion du processus électoral rencontrent de sérieuses difficultés qui affaiblissent sa transparence et qui font obstacle à la réalisation de ce qui est un objectif essentiel dans la période d'ancrage de la démocratie dans laquelle se trouvent les pays en transition : l'acceptation des résultats électoraux par les acteurs du scrutin »[778].

À cet effet, le Protocole prévoit à son article 3 que : « les organes chargés de élections doivent être indépendants et/ou neutres et avoir la confiance des acteurs et protagonistes de la vie politique. En cas de nécessité, une concertation nationale appropriée doit déterminer la nature et la forme desdits organes ».

La raison en est que la suspicion qui pèse sur le mode d'organisation électorale traditionnellement en vigueur dans la plupart des États d'Afrique, où les élections relevaient classiquement de la seule compétence de l'administration de l'État, plus spécialement du ministère de l'intérieur et de ses agents territoriaux[779], comme il est de pratique actuellement dans l'ancienne métropole.

La création des commissions électorales autonomes ou indépendantes selon le cas, en tant qu'organe administratif indépendant, est liée à la recherche d'une formule permettant d'isoler, dans l'administration de l'État, un organe disposant d'une réelle autonomie par rapport à l'exécutif et au parlement, pour l'exercice d'attributions concernant le domaine sensible des libertés publiques, en particulier des élections libres, honnêtes et transparentes[780], au point d'être considéré comme un « dogme démocratique en Afrique » [781]. A l'épreuve des faits, il convient de noter que ces organes, même s'ils ont contribué à instaurer un climat de confiance entre les acteurs, ont été, dans bien de pays,

---

[778]J. DU BOIS DE GAUDUSSON, « Les élections à l'épreuve de l'Afrique », *op. cit.*, p. 101.

[779]*Id.*

[780]*Id.*

[781]*Cf.* par exemple le rapport de M. M. P. FAVRE et M. SAWADOGO à la XXIe session de l'AIPLF, 10-12 juill. 1995, Québec., cité par J. DU BOIS DE GAUDUSSON, « Les élections à l'épreuve de l'Afrique », *op. cit.*, p. 101.

source de plusieurs controverses et de conflits. Le cas du contentieux électoral ivoirien de 2010 l'illustre amplement. Les défaillances notoires de la Commission électorale indépendante (CEI) dans la sécurisation et la transmission des résultats élecoraux a favorisé le climat de tension entre deux camps politiques et qui a conduit à la crise électorale la plus meurtrière en Côte d'Ivoire. L'on ne peut, en effet, attendre de ces seuls organes, la garantie d'une bonne organisation des élections. C'est pourquoi, le protocole prescrit aux États membres, l'existence d'un système d'état civil fiable et stable pour la fiabilité du fichier électoral qui en découlera[782].

Le dispositif juridique et institutionnel encadrant les élections en vue de leur bon déroulement peut se révéler parfois insuffisant et flou. C'est pourquoi, le protocole pénètre profondément l'organisation du processus électoral en fixant les mécanismes relatifs à l'élaboration du fichier électoral, l'établissement et la gestion des listes électorales[783], la transparence dans l'organisation, le déroulement et la proclamation des résultats[784], l'institution d'un crédible et authentique contentieux électoral[785]. Par ailleurs, le protocole vise à prévenir les crises postélectorales en prescrivant la culture d'une alternance qui passe nécessairement par l'acceptation des résultats électoraux. Ainsi dispose-t-il à son article 9 : « A l'issue de la proclamation des résultats des élections, le parti politique et/ou le candidat battu doit céder, dans les formes et délais de la loi, le pouvoir au parti et/ou au candidat régulièrement élu ». Aussi, le protocole proscrit-il « toute chasse aux sorcières » contre le candidat ayant perdu les élections et ses partisans dans un esprit d'unité.

Dans le cadre de la démocratisation engagée par la Communauté et de la pacification de la région, la CEDEAO assume un rôle important en matière électorale. En ce sens, le Protocole consacre une section entière relative à « l'observation des élections et à l'assistance de la CEDEAO »[786] qui énonce la possibilité pour tout État membre qui le souhaite, de se faire assister par la CEDEAO dans l'organisation

[782]Voir article 4 du Protocole.
[783]Article 5 du Protocole.
[784]Article 6 du Protocole.
[785]Article 7 du Protocole.
[786]Voir la Section III du Protocole.

d'élections. Selon certains auteurs, « il s'agit là d'une pratique de l'organisation communautaire inaugurée autour des années 1990 qui vient d'être codifiée »[787].

La CEDEAO s'est encore davantage investie dans l'accompagnement des États sortant d'une crise électorale et/ou entamant un processus de transition permettant de renouer avec l'ordre constitutionnel, comme c'est le cas à chaque fois, au lendemain d'une interruption de l'ordre constitutionnel établi. L'organisation soutient les efforts d'une démocratisation et veille à garantir la réussite du processus de démocratisation entamé par un État en déterminant parfois l'agenda électoral, en supervisant, comme elle l'a fait au Liberia en octobre 2011 à l'occasion de l'élection présidentielle, le déroulement du scrutin.

Cette pratique de la CEDEAO marque son implication profonde et matérielle dans la tenue d'élections libres, honnêtes et transparentes. Pas moins de vingt (20) processus électoraux ont été supervisés par la CEDEAO entre 2011 et 2017[788]. Dans la perspective de l'amélioration de l'environnement juridique et institutionnel pour la tenue d'élections[789] crédibles dont les résultats sont acceptés de tous, l'organisation s'est dotée en 2008 d'un Réseau de commissions électorales : Le Réseau des commissions électorales en Afrique de l'Ouest (RESAO), regroupant les deux premiers responsables des commissions électorales des États membres. La démocratie est une donnée essentielle, une unité de valeur pour toute adhésion future à la Communauté. Il importe de rappeler à ce titre le souhait exprimé par le Royaume du Maroc le 24 février 2017, d'adhérer à la CEDEAO dont il n'était jusque-là qu'un membre observateur. Selon le communiqué du

---

[787]I. M. FALL ; A. SALL, « Une Constitution régionale pour l'espace CEDEAO : Le Protocole sur la démocratie et la bonne gouvernance de la CEDEAO », *op. cit.*, p. 3.

[788]Dont, entre autres : les élections générales au Niger de mars 2011 ; l'élection présidentielle en Sierra-Léone de novembre 2012 ; l'élection présidentielle au Sénégal de mars 2012 ; les élections du 7 décembre 2012 au Ghana ; l'élection présidentielle au Mali en 2013, ainsi que l'élection en Guinée-Bissau. C'est aussi le cas des élections au Burkina Faso en 2015, après l'insurrection populaire qui a emporté le régime de Blaise Compaoré. En 2016, six (6) pays (la Guinée, la Côte d'ivoire, le Bénin, le Niger, le Ghana et la Gambie) ont organisé des élections qui ont vu le déploiement de plusieurs missions d'observations de la CEDEAO (sauf en Gambie).

[789]N. KRIDIS, « La CEDEAO et les changements anticonstitutionnels », *op. cit.*, p. 57.

ministère des affaires étrangères, « Le Royaume du Maroc a informé, (…), Son Excellence Madame Ellen JOHNSON SIRLEAF, Présidente du Liberia et Présidente en exercice de la Communauté Économique des États d'Afrique de l'Ouest (CEDEAO), de sa volonté d'adhérer à cet ensemble régional en tant que membre à part entière. Cette demande se fait en conformité avec les dispositions du Traité fondateur de la CEDEAO, et en satisfaction totale de ses critères d'adhésion ». Même si le royaume du Maroc satisfait à l'objectif de démocratisation de la CEDEAO, celui-ci est tenu, en vue de son adhésion, de se conformer aux principes fondamentaux de l'organisation et de rendre conforme sa législation interne au droit communautaire.

Ce qu'il convient de mettre en lumière c'est que l'adhésion du Maroc à la CEDEAO contribuera d'une part, à la réalisation des buts énoncés à l'article 2 du traité révisé et qui prévoient que la CEDEAO « sera à terme la seule Communauté économique de la région aux fins de l'intégration économique et de la réalisa tion des objectifs de la Communauté Économique Africaine » et, d'autre part, à conforter l'idée selon laquelle « le sous régionalisme serait désormais au service du continentalisme »[790].

Elle conforte surtout l'idée de la doctrine qui soutient que le fait régional doit être saisi non pas seulement de la situation géographique des États mais aussi de leur volonté politique. Comme le souligne en ce sens Charles ROUSSEAU, « elle repose ainsi à la fois sur la contiguïté géographique et sur la communauté d'intérêt politique »[791]. Cette demande d'adhésion du Maroc met surtout en exergue l'idée que la délimitation des frontières des États n'obéit à aucun critère objectif, elle n'est que le fait d'une volonté coloniale pour des « raisons liées plus à l'efficacité administrative qu'à la cohérence ou à l'harmonie dans l'aménagement de l'espace »[792]. Il apparaît à l'évidence que la diffusion

---

[790]A. SALL, *Les mutations de l'intégration des États de l'Afrique de l'Ouest. Une approche institutionnelle*, *op. cit.*, p. 56.

[791]C. ROUSSEAU, *Droit international public*, Sirey, 1953, p. 212., cité par A. SALL, *Les mutations de l'intégration des États de l'Afrique de l'Ouest. Une approche institutionnelle*, *op. cit.*, p. 44.

[792]V. notamment A. SALL, *Les mutations de l'intégration des États de l'Afrique de l'Ouest. Une approche institutionnelle*, *op. cit.*, p. 44 et s.

d'une culture démocratique est au cœur des préoccupations de la CEDEAO. En effet, celle-ci participe sans doute de la recherche de la stabilisation nécessaire au développement de la construction communautaire.

Le déficit démocratique perceptible dans les États procède aujourd'hui des difficultés d'organisation politique fondée sur un modèle consensuel ignorant l'équilibre institutionnel. Pourtant, le protocole de la CEDEAO semble avoir mis l'accent sur la bonne gouvernance démocratique sans prendre en compte d'autres facteurs qui participent inéluctablement à ce processus de préservation de l'acquis communautaire. C'est sous ce rapport qu'il reste encore perfectible.

§2 : Un instrument de protection des droits fondamentaux encore perfectible

La mise en œuvre d'une protection spécifique des droits fondamentaux par la consécration des principes démocratiques telle qu'établie par le protocole sur la démocratie et la bonne gouvernance peut encore être améliorée. En effet, en dépit des principes et des valeurs qu'il consacre, ces derniers semblent absents de l'architecture institutionnelle de la Communauté (**A**). De même, il apparaît à l'analyse du protocole, un faible degré de protection des droits économiques, sociaux et culturels (**B**).

A. L'absence des principes démocratiques dans l'architecture institutionnelle de la CEDEAO

Le Protocole de la CEDEAO sur la démocratie et la bonne gouvernance, destiné à assurer à la Communauté un cadre normatif de protection de la bonne gouvernance démocratique en tant que droit fondamental, constitue, à l'instar de la Charte africaine de la démocratie, des élections et de la gouvernance, « un instrument assurant aux États, la possibilité de gouverner dans le respect ponctuel du droit du peuple à être représenté en sa volonté effective et des droits politiques et économiques des individus »[793].

Si un reproche devait être fait à la Communauté, c'est le déficit démocratique perceptible dans les organes communautaires. Comment, la CEDEAO, peut-elle, légitimement imposer des principes démocratiques aux États membres si elle-même ne donne pas l'exemple en se conformant à ses propres règles ?

En dépit de l'évolution normative, la Communauté n'accorde pas une place de choix aux citoyens dans l'élaboration périodique et l'orientation de la politique communautaire à travers des élections disputées. Ce sont principalement les gouvernements qui sont en charge de l'élaboration de la politique de la Communauté[794]. C'est ce que

---

[793]G. GUARINO, « Autodétermination des peuples, respect de la volonté populaire et charte africaine de la démocratie » *in* R. BEN ACHOUR (dir.), *Les changements anticonstitutionnels de gouvernement. Approche de droit constitutionnel et de droit international, op. cit.*, p.139.

[794]Voir en ce sens article 9 du Protocole additionnel A/SP.1/06/06 portant amendement du Traité révisé : Régime juridique des actes de la Communauté : « 1. Les Actes de la Communauté sont dénommés Actes additionnels, Règlements, Directives, Décisions, Recommandations et Avis.

2. Pour l'accomplissement de leurs missions : (a) La Conférence des Chefs d'État et de gouvernement prend des Actes additionnels qui complètent le Traité et y sont annexés ; (b) Le Conseil des ministres édicte des Règlements, des Directives prend des Décisions ou formule des Recommandations et des Avis ; (c) La Commission peut adopter des Règlements d'exécution des Actes édictés par le Conseil. Les Règlements d'exécution de la Commission ont la même force juridique que les Actes du Conseil pour l'exécution ; (d) la Commission peut formuler des Recommandations et des Avis.

3. Le respect des Actes additionnels s'impose aux États membres et aux Institutions de la Communauté, sous réserve des dispositions de l'article 15 du Traité Révisé.

4. Les Règlements ont une portée générale. Ils sont obligatoires en toutes leurs dispositions et sont directement applicables dans les États membres. Ils ont force obligatoire à l'égard des Institutions de la Communauté.

5. Les Directives lient tous les États membres quant aux objectifs à atteindre. Les modalités de réalisation de ces objectifs sont laissées à l'initiative des États.

6. Les Décisions sont obligatoires pour les destinataires qu'elles désignent.

7. Les Recommandations et les Avis n'ont pas force exécutoire.

dénonce justement une partie de la doctrine à laquelle nous appartenons, lorsqu'elle estime que « cette pratique qui consiste à revendiquer de représenter le peuple et en même temps refuser que le peuple participe dans la gestion des affaires et la prise des décisions le concernant doit cesser »[795]. Par ce mécanisme, le citoyen communautaire n'a pas l'impression d'influencer d'une quelconque manière, la vie politique ou l'élaboration de la politique de la Communauté. La forme actuelle de gouvernance communautaire se caractérise principalement par l'absence de toute élection, dont la Communauté s'emploie pourtant à démontrer tout l'intérêt dans une démocratie.

S'il est de conception classique que la démocratie représentative légitime les décisions prises par les autorités nationales sans consultation directe du peuple, il y a des décisions pour l'adoption desquelles, l'implication du peuple voire son approbation doit être requise. Ainsi en est-il par exemple des principes constitutionnels susceptibles de régir les affaires de la Communauté qui nécessiteraient un transfert de souveraineté de la part des États membres. Il convient dès lors de s'interroger sur l'étendue de la compétence que la constitution de chaque État attribue aux organes habilités à conclure et ratifier les traités ou à en autoriser la ratification.

En réaffirmant l'engagement des États « à tout mettre en œuvre pour réussir l'intégration sous régionale et l'Unité Africaine », les préambules de certaines constitutions ont-ils entendu donner « tous les pouvoirs », sans aucune forme de limitation, aux organes étatiques habilités pour la ratification des traités ? Peut-on opportunément affirmer que par leur nature, certains préambules des constitutions nationales offrent des bases constitutionnelles au droit communautaire naissant en Afrique de l'Ouest ?

Le tournant politique et juridique qui se dessine en 2001 avec l'adoption du protocole sur la démocratie et la bonne gouvernance semble fixer des exigences de légitimité démocratique aux États membres. Le protocole pose ainsi les bases d'une démocratie supranationale et

---

8. Sauf dispositions contraires dans le présent protocole additionnel ou tout autre, les Actes de la Communauté sont adoptés à l'unanimité, par consensus ou à la majorité des deux tiers. »

[795] I. K. SOUARE, *Guerres civiles et coups d'État en Afrique de l'Ouest. Comprendre les causes et identifier des solutions possibles*, *op. cit.*, p. 208.

entend exercer par son existence, des influences directes sur les démocraties nationales[796]. Le pouvoir créateur de démocratie que lui confère le protocole de 2001, a permis à la CEDEAO de fixer les bases d'une nouvelle intégration fondée sur des nouvelles pratiques de gouvernance dans l'espace communautaire et dont elle entend régir les règles.

Cependant, nonobstant son caractère ambitieux, le protocole de la CEDEAO sur la démocratie et la bonne gouvernance n'a pas résolu le problème lié au déficit de légitimité démocratique au sein de la Communauté, alors que les rédacteurs en avaient l'occasion dans une perspective favorable à leurs vœux. Comme le note Mahthew Hassan Kukah, « la démocratie est un langage universel qui nous est utile dans notre quête collective de justice »[797].

Peut-on ainsi, pour paraphraser le doyen Georges VEDEL à propos de l'Europe, convenir que « la démocratie ouest-africaine n'est qu'un élargissement de la démocratie nationale »[798] dès lors que la Communauté tire son existence de la volonté suprême des États.

Sachant que le principe démocratique donne le pouvoir au peuple, la logique juridique veut que le peuple soit titulaire du pouvoir constituant originaire[799], et partant, du pouvoir de désigner ses représentants au sein des institutions communautaires.

C'est cette forme de gouvernance au niveau sous régionale, avec une multiplicité de centres de décisions et une diversité de formes institutionnelles qui conduit à considérer le principe démocratique comme un principe qui s'exprime non seulement par la souveraineté

---

[796]V. A. SCHMIDT, « L'Union européenne crée-t-elle ou détruit-elle la démocratie ? » *Politique étrangère* 2007/3 (Automne), pp. 517-528.

[797]M. H. KUKAH, « Politics of Good Governance : Challenges for Africa Today » in Oyedele E (ed), *Africa : National Unity, Stability, and Development*, Abuja, Yakubu Gowon Center Sibon Books Ibadan, 1998, p. 108., cité par I. K. SOUARE, *Guerres civiles et coups d'État en Afrique de l'Ouest. Comprendre les causes et identifier des solutions possibles, op. cit.*, p. 210.

[798]G. VEDEL, « Les racines de la querelle constitutionnelle sur l'élection du parlement européenne », *Pouvoirs*, 1977, p. 26.

[799]F. CHALTIEL, « Les bases constitutionnelles du droit communautaire » in *Mélanges en l'honneur de Pierre Pactet, L'esprit des institutions et l'équilibre des pouvoirs*, *op. cit.*, p. 554.

nationale, mais aussi par ce qu'il est convenu d'appeler désormais la « souveraineté régionale »[800].

Il convient de relever que la consolidation de la CEDEAO avec l'élargissement de ses compétences et de ses responsabilités et le renforcement de ses moyens n'a pas permis de dessiner suffisamment les contours dimensionnels de ce que Vivien A. Schmidt qualifie d'« État-région »[801] et mettre ainsi en lumière certains critères objectifs d'un État supranational.

En effet, le transfert de souveraineté nécessaire à la réalisation de l'objectif final de la Communauté, tel qu'il résulte du préambule du traité révisé de la CEDEAO, visant à promouvoir la coopération et l'intégration dans la perspective d'une « Union économique des pays de l'Afrique de l'Ouest »[802] a conduit les États, pour des raisons d'efficacité, à conférer à la Communauté, une part de leur souveraineté dans des domaines de « maintien de la paix, de la sécurité et de la stabilité régionale ; de respect, de la promotion et la protection des droits de l'homme et des peuples ; de la transparence, de la justice économique et sociale et de participation populaire au développement ; de la promotion et de la consolidation d'un système démocratique de gouvernement dans chaque État membre »[803].

C'est dans cette perspective que la CEDEAO a entamé, à travers le traité révisé, une réforme institutionnelle lui permettant d'assumer son ambition. Or, si, pour des raisons d'efficacité, cette évolution normative et institutionnelle a permis de consacrer une véritable séparation des pouvoirs avec un exécutif, un Parlement et une Cour de justice, elle n'a cependant pas permis d'assurer l'équilibre des pouvoirs indispensable au processus démocratique.

Les raisons inhérentes à ce déficit démocratique résident pour l'essentiel, dans des faits déjà connus au niveau interne et que la

---

[800]Voir pour plus de détails V. A. SCHMIDT, « L'Union européenne crée-t-elle ou détruit-elle la démocratie ? », *op. cit.*, p. 518 et s.
[801]*Ibid.*, p. 518.
[802]Voir Préambule du Traité révisé de la CEDEAO ; voir également les articles 2 et 3 dudit traité révisé dit « traité de Cotonou » de 1993.
[803]Voir article 4 du Traité révisé.

doctrine constitutionnelle a longuement étudiés : le “présidentialisme africain“ qui fait que le peuple est représenté de manière indirecte mais forte par les chefs d'État et de gouvernement et accessoirement par un parlement au pouvoir atténué. Au regard de la pratique interne des États membres, il n'est guère étonnant que soit transposée au sein de la Communauté, la pratique consistant à ériger le chef de l'État comme le « trait évident de la consolidation »[804] de tout projet politique. Car, s'il est bien en effet une représentation communément admise, c'est celle d'une Afrique, vouée tout au long de son histoire contemporaine au régime autoritaire, tout entière dominée par l'exécutif et son chef, auquel on porte un culte sans bornes[805].

S'il est admis que la Conférence des chefs d'État et de gouvernement, est, dans le cadre de la CEDEAO, l'organe habilité à prendre les décisions, il est apparu évident qu'une absence d'impact de réformes institutionnelles sur le système de gouvernance de la CEDEAO affecte substantiellement l'équilibre des pouvoirs, et partant, le processus démocratique. La Conférence des chefs d'État et de gouvernement est en effet le législateur communautaire, il a tous pouvoirs pour déterminer l'orientation politique de la Communauté.

En paraphrasant Gérard CONAC à propos du Président africain, l'on peut relever l'omniprésence de la Conférence des chefs d'État et de gouvernement, qui gouverne sans que nul ne puisse lui en contester l'autorité. Et, si elle peut accepter d'être déchargée de certaines de ses tâches comme c'est le cas actuellement avec le Conseil des ministres, il ne saurait être question d'un quelconque partage de pouvoir[806]. Le Parlement de la Communauté dont les membres sont, en l'absence de suffrage universel direct, détachés des Parlements nationaux pour une période de quatre ans, est confiné à un rôle consultatif[807].

---

[804]G. CONAC, « Portrait d'un chef d'État », in *Les Pouvoirs africains, Revue Pouvoirs*, 1983, n° 25, pp. 121- 130.
[805]J. DU BOIS DE GAUDUSSON, « Quel Statut pour le chef d'État en Afrique ? » *op. cit.*, p. 330.
[806]G. CONAC, « Portrait d'un chef d'État », *op. cit.*, p. 123.
[807]Voir article 4 du Protocole Additionnel A/SP.3/6/06 portant amendement du Protocole A/P.2/8/94 relatif au Parlement de la Communauté. Article 4 « L'article 6 du Protocole A/P.2/8/94 relatif au Parlement de la CEDEAO est reformulé comme suit : 1. Le Parlement peut se saisir de toute question intéressant la Communauté, notamment en matière de respect des droits de l'Homme et des libertés fondamentales

L'absence du suffrage universel dans le fonctionnement actuel de la Communauté, notamment dans le mode de désignation de certains représentants au sein des organes comme le Parlement, la Commission, la Cour de justice ou le Conseil économique et social, suscite de légitimes interrogations sur la vocation démocratique de la Communauté.

La reconnaissance de la démocratie comme principe constitutionnel de gestion du pouvoir, porte-t-elle comme conséquence la condamnation de tout système de commandement extérieur non fondé sur le suffrage universel ?

Si la gouvernance de la Communauté se fonde sur une « souveraineté partagée »[808], ne revient-ils pas aux citoyens, en tant que souverains primaires, de décider de l'action communautaire à travers les représentants qu'ils auront désignés ?

L'espoir de changement passe donc par l'implication réelle des citoyens en tant que pouvoirs constituants ayant concédé le transfert de souveraineté que requiert la réalisation du projet communautaire, pour mieux s'approprier les politiques mises en œuvre en vue d'atteindre l'objectif d'intégration dont la réalisation déboucherait sur une Union économique et monétaire en Afrique de l'Ouest.

C'est cette innovation que devait concrétiser, dans sa dimension révolutionnaire, le protocole de 2001 qui, pourtant, ne prend pas suffisamment en compte la protection des droits économiques, sociaux et culturels.

---

et faire des recommandations adressées aux Institutions et Organes de la Communauté. 2. Les prérogatives du Parlement de la Communauté évolueront progressivement du rôle consultatif à celui de co-directeur puis législatif dans des matières définies par la Conférence (…) ».

[808]V. A. SCHMIDT, « L'Union européenne crée-t-elle ou détruit-elle la démocratie ? », *op. cit.*, p. 518.

B. L'insuffisante prise en compte de la protection des droits économiques, sociaux et culturels dans le protocole

L'effort de construction d'un ordre juridique autonome s'est manifesté de manière évidente avec l'adoption du Protocole de la CEDEAO sur la démocratie et la bonne gouvernance. Mais, cette ambition du protocole est contrariée par une certaine insuffisance, voire une défaillance dans l'affirmation des droits économiques, sociaux et culturels dans l'ordre juridique communautaire. Même si l'attention accordée aux droits économiques, sociaux et culturels s'est singulièrement accrue, d'une part, dans le cadre de l'ONU et d'autre part, du fait de leur consécration dans les constitutions et lois nationales de nombreux Etats[809].

Le Protocole, en prescrivant, au titre des obligations des États membres, « la lutte contre la pauvreté » et « la promotion du dialogue social »[810], n'a pas permis de saisir de manière profonde, le contentieux des droits fondamentaux en cette matière. Les formulations laconiques des dispositions des articles y afférents, si elles permettent une certaine visibilité de ces catégories de droits fondamentaux, du fait de leur insertion dans l'ordre juridique de la CEDEAO, ne favorisent pas cependant le développement d'un véritable contentieux communautaire.

Pourtant, dans une région où plus de la moitié de la population estimée à trois cent millions (300.000.000) d'habitants[811], souffre souvent de famine, vit avec moins d'un (1) dollar par jour, dépourvue pour

---

[809]Voir Nations Unies, Droits économiques, sociaux et culturels, Manuel destiné aux institutions nationales des droits de l'Homme, New York et Genève, 2004, disponible en ligne, site des Nations Unies, rubrique : www.ohchr.org ; voir également Chapitres III et IV de la Constitution du Burkina Faso.

[810]Section V, Articles 25, 26, 227, 28.

[811]Vers la fin de 2014, cette population représentait presque 40% de celle de l'Afrique subsaharienne. Selon les projections des Nations unies, la population de la région devrait, d'ici à 2050, atteindre 550 à 600 millions d'habitants. L'Afrique de l'Ouest est la région la plus jeune du monde. Par ailleurs, avec 5% de la population mondiale et une superficie couvrant 40% de l'Afrique subsaharienne, elle est la plus densément peuplée du continent.

l'essentiel, « de moyens de survie (…), à commencer par l'eau potable, et (…) végète dans la misère la plus extrême, dans des conditions d'existence si précaires que les mots sont impuissants à les décrire »[812], il est vital de s'attacher avec une attention et une ardeur renouvelées, à la pleine réalisation des droits économiques, sociaux et culturels[813].

Dans le processus d'intégration communautaire, l'encadrement des droits économiques, sociaux et culturels apparaît, en réalité, comme un préalable à la réalisation de l'objectif communautaire. Dès lors, leur insertion dans un traité était indispensable à l'action intégrationniste de la Communauté, et traduit une certaine prise de conscience de la part des rédacteurs du protocole. C'est en ce sens que l'article 25 du protocole dispose que « les États membres conviennent que la lutte contre la pauvreté et la promotion du dialogue social sont des facteurs importants de paix », parce que la pauvreté est l'une des causes majeures de conflits dans la sous-région et l'un des corollaires de la mauvaise gouvernance. Or, « la mauvaise gouvernance est la cause première de presque toutes les guerres civiles et mouvements rebelles ou sécessionnistes en Afrique de l'Ouest »[814]. Avec l'acuité du terrorisme, les chercheurs sont unanimes que la recherche de moyens financiers est l'une des principales motivations des personnes enrôlées dans ces mouvements. L'on ne peut manquer de faire ici la liaison avec la crise migratoire, source d'une autre forme de criminalité : la traite des êtres humains.

La nécessité de protéger les droits économiques, sociaux et culturels apparaît donc comme une condition préalable à la protection de la démocratie et de la bonne gouvernance. En outre, le lien de causalité est manifeste entre la lutte contre la pauvreté et la promotion de la bonne gouvernance démocratique.

La pauvreté et le faible niveau d'éducation sont généralement des produits de la mauvaise gouvernance. Il n'est donc pas surprenant que

---

[812]PNUD, *Rapport mondial sur le développement humain*, Paris, Economica, 1994, p. 2 ; voir PNUD, *Rapport sur le développement humain en Afrique 2016, Accélérer les progrès en faveur de l'égalité des genres et de l'autonomisation des femmes en Afrique*, disponible en ligne, www.undp.org.

[813]PNUD, *Rapport mondial sur le développement humain,* Paris, Economica, 1994.

[814]ADENEJI, cité par I. K. SOUARE, *Guerres civiles et coups d'État en Afrique de l'Ouest. Comprendre les causes et identifier des solutions possibles, op. cit.*, p. 71.

la gestion économique, caractérisée par une pratique systématique de corruption, de gabégie et de prébendes, donne l'occasion aux opportunistes de manipuler, surtout les jeunes chômeurs, et de prétendre être des formateurs opposés à un régime corrompu[815]. On le sait, les droits économiques, sociaux et culturels sont considérés comme une partie intégrante du droit international des droits de l'homme, consacrés par plusieurs instruments juridiques au niveau national, régional et international, notamment la Déclaration universelle des droits de l'homme de 1948, le Pacte international relatif aux droits économiques, sociaux et culturels de 1966, la Charte africaine des droits de l'homme et des peuples et dans plusieurs constitutions nationales.

C'est pourquoi, leur consécration dans le protocole de 2001 n'aura pas pour seul objectif de combler un vide juridique, puisque ces droits sont donc déjà garantis par d'autres instruments juridiques.

Elle permettra cependant à la Communauté de disposer d'un cadre normatif complet qui investira, à la différence des autres textes antérieurs, un domaine plus large. Aussi, participe-t-elle de l'affirmation de l'autonomie du droit communautaire.

Face à la pauvreté normative du droit communautaire en matière de protection des droits économiques, sociaux et culturels, la Cour de justice est appelée à se saisir des dispositions du Protocole pour affirmer de manière éloquente, la valeur attachée à ces droits fondamentaux dans le processus d'intégration.

C'est en effet la valeur attachée à ces droits qui conduit à les considérer comme inhérents à l'intégration communautaire. Cela d'autant plus que même la Charte africaine des droits de l'homme et des peuples, en tant qu'« instrument juridique de l'ordre communautaire »[816] dont l'article 22 consacre le droit des peuples au développement économique, social et culturel, n'a pas permis d'expliciter la portée d'un tel droit[817]. En tant

---

[815]Voir en ce sens M. McBride, «Crisis, Coups, and Entry-deterring Refforms in Sub-Saharan Africa », *European Journal of Politcal Economy*, Vol. 21, (2005), pp. 688-707.

[816]ECW/CCJ/JUD/06/08 *Hadjdjatou Mani Koraou c/ République du Niger,* 27 octobre 2008, § 42.

[817]Voir en ces sens, M. BENCHIKH, « commentaire article 22 » *in* Maurice KAMTO (dir), *La Charte africaine des droits de l'homme et des peuples et le Protocole y Relatif*

que "droit composé", le droit au développement nécessite, pour sa jouissance, la garantie de plusieurs autres droits. Et c'est dans ce sens qu'il peut être rattaché à la dignité humaine, de la préservation de laquelle participe tous les autres droits fondamentaux. Peut-on ainsi affirmer, sans verser dans le débat relatif à la hiérarchie des droits fondamentaux, que le droit au développement économique, social et culturel, emporte plusieurs autres droits dont la protection participe de sa reconnaissance en tant que droit fondamental de l'homme. Les droits économiques, sociaux et culturels intéressent le fondement même de notre organisation sociale. L'individu dans « sa réalité d'être social et de sujet besogneux c'est-à-dire d'individu inséré dans une collectivité et pourvu d'aspirations et de besoins »[818] est désigné comme titulaire du droit au développement, qu'il soit « seul » ou en « communauté ». On prend dès lors, la mesure de la portée de la philosophie de l'article 22 de la Charte africaine dont l'objectif est de préserver les conditions de vie des populations[819].

La justiciabilité des droits économiques, sociaux et culturels a fait l'objet d'une longue controverse qui, à bien des égards, a empêché ces droits d'atteindre leur véritable dimension juridique.

Certaines des questions juridiques relatives à la justiciabilité des droits économiques, sociaux et culturels sont complexes, mais on constate une acceptation rapide et grandissante de ce concept au niveau international, qui tient notamment au fait que les juridictions internes de nombreux États sont fréquemment amenées à traiter des questions liées à ces droits[820]. Il est regrettable de constater que ce n'est donc qu'à travers une « réception sélective »[821] des recours que les juridictions se

---

portant création de la Cour africaine des droits de l'homme, commentaire article par article, op. cit., p.586 et s.

[818]I. M. FALL ; A. SALL, « Une Constitution régionale pour l'espace CEDEAO : Le protocole sur la démocratie et la bonne gouvernance de la CEDEAO », *op. cit.*, p. 4.

[819]M. BENCHIKH, « commentaire article 22 » *in* Maurice KAMTO (dir), *La Charte africaine des droits de l'homme et des peuples et le Protocole y Relatif portant création de la Cour africaine des droits de l'homme, commentaire article par article, op. cit.,* p. 590.

[820]Nations Unies, *Droits économiques, sociaux et culturels, Manuel destiné aux institutions nationales des droits de l'Homme.* Disponible en ligne : www.ohchr.org.

[821]D. SIMON, « Y a-t-il des principes généraux du droit communautaire ? », in *l'Europe et le droit*, *Droits*, 1991, n°14, p. 81.

saisissent de la question. Le Professeur Magid BENCHIKH note à juste raison que « le droit au développement exige, non pas l'égalitarisme ou le mimétisme, mais une répartition équitable des ressources nationales et des patrimoines communs à l'Humanité pour améliorer toujours davantage la vie et la dignité de l'Homme. La revendication d'un partage équitable des ressources nationales, à l'adresse des autorités du monde entier et des responsables africains en particulier, ne signifie pas qu'ils doivent distribuer des richesses qui n'existent pas ou courir vers une impossible égalité. Cette revendication, étroitement liée à la concrétisation du droit au développement, signifie qu'ils doivent mieux partager celles qui existent en luttant contre les inégalités, la discrimination, le favoritisme, le népotisme, et la corruption »[822].

L'on peut aussi convenir avec Patrice MEYER-BISCH que « définir les droits économiques, avec des seuils revendicables devant les tribunaux, c'est aller plus avant dans la protection effective des droits fondamentaux, et aussi dans une définition objective de la culture démocratique, ordonnée au respect de tous les droits de l'homme conçus comme indivisibles »[823]. L'insertion des droits fondamentaux parmi les objectifs de la CEDEAO a été plus un impératif démocratique pour la réalisation du projet communautaire qu'une simple volonté d'affirmation. L'entrée en vigueur du protocole A/SP.1/12/01 sur la démocratie et la bonne gouvernance marque la consécration d'un droit fondamental à la démocratie dans le corpus juridique constitutionnel de la Communauté. Le renforcement de la protection des droits fondamentaux a, en effet, été décisif dans la promotion des principes démocratiques au sein de la Communauté ouest-africaine. Désormais, la Cour de justice de la Communauté est en prise directe avec les contentieux électoraux et constitutionnels relevant normalement de l'ordre juridique étatique. L'utilisation de diverses sources de référence pour la protection des droits fondamentaux, au premier rang desquels se place la Charte africaine des droits de l'homme et des peuples, n'a

[822]M. BENCHIKH, « commentaire article 22 », *in* Maurice KAMTO (dir), *La Charte africaine des droits de l'homme et des peuples et le Protocole y Relatif portant création de la Cour africaine des droits de l'homme, commentaire article par article, op. cit.*, p. 598.

[823]Voir en ce sens, P. MEYER-BISCH, « Redéfinition de l'État de droit par la reconnaissance des droits culturels et des droits économiques », in *État de droit, droits fondamentaux et diversité culturelle,* L'Harmattan, 1999, pp. 256-257.

assurément pas permis d'établir un catalogue de droits approprié pour l'établissement d'un authentique contentieux communautaire des droits fondamentaux. L'adoption du protocole sur la démocratie et la bonne gouvernance a été révélatrice de la nécessité d'adopter un texte orignal permettant de se saisir de l'ordre juridique constitutionnel, garantissant ainsi un véritable droit fondamental à la démocratie, avec une force contraignante à l'égard des États membres. L'objectif étant d'assurer une stabilité politique et sécuritaire dans l'espace CEDEAO comme préalable à la réalisation de l'objectif communautaire d'intégration économique. La valeur juridique particulière qui a pu être accordée à ce protocole a pu faire dire à certains auteurs qu'il est la « Constitution régionale de l'espace CEDEAO »[824]. Une telle évolution normative tend donc à considérer que la Communauté ouest-africaine, et partant, les États membres[825], face à la nécessité d'assurer une protection effective des droits fondamentaux dans la mise en œuvre du droit communautaire[826], entend désormais, « privilégier les textes endogènes, [sécrétés en Afrique] sur les textes exogènes venus d'ailleurs »[827]. La question de la protection juridictionnelle des droits fondamentaux dans l'espace CEDEAO est relativement récente. Les fondations en ont été, en effet, posées par le Protocole additionnel A/SP1/01/05 portant amendement du Protocole A/P1/7/91 relatif à la Cour de justice de la Communauté ; celui-ci ayant érigé les droits fondamentaux en impératif démocratique pour mieux répondre au besoin prioritaire de la mise en œuvre d'une politique de protection de droits fondamentaux jusque-là absente du système communautaire. La Cour de justice s'est par la suite rapidement affirmée en tant que garante des droits fondamentaux à la faveur de ce protocole.

---

[824]I. M. FALL ; A. SALL, « Une Constitution régionale pour l'espace CEDEAO : Le protocole sur la démocratie et la bonne gouvernance de la CEDEAO », *op. cit.*, p. 1.
[825]Voir Cour constitutionnelle du Togo, Décision N° 003/09 du 9 juillet 2009 ; voir aussi préambule de la Constitution Guinéenne, voir également le préambule de la Constitution de Côte d'Ivoire. Toutes ces Constitutions ont consacré la philosophie du protocole dans leur bloc de constitutionnalité.
[826]A. REMEDEM, *La protection des droits fondamentaux par la Cour de justice de l'Union européenne, op. cit*, p. 127.
[827]I. M. FALL ; A. SALL, « Une Constitution régionale pour l'espace CEDEAO : Le protocole sur la démocratie et la bonne gouvernance de la CEDEAO », *op. cit.*, p. 1.

L'extension de la compétence de la Cour de justice à l'ensemble du champ des droits fondamentaux et l'admission des requêtes individuelles devant son prétoire ont constitué l'étape charnière de l'évolution des droits fondamentaux dans l'espace CEDEAO.

Pourtant, la Cour de justice n'avait pas vocation première à assurer la protection des droits. Mais, comme a pu l'écrire Arnaud REMEDEM à propos de la Cour de justice de l'Union européenne, « c'est en raison des conséquences issues d'un droit privilégiant un objectif économique que la Cour de justice s'est inscrite dans un processus de développement des droits fondamentaux »[828].

La forte propension à une plus grande protection des droits fondamentaux est de ce fait un objectif commun aux États membres de la CEDEAO en ce qu'elle constitue une garantie pour la démocratie.

Cette démarche a été impulsée par les États membres afin de garantir l'effectivité de leurs droits[829]. Devant l'absence d'un régime communautaire de protection des droits fondamentaux, la CEDEAO a dû faire preuve d'ingéniosité en s'appuyant sur divers « instruments juridiques internationaux » parmi lesquels la Charte africaine des droits de l'homme et des peuples s'est révélée être d'un grand secours au point d'être incorporée dans l'ordre juridique de la Communauté.

Au cours des décennies, la protection des droits fondamentaux est assurément montée en puissance dans l'ordre juridique de la Communauté en raison de crises politiques et sécuritaires qui menacent de façon récurrente les État membres. Confrontée au risque d'effondrement des ordres politiques des États, la CEDEAO a été contrainte, parce que la stabilité des États membres était indispensable à la construction communautaire, d'adopter un cadre normatif à force politique et juridique contraignante afin de préserver l'ordre politique des États. C'est dans ce contexte qu'a eu lieu l'adoption du Protocole sur la démocratie et la bonne gouvernance, en tant qu'« instrument de référence du constitutionnalisme régional »[830] en Afrique de l'Ouest.

---

[828]A. REMEDEM, *La protection des droits fondamentaux par la Cour de justice de l'Union européenne, op. cit.*, p. 207.
[829]*Id.*
[830]I. M. FALL ; A. SALL, « Une Constitution régionale pour l'espace CEDEAO : Le protocole sur la démocratie et la bonne gouvernance de la CEDEAO », *op. cit.*, p. 1.

L'évolution normative de la CEDEAO, consécutive à l'adoption du Protocole sur la démocratie et la bonne gouvernance vient ainsi affirmer l'autonomie du droit communautaire dans le double sens de « l'exigence existentielle (...) des droits fondamentaux comme vecteurs de constitutionnalisation »[831] de l'ordre communautaire mais également de la dynamisation des principes démocratiques et leur application dans l'ordre interne des États membres. On notera dès lors, une avancée significative et croissante de la protection des droits fondamentaux dans l'espace CEDEAO. Pour autant, cette protection s'effectue de manière inachevée dans la mesure où cette dynamique des droits fondamentaux semble s'accommoder de l'absence des juges nationaux, censés pourtant être les juges communautaires des droits fondamentaux. La protection des droits fondamentaux comme manifestation des valeurs de l'État de droit dans l'espace CEDEAO en offre l'illustration.

---

[831]F.-X. MILLET, « A la Lumière de la Charte », in *La Charte des droits fondamentaux,* Laurence BURGORGUE-LARSEN (dir.), *Cahiers européens, n° 10*, Paris, Pedone, 2017, p. 12 et s.

DEUXIÈME PARTIE

LA PROTECTION DES DROITS FONDAMENTAUX, ÉLÉMENT CONSTITUTIF DE L'ÉTAT DE DROIT DANS L'ESPACE CEDEAO

La question de la protection des droits de fondamentaux dans le processus d'intégration ouest-africain est consubstantielle à celle de l'État de droit. Elle est fondamentale dans le double sens que, le processus intégrationniste est empreint, entre autres, du principe de l'État de droit et révèle la nécessité d'une conciliation entre les droits fondamentaux et la démocratie. De ce fait, il est apparu nécessaire que la construction communautaire se fasse en conformité avec ce principe[832]. Il convient alors de s'interroger au préalable sur l'essence même de l'État de droit[833].

L'origine de l'expression « État de droit » revient en effet, cela est bien connu, au terme allemand Rechtsstaat[834]. Ce terme a été développé au

---

[832]Voir en ce sens, E. CAPRANO, *État de droit et droits européens. L'évolution du modèle de l'État de droit dans le cadre de l'européanisation des systèmes juridiques*, Paris, L'Harmattan, 2006, p. 662 ; voir aussi C. P. PAMBOUKIS, « État de droit et intégration européenne », *in* V. HEUZÉ, J. HUET (dir.), *Construction européenne et État de droit*, Actes du colloques, Paris, Panthéon Assas, 2012, p. 13 ; voir aussi M.-L. BASILIEN-GAINCHE, *État de droit et états d'exception, une conception de l'État*, Paris, PUF, 2013, 303 p.

[833]Voir pour plus de détails R. CARRÉ DE MALBERG, *Contribution à la théorie générale de l'Etat, t.* I., *op. cit.*, pp 488-490, voir égalment L. HAMON, « L'État de droit et son essence », *RFDC*, n° 4, 1990, pp. 609- 712, *Cf.* aussi, J. RIVERO, « L'État de droit, état du droit », in *l'État de droit*, Mélanges en l'honneur de Guy Braibant, Paris, Dalloz, 1996, pp. 609-614, voir aussi D. Boutet, *Vers l'État de droit : La théorie de l'État et du droit*, Coll. Logiques juridiques, Paris, L'Harmattan, 1991, 271 p. ; J. Bell, « Le règne du droit et le règne du juge : Vers une interprétation substantielle de l' L'État de droit », in *l'État de droit, Mélanges en l'honneur de Guy Braibant*, Paris, Dalloz, 1996, pp. 15-28.

[834]Voir notamment, A. BLECKMANN, « L'État de droit dans la Constitution de la République Fédérale d'Allemagne », *Pouvoirs, n° 22*, septembre 1982, pp. 5-27 ; voir aussi R. CARRÉ DE MALBERG, *Contribution à la théorie générale de l'État, t.* I, *op.cit.,* p. 488 ; voir également J. CHEVALIER, « L'État de droit », RDP, 1988, pp. 313-380 ; voir aussi J. CHEVALLIER, *L'État de droit*, Paris, Montchrestien, 1992.

XIXème siècle par R. Von Mohl et par F.-J. Stahl et désigne, dans la pensée allemande, un État dont la puissance est soumise au droit, dont toutes les manifestations sont légitimées et limitées par le droit. La caractéristique de l'État de droit est donc que l'État est lié par le droit, c'est-à-dire par des normes comportant une sanction juridique, voire juridictionnelle, plutôt que politique[835].

Dès lors, explique Rainer ARNOLD, « La légitimité de l'État et de tout organisme social doté d'un pouvoir public, donc de l'Union supranationale, se traduit par une seule finalité : celle de promouvoir, directement ou indirectement, le bien de l'individu. Il résulte de cet aspect primordial de l'État de droit, la nécessité d'une protection efficace des individus et des droits fondamentaux »[836].

Le renouveau constitutionnel africain, c'est-à-dire, « l'institution des juridictions constitutionnelles, installées dans le confort d'une réelle division du pouvoir, à partir des années 1990, alors que le juge constitutionnel fut pendant longtemps relégué, en même temps que le pouvoir judiciaire lui-même, dans le simple décorum institutionnel sans effectivité véritable »[837], s'inscrit dans cet élan de « transformation de l'État de droit formel en un État de droit substantiel, obligeant les pouvoirs publics à réaliser, dans toutes leurs actions, les valeurs primordiales de justice, de dignité et de liberté de l'individu »[838]. Toutefois, il convient, comme le note Gérard CONAC, de souligner qu'« En Afrique, dans la phase actuelle de son évolution juridique, la mission du juge est essentielle mais ne peut être que très délicate. Il doit en effet, appliquer des règles très hétérogènes dans le respect d'un ordonnancement juridique hiérarchisé »[839]. Or, la condition du juge,

---

[835]H. ABDELHAMID, « Le paradoxe de l'État de droit en Égypte », *in* P. ARSAC, J.-L. CHABOT et H. PALLARD (dir.), *État de droit, droits fondamentaux et diversité culturelle,* Paris, L'Harmattan, 1999, p. 104.

[836]Voir en ce sens R. ARNOLD, « L'État de droit comme fondement du constitutionnalisme européen », *RFDC*, 2014/4 (n°100), pp. 769-776.

[837]P. CHAIGNEAU, « Préface », *in* F. J. AÏVO, *Le juge constitutionnel et l'État de droit en Afrique. L'exemple du modèle béninois,* Paris, L'Harmattan, p. 9 et s.

[838]R. ARNOLD, « L'État de droit comme fondement du constitutionnalisme européen », *op.cit.,* p. 771.

[839]G. CONAC, « Le juge et la construction de l'État de droit en Afrique francophone », in *L'État de droit, mélanges en l'honneur de Guy BRAIBANT*, Paris, Dalloz, 1996, p. 108.

notamment le juge constitutionnel africain, dans un environnement politique très fragile et instable, est particulièrement très complexe, tant la marge de manœuvre à l'égard des pouvoirs aux réflexes parfois autoritaires, est très souvent réduite en matière de protection des droits fondamentaux et de sauvegarde de l'État de droit. Pourtant, le juge est apparu en Afrique comme le garant du respect des droits fondamentaux et l'artisan de la stabilité politique et institutionnelle, en ce qu'il est l'arbitre incontesté de la chose politique et juridique c'est-à-dire de l'action démocratique[840]. À cet égard, l'institution de la Cour de justice de la CEDEAO et l'ouverture de son prétoire aux particuliers, sont apparues comme l'illustration des progrès de la démocratie et de l'État de droit.

L'apparition du juge communautaire, sous l'influence de différents facteurs parmi lesquels la protection des droits fondamentaux et la sauvegarde de l'État de droit occupent une place centrale, et a permis de redonner au droit toute sa place dans le processus d'intégration entamée depuis presque cinquante-ans en Afrique de l'Ouest. Dans cette optique, le juge s'est vu assigner la mission « d'organisation des régimes politiques, de prévention et de résolution des conflits »[841]. L'objectif étant de promouvoir la sécurité collective pour une paix et un développement durables[842].

Désormais, le juge est devenu l'acteur incontournable du processus d'intégration en Afrique de l'Ouest. Il est de plus en plus sollicité dans les débats politiques qui sont à la base de biens des conflits sur le continent. Plus significatives encore, ses décisions sont très souvent suivies d'effets. Ainsi que le fait remarquer le professeur Jean Du Bois de Gaudusson, « Les Cours jouent, dans des proportions variables selon les pays, un rôle non négligeable dans la régulation du jeu politique et

---

[840]Voir en ce sens F. J. AÏVO, Le juge constitutionnel et l'État de droit en Afrique. L'exemple du modèle béninois, *op.cit.*, p. 21 et s.

[841]J. DU BOIS DE GAUDUSSON, « Avant-propos », *in* F.J. AÏVO, *Le juge constitutionnel et l'État de droit en Afrique. L'exemple du modèle béninois, op. cit.*, p. 13 et s.

[842]D. L. TEHINDRAZANARIVELO, *Les sanctions de l'Union africaine contre les Coups d'État et autres changements anticonstitutionnels de gouvernements : potentialités et mesures de renforcement*, *African Yearbook of International Law*, Genève, Graduate Institute Publications, 2006, p. 307.

le règlement des crises, leur intervention tend à pacifier les conflits et à les transformer en différends juridiques »[843].

L'évolution du droit que l'on observe dans les rapports socio-politiques et dans la prévention et la résolution des conflits, est, sans conteste, une étape majeure de l'intégration en cours. Ce qui, rappelons-le, n'est que la résultante d'une dynamique doctrinale longtemps exprimée en Afrique. Tel que le rappelle ainsi le professeur Gérard CONAC, « Pour les juristes africains comme le sénégalais Gabriel d'Arbousier, le développement du droit de l'État devait avoir pour corollaire la construction de l'État de droit. La promotion des peuples africains ne pouvait et ne devait exclure la protection des droits de l'Homme »[844].

On le voit bien, aujourd'hui, à l'évidence, l'État de droit constitue le socle de l'intégration en Afrique de l'Ouest (**Titre I**), même si le contraste énigmatique entre l'État et le droit, révèle en pratique la faiblesse de l'action normative du juge dans la prévention et le règlement des crises. Cela engendre des critiques, voire des incertitudes, tant et si bien que l'on se demande si la référence à l'État de droit en Afrique relève véritablement d'un idéal commun ou d'une simple stratégie de développement (**Titre II**) consistant à calmer les ardeurs d'une communauté internationale de plus en plus intransigeante.

---

[843]J. DU BOIS DE GAUDUSSON, « Avant-propos », *in* F. J. AÏVO, *Le juge constitutionnel et l'État de droit en Afrique. L'exemple du modèle béninois, op. cit.*, pp.14-15.

[844]G. CONAC, « Le juge et la construction de l'État de droit en Afrique francophone », in *L'État de droit, mélanges en l'honneur de Guy BRAIBANT*, *op.cit.*, p. 105.

TITRE I

L'ÉTAT DE DROIT A L'ÉPREUVE DE L'INTÉGRATION COMMUNAUTAIRE EN AFRIQUE DE L'OUEST

Tout comme en Europe[845], en Afrique, notamment dans l'espace CEDEAO, la dualité de la protection des droits fondamentaux demeure le mécanisme prédominant. L'adoption du Protocole d'Accra[846] a inscrit la protection des droits fondamentaux parmi les objectifs majeurs de la construction communautaire. L'engagement des États membres à respecter les instruments juridiques internationaux relatifs à la protection des droits fondamentaux et les décisions de la Cour de justice ont permis d'asseoir très vite un ordre juridique communautaire, parallèle aux différents ordres juridiques nationaux et internationaux.

L'émergence de la question des droits fondamentaux et de l'État de droit est désormais liée à la mise en œuvre du principe de la primauté du droit. Ce principe a été consacré en droit européen d'abord par la jurisprudence, notamment l'arrêt rendu par la Cour de justice de l'Union européenne *Costa c/ ENEL* du 15 juillet 1964[847], avant d'être

---

[845]J.-S. BERGÉ, S. ROBIN-OLIVIER, *Introduction au droit européen*, thémis. Coll., 1ere éd., Paris, PUF, 2008, p. 211-212. En effet, selon ces auteurs, en Europe « La valeur de la protection des droits de l'homme ne se résume pas à la protection acquise par les personnes : elle résulte aussi de sa contribution à l'émergence d'une dimension politique, fondée sur le partage de valeurs juridiquement protégées au plus haut niveau de la hiérarchie des normes ».

[846]C'est-à-dire le Protocole additionnel A/SP1/01/05 du 19 janvier 2005.

[847]CJCE, 15 juillet 1964, *Costa c. E.N.E.L, aff. 6/64.* Voir aussi la jurisprudence progressive de la Cour de justice de Luxembourg, notamment CJCE, 17 déc. 1970, *Internationale Handelsgesellschaft* (aff. 11/70, *Rec.* 1135). La Cour affirme dans cet arrêt que le droit communautaire ne pourrait « se voir judiciairement opposer des règles de droit national quelles qu'elles soient, sans perdre son caractère communautaire et sans que soit mise en cause la base juridique de la Communauté elle-même »; voir également CJCE, 14 mai 1974, *Nold/H.A. CECA, 4/73, Rec.* p. 491 ; Voir aussi l'Ordonnance de La Cour constitutionnelle allemande du 29 mai 1974 dite *Solange I* commenté par C. TOMUSCHAT, « Les rapports entre le droit communautaire et le droit interne allemand dans la jurisprudence récente de la Cour constitutionnelle allemande », *Cahiers de droit européen*, 1989, pp. 163-178; Voir

explicitement consacré pour la première fois dans un texte communautaire.

Selon les dispositions de l'articleI-6 du traité constitutionnel européen, « La Constitution et le droit adopté par les institutions de l'Union, dans l'exercice des compétences qui sont attribuées à celle-ci, priment le droit des États membres ». Ce traité n'ayant jamais été ratifié, c'est l'article 4 § 2 du Traité sur l'union européenne (TUE), dans sa version issue du Traité de Lisbonne qui le reprend à son compte.

La Cour de justice de l'Union européenne a pu affirmer à ce propos que la primauté du droit permet sa prééminence, « y compris à l'encontre de la protection des droits fondamentaux que les citoyens des États membres tirent de leurs constitutions nationales »[848], et qu'à ce titre, « la primauté ne dépend pas du statut hiérarchique de la loi nationale qui doit se plier aux exigences européennes »[849]. Ce qui n'a pas manqué de créer une certaine résistance des juridictions constitutionnelles nationales. Ainsi, en est-il par exemple, des Cours constitutionnelles allemande[850] et italienne[851] qui avaient alors émis ce que l'on a appelé une « *réserve de constitutionnalité* »[852] signifiant qu'elles écarteraient

aussi T. PAPADIMITRIOU, « Constitution européenne et constitutions nationales : l'habile convergence des juges constitutionnels français et espagnol - À propos des décisions n° 2004-505 DC du Conseil constitutionnel français », *Cahiers du Conseil constitutionnel* n°18 (Dossier Constitution et Europe)-juillet 2005, disponible sur le site du Conseil constitutionnel français : www.conseil-constitutionnel.fr. Consulté le 19 avril 2016. Dans cet arrêt, la Cour déclare que le droit issu des institutions européennes s'intègre aux systèmes juridiques des États membres qui sont obligés de le respecter. Le droit européen a alors la primauté sur les droits nationaux. Ainsi, si une règle nationale est contraire à une disposition européenne, les autorités des États membres doivent appliquer la disposition européenne. Le droit national n'est ni annulé ni abrogé mais sa force obligatoire est suspendue. La Cour a par la suite précisé que la primauté du droit européen s'applique à tous les actes nationaux, qu'ils aient été adoptés avant ou après l'acte européen concerné.

848 J.-S. BERGÉ, S. ROBIN-OLIVIER, *Introduction au droit européen*, *op.cit.*, p. 216.

849 CJCE, 9 mars 1978, *Simmenthal*, aff. 106/77.

850 Ordonnance du 29 mars 1974, RTDE, 1975, p. 316.

851 Arrêt *Frontini*, 27 déc. 1973, 183/3, CDE, 1975, p. 122.

852 Voir notamment C. WALTER, « Le contrôle de constitutionnalité des actes de droit communautaire dérivé par la Cour constitutionnelle fédérale allemande », *RDP*, 1997, n° 5, p. 1285 et s. ; voir aussi F. PICOD, « Le contrôle de constitutionnalité des actes de droit dérivé de l'Union européenne », *Cahiers du Conseil constitutionnel, n° 18,*

l'application de la norme communautaire contraire aux principes fondamentaux protégés par leurs constitutions nationales tant que le droit communautaire ne serait pas doté d'un système de protection équivalent à celui des droits internes[853]. Cette situation a conduit la Cour de justice à se doter des moyens de répondre aux exigences de protection des droits fondamentaux reconnus par les États. Tout en soulignant qu'il lui était impossible de mettre en œuvre les constitutions nationales, la Cour de justice s'est déclarée compétente pour protéger les droits fondamentaux en tant que principes généraux du droit européen. Cette situation est caractéristique de l'importance de la protection des droits fondamentaux tant en droit interne qu'en droit international.

La similarité des préoccupations des juridictions nationales européennes et des juridictions des États membres de la CEDEAO dans la protection des droits fondamentaux illustre davantage la vitalité des rapports épisodiques entre les juridictions de l'espace communautaire ouest-africain.

Par exemple le refus de la République du Togo, nonobstant l'arrêt de condamnation de la Cour de justice de la CEDEAO, pour violation du droit de la défense, de réintégrer des parlementaires dont les mandats avaient été écourtés, au motif que la décision de la Cour constitutionnelle ayant constaté la perte de leur mandat de député est revêtue de l'autorité de la chose jugée[854], illustre de façon significative, la nature des relations entre les juridictions.

En effet, l'article106 de la Constitution du Togo en vertu duquel « les décisions rendues par la Cour constitutionnelle ne sont pas susceptibles de recours » a servi de fondement à la position de la République du Togo. Dans cet arrêt *AMEGANVI Manavi Isabelle et autres c/ État du*

---

juillet 2005, p. 144 à 147., voir également Cons. const., n° 80-127 DC, des 19 et 20 janv. 1981, cons. 64, *Rec.* 15, puis Cons. const., n° 84-181 DC, des 10 et 11 oct. 1984, cons. 51, *Rec.* 73.

[853]Voir A. LEVADE, « Constitution et Europe ou le juge constitutionnel au cœur des rapports de systèmes », Cahiers du Conseil constitutionnel n°18 (Dossier : Constitution et Europe), juillet 2005, pp. 133-137 ; voir aussi I. LECA, M. MILLION, conférence sur le contentieux communautaire, « Le juge communautaire et les droits de l'homme », in *droits fondamentaux et juge communautaire*, 12 mars 2004, document word, disponible sur internet, consulté le 20 avril 2016.

[854]Décision N°E-018/10 du 22 novembre 2010.

Togo du 7 octobre 2011[855], la Cour de justice de la CEDEAO, à la suite d'une requête d'un groupe de neuf (9) députés dont la démission a été constatée par la décision N°E-018/10 du 22 novembre 2010 de la Cour constitutionnelle, a déclaré la violation par le Togo, du droit fondamental des requérants à être entendus au regard de l'article 10 de la Déclaration universelle des droits de l'homme et l'article7 de la Charte africaine des droits de l'homme et des peuples. Par la mise en œuvre de l'article106 de la Constitution, le Togo a pu neutraliser les effets de cet arrêt sous le prisme de son autonomie constitutionnelle. En garantissant ainsi une immunité constitutionnelle à la décision de la Cour constitutionnelle, la République du Togo s'est dotée d'une arme efficace pour se prémunir des arrêts de la Cour de justice qu'elle ne veut pas voir prospérer sur son territoire. Une telle interprétation s'explique par la position jusque-là adoptée par la Cour de justice et rappelée constamment dans sa jurisprudence en vertu de laquelle, elle se refuse toute compétence pour examiner les recours formulés contre les décisions des juridictions nationales des États membres, tendant à faire de son office une juridiction d'appel. La même position avait été adoptée par la Cour de justice de l'Union européenne lorsqu'en l'absence de toute disposition expresse, elle s'est refusée, au nom de l'autonomie de l'ordre juridique communautaire, de contrôler la légalité des actes communautaires des droits fondamentaux garantis par les constitutions nationales. C'est le sens de l'arrêt *Comptoirs de vente du charbon de la Ruhr* dans lequel la Cour de justice a déclaré qu'il ne lui appartient pas « d'assurer le respect des règles de droit interne, mêmes constitutionnelles, en vigueur dans l'un des États membres »[856] avant d'opérer plus tard un revirement. Ainsi placés à l'articulation des rapports entre ordres juridiques nationaux et ordre juridique communautaire, les droits fondamentaux sont devenus le domaine de prédilection des juridictions. En ce sens, celles-ci leur assurent une protection juridictionnelle adaptée aux exigences de l'État de droit démocratique (**chapitre 1).** Cette protection a permis de mettre en exergue la contribution de la CEDEAO à l'enracinement de l'État de droit, en faisant un objectif communautaire (**chapitre 2**

[855]EWC/CCJ/JUD/09/11, *AMEGANVI Manavi Isabelle et autres c/ État du Togo,* 7 octobre 2011.
[856]CJCE, 15 juill. 1960, *Comptoirs de vente du charbon de la Ruhr, aff.* 36 à 38/59 et 40/59, Rec., p. 857.

CHAPITRE I

UNE PROTECTION JURIDICTIONNELLE DES DROITS FONDAMENTAUX ADAPTÉE AUX EXIGENCES DE L'ÉTAT DE DROIT

L'État de droit démocratique ne peut se comprendre aujourd'hui qu'au sens de la « juridicisation » des droits fondamentaux[857]. L'évolution historique du constitutionnalisme[858] démontre clairement que la promotion et la protection des droits fondamentaux ne peuvent être assurées que par une protection renforcée, c'est-à-dire une protection juridictionnelle de ces droits. Les crises politiques et démocratiques persistantes sur le continent africain ne sont assurément pas favorables à la création d'un environnement juridique propice à la promotion des droits fondamentaux aussi bien sur le plan institutionnel que sur le plan pratique.

---

[857]L. DUGUIT, *Traité de droit constitutionnel*, t. III, Paris, De BOCCARD, 1930, p. 589 et s. Selon l'auteur, l'État de droit suppose que « l'État est subordonnée à une règle de droit supérieure à lui-même, qu'il ne crée pas et qu'il ne peut pas violer. Peu importe la notion que l'on se forme de l'État, qu'on y voit la personnification juridique de la collectivité, comme l'enseigne la doctrine métaphysique, qu'on n'y voie que le produit d'une différenciation entre gouvernants et gouvernés et une coopération de service publics, fonctionnant sous la direction et le contrôle des gouvernants, comme l'enseigne la doctrine réaliste, peu importe, il faut affirmer énergiquement et inlassablement que l'activité de l'État dans toutes ses manifestations est limitée par un droit supérieur à lui, qu'il y a des choses qu'il ne peut pas faire, qu'il y en a qu'il doit faire, que cette limitation ne s'impose pas seulement à tel ou tel organe,qu'elle s'impose à l'État lui-même, pris comme personne, si l'on admet cette conception, et si on ne l'admet pas, qui s'impose à toutes les manifestations de l'activité étatique, quel que soit l'organe qui intervienne. Cette limitation de l'État par le droit, il faut l'admettre aussi quel que soit le fondement qu'on donne au droit ».

[858]*Ibid.*, Voir en ce sens J. LAFERRIÈRE, *Manuel de droit constitutionnel* [Texte imprimé], 2ème éd., Paris, Domat-Monchrestien, 1947, p. 5 et s. ; voir aussi G. VEDEL, *Droit constitutionnel*, Paris, Sirey, 1949, 606 p., p. 3 et s ; voir dans le même sens, R. CARRÉ DE MALBERG, Contribution à la théorie générale de l'État, *op.cit.,* p. 128 et s.

Or, depuis l'adoption du protocole additionnelA/SP.1/01/05 du 19 janvier 2005, les droits fondamentaux constituent indubitablement un pilier essentiel de l'ordre communautaire. Cependant, la protection juridictionnelle de ces droits ne résulte pas du seul domaine du juge communautaire, les juges nationaux ne sont pas restés en marge de cette évolution et contribuent significativement à la protection de ces droits.

Par la suite, le juge constitutionnel est devenu de plus en plus visible, en tendant à s'affirmer comme le juge naturel de la protection des droits fondamentaux. Dès lors, l'accès au juge constitutionnel, peut être considéré comme un indicateur de performance de l'État de droit et de la démocratie. C'est cet accès qui assure la mise en œuvre effective de la protection des droits fondamentaux affirmés dans les différentes constitutions des États membres ainsi que le fonctionnement équilibré des institutions et la régulation de la vie politique. La contestation d'ordre politique par le biais du multipartisme, de la concurrence électorale, a été suivie par la contestation sur les normes. Ainsi, par l'institution du contrôle des normes, les majorités au pouvoir acceptent que soient contestées, discutées, voire annulées les expressions législatives de leur volonté politique[859].

Cette volonté catégorique d'accéder au prétoire du juge se traduit par le bouleversement d'une tradition séculaire hostile au contrôle de la loi en tant qu'expression de la volonté générale, héritée de l'ancienne métropole. En Afrique plus qu'ailleurs, ce regain d'intérêt pour l'office du juge, fondé désormais sur un « constitutionnalisme orienté vers la démocratie pluraliste et l'État de droit »[860], est perceptible en ce qu'il permet d'imprimer sur le continent, une culture juridique des droits fondamentaux ; d'amoindrir le risque de conflit avec le pouvoir politique comme le redoutait alors le professeur Gérard CONAC lorsqu'il notait que, « du fait de la personnalisation du pouvoir, tout contrôle de constitutionnalité doit ménager la susceptibilité du chef de l'État. Le président africain peut difficilement admettre d'être soumis à

[859]Rapport de la Cour suprême du Cameroun, *L'accès au juge constitutionnel : modalités et procédures, 2é Congrès de l'Association des Cours Constitutionnelles ayant en partage l'usage du français (ACCPUF)*, Libreville-Septembre 2000, p. 141, disponible sur le site de l'association : www.accpuf.org

[860]M. NICAISE, « La fonction de régulation des juridictions constitutionnelles en Afrique francophones », in *Annuaire internationale de justice constitutionnelle*, AIJC, XXIII-2007, p. 45 et s.

une surveillance même juridique. L'analyse critique d'un texte provenant d'une de ses initiatives peut être considérée par lui comme un acte d'antagonisme ou ressentie comme une vexation »[861].

Cette mutation décisive dans le développement des droits fondamentaux avec une juridictionnalisation croissante de ceux-ci, ne relève pas moins du cadre démocratique existant, favorable à la protection de ces droits, que de la volonté des États à instituer un véritable État de droit. La référence à l'État de droit a ainsi constitué une étape majeure dans la promotion des droits fondamentaux (**Section 1**) et a, de ce fait, favorisé leur protection effective dans l'espace CEDEAO (**Section 2**).

Section 1 : La référence à l'État de droit, une étape majeure dans la promotion des droits fondamentaux

Dans toute société démocratique, le droit constitutionnel est l'instrument juridique d'encadrement et de régulation des choses polémiques qui font vivre une entité politique[862]. À ce propos, la Cour européenne des droits de l'homme a rappelé dans un arrêt *wille c. Lichteinstein* du 28 octobre 1998 que « par leur nature même, les questions de droit constitutionnel ont pareilles implications »[863], c'est-

[861]G. CONAC, « Le juge constitutionnel en Afrique, censeur ou pédagogue ? », *in* Gérard CONAC (dir), *Les Cours suprêmes en Afrique, Tome II, la jurisprudence*, Paris, Economica, 1989, p. VII.

[862]Voir notamment J.-N. FREUND, *L'essence du politique*, 3ème éd., Sirey, 1986, Réimpression, Paris, Dalloz 2004 ; voir aussi J. ANDRIANTSIMBAZOVINA, « Les droits de nature politique selon la Cour européenne des droits de l'homme. Le droit constitutionnel entre droit national et droit européen : retour aux sources ou renouvellement ? », in *Les dynamiques du droit européen en début de siècle. Mélanges en l'honneur de Jean-Claude GAUTRON*, Paris, Pedone, 2004, p. 4 ; voir aussi L. DUGUIT, *Traité de droit constitutionnel*, t. III, Paris, 1930, p. 687 et s ; G. VEDEL, *Droit constitutionnel*, Paris, Sirey, 1949, p. 3 et s.

[863]Cour EDH, arrêt *Wille c. Lichteinstein* du 28 octobre 1999, § 67.

à-dire, des questions politiques. De ce fait, les droits fondamentaux occupent une place centrale dans les différentes constitutions des États qui se réclament d'un régime démocratique et partant, dans les constitutions des quinze (15) États membres de la CEDEAO. Même s'il n'est pas possible d'affirmer que tous les États disposent presque de la même liste de droits fondamentaux dans leurs textes constitutionnels, l'énumération dans la plupart des préambules des constitutions, des textes juridiques internationaux relatifs aux droits fondamentaux, a permis de les rapprocher dans une forme de « bloc de fondamentalité » au niveau communautaire. En effet, des droits non énumérés dans des constitutions nationales se retrouvent dans des textes internationaux applicables au niveau communautaire en tant que droits fondamentaux et permettent ainsi d'intégrer dans l'ordre juridique communautaire, des droits non garantis dans certains ordres juridiques nationaux.

De fait, la Déclaration universelle des droits de l'homme, les pactes internationaux de 1966, la Charte africaine des droits de l'homme et des peuples, le protocole de la CEDEAO sur la démocratie et la bonne gouvernance, sans prétendre à l'exhaustivité, constituent le fondement de l'ordre juridique communautaire. Ils légitiment en outre l'action de la Cour de justice qui consiste à solliciter un droit non expressément énuméré dans la constitution d'un État membre pour apprécier un contentieux dans lequel cet État peut être partie, d'autant que le principe de primauté fonde la prévalence du droit communautaire sur le droit national. Cela permet au juge communautaire, par une interprétation prétorienne, de consacrer le caractère fondamental d'un certain nombre de droits qui échappent au champ d'application du juge national.

Aussi bien la Cour de justice que les juridictions constitutionnelles des États membres, assimilent sans nuance, la démocratie au respect des droits fondamentaux. La jurisprudence africaine fait de la reconnaissance et de la protection de ces droits, le fondement de tout régime politique démocratique. Ils sont donc essentiels à la préservation de la société démocratique et à la construction d'un véritable État de droit.

À ce titre, la juridiction communautaire est apparue comme l'expression concrète de la volonté des peuples africains d'instaurer et de renforcer partout sur le continent, un véritable État de droit. La validité de l'action de la Cour de justice est conditionnée par la

contribution effective des juridictions nationales, notamment les juridictions constitutionnelles, à la protection renforcée des droits fondamentaux (§**1**). En effet, la démocratie est sans doute le système politique par lequel la conception de la notion des droits fondamentaux a pu être consacrée dans les différents ordres juridiques nationaux. En ce sens, la contribution des juridictions nationales à l'émergence d'une véritable culture démocratique dans l'espace communautaire est topique **(§2)**.

§1 : L'apport de la justice constitutionnelle dans l'affirmation de l'État de droit

Le principe de prééminence du droit est un principe cardinal dans toute société démocratique. Et, la justice joue un rôle particulier et spécifique dans la protection des droits fondamentaux et dans la légitimation d'un régime politique démocratique. Elle constitue le socle même du régime démocratique. Sans le concours d'organes de contrôle destinés à servir de contrepoids en organisant, par le contrôle qu'ils exercent, une limitation acceptée de l'exercice du pouvoir, de façon à assurer plus efficacement la protection des droits fondamentaux, il n'existerait pas de régime politique démocratique, d'autant plus que la consécration et la préservation des droits fondamentaux constituent le fondement de toute société démocratique.

Ainsi au Bénin par exemple, la possibilité d'une auto-saisine est ouverte à la Cour constitutionnelle à l'article 121 alinéa 2 de la Constitution[864]. Celle-ci est, en vertu de cet article, tenue de « se prononcer d'office sur la constitutionnalité des lois et de tout texte réglementaire censés porter atteinte aux droits fondamentaux de la personne humaine et aux libertés

[864]Article 121 al 2 de la Constitution du 11 décembre 1990, la Cour constitutionnelle « se prononce d'office sur la constitutionnalité des lois et de tout texte réglementaire censés porter atteinte aux droits fondamentaux de la personne humaine et aux libertés publiques. Elle statue plus généralement sur la violation des droits de la personne humaine et sa décision doit intervenir dans un délai de huit jours ».

publiques ». Cette situation est spécifique au Bénin et ne concerne aucune autre juridiction constitutionnelle de l'espace CEDEAO. Toutes les autres juridictions constitutionnelles sont saisies par requête ou par la voie de l'exception d'inconstitutionnalité.

Cependant, il faut noter que les actes soumis au contrôle du juge constitutionnel sont quasiment les mêmes dans la plupart des États membres. Ce sont notamment les lois ordinaires, les lois organiques, les règlements des Assemblées et les traités.

Dans certains pays comme le Niger[865], le Burkina Faso[866] et le Bénin[867] par exemple, les ordonnances du président de la République et les décrets pris par lui, peuvent également être soumis au contrôle de constitutionnalité. Notons en revanche que l'éventail des actes déférés au juge constitutionnel est assez large au Bénin et permet à celui-ci de

---

[865]Article 120 de la constitution du 25 novembre 2010 : « La Cour constitutionnelle est la juridiction compétente en matière constitutionnelle et électorale. Elle est chargée de statuer sur la constitutionnalité des lois, des ordonnances ainsi que de la conformité des traités et accords internationaux à la Constitution. Elle interprète les dispositions de la Constitution. Elle contrôle la régularité, la transparence et la sincérité du référendum, des élections présidentielles et législatives. Elle est juge du contentieux électoral et proclame les résultats définitifs des élections ».

[866]Article 152 de la Constitution « Le Conseil Constitutionnel est l'institution compétente en matière constitutionnelle et électorale. Il est chargé de statuer sur la constitutionnalité des lois, des ordonnances ainsi que la conformité des traités et accords internationaux avec la Constitution. Il interprète les dispositions de la Constitution. Il contrôle la régularité, la transparence et la sincérité du référendum, des élections présidentielles, législatives et est juge du contentieux électoral. Il proclame les résultats définitifs des élections présidentielles, législatives et locales. Le contrôle de la régularité et de la transparence des élections locales relève de la compétence des tribunaux administratifs ».

[867]Article 117 de la Constitution béninoise de 1990 : « La Cour Constitutionnelle statue obligatoirement sur :

* la Constitutionnalité des lois organiques et des lois en général avant leur promulgation ;
* les Règlements Intérieurs de l'Assemblée Nationale, de la Haute Autorité de l'Audio-Visuel et de la Communication et du Conseil Économique et Social avant leur mise en application, quant à leur conformité à la Constitution ;
* la Constitutionnalité des lois et des actes réglementaires censés porter atteinte aux droits fondamentaux de la personne humaine et aux libertés publiques et en général, sur la violation des droits de la personne humaine ;
* les conflits d'attributions entre les institutions de l'état. ».

censurer par exemple les arrêtés et les actes administratifs pris par le gouvernement et présumés inconstitutionnels[868].

La mise en œuvre de tous ces mécanismes procéduraux ne peut être valable et pleinement respectée que dans un environnement dans lequel l'État de droit ainsi que les droits fondamentaux sont observés[869]. L'avènement de la justice constitutionnelle apparaît alors comme une garantie à l'instauration de la démocratie et à l'État de droit (**A**) nécessaire au développement des droits fondamentaux (**B**).

A. L'État de droit, principe directeur de l'action de la justice constitutionnelle

Selon le professeur Théodore HOLO, « L'effectivité et l'efficacité de la justice constitutionnelle sont fonction assurément de la légitimité du juge et du sort de ses décisions. Dès lors, sa légitimité découle plus de la source de ses prérogatives que du mode de sa désignation »[870].

Ainsi, poursuit l'auteur, « cette légitimité fonctionnelle lui impose d'exercer sa liberté d'interprétation de la Constitution en harmonie avec les finalités et évolution de l'ordre social, voire de l'idée de droit dominante dans l'État »[871] car dit-il en citant Royer-Collard, « les constitutions qui ne sont ni figées ni immuables ne sont pas des tentes

[868]C. D. OUINSOU, premier rapport de synthèse, « Le droit au recours », in *L'accès au juge constitutionnel : modalités et procédures, 2e Congrès de l'Association des Cours Constitutionnelles ayant en partage l'usage du français (ACCPUF)*, Libreville-Septembre 2000, p. 582 ; voir aussi dans le même acte, Rapport national de la Cour constitutionnelle du Bénin, p. 68.
[869]Résolution de la Commission africaine des droits de l'homme et des peuples sur le droit à un procès équitable et à l'assistance judiciaire en Afrique ; 26e session ordinaire, 1- 15 novembre 1999, Kigali, Rwanda, *in* « L'accès au juge constitutionnel : modalités et procédures », 2e Congrès de l'Association des Cours Constitutionnelles ayant en partage l'usage du français (ACCPUF), *op. cit.*, p. 755.
[870]T. HOLO, « L'émergence de la justice constitutionnelle », *op.cit.*, p. 112.
[871]*Ibid.*, p. 113.

dressées pour le sommeil »[872]. Le juge est donc appelé à interpréter les textes constitutionnels en fonction des circonstances qui ne peuvent qu'être évolutives. Il doit tenir compte des normes juridiques supérieures et des engagements internationaux de l'État, de façon à garantir une certaine harmonie des décisions, gage de sécurité juridique pour le justiciable. La justice constitutionnelle apparaît dès lors comme un cadre privilégié d'épanouissement des droits fondamentaux.

De ce fait, la justice constitutionnelle précise le doyen L. FAVOREU, désigne « l'ensemble des institutions et techniques grâce auxquelles est assurée, sans restriction la suprématie de la Constitution »[873]. C'est en ce sens que le juge constitutionnel occupe aujourd'hui une place prépondérante dans l'architecture institutionnelle des États. Dès lors, la question de l'organisation du contrôle de constitutionnalité en droit interne et la mise en œuvre de ce contrôle se pose avec beaucoup plus d'acuité dans le cadre de l'intégration communautaire en Afrique de l'Ouest. La Cour de justice de la CEDEAO, s'emploie ainsi avec détermination, à contrôler la pratique constitutionnelle des États membres au regard de leurs obligations internationales. Sous ce rapport, la Charte africaine des droits de l'homme et des peuples qui domine tout l'édifice de protection des droits fondamentaux mis en place par la Communauté, est devenue, à l'image de la Convention européenne des droits de l'homme en Europe, le fondement d'un développement permanent de la protection judiciaire des droits fondamentaux[874] au respect duquel la Cour de justice veille scrupuleusement.

En effet, plusieurs pays consacrent dans leurs constitutions, une importante liste de droits fondamentaux, mais, peu arrivent à leur garantir un cadre juridique propice à leur développement. Pourtant, le développement de ces droits ne peut être favorisé sans un cadre juridique où les actes des pouvoirs publics sont soumis à la règle de droit et au respect de la constitution. C'est en effet du respect de la règle de droit et de l'ordre constitutionnel, donc de l'État de droit, que résulte la stabilité nécessaire au maintien de la paix et de la sécurité collective indispensables à la réalisation de l'objectif d'intégration. Et tel que le démontre Théodore CHRISTAKIS, il existe « un lien direct et

[872] *Id.*
[873] L. FAVOREU et alii, *Droit constitutionnel*, Paris, Dalloz, 1998, p. 211.
[874] J. S. BERGÉ, S. ROBIN-OLIVIER, *Introduction au droit européen*, *op. cit.*, p. 214.

automatique clairement établi entre la “menace contre la paix“ et la violation du droit interne d’un État »[875] par les autorités établies. On s’aperçoit d’ailleurs que chaque fois qu’une situation conflictuelle est intervenue dans un État membre de la CEDEAO, elle découle très souvent, d’une remise en cause de l’ordre juridique établi ou d’une atteinte à la constitution de l’État concerné. L’argument tiré d’une « menace contre la paix » ou d’une « atteinte à la démocratie et à l’État de droit » a paradoxalement été utilisé par les auteurs de coups d’État et autres putschistes, pour justifier leurs actions.

Ainsi donc l’infraction à la démocratie et à l’État de droit serait susceptible de fonder l’intrusion et le maintien au pouvoir, pour un temps déterminé, d’un régime non issu d’élections démocratiques ? L’acceptation, par la force des choses, d’un tel compromis, par la communauté internationale, ne résulte pas « tant d’une méconnaissance de l’État de droit substantiel »[876] mais d’une « hostilité envers l’État d’anarchie »[877].

L’acceptation d’une telle situation n’empêche guère les réactions de condamnation des organisations internationales[878], régionales[879] et communautaires[880]. Et, tel que l’explique Linos-Alexandre

---

[875]T. CKRISTAKIS, « La violation du droit interne en tant que menace contre la paix ? », in *l’État de droit en droit international*, Colloque de Bruxelles, SFDI, Paris, Pédone, 2009, p. 107 ; voir aussi dans le même sens L. BALMOND, « De la tentative de coup d’État (sept. 2002) aux accords de Marcoussis (janv. 2003) », Chroniques des faits internationaux, RGDIP, 2003, p. 443.

[876]A. LALI, « La perception de l’État de droit dans le droit et la pratique de l’Union africaine », in *l’État de droit en droit international*, Colloque de Bruxelles, SFDI, *op. cit.*, p. 293.

[877]*Id.*, p. 293.

[878]Le Conseil de Sécurité de l’ONU a souvent fait référence à la nécessité de promouvoir l’État de droit ou de respecter les règles constitutionnelles dans des résolutions ou déclarations concernant des situations aussi diverses que celles relatives au Libéria (S/RES 1750 du 30 mars 2007), à la Sierra Leone (S/RES 1688 du 16 juin 2006), à la Côte d’Ivoire (S/RES 1739 du 10 janvier 2007), à la Guinée-Bissau (S/VP 5474 et S/PRST/2006/28, § 3.) ; voir aussi pour plus de détails T. CKRISTAKIS, « La violation du droit interne en tant que menace contre la paix ? », *op. cit.,* p. 107- 122.

[879]Voir, pour l’O.U.A., la Déclaration des Chefs d’Etat et de Gouvernement, à son 36ème sommet, AHG/Décl. 5 (XXXVI), § 11.

[880]Voir Communiqué du président de la Commission de la CEDEAO du 12 avril 2012, relativement à la tentative de coup d’État en Guinée Bissau. Disponible en ligne sur

SICILIANOS, on ne saurait, sans méconnaitre le principe de légitimité démocratique, mettre tous les coups d'État sur le même pied d'égalité. Car selon lui, « une telle approche serait hautement simplificatrice parce qu'elle partirait d'un nivellement inacceptable qui méconnaîtrait l'essence même du principe de légitimité démocratique »[881]. Pourtant, tout coup d'État est porteur d'événements lourds de conséquences en ce qu'il bafoue un pan de la souveraineté populaire à savoir le droit du peuple à l'autodétermination par lequel il choisit le gouvernement de son choix.

À l'instar de l'Europe où, à la faveur des transitions démocratiques des années 1970, les nouvelles constitutions adoptées, consacrent le concept d'État de droit comme marqueur de changement, où l'État est fondée sur la prééminence du droit prenant en compte l'idéal de démocratie et du respect des droits fondamentaux, en Afrique, la démarche a été la même au cours des transitions démocratiques des années 1990. L'État de droit semble être devenu un idéal pour tous les pays engagés dans le processus de transition démocratique, en réponse aux dictatures militaires et civiles qui ont caractérisé l'Afrique postcoloniale.

Les droits fondamentaux sont situés, dans la hiérarchie des normes, au plus haut niveau de l'ordre juridique interne[882] et, bénéficient à ce titre, d'une protection juridictionnelle. La doctrine soutient que le concept de droits fondamentaux est de plus en plus entendu au sens de « droits

---

le lien suivant : www.operationspaix.net ; voir également le Communiqué final du Sommet extraordinaire des Chefs d'État et de gouvernement tenu à Abidjan le 27 mars 2012 en réaction au coup d'État intervenu au Mali le 22 mars 2012. Le communiqué condamne le renversement du gouvernement démocratique du Mali par le Comité National de Redressement pour la Démocratie et la Restauration de l'État (CNRDRE). Il réaffirme l'inviolabilité des Protocoles de la CEDEAO, et notamment les dispositions pertinentes du Protocole Additionnel sur la Démocratie et la Bonne Gouvernance (2001), qui stipulent la « tolérance zéro » en ce qui concerne l'accession ou le maintien au pouvoir par des voies anticonstitutionnelles. Consultable sur : www.ecowas.int.

[881]L.-A. SICILIANOS, « le respect de l'État de droit comme obligation internationale », in *l'État de droit en droit international*, Colloque de Bruxelles, SFDI, *op. cit.,* p. 149.

[882]T. RENOUX, « Théorie des droits fondamentaux, hiérarchie des normes et séparations des pouvoirs *», in Thierry-S RENOUX (dir.), Protection des libertés et droits fondamentaux,* La Documentation française, Paris, 2007, p. 32.

garantis par la Constitution » et suppose pour leur mise en œuvre effective, un contrôle de constitutionnalité. C'est ce que le professeur Henri ROUSILLON qualifie de « conception étroite ou conception “constitutionnaliste“ des droits fondamentaux »[883].

Le contrôle juridictionnel de la constitutionnalité des lois constitue en Europe, l'une des armes les plus efficaces contre l'arbitraire des parlements. Ces derniers ont, en effet, toujours été considérés comme les représentants naturels de l'intérêt général puisque représentant le peuple. Leur œuvre, la loi, puisait son immunité en tant qu'expression de la volonté générale. Mais l'histoire nous a appris que cette volonté pouvait, en l'absence de contre-pouvoir, être mal exprimée, dans la mesure où les lois pouvaient compromettre les deux conditions de l'existence même de la Constitution telle qu'exprimée par l'article 16 de la Déclaration des droits de l'homme et du citoyen de 1789 aux termes duquel « Toute société dans laquelle la garantie des droits n'est pas assurée, ni la séparation des pouvoirs déterminée, n'a point de Constitution ». Le contrôle de la loi s'affirme dès lors, comme l'élément essentiel de l'instauration de la démocratie.

Par conséquent, l'émergence d'une justice constitutionnelle est conditionnée par l'existence d'une constitution et d'un juge indépendant investi de la mission de garantir le respect de celle-ci. Mais encore faut-il que cette constitutionnalisation soit pleinement effective, pour que soit organisé un véritable contrôle juridictionnel de la constitutionnalité des lois[884]. À ce titre, le doyen L. FAVOREU a pu affirmer que « ce contrôle, quelle que soit finalement la forme ou la procédure utilisée, est peu fait pour donner satisfaction directement aux individus. Sa justification et donc sa légitimité, consiste surtout, à remplir un certain nombre de fonctions à caractère général absolument indispensables pour le fonctionnement des institutions dans un État moderne et assurer la promotion et la protection des droits fondamentaux »[885].

---

[883]H. ROUSILLON, « Contrôle de constitutionnalité et droits fondamentaux *», in Protection des droits fondamentaux et systèmes juridiques*, cité par Nada YOUSSEF in *La Transition démocratique et la garantie des droits fondamentaux*, *op. cit*., p. 39.
[884]G. CONAC, « Le juge et la construction de l'État de droit en Afrique francophone », *op. cit*., p. 106.
[885]L. FAVOREU, *Cours constitutionnelles,* coll. Que sais-je ? Paris, PUF, 1992, p.27.

Aujourd'hui, toute constitution négligeant les droits fondamentaux est considérée comme incomplète, non démocratique voire archaïque[886]. Il est donc fondamental que l'organisation du contrôle de constitutionnalité s'articule autour des objectifs d'accessibilité et d'effectivité de la constitution. Partant de l'expérience française de justice constitutionnelle où la crainte de l'émergence d'un « gouvernement des juges »[887] était pressentie, le Conseil constitutionnel a dû faire preuve de hardiesse dans la protection des droits fondamentaux afin de mieux conforter son image, en tant que juge protecteur des droits et libertés. La doctrine soutient à ce titre que « l'image du juge protecteur des droits et libertés apparaît comme une des ressources les plus solides »[888].

C'est principalement au milieu des années 70 que la protection des droits fondamentaux s'est progressivement imposée comme la principale source de légitimité des décisions du Conseil constitutionnel.

Le cas le plus emblématique reste la décision du 16 juillet 1971, lorsque le Conseil constitutionnel a déclaré contraire à la liberté d'association une loi qui prenait le contre-pied d'un jugement du tribunal administratif de Paris, rappelant au préfet de la Seine, que son refus d'enregistrer une association était contraire à la liberté d'association entendue au sens de la loi de 1901.

C'est ce qui a pu faire dire à Jean Rivero que « La place que le Conseil vient ainsi de s'assurer parmi les organismes protecteurs des libertés rend désormais plus difficiles les accusations politiques parfois

---

[886]N. YOUSSEF, *La transition démocratique et la garantie des droits fondamentaux*, *op. cit.*, p.41.

[887]L'expression "gouvernement des juges" a été utilisée pour la première fois par Edouard Lambert (1866-1947), dans son livre "Le Gouvernement des juges et la lutte contre la législation sociale aux États-Unis" paru en 1921. Il y défend la thèse que la puissance des juges de la Cour suprême, contraire à la séparation des pouvoirs est la manifestation d'un gouvernement des juges qui peuvent écarter une loi, votée par les représentants du peuple au moyen d'une interprétation personnelle, et dans un but politique, de la Constitution ; voir également B.GENEVOIS, *La jurisprudence du conseil constitutionnel, principes directeurs*, Paris, Ed. Sciences et Techniques Humaines (STH), 1988, 401 p.

[888]V. CHAMPEIL-DESPLATS, « le Conseil constitutionnel, protecteur des libertés ? », disponible sur internet :
www.unicaen.fr, consulté le 22 janvier 2014, p. 14.

formulées contre lui. Quelle majorité se réclamant de la tradition libérale oserait, après ce coup d'éclat, supprimer une institution dont l'efficacité pour la défense des Droits de l'homme vient de s'affirmer ? »[889].

La consolidation d'une telle image se poursuit pendant longtemps pour enfin atteindre son « point d'orgue ». Le doyen Georges VEDEL pouvait par exemple affirmer à la fin des années 1980 que : « Le trésor des Droits de l'homme s'accroît au long des siècles et des décennies, mais aucune des gemmes qui le composent n'en est retirée pour faire place à une autre. Le juge constitutionnel est gardien de ce trésor. Il doit accueillir de nouvelles richesses mais ne rien perdre des anciennes »[890].

De ce point de vue, les progrès de l'État de droit sont manifestes dans les constitutions des États membres de la CEDEAO. Contrairement aux constitutions adoptées aux lendemains des indépendances où le contrôle de constitutionnalité existant, était extrêmement timide et limité par des conditions très restrictives de saisine. Les Constitutions actuellement en vigueur ont institué une véritable justice constitutionnelle. Presque toutes les constitutions des États francophones n'ont pas hésité à introduire dès la décennie 1990, le cumul d'un contrôle *a priori* des lois avec un contrôle *a posteriori* par la voie de l'exception d'inconstitutionnalité. Même si dans la pratique, le contrôle *a priori* s'est affirmé comme la « pierre angulaire » de l'action des juridictions constitutionnelles de l'espace CEDEAO. Les États comme le Nigéria, le Ghana, le Libéria, la Gambie, la Sierra Leone, dont les traditions juridiques sont d'influence anglo-saxonne, ont opté pour le contrôle de constitutionnalité déconcentré. En Guinée-Bissau, la spécificité résultait du fait que le contrôle de constitutionnalité est exercé par l'assemblée nationale populaire[891].

---

[889]J. RIVERO, Note sous la décision d 16 juillet 1971, *L'Actualité juridique. Droit administratif,* 1971, p. 539.

[890]G. VEDEL, « Le Conseil constitutionnel, gardien du droit positif ou défenseur de la transcendance des Droits de l'homme », *Pouvoirs, n°45*, 1988, p.155 ; Voir aussi en ce sens F. LUCHAIRE, « Le Conseil constitutionnel et la protection des droits et libertés du citoyen », in *Mélanges offerts à Marcel Waline,* Paris, L.G.D.J., 1974, p. 563 ; D. SCHNAPPER, *Une sociologue au Conseil constitutionnel,* Paris, Gallimard, 2010, p. 328.

[891]Voir en ce sens l'article 98 de la Constitution du 16 mai 1984 qui dispose : « 1. Dans les faits soumis à leur jugement, les tribunaux ne peuvent appliquer des normes

Toutes ces réformes constitutionnelles participent de la volonté des États de souscrire à une véritable société démocratique où les droits fondamentaux pourront s'épanouir dans un climat juridique favorable à leur développement par référence à la notion d'État de droit.

B. L'État de droit, une nécessité pour le développement des droits fondamentaux

Le progrès démocratique et la réalisation de l'État de droit ne peuvent être effectifs sans le respect des droits fondamentaux et vice-versa. Le respect des droits fondamentaux constitue un élément essentiel de tout mode de gouvernement démocratique et leur garantie, un des fondements de toute société démocratique. Comme le note le professeur Henri OBERDORFF, « la reconnaissance et le respect des droits fondamentaux sont indissociables de la qualité de l'État de droit et de la démocratie dans un pays »[892].

Cependant, en Afrique, les positions quelquefois pessimistes, souvent critiques et excessives, d'une partie de la doctrine au sujet des droits fondamentaux, ont eu pendant longtemps, pour conséquence, l'altération des moyens devant servir de pilier à la qualification de l'étape pourtant essentielle, de construction de l'État de droit. Certains auteurs ont pu ainsi affirmer que « la consécration des droits fondamentaux dans les constitutions africaines ne sert qu'aux besoins de la consommation extérieure »[893].

---

qui enfreignent les dispositions de la Constitution ou les principes en elle consacrés. 2. La question de l'inconstitutionnalité peut être soulevée d'office par le tribunal, par le ministère public ou par toute autre partie. 3. Une fois admise la question de l'inconstitutionnalité, l'incident est déféré séparemment à l'Assemblée nationale populaire qui décidera. 4. Les décisions prises en matière d'inconstitutionnalité par l'Assemblée nationale populaire auront force d'obligation générale et seront publiées au Bulletion officiel ».

[892]H. OBERDORFF, *Droits de l'homme et libertés fondamentales,* 2ème éd., Paris, L.G.D.J, 2010, p. 50.

[893]D. MUNENE KABAMBA, « Le contrôle de constitutionnalité des normes et la protection des droits fondamentaux en République démocratique du Congo :

Pour Luc SINDJOUN, « L'esthétisation ou la stylisation des droits fondamentaux participe de la distinction et relève du dispositif étatique de séduction […] On peut douter de l'effectivité de la constitution-carte de visite qui mobilise sur le plan symbolique les signes de l'État de droit […] »[894]. Dans le même cadre, Maurice KAMTO constate que l'« élévation des droits de l'homme au sommet de la hiérarchie des normes dans l'ordre juridique de l'État est rassurante quant à l'importance accordée à ces droits et à leurs bénéficiaires, même s'il y a lieu de craindre qu'il s'agit surtout d'une "opération de charme contagieuse" avant tout, destinée à rassurer les bailleurs de fonds internationaux et, de façon générale, à faire plaisir à une communauté internationale aussi pressante sur les principes que peu regardante sur leur effectivité »[895].

De notre point de vue, il convient aujourd'hui de nuancer cette thèse car même si l'ensemble de valeurs que constitue le respect scrupuleux de la constitution et des droits fondamentaux dont la promotion et la protection garantissent la réalisation de l'État de droit n'inspire pas beaucoup de dirigeants africains, force est de reconnaître le chemin qui a été parcouru. Le défi que constituent les droits fondamentaux pour les pays africains est en train d'être relevé avec beaucoup plus d'engagement et de volonté. Les expériences politiques précédentes sur le continent nous montrent qu'aujourd'hui la situation des droits fondamentaux notamment leur constitutionnalisation, est bien plus qu'une simple « opération de séduction ». En revanche, l'on peut volontiers admettre que l'analyse de l'effectivité de ces droits conduit à un constat d'imperfection dans certains cas et de satisfaction dans d'autres. Par exemple, au Bénin, la saisine du juge constitutionnel est ouverte à tout citoyen, soit par voie d'action, soit par la voie de

---

tentatives d'évaluation et perspectives », p. 4, disponible en ligne : www.chizzolinionlus.it. Consulté le 18 janvier 2014.

[894]L. SINDJOUN, « Les nouvelles Constitutions africaines et la politique internationale : contribution à une économie des biens politico-constitutionnels », *Études internationales*, Vol. 26, n° 2, 1995. Disponible sur le lien suivant : www.id.erudit.org. Consulté le 13 février 2015.

[895]M. KAMTO, « Charte africaine, instruments internationaux de protection des droits de l'homme, constitutions nationales : articulations respectives », *in* FLAUS J.-F. et E. LAMBERT-ABDELGAWAD (dir.), *L'application nationale de la Charte africaine des droits de l'homme et des peuples*, Bruxelles, Bruylant, Némésis, 2004, 265 p. ; p. 36.

l'exception d'inconstitutionnalité[896]. Au surplus, le constituant béninois a-t-il entendu doter la Cour constitutionnelle de pouvoirs étendus au point de lui conférer l'auto-saisine. Le défi majeur qui se pose à la majorité de pays africains est la réalisation de la démocratie. Celle-ci permet d'améliorer l'exercice et le respect des droits fondamentaux, donc de favoriser leur promotion. Aussi, existe-t-il un lien « indissoluble » entre la démocratie et le respect des droits fondamentaux. Ces derniers constituent les fondements même de la société démocratique. La commission des droits de l'homme des Nations Unies a ainsi confirmé dans plusieurs de ses résolutions que la démocratie, le développement et le respect de la totalité des droits de l'homme et des libertés fondamentales sont interdépendants, synergiques et se renforcent mutuellement[897].

Dans ces résolutions, figure donc une liste non exhaustive des critères de tout mode de gouvernement démocratique, tels par exemple le respect des droits de l'homme et des libertés fondamentales, les droits à la liberté d'opinion et d'expression, de pensée, de conscience et de religion, d'association et de réunion pacifiques ; le droit à la liberté de chercher, recevoir et répandre les informations et les idées par n'importe quel moyen d'information ; la primauté du droit, y compris la protection juridique des droits, des intérêts et de la sécurité personnelle des citoyens, ainsi que l'équité dans l'administration de la

[896]L'article 122 de la Constitution béninoise du 11 décembre 1990 dispose « Tout citoyen peut saisir la Cour Constitutionnelle sur la constitutionnalité des lois, soit directement, soit par la procédure de l'exception d'inconstitutionnalité invoquée dans une affaire qui le concerne devant une juridiction. Celle-ci doit surseoir à statuer jusqu'à la décision de la Cour Constitutionnelle qui doit intervenir dans un délai de trente jours. ».

[897]Commission des droits de l'homme des Nations unies, Promotion du droit à la démocratie, Résolution 1999/57, 27 avril 1999, Promotion du droit à la démocratie. S'y trouvent énoncées les composantes d'un mode de gouvernement démocratique, tels que « les droits à la liberté d'opinion et d'expression, de pensée, de conscience et de religion, et d'association », « la suprématie du droit », « le droit au suffrage universel et égal et à des procédures assurant la liberté de vote, ainsi qu'à des élections périodiques et libres », « le droit à la participation politique », l'existence d' « institutions gouvernementales transparentes et rendant des comptes », ou encore « le droit des citoyens de choisir leur système de gouvernement par des moyens constitutionnels ou d'autres moyens démocratiques ». ; Résolution 55/96, Assemblée Générale, cinquante-cinquième session, séance plénière du 4/12/2000, *Promotion et consolidation de la paix* A/RES/55/96, 28 février 2001, P.1.

justice et l'indépendance du pouvoir judiciaire ; l'accès au pouvoir et son exercice conformément à l'État de droit, le droit au suffrage universel et au scrutin secret et égal en tant qu'expression de la volonté du peuple, en tenant compte des procédures assurant la liberté de vote ; la tenue d'élections périodiques, libres et régulières ; l'établissement d'un système pluraliste de partis et d'organisations politiques ; la séparation des pouvoirs ; le droit à la participation politique, y compris la possibilité égale pour tous les citoyens de se porter candidat ; des institutions gouvernementales transparentes et rendant des comptes ; le droit des citoyens de choisir leur système de gouvernement par des moyens constitutionnels ou d'autres moyens démocratiques ; le droit d'accéder, dans des conditions d'égalité, à la fonction publique de son pays ; l'indépendance de la magistrature ; la transparence et l'obligation pour l'administration publique de rendre des comptes ; et des médias libres, indépendants et pluralistes[898].

Pour bâtir l'État de droit, il faut au préalable se fonder sur la reconnaissance et la protection juridictionnelle des droits fondamentaux. La démocratie apparaît de ce fait comme un idéal, un objectif voire le but ultime que les nations s'efforcent de réaliser à travers l'impulsion politique qu'elles donnent au respect de ces valeurs communes. En tant qu'idéal, la démocratie vise à préserver et promouvoir la dignité et les droits fondamentaux de l'individu[899].

Par conséquent, le développement des droits fondamentaux ne peut être garanti que par un régime démocratique. Plusieurs textes juridiques confortent cette idée. Sur le plan international, la Déclaration Universelle des droits de l'homme reflète dans son préambule la nécessité que les droits fondamentaux soient protégés par un régime de droit.[900]

---

[898]Résolution 55/96, Assemblée Générale, cinquante-cinquième session, séance plénière du 4/12/2000, *Promotion et consolidation de la paix*, A/RES/55/96, 28 février 2001, p.2 ; voir aussi L.-P. LAMPRON, *L'existence d'une hiérarchie juridique favorisant la protection religieuse au sein des droits fondamentaux au Canada*, thèse, Université d'Avignon, 2011.

[899]Déclaration universelle sur la démocratie, adoptée sans vote par le Conseil interparlementaire lors de sa 161e session, le 16 septembre 1997, Le Caire, §1, disponible sur le site Internet : www.ipu.org. Consulté le 10 février 2014.

[900]C'est le considérant n°3 du préambule de la Déclaration universelle des droits de l'homme de 1948 qui pose ces principes en ces termes : « Considérant qu'il est

Au niveau européen, la Convention européenne de sauvegarde des droits de l'homme pose explicitement dans son préambule, le lien inséparable entre le maintien des droits fondamentaux et le régime démocratique. Le paragraphe 4 du préambule affirme que le maintien des libertés fondamentales « repose sur un régime politique véritablement démocratique ».

C'est aussi le sens suivi par la Cour européenne des droits de l'homme lorsque dans un arrêt de 1988, elle considère la démocratie comme « l'unique modèle politique envisagé par la Convention et, partant, le seul qui soit compatible avec elle »[901] ou encore le traité constitutif de l'Union européenne qui présente « le respect des droits de l'homme et des libertés fondamentales, la démocratie et la prééminence du droit »[902] comme étant les principes constitutionnels fondant le patrimoine commun de l'Europe.

Dans le système américain, la démocratie est également considérée comme une valeur commune des États. Ainsi la Charte de l'organisation des États américains, adoptée en 1948 souligne que « la solidarité des États américains et les buts élevés qu'ils poursuivent exigent de ces États une organisation politique basée sur le fonctionnement effectif de la démocratie représentative »[903].

Aussi, la Déclaration américaine des droits et des devoirs de l'homme (DADDH) confirme-t-elle le droit à la démocratie électorale, sur la base d'élections périodiques et du droit au vote[904].

---

essentiel que les droits de l'homme soient protégés par un régime de droit pour que l'homme ne soit pas contraint, en suprême recours, à la révolte contre la tyrannie et l'oppression. »

901 Arrêt CEDH, *Parti communiste unifié de Turquie c/ Turquie*, 30 janvier 1988, GACEDH, n°6.

902 Traité sur l'Union Européenne, Journal officiel des Communautés européennes, versions consolidées du Traité sur l'Union Européenne et du Traité instituant la Communauté européenne, 24 décembre 2002, 2002/ C 235, Préambule, § 3 ; art. 6, § 1 et § 2.

903 Voir Charte de l'Organisation des États américains (Charte OEA) adoptée à Bogota en Colombie le 30 avril 1948, reformée en 1967, 1985, 1992 et 1993, art. 3 §d.

904 Déclaration américaine des droits et des devoirs de l'Homme du 30 avril 1948, adoptée à Bogota en Colombie, art. XX.

Pour la Convention américaine relative aux droits de l'homme[905], la réalisation des droits fondamentaux n'est possible que dans le cadre des institutions démocratiques et par un régime démocratique. Aussi bien en Europe qu'en Amérique, ces instruments juridiques visent le même objectif : l'institution de la démocratie pour mieux protéger les droits fondamentaux. Qu'en est-il alors du continent africain ? En ce qui concerne le continent africain, ni la Charte de l'Organisation de l'unité africaine[906], encore moins la Charte africaine des droits de l'homme et des Peuples (CADHP)[907] ne font expressément référence au concept de « démocratie ». Ce mot est totalement absent de ces deux textes. Mais cela n'a pas empêché la vague de démocratisation des années 1990 qui a permis aux pays africains de nouer avec la démocratie et la promotion des droits fondamentaux. Il apparaît donc évident que même si les rédacteurs de ces deux instruments juridiques, à tort ou à raison, ont manqué de mentionner expressément le terme « démocratie », ils n'étaient pas en réalité, réfractaires à cette idée.

L'évolution des droits fondamentaux sur le continent est assez illustrative. Les textes postérieurement adoptés sont venus corriger cette omission avec parfois une exigence pressante. Ainsi en est-il de l'Acte constitutif de l'Union africaine[908] qui reflète dans son préambule l'engagement des États « à promouvoir et à protéger les droits de l'homme et des peuples, à consolider les institutions et la culture démocratiques, à promouvoir la bonne gouvernance et l'État de droit ». La promotion des principes et des institutions démocratiques, la participation populaire et la bonne gouvernance ; la promotion et la protection des droits fondamentaux font donc partie des objectifs de

[905]La Convention américaine relative aux droits de l'homme (CADH) a été adoptée le 22 novembre 1969 à San José, Costa Rica, lors de la Conférence spécialisée interaméricaine sur les droits de l'homme.

[906]La Charte de l'Organisation de l'unité africaine a été adoptée à Addis-Abeba, en Éthiopie, par les chefs d'État et de gouvernement africains, le 25 mai 1963.

[907]La Charte africaine des droits de l'homme et des peuples a été adoptée le 27 juin 1981 à Nairobi, au Kenya, lors de la 18e Conférence de l'Organisation de l'unité africaine. Elle entre en vigueur le 21 octobre 1986 après sa ratification par 25 États membres. En 1999, la Charte avait été ratifiée par tous les États membres de l'OUA.

[908]L'Acte constitutif de l'union africaine adopté le 11 juillet 2000 à Lomé au Togo, fait suite à la Déclaration des Chefs d'États et de gouvernement adoptée lors de la quatrième session extraordinaire de la Conférence de Syrte, en Grande Jamahiriya arabe libyenne populaire socialiste, le 9 septembre 1999, et par laquelle a été décidée la création de l'Union africaine.

l'Union africaine[909]. L'acte constitutif confirme aussi que le fonctionnement de l'Union africaine est fondé sur « la promotion de l'égalité entre les hommes et les femmes ; le respect des principes démocratiques, des droits de l'homme, de l'état de droit et de la bonne gouvernance ; la condamnation et le rejet des changements anticonstitutionnels de gouvernement (...) »[910]. La Charte africaine de la démocratie, des élections et de la bonne gouvernance[911] réaffirme la volonté des peuples africains à œuvrer pour l'approfondissement et la promotion d'une culture démocratique. La démocratie et les droits de l'homme sont ainsi considérés comme une valeur commune des États africains. De même, au plan régional, dans le cadre de la CEDEAO, ni le traité originaire[912] encore moins le traité révisé[913] n'ont fait de la référence à la démocratie et aux droits de l'homme une condition de la réalisation de l'objectif communautaire.

Mais à l'épreuve de la pratique, le Protocole A/SP1/12/01 sur la démocratie et la bonne gouvernance[914] « tonifie avec vigueur, les

---

[909]Acte Constitutif de l'Union africaine, adopté le 11 juillet 2000, *op. cit.*, art.3, § g et § h.

[910]Acte Constitutif de l'Union africaine, *op. cit.*, art. 4 § (l), § (m), §(p).

[911]La charte africaine de la démocratie, des élections et de la bonne gouvernance a été adoptée par la huitième Conférence ordinaire des chefs d'États et de gouvernement, à Addis-Abeba, en Éthiopie, le 30 janvier 2007. Plus qu'une simple Déclaration, c'est un véritable texte constitutionnel pour l'Union africaine et qui marque la volonté des peuples à œuvrer pour l'approfondissement et la consolidation d'une culture démocratique. Elle est entrée en vigueur en février 2012. Certains Etats ont même intégré dans leur dispositif juridique interne certaines de ses dispositions. C'est le cas par exemple du Burkina Faso qui a repris dans sa nouvelle loi électorale du 7 avril 2015, la loi n° 0 05-2015 portant modification de la loi n°014-2001/AN du 03 juillet 2001 portant code électoral, les dispositions intégrales des alinéas 4 et 5 de l'article 25 de la Charte qui disposent « Les auteurs de changement anticonstitutionnel de gouvernement ne doivent ni participer aux élections organisées pour la restitution de l'ordre démocratique, ni occuper des postes de responsabilité dans les institutions politiques de leur État » ; « Les auteurs de changement anticonstitutionnel de gouvernement peuvent être traduits devant la juridiction compétente de l'Union ».

[912]Le traité instituant la Communauté économique des États de l'Afrique de l'Ouest (CEDEAO), il faut le rappeler, a été adopté le 28 mai 1975 à Lagos.

[913]Le Traité a donc été révisé le 24 juillet 1993 à Cotonou.

[914]Le Protocole A/SP1/12/01 sur la démocratie et la bonne gouvernance, additionnel au Protocole relatif au mécanisme de prévention, de gestion, de règlement des conflits, de maintien de la paix et de la sécurité, on l'a dit, a été adopté le 21 décembre 2001 à Dakar.

principes et valeurs communs des États »[915] pour marquer l'attachement de la CEDEAO aux valeurs de la démocratie et de l'État de droit.

Au-delà de leur diversité apparente et de la variété des contextes dans lesquels ils ont été adoptés, ces textes demeurent reliés par une certaine cohérence, par une certaine rationalité. Celle-ci consiste dans le lien désormais bien établi entre la consécration de la démocratie et la protection des droits fondamentaux. Cette idée est aussi confirmée dans toutes les constitutions des États membres de la CEDEAO. Et comme le fait remarquer madame MBORANTSUO, Présidente de la Cour constitutionnelle du Gabon, « les Constitutions des États notamment d'Afrique noire francophone, se caractérisent par un trait : leur forte ressemblance. Les similitudes concernent plusieurs points mais sont plus marquantes en ce qui concernent l'organisation des pouvoirs et les droits fondamentaux qu'on pourrait parler d'un modèle africain de justice constitutionnelle »[916].

Toutefois, il convient de se demander si l'on peut véritablement parler de modèle africain de justice constitutionnelle sans au préalable déterminer la part des juridictions nationales dans l'affirmation de l'État de droit.

§2 : La contribution des juridictions nationales au respect de l'État de droit

La consécration de la justice constitutionnelle suscite, dans les différents États, une exigence constitutionnelle de protection des droits fondamentaux des individus. Ainsi que le relève le professeur T. HOLO, « La justice constitutionnelle est consubstantielle au constitutionnalisme triomphant sur le continent africain depuis

[915]I. M. FALL et A. SALL, « Une Constitution régionale pour l'espace CEDEAO : Le Protocole sur la démocratie et la bonne gouvernance », *op.cit.*, p. 5 et s.
[916]M.-M. MBORANTSUO, *La contribution des Cours constitutionnelles à l'État de droit en Afrique*, *op. cit.*, p. 152.

l'effondrement des différents régimes autoritaires qui avaient fleuri au lendemain de la décolonisation »[917]. Des États comme le Bénin, le Niger et le Togo, engagés à des rythmes différents, dans des transitions démocratiques nées de la tenue de conférences nationales dans les années 1990, expriment la volonté des peuples africains d'instituer un modèle politique fondé sur le pluralisme, en réponse au monolithisme existant depuis les indépendances.

Cette situation a permis une appropriation du cadre politique par les gouvernés, désormais prompts à poser les bases d'un nouveau régime qui entend « mettre fin au pouvoir autocratique et à l'arbitraire, mais encore à instaurer l'État de droit et la démocratie »[918]. La justice constitutionnelle participe dès lors, de l'État de droit dont le cadre politique est la réalisation de la démocratie[919]. Ainsi, les juridictions constitutionnelles participent-elles à la consolidation de l'État de droit par la protection des droits fondamentaux dans le système politique actuellement en cours en Afrique (**A**). Mais, leur action ne saurait évidemment être effective sans le soutien des juridictions ordinaires, composante importante du pouvoir judiciaire (**B**).

A. La dimension nationale de la consolidation de l'État de droit

On ne peut évoquer le concept de démocratie sans parler de l'État de droit ; et, on ne peut évoquer le concept de l'État de droit sans parler de l'existence d'une juridiction suprême garante des valeurs propres à cet État et, partant, à la démocratie. L'existence d'une juridiction suprême, investie de la mission d'assurer la protection de la Constitution, est au

---

917T. HOLO, « L'émergence de la justice constitutionnelle », *op. cit.*, p. 101.

918J.-J. RAYNAL., « Conférences nationales, État de droit et démocratie, quelques réflexions à propos d'une occasion manquée », *in* Dominique Darbon, Jean Du Bois de Gaudusson (dir.), *La création du droit en Afrique*, Paris, Karthala, 1997, pp. 157-175.

919T. HOLO., « L'émergence de la justice constitutionnelle » *op. cit.*, p. 108.

sens général, le premier système visant à assurer une protection effective des droits fondamentaux, donc à favoriser par-là, l'émergence d'un système politique empreint des valeurs de démocratie et de l'État de droit[920].

Or, les constitutions africaines, dans leur grande majorité, ont opté pour une institution juridictionnelle. C'est aussi le cas de l'ensemble des quinze États constituant la Communauté ouest-africaine. En ce sens, la Constitution béninoise est exemplaire, puisqu'elle dispose, en son article 114 que, « La cour constitutionnelle est la plus haute juridiction de L'État en matière constitutionnelle. Elle est juge de la constitutionnalité de la loi et elle garantit les droits fondamentaux de la personne humaine et des libertés publiques. Elle est l'organe régulateur du fonctionnement des institutions et de l'activité des pouvoirs publics». L'article 126 de la Constitution ivoirienne connaît une rédaction quasiment identique tout en précisant que « le Conseil constitutionnel est une juridiction constitutionnelle, indépendante et impartiale ». L'article 152 de la Constitution du Burkina Faso prévoit que « Le Conseil Constitutionnel est l'institution compétente en matière constitutionnelle et électorale. Il est chargé de statuer sur la constitutionnalité des lois, des ordonnances ainsi que la conformité des traités et accords internationaux avec la Constitution. Il interprète les dispositions de la Constitution. Il contrôle la régularité, la transparence et la sincérité du référendum, des élections présidentielles, législatives et est juge du contentieux électoral. Il proclame les résultats définitifs des élections présidentielles, législatives et locales. Le contrôle de la régularité et de la transparence des élections locales relève de la compétence des tribunaux administratifs ». L'article 120 de la Constitution nigérienne connaît une rédaction similaire. Au Cap-Vert, conformément à l'article 229 de la Constitution, il incombe au Tribunal suprême de justice, réunie en séance plénière, « a) d'apprécier la constitutionnalité des règles et des résolutions ayant une teneur matérielle normative ou individuelle et concrète ; b) d'apprécier la légalité des résolutions ayant une teneur matérielle normative individuelle et concrète ». En effet, le tribunal suprême de justice, en tant que tribunal constitutionnel, peut être saisi en contrôle concret par

---

[920]Voir en ce sens L. COHEN-TANUGI, La métamorphose de la démocratie française. De l'État jacobin à l'État de droit, *op. cit.*, p. 55 et s.

les parties ou par le ministère public. L'initiative du contrôle abstrait *a priori* revient aux autorités politiques constitutionnellement désignées à savoir le Président de la République, le Président de l'Assemblée nationale, le Premier ministre, un quart des députés à l'Assemblée nationale et le procureur général. En Gambie, c'est l'article 127 de la Constitution qui prévoit une telle compétence juridictionnelle[921]. L'article 130 de la Constitution du Ghana a une rédaction similaire[922]. En Guinée-Bissau, le Tribunal suprême de justice qui est l'instance judiciaire suprême de la République n'est pas le juge de la constitutionnalité des lois. Au même titre que les autres juridictions, il ne peut que simplement soulever l'inconstitutionnalité d'un texte. Tel qu'il ressort de l'article 98 de la Constitution, c'est à l'Assemblée nationale populaire que le constituant a conféré le pouvoir d'examiner la requête dans la mesure où l'incident, lorsqu'il est relevé, est déféré devant elle. La Constitution du Libéria confère à la Cour suprême le pouvoir d'arbitrage en matière constitutionnelle à son article 66[923]. En

---

[921]Article 127 : « The Supreme Court shall have an exclusive original jurisdiction : - (a) for the interpretation or enforcement of any provision of this Constitution other than any provision of sections 18 to 33 or section 36 (5) (which relate to fundamental rights and freedoms); - (b) on any question whether any law was made in excess of the powers conferred by this Constitution or any other law upon the National Assembly or any other person or authority; - (c) on any question as to whether or not any person was validly elected to the office of President or was validly elected to, or vacated his or her seat in, the National Assembly; or - (d) on any question whether any official document should be produced, or its contents disclosed, in proceedings before a court where such production is resisted on the grounds that its production or the disclosure of its contents would be prejudicial to the security of the state or be injurious to the public interest ».

[922]Article 130 : « (1) Subject to the jurisdiction of the High Court in the enforcement of the Fundamental Human Rights and Freedoms as provided in article 33 of this Constitution, the Supreme Court shall have exclusive original jurisdiction in: - (a) all matters relating to the enforcement or interpretation of this Constitution; and - (b) all matters arising as to whether an enactment was made in excess of the powers conferred on Parliament or any other authority or person by law or under this Constitution. (2) Where an issue that relates to a matter or question referred to in clause (1) of this article arises in any proceedings in a court other than the Supreme Court, that court shall stay the proceedings and refer the question of law involved to the Supreme Court for determination; and the court in which the question arose shall dispose of the case in accordance with the decision of the Supreme Court ».

[923]Article 66: « The Supreme Court shall be the final arbiter of constitutional issues and shall exercise final appellate jurisdiction in all cases whether emanating from courts of record, courts not of record, administrative agencies, autonomous agencies

République fédérale du Nigeria, c'est l'article 232 de la Constitution qui prévoit la compétence de la Cour suprême en matière de contentieux constitutionnel[924]. La Constitution de la République du Sénégal dispose à l'alinéa 1er de son article 92 que : « Le Conseil constitutionnel connaît de la constitutionnalité des lois, du règlement intérieur de l'Assemblée nationale et des engagements internationaux, des conflits de compétence entre l'exécutif et le législatif, ainsi que des exceptions d'inconstitutionnalité soulevées devant la Cour suprême ». L'article124 de la Constitution de Sierra-Leone consacre la Cour suprême comme l'interprète de la Constitution en ces termes: « (1) The Supreme Court shall, save as otherwise provided in section 122 of this Constitution, have original jurisdiction, to the exclusion of all other Courts: - a). in all matters relating to the enforcement or interpretation of any provision of this Constitution; and – b). where any question arises whether an enactment was made in excess of the power conferred upon Parliament or any other authority or person by law or under this Constitution ».

Par ces dispositions souvent rédigées en termes très proches et parfois identiques, les constituants ouest-africains ont-ils marqué leur volonté de ne pas, *ab initio*, fragiliser, voire handicaper, par des dispositions confuses, leur choix d'instaurer des véritables juridictions pour garantir le respect de la Constitution. Dans un cadre démocratique encore fragile[925], cette démarche était nécessaire pour réussir la transition démocratique.

La suprématie de la Constitution ne peut être assurée que par l'existence d'une véritable justice constitutionnelle capable de protéger

---

or any other authority, both as to law and fact except cases involving ambassadors, ministers, or cases in which a county is a party. In all such cases, the Supreme Court shall exercise original jurisdiction. The Legislature shall make no law nor create any exceptions as would deprive the Supreme Court of any of the powers granted herein».

[924]Article 232: « (1) The Supreme Court shall, to the exclusion of any other court, have original jurisdiction in any dispute between the Federation and a state or between states if and in so far as that dispute involves any question (whether of law or fact) on which the existence or extent of a legal right depends. (2) In addition to the jurisdiction conferred upon it by subsection (1) of this section, the Supreme Court shall have such original jurisdiction as may be conferred upon it by any Act of the National Assembly (…) ».

[925]Voir en ce sens M.-M. MBORANTSUO, *La contribution des Cours constitutionnelles à l'État de droit en Afrique*, *op. cit.*, p. 71.

cumulativement, la Constitution, la démocratie, les droits fondamentaux et toutes autres valeurs de l'État de droit, puisqu'il ne suffit pas de poser le principe d'un organe en charge du contrôle de constitutionnalité, il faut encore que celui-ci trouve une légitimité dans l'ordonnancement général des institutions. Ainsi, comme le souligne madame Marie-Madeleine MBORANTSUO, « l'autorité des Cours et des Constitutions, et corrélativement des principes qu'elles exposent, sont intimement liés. Démocratie et État de droit, voulus par les constituants, ne s'affirmeront pleinement et ne s'imposeront dans les institutions politiques et le tissu social que par une action efficace des Cours constitutionnelles. Réciproquement, les Cours ne pourront imposer leur autorité qu'à la condition qu'elles mettent leur action au service de la norme et des principes constitutionnels en tous leurs aspects. C'est à cette seule condition que les principes démocratiques et le respect des droits et libertés fondamentaux se diffuseront dans toutes les branches de l'action étatique ».[926] Par conséquent, l'émergence de la démocratie, l'instauration de l'État de droit, devient réalité par l'encadrement juridique du système politique, c'est-à-dire le contrôle juridictionnel de l'action politique et, partant, la soumission des pouvoirs publics au droit. La justice constitutionnelle nourrit la démocratie en ce qu'elle constitue, pour reprendre l'expression de Renaud DEHOUSSE, le « terreau politico-institutionnel »[927] dans lequel ont pu se développer les droits fondamentaux. L'action des juridictions constitutionnelles contribue donc à la promotion de la démocratie et d'un État de droit effectif.

Comme le fait remarquer le professeur Dominique ROUSSEAU, « C'est précisément ce travail juridictionnel qui fait de la Constitution un acte vivant, une création ou une formation continue, car le choix d'un sens n'est jamais définitif. L'interprétation du texte retrouvé à un moment donné peut tout changer (…) La Constitution, charte jurisprudentielle des gouvernés, armature juridique d'un projet politique et espace vivant de création continue des droits. Cette résurrection est assurément l'œuvre, sous le rapport constitutionnel,

---

[926]M.-M. MBORANTSUO, *La contribution des Cours constitutionnelles à l'État de droit en Afrique*, *op. cit.*, p. 76.
[927]R. DEHOUSSE, « Naissance d'un constitutionnalisme transnational », *Pouvoirs 2001/1*, n° 96, pp. 19-30.

c'est-à-dire sans tenir compte des autres propriétés de la conjoncture qui l'expliquent, du Conseil constitutionnel. Reste à savoir, dans la mesure où toute Constitution veut exprimer une forme de démocratie, quelle est celle inaugurée aujourd'hui. Peut-être la démocratie juridique puisque le Conseil contribue à faire du et des droits, le terrain privilégié du débat, de la concurrence et de l'échange des convictions, de la confrontation des opinions, des interprétations et, pour tout dire, le terrain privilégié du combat politique pour la reconnaissance des libertés nouvelles »[928].

En ce sens, l'action des juridictions constitutionnelles constitue le moteur de la démocratie et de l'État de droit, et doit entraîner dans son sillage, les juridictions ordinaires à respecter et à prendre en compte la norme constitutionnelle en tous ses aspects.[929] C'est en effet, par le « pouvoir judiciaire ordinaire » que la « révolution des droits fondamentaux » et, partant, l'État de droit, devrait venir.

B. Le pouvoir judiciaire à l'épreuve de la consécration de l'État de droit

La protection des droits fondamentaux, en tant que « donnée essentielle à l'existence et à la survie de l'État de droit démocratique »[930] est davantage renforcée lorsqu'elle peut être assurée par le pouvoir judiciaire en général. En effet, il est impossible de fonder un État de droit sans l'existence d'un pouvoir judiciaire indépendant, garant de ces valeurs et principes. La seule consécration théorique des droits fondamentaux dans la Constitution, ne suffit pas à garantir leur survie dans une société, fût-elle démocratique, sans une protection efficiente.

---

[928]D. ROUSSEAU, « Une résurrection, la notion de constitution », *RDP*, 1990, p. 5 ; voir aussi A. VERGNE, *La notion de Constitution d'après les cours et les assemblées à la fin de l'Ancien Régime (1750-1789),* Paris, De Brocard, 2007, p. 19 et s.

[929]M.-M. MBORANTSUO, *La contribution des Cours constitutionnelles à l'État de droit en Afrique*, *op.cit.*,p. 75.

[930]N. YOUSSSEF, *La transition démocratique et la garantie des droits fondamentaux, op. cit.,* p. 581.

La garantie réelle des droits fondamentaux, suppose l'existence d'un pouvoir judiciaire, capable de les protéger contre l'empiètement des pouvoirs publics. Cette garantie ne peut s'affirmer que lorsqu'il existe une procédure juridictionnelle susceptible d'écarter du circuit judiciaire, un acte administratif qui nuit au droit, et lorsqu'il est possible de saisir la juridiction constitutionnelle afin qu'elle déclare l'inconstitutionnalité d'une loi qui serait attentatoire aux droits fondamentaux garantis par la Constitution d'un pays[931].

L'indépendance et l'impartialité du pouvoir judiciaire sont les composantes indispensables à la primauté du droit, car elles permettent au juge de prendre une décision en toute liberté, sans ingérence du pouvoir exécutif ou législatif. Plusieurs constitutions attachées à une conception libérale et individualiste de l'État ont proclamé l'intervention du juge judiciaire en matière de libertés. Le juge judiciaire se trouve donc, en théorie, au cœur du dispositif de la protection des droits fondamentaux. Sa tâche est essentielle en matière de protection de la liberté individuelle puisqu'il doit être à la fois « le fer de lance »[932] de la promotion des droits fondamentaux au niveau interne et gardien d'une certaine stabilité politique (**1**). En effet, ce qui est indispensable ce n'est pas tant la consécration du principe de la séparation des pouvoirs que son renforcement par un dispositif constitutionnel permettant de construire un pouvoir judiciaire garant des libertés et des droits fondamentaux. Ce n'est qu'à cette condition que l'indépendance de la justice pourrait être effectivement assurée, pour garantir, au final, l'existence d'un État de droit (**2**).

1. Le juge ordinaire, fer de lance de la promotion de l'État de droit

Plusieurs constitutions africaines adoptées à l'issue des transitions démocratiques, placent donc le juge ordinaire au cœur du dispositif de

[931]*Ibid.*, p. 582.
[932]N. YOUSSSEF, *La transition démocratique et la garantie des droits fondamentaux, op. cit.*, p. 582.

protection des droits fondamentaux en constitutionnalisant son rôle de gardien de la liberté individuelle[933]. Une telle approche est inspirée pour la plupart, exception faite des pays ayant adopté le modèle américain du *judicial review*[934], du modèle français, lui-même tiré du modèle anglais en consacrant pour la première fois, dans la Constitution de 1958, le principe de l'Habeas corpus[935].

En effet, l'article 66 de la Constitution française dont la teneur est celle-ci : « Nul ne peut être arbitrairement détenu. L'autorité judiciaire, gardienne de la liberté individuelle, assure le respect de ce principe dans les conditions prévues par la loi », proclame l'intervention du juge judiciaire en matière de libertés. Le juge judiciaire est par essence, en vertu d'un principe prétorien consacré, le protecteur naturel et historique des droits individuels, notamment par le règlement des litiges apparus dans le cadre de la procédure pénale[936] avant d'être rejoint par le juge administratif.

Pareille approche a été suivie par plusieurs constituants africains. Ainsi en est-il de l'article 125 de la Constitution du Burkina Faso qui dispose :

---

[933]*Cf.* J. MOREAU, « la liberté individuelle dans la jurisprudence du Conseil constitutionnel », *in mélanges offerts à L. Favoreu, Renouveau du droit constitutionnel*, Dalloz, 2007, pp.1661-1674.

[934]C'est le cas par exemple du Nigeria, du Ghana, du Libéria, de la Sierra Léone.

[935]En Angleterre, le principe de l'Habeas corpus est considéré comme la protection exemplaire contre la détention arbitraire. Il trouve son origine dans la Magna Carta (1215) dont le contenu confirmé par d'anciens statuts d'Édouard III et Charles Ier fut consacré sous le règne de Charles II par le « bill d'Habeas corpus » complété par l'« Habeas corpus act » (1679) relatif aux séquestrations des personnes. La garantie fondamentale qu'il instaure prévoit que toute personne arrêtée et détenue par qui que ce soit, a le droit, de requérir de la Cour du banc du roi la délivrance d'un « writ (ordonnance) d'Habeas corpus ». Par cet acte, si la prétention paraît justifiée, la Cour ordonne à l'auteur de la détention d'amener devant la juridiction judiciaire la personne privée de liberté et d'exposer en vertu de quel droit il la détient. Si la détention se révèle illégale, le juge est obligé de prononcer immédiatement la mise en liberté. Afin de protéger le citoyen anglais, cette protection est assortie de lourdes sanctions pénales à l'encontre des personnes auteurs de détentions illégales. In, L'Habeas corpus, Bordeaux, Confluences, 1999, pp. 7-8 ; voir aussi T. RENOUX, *Le Conseil Constitutionnel et l'autorité judiciaire, l'élaboration d'un droit constitutionnel juridictionnel*, thèse de doctorat, droit public, Aix-Marseille 3, 1982, Paris-Economica, 1984, p. 531.

[936]D. SALLES, « Michel Debré et la protection de la liberté individuelle par l'autorité judiciaire », *Cahiers du Conseil constitutionnel*, n° 26, 2009. Disponible sur le site du Conseil constitutionnel.

« Le pouvoir judiciaire est gardien des libertés individuelles et collectives. Il veille au respect des droits et libertés définis dans la présente Constitution ».

Il en est de même de la Constitution malienne dont l'article 81 dispose respectivement en ses alinéas 2 et 3 que « Le pouvoir judiciaire est gardien des libertés définies par la présente Constitution. Il veille au respect des droits et libertés définis par la présente Constitution ». L'article 91 de la Constitution sénégalaise connaît la même rédaction en ce qu'il dispose « Le pouvoir judiciaire est gardien des droits et libertés définis par la Constitution et la loi. ».

La Constitution du Togo dispose en son article 112 que « Le pouvoir judiciaire est garant des libertés individuelles et des droits fondamentaux des citoyens ». Les nouvelles constitutions africaines présentent une particularité : elles semblent obéir parfois à la même philosophie, sans doute parce qu'elles ont en partage, les mêmes réalités socio-culturelles et juridiques.

Dans leurs écritures, les constitutions se sont rigidifiées, de telle sorte que s'est imposé aux pouvoir exécutif et législatif un corpus de règles et de principes qui président à leur action. De plus, les constitutions se sont vus adjoindre toute une série de catalogues de droits et libertés fondamentaux d'origine interne ou internationale comme autant de garde-fous, traçant des limites au pouvoir politique et garantissant ainsi la protection de ces droits et libertés fondamentaux[937]. La justice apparaît alors comme le seul organe habilité à assurer une véritable protection des droits fondamentaux face à la tyrannie d'un homme ou l'oppression d'un peuple. Mais encore faut-il que le juge mesure l'ampleur de ses prérogatives. Car de la même façon qu'il lui est proscrit d'opérer, dans un cadre totalement discrétionnaire, sans limitation de pouvoir, il ne s'agit pas pour lui de s'autocensurer, il doit conserver une marge de manœuvre dans l'application des textes. Il est à ce propos fort éclairant de relever l'argumentation développée par Dany COHEN lorsqu'il affirme que « l'indiscutable ambivalence des pouvoirs du juge au regard des libertés individuelles ne rend cependant

[937] M.-M. MBORANTSUO, *La contribution des Cours constitutionnelles à l'État de droit en Afrique*, *op. cit.*, p. 80.

compte que d'une partie du paysage à cet égard ; l'épreuve de la réalité montre que les situations courantes où le juge n'use pas ou use peu des pouvoirs qui lui sont dévolus, rend partiellement platonique la protection qu'il est censé incarner.

Au regard des libertés publiques, le juge présente, dans notre pays, le visage de Janus : si la vision vertueuse issue de la Constitution l'érige en protecteur de nos libertés, certaines des prérogatives qui lui sont confiées représentent une menace - qui en maintes circonstances se réalise - pour les libertés individuelles »[938]. C'est l'enjeu décisif de l'articulation des phénomènes institutionnels et culturels qui a amené le professeur Marcel LIHAU, alors premier président de la Cour suprême de justice de la République démocratique du Congo, a « imaginé à quelle catastrophe le pays serait conduit si les magistrats, gardiens de l'ordre légal, devenaient eux-mêmes défaillants ».

C'est cette même conviction qui a conduit Sir Winston Churchill à affirmer que « Londres se serait effondré, lors de la deuxième guerre mondiale, sans l'impartialité de la justice ». Les différents conflits armés, les guerres civiles, les dictatures militaires et civiles, les misères sociales, causes de l'accroissement des inégalités sociales et du fossé créé entre les individus à l'échelle mondiale, ont été autant de facteurs qui ont généré une nouvelle perception dans l'exercice du pouvoir, qui doit inévitablement s'accompagner de la réalisation d'une certaine justice sociale[939]. Dès lors, le paysage institutionnel africain a vu naître comme ce fut le cas dans le reste du monde, des organes juridictionnels indépendants du pouvoir politique ayant pour mission d'assurer à la fois le respect de la Constitution et des droits fondamentaux qu'elle garantit. La garantie des droits fondamentaux suppose aussi la possibilité pour le juge de les protéger contre l'empiètement du pouvoir politique. En ce sens, certains auteurs ont pu affirmer que « le rôle du pouvoir judiciaire s'en est trouvé sensiblement réévalué, en tant qu'il se trouve être l'instrument assurant le respect de la norme supérieure par les autres pouvoirs, mais également parce qu'il est amené à jouer un rôle

---

[938]D. COHEN, « Le juge, protecteurs des libertés ? », *Pouvoirs, 2009/3, n°130*, pp. 113-125.

[939]Voir pour plus de détails M.-M. MBORANTSUO, *La contribution des Cours constitutionnelles à l'État de droit en Afrique*, *op. cit.*, p. 79.

essentiel dans l'affirmation des droits sociaux. Leur effectivité en effet dépendra pour une large part des solutions dégagées par la jurisprudence.

Ces droits sociaux surtout dans nos pays africains sont d'une importance considérable. Leur réalisation s'affirme par l'action nécessaire des pouvoirs publics : en effet ils nécessitent une intervention positive de la puissance publique sous le contrôle du juge. Ces éléments sont le préalable incontournable à l'instauration des libertés individuelles effectives »[940].

Pour le professeur André MATHIOT, dont nous partageons l'opinion, il y a là une « nécessité impérative de contrôle en vue de maintenir l'administration dans le courant démocratique et préconiser un contrôle "hiérarchique ferme", un contrôle général de l'opinion à qui l'administration se doit d'un devoir d'information et, enfin peut-être surtout, un contrôle juridictionnel seul apte à assurer de manière effective le respect du droit »[941]. Cette préoccupation est d'autant plus essentielle en Afrique, que l'exécutif demeure encore dominant dans les textes constitutionnels.

Le « présidentialisme », dont la conséquence est l'organisation d'une administration trop puissante et un pouvoir judiciaire qui ne cesse de s'amenuiser est toujours pressant.

L'analyse de la jurisprudence des juridictions ordinaires de l'espace CEDEAO, ne révèle pas, une influence des juridictions suprêmes à l'image de celles de l'Europe ou des États-Unis alors qu'au plan contentieux, des décisions sont rendues en dernier ressort aussi bien par la Cour de justice de la Communauté que par les juridictions constitutionnelles des États membres.

L'absence de cette interactivité entre les juridictions ordinaires et les juridictions suprêmes de l'espace communautaire ouest-africain, est

---

[940]M.-M. MBORANTSUO, *La contribution des Cours constitutionnelles à l'État de droit en Afrique*, *op. cit.*, p. 79.

[941]A. MATHIOT, « Bureaucratie et démocratie », *EDCE*, 1961, p. 11 ; voir aussi, A. DE LAUBADÈRE, A. MATHIOT, J. RIVERO *et al.*, *Aux sources du droit, l'État et la politique*, Paris, L.G.D.J., 1980, t.1, pp. 223-253.

caractéristique de la carence jurisprudentielle et doctrinale d'une « théorie africaine des droits fondamentaux »[942]. En Europe par exemple, la pratique nous a montré que la portée de certaines décisions rendues par les juridictionnelles constitutionnelles permet d'aboutir à une théorie plus ou moins consolidée des droits fondamentaux, qui permet de mettre en lumière leur spécificité.[943] Mais il ne s'agit pas, en l'espèce de la faible conceptualisation des droits fondamentaux[944], et encore moins de la défaillance de la théorie des droits fondamentaux dont nous reconnaissons volontiers la réalité, il serait peut-être plus juste de considérer que le juge africain est pour l'heure, au stade de balbutiement de sa jurisprudence en matière d'identification des droits fondamentaux et de détermination de leur régime juridique[945], à l'aube d'une familiarisation avec ce système nouveau de juridicisation des droits fondamentaux. Mais serait-ce une raison pour cautionner son mutisme alors qu'il a souvent l'occasion de s'affirmer ?

La diffusion des droits fondamentaux dans le système juridictionnel des États africains connaît encore une difficile gestation même si en réalité, la notion connaît une forte évolution dans le nouveau discours politique. Cette situation est caractéristique du manque d'utilisation de son pouvoir normatif par le juge, pour formuler des principes qui, de ce seul fait, pourront contribuer à une vraie théorie des droits fondamentaux.

Comme le note à ce propos le professeur Babacar KANTÉ, « dans les pays où le texte de la Constitution n'offre qu'une protection formelle à ces droits, la jurisprudence est censée intervenir, souvent pour jouer un

---

[942]B. KANTÉ, « les droits fondamentaux constituent-ils une nouvelle catégorie juridique en Afrique ? », in *L'homme et le droit, Mélanges en hommage au professeur J.-F. FLAUSS*, Paris, Pédone, 2014, p. 449.

[943]L. FAVOREU (dir), *Les Cours constitutionnelles européennes et droits fondamentaux*, Paris, Economica-Presses Universitaires d'Aix-Marseille, 1987, p. 540 ; voir aussi Rapport des délégations participantes, *Protection constitutionnelle et protection internationale des droits de l'homme : concurrence ou complémentarité ?* IXe Conférence des Cours constitutionnelles. Volume I, Paris, 10-13 mai 1993, éd. Scientifique. ; Voir également, M.-M. MBORANTSUO, *La contribution des Cours constitutionnelles à l'État de droit en Afrique*, *op. cit.*, p. 84.

[944]B. KANTÉ, « les droits fondamentaux constituent-ils une nouvelle catégorie juridique en Afrique ? », *op. cit.*, p. 450.

[945]B. KANTÉ, « les droits fondamentaux constituent-ils une nouvelle catégorie juridique en Afrique ? », *op. cit.*, p. 452.

rôle supplétif important »[946]. Tel n'est malheureusement pas le cas en Afrique où le juge semble se conforter dans ses attributions textuelles sans véritable pouvoir normatif, contrairement à l'expérience européenne où, comme le note le doyen L. FAVOREU, « Les juridictions internationales, constitutionnelles et ordinaires de l'Europe de l'ouest ont effectivement joué un rôle déterminant dans la promotion des droits fondamentaux »[947].

En ce sens, le juge européen est apparu comme le véritable « fer de lance » de la promotion des droits fondamentaux en ce qu'il a permis par son pouvoir créateur des normes, de poser des principes à valeur constitutionnelle. Or, en Afrique, principalement en Afrique francophone, on y note malheureusement une tendance à considérer que ces droits sont la chasse gardée des juridictions constitutionnelles, mieux portés à être protégés par la Constitution et les conventions internationales au respect desquelles le juge constitutionnel veille scrupuleusement.

En effet, le propre des droits fondamentaux est leur « justiciabilité » devant toutes les juridictions constituant la chaîne judiciaire. Cette protection obéit d'ailleurs à plusieurs modalités. Elle peut aussi aboutir à des garanties générales ou spécifiques. Dans ce dernier cas, il peut s'agir de la question préjudicielle de constitutionnalité appelée communément exception d'inconstitutionnalité. À cet égard, l'on ne peut que souscrire aux propos de B. KANTE selon lesquels en Afrique « les juridictions constitutionnelles [semblent] investies de la compétence quasi exclusive de garantir les droits fondamentaux, qu'elles remplissent imparfaitement alors que les juridictions internationales et ordinaires ne sont pas d'une contribution majeure à la promotion de ces droits »[948]. Cette situation est caractéristique d'une interprétation limitative de certaines dispositions constitutionnelles des États. Ainsi, en est-il de l'art. 114 de la Constitution du Bénin qui, il convient de le rappeler, dispose : « La Cour constitutionnelle est la plus haute juridiction de l'État en matière constitutionnelle. Elle est juge de

[946]B. KANTÉ, « les droits fondamentaux constituent-ils une nouvelle catégorie juridique en Afrique ? », *op. cit.*, p. 458.
[947]L. FAVOREU (dir), *Droit des Libertés fondamentales*, Paris, Dalloz, 2000, p. 563.
[948]B. KANTÉ, « les droits fondamentaux constituent-ils une nouvelle catégorie juridique en Afrique ? », *op. cit.*, p.450.

la constitutionnalité de la loi et elle garantit les droits fondamentaux de la personne humaine et les libertés publiques. » L'article 124 ajoute que ses décisions « s'imposent aux pouvoirs publics et à toutes les autorités civiles, militaires et juridictionnelles ». La philosophie de ces dispositions est de faire du juge constitutionnel non seulement le rempart contre l'arbitraire, mais aussi pour ainsi dire la réponse à la défaillance de systèmes judiciaires des années 1990, sans dénier expressément au juge ordinaire, le pouvoir de contrôler la constitutionnalité des lois.

Même si l'on comprend la crainte exprimée, à juste raison, par une partie de la doctrine qui évoque le risque évident de divergences d'interprétations entre les juridictions ordinaires n'ayant pas l'expérience du contrôle ou encore les effets dévastateurs d'un tel désordre sur la sécurité juridique des justiciables[949], il est impératif que le juge ordinaire sorte de ses retranchements pour créer, de par ses interventions, un environnement juridique stable, propice à la diffusion du contrôle de constitutionnalité au sein de l'ensemble de l'appareil judiciaire. La principale conséquence de cette absence de contrôle par les juridictions ordinaires est que la doctrine n'a pas de prise sur leur jurisprudence très pauvre, qu'elle n'est pas en mesure de commenter, pour en dégager des principes fondateurs en matière de création de catégories juridiques. De manière générale, le pouvoir judiciaire doit se hisser, par l'intensité de son contrôle, au niveau du pouvoir exécutif et législatif. Car, « un juge qui resterait cantonné à ses fonctions traditionnelles se révélerait très vite incapable, de par la faiblesse de ses armes, de rétablir un nouvel équilibre des pouvoirs indispensables à la protection des droits fondamentaux et au maintien de la démocratie »[950]. L'avènement de la justice constitutionnelle apparaît en ce sens comme une avancée indéniable. Encore faut-il pour son efficacité, que ses interventions soient à la fois créatrices de précédents et de sources. Mais cela restera un vœu pieux si le pouvoir judiciaire n'est pas porté à assurer de manière efficace la protection des droits individuels en garantissant l'exercice des libertés des citoyens.

---

[949]M.-M. MBORANTSUO, *La contribution des Cours constitutionnelles à l'État de droit en Afrique, op. cit.*, p. 37.
[950]*Id.*

De ce fait, même si la tendance n'est pas la même dans tous les États membres de la CEDEAO, le principe de l'unité d'ordre juridictionnel demeure la caractéristique des juridictions des pays issus des systèmes anglo-saxons et permet une intervention plus large des juridictions ordinaires. *A contrario*, tel n'est manifestement pas le cas des pays francophones, qui avaient abandonné ce principe à la faveur des réformes constitutionnelles. Il apparaît par ailleurs que l'ordre administratif tend à se séparer de l'ordre judiciaire. Ce qui n'est pas surprenant quand on sait l'influence du modèle français sur le système africain notamment l'Afrique francophone. Or, en France, le conseil d'État est considéré comme un organe juridictionnel à part entière garant des libertés. Cette juridiction administrative suprême contribue ainsi à l'indépendance de la justice, condition indispensable pour le respect de l'État de droit.

2. L'indépendance de la justice, condition du respect de l'État de droit

L'indépendance de la justice est l'un des piliers de l'organisation d'une société démocratique. Elle est à la fois la condition nécessaire à la promotion de l'État de droit et le moyen de sa sauvegarde. Les deux valeurs que sont l'État de droit et l'indépendance de la justice sont interdépendantes.

Comme le note Gisèle Côté-Harper, « la règle de droit ainsi que le respect des droits de la personne ne peuvent être garantis que dans un contexte où la profession juridique et la magistrature sont libres de toute ingérence »[951]. Cette même exigence d'indépendance se trouve inscrite aussi bien dans les textes de référence de la Cour de justice de la CEDEAO que dans les constitutions des États membres. Il y a lieu de rappeler que l'article 10 de la Déclaration Universelle des droits de l'homme dispose : « *Toute personne a droit, en pleine égalité, à ce que sa cause soit entendue équitablement et publiquement par un*

[951]G. CÔTE-HARPER, « L'État de droit et l'indépendance judiciaire », *Revue québécoise de droit international,* 1998, 11. 2, p. 151.

tribunal indépendant et impartial, qui décidera, soit de ses droits et obligations, soit du bien-fondé de toute accusation en matière pénale dirigée contre elle ». La doctrine soutient d'ailleurs que c'est cet article qui inspira l'article 14 du Pacte international relatif aux droits civils et politiques qui a précisé davantage la portée de l'indépendance de la justice.

Et, la Charte africaine des droits de l'homme et des peuples, instrument de référence par excellence de la Cour justice, consacre cette indépendance à son article 7. La philosophie de l'ensemble de ces textes est de permettre aux États, par le biais de leurs organes judiciaires, de garantir l'effectivité des droits fondamentaux en conciliant l'indépendance de la justice et le respect des droits individuels. Le principe de l'indépendance de la justice dans un État de droit est un prérequis à l'impartialité et permet ainsi de garantir le respect des droits de la personne.[952] Ainsi, selon M. Papa Oumar SAKHO, alors Président de la Cour suprême du Sénégal, « L'indépendance institutionnelle présuppose le fonctionnement de la société politique sur le modèle de la justice, fonctionnement que traduit, dans les faits, le triomphe de l'État de droit sur l'État de police ou l'État administratif »[953].

L'entrecroisement des regards montre qu'en pratique, l'indépendance de la justice, notamment en Afrique où celle-ci apparaît comme inféodée au pouvoir politique, demeure dans beaucoup de pays, une utopie[954]. La séparation des pouvoirs telle que développée dans la doctrine occidentale, c'est-à-dire en tant que « concept d'autonomie du pouvoir judiciaire »[955], reste encore un vœu pieux dans nos États.

---

[952]G. CÔTE-HARPER, « L'État de droit et l'indépendance judiciaire », *op. cit.*, p. 153.

[953]P. O. SAKHO, « Allocution d'ouverture du deuxième congrès de l'Association des juridictions de cassation des pays ayant en partage l'usage du français », in *Actes du deuxième congrès de l'AHJUCAF*, Dakar, 7 et 8 novembre 2007, p. 15.

[954]Voir en ce sens B. O. S.-O. KASSI, *Francophonie et justice : contribution de l'organisation internationale de la francophonie à la construction de l'État de droit*, thèse, Bordeaux IV, soutenue le 16 décembre 2015.

[955]C. SAUNDERS, « La séparation des pouvoirs : Montesquieu en Australie », in *Droit constitutionnel, Mélanges Patrice GELARD,* Paris, LGDJ, 1999, pp. 467- 473. L'auteur définit le concept comme de manière littérale en tant que principe de séparation du pouvoir judiciaire des autres pouvoirs. C'est la séparation

En effet, Cheryl SAUNDERS rappelle en ce sens que « décider qu'une Constitution incarne la séparation des pouvoirs est une chose. Décider ce que cela signifie réellement en est une autre »[956].

C'est pourquoi, la seule consécration, dans un texte constitutionnel, de la séparation des pouvoirs, ne suffit pas à garantir cette autonomie, il faudrait pour ce faire, que soit défini de manière stricte, le concept tel qu'il est inscrit dans le texte constitutionnel et que les objectifs fixés soient apparents. En Afrique plus qu'ailleurs, l'expérience constitutionnelle montre que plusieurs des difficultés et crises politiques rencontrées sont d'ordre institutionnel ; elles ont pour origine les imperfections des textes constitutionnels en quelque sorte inachevés, faute de prévoir certaines situations et en raison de dispositions trop sommaires et trop rigides. Nombre de textes fondamentaux ont été élaborés et adoptés dans un contexte de crises de régimes et dans l'urgence, sans que toutes les dispositions en aient été toujours passées au crible de la critique et pesées à l'aune du contexte politique du pays[957].

Ainsi que le fait observer le professeur Jean DU BOIS DE GAUDUSSON, par exemple au Niger en 1996, lorsqu'à l'issue des élections législatives anticipées, le Président de la République devait entrer en cohabitation, les textes constitutionnels n'ont pas été d'un grand secours. « Le Premier ministre fut censuré avant même d'avoir

---

institutionnelle des pouvoirs exécutif, législatif et judiciaire ainsi que l'exposait fort brillamment Montesquieu dans sa doctrine. Cette théorie a influencé de façon significative, les rédacteurs de la Constitution des États-Unis qui ont mis la doctrine de séparation des pouvoirs en pratique sous une forme modifiée dans laquelle les trois branches du gouvernement imposent des « poids et contrepoids » sur chacune d'elles. Le principe d'autonomie du pouvoir servait à protéger l'indépendance de ce pouvoir judiciaire, tout en le maintenant dans ses limites. La notion d'indépendance du pouvoir judiciaire a anticipé la naissance de la doctrine moderne de séparation des pouvoirs ; voir aussi A. PARIENTE (dir.), « La séparation des pouvoirs : théorie contestée et pratique renouvelée », Paris, Dalloz, Coll. « Thèmes et commentaires », 2007 ; voir également C. MATHIEU, *La séparation des pouvoirs dans la jurisprudence du Conseil constitutioonnel*, thèse, Montpellier, 2015.

[956]C. SAUNDERS, « La séparation des pouvoirs : Montesquieu en Australie », *op. cit.,* p. 468.

[957]J. DU BOIS DE GAUDUSSON, « Point d'actualité sur les modalités de production du droit constitutionnel dans les États africains francophones » in *Droit constitutionnel, Mélanges Patrice GELARD, op. cit.,* pp. 341- 346.

formé son gouvernement, seulement quatorze jours après sa nomination par le chef de l'État. La Constitution mettant en œuvre un régime semi-présidentiel très sophistiqué n'apportait aucune solution à l'affrontement entre le chef de l'État et le Premier ministre, l'un et l'autre entendant faire prévaloir l'interprétation de la Constitution qui leur était favorable »[958] et profiter du vide juridique existant.

Dans de telles circonstances, le pouvoir judiciaire devait avoir l'autorité de dernière instance pour décider si les limites constitutionnelles avaient été dépassées.

En ce sens il convient de rappeler qu'au Niger, encore une fois, la Cour constitutionnelle, tirant les leçons du passé, s'est bâtie une solide réputation en rendant le 12 juin 2009 un arrêt[959] dans lequel elle s'est reconnue le pouvoir, sans qu'aucune disposition expresse ne lui en donne la compétence, au nom de la sauvegarde de la démocratie, non pas de contrôler la conformité à la Constitution mais d'annuler intégralement le décret du président de la République portant convocation du corps électoral pour le référendum sur la Constitution de la sixième République.

C'est la logique suivie par la Cour constitutionnelle du Bénin dans son arrêt du 13 août 2009[960], lorsqu'en l'absence de dispositions expresses, elle s'est arrogé le pouvoir de contrôler la constitutionnalité des arrêts de la Cour suprême statuant en matière de cassation et en dernier ressort.

Si dans la première décision on peut voir le rôle gardien du juge constitutionnel en tant que garant de l'État de droit et de la démocratie, dans la décision béninoise, on y voit « un moyen de revivifier un système judiciaire ordinaire jugé trop frileux et mal armé pour assurer

---

[958] *Ibid.*, p. 342 et s.

[959] Voir arrêt n°004/CC/ME du 12 juin 2009 annulant le décret n°2009-178/PRN/MI/SP/D du 5 juin 2009, disponible sur le site de la Cour constitutionnelle du Niger : http://cour-constitutionnelle-niger.org ; voir aussi dans ce sens l'Avis n°002/CC du 25 mai 2009.

[960] Voir en ce sens le commentaire de J. DJOGBENOU, « Le contrôle de constitutionnalité des décisions de justice : une fantaisie de plus ? », *Revue Afrilex*, www.afrilex.u-bordeaux4.fr, publié en avril 2014.

la régulation de la vie publique et la protection des droits fondamentaux »[961].

Cependant même si certains voient en la décision de la Cour béninoise, « un remodelage de la pensée, de la structure et de l'architecture juridictionnelle avec l'avènement d'une juridiction des juridictions »[962], il est aussi important de rappeler la nécessité que représente la garantie des droits fondamentaux dans un État démocratique et que l'audace du juge semble conforter.

De plus, n'est-ce pas, le souhait longtemps exprimé par des Africains de voir le droit servir au développement du continent et que l'Afrique nouvelle assure le « règne du droit » ?

Or, la protection des droits fondamentaux et, partant, le développement de l'État de droit, ne saurait être assurée efficacement sans un pouvoir judiciaire indépendant. Cette indépendance est nécessaire à la confiance du justiciable essentielle à la protection des droits fondamentaux.

Mais, l'indépendance d'une juridiction est fonction non seulement des modalités de nomination des juges et de leur statut, mais encore des conditions dans lesquelles est organisée et fonctionne la juridiction[963].

Dans cette dernière perspective il convient de noter avec le professeur Alioune Badra FALL que le juge africain, ou de manière générale l'appareil judiciaire dans son ensemble, y est très souvent « décrié, spolié et accusé de tous les maux, [...] Et violemment pris à partie et soupçonné de partialité, de corruption, de négligence et même très souvent d'incompétence »[964]. Ce constat est d'autant plus terrible qu'aujourd'hui encore, subsistent des doutes sérieux sur les

---

[961]J. DU BOIS DE GAUDUSSON, « La justice en Afrique : nouveaux défis, nouveaux acteurs. Introduction thématique », *Afrique contemporaine* 2014/2 (n°250), pp. 13-28.
[962]J. DJOGBENOU, « Le contrôle de constitutionnalité des décisions de justice : une fantaisie de plus ? », *op.cit.*, p. 21 et s.
[963]G. GUILLAUME, « De l'indépendance des membres de la Cour internationale de justice », *in Boustros-Boutros-GHALI, Amicorum, Discipulorumque, Liber, « Paix, développement, démocratie »*, Bruylant, Bruxelles, 1998, pp. 475- 487.
[964]A. B. FALL, « Le juge, le justiciable et les pouvoirs publics : pour une appréciation concrète de la place du juge dans les systèmes politiques en Afrique », in *Le statut du juge en Afrique,* Actes des Journées scientifiques, Québec du 29 septembre au 3 octobre 1999, Universités francophones, Bruxelles, Bruylant, 2000, pp. 309- 346.

performances de la justice, tant celle-ci « est en perpétuelle accusation »[965] malgré l'apparition des nouveaux acteurs.

Pourtant, « on pourrait penser que l'évolution des régimes politiques africains, à partir des années 1990, et du contexte international, modifierait la donne »[966].

En effet, l'avènement de l'État de droit dans ces pays plus qu'ailleurs, ne peut s'opérer sans le concours du juge. Les raisons de cette méfiance endémique à l'égard du juge africain sont dès lors à rechercher dans la nature des décisions rendues et les modalités de leur mise en œuvre.

Il est à ce propos fort édifiant de souligner l'analyse pertinente du professeur Alioune Badra FALL pour qui « si le juge est si mal compris aujourd'hui, cela tient vraisemblablement au fait que, soit les décisions qu'il aura rendues ne correspondent, ni en droit ni en fait, aux attentes légitimes des citoyens, soit les jugements prononcés, même justifiés au regard des lois en vigueur, n'emportent pas l'adhésion des populations concernées pour la simple raison qu'ils ne correspondent pas à l'idée de justice, en tant que représentation sociale, que se font dans leur esprit, les membres de la communauté »[967]. De ce fait, nous souscrivons volontiers à la démarche du juge Gilbert GUILLAUME pour qui « l'indépendance de la justice doit être organisée par les textes, mais elle doit aussi régner dans les esprits et dans les cœurs et le juge doit écarter les préjugés et bannir les passions »[968]. Notons à la suite du juge GUILLAUME que, quelle que soit la solution proposée, celle-ci ne saurait être effective tant que le juge ne mesure pas lui-même la hauteur de sa fonction en ce sens que l'indépendance est avant tout un état d'esprit, une question de personnalité. Ne subit des pressions que le juge dont on pense qu'il peut céder à ces pressions. Est indépendant le juge qui entend l'être. C'est à un tel juge que les plaideurs font confiance. Celle-ci est fonction de l'attitude du juge, notamment dans les questions très sensibles comme celles touchant aux droits fondamentaux. Le

[965] J. DU BOIS DE GAUDUSSON, « La justice en Afrique : nouveaux défis, nouveaux acteurs. Introduction thématique », *op. cit.*, p. 13 et s.
[966] *Ibid.*, p. 14.
[967] A. B. FALL, « Le juge, le justiciable et les pouvoirs publics : pour une appréciation concrète de la place du juge dans les systèmes politiques en Afrique », *op. cit.*, p. 313.
[968] G. GUILLAUME, « l'indépendance de la Cour internationale de justice », *op. cit.*, p. 475.

citoyen est alors très attentif et cherche à savoir si le juge s'est comporté comme un véritable défenseur des droits et libertés ou si, au contraire, d'autres considérations étrangères au droit l'ont amené, volontairement ou non, à prendre une décision. Ces questionnements se justifient quand on sait la tentation des pouvoirs publics pour ne pas dire des hommes politiques à maîtriser l'appareil judiciaire et ses juges en faisant complètement fi des principes constitutionnels d'indépendance et d'impartialité qui caractérisent tout système judiciaire dans une démocratie constitutionnelle[969].

On comprend dès lors, l'engouement suscité par la création d'une juridiction communautaire dont le prétoire est désormais accessible à tous les justiciables de la Communauté et dont l'office du juge est apte à protéger de façon plus efficace, les droits fondamentaux de l'individu à l'écart de toute pression étatique. Cette volonté de restructuration d'un droit communautaire apte à « consolider et accélérer le processus d'intégration régionale »[970] a conduit le législateur communautaire à adopter la Décision A/DEC.2/6/06 du 14 juin 2006 portant création d'un Conseil judiciaire[971] de la Communauté. Cet organe assure non seulement la gestion du processus de recrutement des juges communautaires sur une base compétitive mais aussi la discipline des juges.

Cette réforme vient ainsi renforcer l'indépendance des juges. En effet, l'article 3 du ProtocoleA/P1/7/91 relatif à la Cour de justice de la

---

G. GUILLAUME, « l'indépendance de la Cour internationale de justice », *op. cit.*, p. 487 ; voir également A. B. FALL, « Le juge, le justiciable et les pouvoirs publics : pour une appréciation concrète de la place du juge dans les systèmes politiques en Afrique », *op. cit.*, p. 311 et s.

[970]Voir Préambule de la Décision A/DEC.2/6/06 portant création d'un Conseil judiciaire de la Communauté.

[971]Conformément à l'article 2 de la Décision A/DEC.2/6/06, « 1. Lorsqu'il gère le recrutement des juges de la Cour de justice de la Communauté, le Conseil Judiciaire de la Communauté est composé des présidents des juridictions suprêmes de l'ordre judiciaire ou de leurs représentants, des États auxquels les postes de juges n'ont pas été attribués. 2. En matière disciplinaire, le Conseil judiciaire de la Communauté est composé des Présidents des juridictions suprêmes de l'ordre judiciaire ou de leurs représentants, des États dont les ressortissants ne sont pas membres de la Cour de justice de la Communauté et d'un représentant de la Cour, élu pour un an par ses pairs. 3.Les représentants des Présidents des juridictions suprêmes de l'ordre judiciaire ont été des juges de ces hautes juridictions ».

Communauté qui prévoit à son alinéa 4 que « les membres de la Cour sont nommés par la Conférence des chefs d'État et de gouvernement et choisis sur une liste de personnes désignées par les États membres » n'offrait pas une véritable garantie d'indépendance des juges et affecte le principe de la séparation des pouvoirs. La création du Conseil participe dès lors du respect de l'équilibre des pouvoirs et de la nécessité de garantir une véritable indépendance de la justice. La Cour doit être autonome, loin de toute influence politique afin de garantir la sécurité juridique des justiciables. En ce sens l'article 3 de la Décision A/DEC.2/6/06 prévoit que « Les membres du Conseil judiciaire de la Communauté changent toutes les fois que de nouveaux juges sont nommés à la Cour de justice de la Communauté, et lorsqu'intervient l'élection d'un nouveau représentant de la Cour ». De plus, la garantie d'indépendance est indissociable du mode de sélection des membres de la Cour. Dès lors, il n'appartient plus aux États membres de désigner les personnes devant siéger comme cela était jusqu'alors pratiqué. Les candidatures sont ouvertes à tous les ressortissants des États membres auxquels les postes ont été attribués. La sélection est faite sur dossier après un entretien préalable devant le Conseil judiciaire. Ce dernier est lui-même composé des présidents des Cours de cassations des États membres dont les ressortissants ne sont pas parmi les candidats à un poste de juge. La Cour de justice de la CEDEAO, ainsi constituée, est naturellement plus apte à assurer la protection des droits fondamentaux des citoyens de la Communauté. L'effectivité de ces droits sera garantie par l'existence d'un État de droit dans chacun des pays membres.

Section 2 : L'effectivité des droits fondamentaux favorisée par l'État de droit

Depuis plus de deux décennies, l'État de droit est devenu, en Afrique, une référence majeure du discours de légitimation politique et juridique.[972] L'État de droit est aujourd'hui revendiqué comme étant la finalité de tout régime politique fondé sur une démocratie

---

[972] B. GUÈYE, « La démocratie en Afrique : succès et résistances », *Pouvoirs* n°129, 2009, pp. 5-26.

constitutionnelle, c'est-à-dire un régime fondé sur la hiérarchie des normes avec comme norme supérieure : la Constitution. Dans ce régime, la toute-puissance du pouvoir se trouve, en théorie, limitée par la règle de droit qu'il est tenu de respecter. La finalité est alors de protéger le citoyen contre l'arbitraire.[973] Dans un article publié au journal le Monde du 23 novembre 1993, le Président du Conseil constitutionnel français, monsieur Robert BADINTER, se livrant à un plaidoyer en faveur du Conseil mis en cause quelques jours plus tôt à la tribune du Congrès, faisait remarquer que : « le Conseil constitutionnel est une institution parfaitement légitime, bénéfique pour les libertés, loin de s'opposer aux volontés du peuple et du parlement ; il représente, au contraire, un instrument incontournable de la forme achevée de la démocratie »[974]. La pertinence de cette opinion est manifeste, puisque l'on assiste actuellement à des mutations importantes dans l'émergence de la constitutionnalisation des droits fondamentaux partout. Ainsi, à la suite du Vieux continent, tous les États africains, ont inscrit les droits fondamentaux en bonne place dans leurs constitutions[975].

L'affirmation d'un État de droit est donc indissociable de l'existence d'un contrôle de constitutionnalité. Ce dernier assure le respect de la norme fondamentale sans lequel la protection de l'édifice normatif ne pourrait être qu'imparfaite. Car, comme le note le professeur Gérard CONAC, « il ne suffit pas de construire l'État de droit au sommet, il faut l'enraciner à la base. Les responsables politiques, gouvernants et législateurs doivent notamment se soucier de faire en sorte que le plus grand nombre accède à la justice officielle et les plus faibles sachent que le juge peut les protéger efficacement dans l'exercice de leurs activités les plus modestes »[976]. C'est pourquoi, on ne peut qu'épouser l'idée du professeur Jacques CHEVALIER selon laquelle, « le juge est la clé de voûte et la condition de la réalisation de l'État de droit ; la

[973]G. CONAC, « Le juge et la construction de l'État de droit en Afrique francophone », *op. cit.*, p. 105.

[974]R. BADINTER, « Le pouvoir et le contre-pouvoir », in *Le Monde,* 23 novembre 1993, pp. 92-93 ; voir aussi U. BECK, *Pouvoir et contre-pouvoir à l'heure de la mondialisation*, Paris, Flammarion, 2003, spec. p. 205.

[975]D. M. KABAMBA, « Le contrôle de constitutionnalité des normes et la protection des droits fondamentaux en République démocratique du Congo : tentatives d'évaluation et perspectives », *op. cit*., p. 9.

[976]G. CONAC, « le juge et la construction de l'État de droit en Afrique francophone *op. cit.,* p. 115

hiérarchie des normes ne devient effective que si elle est juridiquement sanctionnée »[977]. Cette mission, certains juges constitutionnels africains semblent l'avoir bien comprise et entendent bien en tirer profit.

C'est le cas par exemple du juge constitutionnel du Niger, lorsque, dans une décision n°006/CC/MC du 15 mai 2014, la Cour a délibérément choisi de statuer, sans qu'aucune disposition constitutionnelle ne lui reconnaisse expressément cette compétence, en tant qu'organe régulateur du fonctionnement des institutions et des pouvoirs publics.

En effet, la Cour constitutionnelle s'est fondée sur les articles 120 alinéa 1 et 126 de la Constitution qui disposent respectivement : « La Cour constitutionnelle est la juridiction compétente en matière constitutionnelle et électorale » ; « La Cour constitutionnelle se prononce par arrêt, sur : la constitutionnalité des lois ; le règlement intérieur de l'assemblée nationale avant sa mise en application et ses modifications ; les conflits d'attribution entre les institutions de l'État. La Cour constitutionnelle est compétente pour statuer sur toute question d'interprétation et d'application de la Constitution », pour se reconnaître, par une interprétation prétorienne de ces dispositions constitutionnelles, « un rôle de régulation du fonctionnement des institutions et des pouvoirs publics »[978]. Or, cette compétence est dévolue expressément au Président de la République à l'article 46 alinéa 4 en ces termes : « Le Président de la République est le garant de l'indépendance nationale, de l'unité nationale, de l'intégrité du territoire, du respect de la Constitution, des traités et accords internationaux. Il assure le fonctionnement régulier des pouvoirs publics et la continuité de l'État ». La Cour a manifestement statué *ultra petita* en l'espèce, afin de s'assurer une plénitude de pouvoirs à l'instar de la Cour constitutionnelle du Benin dont la compétence en ce domaine est expressément consacrée à l'article 114 de la Constitution.

L'existence de cette disposition n'a d'ailleurs pas empêché le juge constitutionnel béninois de s'affranchir des attributs constitutionnels

[977]J. CHEVALLIER, *l'État de droit*, Paris, Montchrestien, « *Clefs* », 1992, p. 149.
[978]Dans les motifs de la décision n°006/CC/MC du 15 mai 2014, précisément le 5e, la Cour dit que « les articles 120 alinéa 1 et 126 alinéas 1 et 2 confèrent à la Cour constitutionnelle un rôle de régulation du fonctionnement des institutions et des pouvoirs publics ; qu'à ce titre, elle est fondée à prendre toute décision tendant à prévenir toute paralysie du fonctionnement des institutions de la République ».

formels pour s'ériger en juge de la discipline et imposer l'autorité du droit, notamment celui de la Constitution. La décision du 13 août 2009 tendant à contrôler les arrêts de la Cour suprême ayant pourtant autorité de chose jugée à titre définitif en est l'illustration parfaite.

La manifestation de l'État de droit suppose donc une démarche volontariste qui doit emporter une série de garanties aptes à légitimer l'action du juge, c'est-à-dire que le contrôle de constitutionnalité des normes doit s'inscrire dans un environnement juridique propre à son épanouissement. Ce n'est qu'à ces conditions que le contrôle de constitutionnalité pourra assurer la protection des droits fondamentaux dans un État de droit (**§1**). Il sera dès lors opportun de mettre en lumière le niveau de pénétration de l'État de droit dans la protection des droits fondamentaux dans l'espace communautaire ouest-africain et découvrir ainsi l'effectivité relative de leur protection constitutionnelle (**§2**).

§1 : Le développement de la protection des droits fondamentaux par le contrôle de constitutionnalité

Les conditions d'accès au juge et l'observation des règles d'organisation des recours sont au cœur de la science du droit et de l'effectivité de la règle de droit. Hans Kelsen, théoricien du modèle de justice constitutionnelle concentrée, l'avait bien compris plus tôt en écrivant dès 1928, dans une contribution majeure que « la question du mode d'introduction de la procédure devant le tribunal constitutionnel pourra remplir sa mission de garant de la Constitution »[979]. S'interroger sur les conditions d'accès au juge constitutionnel c'est bien davantage qu'exposer de simples techniques procédurales. C'est mesurer l'efficacité du contrôle[980] qu'il opère. L'apparition des juridictions

[979]H. KELSEN, « La garantie juridictionnelle de la Constitution (La justice constitutionnelle) », *RDP*, n° 9, 1928, p. 245.

[980]J. PASCAL, Rapport du Conseil constitutionnel français de mars 2000, « l'accès au juge constitutionnel : modalités et procédures », in *Actes du 2e congrès de l'ACCPUF*, Libreville-Septembre 2000, p. 235.

constitutionnelles en Afrique, traduit, pour la plupart des cas, une rupture voire un bouleversement des systèmes politiques existants. Cette révolution « juridico-politique » a été perçue comme l'affranchissement d'un système politique rigide et l'évolution vers un système démocratique, plus respectueux du droit, impliquant davantage les citoyens dans le processus politique, tout en leur garantissant un exercice effectif de leurs droits et libertés fondamentaux.

À ce titre, des auteurs ont pu écrire aux sujets des constitutions actuellement en vigueur dans plusieurs États africains, qu'« il apparaît comme indiscutable que la notion d'État de droit, son avènement, s'est érigé comme une préoccupation essentielle des constituants lors des bouleversements politiques qui ont affecté le continent à partir des années 1990 »[981].

Il n'est donc pas surprenant que la référence à l'État de droit soit récurrente dans la plupart des constitutions. Elle s'y inscrit comme une finalité première dont la non-réalisation aboutirait à l'effondrement de tout l'édifice institutionnel nouvellement bâti[982] et saperait ainsi tout effort de développement.

Aussi, est-il apparu clairement que la volonté initiale des constituants africains était de s'inscrire dans la perspective d'instauration d'un État de droit favorisé par une réelle protection des droits fondamentaux des citoyens, dont le socle d'élévation reste le contrôle de constitutionnalité (**A**). À preuve, l'émergence d'institutions démocratiques fortes qui, d'emblée, seraient en mesure, eu égard aux moyens dont elles seraient dotées, de s'ancrer dans un environnement juridique dominé par la notion d'État de droit engendrant un développement accéléré des droits fondamentaux (**B**).

A. Le contrôle de constitutionnalité, socle d'élévation des droits fondamentaux

---

[981]M.-M. MBORANTSUO, *La contribution des Cours constitutionnelles à l'État de droit en Afrique, op. cit.* p. 21.
[982]*Ibid.*, p. 21.

L'avènement de la démocratie en Afrique ouvrait incontestablement une ère nouvelle : on acceptait non seulement d'assigner certaines limites à la liberté des États, plus encore, on prévoyait la possibilité de contrôles destinés à assurer l'effectivité des principes qui sous-tendent toute société démocratique. C'est ce que la doctrine appelle le « renouveau constitutionnel »[983] ou « constitutionnalisme triomphant » sur le continent.

Et comme le souligne André HAURIOU, « constitutionnaliser le pouvoir, c'est le soumettre à des règles précises, et plus particulièrement mettre au point des mécanismes de représentation politique, établir auprès des gouvernements des censeurs qui seront qualifiés pour dialoguer avec ceux-là »[984].

C'est le volet économique du constitutionnalisme et, plus largement, du droit, en ce qu'il participe au développement de la société. Pour qu'une Constitution soit normative, précise Jean-Philippe FELDEMAN à propos du constitutionnalisme Constantien, « il convient d'accorder à ses prescriptions la garantie d'une autorité, laquelle aura pour mission de contrôler son respect. Autrement dit, il ne suffit pas de coucher par écrit les institutions de l'État ou les droits de l'homme, encore faut-il prévoir un mécanisme juridique, et non pas politique, qui sanctionne la violation de ces dispositions »[985], c'est-à-dire un contrôle juridictionnel des lois dont les contours doivent être précisés.

---

[983]A. BOURGI, « L'évolution du constitutionnalisme en Afrique : du formalisme à l'effectivité », *RFDC*, 2002/4 (n°52), pp. 721-748 ; voir aussi G. CONAC, « Quelques réflexions sur le nouveau constitutionnalisme africain », in *Actes Symposium international de Bamako*, novembre 2000, disponible sur le site de l'Organisation internationale de la Francophonie : www.democratie.francophonie.org ; voir également S.-P. ZOGO NKADA, « Le nouveau constitutionnalisme africain et la garantie des droits socioculturels des citoyens : cas du Cameroun et du Sénégal », *RFDC*, 2012/4 (n°92), pp. 1-17 ; J. Owona, « L'essor du constitutionnalisme rédhibitoire en Afrique noire. Étude de quelques "constitutions Janus" », in *Mélanges en l'honneur de P.-F. Gonidec. État moderne : horizon 2000 : aspects interne et externe*, Paris, L.G.D.J., 1985, pp. 235-243 ; *cf.* aussi, A. KPODAR, « Bilan sur un demi-siècle de constitutionnalisme en Afrique noire francophone », *Revue Afrilex* [En ligne], janvier 2013.

[984]A. HAURIOU, *Droit constitutionnel et Institution politiques*, 4ème éd., Paris, Montchrestien, 1970,p. 73.

[985]J.-P. FELDMAN, « Le constitutionnalisme selon Benjamin CONSTANT », *RFDC 2008/4* (n°76), p. 699.

Cette idée déjà présente dans les premières constitutions des États d'Afrique noire au moment de leur indépendance, n'a pu prospérer qu'avec le renouveau constitutionnel des années 1990. La plupart des constitutions avaient prévu au sein des Cours suprêmes, attributaires de la fonction juridictionnelle, une chambre constitutionnelle. Ainsi en est-il de la première Constitution adoptée après la proclamation de la République du Dahomey du 15 février 1959 dont l'article 47 dispose : « Il est créé un tribunal d'État comprenant [...] une section constitutionnelle ».

Celle du 26 novembre 1960, consécutive à l'indépendance du 1er août 1960, dispose dans son article 57 : « la Cour suprême comprend [...] la chambre constitutionnelle »[986]. Cette disposition est commune à la plupart des constitutions primitives africaines consécutives à la décolonisation.

Mais c'est à la suite des bouleversements politiques des années 1990 que la mission de contrôler véritablement la conformité de la loi à la Constitution et de protéger les droits fondamentaux des citoyens devient l'une des missions principales du juge constitutionnel. Le contrôle de constitutionnalité se fonde sur l'idée selon laquelle la volonté du peuple souverain, directement et solennellement exprimée par lui à travers la Constitution, est supérieure à la volonté de ses représentants ordinairement exprimée par la loi. En raison de cette hiérarchie, la loi ne sera l'expression raisonnable et authentique de la volonté générale qu'autant qu'elle sera conforme à la norme fondamentale. Avec l'avènement du constitutionnalisme mondialisé, les conventions et traités internationaux ratifiés par les États viennent renforcer leur système de protection des droits fondamentaux, du moins en théorie. De ce fait, même si l'objectif est de tendre vers la construction d'un socle identique solide, il n'empêche pas aux États de posséder des particularismes qui s'exprimeront dans la manière dont ils mettent en œuvre les mécanismes mis à leur disposition pour protéger de manière efficace les droits fondamentaux. Il convient de rappeler que le rôle de l'organe juridictionnel n'est pas en Afrique, notamment en Afrique francophone, à l'inverse de ce qui s'est produit en France, d'assurer le respect du parlementarisme rationalisé, mais au contraire,

[986] T. HOLO, « Émergence de la justice constitutionnelle », *op. cit.*, p. 102.

de vérifier que l'exécutif ne s'arroge pas de prérogatives inconstitutionnelles[987] susceptibles parfois, de menacer la paix.

C'est ainsi qu'on a pu dire en France que « le contrôle de constitutionnalité était une sorte de square chargé d'empêcher les parlementaires naturellement turbulents, de sortir du petit jardin à l'intérieur duquel la Constitution les autorise à jouer, à faire respecter la loi et à contrôler le gouvernement »[988].

De ce fait, le contrôle exercé sur la loi s'affirme comme essentiel à l'instauration de l'État de droit dès lors qu'il permet d'opérer un contrôle combiné des activités législatives et du pouvoir exécutif, sachant que ce dernier est à l'initiative de la grande majorité des lois adoptées[989]. En ce sens, le juge constitutionnel apparaît d'une part, comme la pierre angulaire de l'architecture démocratique en ce qu'il permet, par son contrôle, d'organiser la limitation du pouvoir et d'autre part, comme l'instrument privilégié de l'édification de l'État de droit en assurant de manière efficace la protection des droits fondamentaux du citoyen[990].

Cette préoccupation sera consacrée dans plusieurs constitutions de l'espace CEDEAO. Ainsi en est-il du préambule de la Constitution béninoise du 11 décembre 1990 où le peuple béninois réaffirme son opposition « fondamentale à tout régime politique fondé sur l'arbitraire, la dictature, l'injustice, la corruption, la concussion, le régionalisme, le népotisme, la confiscation du pouvoir et le pouvoir personnel » ; et exprime sa détermination à « créer un État de droit et de démocratie

---

[987]F. DARGENT, « Les échecs du mimétisme constitutionnel en Afrique francophone », communication, VIIIe Congrès national de l'AFDC, Nancy 16, 17 et 18 juin 2011, p. 8 et s. Disponible en ligne sur www.droitconstitutionnel.org, consulté le 11 avril 2015.

[988]*Droit constitutionnel et institutions politiques*, deuz du droit 1ère année, Paris, Dalloz, 1994, p. 138 cité par Donatien MUNENE KABAMBA, in « Le contrôle de constitutionnalité des normes et la protection des droits fondamentaux en République démocratique du Congo : tentatives d'évaluation et perspectives », disponible sur le lien suivant : www.chizzolinionlus.it, consulté le12 janvier 2016.

[989]M.-M. MBORANTSUO, *La contribution des Cours constitutionnelles à l'État de droit en Afrique, op. cit.* p. 107.

[990]T. HOLO « Émergence de la justice constitutionnelle », *op. cit.*, p. 102.

pluraliste dans lequel les droits fondamentaux de l'homme, les libertés publiques, la dignité de la personne humaine et la justice sont garantis, protégés et promus [...] ». Une écriture similaire se retrouve dans le préambule de la Constitution du Niger du 25 novembre 2010 dans laquelle le peuple nigérien réaffirme son « opposition absolue à tout régime politique fondé sur la dictature, l'arbitraire, l'impunité, l'injustice, la corruption, la concussion, le régionalisme, l'ethnocentrisme, le népotisme, le pouvoir personnel et le culte de la personnalité » et sa résolution « à bâtir un État de droit garantissant, d'une part, l'exercice des droits collectifs et individuels, la liberté, la justice, la dignité, l'égalité, la sûreté et le bien-être [...], d'autre part, l'alternance démocratique et la bonne gouvernance ». Des formules presque identiques se retrouvent dans les préambules des constitutions de la Côte d'ivoire, de la Guinée, du Togo, du Burkina Faso, du Mali ou du Sénégal. Dès lors, le contrôle de constitutionnalité de la loi et la protection des droits fondamentaux apparaissent comme des missions essentielles du juge constitutionnel dans ces États.

Ainsi que le fait remarquer le professeur Théodore HOLO, au Bénin par exemple, « c'est l'action populaire, c'est-à-dire la saisine directe de la Cour constitutionnelle par tout citoyen, qui donne toute sa vitalité à la justice constitutionnelle et en fait le rempart légitime des droits fondamentaux »[991]. C'est là une exception béninoise qui permet au juge constitutionnel de s'imprégner d'un véritable contentieux des droits fondamentaux. C'est d'autant plus original que le citoyen dispose de la possibilité de saisir le juge même par voie d'action.

En revanche, l'exception d'inconstitutionnalité adoptée dans la plupart des pays de la CEDEAO, limite par son action, la saisine du juge constitutionnel aux seules parties à un procès. Toutefois, les fondements des décisions que le juge puise abondamment non pas seulement dans la Constitution d'un État membre, mais aussi dans les instruments juridiques internationaux de protection des droits fondamentaux, dont certains sont directement intégrés dans le bloc de constitutionnalité des États, permet de garantir efficacement la protection des droits fondamentaux.

---

[991]T. HOLO, « Émergence de la justice constitutionnelle », *op. cit.,* p. 108.

Il convient de noter qu'en Afrique les juridictions constitutionnelles sont investies de la compétence quasi exclusive de garantir les droits fondamentaux. S'agissant des autres juridictions, même dans les cas où leur intervention est requise, celle-ci est de très faible portée. Et comme le note à juste raison Babacar KANTÉ, « les juridictions internationales et ordinaires de l'ordre national ne sont pas, contrairement à ce qui se passe en Europe, d'un très grand apport dans la garantie des droits fondamentaux. On est loin de l'intensité du contrôle exercé par notamment la Cour européenne des droits de l'homme sur le respect de la Convention européenne des droits de l'homme »[992]. Cette situation est caractéristique de la faible diffusion des droits fondamentaux dans l'espace culturel juridique africain.

En effet, malgré la compétence générale qui lui est reconnue en matière de protection des droits fondamentaux, l'office du juge constitutionnel, dans la plupart des États membres de la CEDEAO, est très rarement saisi par la voie de l'exception d'inconstitutionnalité pourtant consacré dans presque toutes les constitutions des États membres. Ce qui dénote une absence de promotion des droits fondamentaux par les juridictions constitutionnelles. Dans certains pays comme le Bénin, c'est certainement le souci de la promotion des droits fondamentaux qui a conduit le constituant à ouvrir une brèche au juge constitutionnel en lui permettant de soulever d'office un certain nombre de moyens pour protéger les droits fondamentaux. C'est un véritable pouvoir normatif qui est reconnu au juge en matière de protection des droits fondamentaux même s'il est regrettable que celui-ci, dans bien des cas, peine encore à user de cette compétence constitutionnelle pour combler les lacunes constatées.

À ce propos, Jean Rivero a pu affirmer que, « les institutions à la différence des satellites, demeurent rarement sur l'orbite où leur créateur avait entendu les placer. Elles échappent à la volonté du constituant ou du législateur qui leur a donné vie. L'événement, le milieu, la personnalité des hommes qui les incarnent déterminent leur trajectoire. Ainsi, du Conseil constitutionnel, le père spirituel de la Constitution de 1958, qui n'avait sans doute pas pressenti qu'en plaçant certains des votes du parlement sous le contrôle d'un Conseil

---

[992]B. KANTÉ, « les droits fondamentaux constituent-ils une nouvelle catégorie juridique en Afrique ? », *op. cit.,* p. 460.

constitutionnel tout justement appelé à la vie, il allait parachever la construction, en France, de l'État de droit, en rendant effective la soumission du législateur souverain à la règle qui fonde son pouvoir et en le contraignant par là au respect des libertés publiques. Vingt années ont suffi à rendre caduque une tradition vieille d'un siècle et demi et que quatre Républiques semblaient avoir sacralisé »[993].

En effet, au nomment de la mise en place de la Vème République, le rôle dévolu au Conseil constitutionnel était bien éloigné de celui qu'il connaît aujourd'hui. Et, de fait, la Constitution de la Vème République rompait avec cette tradition politique française, hostile à tout contrôle de constitutionnalité. En France, la théorie de la souveraineté nationale et l'hostilité des révolutionnaires à l'égard du Parlement, ont servi de fondements au rejet de toute idée de contrôle de constitutionnalité. La crainte que le juge, qui n'avait pas la qualité de représentant de la nation, ne s'immisce dans la vie politique s'est toujours manifestée avec vigueur. Ce n'est qu'à partir de 1958, que s'est véritablement manifestée l'opportunité d'un contrôle de constitutionnalité.

Mais, là encore, comme le relève F. LUCHAIRE, « l'objectif des constituants de 1958 n'était nullement d'établir un contrôle général de la constitutionnalité des actes des pouvoirs publics ; il n'était pas non plus de garantir les droits et libertés ; la création s'explique par l'esprit général de la Constitution. Celle-ci se proposait de renforcer l'Exécutif au détriment du Parlement et particulièrement de l'Assemblée nationale »[994].

Le Conseil constitutionnel n'était donc pas au départ, une institution d'emblée légitime. De ce point de vue, le professeur Véronique CHAMPEIL-DESPLATS soutenait justement que l'histoire du Conseil constitutionnel est en partie celle de la construction de sa légitimité et de la conquête d'une place dans le paysage institutionnel français[995]. Chaque fois qu'une décision est relative à des questions politiques ou

[993]J. RIVERO, « Fin d'un absolutisme », *Pouvoirs, n°13, Le Conseil constitutionnel*, avril 1980 (juillet 1991), pp. 5-16.
[994]F. LUCHAIRE, *Le Conseil constitutionnel*, Paris, Economica, 1997, p. 21.
[995]V. CHAMPEIL-DESPLATS, « Le Conseil constitutionnel, protecteur des libertés ? », *op. cit.*, p. 11.

sociales très sensibles, un climat de suspicion resurgit à l'égard du contrôle du juge.

Donc, si le Conseil a connu l'évolution que l'on sait, s'affirmant comme le gardien de la Constitution et garant des droits et libertés fondamentaux, il le doit à un environnement politique et juridique propice qui a conduit à son instauration dans le paysage institutionnel français. Et c'est certainement là, la différence fondamentale avec le modèle africain.

En effet, le juge constitutionnel africain, a dû faire preuve d'ingéniosité et d'audace, pour permettre le développement d'un contrôle de constitutionnalité des actes des pouvoirs publics. Le particularisme des juridictions constitutionnelles africaines est corrélatif du contexte politique dans lequel le juge est appelé à exercer sa fonction.

Le présidentialisme dominant sur le continent, qui favorisait une inflation des pouvoirs du chef de l'État n'a pas permis le développement rapide d'un contrôle de constitutionnalité.

Il a fallu attendre le bouleversement de l'ordonnancement juridique qui régissait les systèmes politiques durant les années 1990 pour voir émerger une certaine catégorie de droits dont la protection nécessite l'intervention du juge.

La situation des droits fondamentaux s'est beaucoup améliorée à la suite des différentes transitions démocratiques amorcées dans la région. Les constitutions adoptées à l'issue de ces transitions ont permis un développement croissant des droits fondamentaux ainsi que leurs mécanismes de protection.

L'objectif étant ainsi décliné, une fois adoptée, la Constitution consacre d'une « façon développée »[996] les droits fondamentaux en leur assurant une protection effective.

---

[996]N. YOUSSEF, *La transition démocratique et la garantie des droits fondamentaux : esquisse d'une modélisation juridique*, *op. cit.*, p. 503.

B. Le développement accéléré de la protection des droits fondamentaux

La garantie des droits fondamentaux, suppose dans un État de droit, leur reconnaissance préalable. Ainsi, dans les pays de l'espace CEDEAO, selon le modèle appliqué[997], la Constitution demeure au sommet de la hiérarchie des normes, elle est donc la norme fondamentale à laquelle obéit toutes les autres normes. Elle est en outre la garante des droits fondamentaux. Mais encore faut-il pour s'en convaincre, ne pas se limiter à une conception formelle qui consiste à lier l'État de droit à la seule adoption d'une Constitution. En effet, cette dernière, pour exister, doit être vivante, c'est-à-dire, qu'elle doit obéir à toutes les caractéristiques propres à une Constitution.

Ces caractéristiques, on les retrouve dans l'article 16 de la Déclaration des droits de l'homme et du citoyen de 1789 qui dispose : « Toute société dans laquelle la garantie des Droits n'est pas assurée, ni la séparation des pouvoirs déterminée, n'a point de Constitution ».

A la lumière de cet article, toute Constitution, pour être considérée comme telle, doit remplir un certain nombre de conditions. Comme le souligne Joseph OWONA, « les droits et libertés fondamentaux sont garantis de trois manières : la constitutionnalisation du préambule, la définition dans le corps de la Constitution des droits et des libertés et la reconnaissance de la primauté du droit international »[998]. Cela permet assurément une meilleure protection de ces droits.

La consolidation de l'État de droit passe nécessairement par un système juridique qui consacre la soumission de tous aux règles communes et institue un contrôle de conformité des lois et des actes des gouvernements à la Constitution. Cette dernière, en tant que norme fondamentale, détermine théoriquement l'étendue du contrôle du juge. En d'autres termes, elle détermine le champ d'intervention du juge, la

[997]Modèle américain du type diffus ou le modèle européen du type concentré.

[998]J. OWONA cité par Alain Didier OLINGA « l'aménagement des droits dans la Constitution Camerounaise révisée », *Revue universelle des droits de l'homme*, 1996, p. 117.

trame sur laquelle le juge constitutionnel va tisser sa jurisprudence[999]. Évoquant la question de la protection des droits fondamentaux, certains auteurs[1000]ont mis en lumière, la nature de la protection dont peut bénéficier la Constitution. Ainsi existe-t-il une protection politique et une protection juridique de la Constitution. En ce qui concerne la première catégorie, c'est en vertu de la légitime défense de l'ordre constitutionnel face à un péril, à une entreprise de déstabilisation, que le chef de l'État, le gouvernement ainsi que les citoyens doivent se mobiliser pour la protéger. Tel est le sens des dispositions que l'on retrouve dans la plupart des constitutions de l'espace CEDEAO et qui consacrent le Président de la République comme garant du respect de la Constitution[1001].

Pour leur part, les citoyens ne peuvent pas rester attentistes : la résistance à l'oppression figure parmi leurs droits naturels et imprescriptibles. Et, tel que l'affirmait Platon en ce sens, « ce ne sont pas les pierres, mais les hommes qui constituent le véritable rempart des cités »[1002].

---

[999]M.-M. MBORANTSUO, La contribution des Cours constitutionnelles à l'État de droit en Afrique, *op. cit.,* p. 267

[1000]D. MUNENE-KABAMBA, « Le contrôle de constitutionnalité des normes et la protection des droits fondamentaux en République démocratique du Congo : tentatives d'évaluation et perspectives », *op. cit.,* p. 10 et s.

[1001]Par exemple, la Constitution du Burkina Faso du 27 janvier 1997 dispose dans son article 36 « Le Président du Faso est le chef de l'État. Il veille au respect de la Constitution...Il est garant de l'indépendance nationale, de l'intégrité du territoire, de la permanence et de la continuité de l'État, du respect des accords et des traités » ; la Constitution ivoirienne du 8 novembre 2016 dont l'article 54 dispose : « Le Président de la République est le Chef de l'État. Il incarne l'unité nationale. Il veille au respect de la Constitution. Il assure la continuité de l'État. Il est le garant de l'indépendance nationale, de l'intégrité du territoire et du respect des engagements internationaux » ; La Constitution Guinéenne dispose à son article 45 : « le président de la République est le chef de l'État. Il préside le Conseil des ministres. Il veille au respect de la Constitution, des engagements internationaux, des lois et des décisions de justice. Il assure le fonctionnement régulier des pouvoirs publics et la continuité de l'État. Il détermine et contrôle la conduite de la politique de la Nation. Il incarne l'unité nationale. Le Président de la République est au-dessus des partis politiques » ; La Constitution nigérienne du 25 novembre 2010 reprend la même formulation à son article 46.

[1002]PLATON, cité par Jean GICQUEL, *Droit constitutionnel et institutions politiques*, 18ème éd., Paris, Montchrestien, 2002, p. 177.

Selon Donatien MUNENE KABAMBA, « outre la protection politique, les Constitutions peuvent se réclamer d'une protection renforcée »[1003], c'est-à-dire la protection juridique nécessaire à la sauvegarde de l'équilibre social et institutionnel qu'elles consacrent. En quelque sorte, celle-ci assure à la Constitution le respect dû à son rang dans la hiérarchie des normes. D'ailleurs, à ce propos, la doctrine soutient que « le centre n'est plus la loi mais la Constitution, avec la subordination à cette dernière non seulement des lois, mais de tous les actes infra-constitutionnels. Il s'ensuit que la validité de tout acte juridique est subordonnée à sa conformité à la Constitution, raison pour laquelle celle-ci institue le contrôle de constitutionnalité, c'est-à-dire le contrôle de la conformité de tous les actes juridiques à la Constitution »[1004]. Par ailleurs, il faut souligner l'approche pragmatique du constituant béninois qui, contrairement à la plupart des constituants, fait du juge constitutionnel, le chantre naturel de la Constitution, dont il assure le respect[1005].

Quasiment tous les préambules des constitutions actuellement en vigueur dans les États membres de la CEDEAO, définissent clairement leur idéal de société et le cadre dans lequel devait opérer le juge constitutionnel. Au regard de l'importance que le constituant accorde au contrôle de constitutionnalité dans ces États, il apparaît indispensable, pour une consolidation effective de l'État de droit et une protection efficace des droits fondamentaux, que la jurisprudence constitutionnelle puisse avoir un impact réel sur les décisions des juridictions inférieures afin que le contrôle de constitutionnalité soit exercé à tous les niveaux de l'appareil judiciaire.

[1003]D. MUNENE KABAMBA, « Le contrôle de constitutionnalité des normes et la protection des droits fondamentaux en République démocratique du Congo : tentatives d'évaluation et perspectives », *op. cit.,* p. 7.

[1004]A. MAMPUYA KANUNK'A-TSHIABO, « Le respect des textes légaux comme problème d'éthique de gouvernance au Congo », *Revue de l'U.K. A, éthique et reconstruction de la nation congolaise*, Volume I, n°1, (février 2013), Université Notre-Dame de Kasayi KANANGA, pp. 146-165.

[1005]L'article 114 de la Constitution du Bénin dispose : « La Cour constitutionnelle est la plus haute juridiction de l'État en matière constitutionnelle. Elle est juge de la constitutionnalité des lois et elle garantit les droits fondamentaux de la personne humaine et les libertés publiques. Elle est l'organe régulateur du fonctionnement régulier des institutions et de l'activité des pouvoirs publics ».

A ce propos, le Doyen Pierre PACTET affirme qu'« en effet [...], il ne peut y avoir d'État de droit si les parties ou la coalition au pouvoir qui dirige l'exécutif, et dispose de la majorité parlementaire peut imposer par la voie législative, des mesures méconnaissant la Constitution. Le contrôle de constitutionnalité est une des conditions du respect de l'État de droit et des libertés »[1006]. Les droits fondamentaux ne peuvent valablement être protégés que grâce à des garanties autant politiques que juridictionnelles données à leurs bénéficiaires. Il convient à cet égard, de connaître l'état des droits fondamentaux protégés dans les différents systèmes juridictionnels des États.

Les droits fondamentaux protégés dans les différentes États membres de la CEDEAO, trouvent leur origine dans les constitutions elles-mêmes et dans leurs préambules qui, pour la plupart, font partie intégrante de la Constitution. Plusieurs de ces préambules visent certains textes internationaux auxquels les États sont parties. Ainsi en est-il de la Constitution du Bénin qui réaffirme l'attachement du peuple béninois aux principes de la démocratie et des droits de l'homme tels qu'ils ont été définis par la Charte des Nations Unies de 1945 et la Déclaration Universelle des Droits de l'Homme de 1948 ; la Constitution du Burkina Faso de 1991 modifiée par la loi n°002/97/ADP du 27 janvier 1997 affirme la souscription du peuple burkinabé à la Déclaration universelle des Droits de l'Homme de 1948, au Pacte international relatif aux droits civils et politiques et au Pacte international relatif aux droits économiques, sociaux et culturels ; la Constitution de Côte d'Ivoire proclame l'adhésion du peuple ivoirien à la Charte des Nations Unies de 1945, à la Déclaration universelle des droits de l'Homme de 1948 ; la Constitution guinéenne du 7 mai 2010 proclame l'adhésion du peuple guinéen à la Charte de l'Organisation des Nations Unies, à la Déclaration universelle d es droits de l'homme, aux Conventions et Pactes internationaux relatifs aux droits de l'homme ; la Constitution malienne réaffirme l'attachement du peuple malien aux principes de la démocratie tels qu'ils ont été définis par la Charte des Nations Unies de 1945 et la Déclaration universelle des droits de l'Homme de 1948 ; la Constitution nigérienne du 25 novembre 2010 proclame l'attachement du peuple nigérien aux principes de la démocratie pluraliste et des droits humains tels que définis par la

[1006]P. PACTET, *Institutions politiques Droit constitutionnel*, 22éme éd., Paris, Armand Colin, 2003.

Déclaration universelle des droits de l'homme de 1948, le Pacte international relatif aux droits civils et politiques de 1966, le Pacte international relatif aux droits économiques, sociaux et culturels de 1966 ; la Constitution du Sénégal affirme son adhésion à la Déclaration des droits de l'homme et du Citoyen de 1789, la Déclaration universelle des droits de l'homme de 1948, la Convention sur l'élimination de toutes les formes de discrimination à l'égard des femmes du 18 décembre 1979 et la Convention relative aux droits de l'enfant du 20 novembre 1989 ; la Constitution du Togo affirme l'adhésion du peuple togolais aux principes de démocratie pluraliste et à la protection des droits de l'homme tels que définis par la Charte des Nations Unies de 1945, la Déclaration universelle des droits de l'homme de 1948 et les Pactes internationaux de 1966. Par ailleurs, l'ensemble de ces constitutions affirment leur adhésion à la Charte africaine des droits de l'homme et des peuples.

Cette démarche a été particulièrement utile en ce qui concerne les droits qui ne sont pas constitutionnellement garantis. Dans cette hypothèse, les constituants ont donné une valeur particulière à certains textes internationaux notamment la Déclaration universelle des droits de l'Homme et la Charte africaine des droits d l'homme et des peuples qui emportent l'adhésion massive, ce qui a permis d'élargir le catalogue des droits fondamentaux protégés par le juge national et d'étendre son champ d'intervention, en dépit de la prolixité évidente des textes constitutionnels.

Bien que ces instruments internationaux fassent partie du cadre de référence en droit interne, notamment en ce qu'ils font pour la plupart, partie du bloc de constitutionnalité et peuvent être directement invoqués devant un juge, leur prise en considération est le résultat d'un lent processus. Les juges africains donnent plus de valeur à la Constitution dans le cadre du contrôle qu'ils opèrent sans véritablement s'intéresser au bloc de constitutionnalité qui apparaît parfois plus comme une sorte d'avatar qu'une source d'inspiration. La plupart de ces textes de référence peinent encore à être invoqués en droit interne dans le cadre d'un contentieux devant un juge.

Mais, compte tenu de la communautarisation progressive des droits fondamentaux, les instruments internationaux visés par la Cour de justice comme par exemple la Charte africaine des droits de l'homme et des peuples, les Pactes internationaux de 1966 et 1976, la Déclaration universelle des droits de l'homme, font désormais partie du droit primaire en ce qu'ils fondent l'ordre juridique communautaire.

En effet, même si l'Afrique se distingue déjà par le pluralisme politique en matière constitutionnelle, il faudrait encore que dans sa pratique politique et dans l'application des textes, le juge puisse opportunément puiser dans l'ingénierie constitutionnelle, la vertu démocratique qu'enseigne Montesquieu afin de limiter l'arbitraire et empêcher les abus des gouvernements. C'est dans cette perspective que le constituant a fait du respect des droits fondamentaux, une des premières exigences constitutionnelles, au lendemain de ce qu'il est convenu d'appeler « le printemps des libertés » des années 1990, en réponse au présidentialisme existant. C'est ce que la doctrine a appelé le « renouveau constitutionnel »[1007] africain. Même si le concept n'emporte pas l'adhésion de l'ensemble de la doctrine, puisqu'il suppose une réforme de la pratique constitutionnelle comme on a pu le voir en France en 2008 avec l'introduction de la question prioritaire de constitutionnalité, on comprend le sens africain de ce concept.

L'espace politique africain a fait corps avec une idée de Constitution importée. L'enjeu se cristallisait autour de la « greffe constitutionnelle »[1008], c'est-à-dire, un système constitutionnel calqué sur les modèles occidentaux, au point que l'on a pu parler de « néo-constitutionnalisme »[1009] ; qui n'a malheureusement pas pris, en raison des assauts répétés de l'armée contre le pouvoir civil dont l'acmé a été le présidentialisme négro-africain, un système politique « présumé » conforme aux réalités africaines. Et comme le note le professeur Dodzi KOKOROKO, « ce système matérialisé par les constitutions primitives africaines, révèle une "toute puissance" du chef de l'État. Ce dernier reste un homme aux pouvoirs extraordinaires qu'il exerce hors des limites ordinaires. La transversalité du système politique équilibré en pouvoirs et contre-pouvoirs se retrouve presque entamée. Il n'en

[1007]A. BOURGI, « L'évolution du constitutionnalisme en Afrique : du formalisme à l'effectivité », *op. cit.,* pp. 721-748 ; voir aussi G. CONAC « Quelques réflexions sur le nouveau constionnalisme africain », symposium de Bamako, 2000.
[1008]P. PACTET, *Institutions politiques Droit constitutionnel*, *op. cit.* , p. 82.
[1009]L. SINDJOUN (1995), « Les nouvelles constitutions africaines et la politique internationale : contribution à une économie internationale des biens politico-constitutionnels », *Études internationales*, vol. XXVI, n°2, pp. 329-345.

demeure pas moins que le présidentialisme n'a pas su réaliser ses fins justifiant le printemps démocratique de 1990 »[1010]. Les nouveaux textes constitutionnels adoptés à cette période faisaient théoriquement sortir l'Afrique, selon la formule consacrée par Luc SINDJOUN, « du Jurassik Park des sociétés politiques anachroniques »[1011] et ont légitimement suscité dans cette région du monde, un souffle constitutionnel nouveau. Le dénominateur commun des textes constitutionnels issus des différents pays de la CEDEAO repose essentiellement sur la souveraineté nationale et populaire, la promotion et la protection des droits et libertés et la séparation des pouvoirs. L'instauration d'un État de droit passe nécessairement par le respect de ces trois piliers, même s'il convient de noter que, dans l'espace CEDEAO, l'effectivité de la protection constitutionnelle des droits fondamentaux est relative.

§2 : L'effectivité relative de la protection constitutionnelle des droits fondamentaux

Tous les pays membres de la CEDEAO sont dotés d'une juridiction constitutionnelle. Selon l'appellation « Conseil constitutionnel », « Cour constitutionnelle » ou « Cour suprême de justice », ces juridictions sont investies du rôle de juge de l'interprétation de la Constitution et de ce fait, juge de la constitutionnalité des lois. À ce titre, la juridiction constitutionnelle est le gardien des libertés publiques et du respect de la loi, autrement dit, le juge de la « fondamentalité » des droits qui sont garantis dans les différentes constitutions des États membres.

De ce point de vue, l'action des juridictions constitutionnelles est essentielle, d'autant plus qu'elles doivent veiller à ce que les usages du passé ne se renouvellent plus dans le nouveau paysage institutionnel. Le juge constitutionnel devient désormais l'acteur incontournable du

---

[1010] D. KOKOROKO, « L'idée de Constitution en Afrique », *Afrique contemporaine, 2012, n°242,* p. 117.
[1011] D. KOKOROKO, « L'idée de Constitution en Afrique », *op. cit.,* p. 117.

contrôle de la conformité des actes législatifs et réglementaires à la Constitution.

Dans sa mission de protection des droits fondamentaux, le juge constitutionnel doit veiller au respect des mécanismes démocratiques mis en place dans les nouvelles constitutions de sorte que les autorités investies du pouvoir politique ne soient pas tentées de rééditer leurs comportements antérieurs où le respect de la règle de droit et de la norme constitutionnelle qui importe tout particulièrement serait mis à mal[1012].

L'État de droit ne peut se contenter seulement d'une hiérarchie des normes au sommet de laquelle serait placée la Constitution. Bien plus, il faut mettre en place un système de contrôle concret à travers des décisions sanctionnant le non-respect des dispositions constitutionnelles. En tout état de cause, il convient de souligner que l'institution d'un contrôle de constitutionnalité a pour finalité d'atteindre l´objectif nécessaire à la protection des droits fondamentaux en vue de l'accomplissement d'un État de droit. À cet égard, affirme le professeur H. ROUSSILLON, « l'établissement d'un contrôle de constitutionnalité est la première condition, au sens hiérarchique, de l'existence d'un système visant à assurer une protection effective des droits fondamentaux »[1013]. Cette dernière passe nécessairement par une consécration plus large de l'État de droit (**A**) en intégrant l'ensemble des sources juridiques y compris les sources communautaires, en vue d'une réelle effectivité des droits fondamentaux(**B**).

A. L'État de droit, nécessaire à la protection juridictionnelle des droits fondamentaux

Il faut rappeler, au préalable, que le contrôle de constitutionnalité des lois est considéré comme un moyen pour soumettre l'État au respect

---

[1012]M.-M. MBORANTSUO, *La contribution des Cours constitutionnelles à l'État de droit en Afrique*, *op. cit.*, p. 280 et s.

[1013]H. ROUSSILLON, « Contrôle de constitutionnalité et droits fondamentaux » in *Protection des droits fondamentaux et systèmes juridiques, op. cit.*, p. 379.

des droits fondamentaux garantis par la Constitution. Le juge constitutionnel devient, de ce fait, le premier gardien des droits fondamentaux. En général, ce contrôle s'exerce de deux manières : soit selon le « modèle américain » dit « diffus », où l'ensemble des cours et tribunaux l'exercent sous le contrôle de la Cour suprême, soit selon le « modèle concentré européen », où le contrôle est confié à des juridictions spécialisées[1014].

Tant il est vrai, « la valeur de la protection constitutionnelle des droits fondamentaux ne peut s'apprécier qu'au travers de leur application par le juge. Le rôle du juge, surtout du juge constitutionnel, est hautement déterminant dans la protection des droits fondamentaux ».[1015] En effet, c'est par son pouvoir normatif que le juge contribue efficacement à la protection des droits fondamentaux. En ce sens, l'exemple du Conseil constitutionnel français est significatif. C'est par son œuvre prétorienne que le juge constitutionnel français a pu étendre son contrôle au respect des droits fondamentaux contenus dans les différents textes de référence qui constituent le bloc de constitutionnalité.

Avant le Conseil constitutionnel français, c'est en réalité la Cour suprême américaine qui en pose le principe à travers le célèbre arrêt *Marbury vs Madison* de 1803. Le pouvoir d'interprétation des juridictions constitutionnelles permet d'élargir le champ de la protection des droits fondamentaux ; le juge adopte le plus souvent une conception matérielle de la loi soumise à son contrôle. Du fait de son pouvoir normatif, le juge contribue, par le contrôle qu'il exerce, à l'enracinement de l'État de droit et au renforcement de la protection des droits fondamentaux. Le « modèle américain » s'est essentiellement construit en fonction du contexte et des données politiques du moment.

La diffusion mondiale du constitutionnalisme, notamment l'émergence de la constitutionnalisation des droits fondamentaux, a permis aux pays africains, d'inscrire au sein de leurs constitutions, les droits fondamentaux de l'individu. Mais l'institution d'un contrôle de constitutionnalité, ne s'est pas faite sans difficultés dans ces États à la

---

[1014]L. FAVOREU, Les Cours constitutionnelles, coll. Que sais-je ?, 3ème éd., Paris, PUF, 1996,pp. 3-6 et pp. 16-27.

[1015]B. KANTÉ, « Les juridictions constitutionnelles et la régulation des systèmes politiques en Afrique », in *Constitutions et Pouvoirs, Mélanges en l'honneur de Jean GICQUEL*, Paris, Montchrestien, 2007, pp. 265-276.

recherche de repères démocratiques. Dans un contexte de méfiance endémique vis-à-vis d'un système judiciaire jugé, à tort ou à raison, trop frileux et mal armé pour assurer la régulation de la vie publique et la protection des droits fondamentaux[1016], la question de la nécessité et surtout de l'efficacité du contrôle de constitutionnalité se pose parfois avec acuité.

En effet, l'instauration du contrôle de constitutionnalité est particulièrement récente dans cette région et dans les rares États où ce contrôle a été mis en place antérieurement aux années 1990, il s'est toujours révélé largement imparfait et d'une très faible efficience. Par voie de conséquence, le nombre de textes ayant échappé à tout contrôle s'avère être impressionnant.

De plus, il convient de préciser que ces textes ont été adoptés pour la plupart, sous des régimes qui n'ont pas toujours donné les gages d'un exercice démocratique du pouvoir : le respect de ces textes, une des conditions du fonctionnement régulier des institutions, peut être considérée comme l'une d'une garanties fondamentales à l'accomplissement de l'État de droit.[1017] En définitive, ne faut-il pas envisager une véritable « épuration » du paysage institutionnel africain, permettant de poser les bases d'un mouvement juridique important, dans lequel devrait s'inscrire le contrôle de constitutionnalité ? La doctrine soutient à ce titre qu'en Afrique plus qu'ailleurs, les jeunes démocraties se doivent d'instaurer ce contrôle des lois promulguées, ne serait-ce que pour conférer à ces textes antérieurs, un « label » de conformité aux dispositions constitutionnelles et aux droits fondamentaux proclamés, de sorte qu'en toute hypothèse, leur application ne serait pas aux antipodes des principes constitutionnels nouvellement posés[1018] tant par le droit interne que par les conventions internationales auxquelles les États sont parties.

À cet égard, le professeur Jacques CHEVALLIER a pu écrire que « l'instauration de l'exception d'inconstitutionnalité constituerait

---

[1016]J. DU BOIS DE GAUDUSSON, « La justice en Afrique : nouveaux défis, nouveaux acteurs. Introduction thématique », *op. cit.*, p. 19.

[1017]M.-M. MBORANTSUO, *La contribution des Cours constitutionnelles à l'État de droit en Afrique*, *op. cit.* p. 124.

[1018]M.-M. MBORANTSUO, *La contribution des Cours constitutionnelles à l'État de droit en Afrique*, *op. cit.*, p. 124 et s.

indéniablement une pierre importante à l'édification de l'État de droit »[1019]. En effet, celle-ci permet, par sa mise en œuvre, la participation des citoyens au processus de contrôle, en inscrivant ainsi leur action dans le processus démocratique et d'édification de l'État de droit.

Il est donc évident que dans un État de droit, le juge est incontournable en matière de protection des valeurs démocratiques et des droits fondamentaux de l'individu. En ce sens, l'avènement de la justice constitutionnelle à travers l'extension du contrôle de constitutionnalité et l'importance accordée aux normes fondamentales tant au niveau interne qu'au niveau international, apportent une nouvelle dimension à la démocratie et aux droits fondamentaux.

Il est donc impérieux d'étudier, dans un contexte de mondialisation de la théorie des droits fondamentaux, la manière dont s'articulent les différentes normes de référence pour une protection effective des droits fondamentaux en Afrique. Mais celle-ci ne serait réellement atteinte que lorsque l'étendue des droits fondamentaux serait précisée. D'où la multiplicité des sources normatives existantes, dans lesquelles le juge est amené à puiser son inspiration, en vue d'assurer l'effectivité de la protection des droits fondamentaux.

B. La multiplicité des sources de référence du juge, gage de l'effectivité de la protection des droits fondamentaux ?

Dans le contentieux constitutionnel en général, le principe directeur est celui de l'adhésion à la définition formelle de la Constitution en tant qu'expression directe de la souveraineté du peuple. Mais la pratique révèle une tendance volontariste du juge qui consiste à retenir la définition matérielle de la norme constitutionnelle dans le but d'élargir le champ d'application de la protection des droits fondamentaux.

[1019] J. CHEVALLIER, « L'État de droit », *RDP,* 1988, p. 315.

En effet, une définition formelle de la Constitution aura pour conséquence, la rigidité de ses dispositions, en d'autres termes seules les normes inscrites dans le texte constitutionnel auront valeur constitutionnelle. Ce qui exclurait de manière équivoque, les traités internationaux et autres déclarations de droits non intégrés dans le texte constitutionnel. D'où la prolixité des préambules des constitutions des États africains en matière de référence aux textes internationaux et régionaux, considérés comme la traduction de la philosophie politique et juridique des changements des régimes et leur attachement aux valeurs démocratiques. Plusieurs de ces constitutions attachent une valeur constitutionnelle à leur préambule. Cette démarche participe de la volonté des États d'intégrer dans leurs textes constitutionnels, plusieurs sources du droit afin qu'aucun droit fondamental ne puisse échapper au contrôle du juge.

Il convient de noter que dans la plupart des systèmes judiciaires des pays membres de la CEDEAO, les traités n'ont pas valeur constitutionnelle mais une valeur supra législative. Ce n'est donc pas tant la constitutionnalité du traité que le juge est appelé à contrôler que sa conformité à la Constitution. Cette situation devait conforter le juge ordinaire car elle lui permet d'intégrer dans son action le contrôle de la conventionalité des droits fondamentaux garantis par les traités internationaux. La technique consistant à intégrer ces textes conventionnels dans le bloc de constitutionnalité, et, partant, dans le domaine réservé du juge constitutionnel, n'obstrue en rien la compétence du juge ordinaire à contrôler la conformité des lois aux traités. Or, il apparaît à l'évidence que cette technique n'a eu pour conséquence que l'élargissement du champ de contrôle du juge constitutionnel par une valorisation de son action en tant que juge de la conventionalité au détriment du juge ordinaire.

En outre, les jurisprudences des pays de traditions démocratiques comme la France ou les États-Unis, servent de plus en plus de base de référence pour les juridictions constitutionnelles africaines dans l'appréciation des normes relatives aux droits fondamentaux. Le droit comparé est devenu de fait, en pratique, une source abstraite de droit et permet aux juges constitutionnels d'étendre de manière significative, leur contrôle, par une interprétation large des droits fondamentaux en se référant aux solutions déjà apportées par des juridictions constitutionnelles des pays démocratiques. Mieux, des dispositions entières de la Constitution française de 1958 se retrouvent à l'identique dans les constitutions des États francophones d'Afrique[1020]. C'est ce « mimétisme » trop souvent fustigé et ces similitudes que la doctrine a pendant longtemps considérés comme une limite au constitutionnalisme africain[1021].

Comme le fait remarquer Fleur DARGENT à propos de la Déclaration de Bamako, celle-ci prend ses distances avec la notion de mimétisme en affirmant que « pour la Francophonie, il n'y a pas de mode d'organisation unique de la démocratie et que, dans le respect des principes universels, les formes d'expression de la démocratie doivent s'inscrire dans les réalités et spécificités historiques, culturelles et sociales de chaque peuple » [1022].

Cette conception universaliste de la démocratie ne pourrait que contribuer à consolider l'État de droit et à favoriser une conception africaine de la démocratie qui prendra en compte certaines exigences spécifiques à la région comme par exemple l'impératif de stabilité, de sécurité et de développement. Or, cette conception n'emporte pas l'adhésion d'une partie de la doctrine pour laquelle, « peu importe que nous soyons en présence d'un droit « d'importation » ou d'un droit de pure « fabrication » locale, s'il ne parvient pas à réaliser les aspirations majoritaires de la nation »[1023], son maintien dans un système ne suffirait pas à en faire un droit efficace. Le droit comparé constitue donc une étape indispensable, nécessaire mais non suffisante[1024] à la protection des droits fondamentaux.

[1020] J. DU BOIS DE GAUDUSSON., « Les nouvelles constitutions africaines et le mimétisme », in *la création du droit en Afrique*, Paris, Karthala, 1997, p. 309.

[1021] M. MUBIALA « La Cour africaine des droits de l'homme et des peuples : mimétisme institutionnel ou avancée judicaire ? », R.G.D.I.P, vol. 102,1998, pp.772-780.

[1022] F. DARGENT, «Les échecs du mimétisme constitutionnel en Afrique francophone », communication, VIIIe Congrès national de l'AFDC, Nancy 16, 17 et 18 juin 2011, disponible en ligne sur le lien suivant : www.droitconstitutionnel.org, consulté le 11 avril 2015.

[1023] M.-M. MBORANTSUO, *La contribution des Cours constitutionnelles à l'État de droit en Afrique, op. cit.,* p. 100.

[1024] N. VALTICOS, « préface » *in La protection des droits sociaux fondamentaux dans les États membres de l'Union européenne : étude de droit comparé, Julia Iliopoulos-Strangas (dir)*, Human Rights-Menschenrechte, Vol. 3, p. VIII.

Le contrôle exercé par le juge constitutionnel et la question corrélative de son efficacité sur la protection des droits fondamentaux ne portent pas ici, spécialement sur les techniques de protection conçues par les juges (V. supra), mais sur les différentes sources auxquelles le juge fait appel pour élargir le champ de protection des droits. L'étendue du contrôle et son efficacité ont toute leur pertinence dans le cadre de la communautarisation affirmée dans laquelle les quinze (15) États membres de la CEDEAO se sont engagés. Ce processus de construction communautaire avec désormais le droit comme fondement, trouve son expression légitime dans « l'ingénierie constitutionnelle » des États membres orientés vers la démocratie et l'État de droit et considéré comme le ferment du processus de création du droit communautaire en Afrique de l'Ouest et la matrice référentielle des juridictions constitutionnelles[1025].

L'avancée de cette construction communautaire se traduit expressément dans l'ensemble des États membres qui ont intégré, selon des rythmes différents, dans leurs textes constitutionnels, les instruments susvisés, qui deviennent des sources complémentaires de protection des droits fondamentaux.

Si, de par leur nature, ces textes n'avaient pas, en tout cas pour la plupart, un caractère contraignant, leur intégration dans les textes constitutionnels des États a eu pour effet de les rendre opposables aux pouvoirs publics, car désormais ils ne se bornent pas seulement à codifier les droits fondamentaux, mais imposent également des obligations aux États, notamment en reconnaissant aux individus des droits subjectifs parfois non garantis par le droit interne, mais protégés par le juge national, en faisant de lui le juge naturel de la protection des droits fondamentaux au renfort duquel le juge communautaire est appelé.

[1025]M. JEUGUE DOUNGUE, « L'intégration des conventions internationales relatives aux droits de l'homme en droit interne : Brève analyse comparée entre les États d'Europe et d'Afrique », *Annales scientifiques de l'Université Alexandru Ioan Cuza de Iasi*, 2011, t. LVII, Sciences juridiques, Roumanie, pp. 113-136. Disponible en ligne : www.laws.uaic.ro. Consulté le 2 mars 2015 .

De ce point de vue, l'on peut noter avec Martial JEUGUE DOUNGUE que la protection de ces droits est, aujourd'hui, considérée comme un standard constitutionnel, voire un intérêt commun de l'humanité[1026]. Mais, le résultat recherché ne pourra être réellement atteint que lorsque le contrôle de conventionalité, en même temps que le contrôle de constitutionnalité, cessera d'être de la compétence exclusive du juge constitutionnel. En effet, en intégrant des textes conventionnels dans leur bloc de constitutionnalité, les États africains semblent de ce fait exclure de la compétence du juge ordinaire, le contrôle de conventionalité.

Le postulat selon lequel une dilution du contrôle pourrait induire des blocages dus aux divergences d'interprétation des juridictions est de notre point de vue inopérant. Cela sous-entend qu'il y aurait deux catégories de juges : des juges d'exécution dont la mission exclusive est d'appliquer la loi qui serait le juge ordinaire, et le juge du contrôle dont la mission est de contrôler la conformité des textes à la Constitution et aux conventions internationales. En réalité, il n'en est rien. Si les missions des juridictions diffèrent par leurs attributions, les effets des décisions qu'elles rendent demeurent les mêmes et leurs natures peuvent parfois être semblables, qu'il s'agisse d'une juridiction ordinaire ou d'une juridiction suprême.

À cet égard, il n'est pas excessif d'affirmer que la jurisprudence est la source féconde et intarissable de la protection des droits fondamentaux. En effet, la jurisprudence a sans doute été un des éléments de légitimation de la construction d'un ordre juridique communautaire européen, favorable au développement des droits fondamentaux. L'établissement d'une politique jurisprudentielle favorable à la protection des droits fondamentaux au sein des États et dont le juge ordinaire sera un des artisans, permettra de développer les sources d'inspiration et d'élargir de manière efficace le champ de la protection des droits fondamentaux. En revanche, la démarche actuellement adoptée par plusieurs États membres de la CEDEAO, notamment les États francophones, qui consiste à concentrer tout le contrôle aux mains

[1026]M. JEUGUE DOUNGUE, « L'intégration des conventions internationales relatives aux droits de l'homme en droit interne : Brève analyse comparée entre les États d'Europe et d'Afrique », *op. cit.*, p. 115.

du juge constitutionnel, ne permet pas de protéger de manière effective les droits fondamentaux, malgré la multiplicité des sources.

Les mécanismes de protection des droits fondamentaux ne laissent malheureusement apparaître une volonté d'ouverture des contrôles aux juridictions ordinaires. L'ineffectivité des mécanismes de justice constitutionnelle laisse entrevoir la longueur du chemin restant à parcourir. En ce sens, c'est souvent la composition des organes chargés d'assurer la primauté de la Constitution qui est en cause et est dénoncée comme favorisant une instrumentalisation de l'institution par les dirigeants[1027].

Peut-être l'inscription de l'État de droit parmi les objectifs fondamentaux de la CEDEAO, contribuera-t-elle à instaurer un véritable règne du droit et une diffusion de la culture des droits fondamentaux dans l'espace communautaire ?

[1027]F. DARGENT, « Les échecs du mimétisme constitutionnel en Afrique francophone », *op.cit.,* p. 20 et s.

CHAPITRE II

L'ÉTAT DE DROIT EN TANT QU'OBJECTIF D'INTÉGRATION COMMUNAUTAIRE

Le droit à l'intégration africaine, notamment la dynamique économique des droits de l'homme est l'un des objectifs majeurs de la CEDEAO. Mais la Communauté est confrontée à des défis de divers ordres, notamment politiques et sécuritaires et qui ont des caractéristiques communes. Ils compromettent dangereusement les efforts de développement de la région et ont pour conséquence l'accroissement des conflits engendrés par les inégalités. Pour relever ce défi la Communauté s'engage à garantir une stabilité collective et une paix durable dans la région, à travers la promotion des valeurs de démocratie et d'État de droit.

Cependant, la crainte d'un échec du transfert du concept d'État de droit en Afrique, puisque profondément lié à une pensée occidentale, a pendant longtemps été présent dans les esprits[1028]. Cela est d'autant plus évident que même en Europe où il est né, le concept d'État de droit a suscité la controverse en raison de son caractère polysémique.

Comme le démontre Henri PALLARD, « La fonction de l'État de droit dans la pensée occidentale est de poser des limites à l'action gouvernementale afin de la rendre prévisible et légitime. Pour les théories s'inspirant du droit naturel, c'est la concordance du droit et de la moralité qui préside à la légitimation de l'action gouvernementale. Par contre, le positivisme juridique, lui, retrouvera le fondement de la légitimité dans l'exercice efficace du pouvoir ; il n'est aucunement nécessaire de recourir à la moralité pour légitimer l'État et son action. Devant cette opposition, une troisième voie s'est dressée qui cherche à légitimer l'État, non en se référant à un concept transcendant ou métaphysique, mais en posant la légitimité comme inhérente à l'activité

[1028] A. MOYRAND, « Réflexions sur l'introduction de l'État de droit en Afrique noire francophone », *Revue international de droit comparé*, vol. 43, n° 4, 1991, pp. 853-878.

d'un état dit de droit »[1029]. C'est de cette troisième voie intermédiaire, en tant que moyen de pacification de l'action des gouvernements et qui « prône la légitimité de la légalité »[1030] dont se prévaut l'objectif d'intégration communautaire.

C'est sans doute cette définition qui rend le mieux compte du contenu de la notion. D'où le sens qu'il convient de donner aux propos de Guy CARCASSONE lorsqu'il affirme qu'« il ne s'agit plus de veiller au respect de la règle par l'État lui-même, mais de faire émerger "une Société de droit" dans laquelle à peu près toutes les activités humaines pourraient, voire devraient, être soumises au droit et encadrées par lui»[1031].

En effet, il n'y a pas d'intégration économique concevable sans une stabilité durable qui passe nécessairement par une valorisation des principes démocratiques. L'intégration régionale, comme toute communauté internationale, ne peut se réaliser qu'à partir des politiques nationales transparentes et polyphoniques qui traduisent la volonté du peuple dans le respect de la pluralité et des différences, un peuple qui, dans chaque manifestation, réclame explicitement ou implicitement la garantie de ses droits fondamentaux[1032]. L'État de droit est présenté donc comme remède à la crise démocratique et l'instabilité chronique récurrentes dans les États membres de la CEDEAO. Dès lors, l'État de droit oriente l'action de la Communauté.

Sérieusement préoccupés pour le maintien de l'ordre juridique comme condition nécessaire à la paix sociopolitique[1033], les États membres de la CEDEAO ont doté la Communauté d'un volet politique visant à créer un climat de bonne symbiose entre les peuples, propice à un développement durable. De ce fait, la stabilité et la sécurité de chaque

---

[1029]H. PALLARD, « L'État de droit devant la diversité culturelle. Construction et déconstruction d'une troisième voie », *in* Pierre Arsac, Jean-Luc Chabot et Henri Pallard (dir.), *État de droit, droits fondamentaux et diversité culturelle,* Paris, L'Harmattan, 1999, p. 307 et s.
[1030]*Ibid.*, p. 308.
[1031]G. CARCASSONNE, « Société de droit contre État de droit », in *État de droit, Mélanges en l'honneur de Guy BRAIBANT*, *op.cit.*, p. 38.
[1032]S. TZITZIS, « Démocratie postmoderne et État de droit », in *État de droit, droits fondamentaux et diversité culturelle, op. cit.*, p. 335.
[1033]*Ibid.*, p. 335.

État membre apparaissent comme primordiales[1034] pour la réalisation de l'objectif d'intégration en Afrique de l'Ouest. Dès lors, la garantie de la dignité de la personne humaine et sa préservation s'inscrivent en priorité dans le registre de la politique de la Communauté. L'État de droit se présente ainsi comme le pilier de la dignité humaine en ce qu'il consacre des principes permettant de responsabiliser l'État envers ses citoyens. Ainsi, le projet politique de l'État de droit exige le « perfectionnement de l'architecture formelle »[1035] de la société dans laquelle il est consacré et partant, dans la « société communautaire », ce qui suppose une progression constante dans l'amélioration du droit positif[1036].

Le progrès de l'État de droit dans le cadre de l'intégration ouest-africaine est indéniable. Et la démarche de la CEDEAO doit être interprétée à cet égard comme une contribution au renforcement de l'État de droit (**Section 1**). Cette approche favorise une dimension formelle du droit fondée sur la hiérarchie des normes et dont l'illustration repose sur le mécanisme de renvoi préjudiciel, qui apparaît comme symptomatique de l'État de droit (**Section 2**).

Section 1 : La contribution de la CEDEAO au renforcement de l'État de droit

Le gigantesque chantier communautaire ouest-africain vit sans conteste, une transformation empreinte de démocratie libérale. Comme a pu l'écrire Philippe Richard, « l'État de droit n'est pas réservé aux pays dit "développés" »[1037], car dit-il, « Le mal-développement politique n'est pas une fatalité », au contraire, il peut être l'occasion pour un peuple, à un moment donné de son histoire, de prendre

[1034]A. LALI, « La perception de l'État de droit dans le droit et la pratique de l'Union africaine », in *L'État de droit en droit international*, Colloque de Bruxelles, SFDI, Paris, Pédone, 2009, p. 293.
[1035]J. CHEVALLIER, *L'État de droit, op. cit.*, p. 78.
[1036]D. MOCKLE, « L'État de droit et la théorie de la *rule of law* », *op.cit.*, p. 860.
[1037]P. RICHARD, « L'émergence et la réalisation de l'État de droit. L'exemple du Bénin », in *État de droit, droits fondamentaux et diversité culturelle, op. cit.*, p. 137.

conscience de la nécessité de fixer de nouvelles règles de vie et impulser une nouvelle orientation politique fondée sur un État de droit. Ce dernier peut créer de meilleures conditions de développement économique[1038] s'il n'en est la condition essentielle.

En Afrique, le concept d'État de droit s'est imposé depuis le renouveau démocratique, comme élément constitutif de toute politique de développement. Il est constamment invoqué, de sorte que tout projet, tout programme d'envergure, qui ne contient pas une référence à l'État de droit, paraît illégitime aux yeux de l'opinion. Les démocraties sociales ont donné naissance à l'État providence que l'on conteste actuellement dans la mesure où une partie, une partie seulement de la sécurité sociale a été conquise au prix de libertés et de capacité d'initiatives, comme si l'égalité se faisait au détriment des libertés[1039].

Longtemps oubliée dans le processus de démocratisation, la dimension économique des droits fondamentaux est devenue centrale dans le cadre des relations internationales et dans le cadre plus spécifique de l'intégration ouest-africaine.

Dans le cadre du système des Nations Unies, l'analyse du développement prend désormais en compte l'aspect politique du développement, et fait de la promotion de l'État de droit, le cadre d'émergence d'un meilleur développement économique. C'est ainsi que l' « indice de développement humain » (IDH) du PNUD, se justifie par le fait que le développement est en grande partie déterminé par le degré de liberté culturelle, sociale et politique qu'ont les peuples pour exercer les choix qui leur sont offerts[1040]. Le lien développement économique-État de droit est par exemple mis en évidence en ce qui concerne la gestion des finances publiques. La Banque Mondiale a bien mis cette question en exergue dans ses différents rapports. Le rapport sur l'ajustement structurel en Afrique note que malgré l'utilité des

---

[1038]*Ibid.*, p. 137.
[1039]P. MEYER-BISCH, « Redéfinition de l'État de droit par la reconnaissance des droits culturels et des droits économiques », in *État de droit, droits fondamentaux et diversité culturelle, op. cit.*, p. 271.
[1040]*Cf.* PNUD, *Rapport sur le développement humain en Afrique 2016, accélérer les progrès en faveur de l'égalité des genres et de l'autonomisation des femmes en Afrique* ; voir également, PNUD, *Rapport sur le développement humain en Afrique 2012 : Vers une sécurité alimentaire durable.*

initiatives des États, celles-ci ne pourraient « procurer d'avantages à long terme si l'on négligeait de s'attaquer au problème sous-jacent de l'exercice du pouvoir »[1041].

Ce souci de démocratisation et d'édification d'un État de droit est manifeste dans le fonctionnement de la CEDEAO. Il se traduit par la consécration institutionnelle de l'État de droit **(§1)** fondé sur un système juridique apte à assurer la protection juridictionnelle de l'État de droit **(§2)**.

§1 : La consécration institutionnelle de l'État de droit

L'évolution institutionnelle de la CEDEAO lui a ainsi permis de renforcer son architecture institutionnelle et d'approfondir son volet politique, notamment dans les domaines politique et sécuritaire. En conférant ainsi à la Communauté des pouvoirs de sanctions, l'objectif des États était de faire de la CEDEAO un sujet de droit international actif en Afrique et dans le monde.

Pour répondre à ces ambitions, et permettre à la Communauté d'atteindre l'objectif final d'intégration, le traité révisé a consacré des principes propres au régionalisme africain, en matière de maintien de la paix et de la sécurité, de respect des droits fondamentaux et de promotion de la démocratie et de l'État de droit. C'est cet objectif de consolidation démocratique dans les États membres qui a conduit à une restructuration institutionnelle de la Communauté. Le traité révisé a ainsi consacré véritablement un principe de séparations des pouvoirs dans l'organisation institutionnelle de la CEDEAO **(A)** afin de garantir

[1041]Banque Mondiale, « L'Ajustement en Afrique », *Rapport de la Banque Mondiale sur les politiques de développement, 1993* ; voir aussi Banque Mondiale, « S'attaquer aux problèmes mondiaux cruciaux » *Rapport annuel 2016* ; voir aussi P. RICHARD, « L'émergence et la réalisation de l'État de droit. L'exemple du Bénin » in *État de droit, droits fondamentaux et diversité culturelle, op. cit.*, pp. 137-164 ; voir dans le même sens M. CHEMMILLIER-GENDREAU, « L'État de droit au carrefour des droits nationaux et du droit international », in *État de droit mélanges en l'honneur de Guy BRAIBANT, op. cit.*, pp. 57-68.

le développement de l'État de droit dans les rapports entre les différents organes communautaires **(B)**.

A. La consécration du principe de la séparation des pouvoirs dans l'architecture institutionnelle de la Communauté

S'il est admis que « l'État de droit désigne la situation politique et constitutionnelle d'un pays lorsque celle-ci tire du droit sa légitimité et, par voie de conséquence, son existence légale »[1042] et que les éléments constitutifs d'un État de droit sont la séparation des pouvoirs et la soumission de chacun des pouvoirs aux droits de l'homme[1043], la CEDEAO, depuis l'adoption du Traité revisé de Cotonou en 1993, semble s'être inscrite dans cette logique. L'aménagement des différentes fonctions exercées au sein des communautés sous régionales s'est fait sur la base d'une reproduction du modèle de répartition des pouvoirs constitutionnels d'un État[1044].

Dans le traité initial, les institutions de la Communauté étaient au nombre de cinq à savoir la Conférence des chefs d'État et de gouvernement, le Conseil des ministres, le Tribunal de la Communauté, le Secrétariat exécutif et les commissions techniques spécialisées[1045]. L'adoption du Traité revisé s'est traduite par une restructuration de l'architecture institutionnelle avec la création du Parlement de la Communauté, du Conseil économique et social et de la Cour de justice de la Communauté. Cette restructuration a eu pour conséquence

---

[1042] L. HAMON, « L'État de droit et son essence », *RFDC*, n° 4, 1990, pp. 609-712.

[1043] V. D. BOUTET, *Vers l'État de droit. La Théorie de l'État et du droit*, Paris, L'Harmattan, 1991, p. 221 et s ; voir aussi L. DUGUIT, Traité de droit constitutionnel, t. II, *op. cit*, pp. 660-690.

[1044] I. SOW, *La protection de l'ordre juridique sous régional par les Cours de justice : contribution à l'étude de la fonction judiciaire dans les organisations ouest-africaines d'intégration*, *op. cit.*, p. 20.

[1045] Voir article 4 du Traité du 28 mai 1975. Il s'agissait de la Commission du commerce, des douanes, de l'immigration, des questions monétaires et des paiements, de la Commission de l'industrie, de l'agriculture et des ressources naturelles, de la Commission des transports, des télécommunications et de l'énergie, de la Commission des affaires sociales et culturelles.

majeure la consolidation du processus d'intégration déjà amorcée avec le transfert de souveraineté au profit de la Communauté consacré par le traité révisé.

L'évolution institutionnelle consécutive à l'adoption du traité révisé a contribué à bâtir une CEDEAO solide et apte à prendre en charge les chantiers de l'intégration dans la sous-région. S'appuyant sur le modèle de l'État de droit, la CEDEAO a dessiné son architecture institutionnelle sur le modèle des États. C'est pourquoi, elle consacre une séparation des pouvoirs sur le triptyque « Exécutif-législatif-judicaire ». Cette idée, si elle inspire traditionnellement le droit constitutionnel des États, fonde désormais le droit communautaire[1046]. Elle est, mieux que toute autre, révélatrice de cette volonté d'incarner l'intégration, de l'ancrer dans l'existence quotidienne des citoyens des États. Le principe même avait été expressément consacré par le Protocole A/SP.1/12/01 sur la démocratie et la bonne gouvernance. Ainsi, « la séparation des pouvoirs exécutif, législatif et judiciaire », « la valorisation, le renforcement des Parlements et la garantie de l'immunité parlementaire » et « l'indépendance de la justice » sont déclarés principes constitutionnels communs à tous les États membres de la CEDEAO[1047].

Cependant, comme le note Jean-Marc SAUVÉ, il convient de se garder de tout « "statomorphisme", c'est-à-dire [...] la tentation d'appliquer les grilles de lecture ordinairement utilisées dans les cadres constitutionnels nationaux »[1048], car dit-t-il, « contrairement à ce qui s'observe dans la plupart des États, la quête d'identification d'un pouvoir législatif et d'un pouvoir exécutif se révèle vaine. Il ne faut pas s'en étonner et l'inverse reviendrait à nier les spécificités même de l'ordre juridique [...] » communautaire.

[1046]Voir l'allocution de J.-M. SAUVÉ, « Le rôle du "Comité 225" dans la séparation des pouvoirs au sein de l'Union européenne », *130e anniversaire du Conseil supérieur de la Magistrature, séparations des pouvoirs et droit de l'Union européenne*, 24 octobre 2013, disponible sur le site du Conseil d'État ; voir aussi A. LEVADE « le Conseil constitutionnel aux prises avec le droit communautaire dérivé », *RDP*, 2004, pp 894-895.

[1047]Article 1 a) du protocole.

[1048]J.-M. SAUVÉ, « La séparation des pouvoirs, l'Union européenne et le "Comité 225"», *op.cit.*, pp. 1-2.

En effet, les trois institutions politiques formant le « triangle institutionnel »[1049] de la Communauté, compte tenu de la spécificité de l'organisation institutionnelle et des processus décisionnels de l'organisation sous-régionale, n'obéissent pas en tous points, au modèle étatique.

Dans le cadre de la CEDEAO, le Parlement ne dispose pour l'heure, aux termes de l'article 6 du protocole A/P.2/8/94 que d'un rôle consultatif et peut « émettre des recommandations en matière des droits de l'Homme ». L'adoption du protocole additionnel A/SP.3/6/06 portant amendement du protocole A/P.2/8/94 relatif au Parlement de la Communauté a permis la reformulation de l'article 6 assignant ainsi des nouvelles prérogatives au Parlement.

Au terme de l'alinéa 2 de l'article précité, « Les prérogatives du Parlement de la Communauté évolueront progressivement du rôle consultatif à celui de codécideur puis législatif dans des matières définies par la Conférence ». Ce protocole s'inscrit dans la logique supranationale et confère au Parlement les compétences nécessaires lui permettant d'œuvrer efficacement à l'intégration régionale.

La prédominance de ce qu'il est convenu d'appeler l'exécutif de la CEDEAO à savoir la Conférence des chefs d'État et de gouvernement, le Conseil des ministres et la Commission de la CEDEAO, dans le processus décisionnel, a mis en lumière le déséquilibre institutionnel dans le processus d'intégration.

En effet, pareille démarche avait été adoptée par la Communauté européenne. Il ne serait donc pas inutile d'en rappeler le contexte dans une logique comparatiste. Comme le souligne Elsa BERNARD, « Les fonctions législative et exécutive n'ont pas toujours été distinguées au sein du système institutionnel européen.

Dans le cadre de la Communauté européenne du charbon et de l'acier (CECA), le pouvoir décisionnel revenait à la Haute autorité, ancêtre de la Commission. Le fait que les six États membres fondateurs aient ainsi accepté de se soumettre aux décisions d'une institution indépendante s'explique notamment par son domaine d'intervention limité au

---

[1049]S. ARTAUD-VIGNOLLET, *Le principe de l'équilibre institutionnel de l'Union européenne*, Thèse, Toulouse 1, 2003, p. 15.

charbon et à l'acier. Dès lors qu'avec la Communauté économique européenne, le champ des transferts de souveraineté s'est étendu, les États membres ont retiré ce pouvoir politique à la Commission pour le remettre au Conseil, l'institution intergouvernementale, qui concentrait ainsi l'essentiel des pouvoirs législatif et exécutif. Progressivement, la fonction législative européenne a évolué pour mieux prendre en compte la triple légitimité à la fois de l'Union, des États et des citoyens »[1050].

Le Conseil représente les intérêts gouvernementaux, le Parlement représentant les intérêts des citoyens et la Cour de justice garant de l'application du droit communautaire. Selon cette logique intégrationniste, le Parlement européen est devenu, à la faveur des traités de Maastricht et d'Amsterdam, co-législateur avec le Conseil, de sorte que l'équilibre des intérêts en présence soit véritablement garanti.

Cet équilibre est surtout renforcé par les procédures de « coopération loyale » qui existe déjà dans le traité sur le fonctionnement de l'Union. Aux termes de l'article 13 alinéa 2 du traité, « Chaque institution agit dans les limites des attributions qui lui sont conférées dans les traités, conformément aux procédures, conditions et fins prévues par ceux-ci. Les institutions pratiquent entre elles une coopération loyale ».

Un rapprochement peut être fait avec la procédure actuellement en vigueur au sein de la CEDEAO. L'adoption du protocole additionnel A/SP.3/6/06 s'inscrit dans cette logique de rapprochement des intérêts.

C'est ainsi que l'article 4 prévoit « l'élection au suffrage universel du Parlement » avant de prétendre à la fonction législative qui est pour l'heure exercée par la Conférence des chefs d'État et de gouvernement et le Conseil des ministres.

La fonction exécutive, c'est-à-dire celle qui consiste à faire exécuter les actes communautaires[1051], est essentiellement exercée par la Commission. C'est cette analogie saisissante avec l'Union européenne

---

[1050]E. BERNARD, « La séparation des pouvoirs remise en cause : le cas de l'Union européenne », in *Les mutations du principe de la séparation des pouvoirs*. Disponible en ligne : www.jus.uio.no

[1051]Ce sont essentiellement les Actes additionnels de la Conférence des chefs d'État et de gouvernement, les Règlements, les Directives, les Décisions et les Recommandations du Conseil des ministres. Ils sont d'application directe sur le territoire des États membres.

que semble décrier une partie de la doctrine[1052] en ce qu'elle révèle encore une fois, le réflexe mimétique africain. En effet, dans le cadre de l'Union européenne, cette forme spécifique de séparation des pouvoirs, « se caractérise par une dissociation marquée entre l'organe et la fonction : aucun organe n'a une fonction exclusive, aucune fonction n'est exercée par un seul organe »[1053]. La création en 2007, de la Commission de la CEDEAO qui a remplacé le Secrétariat exécutif et sa restructuration en 2013 ayant porté le nombre des commissaires à quinze (15), soit un (1) par État membre, ont permis d'élargir son pouvoir organique dans plusieurs domaines d'activités : finances, politique macroéconomique et recherche, commerce, douanes et libre circulation, agriculture, environnement et ressources en eau, infrastructures, affaires politiques, paix et sécurité, affaires sociales et genre, administration générale et conférences, gestion des ressources humaines, éducation, science et culture, énergies et mines, télécommunications et techniques de l'information, industrie et promotion du secteur privé. Ainsi, chaque commissaire, en dehors du président de la Commission et du vice-président, dirige un secteur d'activité.

Dans le cadre de la CEDEAO, aucune institution ne semble incarner la légitimité démocratique susceptible de s'exercer dans le domaine communautaire. L'équilibre voire la protection des intérêts en présence semble s'opérer au détriment de l'intérêt des citoyens si bien que la Cour de justice de la Communauté apparaît comme la garante à la fois de l'application du droit communautaire et de la protection de l'intérêt du citoyen. Elle participe de ce fait à une intégration juridique et

---

[1052] A. SALL, *Les mutations de l'intégration des États de l'Afrique de l'Ouest. Une approche institutionnelle*, *op. cit*., p. 66.

[1053] D. SIMON, *Le Système juridique communautaire*, PUF, 1998, p. 116 ; voir aussi B. NABLI, « La figure du « législateur » de l'Union européenne », *RFDC* 2007/4 (n 72), pp. 695-717 ; voir également E. BERNARD, « La séparation des pouvoirs remise en cause : le cas de l'Union européenne », in *Les mutations du principe de la séparation des pouvoirs*, *op.cit.* ; voir aussi J.-M. SAUVÉ, « Le rôle du "Comité 225" dans la séparation des pouvoirs au sein de l'Union européenne », *op.cit.* ; voir aussi H. OBERDORFF, « La séparation des pouvoirs », *in* J.-B. Auby (dir.), *L'influence du droit européen sur les catégories du droit public*, Paris, Dalloz, 2010, p. 185 et s. ; voir aussi L. HEUSCHLING, « L'État de droit », », *in* J.-B. Auby (dir.), *L'influence du droit européen sur les catégories du droit public, op. cit.*, p. 541 et s.

judiciaire au sein de la Communauté. Le renforcement de son pouvoir décisionnel depuis la décision A/DEC.02/06/06 garantissant l'indépendance de ses membres vis-à-vis des États dont ils sont les ressortissants et l'adoption du Protocole A/SP.1/01/05 ouvrant son prétoire aux requérants individuels en cas de violation des droits de l'homme, ont permis à la Cour de justice d'être perçue, dans une large mesure, comme l'une des figures organiques de la Communauté qui garantit l'intérêt des citoyens.

Il apparaît dans le contexte de la CEDEAO, que le principe de la séparation des pouvoirs ne consacre aucune originalité africaine, il semble au contraire, manifester une véritable attractivité pour le modèle européen. Mais ce qu'il convient surtout de relever, c'est que la présence de cet idéal en Afrique est le fruit d'une mutation récente qui est, au demeurant, encore inachevée. Il a parfois rencontré des résistances puisque considéré comme un outil d'importation voire un moyen de pression à travers lequel s'exerce l'influence occidentale. Ainsi que le souligne Monique CHEMILLIER-GENDREAU, « L'influence occidentale, notamment à travers les systèmes de colonisation, puis les relations postcoloniales, a laissé l'impression d'une volonté de transmission d'un système politique prédéterminé comportant l'État et les formes démocratiques construites en Occident »[1054]. Cela a amené certains États, à se retrancher dans sur un repli identitaire pour objecter à la conception occidentale une conception africaine. Ainsi en est-il de la République de Guinée qui, dans un élan prétendûment anti-impérialiste, s'est refusée à plusieurs reprises, de respecter le principe *pacta sunt servenda* qui l'oblige à se soumettre aux décisions de la Cour de justice.

Pourtant, l'indépendance de la Cour de justice dans la structure fonctionnelle de la CEDEAO ne fait aucun doute. D'où l'importance de son office dans la protection des droits des fondamentaux et partant, de l'ensemble du processus intégrationniste. Aux termes de l'article 15 du traité de la CEDEAO, « dans l'exercice de ses fonctions, la Cour de justice est indépendante [...] des Institutions de la Communauté ». Et

[1054]M. CHEMMILLIER-GENDREAU, « L'État de droit au carrefour des droits nationaux et du droit international », in *État de droit, mélanges en l'honneur de Guy BRAIBANT, op. cit.*, p. 61 et s ; voir aussi E. LEROY, *Les Africains et l'Institution de la justice : entre mimétismes et métissages, état des droits,* Paris, Dalloz 2004.

la Cour a eu l'occasion de le rappeler dans un arrêt Etim Moses Essien C/ République de Gambie[1055], l'indépendance de son office ainsi que le caractère exécutoire de ses arrêts rendus en premier et dernier ressort.

Aussi, convient-il de faire remarquer avec Mouhamadou NDIAYE, que l'indépendance de la Cour est fonctionnelle et constitue une véritable garantie voire un rempart contre les assauts des gouvernements. En effet, « Il ne s'agit bien sûr pas d'une séparation sans aucun rattachement. La CEDEAO est la matrice d'où sort la Cour de justice. Son fonctionnement est lié aux protocoles adoptés au sein de cette organisation. Ses financements, de même, dépendent du secrétariat de l'organisation. Il est inenvisageable qu'il y ait une séparation étanche entre la Cour et les instances dirigeantes de la CEDEAO. Cependant l'indépendance intellectuelle de la Cour n'est pas remise en cause par cette dépendance financière et juridique »[1056].

Dès lors, les exigences du droit international et la garantie d'indépendance dont a fait jusque-là montre la Cour de justice de la CEDEAO, ont pu amener les États, même les plus réticents, à consacrer l'idéal de l'État de droit dans leur forme de société et à se soumettre à l'autorité des décisions de la Cour. La CEDEAO, à travers la Cour de justice contribue donc à l'ancrage de cet idéal d'État de droit dans l'espace communautaire. Le protocole de Dakar sur la démocratie et la bonne gouvernance s'inscrit à ce titre dans une « dynamique constitutionnelle qui tend à situer les valeurs de l'État de droit aux fondements de l'ordre juridique communautaire, en renforçant les pouvoirs du Parlement »[1057] et en dotant la Communauté d'un instrument de protection des droits fondamentaux de haute portée juridique, favorisant le développement de l'État de droit dans les rapports entre les organes communautaires.

[1055]Arrêt n° ECW/CCJ/05/07, *Etim Moses Essien C/ République de Gambie.*

[1056]M. NDIAYE, *La Protection des droits de l'homme par la Cour de justice de la CEDEAO*, Mémoire de master II, IEP, Bordeaux, 2014, p. 30.

[1057]J.-F. DELILE, « L'État de droit dans les relations extérieures de l'Union européenne », *Civitas Europa* 2016/2 (n° 37), p. 48.

B. Le développement de l'État de droit dans les rapports entre les organes communautaires

Dès son traité fondateur, la CEDEAO a posé les fondements juridiques de l'action communautaire. Ainsi aux termes de l'article 56 du Traité de Lagos, « le Tribunal de la Communauté » avait compétence pour « régler les différends pouvant surgir entre États membres au sujet de l'interprétation ou de l'application du Traité ». Seuls les États membres étaient justiciables communautaires. La compétence de la Cour était exclusivement contentieuse. Il a fallu attendre la révision du traité, pour conférer une compétence consultative au Tribunal de la Communauté aujourd'hui Cour de justice de la Communauté. Selon l'article 7-3-h du traité révisé, « La Cour peut émettre des avis consultatifs sur toute question juridique » lorsqu'elle est saisie par les institutions de la Communauté ou un État membre[1058]. En outre, la Conférence des Chefs d'État et de gouvernement, peut, conformément à l'article 7.3-g du traité, « saisir, en cas de besoin, la Cour de justice de la Communauté » pour faire « constater qu'un État membre » a manqué à « l'une de ses obligations ou qu'une Institution de la Communauté a agi en dehors des limites de sa compétence ou excédé les pouvoirs qui lui sont conférés par les dispositions du présent Traité, par une décision de la Conférence ou par un règlement du Conseil ». Une telle évolution normative consacre un large accès au juge communautaire et participe de l'enracinement d'un État de droit en gestation.

Mais l'émergence de l'État de droit au sein de la Communauté a véritablement été consacrée par le ProtocoleA/SP.1/01/05 du 19 janvier 2005. Ainsi l'article 9. 1 confère à la Cour des compétences sur tous les différends qui lui sont soumis et qui ont pour objet « l'interprétation ou l'application du Traité, des conventions et, Protocoles de la Communauté » ; « l'interprétation et l'application des règlements, des directives, des décisions et de tous autres documents juridiques subsidiaires adoptés dans le cadre de la CEDEAO » ; « l'appréciation de la légalité des règlements des directives, des décisions et de tous autres instruments juridiques subsidiaires adoptés dans le cadre de la

[1058]Voir les articles 7-3-h, 10-h, 10.1 du Traité révisé du 24 juillet 1993.

CEDEAO » ; « l'examen des manquements des États membres aux obligations qui leur incombent en vertu du Traité, des Conventions et Protocoles des Règlements, des décisions et des directives » ; « l'application des dispositions du Traité, Conventions et Protocoles, des règlements, des directives ou des décisions de la CEDEAO » ; « l'examen des litiges entre la Communauté et ses agents » ; « les actions en réparation des dommages causés par une institution de la Communauté ou un agent de celle-ci pour tout acte commis ou toute omission dans l'exercice de ses fonctions »[1059].

Le protocole d'Accra confère ainsi à la Cour de justice de la CEDEAO un rôle majeur. Elle est l'interprète authentique des traités et protocoles subséquents ainsi que les actes communautaires et veille à leur mise en œuvre effective. Afin de garantir une « Communauté de droit »[1060] dans laquelle ni les institutions ni les États membres « n'échappent au contrôle de la conformité de leurs actes à la charte constitutionnelle de base qu'est le traité »[1061]. La Cour de justice est chargée de veiller à l'équilibre institutionnel nécessaire à l'intégration. A ce titre, l'article 9 alinéa 2 du Protocole d'Accra dispose que « La Cour est compétente pour déclarer engagée la responsabilité non contractuelle et condamner la Communauté à la réparation du préjudice causé, soit par des agissements matériels, soit par des actes normatifs des Institutions de la Communauté ou de ses agents dans l'exercice ou à l'occasion de l'exercice de leurs fonctions ».

Il est du reste intéressant de relever que la Cour de justice est devenue, à la lumière du Protocole d'Accra, un véritable « moteur de l'intégration »[1062] en Afrique de l'Ouest. L'étendue de son champ d'intervention, telle qu'elle résulte du texte du protocole, permet d'inscrire l'ensemble de l'action communautaire sous son contrôle. Cela est d'autant plus important que l'action décisive de la Cour de justice, c'est-à-dire son influence croissante dans le système institutionnel de la CEDEAO, résulte de plusieurs facteurs dont

---

[1059]Article 9. 1 a), b), c), d), e) et f) du protocole additionnel A/SP.1/01/05 relatif à la Cour de justice de la Communauté, signé à Accra, le 19 janvier 2005.

[1060]CJUE, 23 avril 1986, *Les verts c/ Parlement européen, aff.* 294/83.

[1061] *Ibid.*

[1062]E. Von Bardeleben, F. Donnat, D. Siritzky, *La Cour de justice de l'Union européenne et le droit du contentieux européen*, Paris, *La Documentation française*, 2012, p. 57.

notamment le défi de la réalisation de l'État de droit. Il faut garantir l'équilibre institutionnel et assurer le respect de la règle communautaire. Il faut pour ce faire, que soit privilégié un cadre de coopération loyale entre les institutions de la Communauté. Le dogme de la souveraineté des États ou encore l'avatar d'un « présidentialisme africain » ne doit pas conduire la Conférence et le Conseil à s'accaparer, comme cela apparaît actuellement, des pouvoirs. Il serait logique que l'ensemble des institutions et organes communautaires soient soumis à la règle communautaire sous le contrôle de la Cour de justice.

L'objectif de la Communauté doit être interprété à la lumière des exigences démocratiques et de l'État de droit. Dès lors, l'amélioration des capacités de contrôle de la Cour de justice sur la Conférence des chefs d'État et de gouvernement, le Conseil des ministres, le Parlement ou la Commission, participe de la protection de la règle communautaire nécessaire au développement de l'État de droit. Á cet égard, il faut reconnaître que « la politisation des organisations internationales africaines est […] un facteur d'insécurité juridique, elle porte une dynamique de remise en question des principes du droit international en même temps qu'elle constitue un élément retardateur de l'unité »[1063]. L'existence avérée d'une telle situation au sein de l'organisation continentale met en exergue les difficultés fonctionnelles dans l'appareil institutionnel. Il existe un véritable rapport de forces dans le fonctionnement institutionnel de l'Union africaine. Ce qui a permis à la Conférence des chefs d'États et de gouvernement de maximiser son influence dans le processus décisionnel au détriment de la Cour africaine des droits de l'homme qui peine encore à trouver ses repères dans les relations interinstitutionnelles. En effet, l'organisation de l'Union africaine se caractérise par un processus décisionnel fortement hiérarchisé et généralement soumis au contrôle politique. Elle a donc conféré un rôle central aux organes politiques comme la Conférence et la Commission au détriment de l'organe judiciaire de l'Union.

Dans le cadre de la CEDEAO, le changement de régime politique dans certains pays a parfois perturbé le fonctionnement institutionnel de l'organisation. Par exemple, en 2009, devant la fermeté de la CEDEAO à l'égard de son régime, le Président nigérien Mamadou Tandja, qui

[1063]A. SALL, *Les mutations de l'intégration des États de l'Afrique de l'Ouest. Une approche institutionnelle*, *op. cit.*, p. 30.

s'apprêtait alors à modifier la Constitution pour se maintenir au pouvoir, avait envisagé de quitter l'Organisation communautaire. Ce qui met en lumière la fragilité du socle sur lequel se construit la Communauté. De plus, « les divergences politiques et idéologiques, qui minent bien entendu le fonctionnement des organisations en cause, trahissent parfois des ambitions plus subjectives, c'est-à-dire des querelles de leadership »[1064].

Ainsi en est-il par exemple des prétentions sénégalaises, ghanéennes, ivoiriennes et nigérianes au leadership de la sous-région. Si le Sénégal, se réclamant de sa position historique dans l'Afrique Occidentale Française (AOF) dont Dakar était la capitale voulait conforter sa position, le Ghana s'appuie sur ses visées panafricaines sous l'impulsion de Kwame NKRUMAH pour prétendre à un tel leadership. S'agissant de la Côte d'Ivoire, elle était d'abord opposée à toute forme de fédération qui impliquerait pour elle, une perte de souveraineté partielle ou un sacrifice économique. La puissance économique ivoirienne allait devenir l'argument diffus pour promouvoir une forme de coopération dans laquelle son influence serait incontestable. Le Nigeria, par le biais de la CEDEAO, n'a pas drapé ses ambitions à être le leader de l'organisation, tant d'un point de vue économique que démographique[1065]. En 1990 par exemple, le Nigéria et la Côte d'Ivoire assuraient soixante-douze pourcent (72%) des exportations de la CEDEAO.[1066] En l'an 2000, Le Nigéria représente à lui seul cinquante un pourcent (51%) du produit intérieur brut (PIB) de la CEDEAO.[1067]

[1064]*Ibid.*, p. 32.

[1065]A. SALL, *Les mutations de l'intégration des États de l'Afrique de l'Ouest. Une approche institutionnelle*, *op. cit.*, pp. 34-35.

[1066]F. FOROUTAN, « Regional Integration in Subsaharian Africa : Past experience and future prospects », *in Melo Jaime et Panagaria Arwind (dir.), News Dimensions in Regional Integration*, NY Cambridge University Press, 1993, cité par A. SALL, *Les mutations de l'intégration des États de l'Afrique de l'Ouest. Une approche institutionnelle*, *op. cit.*, p. 35.

[1067]Discours du Président en exercice de la CEDEAO, A. O. KONARÉ ; Sommet de Lomé, Décembre 1999, cité par A. SALL, *Les mutations de l'intégration des États de l'Afrique de l'Ouest. Une approche institutionnelle*, *op. cit.*, p. 35. Aussi, le Nigéria a été considéré, selon les termes du professeur A. SALL, « comme le gendarme de la sous-région, compte tenu de sa très forte implication dans le maintien de la paix ouest-africaine. Il a fourni les trois quarts des effectifs de la Force d'interposition de la CEDEAO, l'ECOMOG. En sorte que, lorsqu'il a agité la menace d'un retrait de ses

Si aujourd'hui, on s'éloigne de ces considérations hégémoniques, il n'en demeure pas moins que l'idée de leadership subsiste toujours et s'apprécie en termes de « discipline communautaire »[1068], c'est-à-dire le comportement des États membres dans l'exécution de leurs engagements dont notamment la ratification à temps des textes communautaires et leur incorporation en droit interne, le paiement intégral et dans les délais fixés, des contributions au financement de la Communauté, la participation active au fonctionnement de la Communauté.

La mise en œuvre effective du droit communautaire participe de cette « discipline communautaire » indispensable à l'intégration. L'évolution des rapports entre les institutions de la Communauté est également le produit de cette discipline communautaire. La perspective d'un contrôle de la légalité communautaire, combinée aux difficultés politiques de l'intégration, notamment en matière de promotion de la démocratie et de l'État de droit dans les États membres, ont fait craindre le risque d'un blocage, voire d'un abandon du projet communautaire. Mais, désireux d'atteindre l'idéal d'intégration et, conscients du défi économique et politique, les États ont saisi cette opportunité pour inscrire la réalisation du projet communautaire comme étant l'un de leurs objectifs constitutionnels. Ce processus a été favorisé par la montée en puissance des droits fondamentaux.

Le rôle joué par la Cour de justice de la Communauté dans ce processus de discipline communautaire participe de la nécessité de redonner au droit toute sa place dans le processus d'intégration. L'objectif étant de permettre aux différents organes de la Communauté d'inscrire leurs actions sur une base légale. La Cour de justice joue à ce niveau un rôle central.

Le législateur communautaire a entendu lui assigner un rôle consultatif afin de prévenir les éventuels contentieux. Cette démarche procède d'un double objectif. Elle permet d'inscrire dans l'espace communautaire,

---

troupes du Libéria, au mois de mai 1993, c'est toute l'opération de maintien de la paix elle-même qui risquait de prendre fin » ; voir pour plus de détails *Afrique Contemporaine*, (AC) 1993, 4ème trim., n° spécial, p. 258.

1068 Voir, CEDEAO, CEA, « La CEDEAO a 40 ans, une évaluation des progrès vers l'intégration régionale en Afrique de l'Ouest », *op.cit.*, p. 109.

un principe démocratique fondamental tel que la séparation des pouvoirs, d'une part, et d'assurer une protection juridictionnelle efficiente de l'État de droit d'autre part.

§2 : La protection juridictionnelle de l'État de droit

L'évolution normative de la CEDEAO a donné une dimension plus politique au fonctionnement institutionnel et a favorisé un déséquilibre des pouvoirs. L'importance quoique tardive, donnée à la Cour de justice, vient tempérer ces considérations et participe activement à une redynamisation du processus intégrationniste, notamment dans son aspect juridique. Il faut donner une place centrale au droit aussi bien dans le cadre du fonctionnement interne de l'organisation communautaire que dans ses relations extérieures.

Malgré le déséquilibre que laisse percevoir le schéma institutionnel actuel, le processus de juridictionnalisation et de démocratisation de la CEDEAO a permis de dessiner les contours d'une Communauté de droit fondée sur l'élaboration de solutions juridiques et politiques.

Une telle option ouvrait la voie à une action normative en faveur de la protection juridictionelle de l'État de droit (**A**), c'est-à-dire une politique juridictionelle élaborée dans le respect scrupuleux des formes et normes qui régissent le fonctionnement de la Communauté. Le véritable enjeu de l'intégration réside donc davantage dans l'équilibre entre la représentation des États et celle des citoyens.

L'action de la Communauté doit tenir compte de cet équilibre existentiel au respect duquel la Cour de justice veille scrupuleusement et dont le flux jurisprudentiel illustre des traits essentiels d'une protection de l'État de droit (**B**).

A. L'action normative de la CEDEAO en faveur de la protection juridictionelle de l'État de droit

L'évolution normative de la CEDEAO a été conduite dans le sens d'un renforcement du pouvoir juridictionnel. Il est apparu nécessaire, au regard des expériences politiques des États membres, que les valeurs démocratiques puissent présider au fonctionnement de la Communauté. Cela implique par voie de conséquence, que le respect du droit communautaire auquel sont assujettis les États et les institutions communautaires, soit effectivement assuré par des mécanismes juridictionnels permettant de sanctionner les contrevenants. Le recours en manquement prévu à l'article 10 du protocole relatif à la Cour, participe de cet objectif. Ainsi, aux termes de ces dispositions, la Cour peut être saisie par « tout État membre et, à moins que le Protocole n'en dispose autrement, le Président de la Commission, pour les recours en manquement aux obligations des États membres ».

L'extension continue du champ d'intervention de la CEDEAO résulte de la volonté des États membres de protéger l'État de droit et participe de ce fait à l'action intégrationniste. Comme le note Alain MOYRAND, « Dans un monde où dans une certaine mesure les moyens de communication de masse semblent voués à uniformiser les civilisations, il n'y a rien d'étonnant à constater que le modèle de l'État de droit qui a été forgé par la culture européenne puisse être revendiqué par les élites africaines »[1069]. Ce contexte offre au droit un terreau favorable à son développement de sorte que, tout acte de la Communauté, pourrait faire l'objet d'un examen juridictionnel. Aux termes de l'article 10 b) du Protocole d'Accra, la Cour peut être sollicitée par « tout État membre, le Conseil des Ministres et le Président de la commission pour les recours en appréciation de la légalité d'une action par rapport aux textes de la Communauté ». Ainsi, tout acte, tout règlement, toute directive, toute décision doit être conforme au droit communautaire. La même possibilité est donnée à « toute personne physique ou morale pour les recours en appréciation

---

[1069] A. MOYRAND, « Réflexions sur l'introduction de l'État de droit en Afrique noire francophone », *op.cit.*, p. 856.

de la légalité contre tout acte de la Communauté lui faisant grief »[1070] ou « toute personne victime de violation des droits de l'homme »[1071]. Il en est ainsi pour « tout membre du personnel des Institutions de la Communauté après épuisement sans succès des recours prévus par les statuts et le Règlement intérieur du personnel de la Communauté »[1072]. Cet encadrement juridique renforce dans une certaine mesure, le principe de la séparation des pouvoirs et permet de garantir l'équilibre institutionnel nécessaire à la sauvegarde des intérêts en présence. Cependant, l'influence de l'État de droit ne saurait se restreindre à l'équilibre institutionnel, il participe aussi de la protection des droits fondamentaux des citoyens. Dans le cadre communautaire, l'État de droit participe plus de la protection des droits fondamentaux que de l'équilibre institutionnel. Le concept d'État de droit cesse d'être la version imagée de la conception nationale, elle ne saurait être une traduction fidèle, voire une simple analogie de la pratique nationale. C'est ce qui caractérise l'autonomie de l'ordre communautaire. Faut-il rappeler l'évidence ! La CEDEAO a érigé les droits fondamentaux tel un corpus de valeurs conçu comme le socle de son action. L'article 4 (g) du traité révisé consacre « le respect, la promotion et la protection » des droits fondamentaux parmi les principes fondamentaux de la Communauté. Il est au surplus précisé à l'article 10 d) du Protocole d'Accra relatif à la Cour que celle-ci peut être saisie par « toute personne victime de violation des droits de l'homme ».

Ce qui a pu faire dire à Jean-Félix DELILE, que « L'État de droit engage ainsi les autorités publiques à respecter les règles de droit qui encadrent et définissent les conditions de leur action. L'approche formelle de l'État de droit érige la sphère juridictionnelle en clé de voûte de son fonctionnement puisqu'une sanction doit y être la conséquence du comportement illégal des institutions »[1073].

Le protocole de Dakar s'inscrit dans cette logique et donne une priorité à la protection de l'État de droit en ce qu'il est indissociable de la démocratie et partant, des droits fondamentaux. Cela est révélateur

[1070]Article 10 c) du Protocole A/SP.1/01/ 05 relatif à la Cour
[1071]*Ibid.*, Article 10 d)
[1072]Article 10 e) du Protocole A/SP.1/01/ 05 relatif à la Cour
[1073]J.-F. DELILE, « L'État de droit dans les relations extérieures de l'Union européenne », *Civitas Europa*, *op. cit.*, p 48 .

d'une « revalorisation de la fonction juridictionnelle »[1074] dans l'espace CEDEAO. Dans le cadre de la CEDEAO, force est donc de constater que l'État de droit apparaît plus comme un instrument de stabilisation, c'est-à-dire au service de la paix et de la prévention des conflits. C'est tout l'intérêt du Protocole de Lomé de décembre 1999 sur le mécanisme de prévention, de gestion, de règlement des conflits, de maintien de la paix et de la sécurité. Comme indiqué au préambule dudit texte, l'instabilité galopante due à « la multiplication des conflits qui constitue une menace à la paix et à la sécurité du continent africain, et compromet » tous « efforts visant à relever le niveau de vie » des « populations », ne peut être endiguée que par l'encadrement des actions des États par un organe supranational. C'est ainsi que le quatorzième paragraphe du préambule souligne l'intérêt qu'attache la Communauté à la « bonne gestion des affaires publiques, le respect de l'État de droit et le développement durable indispensables pour la paix et la prévention des conflits ».

Il s'agit pour la Communauté, d'entreprendre une action globale en faveur de la restauration de l'autorité de l'État lorsque celle-ci est affaiblie en raison d'une situation conflictuelle, de sorte que l'État puisse légitimement et durablement favoriser un retour à l'ordre normal nécessaire au développement et à la paix. L'expérience des Nations Unies montre que « pour arriver à une paix durable il faut qu'il y ait des progrès dans au moins quatre domaines cruciaux : a) Restauration de la capacité de l'État à assurer et à maintenir l'ordre public ; b) Renforcement de l'État de droit et du respect des droits de l'homme ; c) Appui à la création d'institutions politiques et mise en place de processus participatifs légitimes ; et d) promotion du redressement et du développement économique et social, y compris le retour et la réinstallation des personnes déplacées et des réfugiés déracinés par le conflit »[1075]. C'est tout le sens de la définition donnée par la Commission de Venise, lorsqu'elle estime que « la notion d'État de

[1074]G. CANIVET, « Le droit communautaire et l'office du juge national », *Droit et société* n° 20 et 21, 1992, pp. 133-141.

[1075]Opérations de maintien de la paix des Nations Unies –Principes et Orientations, Nations Unies, Département des opérations de maintien de la paix, 2008, § 2. 4. Disponible en ligne, sur le site des Nations Unies : www.un.org ; voir aussi A. MOINE, « L'État de droit, un instrument international au service de la paix », *Civitas Europa,* 2016/2 (n° 37), p. 66.

droit repose sur un droit sûr et prévisible, dans lequel toute personne a le droit d'être traitée par les décideurs de manière digne, égale et rationnelle, dans le respect du droit existant, et de disposer des voies de recours pour contester les décisions devant des juridictions indépendantes et impartiales, selon une procédure équitable »[1076].

Une règle juste et une justice équitable peuvent contribuer à l'enracinement d'une paix durable. Les rédacteurs des Protocoles de Lomé et de Dakar et avant eux ceux de la Déclaration des principes politiques de 1991, semblent l'avoir bien compris en consacrant l'État de droit comme fondement de la CEDEAO.

Ainsi que le souligne Idrissa SOW, « s'il est établi que la cohérence de l'ordre juridique communautaire dépend dans une large mesure de l'unité du droit, il n'en demeure pas moins que sa pérennité est tributaire de la soumission de toutes les composantes au respect du droit »[1077]. La nécessité de contrôler les actes des pouvoirs publics au regard de leur conformité au droit communautaire traduit l'ambition de la Communauté de mettre le droit au cœur du processus d'intégration.

La justice apparaît ainsi comme un objectif primordial de la Communauté. L'indépendance de ses membres participe de la consolidation de la paix. L'État de droit est donc tributaire de la capacité de la justice à rendre une décision en toute indépendance. Fort de cette responsabilité, le juge apparaît comme la pierre angulaire, voire l'artisan, de la paix dans l'espace communautaire. L'objectif exprimé par les États membres pour le « renforcement de l'organisation dans les domaines de la prévention des conflits, de l'alerte précoce, des opérations de maintien de la paix, de la lutte contre la criminalité transfrontalière, le terrorisme international, la prolifération des armes légères, et les mines anti personnelles »[1078], rend prégnante l'intervention du juge.

[1076]Commission européenne pour la démocratie par le droit, 11-12 mars 2016, 'Liste des critères de l'État de droit », Études n° 711/2013, CDL-AD (2016) 007, § 15, Strasbourg, 18 mars 2016.
[1077]I. SOW, *La protection de l'ordre juridique sous régional par les Cours de justice : contribution à l'étude de la fonction judiciaire dans les organisations ouest-africaines d'intégration*, *op. cit.*, p. 198.
[1078]Article 3 (d) du Protocole du 10 décembre 1999.

L'action normative de la CEDEAO en faveur de la protection juridictionelle de l'État de droit met ainsi en lumière la place des droits fondamentaux dans la consolidation de la paix. L'avènement de l'État de droit dans le cadre de la CEDEAO, a permis au juge de se voir confier la mission de conduire le processus d'intégration et de réussir le défi de la stabilité, par la protection jurisprudentielle de l'État de droit.

B. La protection jurisprudentielle de l'État de droit

Dans le processus d'intégration ouest-africaine, une supériorité générique de la loi s'affirme, le citoyen peut donc recourir au juge pour faire valoir la supériorité de la loi[1079]. Dans ce contexte, le droit est apparu, selon l'expression de François VALLAÇON, comme étant « le seul bouclier contre l'État, la seule défense des individus contre ses empiètements […] »[1080].

Ainsi, on a donné au Droit vocation et aptitude à contrôler entièrement l'ordre social[1081], de sorte que tout projet, toute réforme, modeste ou d'envergure, s'accompagnent d'une appréciation tendant à les légitimer ou à les condamner au regard de ce qui paraît être devenu l'idéal suprême de la fin du XXe siècle[1082]. Cela est d'autant plus vrai que la revendication de l'État de droit et l'engagement à renforcer celui-ci ressortent très clairement en droit communautaire, aussi bien dans le droit primaire que dans le droit dérivé de la CEDEAO. Et la Cour de justice s'emploie, en tant qu'acteur incontournable du processus intégrationniste, à garantir efficacement le respect de l'État de droit. Plus qu'un idéal, l'État de droit est devenu une source de validité de

---

[1079]A. SPADARO, « Les évolutions contemporaines de l'État de droit », *Civitas Europa,* 2016/2 (n° 37), p. 107.
[1080]F. VALLAÇON, « De l'État de droit au droit de l'État », in *État de droit, droits fondamentaux et diversité culturelle, op. cit.,* p. 213.
[1081]B. LUISIN, « "Le mythe de l'État de droit" et "l'État de droit, rétrospectivement" », *Civitas Europa,* 2016/2 (n° 37), p. 157.
[1082]*Ibid.*, p. 155.

toute action juridique, politique, économique ou sociale. Cette constatation est partagée par Bernard LUISIN qui a pu écrire qu'« en subordonnant la validité de toute manifestation de volonté à sa conformité, à la règle juridique, l'État de droit ne peut se réaliser pleinement que par le recours au juge, seule instance investie du pouvoir de dire le droit avec force de vérité légale »[1083]. La paternité de cette approche attribuée notamment à Hans Kelsen dans ce qu'il a appelé « la pyramide des normes » et qui fonde la validité de la hiérarchie des normes[1084] donne à l'État de droit tout son sens conceptuel. En ce sens, il importe de rappeler la jurisprudence constante de la Cour de justice de la CEDEAO[1085] qui encadre rigoureusement une loi d'amnistie, de sorte que celle-ci puisse obéir à un niveau d'exigence et d'acceptabilité.

Ainsi, dans l'arrêt *Les Ayants Droit Ibrahim BARÉ MAÏNASSARA c/ République du Niger,* la Cour a rappelé que « les lois d'amnistie ne sauraient constituer un voilage forcené du passé, une fin de non-recevoir péremptoirement opposée à toute entreprise légitimement curieuse de connaître la vérité [...] ». En consacrant « un droit à la vérité pour les victimes », la Cour met à la charge des « autorités étatiques un droit, une obligation positive » en vue de la manifestation de la vérité. Elle estime par ailleurs qu'il y a lieu de mettre en balance le droit des victimes et la nécessité d'un pardon collectif, voire le droit souverain d'un État, d'adopter des mesures d'amnistie. Donc, l'efficacité d'une mesure d'amnistie s'apprécie à l'aune des intérêts en présence, c'est-à-dire des droits fondamentaux en cause.

Le contrôle de conformité des actes étatiques ou des actes communautaires avec les dispositions du droit communautaire par un organe juridictionnel est indispensable pour la réalisation du projet communautaire. Par analogie à la conception kelnésienne du contrôle de constitutionnalité, le contrôle de « communautarité » suppose qu'en tant que droit supranational d'application directe, le droit

---

[1083] *Ibid.*, p. 158.

[1084] H. KELSEN, « La Garantie juridictionnelle de la Constitution (la justice constitutionnelle) », *RDP*, 1928, pp. 197-256 ; voir aussi M. TROPER, « Le Concept d'État de droit », *Droits* n° 15, 1992, pp. 51-63.

[1085] Arrêt ECW/CCJ/JUD/23/15 *Les Ayants Droit Ibrahim BARÉ MAÏNASSARA c/ République du Niger* ; voir aussi Arrêt ADD n° ECW/CCJ/JUD/01/11 du 9 février 2011.

communautaire se place désormais au sommet de la hiérarchie des normes, de sorte que tout acte de la Communauté, toute norme juridique interne, quel que soit son statut dans la hiérarchie des normes, lorsqu'elle est déviante, elle doit être censurée afin d'assurer l'effectivité et la stabilité de l'ordre communautaire. Ainsi, le projet politique de l'État de droit renvoie à la qualité du droit et exige le « perfectionnement de l'architecture formelle »[1086] du droit.

Le juge de la CEDEAO s'est efforcé d'adapter son contrôle aux mutations de l'État de droit. C'est ainsi qu'au regard des dispositions de l'article10 d. *i)* et *ii)* du Protocole d'Accra, la Cour de justice de la CEDEAO a affirmé dans l'arrêt *Dame Hadijatou Mani Koraou c/ République du Niger*[1087], « que la règle de l'épuisement préalable des voies de recours internes n'est pas d'application devant » son office. Et que « celle-ci ne saurait, sans violer les droits des individus, leur imposer des conditions et des formalités plus lourdes que celles prévues par les textes communautaires ».

La jurisprudence de la Cour de justice a été favorable à l'affirmation des droits fondamentaux en soulignant ainsi dans l'arrêt *Dame Hadijatou Mani Koraou c/ République du Niger,* que « les droits fondamentaux étant des droits inhérents à la personne humaine, ils sont « inaliénables, imprescriptibles et sacrés et ne peuvent donc souffrir d'aucune limitation quelconque »[1088]. C'est ainsi qu'une des exigences de l'État de droit est la protection efficace des droits fondamentaux. D'où l'importance des propos d'Hassan ABDELHAMID pour qui « c'est l'ensemble des juristes qui doivent jouer le rôle de grand prêtre dans l'État de droit, ils doivent servir le culte du système juridique »[1089]. C'est pourquoi, la Cour de justice a intensifié la prise en considération des droits fondamentaux.

À cet égard, la prise en compte du droit comme norme suprême de référence est destinée à jouer un rôle essentiel dans la lutte contre

---

[1086]J. CHEVALLIER, *L'État de droit, op. cit.*, p. 78.

[1087]Arrêt n° ECW/CCJ/JUD/06/08 *Dame Hadijatou Mani Koraou c/ République du Niger*, 27 octobre 2008, § 45, § 49.

[1088] Arrêt n° ECW/CCJ/JUD/06/08 *Dame Hadijatou Mani Koraou c/ République du Niger, op. cit.,* § 56.

[1089]H. ABELHAMID, « Paradoxe de l'État de droit en Égypte », in *État de droit, droits fondamentaux et diversité culturelle, op. cit.,* p. 110.

l'omnipotence des gouvernants[1090]. Cela implique que l'exigence de l'État de droit soit interprétée comme l'illustration d'une soumission des gouvernants à un pouvoir de contrôle incontestable, c'est-à-dire un juge régulateur.

L'État de droit postule donc d'une double obligation selon qu'un État ait dépassé les limites du droit ou qu'il ait manqué d'atteindre le niveau qui est attendu de lui. Ainsi, la Cour de justice de la CEDEAO a-t-elle considéré que la situation d'esclave d'une requérante, même lorsqu'elle émane d'un particulier agissant dans un contexte prétendûment coutumier ou individuel, ouvre à cette réquérante le droit à une protection par les autorités administratives ou judiciaires ; qu'un État peut être tenu pour responsable de toute forme de violation de droits fondamentaux fondée sur l'esclavage du fait de la « tolérance, de la passivité, de l'inaction, de l'abstention » des autorités de l'État concerné, ou lorsque celles-ci auraient omis de « soulever d'office une interdiction d'ordre public et de prendre ou faire prendre les mesures adéquates »[1091] pour protéger un droit fondamental.

Aussi, c'est un principe bien établi en droit international et la Cour de justice l'a rappelé dans l'arrêt *Les Ayants Droit Irahim BARÉ MAÏNASSARA c/ République du Niger,* « un État ne peut invoquer son droit interne pour échapper à ses obligations internationales stipulées par les traités et les conventions ».

Dès lors, l'assassinat d'un Président de la République, implique au regard de l'État concerné, une défaillance dans sa mission de protection du droit à la vie et à l'intégrité de celui-ci[1092]. C'est une constatation d'évidence qui vaut aussi bien pour la protection des droits fondamentaux que pour la stabilité de l'ordre communautaire.

Ainsi, le dysfonctionnement du service public de la justice qui entraînerait une longue période de privation de liberté, serait susceptible d'engager la responsabilité d'un État au sens de la jurisprudence de la

[1090]C'est-à-dire l'exécutif et le législatif ; voir en ce sens H. ABELHAMID, « Paradoxe de l'État de droit en Égypte », *op. cit.,* p. 108.

[1091]Arrêt n° ECW/CCJ/JUD/06/08 *Dame Hadijatou Mani Koraou c/ République du Niger, op. cit.,* § 85 et 86.

[1092]Arrêt ECW/CCJ/JUD/23/15 *Les Ayants Droit Ibrahim BARÉ MAÏNASSARA c/ République du Niger,* § 71.

Cour de justice. Comme tout censeur, le juge a donc un rôle moral à jouer à l'égard des autorités étatiques. Et pour que la censure juridictionnelle ait un effet moral[1093] sur l'autorité étatique et que celle-ci voit dans le juge une autorité supérieure et non point égale[1094], la décision doit jouir de sa pleine effectivité. C'est le sens de la décision de la Cour de justice dans l'affaire *Chief Ebrimah MANNEH c/ République de Gambie* du 05 juin 2008, dans laquelle nonobstant le refus de comparution de l'État en cause, la Cour n'a pas hésité à condamner la République de Gambie pour violation des droits fondamentaux du requérant, notamment son droit à un procès équitable, son droit à la liberté individuelle, son droit à la liberté de circuler et son droit à la dignité humaine. Au regard de l'importance des droits en cause, la Cour a entendu donner plein effet à son arrêt en ordonnant à la République de Gambie de remettre en liberté et sans délai, le requérant, dès notification de sa décision[1095]. Cette décision, quoiqu'audacieuse, n'est en réalité que la résultante d'une compétence *rationae materiae* de la Cour pour faire cesser les violations des droits fondamentaux sur le territoire communautaire. La Cour l'a remarquablement souligné dans *l'affaire Mamadou Tandja c/ Salou Djibo et État du Niger*[1096]. Dans cette affaire, la Cour avait d'abord

---

[1093]H. ABELHAMID, « Paradoxe de l'État de droit en Égypte », *op. cit.,* p. 109.

[1094]G. JEZE, cité par M.-J. REDOR, « l'État dans la doctrine publiciste française du début du siècle », *Droits* n° 15, 1992, pp. 91-100.

[1095]Arrêt n° ECW/CCJ/JUD/3/08, *Chief Ebrimah Manneh c/ République de Gambie*, 05 juin 2008, § 43.

[1096]Arrêt n° ECW/CCJ/JUD/05/10, *Mamadou Tandja c/ Salou Djibo et État du Niger.* En l'espèce, le requérant, M Mamadou Tandja, ancien Président de la République du Niger, conteste la mesure individuelle prise à son encontre par les nouvelles autorités militaires installées à la faveur du coup d'État intervenu le 18 février 2010 contre son régime. En effet, il convient de le rappeler, au terme de son deuxième et dernier mandat, M. Mamadou Tandja a cru bon de modifier la Constitution pour s'octroyer un « bonus » de trois (3), ans avec la possibilité de se présenter à nouveau. En dépit de l'inconstitutionnalité déclarée par la Cour constitutionnelle, un référendum fut convoqué. Ce dernier a abouti à l'adoption de la Constitution de la sixième République. S'en est suivie une crise politique sans précédent. C'est dans ce contexte qu'est intervenu un coup d'État militaire qui a mis fin à la sixième République. Monsieur Mamadou Tandja fut arrêté et placé en résidence surveillée, puis en détention, par les autorités militaires pendant toute la durée de la transition sans aucune procédure judiciaire. Ces dernières soutiennent à l'appui de leur décision que la modification de la Constitution du Niger par le chef de l'État constitue une haute trahison passible d'une mise en accusation devant l'assemblée nationale et d'un

rappelé sa jurisprudence *Dame Hadijatou Mani Koraou* dans laquelle elle a affirmé que les États sont les seuls débiteurs de la protection des droits fondamentaux. Ensuite, la Cour a développé un argumentaire qui vise à renforcer la protection des droits fondamentaux des individus en déclarant non sans une certaine audace, que le motif politique ne saurait justifier une atteinte aux droits fondamentaux d'une personne.

La compétence de la Cour en matière de protection des droits fondamentaux a été posée de façon évidente dans la mesure où la Cour ne fait aucune distinction entre les violations des droits de l'homme du fait politique et les autres violations des droits de l'homme, la simple invocation d'une violation des droits de l'homme suffirait à établir sa compétence.

La même démarche avait été adoptée dans l'arrêt *Hissein Habré c/ République du Sénégal*[1097] dans lequel la Cour s'est érigée en véritable censeur, telle une autorité de contrôle de la légalité constitutionnelle des États pour protéger les droits fondamentaux.

Dans cette affaire, la Cour de justice de la CEDEAO alors qu'elle était invitée à étendre le bénéfice de la non-rétroactivité de la loi pénale à toutes les catégories d'infractions, a rappelé aux autorités sénégalaises que les réformes constitutionnelles entreprises ne sauraient avoir pour finalité de faciliter la condamnation d'une personne poursuivie, en l'occurrence Hissein Habré, pour des faits qu'il n'aurait normalement pas été possible de poursuivre avant l'intervention de la réforme, encore moins lorsque cette condamnation est susceptible d'entraîner une violation évidente des droits fondamentaux du concerné.

Dans cet arrêt du 18 novembre 2010, le juge communautaire, devait répondre au fond à la question de savoir si en prenant un certain nombre

---

jugement devant la haute Cour de justice. Or, ces institutions ont été dissoutes par monsieur Tandja pour mieux assouvir ses fins personnelles, créant ainsi un vide juridique. C'est ce vide juridique qui les oblige à le garder en sécurité en attendant que de nouvelles institutions décident de son sort. Dans le même temps, le défendeur, en l'occurrence l'État du Niger, soutient que la détention dont fait l'objet monsieur Tandja est une détention politique qui ne nécessite aucun formalisme judiciaire et pour laquelle la Cour de justice n'est pas compétente pour statuer.

[1097]Arrêt n° ECW/CCJ/JUD/06/10, *Hissein Habré c/ République du Sénégal*, 18 novembre 2010.

de mesures réglementaires et législatives, le défendeur, en l'occurrence la République du Sénégal, a porté atteinte aux droits du requérant ?

La Cour semble répondre par l'affirmative en se fondant sur « l'existence d'indices concordants de probabilité de nature à porter atteinte aux droits de M. Habré […] », notamment son droit à un recours effectif, le droit à l'égalité devant la loi et la justice, le droit à un procès équitable, le principe de non rétroactivité de la loi pénale.

C'est donc bien du respect de l'ordre communutaire que dépend la pérennité du projet communautaire. Et comme ont pu l'écrire certains auteurs, « Les règles juridiques appliquées par l'État ne sont légitimes que dans la mesure où elles se conforment à l'ordre. Ce qui importe, ce n'est pas la volonté générale, c'est l'ordre. […] Le respect de l'ordre prend la place de la volonté générale comme garantie contre l'arbitraire. En effet, le projet de l'État de droit se fonde sur une illusion : l'administré est l'égal des gouvernants devant l'ordre juridique ! Si donc l'État légal devait protéger les droits naturels de l'individu, l'État de droit a surtout pour objectif d'introduire l'ordre. Défendre l'ordre et le bien commun dans la cité est un objectif […] de l'État de droit […] »[1098].

Il serait à cet égard fort édifiant de rappeler les propos de Catherine SCHNEIDER, lorsqu'elle affirme que « l'ordre juridique international dans le cadre duquel s'insèrent les droits de l'homme n'est plus le jardin clos où s'ébattent librement les États et les organisations internationales qui sont ses seuls sujets.

Il est l'ordre juridique qui, dans une aire de jeux renouvelée, accueille les individus mais non pas dans la qualité que leur réserve le droit international classique […] en tant que ressortissant de l'État. […] la société internationale qui est celle de la promotion et de la défense des droits de l'homme s'intéresse à l'individu dans sa dignité d'être humain.

Elle est ainsi indifférente à sa qualité de ressortissant qui en droit international classique constitue à partir du lien de nationalité l'unique fondement des quelques bénéfices qui lui sont reconnus. L'individu apparaît ainsi enfermé par le droit international classique bien plus dans

[1098] H. ABELHAMID, « Paradoxe de l'État de droit en Égypte », *op. cit.,* p. 115.

le statut d'objet du droit que dans celui de sujet »[1099]. Est-il donc besoin de souligner, dans le cadre de la CEDEAO, que le citoyen communautaire, jusqu'à l'amendement du Protocole A/P1/7/91 relatif à la Cour de justice de la Communauté intervenu en janvier 2005, avait connu la même situation ? L'article 9 du Protocole de 1991 disposait à son alinéa 3 qu'un « État membre peut, au nom de ses ressortissants, diligenter une procédure contre un autre État membre ou une institution de la Communauté, relative à l'interprétation et à l'application des dispositions du Traité, en cas d'échec des tentatives de règlement à l'amiable ». L'arrêt *Olajide Afolabi vs Federal République of Nigéria* du 27 avril 2004 a permis de mettre en évidence les limites de ces dispositions avant de consacrer dans le Protocole A/SP.1/01/05 du 19 janvier 2005, un nouvel article 9 qui reconnaît aux citoyens, le droit au recours individuel en cas de violation de leurs droits fondamentaux. Il résulte de cette individualisation la nécessité d'une protection efficace des individus et des droits fondamentaux.

Cette convergence conceptuelle croissante se trouve confirmée par la jurisprudence constante de la Cour de justice selon laquelle la simple invocation d'un droit fondamental suffirait à établir la compétence de la Cour.[1100] Comme l'écrit si justement Rainer ARNOLD, « La constitutionnalisation est donc l'expression d'un nouveau concept unificateur de l'État de droit qui rallie le "bon ordre" de la communauté »[1101] de sorte que le seul constat qui se dégage est que « les valeurs de la Constitution qui s'associent à l'État de droit sont directement ou indirectement, comme la valeur de l'État de droit elle-même, en relation étroite avec l'individu ».

[1099]C. SCHNEIDER, « Autonomie de la protection internationale des droits de l'homme au sein du droit international », in *État de droit, droits fondamentaux et diversité culturelle, op. cit.*, p. 11.

[1100]Arrêt n° ECW/CCJ/JUD/06/08 *Dame Hadijatou Mani Koraou c/ République du Niger, op.cit.*, § 56 ; voir aussi Arrêt n° ECW/CCJ/JUD/3/08, *Chief Ebrimah Manneh c/ République de Gambie*, 05 juin 2008, § 12 ; *Cf.* aussi affaire ECW/CCJ/APP/14/14 *Société AGRILAND c/ État de Côte d'Ivoire*, du 24 avril 2014, § 28 ; voir également arrêt n° ECW/CCJ/JUD/03/15 *Convention Démocratique et Sociale Rahama c/ République du Niger*, 23 avril 2015, § 21.

[1101]R. ARNOLD, « L'État de droit comme fondement du constitutionnalisme européen », *RFDC* 2014/4 (n° 100), pp. 769-776, p. 772.

Ainsi l'État de droit appelle-t-il dans le cadre de la CEDEAO, à être diffusé non pas seulement « dans la législation » mais aussi « dans les esprits et dans les mœurs »[1102].

De ce point de vue, l'on peut affirmer que l'État de droit s'il n'est pas synonyme de la démocratie, demeure indispensable à son assise. En effet, le formalisme rigoureux et rationnel qu'exige l'État de droit a pu faire dire à certains auteurs que le protocole sur la démocratie et la bonne gouvernance dont s'est doté la CEDEAO est une Constitution régionale. Or, il s'agit pour l'ordre communautaire, de s'ouvrir au droit interne en vue de garantir la validité de l'ordre normatif et partant, assurer durablement les assises d'un véritable État de droit dans l'espace CEDEAO. Ainsi, le principe de l'État de droit doit apparaître comme l'élément de liaison entre les deux ordres, permettant d'harmoniser les concepts[1103], de manière à réussir l'intégration juridique indispensable à l'intégration économique : sous ce rapport, le renvoi préjudiciel est le mécanisme symptomatique de l'État de droit.

Section 2 : Le renvoi préjudiciel mécanisme symptomatique de l'État de droit

Le développement de la protection des droits fondamentaux dans l'ordre juridique commuautaire s'est inscrit dans la perspective de l'instauration d'une Communauté de droit, désormais considérée comme indispensable à la préservation de « l'acquis communautaire »[1104]. C'est dans ce cadre que le législateur

[1102]Y. GAUDEMET, « L'occupant privatif du domaine public à l'épreuve de la loi », in *Mélanges en l'honneur de Guy BRAIBANT, L'État de droit, op. cit.*, p. 309.
[1103]R. ARNOLD, « L'État de droit comme fondement du constitutionnalisme européen », *op.cit.*, p. 772.
[1104]J. RIDEAU, « Le développement de la protection juridictionnelle des droits de l'homme dans l'Union européenne : symboles et effectivité », in *L'Avenir de la justice*

communautaire a cru bon d'instituer un mécanisme de coopération entre les juridictions nationales et la juridiction communautaire. Ce mécanisme de coopération, bien connu sous l'appellation de renvoi préjudiciel, est institué, dans le cadre de la CEDEAO, par l'article 10.f du Protocole d'Accra de 2005 relatif à la Cour de justice qui dispose : « les juridictions nationales ou les parties concernées, lorsque la Cour doit statuer à titre préjudiciel sur l'interprétation du Traité, des Protocoles et Règlements ; les juridictions nationales peuvent décider d'elles-mêmes, ou à la demande d'une des parties au différend, de porter la question devant la Cour de justice de la Communauté pour interprétation ».

En effet, selon l'économie de ce texte, les juges nationaux sont chargés de l'application du droit communautaire dans leur domaine de compétence territoriale et matérielle, mais lorsqu'une question relative à l'interprétation du droit communautaire est soulevée, la juridiction nationale peut, et dans certains cas doit déférer à la juridiction communautaire, la question d'interprétation de la disposition en cause afin d'assurer une interprétation authentique qui sera ensuite appliquée uniformément dans tous les États membres[1105]. Le mécanisme du renvoi préjudiciel revêt ainsi un double aspect :

- d'une part, comme un moyen de coopération entre les juridictions nationales et la juridiction communautaire en mettant en œuvre la législation communautaire, contribuant de ce fait à la réalisation du projet communautaire **(§1) ;**

- d'autre part, comme un quasi-recours juridictionnel qui s'inscrit dans le système communautaire des voies de recours[1106], dans la mesure où il permet aux individus de faire prévaloir leurs droits de manière efficace constituant ainsi un mécanisme adapté aux défis de

---

communautaire. Enjeux et perspectives, coll. « Monde européen et international », *La Documentation française*, 1999, pp. 83-115.

[1105]G. TATY, « La procédure de renvoi préjudiciel en droit communautaire », *Revue de droit uniforme africain, Actualités trimestrielle de droit et de jurisprudence*, n° 004, 2011, p. 28.

[1106]J.-C. GAUTRON, « Le renvoi préjudiciel. Changements et continuité », in *Les juges nationaux et la Cour de justice des Communautés – quelle interaction ?* Colloque de Sofia, 2010, pp. 123-142, disponible en ligne sur : www.eubg.eu.

l'intégration, en tant que l'un des moyens d'intégration offerts aux particuliers pour la défense de leurs intérêts individuels **(§2).**

§1 : La contribution du mécanisme de renvoi préjudiciel à la réalisation du projet communautaire

L'insertion d'un mécanisme de renvoi préjudiciel en droit communautaire vise deux objectifs majeurs à finalité commune, la sauvegarde adéquate des droits fondamentaux des justiciables de la Communauté :

- d'une part, elle postule une fonction d'unification du droit communautaire et partant, de la consolidation de l'ordre juridique communautaire, en ce qu'elle vise à assurer une interprétation et une application uniformes du droit communautaire dans l'ensemble de l'espace communautaire **(A) ;**

- d'autre part, elle postule une fonction intégrationniste en ce qu'elle consiste à faciliter l'intégration du droit communautaire dans les ordres juridiques nationaux **(B).**

A. La logique unificatrice du mécanisme de renvoi préjudiciel

Par la coopération judiciaire qu'il consacre, le mécanisme du renvoi préjudiciel vise à prévenir et à corriger les risques qui découlent de la répartition des compétences entre les juges nationaux, juges de droit commun du contentieux communautaire, et la juridiction communautaire, juge d'attribution[1107]. Comme le souligne le professeur

[1107]A. BARAV, *La fonction communautaire du juge national*, thèse, Strasbourg, 1983 ; voir aussi O. DUBOS, *Les juridictions nationales, juge communautaire : contribution à l'étude de la fonction juridictionnelle dans les États membres de*

Jean-Claude GAUTRON, « ce n'est pas le seul instrument de prévention et de correction puisque ce rôle est assuré aussi par le recours en manquement d'État »[1108]. Les Protocoles d'Abuja et d'Accra s'inscrivent dans cette dynamique de prévention. Ainsi, dès le préambule du Protocole d'Abuja du 6 juillet 1991 relatif à la Cour de justice, on peut lire que la « Cour de justice a pour rôle prépondérant d'assurer le respect du droit et des principes d'équité dans l'interprétation et l'application du traité ainsi que des protocoles et conventions et d'être investie de la responsabilité de régler tout différend pouvant lui être soumis [...] ». Au-delà de ces dispositions, l'article 9 du Protocole d'Accra du 19 janvier 2005 est beaucoup plus démonstratif.

La fonction d'unification est traductrice d'une volonté théorique de consacrer un ordre juridique communautaire autonome[1109] et dont l'application ne souffrirait d'aucune ambiguïté. Ainsi que le souligne le juge Georges TATY, dans le cadre des litiges mettant en cause une norme communautaire devant les juridictions nationales, il apparaît un risque majeur de divergences d'interprétation des règles de droit communautaire ; ce risque est d'autant plus grand qu'on « est en présence d'un droit nouveau dont la logique n'est pas a priori familière aux juges nationaux ayant de surcroît des cultures juridiques diverses fondées sur des principes et des modes de raisonnement différents »[1110]. Faut-il le rappeler, la CEDEAO est composée des États francophones, anglophones et lusophones inspirés fortement des traditions juridiques romano-germaniques et de la logique de la *Common Law* issu du droit anglo-saxon.

Il convient de noter, par ailleurs, que dans certains États membres comme la République islamique de Gambie ou la République fédérale du Nigeria, le droit musulman exerce une influence certaine et est dans

---

l'Union européenne, thèse, Bordeaux IV, Paris, Dalloz, 2001 ; Voir également F. CHATIEL, « Constitution et droit européen : Le Conseil constitutionnel, juge européen ? », Rev. UE, 2013, pp. 261-262.

[1108]J.-C. GAUTRON, « Le renvoi préjudiciel. Changements et continuité », *op. cit.,* p. 2.

[1109]A. KISS, « La CEDH a-t-elle créé un ordre juridique autonome ? », in *Mélanges en hommage à Louis Edmond Pettiti*, Bruxelles : Bruylant, 1998, pp. 493-505.

[1110]G. TATY, « La procédure de renvoi préjudiciel en droit communautaire », *op.cit.,* p. 29.

certains cas, le droit applicable. Ainsi, dans certains États fédérés du Nigéria, principalement les États du nord, à forte prédominance musulmane, (Borno, Kano, Kasthina, Kaduna, Sokoto etc.), la « charia », c'est-à-dire la loi islamique, est principalement applicable. Cependant, elle ne s'applique de manière stricte et complète qu'aux seuls musulmans. En ce sens, l'article 6 (5) de la Constitution de la République fédérale du Nigéria dispose dans son organisation juridictionnelle, d'une Cour d'appel de la « charia » dans l'État fédéré où celle-ci est appliquée, la « Sharia Court of Appeal of a State » et d'une Cour d'appel dans la capitale fédérale du pays, qui fait office de Cour suprême en la matière, la « Sharia Court of Appeal of the Federal Capital Territor ».

En Gambie, sous le régime de Yaya Jammeh, dans une démarche similaire, la Constitution prévoyait respectivement à ses articles 137 et 137 A., une juridiction de premier degré, « the Cadi Court »[1111] et une juridiction de second degré « the Cadi Appels Panel »[1112] chargées de

[1111] 137. The Cadi Court

(1) A Cadi Court shall be established in such places in The Gambia as the Chief justice shall determine.
(2) The Cadi Court shall be composed- (a) for hearings at first instance, by a panel consisting of the Cadi and two other scholars of the Sharia qualified to be a Cadi or Ulama; and Paragraph (b) (Deleted by No. 6 of 2001)
(3) The decision of the majority of a panel of a Cadi Court shall constitute the decision of the Court.
(4) The Cadi Court shall only have jurisdiction to apply the Sharia in matters of marriage, divorce and inheritance where the parties or other persons interested are Muslims.
(5) Any party to a proceeding in the Cadi Court who is dissatisfied with a decision of the Court may appeal to the Cadi Appeals Panel.
(6) A person shall be required to be of high moral standing and professionally qualified in the Sharia in order to be appointed a Cadi or Ulama.
(7) A party to proceedings in the Cadi Court shall be entitled to be represented, at his or her own expense, by a person qualified in the Sharia.

[1112] 137. A. Cadi Appeals Panel 6 of 2001

(1) There shall be a Cadi Appeals Panel which shall consist of- (a) a Chairperson; and (b) not less than four other members.
(2) The Panel shall be constituted by three members of the Panel.
(3) The Chairperson of the Panel shall preside at a sitting of the Panel and in his or her absence, the most senior member shall preside.
(4) The Chairperson and other members of the Panel shall be appointed by a Cadi Appeals Selection Committee which shall consist of- (a) the Chief

statuer en matière de « charia ». Il résulte de ce qui précède que l'ordre juridique communautaire doit être protégé afin de garantir la pérennité du projet communautaire. Par conséquent, sa survie réside dans la manière dont il est appréhendé par les juges nationaux, c'est-à-dire, principalement dans l'unité d'interprétation de la règle de droit communautaire. Cette interprétation ne peut se faire par référence au droit national de l'un des États membres[1113], tant l'existence d'une divergence d'interprétation du droit communautaire serait préjudiciable à l'intégration. C'est pourquoi le mécanisme de renvoi préjudiciel apparaît comme le procédé permettant de préserver l'unité et la cohérence du droit communautaire sur l'ensemble du territoire de la communauté et partant, garantir la mise en place d'une jurisprudence harmonisée.

En effet, souligne le juge G. TATY, « il serait vain d'élaborer un traité destiné à former une législation communautaire si les juridictions de chaque État membre l'interprétaient suivant les notions propres à leur droit variant par définition d'un État à un autre. Ce qui pourra faire naître autant de droits communautaires qu'il y a d'ordres juridictionnels nationaux »[1114].

Cette procédure de coopération est d'une importance fondamentale pour le développement du droit communautaire. L'expérience européenne est à cet égard édifiante. En effet, c'est essentiellement par

---

Justice; (b) the Attorney General; and (c) a member of the Supreme Islamic Council nominated by that Council.

(5) A person shall not be qualified for appointment to the Panel- (a) as a Chairperson, unless the person- (i) is a legal practitioner and has been so qualified for a period of not less than five years, and (ii) is professionally qualified in the Sharia; (b) as a member, unless the person is professionally qualified in the Sharia.

(6) The Panel shall have jurisdiction to hear and determine appeals from judgment of the Cadi Court and from the District Tribunals where Sharia law is involved.

(7) The Cadi Appeals Selection Committee shall prescribed rules of practice and procedures of the Panel.

[1113] G. TATY, « La procédure de renvoi préjudiciel en droit communautaire », *op.cit.*, p. 29.

[1114] G. TATY, « La procédure de renvoi préjudiciel en droit communautaire », *op.cit.*, p. 29. ; voir aussi J. MOLINIER, J. LOTARSKI, *Droit du contentieux européen*, 2eme éd., Paris, L.G.D.J, 2009, p. 97 et s.

le mécanisme de renvoi préjudiciel que les relations entre le droit communautaire européen et les droits nationaux ont été façonnées. La Cour de justice de l'Union européenne a développé des principes d'effet direct et de primauté du droit communautaire en répondant à des questions préjudicielles. Dès les premières années de la construction européenne, la Cour de justice est venue préciser la nature des relations théoriques entre le droit communautaire et le droit national.

C'est ainsi que dès 1963, dans l'affaire *Van Gend & Loos* [1115], la Cour de justice a été saisie d'une question préjudicielle, à savoir si l'article 12 CEE, a un effet immédiat en droit interne, dans le sens où les ressortissants des États membres pourraient faire valoir sur la base de cet article, des droits que le juge national devrait sauvegarder.

La Cour énonce dans cet arrêt que le droit communautaire européen engendre non seulement des obligations pour les États membres mais également, sous certaines réserves, des droits pour les particuliers qui peuvent directement invoquer des normes communautaires devant les juridictions nationales.

La Cour considère ainsi les particuliers comme des sujets du droit communautaire. Elle indique au surplus que le droit primaire est d'effet direct à condition que les droits ou obligations qu'il emporte concernent les particuliers, soient précises, claires, inconditionnelles, et qu'elles n'appellent pas des mesures complémentaires aux niveaux nationale ou européen[1116]. Cette théorie de « l'effet immédiat » ou « effet direct » a ensuite été complétée par celle de la « primauté » des normes communautaires sur les droits nationaux des États membres, dans le célèbre arrêt *Costa* du 15 juillet 1964[1117]. La Cour de justice a jugé que le droit issu des institutions européennes s'intégrait aux systèmes juridiques des États membres qui sont obligés de le respecter. Si une règle nationale est contraire à une disposition du droit de l'Union, les autorités des États membres doivent faire prévaloir la disposition européenne.

[1115]CJCE, 5 févr. 1963, 26/62, *Rec.*, p. 5.
[1116]Voir pour plus de détails Conseil d'État, « Le juge administratif et le droit de l'Union européenne », Les dossiers thématiques du Conseil d'État, mis en ligne le 23 septembre 2015.
[1117]CJCE, 15 juil. 1964, 6/64, *Rec.*, p. 1141.

Ce principe de protection juridictionnelle dégagé par la jurisprudence européenne et qui a été consacré par les articles 6 et 13 de la Convention européenne de sauvegarde des droits de l'homme et réaffirmé à l'article 47 de la Charte des droits fondamentaux de l'Union européenne, ne souffre d'aucune ambiguïté dans le contexte africain. Il a, en effet, été consacré par la Charte africaine des droits de l'homme et des peuples, qui est l'instrument juridique de référence du juge de la CEDEAO et socle même de l'ordre juridique communautaire en matière de protection des droits fondamentaux. En ce sens, les dispositions de l'article 7 de la Charte en vertu desquelles « Toute personne a droit à ce que sa cause soit entendue. Ce droit comprend le droit de saisir les juridictions nationales compétentes de tout acte violant les droits fondamentaux qui lui sont reconnus et garantis par les conventions, les lois, règlements et coutumes en vigueur [...] », devraient être interprétées comme la consécration d'un principe de protection juridictionnelle effective.

Dès lors, on peut en déduire, au regard de ce qui précède, que le mécanisme de renvoi préjudiciel participe de la préservation des droits fondamentaux, notamment le droit à un procès équitable qui constitue un élément essentiel de l'État de droit. Cette procédure est également un instrument primordial dans le contrôle de la légalité des actes des institutions communautaires et dans la sauvegarde de l'unité et de la cohérence du droit communautaire. Elle présente l'intérêt de contribuer tout à la fois à clarifier le droit communautaire, à l'enrichir, à assurer son uniformité d'application, à faciliter la mission des juges nationaux et à renforcer la protection juridictionnelle des droits des particuliers[1118]. En ce sens, l'expérience européenne nous enseigne l'importance de ce mécanisme alternatif dans la diffusion du droit communautaire. Ainsi, souligne Florence CHALTIEL, « mécanisme institué dès l'origine du droit européen, initialement boudé par quelques juridictions suprêmes, le renvoi préjudiciel du juge national vers le juge européen a permis d'assurer l'uniformité d'interprétation et d'appréciation de la validité du droit européen ».

Dans le cadre de la CEDEAO, l'effort d'unification perceptible dans les textes n'est que l'expression théorique d'une volonté de collaboration

[1118] Voir en ce sens J. MOLINIER, J. LOTARSKI, *Droit du contentieux européen*, *op. cit.*, p. 100.

encore récente. En effet, le mécanisme n'a été institué qu'à la faveur de l'adoption du protocole d'Accra en 2005. Et la réticence des juges nationaux à saisir la Cour de justice est tributaire d'une absence de diffusion du droit communautaire dans les systèmes juridiques des États membres. Cette situation n'est pas sans conséquence sur la protection des droits individuels. Ce mécanisme de renvoi présente un « intérêt communautaire certain »[1119], pour reprendre les termes de la Cour de justice de l'Union européenne, en ce qu'il participe de l'ancrage d'un droit d'intégration encore en construction dans l'espace CEDEAO et donne aux juges nationaux la possibilité de participer au processus de formation de l'ordre communautaire.

Le mutisme des juges nationaux dans la mise en œuvre de cette procédure n'est pas de nature à préserver cet intérêt communautaire.

Ce qui explique la pauvreté jurisprudentielle, et partant, la faible influence de la norme communautaire dans les systèmes juridiques des États membres. La doctrine ne brille pas aussi par son activisme critique. Ainsi, malgré l'institution d'une telle procédure, il est regrettable de constater que la Cour de justice de la CEDEAO, n'a toujours pas été saisie en ce sens.

Ce n'est pourtant pas une méconnaissance de la procédure qui fonde cette situation. Pareille procédure est bien connue des systèmes juridiques des États tel le renvoi préjudiciel en matière de constitutionnalité que l'on retrouve dans la quasi-totalité des constitutions des États membres.

Il convient donc d'examiner l'attitude des juges nationaux qui n'ont pas pour habitude de recourir au droit communautaire dans le cadre des litiges dont ils sont saisis.

Ce constat est aussi valable pour les parties et leurs avocats à l'occasion des requêtes qu'ils sont amenés à formuler[1120]. C'est donc au niveau de

---

[1119]CJCE, 18 octobre 1990, *Dzodzi*, C-297/88 et C-197/89, Rec. P. 3763, point 37 ; voir aussi CJCE, 11 décembre 2007, *Leur-Bloem*, C-280/06 Rec. P. I-10983.

[1120]Voir en ce sens A. POTOCKI, « l'organisation des juridictions communautaires est-elle porteuse d'enseignement pour les juridictions nationales ? », *Mélanges offerts à P. DRAI, le juge entre deux millénaires*, Paris, Dalloz, 2000, p.109 et s.

l'intégration du droit communautaire dans les ordres juridiques nationaux qu'il convient de se reporter.

B. L'aspect intégrationniste du mécanisme de renvoi préjudiciel

Par la fonction d'intégration qu'il consacre, le mécanisme de renvoi préjudiciel invite les juges nationaux à une homogénéité d'interprétation de la norme communautaire. Ils doivent en effet veiller à ce que les règles internes soient interprétées conformément aux engagements internationaux par leurs pays, et en particulier aux règles et principes du droit communautaire[1121].

Comme a pu l'écrire Idrissa SOW, « L'applicabilité directe du droit communautaire a entraîné de profondes mutations dans les attributions traditionnelles des organes juridictionnels nationaux.

Devenu juge communautaire par la force des choses, le juge national s'est retrouvé face à l'obligation d'appliquer des normes issues du système communautaire, en écartant au besoin le droit national en vertu du principe de primauté selon lequel, "l'ordre juridique communautaire l'emporte dans son intégralité sur les ordres juridiques nationaux" »[1122]. En ce sens Pierre PESCATORE a pu affirmer que « le droit communautaire n'a de signification réelle que dans la mesure où il peut s'imposer avec une force égale dans tous les États membres »[1123]. Pourtant, à l'analyse, il apparaît que les traités de la CEDEAO sont restés assez discrets lorsqu'il s'est agi de définir la fonction intégrative du droit communautaire, c'est-à-dire la façon par laquelle il pénètre les ordres juridiques nationaux et dont il se combine avec les normes

---

[1121]J.-M. SAUVÉ, Allocution prononcée au colloque organisée par le Conseil d'État et la Cour de cassation, « L'ordre juridique national en prise avec le droit européen et international : questions de souveraineté ? », Conseil d'État, 10 avril 2015.

[1122]I. SOW, *La protection de l'ordre juridique sous régional par les Cours de justice : contribution à l'étude de la fonction judiciaire dans les organisations ouest-africaines d'intégration*, *op. cit.*, p. 27. ; voir aussi Cour de justice UEMOA, avis n° 01/2003, Recueil des textes fondamentaux de la Cour, p. 471.

[1123]P. PESCATOR, *L'ordre juridique des Communautés européennes. Étude des sources du droit communautaire,* Bruxelles, Bruylant, 2006, p. 188.

nationales. On peut évidemment penser que la Cour de justice allait combler cette lacune en précisant, à l'instar de sa consœur européenne, les critères d'interprétation de la norme communautaire. Mais, force est de constater que la jurisprudence n'est pas d'un grand secours. Le droit communautaire ouest-africain garde donc le silence sur les conditions et les voies permettant la mise en œuvre du renvoi préjudiciel. L'article 10. (f) du Protocole d'Accra énonce simplement la possibilité d'un tel renvoi sans véritablement déterminer les moyens procéduraux adéquats.

Faut-il déduire de cette absence d'encadrement de la procédure du renvoi préjudiciel, la consécration d'un mécanisme à valeur simplement théorique ou l'affirmation d'une autonomie procédurale du droit national des États membres ?

Il serait en effet risqué de penser que le droit communautaire pourrait exercer une quelconque influence sur l'ordre juridique national en laissant aux juridictions nationales une totale liberté dans le choix des moyens procéduraux relatifs à la mise en œuvre du mécanisme de renvoi.

Les règles nationales n'étant pas identiques en matière de procédure juridictionnelle, le renvoi au droit national peut parfois nuire à l'uniformité d'application des règles communes issues du droit communautaire et, par conséquent, à l'effectivité de la protection des droits que les justiciables tirent de ce même droit[1124].

Ce qui met en évidence l'importance d'une intervention du juge communautaire en tant qu'autorité d'encadrement de l'application de la règle communautaire.

Ce faisant, la Cour de justice apparaît comme « la pièce maîtresse du système et les juges nationaux des "exécuteurs" du droit communautaire dans leurs ordres juridiques respectifs »[1125].

En effet, il n'y pas point d'intégration sans la « coopération loyale » des États qui, de par le simple fait de l'adhésion, de façon automatique, ont une «fonction communautaire» à assumer, des « obligations

[1124]Conseil d'État, « Le juge administratif et le droit de l'Union européenne », Les dossiers thématiques du Conseil d'État, *op. cit.,* p. 10 et s.
[1125]J. MOLINIER, J. LOTARSKI, *Droit du contentieux européen*, *op. cit.*, p. 100.

communautaires » à remplir[1126]. Dans cette optique, il apparaît de façon manifeste que la coopération verticale, c'est-à-dire la coopération entre les institutions de la Communauté et les États membres porte principalement sur la mise en œuvre du droit communautaire en vue d'en garantir l'efficacité[1127].

Dès lors, « la fonction communautaire du juge national est induite dès l'adhésion, par le nécessaire dialogue juridictionnel qu'il doit activer avec les juridictions communautaires, à travers le mécanisme bien connu du renvoi préjudiciel, sous peine de se marginaliser et *in fine* de marginaliser son pays dans le cadre de l'obligation de correcte interprétation et donc de l'application uniforme du droit communautaire »[1128]. Ainsi, chaque fois qu'une juridiction nationale se refuse par son action ou son inertie, de mettre en œuvre le mécanisme de renvoi préjudiciel, elle fragilise le principe de « coopération juridictionnelle » nécessaire à l'intégration.

Cela d'autant plus qu'en refusant comme elle y est invitée, à prendre part à la formation et à la mise en œuvre de l'action communautaire, la juridiction nationale est perçue comme l'obstacle majeur à la réalisation de l'intégration en ce qu'elle remet en cause la viabilité même du projet communautaire.

En tout état de cause, la coopération juridictionnelle qu'institue le mécanisme du renvoi préjudiciel est consubstantielle à l'intégration.

Car même si madame le professeur Laurence BURGOGUE-LARSEN a pu affirmer que « l'intégration serait certainement possible avec la seule collaboration des États et l'agencement classique des compétences entre les institutions »[1129], il n'en demeure pas moins que, elle l'a d'ailleurs reconnu, si « l'intégration serait viable », elle serait aussi « chaotique », car l'absence « [...] de techniques de

---

[1126]Voir L. BURGOGUE-LARSEN, « La coopération interinstitutionnelle. Approche comparative et tentative de systématisation », in *L'Union européenne. Carrefour de coopérations*, J. Auvret-Finck (dir.), Paris, L.G.D.J., 2002, p. 15.
[1127]J. AUVRET-FINCK (dir.), « Introduction », in *L'Union européenne. Carrefour de coopérations*, *op. cit.*, p. 2.
[1128]L. BURGOGUE-LARSEN, « La coopération interinstitutionnelle. Approche comparative et tentative de systématisation », *op. cit.*, pp. 15-16.
[1129]*Ibid.*, p. 18.

collaboration » aura pour conséquence de rendre « l'intégration [...] lente et parsemée d'embûches [...] ».

La coopération judiciaire se traduit dès lors par la nouvelle place acquise par le droit, en tant que valeur communément partagée dans la communauté internationale. L'intensification de la coopération juridique et judiciaire entre les États membres[1130] a engendré une communauté de valeurs fondée sur un socle politique empreint de démocratie et d'État de droit que la Communauté s'accorde à sauvegarder.

Toutefois, dans le contexte de la CEDEAO, l'absence de mise en œuvre du mécanisme de renvoi préjudiciel a mis en lumière l'absence de diffusion dans les ordres juridiques nationaux, de la norme communautaire. Or, faut-il le rappeler, le juge national occupe une place singulière dans l'application des normes communautaires, en tant que juge commun du droit communautaire. Il est considéré comme l'«artisan incontournable pour la pénétration des règles communautaires dans la vie quotidienne des citoyens »[1131]. Dès lors, l'absence de mise en œuvre du mécanisme de renvoi préjudiciel prévu à l'article 10.f du Protocole d'Accra, est préjudiciable à l'intégration du droit communautaire. Cette situation n'est pas de nature à faciliter la coopération juridictionnelle nécessaire à la prévention et à la gestion des conflits qui pourraient naître de l'application du droit communautaire.

Certains auteurs ont pu faire remarquer qu'« au-delà de ces considérations politiques, la propension d'un juge à utiliser le mécanisme de renvoi préjudiciel dépend dans une certaine mesure de son habitude à utiliser une telle procédure à l'intérieur de son propre système juridique »[1132].

On songe évidemment au mécanisme de renvoi préjudiciel conférant un caractère prioritaire aux questions de constitutionnalité selon lesquels,

---

[1130] A. SALL, *Les mutations de l'intégration des États en Afrique de l'Ouest. Une Approche institutionnelle, op. cit.*, p. 159.

[1131] R. LECOURT, L'Europe des juges, Bruxelles, Bruylant, 2008, p. 12. ; voir aussi A. SOW, « La diffusion du droit communautaire ouest-africain », in Dossier spécial, *L'État de droit, Civitas Europa,* 2016/2 (n° 37), pp. 351-370.

[1132] J. MOLINIER, J. LOTARSKI, *Droit du contentieux européen, op. cit.*, p. 101.

lorsque le juge ordinaire est saisi d'un litige soulevant des questions de conformité à la Constitution, il doit surseoir à statuer pour déférer à titre préjudiciel la question au juge constitutionnel[1133]. Or, il convient de constater dans la plupart des États membres, une raréfaction de la mise en œuvre de cette procédure préjudicielle. Par conséquent, l'attraction du droit communautaire sur l'office du juge national est imperceptible. Et comme le souligne Alioune SALL, « [...] les juridictions nationales ne sont pas nécessairement rompues à cette technique du renvoi préjudiciel, l'indigence du contentieux y donnant lieu ne les disposant pas à se familiariser aux arcanes d'une procédure plus subtile qu'elle n'y paraît »[1134]. Le mécanisme de renvoi préjudiciel apparaît de façon manifeste comme le « ciment de l'intégration »[1135] puisqu'au cœur du système communautaire d'intégration. Même si cette forme de « coopération juridictionnelle »[1136] a encore du mal à s'implanter dans le contexte de la CEDEAO, il n'en reste pas moins que la redynamisation introduite par le traité révisé, a permis d'instaurer un nouveau rapport au droit en donnant à celui-ci plus de place dans le fonctionnement interne des institutions communautaires et dans leurs relations extérieures.

Il est à cet égard intéressant de relever ce qui, *a priori*, peut apparaître comme une révolution inachevée de l'intégration juridictionnelle dans

---

[1133]Voir en ce sens D. RITLENG, « Cours constitutionnelles nationales et renvoi préjudiciel » in *Mélanges en l'honneur du professeur Joël MOLINIER, Liber amicorum, op. cit.*, p. 585 et s.

[1134]A. SALL, *La justice de l'intégration : réflexions sur les mutations de la CEDEAO et de l'UEMOA*, Dakar CREDILA, 2011, 398 p.

[1135]M. BLANQUET, « La Coopération entre les États membres et les institutions communautaires », in *L'Union européenne. Carrefour de coopérations, op. cit.*, pp. 115-181 ; voir aussi V. CONSTANTINESCO, « L'article 5 du traité CEE : la bonne foi à la loyauté communautaire », *Liber amicorum P. PESCATORE*, Baden-Baden, Nomos, 1987, p. 97 ; voir également L. BURGOGUE-LARSEN, « La coopération interinstitutionnelle. Approche comparative et tentative de systématisation », in *L'Union européenne. Carrefour de coopérations,op. cit.*, p. 14.

[1136]J. RIDEAU, *Droit institutionnel de l'Union et des Communautés européennes*, 3ème éd., Paris, L.G.D.J., 1999, p. 165 et s ; voir aussi J.-P. JACQUÉ, « La pratique des institutions communautaires et le développement de la structure institutionnelle communautaire *», in* R. BIEBER, G. RESS (dir.), *Die Dunamik des Europaïschen Gemeinschaftsrechts*, Nomos Baden-Baden, 1987, p. 377 et s, voir également C. BLUMANN, « Caractéristiques générales de la coopération interinstitutionnelle », in *L'Union européenne. Carrefour de coopérations, op. cit.*, p. 29 et s.

l'espace CEDEAO en ce qu'il intéresse directement l'avenir de l'intégration africaine. En effet, l'évolution normative de la CEDEAO vise à relever le défi démocratique et sécuritaire en Afrique de l'Ouest. L'idée étant de mutualiser les forces politiques, économiques, militaires et juridiques en vue de permettre la création d'un espace de citoyenneté commune. Dès lors, l'intégration juridictionnelle que propose le mécanisme de renvoi préjudiciel implique des juges de l'espace CEDEAO, un minimum de consensualisme[1137], c'est-à-dire une forte collaboration entre eux, d'une part, et d'autre part, le juge national doit avoir une forte idée de sa mission, voire de sa responsabilité, dans l'effectivité du droit communautaire. Or, comme le met en exergue Abdoulaye SOW, « Á l'analyse, l'on est avant tout frappé de la rareté du contentieux "mettant sur pied de guerre" le droit communautaire devant les juridictions nationales. [...] une faible utilisation des voies de droit dans les techniques relationnelles entre juridictions nationales et communautaires »[1138]. Pourtant, il faut avoir conscience en effet de ce que le cadre politique, administratif et judiciaire des États membres reste encore imprégné de traditions et d'habitudes mentales accordées à la dimension nationale et peu ouvertes sur le grand large de la vie communautaire et internationale[1139]. Pour paraphraser Muriel LE BARBIER-LE BRIS, on peut ainsi affirmer que l'indifférence obstinée qu'affichent les juridictions nationales à l'égard du renvoi préjudiciel et qui les confine à une forme d'autisme[1140] témoigne de « l'indigence du contentieux »[1141] susceptible d'aboutir, sur le territoire communautaire, à la prospérité de la procédure préjudicielle.

Pourtant, l'expérience européenne d'intégration montre bien que c'est par la procédure préjudicielle que le droit communautaire européen a acquis sa dimension intégrative. L'édification progressive de l'Union

---

[1137]C. BLUMANN, « Caractéristiques générales de la coopération interinstitutionnelle », in *L'Union européenne. Carrefour de coopérations, op. cit.*, p.32.

[1138]A. SOW, « La diffusion du droit communautaire ouest-africain », *op. cit.*, p. 363.

[1139]P. PESCATOR, « L'ordre juridique des Communautés européennes. Étude des sources du droit communautaire », *in F. PICOD (dir.), coll. « Droit de l'Union européenne »*, Bruxelles, Bruylant, 2006, p. 188.

[1140]M. LE BARBIER-LE BRIS, « L'obligation de renvoi préjudiciel revisitée par la Cour constitutionnelle espagnole », in *Mélanges en l'honneur du professeur Joël MOLINIER, Liber amicorum*, Paris, L.G.D.J, 2012, p. 387.

[1141]A. SOW, « La diffusion du droit communautaire ouest-africain », *op. cit.*, p. 363.

européenne s'est faite en s'appuyant sur les « vertus uniformisatrices du renvoi préjudiciel »[1142]. D'où le sens de l'analyse du juge communautaire européen lorsqu'il affirme dans l'arrêt *Rheinmühlen* que la procédure préjudicielle est « essentielle à la préservation du droit institué par le traité »[1143]. Dans cet arrêt, la Cour de justice a rappelé que l'objectif de cette procédure est de « prévenir les risques de divergence dans l'interprétation du droit communautaire que les juridictions nationales ont à appliquer, il tend également à assurer cette application en ouvrant au juge national un moyen d'éliminer les difficultés que pourrait faire naître l'exigence de donner au droit communautaire son plein effet dans le cadre des systèmes juridictionnels des États membres : que dès lors, toute lacune dans le système ainsi organisé mettrait en cause l'efficacité même des dispositions du traité et du droit communautaire dérivé ». L'insertion de ce mécanisme dans le cadre de la CEDEAO procède du même objectif.

La question qu'il importe dès lors de se poser est de savoir si dans le contexte de la CEDEAO, le juge national ne constitue-t-il pas un frein au développement du mécanisme de renvoi préjudiciel et partant, à la coopération judiciaire consacrée par l'article10.f du ProtocoleA/SP.1/01/05. Les juges de l'espace CEDEAO, plutôt que de se saisir du mécanisme de renvoi préjudiciel au sens de la définition de la Cour de justice de l'Union européenne, c'est-à-dire en tant qu' « instrument de coopération entre la Cour de justice et les juges nationaux, grâce auquel la première fournit aux seconds les éléments d'interprétation du droit communautaire qui leur sont nécessaires pour la solution des litiges qu'ils sont appelés à trancher »[1144], semblent par leur indifférence obstinée, s'être transformés en facteurs obstruant la diffusion du droit communautaire par la voie de la coopération instituée par le législateur communautaire. Or, faut-il le rappeler, le renvoi préjudiciel constitue également un moyen de contrôle de validité des

---

[1142]M. LE BARBIER-LE BRIS, « L'obligation de renvoi préjudiciel revisitée par la Cour constitutionnelle espagnole », in *Mélanges en l'honneur du professeur Joël MOLINIER, Liber amicorum, op. cit.*, p. 388.

[1143]CJCE, *Rheinmühlen,* 16 janvier 1974, aff. n° 166/73, *Rec.* 1974, p. 38. Disponible en ligne : www.eur-lex.europa.eu.

[1144]CJCE, ord. 26 janvier 1990, *Falciola*, aff. C-286/88, *Rec.*, p. 191 et s. Disponible en ligne: www.eur-lex.europa.eu.

actes communautaires dans la mesure où, il permet aux juges nationaux, de se référer à la Cour de justice, seule compétente pour prononcer la validité ou non d'un acte communautaire.

En effet, de par sa nature même, le droit communautaire, fait partie intégrante de l'ordre juridique applicable sur le territoire des États membres. Or, dans le contexte de la CEDEAO, il apparaît à l'évidence que la mise en œuvre du droit communautaire dans l'ordre interne des États membres rencontre des difficultés. Pourtant, le droit communautaire doit pouvoir s'appuyer sur le droit national pour intégrer les ordres juridiques internes des États membres. C'est tout le sens de l'analyse du juge P. PESCATORE lorsqu'il définit la relation entre le droit communautaire et le droit national comme un rapport de complémentarité avec prééminence du droit communautaire, de sorte que le droit national apparaît comme un auxiliaire adventice, il est l'expression d'une « compétence liée », il ne saurait dès lors mettre en échec le droit communautaire[1145]. C'est en ce sens qu'il convient, pour une application effective du droit communautaire, d'instituer un mécanisme de renvoi obligatoire, de manière à tirer les conséquences judiciaires de l'inaction des États.

Car si en matière de contentieux des droits fondamentaux le requérant a la possibilité de saisir directement le juge communautaire, en d'autres matières, la procédure préjudicielle ne peut être véritablement enclenchée que par le juge national.

La possibilité offerte aux particuliers de saisir les juridictions nationales d'une question de droit communautaire n'entraîne pas le renvoi systématique de la question, dans la mesure où la juridiction saisie n'est pas tenue de renvoyer la question si elle ne la juge pas sérieuse ou nécessaire.

Pourtant, au regard du Protocole d'Accra, rien n'empêche à une juridiction nationale, à quelque niveau que ce soit, de saisir d'office le juge communautaire d'un recours en interprétation ou en validité.

Dans une démarche comparable, les juridictions internes des États membres de l'Union européenne ont la possibilité et, en dernier ressort,

---

[1145]P. PESCATOR, « L'ordre juridique des Communautés européennes. Étude des sources du droit communautaire », *op. cit.*, p. 198.

l'obligation, de soumettre à la Cour de justice certaines questions d'interprétation et de validité avant de trancher les litiges dont elles sont saisies, à moins qu'elles soient en présence d'une jurisprudence établie de la Cour dans laquelle elle s'était déjà prononcée[1146] ou lorsque « l'application correcte du droit communautaire peut s'imposer avec une évidence telle qu'elle ne laisse place à aucun doute raisonnable sur la manière de résoudre la question posée »[1147].

Bien que ce soit le juge national et non le particulier qui saisisse la Cour de justice, il ne dispose pas, à l'échelon suprême, d'une totale liberté, dans la mise en œuvre du mécanisme de renvoi. Ainsi que le souligne Ami BARAV, « Si la faculté de saisir la Cour de justice à titre préjudiciel est reconnue à toute juridiction nationale, l'exigence de prévenir que s'établisse dans un État membre une jurisprudence incompatible avec le droit communautaire ou une situation juridique irréversible contraire à ce dernier, a conduit les auteurs du traité à imposer à certaines juridictions une obligation de renvoi »[1148].

Le mécanisme de renvoi préjudiciel est apparu dans la jurisprudence européenne comme constitutif « des droits individuels que les juridictions internes doivent sauvegarder »[1149]. En ce sens, il convient, dans le cadre de la CEDEAO, de se rendre à l'évidence que si l'obligation de mettre en intervention la Cour de justice avait été imposée à toutes les juridictions nationales, il en aurait résulté très certainement un dialogue entre les juges et partant, une interaction des deux ordres juridiques. Il convient en effet d'admettre que le mécanisme de renvoi préjudiciel tel qu'il existe aujourd'hui souffre de défauts divers qui ne permettent pas sa mise en œuvre dans une situation de violation systématique du droit communautaire.

[1146]Aff. jtes 28 à 30/62 *Da Costa*, Rec. 1963, IX-1, p. 59; Aff. 283/81, *Cilfit, Rec.* 1982, p. 3415, point 14.

[1147]Aff. 283/81, *Cilfit*, *Rec*. 1982, p. 3415, point 16.

[1148]A. BARAV, *Études sur le renvoi préjudiciel dans le droit de l'Union* européenne, Coll. « Droit de l'Union européenne », Bruxelles, Bruylant, 2011, p. 5.

[1149]CJCE, 5 février 1963, *Van gens & Loos c. Pays Bas, aff. 26/62 ;* CJCE, 19 juin 1973, *Carmine Capolongo contre Azienda Agricole Maya*, *aff. 77/72* ; CJCE, 6 octobre 1970, *Franz Grad contre Finanzamt Traunstein, Aff. 9/70 ;* CJCE, 19 décembre 1968, *Salgoil contre Ministère du commerce extérieur de la République italienne, Aff. 13/68.*

C'est manifestement l'absence de renvoi préjudiciel automatique entre les juges nationaux et la Cour de justice qui marque la faiblesse de la coopération entre les juridictions. Pourtant, ce mécanisme est bien adapté aux défis de l'intégration en Afrique de l'Ouest.

§2 : Le renvoi préjudiciel, un mécanisme adapté aux défis de l'intégration

Si l'on admet que l'État de droit est la discipline que s'imposent les sociétés qui l'ont choisi, d'assurer la stabilité, la publicité et l'invocabilité des règles qu'elles reconnaissent comme s'appliquant aux relations entre les personnes, entre les institutions et entre les personnes et les institutions, l'on ne pourra manquer d'en déduire que l'objet même de toute entreprise juridique, qu'elle soit législative, administrative ou juridictionnelle, est d'introduire dans la vie sociale, une dose aussi forte que possible de sécurité, dispensant les sujets du droit d'appuyer leurs revendications sur le seul usage de la force et les garantissant du sort incertain de leurs armes[1150].

Procédure de juge à juge, le renvoi préjudiciel a permis, dans le contexte européen, à la Cour de justice de l'Union européenne, d'examiner un grand nombre de problèmes découlant de l'application du droit communautaire et de l'Union européenne par les juridictions nationales qui, en raison des difficultés d'interprétation du droit qu'ils soulevaient, considéraient nécessaire de la saisir[1151].

Le renvoi préjudiciel participe de la diffusion du droit communautaire dans les ordres juridiques nationaux des États.

Il met le droit communautaire au service des justiciables, les avocats et les juges se doivent d'appliquer le droit communautaire et donc de le

---

[1150]J.-P. PUISSOCHET, H. LEGAL, « Le principe de sécurité juridique dans la jurisprudence de la Cour de justice des Communautés européennes », *Cahiers du Conseil constitutionnel*, n° 11, décembre 2001, p. 98.
[1151]F. PICOD, « Préface », *in* A. BARAV, *Études sur le renvoi préjudiciel dans le droit de l'Union* européenne, *op.cit.*, p. I.

connaître et s'il y a lieu, d'interroger la Cour de justice à cette fin[1152]. Au regard de la pratique européenne de la coopération judiciaire, on peut aisément se rendre à l'évidence de la portée efficace du mécanisme de renvoi préjudiciel dans la protection des droits fondamentaux (**A**). Mais cette efficacité ne peut être confortée que lorsque, loin de leur indifférence, le mécanisme requiert l'assentiment des juges nationaux (**B**).

A. Le renvoi préjudiciel, un mécanisme efficace de protection juridictionnelle des droits fondamentaux

Eu égard à l'importance de la procédure préjudicielle pour la bonne application et l'interprétation uniforme du droit communautaire, il est évident que le refus d'un juge interne de saisir la Cour de justice à titre préjudiciel puisse, selon l'expression de la Cour européenne des droits de l'homme, « affecter l'équité de la procédure »[1153].

Il en va ainsi lorsque le refus s'avère arbitraire, à savoir lorsque les normes applicables ne prévoient pas d'exception ou d'aménagement au principe du renvoi préjudiciel[1154]. C'est le sens de la position de la Cour de justice de l'Union européenne lorsqu'elle considère le mécanisme du renvoi préjudiciel comme un pouvoir du juge interne et pas une voie de recours ouverte aux parties à un litige[1155].

Il a ainsi permis la consécration dans le contentieux de l'Union européenne, d'un principe directeur, le principe d'efficacité et d'effectivité. La Cour de justice, par son arrêt *Simmenthal* du 9 mars 1978 a affirmé que « le juge national a l'obligation d'assurer le plein effet [des] normes [communautaires] en laissant au besoin inappliqué,

---

[1152]J.-C. GAUTRON, « Le renvoi préjudiciel. Changements et continuité », *op. cit.*, p. 5.

[1153]CEDH, 21 septembre 2001, *Ullens de Schooten et Rezabek c. Belgique,* § 59.

[1154]N. CARIAT, L. LEBOEUF, « Renvoi préjudiciel à la Cour de justice de l'Union européenne et droit à un procès équitable », in Strada Jurisprudence, *Journal des tribunaux, VoL 131* n°64922-32/2012, p. 674 et s.

[1155]CJCE, 1re Ch., arrêt du 29 février 1984, *Cilfit,* 77/83, Rec., 1984, p. 1257, point 9.

de sa propre autorité, toute disposition contraire de la législation nationale, même postérieure, sans qu'il ait à demander ou à attendre l'élimination préalable de celle-ci par voie législative ou par tout autre procédé constitutionnel »[1156]. C'est d'ailleurs à ce principe d'effectivité et d'efficacité que renvoie, la décision, *Melki et Abdeli*[1157]du 22 juin 2010.

Partant de ces exigences européennes de bonne administration de la justice, les réserves tendant à admettre, telle qu'on le constate actuellement dans le cadre de la CEDEAO, l'absence de renvoi préjudiciel à la Cour de justice, ne doivent pas prospérer, dès lors que se posent des difficultés d'interprétation et d'application d'une norme communautaire en droit interne. C'est toute la raison d'être du mécanisme du renvoi préjudiciel. Or, force est de constater que le juge interne, au lieu de saisir la Cour de justice de la CEDEAO d'une question préjudicielle, fait le choix d'une application mécanique des textes nationaux auxquels il y est habitué.

Pourtant, l'intérêt pour le justiciable, dans la procédure préjudicielle, ne peut s'apprécier qu'au regard de la conception communautaire de la norme en cause. En témoigne par exemple l'expérience de la Cour de justice de l'Union européenne qui a développé des concepts autonomes lui permettant de consacrer un système effectivement communautaire. Elle a en effet, plusieurs fois déclaré qu'un « organe auquel le droit national ne reconnaît pas la qualité de juridiction pourrait, néanmoins, être considéré comme une juridiction au sens de l'article 267 (ancien article 177) du traité, habilitée, de ce fait, à avoir recours à la procédure organisée par cette disposition »[1158]. La Cour de justice indique par ailleurs, le faisceau de caractéristiques retenues dans chaque cas douteux pour déterminer la qualité de juridiction de l'organe qui l'a saisie. Parmi ces caractéristiques figurent l'origine légale de l'organe, la désignation par les pouvoirs publics de ses membres, son caractère permanent, l'application de la règle de droit, la compétence obligatoire,

---

[1156]CJCE, 9 mars 1978, *Simmenthal*, aff. 106/77.

[1157]CJUE, 22 juin 2010, *Melki et Abdeli,* C.-188/10.

[1158]*Aff.* 61/65, *Vaassen-Göbbels*, Rec. 1966, p. 337 ; Aff. 36/73 *Nederlandse Spoorwegen, Rec.* 1973, p. 1299 ; *Aff.* 246/80, *Broekmeulen*, Rec. 1981, p. 1331 ; aff. 109/88, *Dansk Arbeijdsgiverforening, Rec.* 1989, p. 3199 ; voir aussi A. BARAV, « Le renvoi préjudiciel communautaire », *op.cit.*, p. 3.

la procédure contradictoire[1159]. Par le truchement du renvoi préjudiciel, la Cour de justice de l'Union européenne, a su largement développer la notion de juridiction et consacrer ainsi un véritable droit au juge. Ce qui lui a permis d'intégrer, au sens de la notion communautaire de juridiction, des juridictions constitutionnelles qui, au départ, étaient réticentes à saisir son office. Ainsi en est-il par exemple du Conseil constitutionnel français qui, pendant longtemps, a refusé de transmettre toute question préjudicielle à la Cour de justice, puisque n'étant pas, du point de vue du droit interne, considéré comme une juridiction ordinaire.

Mais, depuis sa décision n° 2013-314 QPC du 4 avril 2013, « *M. Jeremy F* », le Conseil constitutionnel s'est ravisé en acceptant de transmettre, à l'occasion de l'examen d'une QPC, une question préjudicielle à la Cour de justice de l'Union européenne.

Inversement, la Cour de justice a, dans certains cas, méconnu cette qualité à des organes reconnus comme juridiction par le droit interne[1160]. Toutefois, la Cour a rappelé qu'il ne lui appartient pas de « vérifier si la décision de renvoi a été prise conformément aux règles nationales d'organisation et de procédures judiciaires »[1161].

Dès lors, les moyens tirés de « l'irrégularité dans la composition de la juridiction de renvoi ou l'incompétence de celle-ci, ne sauraient être invoquées devant la Cour pour soutenir l'irrecevabilité de la décision préjudicielle »[1162].

En consacrant le caractère communautaire autonome de la notion de juridiction, la Cour semble se placer sur le terrain de la protection juridictionnelle des particuliers et sur celui de l'effet utile du renvoi préjudiciel lui-même, en ce sens que la partie au principal qui a introduit le recours devant le juge national à l'occasion duquel ce dernier a sollicité une décision préjudicielle de la part de la Cour de justice, et toute autre personne qui, antérieurement à l'arrêt de la Cour, a introduit devant une juridiction ou une autre autorité nationale, un recours ou une

[1159]A. BARAV, « Le renvoi préjudiciel communautaire », *op.cit.*, p. 3.
[1160]Voir par exemple, *Aff.* C-24/92, *Corbiau*, Rec. 1993, p. I-1277.
[1161]Aff. C-39/94, *SFEI c/ La Poste*, Rec. 1996, p. I-3551, point 24.
[1162]A. BARAV, « Le renvoi préjudiciel communautaire », *op.cit.*, p. 4.

réclamation fondé sur l'invalidité de l'acte communautaire en cause, peuvent se prévaloir de l'arrêt constatant l'invalidité de ce dernier.

La solution inverse aurait pour conséquence de priver les particuliers du droit à une protection juridictionnelle effective et de compromettre l'effet utile de l'article 267 du traité.[1163] C'est en ce sens que la doctrine présente le renvoi préjudiciel comme une sorte de cassation préventive[1164], voire un référé de la loi[1165]. Il est à cet égard important de constater avec Ami BARAV que la mise en œuvre du renvoi préjudiciel et les circonstances dans lesquelles il se déroule ont incontestablement permis aux juges nationaux d'acquérir les connaissances d'une discipline qui leur paraissait, parfois éloignée et à la Cour de justice, par une sorte d'intendance, non seulement de les instruire mais aussi de dégager et d'élucider les principes les plus essentiels de l'ordre juridique communautaire[1166].

Il faut noter, par ailleurs que dans le cadre de la procédure préjudicielle, la compétence de la Cour de justice demeure préjudicielle et son exercice est tributaire du cadre tracé par le juge national et confiné dans les limites assignées par les questions posées par ce dernier[1167].

Dans le contexte de la CEDEAO, le même constat peut être fait dans le cadre de la procédure consacrée à l'article 10 du Protocole d'Accra. C'est la raison pour laquelle, l'attitude des juridictions de l'espace CEDEAO tendant à faire abstraction d'une telle procédure ne peut que surprendre.

Au risque de rester en marge du processus d'intégration amorcé et altéré à terme, « la coopération judiciaire qui anime le renvoi préjudiciel »[1168], les juges de l'espace CEDEAO doivent se rendre à l'évidence que le mécanisme de renvoi préjudiciel n'a de raison d'exister que grâce à leurs juridictions.

[1163]Aff. C-228/92, Roquette Frères, Rec. 1994, p. I-1445, points 25-30.

[1164]E. ARENDT, « la procédure selon l'article 177 du traité instituant la Communauté économique européenne », SEW 1965, n° 7/8, p. 385 et s.

[1165]J. BOULOUIS, « La fonction normative de la jurisprudence », Droit Social, 1989, p. 524.

[1166]A. BARAV, « Le renvoi préjudiciel communautaire », *op.cit.*, p. 15.

[1167] *Ibid.,* p. 16.

[1168]R. LECOURT, *L'Europe des juges*, Bruxelles, Bruylant, 1976, p. 273.

Comme l'a rappelé Olivier DUBOS, le renvoi préjudiciel est « un complément, un renfort, voire un catalyseur de la protection juridictionnelle des droits des particuliers, assumée par le juge national. Cette voie d'accès des individus à la juridiction communautaire est certes indirecte, mais elle n'en est donc pas moins essentielle [...] »[1169]. Et au président Robert LECOURT de constater que « c'est par l'utilisation de la procédure préjudicielle que se trouvent protégés les droits individuels impliqués par le traité ou dérivant de celui-ci »[1170].

Dans le contexte de la CEDEAO, on avait pensé à une évolution des rapports entre la Cour de justice et les juridictions nationales si ces dernières avaient pris conscience, dès l'institution de la procédure préjudicielle, que celle-ci est une procédure judiciaire qui leur est réservée dans le cadre de la coopération judiciaire voulue par les rédacteurs du Protocole d'Accra et dont l'issue dépendra de leur seule volonté.

Ce qui à terme, aurait eu pour conséquence, l'accélération du processus d'intégration et la consécration d'un véritable système juridictionnel de protection des droits fondamentaux. Étant entendu que l'objectif même de cette procédure est d'éliminer autant que possible le risque de voir des justiciables sans protection juridique sur le plan communautaire et privés des garanties assurées par le traité.

On pourrait alors imaginer que la mise en œuvre de cette procédure pourrait conduire à une diffusion généralisée du droit communautaire, de sorte que des juridictions supranationales comme celle de l'UEMOA, en tant que juridiction commune à plusieurs États membres de la CEDEAO, puisse soumettre des questions préjudicielles à la Cour de justice à l'instar des juridictions nationales des États membres, dès lors que, la fonction de la Cour au titre du renvoi préjudiciel est, pour reprendre l'expression de la jurisprudence européenne, de « fournir à toute juridiction de la Communauté les éléments d'interprétation du droit communautaire pour la solution de litiges réels qui lui sont soumis »[1171]. Il est dès lors regrettable que le mécanisme de renvoi

---

[1169] O. DUBOS, *Les juridictions nationales, juge communautaire*, thèse, Paris, Dalloz, 2001, XI-1015 p. ; p. 75.

[1170] R. LECOURT, « Quel eut été le droit des Communautés sans les arrêts de 1963 et 1964 ? », in *Mélanges Jean Boulouis*, Paris, Dalloz, 1991, p. 349.

[1171] CJCE, 11 mars 1980, *Foglia/Novello*, 104/79, *Rec.*, p. 745, point 11.

préjudiciel, procédure indispensable de la coopération judiciaire entre les ordres juridiques, soit relégué à « la périphérie du système juridictionnel communautaire »[1172], du fait de l'indifférence résultant de la méconnaissance du droit communautaire par les juges internes et partant, de la faible imprégnation de la norme communautaire dans les ordres juridiques des États.

Les juges nationaux n'ayant reçu quasiment pas de formation en droit communautaire tant pendant leur cycle universitaire qu'au cours de leur formation à l'école de magistrature, ont été ainsi formatés à une référence quasi-mécanique aux normes internes.

Or, en n'inscrivant pas le droit communautaire dans les programmes universitaires, les États membres ont circonscrit la portée de l'ordre juridique communautaire. Pourtant, comme l'a rappelé le professeur Alioune SALL, « l'unité du territoire économique implique l'unité de la norme de référence. [...] C'est pourquoi, il est apparu nécessaire d'organiser leur collaboration à travers [...] l'aménagement d'un cadre de coopération »[1173]. Cette situation peut être perçue comme un constat de carence résultant de la faiblesse des échanges intracommunautaires. C'est en effet, de l'intensité des échanges que naissent les contentieux de l'intégration, c'est-à-dire le contentieux susceptible de mettre en cause une norme communautaire, donc de permettre une saisine du juge interne qui à son tour pourrait éventuellement saisir la Cour de justice par la procédure de renvoi préjudiciel, au lieu de s'enfermer dans une indifférence improductive.

B. Le mécanisme de renvoi préjudiciel confronté à l'indifférence des juges nationaux

Partant du double constat que depuis l'institution de la procédure préjudicielle, cette dernière n'a, à ce jour, pas fait l'objet d'une mise en

---

[1172]V. CHRISTIANOS ; F. PICOD, « L'insertion de l'arbitrage dans le système juridictionnel communautaire », *Revue des Affaires européennes*, 2005/2, p. 161 et s.
[1173]A. SALL, *Les mutations de l'intégration des États en Afrique de l'Ouest*, *op. cit.*, p. 173.

œuvre dans les différents ordres juridiques des États membres et que le règlement de la Cour, antérieur à l'instauration de cette procédure n'a pas encore fait l'objet d'une mise à jour, de sorte que soit explicitée la procédure à suivre devant elle, il paraît évidemment difficile, voire impossible, d'apprécier les effets de cette procédure dans le mécanisme juridique de la CEDEAO.

En raison de l'indifférence généralisée des systèmes nationaux à l'égard du droit communautaire, la procédure de renvoi préjudiciel se trouve ébranlée dans son essence et son régime juridique méconnaissable en pratique. L'esprit de coopération autour duquel sont articulées les relations entre la Cour de justice et les juridictions nationales et dont le renvoi préjudiciel en constitue la sève[1174], s'est révélé d'une complexité fonctionnelle, conduisant à penser le mécanisme de coopération judiciaire dans l'espace CEDEAO autrement qu'en référence à la procédure du renvoi préjudiciel. Ces constats illustrent en conséquence, que les réformes entraînées par les nouvelles orientations de l'organisation ouest-africaine ne doivent pas seulement s'exprimer dans les textes, mais qu'elles doivent d'abord imprégner les mœurs, les mentalités les esprits.

L'impassibilité aussi bien des juges nationaux que de la Cour de justice elle-même, vis-à-vis du mécanisme du renvoi préjudiciel constitue, selon la formule consacrée par Ami BARAV, « la manifestation la plus flagrante du pervertissement de la procédure préjudicielle »[1175] et qui altère, dans le contexte de la CEDEAO, profondément le caractère efficace de la procédure. La question prégnante qui vient à l'esprit lorsque l'on essaie de s'atteler aux causes de cette abstention insaisissable des juges internes, de saisir la Cour de justice à titre préjudiciel, alors qu'ils en ont la possibilité, est de savoir si ces derniers ont réellement compris les caractéristiques d'une telle procédure et partant, s'ils en ont saisi le véritable enjeu.

La formulation même de l'article 10.f relatif à la mise en œuvre de la procédure préjudicielle doit interpeller le regard de la doctrine. Conformément aux dispositions de cet article, dans le cadre de son

---

[1174]Voir en ce sens A. BARAV, « Déformations préjudicielles », in *Études sur le renvoi préjudiciel dans le droit de l'Union* européenne, *op.cit.*, p. 217.

[1175]A. BARAV, « Déformations préjudicielles », in *Études sur le renvoi préjudiciel dans le droit de l'Union* européenne, *op.cit.*, p. 218.

pouvoir d'interprétation, la Cour peut être saisie d'un renvoi préjudiciel par les juridictions nationales soit d'office soit à la demande d'une partie au litige. Il dispose ainsi que « les juridictions nationales peuvent décider d'elles-mêmes, ou à la demande des parties au différend, de porter la question devant la Cour de justice de la Communauté ». Dans ce cas, le protocole d'Accra ne prévoit qu'une faculté de recourir à la procédure préjudicielle. C'est d'autant plus compréhensible qu'il existe dans le cadre de la CEDEAO un recours direct pour les particuliers devant le prétoire du juge communautaire. Ce recours peut être exercé soit en appréciation de la légalité des actes communautaires[1176] soit en cas de violation d'un droit fondamental[1177].

C'est probablement en raison de l'existence de ces possibilités d'accès à son prétoire que la Cour de justice de la CEDEAO, contrairement à la Cour de justice de l'Union européenne, n'a pas converti cette faculté en obligation tendant à contraindre les juridictions nationales à la saisir. Or, en laissant cette faculté au juge national, qui ignore tout du système communautaire, les rédacteurs du protocole d'abord et la Cour de justice ensuite, n'ont pas rendu service à la Communauté. N'est-ce pas un vœu pieux que d'attendre des juges nationaux, qu'ils privilégient un droit nouveau dont ils ignorent les contours, au détriment de la norme nationale dont ils semblent maîtriser l'essentiel du périmètre ?

En revanche, si le recours direct permet l'accès au prétoire de la Cour aux particuliers, l'absence d'un « dialogue des juges »[1178] dans l'espace CEDEAO constitue une véritable faiblesse de la coopération judiciaire qui est quasiment inexistante. Si elle devait perdurer, cette situation compromettrait l'avenir de l'intégration ouest-africaine. Des telles considérations devraient conduire la CEDEAO à imaginer une formule singulière qui pourrait aider à repenser les rapports entre les ordres juridiques et asseoir une authentique coopération judiciaire. C'est cette logique anticipatoire d'une nécessaire collaboration judiciaire qui a

---

[1176]Art. 10.c du Protocole A/SP.1/01/05

[1177]Art. 10.d du Protocole A/SP.1/01/05

[1178]Sur ce concepet de « dialogue des juges », voir notamment L. BURGOGUE-LARSEN. « L'internationalisation du dialogue des juges », in *Le dialogue des juges-Mélanges en hommage à B. Genevois*, *op. cit.*, pp. 95-130 ; M. DELMA-MARTY, « Du dialogue à la montée en puissance des juges », in *Le dialogue des juges-Mélanges en hommage à B.Genevois*, *op. cit.*, pp. 305-316.

sans doute conduit les rédacteurs du Protocole d'Abuja[1179] à prescrire à l'article 11 (ex-article 10 du Protocole d'Abuja), une compétence consultative à la Cour. Ainsi, cette dernière peut, à la demande d'une institution de la Communauté ou d'un État membre, « émettre un avis juridique sur des questions qui requièrent l'interprétation des dispositions du traité ».

Comme a pu l'écrire Idrissa SOW, « En conférant des attributions consultatives aux Cours de justice, le législateur communautaire a entendu créer un cadre de collaboration entre, d'une part, les Cours de justice sous-régionales et d'autre part, les organes chargés d'appliquer le droit communautaire et les États membres, en vue de faire bénéficier ces derniers, d'un avis juridique « authentique » à chaque fois que se pose une question d'interprétation du traité ou de ses actes dérivés »[1180].

Car explique-t-il, « contrairement à la Cour de justice des Communautés européennes, dont le dynamisme a été renforcé, dans une large mesure, à travers la pratique du recours préjudiciel », la Cour de justice de la CEDEAO « entendait exprimer le sien à travers la consultation juridique qu'elle apporte aux juridictions nationales et aux institutions communautaires dans des domaines du droit communautaire », chaque fois que son avis est requis.

Partageant les mêmes difficultés que le mécanisme de renvoi préjudiciel, la fortune de la procédure consultative de la Cour se mesure à l'aune de sa pauvreté jurisprudentielle[1181]. En revanche, pour la Cour de justice de l'UEMOA, cette procédure consultative a été la voie de droit emblématique à la coopération institutionnelle au sein de l'UEMOA[1182]. La démocratie implique à la fois des choix politiques et

---

[1179]Protocole A/P1/7/91 relatif à la Cour de justice de la Communauté du 6 juillet 1991

[1180]I. SOW, *La protection de l'ordre juridique sous régional par les Cours de justice : contribution à l'étude de la fonction judiciaire dans les organisations ouest-africaines d'intégration, op.cit.*, p.32

[1181]En effet, la Cour n'a rendu depuis sa création, qu'un seul avis. L'Avis n° 001/08 du 16 juin 2008 sur le renouvellement des mandats du directeur général et de la directrice générale adjointe du GIABA.

[1182]Voir en ce sens I. SOW, *La protection de l'ordre juridique sous régional par les Cours de justice : contribution à l'étude de la fonction judiciaire dans les organisations ouest-africaines d'intégration, op.cit.*, p. 31 et s.

un monde commun de reconnaissance de valeurs partagées[1183]. En ce sens, les valeurs intégrationnistes de la CEDEAO se fondent sur le modèle démocratique libéral à la base de l'État de droit, c'est-à-dire la conception selon laquelle dans un État de droit, le droit garde sa supériorité sur tout autre pouvoir et devient le moyen de régulation des rapports sociaux. La construction communautaire est empreinte de ces valeurs et implique de ce fait, la hiérarchie des normes, la protection constitutionnelle des droits et libertés fondamentaux, pour assurer l'intégrité de la personne humaine, le pluralisme politique, l'indépendance des juges, et, la protection de toute institution démocratique[1184].

C'est à juste titre que le législateur communautaire a prévu des mécanismes divers d'accès au prétoire de la Cour de justice de la Communauté pour d'abord contrôler la légalité des actes juridiques, puis la conformité des engagements des États membres ; assurer ensuite la protection des droits fondamentaux de la personne ; et enfin, à travers le mécanisme de renvoi préjudiciel, assurer la diffusion et l'application du droit communautaire dans les ordres juridiques des États. Cela est d'autant plus nécessaire que l'impact du droit de la CEDEAO sur les juridictions nationales des États est aujourd'hui quasiment imperceptible.

À cet égard, l'action de la CEDEAO en faveur de l'État de droit s'est traduite par un « renforcement des capacité des systèmes juridiques nationaux (…) au soutien de l'indépendance de la justice et au soutien de la qualité de sa prestation, en tant que service public »[1185]. Les juridictions nationales assurent de manière de plus en plus satisfaisante, la protection des droits fondamentaux. Le contrôle juridictionnel opéré en droit interne, notamment le contrôle de constitutionnalité a permis d'affirmer clairement l'attachement des États au principe de l'État de droit et de consacrer son effectivité.

[1183]Voir en sens P. MAGNETTE, « Le principe démocratique au-delà de la représentation », *La Constitution de l'Europe, éd.* ULB, 2000.

[1184]Voir en ce sens D. MOCKLE, « L'État de droit et la théorie de la *rule of law* », Cahiers de Droit, vol. 35, n° 4, 1994, pp. 823-904.

[1185]B. O. S.-O. KASSI, *Francophonie et justice : contribution de l'organisation internationale de la francophonie à la construction de l'État de droit, op.*cit., p. 390.

Mais c'est principalement par le mécanisme du dialogue prévu entre les juges nationaux et la Cour de justice de la Communauté, dans l'application du droit communautaire, que l'on peut espérer atteindre une véritable effectivité de l'État de droit. C'est cet objectif que semble traduire le mécanisme de renvoi préjudiciel prévu dans le Protocole d'Accra. Ce dernier s'inspire en effet, de l'expérience européenne d'intégration favorisée par le développement de la question préjudicielle. Confronté à l'indifférence des juges nationaux, le mécanisme du renvoi préjudiciel n'aura pas pu permettre l'impulsion du principe de l'État de droit dans le contexte de la CEDEAO. C'est à la faveur du développement du contentieux des droits fondamentaux que la fortune de l'État de droit sera véritablement affirmée, et deviendra ensuite un but identitaire de la CEDEAO. En ce sens, l'État de droit, en tant que nouveau paradigme politique de la Communauté ouest-africaine, se charge-t-il de formaliser ces principes et valeurs communs que le Protocole sur la démocratie et la bonne gouvernance proclame mais qui ont du mal à émerger en tant que facteurs de cohésion dans l'espace CEDEAO. C'est le respect de ce paradigme qui doit conduire les juges nationaux à ne pas totalement ignorer les normes du droit communautaire dans le cadre de leur activité juridictionnelle. De ce fait, l'État de droit, idéal commun dans l'espace CEDEAO, deviendrait l'instrument d'une stratégie de développement au sein de la Communauté.

TITRE II

L' ÉTAT DE DROIT : ENTRE IDÉAL COMMUN ET STRATÉGIE DE DÉVELOPPEMENT

« L'idée selon laquelle les êtres humains sont mieux gouvernés par le droit que par l'arbitraire du Prince, souligne Pierre FOURCHER, est aussi ancienne que l'antique Grèce. L'idée de l'État, en revanche est relativement récente ; celle de l'État de droit encore plus. [...] Sous l'impulsion de la communauté internationale ainsi que sous la pression de facteurs liés à la croissance de l'État, on a senti le besoin de compléter l'édifice institutionnel par des Chartes de droits et libertés ainsi que, phénomène encore plus remarquable, par un contrôle juridictionnel de la constitutionnalité en vue du respect et de la garantie de ces droits »[1186].

Dans le même sens, le Secrétaire général de l'Organisation des Nations Unies (ONU) soulignait dans son rapport publié en 2005 sous le titre évocateur « Dans une liberté plus grande », que « La protection et la promotion des valeurs universelles que sont la primauté du droit, les droits de l'homme et la démocratie constituent une fin en soi. Elles sont indispensables pour instaurer un monde de justice et de stabilité, porteur de promesses.

Aucun programme de sécurité ni aucun effort de développement ne peut aboutir s'il n'est pas solidement ancré dans le respect de la dignité humaine »[1187].

[1186]P. FORUCHER, « Contrôle de constitutionnalité au nom des droits fondamentaux dans les États de droit : convergence des solutions en Occident et idées pour l'Afrique », *in* J.-Y. MORIN (dir.), *Les droits fondamentaux*, Bruxelles, Bruylant, 1997, p. 345.

[1187]Rapport du Secrétaire général des Nations Unies, « Dans une liberté plus grande : développement, sécurité et respect des droits de l'homme pour tous », Doc. A/59/2005. Disponible en ligne, sur le site de l'ONU : www.unstats.un.org.

S'inscrivant dans la perspective ouverte par l'ONU pour renforcer et promouvoir l'État de droit à l'échelle mondiale[1188], la CEDEAO s'est saisie de cette notion aux contours juridiques certes délicats mais plus que jamais enracinés dans le discours politique puisqu'empreinte de principes et de valeurs de démocratie. L'État de droit est ainsi devenu le standard référentiel, voire l'instrument de légitimation, des discours politiques des États, de sorte qu'aucun grand projet ne peut être aujourd'hui imaginé en marge de ses principes. En ce sens, le professeur Jacques CHEVALLIER a pu affirmer que « l'État de droit [...] bénéficie d'un processus de labellisation qui lui donne une portée nouvelle »[1189].

Le paradigme de l'État de droit s'est ensuite illustré de manière significative à partir des années 1990, lorsque la notion a été intégrée par les institutions financières internationales, et notamment la Banque mondiale et le Fonds Monétaire international (FMI), parmi les critères essentiels d'évaluation de la bonne gouvernance. L'État de droit est apparu dès lors comme un des piliers du nouvel ordre international, à côté de la démocratie et des droits de l'homme avec lesquels il forme un triptyque dont les éléments sont posés comme indissociables[1190].

Cette internationalisation du concept d'État de droit s'est faite avec rapidité par le truchement de ce que l'on a appelé la « conditionnalité démocratique »[1191]. Cet état de fait amène à poser la question de la portée réelle de l'État de droit dans le système communautaire ouest-africain. Cette attraction pour le modèle onusien de l'État de droit traduit-elle réellement une volonté des États membres de la CEDEAO à se prémunir contre tout arbitraire politique ou serait-ce le résultat de pressions internationales ? Comment ne pas s'interroger sur

---

[1188]Dans la Résolution 61/39 du 4 décembre 2006, l'Assemblée priait le Secrétaire général « de lui présenter à sa soixante-troisième session un inventaire des activités en cours des divers organes, organismes, bureaux, départements, fonds et programmes du système des Nations Unies en matière de promotion de l'État de droit aux niveaux national et international ».

[1189]J. CHEVALLIER, « Les aspects idéologiques de l'État de droit », *op. cit.*, p. 77.

[1190]J. CHEVALLIER, « Les aspects idéologiques de l'État de droit », *op. cit.*, p. 78.

[1191]Voir en ce sens S. BOLLE, « La conditionnalité démocratique dans la politique africaine de la France », *Revue Afrilex*, septembre 2001, disponible en ligne ; voir aussi I. BIAGIOTTI, « Discours allemands et conditionnalité démocratique », consultable en ligne sur : www.politique-africaine.com.

l'authenticité d'un tel modèle, tant le terreau sur lequel il repose demeure encore fragile, faute de garanties efficaces et de culture juridique et politique adéquate. Or, l'affirmation de l'État de droit ne se manifeste véritablement que lorsque le droit s'emploie à aménager de manière efficiente, les rapports sociaux. La question de l'intégration ouest-africaine doit se faire en conformité avec ce principe.

Mais encore, faut-il préciser que cette attractivité conceptuelle de l'État de droit dans le processus d'intégration ouest-africain n'est que le résultat d'une évolution temporelle marquée par des nouvelles réalités. En effet, la globalisation a permis de prendre conscience que les dangers et défis qu'elle comporte ne peuvent être traités efficacement séparément par chaque État[1192].

C'est pourquoi, l'étude de la consécration du principe de l'État de droit comme facteur d'intégration (**chapitre 1**) permettra de mettre en évidence l'évolution conceptuelle dans le cadre de la CEDEAO, notamment dans ses relations extérieures, l'État de droit étant devenu pour ainsi dire un instrument de la coopération au service du développement (**chapitre 2**).

[1192] Voir en ce sens C. PAMBOUKIS, « État de droit et intégration européenne », in *Construction européenne et État de droit,* V. HEUZÉ et J. HUET (dir.), Actes de Colloques, Paris, Panthéon Assas, 2012, p. 13 et s.

CHAPITRE I

L'ÉTAT DE DROIT COMME FACTEUR D'INTÉGRATION EFFICACE

À l'instar de l'Union européenne, au sein de la CEDEAO, l'État de droit fait partie du socle des valeurs sur lesquelles doit être fondée la nouvelle étape de l'intégration. Cette nouvelle étape nécessite une amélioration de l'intégration juridique dans un double sens pour lui conférer plus de légitimité démocratique et plus de cohérence juridique[1193].

En ce sens, il importe de noter que l'État de droit, suivant la conception idéalisée décrite par Jacques CHEVALLIER[1194], témoigne toujours d'une confiance absolue placée dans le droit : il repose sur la croyance que le pouvoir peut être lié par des règles, que la force peut être mise au service du droit, que la domination peut être exercée conformément à des règles préétablies ; présupposant la capacité de la norme à faire advenir ce qu'elle énonce, l'État de droit postule l'élimination de l'arbitraire, la forclusion de la violence. C'est le sens qu'il convient de donner à la conception africaine de l'État de droit. Partant de cette dernière, on peut opportunément se demander si chacun des quinze (15) États membres de la CEDEAO peut être considéré comme un État de droit.

La réponse à cette question permettra sans doute de relever la confusion, voire l'imprécision conceptuelle de la notion d'État de droit dans certains ordres juridiques nationaux. De là découle, de notre point de vue, la problématique essentielle, celle de la portée réelle de l'État de droit dans le processus d'intégration ouest-africain.

En effet, il ne suffit pas de proclamer sa foi à un système normatif pour espérer être considéré comme un État de droit. Ce dernier ne saurait se résumer à une simple reconnaissance officielle des normes juridiques internationales. Il faut que soit prévu dans cet État, un mécanisme efficace de protection des droits fondamentaux auxquels les citoyens peuvent recourir y compris contre l'État lui-même, pour se voir assurer

1193Voir C. PAMBOUKIS, « État de droit et intégration européenne », *op.cit.*, p. 16.
1194J. CHEVALLIER, « Les aspects idéologiques de l'État de droit », *op. cit.*, p. 80.

une protection efficace de leurs droits. Par conséquent, il n'y pas aujourd'hui un système politique concevable sans référence à l'État de droit. Ainsi que le note L. HEUSCHLING, « personne aujourd'hui ne peut se dire ouvertement opposé à l'État de droit sauf à commettre une contre-performance rhétorique et à s'exposer à l'opprobre de l'opinion publique éclairée »[1195]. C'est en raison de cette unanimité apparente, que certains auteurs se demandent à juste raison si « la notion d'État de droit n'a pas perdu de sa rigueur »[1196].

Pour Denys SIMON, « La référence systématique au concept d'État de droit impose en effet de se demander s'il n'est pas devenu un cliché, un slogan ou un label, qui a perdu en compréhension ce qu'il a gagné en extension. Ne s'agit-il pas [...] d'un concept fourre-tout, auquel tout juriste se doit de faire référence, voire de faire révérence, précisément parce qu'il recouvre un contenu flou susceptible d'être l'objet d'un consensus mou à raison de son incertitude ? »[1197] Cela est d'autant plus évident que l'on peut aisément remarquer que toutes les constitutions des États membres de la CEDEAO n'ignorent pas l'État de droit. Elles l'invoquent et le proclament avec prolixité. Malheureusement, la simple récupération idéologique du concept de l'État de droit[1198], c'est-à-dire l'intégration dans la constitution, d'un principe de l'État de droit ne saurait être suffisamment traductrice d'une volonté de soumettre l'autorité de l'État à celle de la Constitution. Or, comme l'expliquait Carré de Malberg, « Le régime de l'État de droit implique essentiellement que les règles limitatives que l'État s'est imposées dans l'intérêt de ses sujets pourront être invoquées par ceux-ci de la façon dont s'invoque le droit : car ce n'est qu'à cette condition qu'elles engendreront, pour les sujets, du droit véritable.

L'État de droit est donc celui qui, en même temps qu'il formule les prescriptions relatives à l'exercice de sa puissance administrative, assure aux administrés, comme sanction de ces règles, un pouvoir juridique d'agir devant une autorité juridictionnelle à l'effet d'obtenir

---

1195L. HEUSCHLING, *État de droit, Rechtsstaat, Rule of Law*, Paris, Dalloz, 2002, p. 1 et s.

1196D. SIMON, « État de droit et compétences de l'Union européenne », in *Construction européenne et État de droit,* V. HEUZÉ et J. HUET (dir.), *op.cit.*, p. 22.

1197*Id.*

1198L'expression est empruntée à E. CARPANO, *État de droit et Droits européens*, L'Harmattan, 2005, p. 185.

l'annulation, la réformation, ou, en tous cas, la non application des actes [administratifs] qui les auraient enfreintes »[1199].

Notre propos n'est pas de revenir sur le caractère polysémique de la notion d'État de droit[1200], mais de rechercher dans cette conception, le dispositif normatif qui concourt au renforcement du processus d'intégration amorcé en Afrique de l'Ouest (**Section 1**). Cela nous permettra de vérifier si, dans le contexte de la CEDEAO, l'option pour l'intégration par le droit, s'est avérée si efficace au point de justifier l'obsession d'un régionalisme fondé sur l'État de droit (**Section 2**).

Section 1 : La contribution de l'État de droit au renforcement du processus intégrationniste

L'action de la CEDEAO est régie par une série de principes destinés à résoudre, sous le contrôle du juge communautaire, les éventuelles difficultés résultant de l'application d'un texte communautaire. Désormais, c'est à l'aune du principe de l'État de droit que doit être appréciée, pour reprendre l'expression de la Cour de justice de l'Union européenne, « l'intensité de l'action communautaire »[1201]. Cette situation implique, pour paraphraser le professeur E. PICARD, que les instances érigées par les traités constitutifs de la Communauté disposent de pouvoirs normatifs d'action unilatérale à l'égard des États qui s'imposent non plus dans l'ordre juridique intégré qui, dans le champ des compétences de la CEDEAO, fait partie intégrante des ordres juridiques internes des États membres, ses normes étant dotées de l'effet direct et de la primauté sur toutes celles qui émanent des ordres juridiques internes des États[1202]. C'est en sens que la CEDEAO a voulu

[1199] R. CARRÉ DE MALBERG, *Contribution à la théorie générale de l'État*, t. I., *op.cit*, pp. 489- 490.

[1200] Voir notamment, O. JOUANJAN, « État de droit », *in* D. ALLAND et S. RIALS (dir.), *Dictionnaire de la culture juridique*, Paris, PUF, 2003, pp. 649-653 ; L. HEUSCHLING, *État de droit, Rechtsstaat, Rule of Law*, *op.cit.*, p. 5 et s.

[1201] CJCE, 12 nov. 1996, Royaume-Uni c/ Conseil, C-84/94.

[1202] E. PICARD, « Construction européenne et droit constitutionnel », in *Construction européenne et État de droit,* V. HEUZÉ et J. HUET (dir.), *op.cit.*, p. 38.

étendre la compétence de la Cour de justice à la protection de la démocratie et de l'État de droit. On peut alors affirmer à la suite de Samuel-Jacques PRISO-ESSAWE, que les droits fondamentaux apparaissent comme un des lieux de « rencontre » entre intégration régionale et droit constitutionnel[1203], et partant, de l'État de droit.

Au regard de cette évolution normative, force est de constater que le concept de l'État de droit est une réalité communautaire empreinte d'une idée constitutionnelle, c'est-à-dire que par leurs pouvoirs normatifs, les droits primaire et dérivé se sont saisis de la philosophie constitutionnelle de l'État de droit en devenant, au sens de la formule d'Éric CAPRANO, « le droit au droit », comprenant « les principes de la légalité, de la sécurité juridique et de la proportionnalité, le droit au juge et le droit à la liberté ou plus largement le droit aux droits »[1204]. Mais c'est essentiellement avec l'évolution des droits fondamentaux du fait de leur « juridicisation », que la notion communautaire de l'État de droit a pris véritablement son essor.

En effet, l'adoption du Protocole de Dakar sur la démocratie et la bonne gouvernance depuis 2001 n'a pas permis d'intégrer la notion d'État de droit dans l'action juridictionnelle de la Communauté. Ce n'est qu'en 2015, soit plus d'une décennie après son adoption, à l'occasion de l'affaire *CDP et autres c/Burkina Faso* que ce texte a été invoqué pour la première fois devant la Cour de justice de la Communauté. Cette situation a permis de mettre en lumière les limites du schéma politique de l'intégration et de plaider en faveur d'une conception juridique de l'intégration ouest-africaine. L'influence de l'État de droit dans l'élaboration du socle normatif de la CEDEAO a permis d'irriguer, en droit communautaire CEDEAO, le concept d'État de droit dont l'acclimatation s'est faite avec beaucoup de vicissitudes **(§ 1)** avant de définir plus tard un outil d'intégration incontournable dont l'impact pèse aujourd'hui sur l'action politique de la Communauté **(§2)**.

[1203]S.-J. PRISO-ESSAWE, « L'intégration régionale dans le droit constitutionnel des pays d'Afrique sub-saharienne », *in* M. KAMTO, S. DOUMBÉ-BILLE, B. M. METOU (dir.), *Regards sur le droit public en Afrique, Mélanges en l'honneur du Doyen Joseph-Marie Bipoum Woum*, Paris, L'Harmattan, 2016, p.341 ; voir aussi E. ZOLLER, *Aspects internationaux du droit constitutionnel,* Recueil des Cours de l'Académie de droit international de la Haye, t. CCXCIV, 2002.

[1204]E. CARPANO, *État de droit et Droits européens*, *op. cit.*, p. 317 et s.

§1 : L'acclimatation communautaire de l'État de droit à l'aune de la protection des droits fondamentaux

Les doctrines d'intégration communautaire ouest-africaines semblent à l'usage, fréquemment, voire excessivement sinon outrancièrement inscrire la notion d'État de droit dans l'agenda de la Communauté à tel point qu'il convient de se demander à la suite du professeur Denys SIMON[1205], si, en raison de l'attractivité qu'il suscite, l'État de droit n'a pas perdu de sa rigueur au point de devenir un concept factice pour les besoins de l'intégration sous-régionale.

On impute généralement ce constat au fait qu'à la différence du droit national, l'expansion du concept en droit international s'est faite de manière abstraite. Or, même si le concept est emprunté au droit interne, cela ne veut pas dire nécessairement que son ancrage institutionnel (**A**) et juridique (**B**) ne soit pas empreint d'originalité.

A. L'acclimatation institutionnelle du concept de l'État de droit

La consécration de l'État de droit dans le droit de la CEDEAO est le fruit d'un processus d'émancipation dont les principaux instigateurs sont la Déclaration des principes politiques du 6 juillet 1991 et le Traité de Cotonou de 1993 révisant le Traité constitutif de Lagos de 1975. L'État de droit a donc pour but ultime l'organisation des pouvoirs, et la réaffirmation de l'équilibre institutionnel dans le fonctionnement de la Communauté. Dès 1991, la CEDEAO pose ainsi les bases de la construction d'un véritable État de droit. Dans la Déclaration des principes politiques, les États membres ont exprimé leur volonté de respecter « les droits de l'homme et les libertés fondamentales dans toute leur plénitude, y compris en particulier la liberté de pensée, de

[1205]D. SIMON, « État de droit et compétences de l'Union européenne », *op cit.*, p. 22.

conscience, d'association, de religion ou de conviction pour tous [les] peuples sans distinction de race, de sexe, de langue ou de croyance » et de promouvoir et encourager « la pleine jouissance par tous [les] peuples de leurs droits fondamentaux de l'homme, en particulier de leurs droits politiques, économiques, sociaux et autres, inhérents à la dignité de la personne humaine et essentiels à son développement libre et progressif ». C'est dans ce contexte que l'article 15 du Traité révisé donne toute son autonomie à la juridiction communautaire en ce sens qu'il prévoit à son alinéa 3 que « dans l'exercice de ses fonctions, la Cour de justice est indépendante des États membres et des Institutions de la Communauté ». L'alinéa 4 consacre à son tour, la « force obligatoire des arrêts de la Cour de justice à l'égard des États membres, des institutions de la Communauté, et des personnes physiques et morales ».

Le législateur communautaire est très prolixe sur la question de l'État de droit. En revanche, il est possible de se demander si l'absence de la notion d'État de droit dans la jurisprudence de la Cour de justice de la CEDEAO relevait d'une aporie institutionnelle consistant à repousser hors de son champ sémantique, une notion dont on lui prête la reproduction. Mais, en réalité, il n'en est rien, le concept n'est pas totalement absent de la jurisprudence communautaire, même si, son « invocation marginale n'est que rhétorique »[1206].

Pour le juge communautaire, les droits fondamentaux sont apparus comme le levier de consécration de l'État de droit. Dès lors, la sauvegarde des droits fondamentaux implique la réalisation de l'objectif de l'État de droit puisque consubstantielle à celui-ci.

À cet égard, le processus organisationnel de la CEDEAO s'est fait sur le prisme de l'État de droit comme concept d'intégration. En ce sens, le processus d'intégration ouest-africain impose aux systèmes juridiques des États membres de s'adapter à ses nouvelles exigences. La diffusion communautaire de l'État de droit s'est faite de manière progressive dans l'espace juridique des États membres avant de faire aujourd'hui l'objet d'une adhésion unanime. C'est en raison de cette unanimité apparente qu'il est devenu aujourd'hui presqu'impossible de penser une Constitution qui ne consacre pas l'État de droit. Ce succès normatif de

---

[1206]E. CARPANO, *État de droit et droits européens*, *op.cit.*, p. 266.

l'État de droit, aussi bien dans les constitutions nationales[1207] que dans les textes communautaires, donne au concept tout son sens en tant qu'outil d'intégration.

À l'instar de la conception onusienne[1208] et régionale[1209] de l'État de droit, dans le cadre de la CEDEAO, le concept apparaît non comme une norme mais comme un système de valeurs dont la réalisation est consubstantielle à la bonne gouvernance, c'est-à-dire, dont les éléments apparents sont notamment le bon fonctionnement de la justice et le maintien de l'ordre, la séparation des pouvoirs, l'indépendance de la justice, la transparence et l'accessibilité des lois, la sécurité de la justice et la protection des droits fondamentaux.

En ce sens, on peut sans risque, affirmer que le principe de l'État de droit constitue un principe commun aux États membres et aux institutions de la CEDEAO et figure, depuis l'adoption du Protocole de Dakar sur la démocratie et la bonne gouvernance, parmi les « principes de convergence constitutionnelle » des États membres.

Ce faisant, on peut constater dans l'organisation communautaire ouest-africaine, l'application d'un « paradigme constitutionnel »[1210], conduisant à voir dans la CEDEAO, la construction d'une Communauté structurée sous l'empire du droit. Cependant, comme le fait remarquer Éric CAPRANO, « l'État de droit échappe à toute tentative d'appréhension scientifique si l'on se contente de le prendre comme une

---

[1207]Le point 3 du Préambule de la Constitution nigérienne du 25 novembre consacre la volonté du constituant de « bâtir un État [...]» ; la Constitution du Burkina Faso du 11 juin 1991 exprime dans son préambule la volonté du peuple « d'édifier un État de droit [...] » ; la Constitution du Bénin du 11 décembre 1990 affirme dans son préambule, la détermination du peuple « à créer un État de droit [...] » ; la Constitution malienne du 27 février 1992 réaffirme la fidélité du peuple « aux idéaux [...] pour l'avènement d'un État de droit [...] » ; la Constitution sénégalaise du 7 janvier 2007 proclame « l'option pour le respect et la consolidation d'un État de droit sur lequel l'État et les citoyens sont soumis aux mêmes normes juridiques sous le contrôle d'une justice crédible et indépendante » ; il en est de même de la Constitution ivoirienne du 8 novembre 2016 qui réaffirme la « détermination à bâtir un État de droit [...] » ; la Constitution Guinéenne du 7 mai 2010 réaffirme la volonté du peuple guinéen d'édifier dans l'unité et la cohésion, un État de droit [...] ».

[1208]Voir Résolution 60/1 Assemblée Générale de l'ONU.

[1209]Voir l'Acte constitutif de l'Union africaine de 2000.

[1210]Le terme est emprunté aux professeurs P. D'ARGENT, O. CORTEN, P. KLEIN, « avant-propos », in *L'État de droit en droit international, SFDI, op.cit.*, p. 5.

donnée permanente et définitivement établie »[1211]. Car, au sens d'Etienne PICARD, l'État de droit est par essence évolutif et dynamique puisque les droits fondamentaux sont tout à la fois « fondateurs » et « refondateurs » de l'État de droit[1212]. À ce titre l'État de droit apparaît comme un instrument privilégié de l'intégration communautaire et du fondement institutionnel de la CEDEAO. La structure fonctionnelle et organique de la Communauté s'est adaptée à l'équilibre institutionnel en ce qu'elle apparaît à certains égards, comme une sorte d'organisation étatique dont il convient de mesurer la nature démocratique à l'aune de la consécration du principe de la séparation des pouvoirs.

Conformément à la mission qui lui a été assignée par les protocoles y afférents[1213], consistant à dire le droit dans l'interprétation et l'application des traités[1214], la Cour de justice s'est progressivement affirmée comme l'actrice principale de la consécration communautaire de l'État de droit. Et, pour mieux garantir le développement effectif de l'État de droit dans l'espace communautaire CEDEAO, la Cour de justice l'assimile au principe de la légalité de façon que sous l'empire du droit, les États membres et les institutions de la Communauté soient soumis au contrôle de conformité de leurs actes aux traités communautaires et internationaux.

C'est la conception déjà adoptée par la Cour de justice des Communautés européennes aujourd'hui Cour de justice de l'Union européenne en qualifiant la Communauté européenne devenue Union européenne, de « communauté de droit en ce que ni les ses États membres ni ses institutions n'échappent au contrôle de la conformité de leurs actes à la Charte constitutionnelle qu'est le traité CE et que ce dernier a confié à la Cour le contrôle de la légalité des actes des institutions »[1215].

[1211]E. CARPANO, *État de droit et droits européens*, *op.cit.*, p. 23.

[1212]E. PICARD, « L'émergence des droits fondamentaux en France », *AJDA*, spécial, 1998, p. 37.

[1213]Protocole A/P1/7/91 relatif à la Cour de justice de la Communauté et le Protocole additionnel A/SP.1/01/05 portant amendement du Protocole A/P1/7/91.

[1214]Article 10 du protocole relatif à la Cour de justice de la Communauté.

[1215]*Cf. Weber c. Parlement européen,* affaire C-314/91, arrêt du 23 mars 1993, *Rec.*, p. I-01093, paragraphe 8 ; voir aussi M. FORTEAU, « Existe-t-il une définition et une

Cette conception fut reprise en substance par l'Union africaine dans la Charte africaine de la démocratie, des élections et de la gouvernance du 30 janvier 2007, qui, dans son article 2, paragraphe 2, fonde l'État de droit « sur le respect et la suprématie de la Constitution et de l'ordre constitutionnel dans l'organisation politique des États parties ».

Ainsi, pour Mathias FORTEAU, « Dans le domaine de la reconstruction de l'État, les organisations internationales n'hésitent pas non plus à appréhender l'État de droit d'une manière considérablement extensive en l'assimilant à l'ensemble de l'administration étatique »[1216]. Et explique-t-il, cela ressort clairement des « missions État de droit » instituées par l'Union européenne[1217] ou de la pratique de l'Organisation des Nations Unies en ce domaine[1218]. La pratique de la CEDEAO va dans le même sens.

L'État de droit est ainsi présenté dans le Protocole de Dakar sur la démocratie et la bonne gouvernance comme une valeur consubstantielle à la démocratie et, partant, à la réalisation du processus intégrationniste. D'où l'importance, pour la construction communautaire, d'une appréhension effective de la notion de l'État de droit dans les différentes pratiques judiciaires de l'espace CEDEAO, en d'autres termes de son acclimatation juridique.

---

conception univoques de l'État de droit dans la pratique des organisations régionales ou politiques ? », in *L'État de droit en droit international, SFDI*, *op.cit.*, pp. 263-286.
[1216]M. FORTEAU, « Existe-t-il une définition et une conception univoques de l'État de droit dans la pratique des organisations régionales ou politiques ? », *op.cit.*, pp. 286.
[1217]Voir Action commune 2004/523/PESC du Conseil du 28 juin 2004 relative à la mission « État de droit » menée par l'UE en Géorgie, EUJUST THEMIS, *JOUE* L 228, 29 juin 2004, p. 21 ; Action commune 2005/190/PESC du Conseil du 7 mars 2005 relative à la mission intégrée « État de droit » de l'UE pour l'Irak, EUJUST LEX, *JOUE* L 62, 9 mars 2005, p. 37 (modifiée et prorogée par l'Action commune 2007/760/PESC du 22 novembre 2007, *JOUE* L 305, 23 novembre 2007, p. 58) ; et Action commune 2008/124/PESC du Conseil du 4 février 2008 relative à la mission « État de droit » menée par l'UE au Kosovo, EULEX KOSOVO, *JOUE* L 42, 16 février 2008, p. 92.
[1218]Voir P. KLEIN, « L'administration internationale : quelle place pour l'État de droit ? », in *L'État de droit en droit international, SFDI*, *op.cit.*, pp. 385-402.

B. L'acclimatation juridique du concept de l'État de droit

L'examen du contenu assigné à l'État de droit dans le contexte de la CEDEAO implique, aux termes de l'article 33 du Protocole A/SP1/12/01 de la CEDEAO sur la démocratie et la bonne gouvernance, « une bonne législation conforme aux prescriptions des Droits de la Personne ». Cette conception communautaire de l'État de droit, à l'instar de la conception régionale et internationale, met en lumière, l'existence d'une disparité conceptuelle et théorique incontestable avec le droit interne des États membres.

L'État de droit a paru, par moment, notamment en droit interne, souffrir d'un excès de significations et d'une confusion conceptuelle, au point d'être rattaché parfois au principe de la légalité, très souvent au principe de la primauté et dans certains cas, considéré comme synonyme de la démocratie.

Face à cette confusion conceptuelle[1219], la CEDEAO a consacré un concept autonome de l'État de droit qui tient compte des réalités sociopolitiques, économiques et culturelles des États membres. Ainsi, aux termes de l'article 33 du Protocole de Dakar, « l'État de droit implique non seulement une bonne législation conforme aux prescriptions des Droits de la Personne, mais également une bonne justice, une bonne administration publique et une bonne et saine gestion de l'appareil de l'État ». L'accès notionnel de l'État de droit varie donc selon le milieu et le contexte qui peuvent influer considérablement sur la pratique. En exigeant des lois internes qu'elles soient conformes aux prescriptions communautaires, la CEDEAO entend clairement œuvrer en faveur d'une conception substantielle de l'État de droit en l'assimilant d'abord à la justice et ensuite à la bonne gouvernance démocratique. L'organisation communautaire Ouest-africaine « consent à être liée par le droit et se sert du droit »[1220] comme levier

[1219]Voir par exemple L. COHEN-TANUGI, La métamorphose de la démocratie française. De l'État jacobin à l'État de droit, *op. cit.*, pp. 146-169..

[1220]P. FORUCHER, « Contrôle de constitutionnalité au nom des droits fondamentaux dans les États de droit : convergence des solutions en Occident et idées pour l'Afrique », *in J.-Y. MORIN (dir.), Les droits fondamentaux, op.cit.,* p. 346 ; voir aussi

d'intégration. Ce faisant, l'État de droit apparait comme le mécanisme protecteur des principes et valeurs considérés comme étant les plus essentiels à la réalisation du projet communautaire et en confie l'appréciation de ceux-ci à un « organe détaché des contingences politiques immédiates »[1221], en l'occurrence la Cour de justice de la Communauté. L'État de droit est donc l'État qui accepte d'agir au moyen du droit et d'être régi par le droit ; un droit qui possède une certaine qualité, un droit qui prémunit contre l'arbitraire et les abus de pouvoir. Pour que cette idée ait un sens, une réalité, une portée concrète au bénéfice des citoyens, l'État de droit accepte donc qu'en son sein, une instance de type judiciaire soit chargée de vérifier si les divers pouvoirs étatiques respectent les droits fondamentaux consacrés dans cette société[1222].

L'État de droit se trouve ainsi configuré, dans le contexte de la CEDEAO, en fonction des domaines d'action. L'adoption du Protocole A/SP1/12/01 sur la démocratie et la bonne gouvernance avait singulièrement pour objectif, de « résorber l'instabilité politique liée aux coups d'État, lesquels sont favorisés, entre autres, par l'absence de fiabilité des processus électoraux, la mauvaise gouvernance et l'absence d'ouverture politique »[1223].

Comme l'explique fort bien Armel LALI, cette situation est traductrice d'une nouvelle prise de conscience des États africains, après l'échec des premières expériences démocratiques amorcées au lendemain des indépendances et les difficultés pour ceux-ci à asseoir des véritables politiques de développement de manière à « relever les défis indissociables de la paix, de la démocratie et de la sécurité »[1224], il est apparu nécessaire que « la démocratie et le développement sont indissociables »[1225]. Cette logique s'inscrit dans une révolution amorcée qui a permis de mettre en relief les limites d'une politique

---

[1221] *Ibid.* ; p. 345.
[1222]*Ibid.*, p. 347.
[1223]A. LALI, « La perception de l'État de droit dans le droit et la pratique de l'Union africaine », in *L'État de droit en droit international, SFDI, op. cit.*, p. 294.
[1224]AHG/Decl. 1 (XXVI), 26[éme] session ordinaire, Addis-Abeba, 11 juillet 1990, § 10, cité par A. LALI, « La perception de l'État de droit dans le droit et la pratique de l'Union africaine », in *L'État de droit en droit international, SFDI, op. cit.*, p. 296.
[1225]AHG/Decl. 1 (XXVI), 26[éme] session ordinaire, Addis-Abeba, 11 juillet 1990, *op.cit.*

« développementaliste » longtemps pratiquée en Afrique et qui consistait à privilégier le développement économique au détriment de la démocratie et des droits fondamentaux. Cette conception de la politique étatique par le seul prisme du développement, postule la sacralisation de la réduction de la pauvreté au détriment de l'observation des règles démocratiques au nom de la spécificité du continent africain[1226]. Mais, le phénomène de l'internationalisation du droit et les mutations des droits fondamentaux ont permis, d'enclencher un phénomène devenu, par la force des choses, un sujet de convoitise doctrinal, au point que certains auteurs y voient une nouvelle « ère du droit constitutionnel jurisprudentiel »[1227].

La question de la protection des droits fondamentaux dans l'espace CEDEAO s'est posée avec une acuité aussi forte, tant dans le débat politique que juridique de ces dernières années[1228] puisqu'elle est consubstantielle à la mission de sauvegarde de l'État de droit. Plus qu'une simple transposition de la reconnaissance des droits fondamentaux, le défi de l'intégration africaine est d'asseoir une « culture des droits fondamentaux dans des États où ces mots ne possédaient pas de signification juridique »[1229]. Parce que, comme le souligne le professeur Xavier PHILIPPE, « L'idée même de la protection des droits fondamentaux est devenue consubstantielle à l'idée de constitutionnalisme dans les démocraties modernes »[1230]. Ce

---

[1226]F. J. AIVO, *Le juge constitutionnel et l'État de droit en Afrique. L'exemple du modèle Béninois, op. cit.*, p. 20-21 ; voir également A. LALI, « La perception de l'État de droit dans le droit et la pratique de l'Union africaine », in *L'État de droit en droit international, SFDI, op.cit.*, p. 296.

[1227]M. CAPPELLETTI, *Le pouvoir des juges*, coll. Droit public positif, Economica-PUAM, 1990, p. 177 et s.

[1228]Voir en ce sens P.-F. GONIDEC, « Constitutionnalisme Africains », *African Journal of International and Comparative Law*, vol. 8, 1996, p. 13, spéc., p. 31 et s.

[1229]X. PHILIPPE, « L'émergence de la protection et du contrôle des droits fondamentaux en Afrique Australe », in *Les droits fondamentaux : Universalité et Diversité*, collection actualité scientifique réseau AUPELF-UREF droits fondamentaux, Bruxelles, Bruylant, 1997, pp. 317- 344.

[1230]X. PHILIPPE, *Ibid.*, p. 317 ; voir aussi C. GREWE, « Réflexions comparatives sur l'État de droit », *in* J. RIDEAU (dir.), *De la Communauté de droit à l'Union de droit – Continuités et avatars européens*, Paris, L.G.D.J., 2000, pp. 18-19 ; J. MOURGEON, « L'universalité des droits de l'homme entre foi et droit », in *Liberté, justice, tolérance. Mélanges en hommage au Doyen G. Cohen-Jonathan*, Bruxelles, Bruylant, 2004, pp.1265-1282.

n'est pas l'approche positiviste de certains auteurs qui contestent cette propension des droits fondamentaux à définir juridiquement l'État de droit. Ainsi, pour le professeur O. PFERSMANN, « L'État de droit n'implique en soi nullement l'existence de droits fondamentaux, mais s'il existe des droits fondamentaux, ils constituent par définition, en dehors de leur contenu spécifique, un enrichissement de l'État de droit puisqu'ils font partie des normes supérieures et que celles-ci doivent prévaloir sur les normes inférieures »[1231].

De notre point de vue, la définition juridique de l'État de droit ne saurait se limiter à la seule protection des droits fondamentaux. Outre les considérations doctrinales tenant à la caractérisation du concept[1232], l'État de droit implique, à notre sens, la prise en compte de certains critères fonctionnels tels par exemple, dans le cadre de la CEDEAO, de la « bonne gouvernance », de la « transparence des lois », de l' « indépendance de la justice », de la « dépolitisation de l'administration et de l'armée », de la régularité des élections ainsi que du caractère démocratique et constitutionnel du régime.

Dans l'espace de la CEDEAO, la protection des droits fondamentaux a représenté l'un des piliers du processus d'intégration. L'arrêt *Afolabi C. République fédérale du Nigeria* est à cet égard illustratif puisqu'il a constitué un précédent historique dans la justification de l'adoption d'un processus juridique communautaire fondé sur le constitutionnalisme.

L'adoption du Protocole de la CEDEAO sur la démocratie et la bonne gouvernance et plus tard le Protocole d'Accra[1233], soumettant la Communauté ainsi que ses États membres, au respect des principes

[1231]O. PFERSMANN, « Le recours direct entre protection juridique et constitutionnalité objective », in *L'accès des personnes à la justice constitutionnelle : droit, pratique, politique,* études réunies et présentées par Otto PFERSMANN, Cahiers du Conseil constitutionnel, 2001, n°10, pp. 65-71.

[1232]La doctrine considère que l'État de droit se caractérise particulièrement par deux éléments : d'une part, l'existence d'une hiérarchie des normes et d'autre part, la sanction de cette hiérarchie. Voir en ce sens D. SIMON, « La Communauté de droit », *in* F. SUDRE et H. LABAYLE (dir.), *Réalité et perspectives du droit communautaire des droits fondamentaux*, Bruxelles, Bruylant, 2000, pp. 97-98.

[1233]Protocole additionnel A/SP.1/01/05 portant amendement du Protocole A/P.1/7/91 relatif à la Cour de justice de la Communauté.

constitutionnels fondamentaux des personnes et l'institution des recours individuels[1234] ou encore l'instauration d'un mécanisme de renvoi préjudiciel[1235], a permis d'opérer *ex nihilo*, la création d'un véritable État de droit communautaire. Les droits fondamentaux permettent ainsi à l'État de droit de se constituer en lui assignant une dimension particulière qu'il ne posséderait pas sans eux. À ce titre, les droits fondamentaux « sont aussi importants que le système de gouvernement ou l'articulation de la séparation des pouvoirs. Leur originalité se prolonge au-delà du régime politique et transforme également le régime juridique. En d'autres termes, la même Constitution – avec et sans garantie des droits fondamentaux – ne conduirait pas au même résultat »[1236]. En outre, la perception communautaire de l'État de droit s'étend aussi à la dimension économique et politique des États membres.

Parmi les critères d'évaluation de l'État de droit, figurent notamment « la bonne gouvernance », « la bonne et saine gestion de l'appareil de l'État » et une « bonne administration de la justice ». Ces critères consacrent une perception autonome de l'État de droit en droit communautaire CEDEAO et postulent un renforcement de la démocratie. L'importance de cette autonomisation du concept d'État de droit réside dans sa dimension fonctionnelle consistant à garantir l'équilibre politique et institutionnel dans les États membres. Cela ressort nettement, par exemple, dans la décision récente de la Cour de justice *CDP et autres c/ Burkina Faso* lorsqu'elle affirme que « Si donc le principe de l'autonomie constitutionnelle et politique des États implique sans conteste que ceux-ci aient la latitude de déterminer le régime et les institutions politiques de leur choix, et d'adopter les lois qu'ils veulent, cette liberté doit être exercée en conformité avec les engagements que ces États ont souscrits en la matière »[1237]. Il est toutefois notable que l'autonomie de l'État de droit ne garantit pas son effectivité.

[1234]Article 10. c) et d) du Protocole.

[1235]Article 10. f) du Protocole.

[1236]X. PHILIPPE, « L'émergence de la protection et du contrôle des droits fondamentaux en Afrique Australe », *op.cit.*, p. 319.

[1237]Jugement N° ECW/CCJ/JUG/16/15, *Congrès pour la Démocratie et le Progrès (CDP) et autres c. Burkina Faso*, CE 13 juillet 2015, paragraphe 31.

Dès lors, si l'intégration ouest-africaine a été placée sous le prisme de l'État de droit à travers la protection des droits fondamentaux et la promotion des principes démocratiques, c'est en raison de l'acceptation par les États membres, de leur reconnaissance en tant que piliers de l'organisation communautaire. Il est donc remarquable, dans le cadre de la CEDEAO, que la protection des droits fondamentaux soit devenue l'un des mécanismes privilégiés et le respect de l'État de droit l'une des conditions de la participation au processus d'intégration. L'État de droit « impacte » ainsi l'action politique de la CEDEAO.

§2 : L'impact de l'État de droit sur l'action politique de la CEDEAO

L'évolution de la CEDEAO a permis de mettre en évidence la dimension fortement politique de son action, notamment en matière de sécurité et de gestion des conflits. Or, pareilles implications politiques affectent parfois l'équilibre institutionnel de la Communauté et mettent en relief une spécificité africaine : le présidentialisme. Cette conception de la politique d'intégration sous le prisme de l'action politique de la Communauté, notamment les institutions communautaires, au détriment des règles juridiques, postule le tropisme évident de la « souveraineté décisionnelle » sur la « souveraineté normative »[1238], en d'autres termes, la primauté de la décision politique sur la décision juridictionnelle.

Cette situation est le reflet de la volonté politique des dirigeants des États membres de la CEDEAO et partant, de la Conférence des chefs d'État et de gouvernement, de mettre en œuvre les aspirations des citoyens de la Communauté dans la plupart des constitutions, en faveur d'une intégration régionale et à terme d'une union continentale. En dépit de cette volonté politique, révélatrice d'une option démocratique

[1238]Voir en ce sens J.H.H. WEILER, « The Community System : the dual character of supranationalism », *YEL*, 1981, p. 267, cité par Ch. PAMBOUKIS, « État de droit et intégration européenne », *in Construction européenne et État de droit,* V. HEUZÉ et J. HUET (dir.), *op.cit.*, p. 18.

en ce qu'elle assure à la décision politique la légitimité requise pour son action, notamment en matière de sécurité et de gestions des conflits, il est frappant de constater que l'action politique de la Communauté repose sur des moyens de mise en œuvre marqués par une certaine précarité juridique.

Il est alors apparu évident que l'action communautaire doit être améliorée pour garantir la réalisation d'une « CEDEAO des peuples ». Le caractère majoritairement politique des décisions de la CEDEAO a fortement contribué à diminuer leur efficacité. Pour préserver l'acquis communautaire et renforcer l'action de la Communauté, il est nécessaire de garantir à cette dernière une stabilité politique et un cadre de promotion des valeurs et principes de la démocratie et de l'État de droit. Partant, le règne du droit dans la Communauté s'en trouverait fortement renforcé.

En effet, l'intervention du juge dans la gestion des crises est devenue incontournable dans le processus d'intégration en ce qu'il présente plus de garanties d'efficacité et de légitimité nécessaires à la résolution des conflits. Face aux limites de l'action politique de la Communauté, il faut d'une part, que le droit assure la gestion des conflits encore persistants dans l'espace communautaire et, d'autre part, qu'il puisse servir le développement des États membres.

C'est cette conception de l'intégration juridique par le seul prisme du développement qui peut permettre une réduction significative de la pauvreté face au constat dogmatique d'un sous-développement acculant. L'État de droit devrait assumer ainsi une double fonction au sein de la CEDEAO : d'abord, dans la gestion des conflits (**A**) ; ensuite pour le développement dans l'espace communautaire (**B**).

A. La fonction de l'État de droit dans la gestion des conflits

L'intégration juridique se base sur l'idée d'une protection juridictionnelle et complète de l'individu dans sa dimension humaine et ses droits fondamentaux. Dès lors, dans une situation de « normalité constitutionnelle »[1239], l'État de droit doit contribuer à conforter l'ordre juridique communautaire de façon à produire des effets juridiques concrets. En revanche, dans une situation de crise, l'État de droit doit pouvoir s'affirmer avec vigueur afin de mettre fin à la situation conflictuelle. Cela est d'autant plus nécessaire que les États membres de la CEDEAO mieux que tout autre, ont tristement développé une solide réputation d'instabilité les ayant souvent conduits à des situations de crises politiques et sécuritaires graves. Ces situations ont eu pour conséquences, la suspension temporaire de l'ordre juridique établi. Il suffit d'observer les crises persistantes dans les différents États membres de la Communauté pour s'en convaincre[1240].

La pratique de l'organisation ouest-africaine atteste de ce fait que l'État de droit doit être considéré comme faisant partie intégrante de sa politique sécuritaire. En ce sens, l'article 58 du Traité de la CEDEAO dispose que « Les États Membres s'engagent à œuvrer à la préservation et au renforcement des relations propices au maintien de la paix, de la stabilité et de la sécurité dans la Région ». Dans le Protocole de Lomé du 10 décembre 1999, relatif au mécanisme de prévention, de gestion, de règlement des conflits de maintien de la paix et de la sécurité, « le respect de l'État de droit » est visé dans le préambule comme « indispensable pour la paix et la prévention des conflits ». Il résulte de cette évolution normative, l'institution d'un mécanisme de sanction en cas de remise en cause ou d'atteintes aux valeurs de l'État de droit.

La perception de l'État de droit comme mécanisme de paix et de gestion des conflits a permis à la CEDEAO de s'appuyer sur un levier normatif pour aborder la question des conflits dans la sous-région. L'avantage de cette option réside dans le fait qu'elle privilégie une résolution juridictionnelle des conflits et semble ne plus être satisfaite des seules solutions politiques fortement critiquées et qui, pendant longtemps, gouvernaient le contentieux communautaire dont l'efficacité reste discutable. Du reste, en dépit de la faiblesse perceptible des solutions politiques de son mécanisme de prévention, de gestion, des règlements

---

[1239] L'expression est d'Amaya ÚBEDA de TORRES, « L'État de droit dans la pratique des organes du système interaméricain des droits de l'homme », in *L'État de droit en droit international*, Colloques de Bruxelles, *SFDI, op. cit.*, p. 199.

[1240] *Cf.* A. FALL, I. K. SOUARÉ, D. ZOUNMENOU, *Rapport sur la sécurité humaine dans l'espace CEDEAO. Les Cas du Bénin, du Burkina Faso, de la Guinée et du Togo. Situation Report, Institute for Security Studies*, 2012.

des conflits, de maintien de la paix et de la sécurité collective, les décisions politiques n'emportent pas souvent l'adhésion nécessaire de l'opinion, tant il est vrai que la Cour de justice offre, aux yeux de l'opinion, plus de garanties d'indépendance et d'impartialité que les autres institutions de la Communauté telles que la Conférence des chefs d'État et de gouvernement ou le Conseil des ministres, en raison même de leur composition. En mettant le juge au cœur du contentieux communautaire, la CEDEAO a entendu donner l'« onction légitimatrice » nécessaire à son action dans le processus d'intégration.

C'est tout le sens de la définition de l'État de droit tel qu'il résulte de l'article 33 du Protocole de Dakar sur la démocratie et la bonne gouvernance, en ce qu'il conçoit l'État de droit comme impliquant « non seulement une bonne législation conforme aux prescriptions des droits de la Personne, mais également, une bonne justice, une bonne administration publique et une bonne et saine gestion de l'appareil d'État ». Plus qu'un principe, l'État de droit apparaît comme une valeur, voire une vertu, que les États membres doivent incarner et dont le juge communautaire demeure le gardien. À ce titre, il assure la préservation du processus d'intégration, notamment de l'acquis communautaire, face aux menaces que constituent, pour le développement, l'instabilité politique dans les États et les conflits sécuritaires.

C'est en ce sens qu'il convient de rappeler les propos du professeur Rostane MEDHI lorsqu'il affirme que « L'acclimatation communautaire de l'"État de droit" procède d'abord de l'intervention des juges […] ».[1241] Car affirme-t-il, « s'il est dans la nature même de la fonction juridictionnelle de combler les lacunes affectant le système dans lequel elle se déploie, il faut souligner que la mission assignée à la Cour s'est toujours exercée dans un univers mouvant ». Dans cette perspective le juge communautaire s'appuie sur une pléthore d'instruments internationaux de protection des droits fondamentaux auxquels les États membres ont souscrit, pour assurer au droit primaire ou dérivé, l'effet utile nécessaire à sa prééminence.

À cet égard, le droit communautaire peut jouer le rôle d'un accélérateur ou d'un diffuseur, apparaissant ainsi comme un facteur de renforcement

---

[1241]R. MEHDI, « Le respect de l'État de droit en droit européen et dans les relations extérieures de l'Union européenne », in *L'État de droit en droit international*, Colloques de Bruxelles, *SFDI, op. cit.*, pp. 219-220.

de l'État de droit[1242]. Les protocoles de Lomé sur les mécanismes de prévention, de gestion, de règlement des conflits, de maintien de la paix et de la sécurité et son texte additionnel, en l'occurrence le protocole de Dakar sur la démocratie et la bonne gouvernance participent tous deux de cet objectif.

Comme indiqué au préambule du Protocole de Lomé, « la bonne gestion des affaires publiques, le respect de l'État de droit et le développement durable », sont indispensables pour la paix et la prévention des conflits. La CEDEAO doit donc se conformer au respect de la démocratie, de la bonne gouvernance, de l'État de droit, des droits de la Personne dans toutes ses activités, en ce qu'ils apparaissent comme les « piliers fondamentaux du renforcement de la paix et de la sécurité ainsi que de la promotion des objectifs en matière de développement »[1243].

Le protocole de Dakar se distingue surtout par le fait que son chapitre I, entièrement consacré à « l'État de droit », aux « Droits de la personne » et à la « bonne gouvernance », s'attache à identifier les principes sans lesquels ceux-ci ne seraient pas envisageables.

En ce sens, la préservation de la paix et la prévention des conflits sont décrites comme les fondements majeurs de l'action communautaire. L'exigence de stabilité dans la sous-région est symptomatique d'une situation « tensiogène »[1244] qui a conduit à décrire, dans un passé récent, l'espace CEDEAO, comme l'une des régions les plus instables de la planète du fait du nombre et de la fréquence des situations conflictuelles.

Malheureusement, force est de constater que le droit n'est que d'un faible apport dans la gestion des conflits. La CEDEAO, comme l'illustre le Protocole de Lomé, privilégie le règlement politique, diplomatique et militaire des conflits au profit des règlements juridictionnels. Ce qui, on le sait, se fait parfois au détriment des droits fondamentaux des populations.

[1242] R. MEHDI, « Le respect de l'État de droit en droit européen et dans les relations extérieures de l'Union européenne », *op. cit.*, p. 221.

[1243] Rapport annuel de l'Union européenne sur les droits de l'homme, 2006, p. 7.

[1244] A. FALL, I.K. SOUARÉ, D. ZOUNMENOU, *Rapport sur la sécurité humaine dans l'espace CEDEAO. Les Cas du Bénin, du Burkina Faso, de la Guinée et du Togo. Situation Report, Institute for Security Studies, op.cit.*

Or, comme le souligne l'ancien Secrétaire général de l'organisation des Nations unies, M. Kofi Annan, « Nous aurions tort de considérer que les droits de l'homme peuvent être sacrifiés à d'autres objectifs, tels que la sécurité ou le développement. Nous ne ferions que perdre du terrain dans la lutte contre l'extrême pauvreté ou le terrorisme et leur cortège d'horreurs si dans cet effort nous bafouions nous-mêmes les droits de l'homme dont ces fléaux privent nos citoyens. Il est crucial d'adopter des stratégies fondées sur la protection des droits de l'homme, aussi bien pour préserver nos valeurs morales que pour assurer concrètement l'efficacité de notre action »[1245]. La stabilité politique exige, dans l'intérêt des États, le respect strict des droits fondamentaux des populations, même en période de conflits. Cette exigence a pour but de contrer les cas de violations massives des droits fondamentaux que l'on constate généralement en période de crises comme ce fut le cas par exemple en Sierra-Leone, au Libéria, ou en Côte d'Ivoire. C'est d'ailleurs le sens du mécanisme de sanctions prévu à l'article 45 du protocole de Dakar.

En effet, notre thèse ici n'est pas d'écarter les options diplomatiques, politiques et même militaires dans les règlements des conflits dans la sous-région. Nul ne conteste le fait que de telles options sont inévitables dans la logique du fonctionnement de l'organisation communautaire, même si leur efficacité reste dans certains cas, discutable. Il serait en effet exagéré de croire que les protagonistes pourraient être amenés à s'engager vers une résolution définitive du conflit par le seul fait d'une décision juridictionnelle. C'est généralement en raison du non-respect ou de la remise en cause d'un droit que la situation conflictuelle s'est manifestée.

Mais nous considérons que les options notamment politiques et principalement militaires, avant d'être mises en œuvre, devraient recueillir l'approbation du juge en tant qu'interprète désigné du « complexe normatif »[1246] que constitue le droit communautaire. L'intervention qui résulte de l'autorisation du juge aurait

---

[1245]Rapport du Secrétaire général, « Dans une liberté plus grande : développement, sécurité et respect des droits de l'homme pour tous », Doc. A/59/2005, *op. cit.*, paragraphe 140.

[1246]R. MEHDI, « Le respect de l'État de droit en droit européen et dans les relations extérieures de l'Union européenne », in *L'État de droit en droit international*, Colloques de Bruxelles, *SFDI, op. cit.*, p. 220.

particulièrement le mérite de justifier l'ingérence. Dans ce contexte, le droit apparaîtra spécialement apte à endiguer les situations persistantes de conflits et le recours systématique à la violence. Dès lors, l'équilibre institutionnel de la CEDEAO peut être un facteur efficace de règlement des conflits. Or, à l'épreuve de la pratique institutionnelle de la CEDEAO, le droit n'a pas une grande place dans la conduite des relations extérieures en ce sens que seul l'article 15 du règlement intérieur de la Commission prévoit timidement à son paragraphe 3 une « consultation obligatoire de la direction des affaires juridiques sur tous les projets d'actes juridiques pouvant avoir une incidence juridique ou judiciaire ».

Il convient de souligner que « la justice, la paix et la démocratie ne sont pas des objectifs qui s'excluent mutuellement, mais au contraire des impératifs se renforçant les uns les autres. Les faire progresser toutes les trois sur un terrain fragilisé par un conflit exige une planification stratégique, une intégration rigoureuse et un échelonnement judicieux des activités »[1247]. L'évolution normative de la CEDEAO dans le cadre de l'intégration en matière de sécurité participe de cette logique. Tout en continuant à mettre en place des mécanismes de prévention des conflits, considérés comme la principale menace à la sécurité régionale, la CEDEAO a décidé, en 2004, de la transformation de l'ECOMOG en « force en attente de la CEDEAO » (FAC) et de la création deux ans plus tard, en 2006, du Programme de contrôle des armes légères. Mais le constat d'une faiblesse normative en matière de prévention des conflits, notamment dans la mise en œuvre des protocoles de Lomé et de Dakar, a conduit à l'adoption en 2008, d'un cadre de prévention des conflits de la CEDEAO.

De notre point de vue, l'enjeu majeur réside d'une part, dans le respect des mécanismes prévus, et, d'autre part, dans la capacité d'intervention du juge pour contrôler le respect des mécanismes par les États membres. C'est à cette seule condition que le droit pourra de manière fonctionnelle assurer sa mission d'intégration. Or, à ce jour, il n'existe pas, dans le cadre de la CEDEAO, notamment de ses relations extérieures, aucune disposition assignant à l'organe judiciaire qu'est la Cour de justice, une fonction de contrôle préalable des engagements de la Communauté. Pour le professeur Alioune SALL, dont nous

---

[1247]Rapport du Secrétaire général des Nations Unies, Doc. S/2004/616, p. 3.

partageons l'opinion, « ce qu'il faut mettre en exergue, c'est que le contrôle préalable d'un texte n'a pas seulement pour visée de purger ses contrariétés possibles avec le droit existant, il doit aussi, autant que faire se peut, anticiper sur le contentieux qu'il est susceptible de faire naître. Or, dit-il, cet exercice préventif, nul mieux que l'organe chargé précisément de ne connaître - en principe - que du droit communautaire ne peut l'accomplir. Préposée en quelque sorte à la résolution des problèmes nés de l'interprétation ou de l'application du droit de la Communauté, la Cour de justice sera encline à détecter par avance les difficultés que le projet de texte peut poser, *in abstracto* comme les services de la Commission, mais également *in concreto*, en vertu de son expérience du contentieux, de sa spécialisation fonctionnelle, de sa place et de son rôle spécifique dans l'ordonnancement institutionnel de la CEDEAO »[1248].

À cet égard, l'on pourra soutenir que l'État de droit est une condition essentielle pour le processus d'intégration économique, sociale et culturelle. Il légitime de ce fait la dissonance que l'on observe entre les efforts d'intégration et la persistance du sous-développement et devrait donc contribuer à la promotion du développement dans l'espace CEDEAO.

B. La fonction de l'État de droit dans le développement au sein de la CEDEAO

La question du développement en Afrique et notamment dans la CEDEAO, peut être analysée de manière endogène, c'est-à-dire selon les réalités propres à la région. Face à la persistance du sous-développement dans la région et eu égard aux échecs des modèles hérités de l'Occident qui ont longtemps guidé la politique africaine, il est apparu nécessaire que soit examinée la question du développement

---

[1248] A. SALL, *Les relations extérieures de la CEDEAO*, Paris, L'Harmattan, 2016, p. 64.

en Afrique de l'Ouest sous l'angle historique, sociologique, géographique, socioculturel, politique, économique et institutionnel[1249]. Mais pour mieux recentrer l'analyse, c'est sous l'angle de la gouvernance qu'il convient de situer la question du développement en Afrique. Car, est-il besoin de le rappeler, la question du développement est au cœur du fonctionnement des institutions politiques des États membres et du processus de la construction régionale. Cela est d'autant plus évident qu'en dépit de la dimension mondiale de la question de la gouvernance, « en Afrique subsaharienne, en cinquante ans les élites qui se sont succédé au pouvoir n'ont réussi ni à construire des systèmes économiques performants ni à édifier des systèmes démocratiques »[1250].

La léthargie dans laquelle se trouvent les économies africaines malgré l'application de divers modèles de développement, est révélatrice de la difficulté à cerner de façon optimale et définitive la question du développement tant elle renferme une réalité complexe[1251]. Selon, Moustapha KASSE, devant l'échec du programme d'ajustement structurel auquel se sont substitués « des stratégies de réduction de la pauvreté »[1252], une sorte de service social minimum pour contrer l'implosion des sociétés et prévenir les mouvements de révoltes, l'édification d'un projet politique opérant apparaissait comme une nécessité. Or, observe-t-il, ce dernier est « un véritable champ de mines qui impose des rythmes de marche décevants. En cinquante (50) ans pouvait-on construire, sur fond de pauvreté, misère et famine, une démocratie ouverte, libérale pluraliste, favorable au développement de l'initiative privée et à la bonne marche des affaires. Pour la plupart des pays africains, l'édification d'un État de droit appuyé sur des

---

[1249]L. N. BAMBA, « Post-Préface », *in* Lambert N'galadjo Bamba, John O. Igué et Kalilou Sylla (dir.), *Sortir du sous-développement : quelles nouvelles pistes pour l'Afrique de l'Ouest ? Aspects historiques, institutions et intégration régionale, tome 1, Actes du Symposium de la CEDEAO sur le développement,* Ouagadougou, 3-5 Octobre 2010, L'Harmattan, 2011, p. 11.

[1250]M. KASSE, « Le cinquantenaire des indépendances africaines : quelles leçons pour l'Afrique ? », *in* Lambert N'galadjo Bamba, John O. Igué et Kalilou Sylla (dir.), *Sortir du sous-développement : quelles nouvelles pistes pour l'Afrique de l'Ouest ? op.cit.*, p. 24.

[1251]V. J. GBEHO, « Préface », *in* Lambert N'galadjo Bamba, John O. Igué et Kalilou Sylla (dir.), *Sortir du sous-développement : quelles nouvelles pistes pour l'Afrique de l'Ouest ? op.cit.,* p. 9.

[1252]M. KASSE, « Le cinquantenaire des indépendances africaines : quelles leçons pour l'Afrique ? », *op.cit.*, p. 24.

institutions administratives et judiciaires indépendantes compte un énorme retard [...] ».

Eu égard à ce qui précède, la CEDEAO s'est engagée dans une stratégie de développement dont les contours sont définis à l'article 3.1 du traité révisé qui dispose que « La Communauté vise à promouvoir la coopération et l'intégration dans la perspective d'une Union économique de l'Afrique de l'Ouest en vue d'élever le niveau de vie de ses peuples, de maintenir et d'accroître la stabilité économique, de renforcer les relations entre les États Membres et de contribuer au progrès et au développement du continent africain ».

C'est dans ce contexte que la CEDEAO entend fonder son développement à partir du rôle de l'État de droit. Ce dernier s'inscrit dans la dynamique d'un développement endogène dans l'espace CEDEAO et la volonté de la Communauté de faire face aux défis de la bonne gouvernance pour pallier le sempiternel risque de crises alimentaires, financières et politiques dont la région semble être devenue le siège central. C'est la raison pour laquelle, les États membres de la CEDEAO considèrent, tel qu'il ressort des dispositions de l'article 33 alinéa 2, « qu'un système garantissant le bon fonctionnement de l'État, de son administration publique et de la justice contribue à la consolidation de l'État de Droit » et qu'il constitue les valeurs essentielles de ce dernier.

Comme on le constate, le développement des pays africains trouve son fondement non dans une politique nationale avec des moyens d'action très souvent limités, mais dans une coalition des États, une synergie d'actions favorisée par une véritable politique d'intégration communautaire. C'est, en effet, par sa capacité à opérer des changements structurels et de mentalités que l'Afrique pourra s'adapter aux mutations du monde[1253] et poser véritablement les bases d'un développement intégré.

[1253]L. N. BAMBA, « Post-Préface », *in* Lambert N'galadjo Bamba, John O. Igué et Kalilou Sylla (dir.), *Sortir du sous-développement : quelles nouvelles pistes pour l'Afrique de l'Ouest ? Aspects historiques, institutions et intégration régionale, tome 1, Actes du Symposium de la CEDEAO sur le développement,* Ouagadougou, 3-5 Octobre 2010, L'Harmattan, 2011, p. 12.

Dans cette nouvelle approche, il convient de rappeler avec Taladidia THIOMBIANO, les origines historiques des crises du développement de l'Afrique. En effet, dit-il, pendant qu'en Europe le « multipartisme, gage d'un débat démocratique et d'une alternance politique »[1254] connaissait son plein essor, « En Afrique, le multipartisme avait fait place au monopartisme et l'État qui devait servir de catalyseur est devenu un État répressif, propriété d'un clan, d'une ethnie, d'une famille [...] Les fonds détournés ne sont pas investis sur place, mais transférés dans des comptes secrets [à l'étranger] où vont servir à l'achat de châteaux dans l'Hexagone [...] Les dirigeants ne sont ni dans l'agriculture, ni dans l'industrie. Leurs pratiques ne contribuent pas à la création d'emplois, ni à l'accumulation de capital dans le pays. Pendant longtemps, le secteur privé, dominé par le commerce d'import-export est aux mains d'une couche d'analphabètes pratiquant un capitalisme commercial. Quant à l'industrie, essentiellement de substitution, elle est représentée par des filiales de sociétés du Nord qui, tout en bénéficiant d'exonérations fiscales exorbitantes ne transfèrent aucune technologie mais par contre rapatrient le maximum de bénéfices ».

Les réformes politiques n'ont pas permis d'impulser un véritable souffle démocratique. Mais, « l'avènement de la démocratie a été vidé de son contenu par les classes dirigeantes pour laisser place à des élections répétitives sans véritable changement, à des ramifications constitutionnelles continues »[1255]. En conséquence, la faillite de la construction de l'État-nation, avec pour corollaire l'échec des politiques de développement qui ont toujours été mises en œuvre, rendait difficile tout projet d'unité nationale. Dès lors, la construction d'une Communauté, en tant qu'espace géographique, politique et économique commun de liberté, de communauté de langue, de culture et de citoyenneté devait permettre aux États de réinventer une nouvelle stratégie de développement.

Il convient donc, pour faire face aux défis du développement, de se porter sur l'amélioration des droits fondamentaux des individus, la « bonne gouvernance » démocratique et économique et l'éradication de la pauvreté qui passe nécessairement par la lutte implacable contre la

[1254]T. THIOMBIANO, « Les origines historiques des crises du développement de l'Afrique », *op. cit.,* p. 36.
[1255]*Ibid.*, p. 37.

corruption et l'amélioration du système éducatif. C'est le sens de la section V du Protocole de Dakar sur la démocratie et la bonne gouvernance, notamment ses articles 25 et 27 qui prévoient respectivement que « la lutte contre la pauvreté » fait partie « des facteurs importants de paix » que « les États membres de la CEDEAO » s'engagent à assurer.

C'est aussi le sens des propos de M. Kofi Annan, lorsqu'il affirme que « les droits de l'homme sont aussi fondamentaux pour les pauvres que pour les riches, et leur protection est aussi importante pour la sécurité et la prospérité des pays développés que pour celles des pays en développement »[1256]. La lutte contre la corruption et la transparence dans la gestion des ressources nationales[1257] apparaissent ainsi comme des fondements essentiels de la réalisation d'une intégration fondée sur les valeurs de l'État de droit.

De ce fait, il apparaît clairement que la garantie des droits fondamentaux, condition essentielle de la réalisation de l'État de droit, est aussi un préalable à la réussite du projet de développement au sein de la CEDEAO.
C'est pourquoi, de notre point de vue, pour que l'État de droit joue pleinement son rôle dans le paradigme du développement, les décisions d'ordre politique des institutions de la CEDEAO, en toute matière, notamment politique, sécuritaire et sur les questions de développement, doivent faire l'objet d'un contrôle préalable de la Cour soit par avis consultatif soit par la voie de la saisine direct et/ou d'office.

Dans un contexte d'intégration régionale, l'État de droit apparaît comme un dispositif au cœur des enjeux du développement en ce sens qu'il permet d'encadrer l'essor de développement.

Ainsi, le juge exercera un droit de regard sur le processus de développement de la région. Car, il faut reconnaître avec Coulibaly NANOUROGO que le phénomène des conflits et de la violence armée

---

[1256]Rapport du Secrétaire général, « Dans une liberté plus grande : développement, sécurité et respect des droits de l'homme pour tous », Doc. A/59/2005, *op. cit.*, paragraphe 140.
[1257]Article 38 du Protocole A/SP1/12/01 sur la démocratie et la bonne gouvernance.

en Afrique et particulièrement dans l'espace CEDEAO, est symptomatique des processus d'exclusion économique et sociale ou même politique[1258]. L'État de droit apparaît en évidence non plus comme un idéal que les États veulent à tout prix atteindre mais, bien plus, comme une valeur essentielle à leur émancipation économique et politique, en ce sens qu'il est considéré comme un « prérequis indispensable pour un développement intégral, juste et équitable de la sous-région »[1259].

Les valeurs de l'État de droit sont ainsi érigées dans le Protocole de Dakar, au rang des principes constitutionnels communs aux États membres de la CEDEAO. A l'instar des autres organisations communautaires comme l'Union européenne, dans le contexte de CEDEAO, « le droit constitue le vecteur essentiel du projet politique d'intégration et il consacre ainsi progressivement un certain nombre de valeurs en tant que fondement »[1260] de la Communauté, confinant pour ainsi dire à l'obsession d'un régionalisme fondé sur l'État de droit.

Section 2 : L'obsession d'un régionalisme fondé sur l'État de droit

On a assisté, dans le cadre de la CEDEAO, depuis la Déclaration des principes politiques du 6 juillet 1991, à « une diffusion de plus en plus significative du concept d'État de droit non seulement dans le discours politique, mais aussi graduellement, dans la sphère juridique »[1261] communautaire. La notion d'État de droit a fait des apparitions de plus

---

[1258]C. NANOUROGO, « Transformer les dynamiques conflictuelles en force de développement », *op. cit.*, p. 77.

[1259]MERCOSUR/CMC/DEC. N° 24/04, *Creación del Centro MERCOSUR de promoción d'estado de derecho,* 7 juillet 2004, 2e considérant du préambule.

[1260]Voir notamment S. LABAYLE, *Les valeurs de l'Union européenne*, thèse, Aix-Marseille Université, Université Laval, soutenue le 12 décembre 2016, p. 39.

[1261]P. D'ARGENT, O. CORTEN, P. KLEIN, « Avant-Propos », in *L'État de droit en droit international, SFDI, op. cit.*, p. 5.

en plus remarquées en tant que modèle à suivre par les États membres[1262] de la CEDEAO afin de permettre la concrétisation d'une « Union économique et monétaire », objectif primordial de la Communauté. La preuve de cette obédience à l'inclusion de l'État de droit dans le processus d'intégration communautaire, se manifeste de manière explicite dans l'évolution normative de la Communauté.

Si le traité de la CEDEAO n'invoquait pas expressément la notion d'État de droit, indirectement, certains principes qu'il consacre ainsi que ceux qui y sont explicitement mentionnés aussi bien dans les différents protocoles que dans la Charte africaine des droits de l'homme et des peuples, constituent un socle commun conduisant à la détermination de l'État de droit comme un des éléments constitutifs des valeurs de la CEDEAO. Cette étape apparaît comme une évolution majeure du constitutionnalisme communautaire africain. Dans ce contexte, l'État de droit apparaît non comme un simple concept à portée déclarative, une notion « fourre-tout », mais bien plus, comme une valeur intégrative consubstantielle à l'objectif communautaire.

Si la CEDEAO était profondément attachée à l'État de droit, elle devait persuader les États membres, avec la proclamation d'un « nouvel ordre communautaire » censé assurer le « règne du droit »[1263], qu'ils devraient désormais envisager l'État de droit comme une véritable « valeur juridique ajoutée »[1264] et doivent, de manière attendue, traduire concrètement cette valeur, dans leurs ordres juridiques, afin de garantir l'efficacité de l'application du droit communautaire dans les ordres juridiques nationaux.

Si dans un premier temps le but était de consacrer l'État de droit dans le processus d'intégration, aujourd'hui, l'enjeu réside bien plus dans la consolidation de l'État de droit **(§1)** en tant que levier essentiel de

---

[1262]*Id.*

[1263]Voir A. SALL, *Les mutations de l'intégration des États en Afrique de l'Ouest, op.cit.*, p. 159 et s ; voir aussi en ce sens P. HERMAN, « Le monde selon Bush : genèse d'un nouvel ordre mondial », *in O.* CORTEN *et al., A la recherche du nouvel ordre mondial,* t. I, Le droit international à l'épreuve, Bruxelles, complexes, 1993, p. 10.

[1264]Nous empruntons l'expression à O. CORTEN, « rapport général, L'État de droit en droit international : quelle valeur juridique ajoutée ? », in *L'État de droit en droit international, SFDI, op. cit.,* p. 11 et s.

l'intégration en Afrique de l'Ouest. Par sa portée, l'État de droit a ainsi irrigué de sa sève le processus d'intégration de la CEDEAO, et partant, l'ordre constitutionnel ouest-africain (**§2**).

§1 : La perspective d'une consolidation des bases communautaires de l'État de droit

La conception de la CEDEAO de l'État de droit s'inscrit dans un contexte politique et idéologique. Face à la fragilité des États, l'organisation estime nécessaire d'identifier avec précision les critères de consolidation de l'État de droit, puisque ce concept, dans son acception africaine, comporte des dimensions économiques, sociales, sécuritaires et politiques.

Cette démarche de mise en avant des valeurs de l'État de droit dans le dispositif normatif de la CEDEAO, traduit une volonté d'approfondissement du projet d'intégration[1265] qui passe indéniablement par l'identification des valeurs intégratives de la CEDEAO : l'État de droit en apparaît ainsi comme l'une des valeurs fondatrices (**A**). Cela implique la nécessité de reformer les institutions communautaires, notamment l'organe judiciaire de la Communauté qu'est la Cour de justice, en vue de consacrer la garantie nécessaire à l'exercice impartial de sa mission. L'émergence et la consécration d'une Cour de justice, dotée d'un véritable « pouvoir juridictionnel », conformément à la doctrine de la séparation des pouvoirs, obéit à l'impératif de protection de l'indépendance de la justice que requiert la consolidation de l'État de droit. Parce que dans sa dimension fonctionnelle, en d'autres termes, dans son activité juridictionnelle, la Cour de justice de la Communauté apparaît investie d'une véritable mission constitutionnelle (**B**).

[1265] S. LABAYLE, *Les valeurs de l'Union européenne*, *op.cit.*, p. 59.

A. L'État de droit comme valeur fondatrice de la CEDEAO

La construction de la notion d'État de droit s'est faite autour d'une idée majeure, celle de la quête d'une identité, voire d'un destin communautaire. Ainsi, la CEDEAO s'est largement inspirée de l'Union européenne dont le fonctionnement repose, en vertu de l'article 2 TUE « sur les valeurs de respect de la dignité humaine, de liberté, de démocratie, d'égalité, de l'État de droit, ainsi que de respect des droits de l'homme, y compris des droits des personnes appartenant à des minorités », valeurs « communes aux États membres dans une société caractérisée par le pluralisme, la non-discrimination, la tolérance, la justice, la solidarité et l'égalité entre les femmes et les hommes »[1266]. Ces dispositions du traité européen « illustrent la recherche de cohérence qui a présidé à l'affirmation progressive des valeurs dans l'Union européenne, tout en témoignant de leur inscription dans l'histoire de l'intégration européenne »[1267].

Dans une démarche comparable, la CEDEAO proclame, dans la Déclaration des principes politiques du 6 juillet 1991, que les États membres sont déterminés à concrétiser leurs efforts « pour promouvoir la démocratie dans la sous-région sur la base du pluralisme politique et du respect des droits de l'homme, tels qu'ils sont incorporés dans des instruments internationaux reconnus universellement et dans la Charte africaine des droits de l'homme et des peuples ». Ces principes communs aux États membres ont désormais un protecteur déclaré : la Cour de justice de la Communauté, et, leur protection apparaît comme une des missions principales de celle-ci.

Le socle commun sur lequel reposent ces principes de convergence constitutionnelle s'illustre aussi bien dans la doctrine que dans la pratique comme le « cercle vertueux » autour duquel se fonde désormais le projet d'intégration communautaire. La Communauté met en avant les principes qu'elle revendique désormais comme fondateurs de ces valeurs dans le but ultime de les intégrer à l'intérieur du système normatif de la CEDEAO et partant, consacrer leur juridicisation. Cela

[1266]Article 2 TUE.

[1267]S. LABAYLE, *Les valeurs de l'Union européenne*, *op.cit.*, p. 143.

est d'autant plus nécessaire que le processus d'intégration en Afrique de l'Ouest s'est trouvé confronté à une instabilité chronique qui n'a de cesse de remettre en cause des tels principes. Une telle situation était non seulement inadaptée aux exigences de l'État de droit, mais, de surcroît, vidait le concept de sa substance juridique, le rendant ainsi « incapable de jouer le rôle de régulateur de la vie sociale et politique, des transformations juridiques et économiques »[1268].

C'est pourquoi, au regard de sa remise en cause récurrente dans les États membres de la CEDEAO, il convient de se demander si l'adhésion presque unanime au concept de l'État de droit ne s'apparente pas à une « manœuvre », voire « une sorte de recours artificiel aux valeurs »[1269] fondatrices de la Communauté. L'État de droit serait-il devenu la valeur sûre et concrète pour les États, au point d'être revendiqué comme une valeur fondatrice de la CEDEAO ? L'inscription des principes démocratiques et constitutionnels au sein du système normatif de la Communauté participe de cet objectif. La CEDEAO fonde ainsi son existence autour d'un ensemble de principes et valeurs constitutionnels.

Cette dimension fondatrice, révélée par le Protocole de la CEDEAO sur la démocratie et la bonne gouvernance, a permis de préciser les contours du constitutionnalisme ouest-africain en autorisant ainsi « la mise en circuit juridique de la clause de l'État de droit »[1270]. Ce processus de transformation du droit constitue une étape majeure vers la consolidation de l'État de droit.

La difficulté dans le contexte de la CEDEAO réside dans le fait que les États membres, contrairement aux États membres de l'Union européenne, ne revendiquent pas ces valeurs comme constitutives de leur « héritage commun ». Or, dans le processus d'unification de la Communauté européenne, les États membres avaient adopté en 1973 à Copenhague, une Déclaration sur l'identité européenne[1271] fondée sur

[1268]M. KRUK, « Progrès et limites de l'État de droit », *Pouvoirs* 2006/3, (n°118), pp. 73-88.
[1269]S. LABAYLE, *Les valeurs de l'Union européenne, op.cit.*, p. 79.
[1270]M. KRUK, « Progrès et limites de l'État de droit », *op. cit.*, p. 75.
[1271]Déclaration sur l'identité européenne, *Bull., CE n°12,* 1973, p. 127 ; voir également G. KREIS, « L'émergence de la notion « d'identité » dans la politique de la Communauté européenne. Quelques réflexions autour de la Déclaration du sommet de Copenhague de 1973 », *Relations internationales*, 4/2009, n°140, p. 53 ; voir aussi M. F.-R. STEFANINI, A. LEVADE, V. MICHEL, R. MEDHI, (dir.), *L'identité à la*

leur héritage commun et renforcée par leurs spécificités culturelles. Ce qui a permis de consacrer de manière évidente les valeurs européennes d'intégration.

Pour autant, dans le cadre de la CEDEAO, on peut être tenté de se poser la question suivante : suffit-il de proclamer un corpus de valeurs pour que ces valeurs président au fonctionnement de la Communauté ? L'on peut, en effet, constater que ces valeurs ne sont pas étrangères à l'Afrique. Comme le rappelle Alain MOYRAND, « L'Afrique a déjà connu une période — certes, fort courte — où les valeurs démocratiques, [...], devaient présider au fonctionnement du jeu politique. Or, l'abandon de ces valeurs [...] a été rapide. Les mêmes causes produisant les mêmes effets, n'y a-t-il pas un risque pour que le scénario d'un rejet du pluralisme et l'avènement de régimes autoritaires ne se reproduisent ? »[1272].

Même si, au regard des « obstacles que peuvent constituer les spécificités locales »[1273], la question paraît légitime, le paradigme de l'intégration tel qu'il est mis en œuvre actuellement, conduisant les États membres de la CEDEAO à s'engager à réaliser l'État de droit, il nous paraît indispensable, dès lors que le concept est ouvertement revendiqué par les États eux-mêmes, que soit pris en compte l'effort communautaire. Cela est d'autant plus important que l'évolution normative de la Communauté a permis de consacrer un mécanisme de sanctions en cas d'atteinte aux principes constitutionnels communs proclamés dans le Protocole sur la démocratie et la bonne gouvernance.

Il convient de noter, par ailleurs, que « les raisons ou les causes du transfert puis de l'appropriation des principes du droit »[1274] par la CEDEAO fait suite au constat irréfutable de l'échec des politiques individuellement mises en œuvre jusque-là par les États membres. Pour réussir la construction communautaire et à terme, l'union des États, il est donc apparu nécessaire pour l'organisation ouest-africaine, de tirer

croisée des États et de l'Europe. Quels sens ? Quelles fonctions ? Bruylant, Bruxelles, 2015.

[1272]A. MOYRAND, « Réflexions sur l'introduction de l'État de droit en Afrique noire francophone », *Revue internationale de droit comparé*, Vol. 43, n°4, octobre-décembre 1991, pp. 853-878.

[1273]*Ibid.*, p. 856.

[1274]*Ibid.*, p. 856.

les leçons du passé pour permettre une intégration par le droit. Le recours à l'État de droit comme un des fondements organisationnels de la CEDEAO procède de cet objectif et doit permettre à terme, la résolution des multiples problèmes politiques et économiques auxquels les États membres font constamment face.

Dans ce schéma, la fonction juridictionnelle de la Cour de justice, en tant qu'organe protecteur du droit communautaire, revêt une dimension constitutionnelle.

B. L'activité juridique constitutionnelle de la Cour de justice

L'effectivité du droit est la condition nécessaire mais non suffisante de son efficacité[1275]. Il faut pour ce faire, que soit érigée une autorité centrale capable d'assurer un contrôle juridique effectif permettant de garantir la primauté voire, la suprématie du droit communautaire dans l'ordre juridique de la Communauté.

Ainsi que le relève le professeur Patrick GAÏA dont nous partageons l'opinion, « La garantie juridictionnelle de la Constitution implique dès l'abord, la faculté pour un juge d'invalider les normes dont la Constitution règle le processus de production et détermine le contenu ; lorsqu'elles n'en respectent pas les exigences, ces normes peuvent être privées d'effets juridiques »[1276].

À cet égard, la caractérisation de la Cour de justice en tant que Cour constitutionnelle repose non pas seulement sur l'analogie entre les traités et la Constitution, mais plus encore, sur les méthodes d'interprétation de la Cour de justice qui s'apparentent plus à celles qui

---

[1275]A.-J. ARNAUD (dir.), *Dictionnaire Encyclopédique de Théorie et de Sociologie du droit*, Paris, LGDJ, 2ème éd., 1993, 758 p., « efficacité », pp. 219-221, § 5, p. 220.

[1276]P. GAÏA, « Le contrôle de constitutionnalité des normes communautaires », *in Hélène GAUDIN (dir.), Droit constitutionnel, Droit communautaire. Vers un respect réciproque mutuel ?* coll. « Droit public positif », PUAM, Economica, p. 39.

sont propres aux juridictions constitutionnelles[1277]. La Cour de justice bénéficie, dans le cadre de la l'intégration communautaire, d'une mission principale, celle d'assurer le respect du droit communautaire en garantissant « l'interprétation et l'application du Traité, des conventions et Protocoles »[1278] de la Communauté. Telle une Cour constitutionnelle, la Cour de justice de la CEDEAO exerce un contrôle de conformité des actes communautaires aux traités et Protocoles y afférents, assure la garantie de l'équilibre institutionnel et veille au respect de la délimitation des compétences entre la Communauté et les États membres. S'y ajoutent ensuite la protection des droits fondamentaux et le contrôle préventif de la conformité avec les traités, des accords conclus par la CEDEAO avec des tiers. La Cour de justice est donc au cœur du fonctionnement communautaire de l'État de droit.

C'est là une rupture dans le mode de fonctionnement des institutions de la CEDEAO mis en pratique jusqu'à la révision, le 24 juillet 1993. Cela traduit, comme le souligne Yves A. MILLAGO, « l'évolution de l'optique politique de la Communauté qui, dès 1991, à l'occasion du sommet d'Abuja, a donné une priorité formelle aux clauses institutionnelles. Au cours de ce sommet, les chefs d'État et de gouvernement ont établi le bilan de l'organisation depuis sa création, et se sont rendu compte qu'ils étaient loin d'avoir atteint les objectifs fixés. Si plusieurs raisons pouvaient expliquer cette défaillance, l'orientation politique était l'une des plus fondamentales. C'est la raison pour laquelle ils insistèrent sur ce paramètre et demandèrent aux États membres d'évoluer vers la démocratie. Autrement dit, les institutions doivent leur fonctionnement efficace à un commun principe politique, la démocratie comme levier de développement économique et social. La Communauté, pour réaliser ses objectifs, devrait donc favoriser, par sa politique, l'établissement de ce principe dans les États membres »[1279]. C'est en ce sens que le concept de l'État de droit est

[1277]Voir en ce sens, G. C. R. IGLESIAS, « intervention », in Commission européenne pour la Démocratie par le Droit, « Le rôle de la Cour de justice en tant que Cour constitutionnelle », 55eme Session plénière, Commission de Venise, 13 juin 2003.
[1278]Article 9 du Protocole additionnel A/SP.1/01/05 portant amendement du Protocole A/P.1/7/91 relatif à la Cour de justice de la Communauté.
[1279]Y. A. MILLAGO, *La CEDEAO dans le changement politique. Les enjeux de la coopération et du développement régional,* thèse, Paris 1, 1999, p. 127.

apparu, en appui à la consécration effective de la démocratie, comme indispensable à tout progrès politique et économique.

De ce fait, loin d'être une simple déclaration d'intention ou un Protocole de trop, le Protocole de la CEDEAO sur la démocratie et la bonne gouvernance, s'est révélé, pour certains auteurs[1280] comme une véritable « Constitution régionale » pour l'Afrique de l'Ouest. En effet ce texte détaille *in fine* les actions et les stratégies qui doivent conduire à l'affirmation d'une véritable démocratie et d'une bonne gouvernance[1281] en Afrique de l'Ouest. C'est pourquoi, la Cour de justice s'y réfère constamment, chaque fois que son intervention est requise. Mieux, elle accorde une importance spécifique aux textes communautaires dans le cadre de l'interprétation qu'elle effectue ou à l'occasion de son contrôle.

Dotée d'un « matériel constitutionnel »[1282] et d'un juge chargé de sa mise en œuvre, la CEDEAO, avant même de répondre à sa vocation économique, s'est assurée d'être un objectif politique dont il est nécessaire d'assurer la réalisation avant de prétendre à l'idéal de développement qui demeure sa finalité. Pour ce faire, le droit devrait servir de levier du développement dans le processus d'intégration devant conduire à la prospérité, la paix et la stabilité des États membres de la Communauté. Dans cette perspective, l'article 9 du Protocole d'Accra a permis de placer le juge communautaire au cœur du processus d'intégration. Ainsi, la Cour exerce un contrôle de conformité avec les traités, du droit communautaire dérivé, à travers les recours en manquement prévus à l'article 10. a), les recours en appréciation de la légalité prévus à l'article 10. b), les recours en annulation prévus au point c) ou l'appréciation de légalité des actes des institutions par rapport à leur validité au regard du droit primaire. Bien qu'ils soient exercés à travers des voies procédurales diverses, ces contrôles, notamment le contrôle en appréciation de légalité, apparaissent

[1280]I. M. FALL, A. SALL, « Une Constitution régionale pour l'espace CEDEAO : Le Protocole de la CEDEAO sur la démocratie et la bonne gouvernance », disponible en ligne sur : www.jaga.afriquegouvernance.net.

[1281]La bonne gouvernance est, selon la définition de la CEDEAO, synonyme d'État de droit.

[1282]Y. A. MILLAGO, *La CEDEAO dans le changement politique. Les enjeux de la coopération et du développement régional, op. cit.*, p. 127.

clairement comme un contrôle de constitutionnalité et révèle à plusieurs égards, la fonction constitutionnelle de la Cour de justice communautaire.

Dans une démarche comparable, la Cour de justice de l'Union européenne s'est illustrée à l'occasion de son arrêt « *Les verts* »[1283] dans lequel elle a déclaré qu'en dépit des actes du Conseil et de la Commission prévus par l'ancien article 173 du traité (actuel article 230), les actes du Parlement européen qui produisent des effets juridiques à l'égard des tiers étaient également sujets au contrôle de légalité prévu à l'article 241 du traité.

Comme le relève le Président Gil Carlos Rodriguez Iglesias, cette conclusion était en effet principalement basée sur la considération que « la Communauté économique européenne est une communauté de droit en ce que ni ses États membres ni ses institutions n'échappent au contrôle de la conformité de leurs actes à la Charte de base qu'est le traité » [1284].

Dans une perspective plus judiciaire et processuelle, le fondement juridique du Protocole de Dakar devait permettre la justiciabilité des actes pris par les institutions communautaires et les États membres.

Cette approche fait naître la possibilité pour les justiciables de se prévaloir de certaines droits acquis pour contester, devant la Cour de justice, les décisions susceptibles de leur faire grief. Il s'agit là d'un terreau fertile au développement de l'État de droit ou, pour reprendre la formule du professeur Alioune SALL, d'un formidable signe du nouvel empire du droit sous lequel nos organisations entendent désormais se placer[1285]. En ce sens l'éminent professeur dénonce le présidentialisme existant dans le fonctionnement de la CEDEAO et propose d'une part la fin de l'omniprésence des chefs d'État notamment lorsqu'il s'agit des questions purement techniques dans lesquelles les considérations

---

[1283]Affaire 294/83, *Les Verts c. Parlement*, arrêt 23 avril 1986, Rec. 1339.

[1284]G. C. R. IGLESIAS, « intervention », in Commission européenne pour la Démocratie par le Droit, « Le rôle de la Cour de justice en tant que Cour constitutionnelle », 55eme Session plénière, Commission de Venise,13 juin 2003.

[1285]A.SALL, *L'affaire Hisséne Habré. Aspects judiciaires nationaux et internationaux,* Paris, L'Harmattan, 2013, p. 71.

politiques n'interviennent que marginalement et, d'autre part, que soit affirmée la possibilité de contester certaines décisions prises par les chefs d'État.

Ainsi affirme-t-il, « Il faut en effet partir de l'idée que les conquêtes du principe de reddition des comptes sont toujours louables, que la possibilité de soumettre à un examen critique l'usage de tout pouvoir est en soi un progrès, et que la traduction judiciaire de ce principe de contradiction - le droit de contester un acte devant un juge - est *a priori* une nécessité d'hygiène sociale »[1286]. C'est donc en soumettant les actes de toutes les institutions de la Communauté au contrôle de légalité que l'on peut espérer, dans l'air du temps, tendre vers un véritable progrès de l'État de droit.

La nature constitutionnelle de la Cour de justice s'est illustrée de manière évidente dans le cadre des contentieux des droits fondamentaux. En effet, dans bien des cas, lorsque le droit constitutionnel est invoqué devant la Cour, celle-ci s'emploie à l'écarter, sous prétexte qu'elle n'est pas une juridiction constitutionnelle d'appel. On peut comprendre la prudence de la Cour qui n'entend pas créer une fronde, contre son office, des juridictions nationales qui sentiront leur autorité menacée. L'expérience européenne a démontré que « le droit constitutionnel est l'expression même de la souveraineté de l'État et, quand bien même celui-ci aurait consenti à l'adhésion [d'une Communauté régionale], il est compréhensible que celui-ci veuille en préserver le contenu »[1287]. On peut rappeler, à cet égard, l'exemple des juridictions constitutionnelles italienne[1288] et allemande[1289] dont l'activisme s'est traduit par la consécration de ce que la doctrine a appelé « les réserves de constitutionnalité » à l'égard du droit de l'Union européenne. Cet activisme des juridictions nationales a amené la Cour de justice de

---

[1286] A.SALL, *L'affaire Hisséne Habré. Aspects judiciaires nationaux et internationaux*, Paris, L'Harmattan, 2013, p. 71.

[1287] H. GAUDIN, « Le statut contentieux du droit constitutionnel devant la Cour de justice de l'Union européenne », disponible en ligne : www.droitconstitutionnel.org.

[1288] Cour constitutionnelle italienne, sentence n° 183/1973 du 27 décembre 1973, *Frontini et Poszani, cah. dr. eur.*, n° 1-2/1975, pp. 114-148.

[1289] Cour constitutionnelle fédérale d'Allemande, 29 mars 1974, « *Solange I* », *RTDE*, 1975, pp. 316-336.

l'Union européenne, pour mieux conforter le principe de la primauté du droit de l'Union, à combler, comme elle l'a remarquablement fait dans l'arrêt *Stauder*[1290], la lacune originelle des traités en matière de protection des droits fondamentaux en jugeant que la protection des droits fondamentaux de la personne « sont compris dans les principes généraux du droit communautaire dont elle assure le respect ». Elle précisera plus tard, dans l'arrêt *Handelsgesellschaft*[1291] qu'il convenait, pour identifier ces droits fondamentaux, de s'inspirer, « des traditions constitutionnelles des États membres ».

Il appartient donc au juge communautaire CEDEAO de faire preuve d'ingéniosité et d'audace, pour prendre en compte cette lacune des traités qui ne consacrent pas expressément la primauté du droit CEDEAO sur les droits nationaux afin de mieux préciser les contours de la notion. Il faut en effet commencer par préciser le contenu du principe de la primauté du droit communautaire sur le droit national afin de garantir une conciliation entre le droit constitutionnel des États membres et le droit communautaire CEDEAO. C'est à cette condition que l'on peut garantir la reconnaissance, par la Cour de justice, des normes ayant valeur constitutionnelle. Admettre une telle démarche permettra de lever tout obstacle à l'uniformité du droit communautaire dans son application au sein des États membres. Comme le souligne l'avocat général M. Poiares Maduro, « le respect dû à l'identité constitutionnelle des États membres ne saurait être compris comme une déférence absolue à l'égard de toutes les règles constitutionnelles nationales. S'il en était ainsi, les constitutions nationales pourraient devenir un instrument permettant aux États membres de s'affranchir du droit communautaire dans des domaines déterminés. Bien plus, il pourrait en résulter des discriminations entre États membres en fonction du contenu donné par chacun d'eux à leurs constitutions nationales ». Or, en refusant de prendre en compte le droit constitutionnel étatique, la Cour de justice semble s'accommoder du « pluralisme constitutionnel »[1292] en dépit des risques d'adversité qu'il présente pour

---

[1290]CJCE, 12 novembre 1969, *Stauder, aff. 29/69, Rec.*, p. 419.

[1291]CJCE, 17 décembre 1970, *Internationale Handelsgesellschaft*, aff. 11/70, *Rec.*, p. 1125.

[1292]F. GIORGI, « Pour une révolution théorique douce : la figuration du pluralisme constitutionnel en réseau », *Civitas Europa*, n° 21, numéro spécial 7e Congrès de l'association française de droit constitutionnel, disponible en ligne sur :

l'effectivité du droit communautaire. Et, tel que le souligne Daniel MOCKLE, « comme l'intégrité des droits nationaux repose en définitive sur la primauté des normes constitutionnelles, l'effectivité de l'État de droit et du constitutionnalisme peut devenir aléatoire par la multiplication des ordres normatifs en situation potentielle de concurrence »[1293].

Depuis l'adoption du Protocole sur la démocratie et la bonne gouvernance et l'entrée en vigueur du Protocole d'Accra relatif à la Cour de justice de la Communauté qui ouvre la possibilité aux particuliers de saisir directement la Cour de justice, cette situation a connu une amorce de changement avec l'introduction de ce qu'il est convenu d'appeler le « matériel constitutionnel » de la Communauté.

De ce fait, si l'on veut comparer la fonction constitutionnelle de la Cour de justice de la CEDEAO aux juridictions constitutionnelles des États membres, le premier réflexe est de rechercher dans les textes communautaires, les traits caractéristiques d'une Constitution. Généralement, deux caractères principaux sont reconnus à une Constitution : celui d'être un acte organisateur des pouvoirs publics et celui d'être un acte écrit[1294]. Ensuite il convient de se reporter à la mission essentielle du juge constitutionnel. Dans un État de droit, la mission centrale d'une Cour constitutionnelle est d'assurer la suprématie de la Constitution, au sommet de la hiérarchie des normes, en veillant à son respect. Or, dans le cadre de la Communauté, cette attribution centrale est dévolue à la Cour de justice, chargée d'assurer, à la différence d'une Cour constitutionnelle, non la suprématie, mais la primauté du droit communautaire. D'ailleurs, qui mieux que l'organe judiciaire de la Communauté pourrait contribuer à l'affirmation d'un tel principe ?

---

www.droitconstitutionnel.org ; voir aussi H. GAUDIN, « Le statut contentieux du droit constitutionnel devant la Cour de justice de l'Union européenne », *op. cit.* Le pluralisme constitutionnel, affirme-t-elle, peut être défini comme la situation dans laquelle se superposent, plusieurs ordres juridiques d'essence constitutionnelle qui " se prétendant en situation d'autonomie et en possession de l'autorité juridique ultime".

[1293] D. MOCKLE, « Mondialisation, Droits des peuples et État de droit », in *Mondialisation et État de droit,* D. MOCKLE (dir.), Bruylant, 2002, p. 7.

[1294] Voir en ce sens A. HAURIOU et J. GIQUEL, *Droit constitutionnel et institutions politiques*, Paris, Montchrestien, 1985, p. 263.

Les dynamiques politiques et économiques de la Communauté ont conduit incontestablement à une transformation des mœurs, notamment dans les rapports avec le droit. Cette « transformation du droit a porté sur deux aspects : matériel et formel. L'aspect matériel signifiait la réévaluation du système normatif, adossé à des valeurs nouvelles, démocratiques, conformément aux objectifs de la transformation politique [...] L'aspect formel [...] a établi un répertoire exhaustif d'actes de droit de portée générale, pouvant seuls intervenir dans la sphère des droits, libertés et obligations des justiciables »[1295]. Les préoccupations qui ont pendant longtemps pesé sur le fonctionnement de la Cour de justice sont, à l'épreuve de la pratique, progressivement, en train de se dissiper. La Communauté s'est incontestablement cantonnée à entrevoir le processus d'intégration sous le prisme de la démocratie et l'État de droit.

Il est dès lors possible de rechercher l'impact réel de l'État de droit sur le modèle d'intégration Ouest-africaine.

§2 : La portée de l'État de droit sur le modèle d'intégration de la CEDEAO

Le concept de l'État de droit a progressivement atteint le projet d'intégration de la CEDEAO. Il est l'illustration évidente, contrairement à ce qu'affirmait alors le doyen Louis FAVOREU[1296], que l'âge d'or des constitutions est bien derrière nous. Les mutations juridiques et sociales ont en effet conduit à la naissance d'une supra-constitutionnalité qui consacre ainsi un renouveau du constitutionnalisme. Pour le professeur Dominique ROUSSEAU, la naissance de cette supra-constitutionnalité constitue « l'aveu explicite de la dévalorisation du texte constitutionnel ». Pour notre part, nous

[1295]M. KRUK, « Progrès et limites de l'État de droit », *op.cit.*, p. 78.
[1296]L. FAVOREU, « Propos d'un néo-constitutionnaliste », in *Le constitutionnalisme*, Paris, Economica, 1984, p. 23.

considérons qu'il ne s'agit pas seulement d'une défaillance des constitutions nationales à assurer le défi de la gouvernance démocratique, mais, dans le contexte de la mondialisation, l'un des défis majeurs que les États, notamment les États africains, doivent surmonter, est celui de la lutte contre la mal gouvernance. Or, les dynamiques politiques et économiques actuelles ont révélé qu'aucun pays ne peut à l'heure actuelle, se développer en vase clos. Il est apparu indispensable pour la survie des États, de se repenser et de se réorganiser pour asseoir un modèle référentiel dans leurs efforts collectifs de développement.

À partir des années 1990, la lecture des événements sociaux et des différentes transformations internationales a conduit les chefs d'État et de gouvernement de la CEDEAO à prendre en compte les nécessités d'une mutualisation rapide et effective de leurs moyens pour assurer à leurs populations, les opportunités de développement optimal. En effet, la décennie 90 a été marquée par la progression de l'État de droit comme mode d'expression de la démocratie constitutionnelle.

La Déclaration des principes politiques de la CEDEAO intervient en ce sens et ne manque pas d'insister sur la nécessité pour les États, de « conjuguer [leurs] efforts en vue de promouvoir la démocratie dans la sous-région sur la base du pluralisme politique et du respect des droits fondamentaux de l'homme tels que contenus dans les instruments internationaux [...], dans la Charte africaine des droits de l'homme et des peuples ».

Cette conception permet d'insister sur le rôle de l'État de droit comme instrument d'orientation politique de la CEDEAO (**A**) et aussi comme instrument d'affirmation de l'ordre juridique communautaire (**B**).

A. Un instrument d'orientation politique de la CEDEAO

Convaincus que seule la démocratisation des États membres peut permettre d'asseoir et de faire fonctionner correctement les mécanismes susceptibles de combattre efficacement les pratiques de mal gouvernance[1297], la Conférence d'Abuja de 1991 a adressé une invitation en direction des États membres de la CEDEAO à évoluer vers la démocratie pluraliste. Cette invitation avait pour signification la transformation de l'univers politique ouest-africain. Car, le choix dans la signification du principe politique entraîne une modification parallèle dans la nature des régimes[1298]. En tant que figure moderne de l'État démocratique, l'État de droit se retrouve ainsi intégré, dans le cadre de la CEDEAO, au champ politique, c'est-à-dire, relié aux institutions et pratiques communautaires. Comme le souligne Michel MIAILLE, « La doctrine de l'État de droit se présente comme une garantie pour les personnes et pour les biens contre un pouvoir sans cesse occupé à élargir son espace et à accentuer sa pression »[1299]. L'État de droit se présente alors dans le contexte de la CEDEAO, comme une méthode analytique pour à la fois rendre compte des insuffisances des pratiques étatiques, et pour proposer, à partir du mode de fonctionnement de la CEDEAO, un modèle de régulation et un mécanisme d'organisation institutionnel et juridique.

Autant dire que la dimension politique de l'État de droit appelle, dans le contexte communautaire, à l'incarnation de certaines valeurs dont il assure la sauvegarde. Notons donc avec Michel MIAILLE que l'État de droit n'est pas une expression seulement descriptive de ce qu'est la régulation juridique et politique des rapports sociaux dans les sociétés où il est mis en œuvre : il est aussi un impératif, une valeur en soi[1300]. Et, ajoute-t-il, « Les valeurs qu'incarne l'État de Droit sont apparemment évidentes et font partie du fonds commun de la société occidentale : la protection par le droit, le respect de l'individu, le caractère nécessairement limité du pouvoir public sont autant de conséquences de ces valeurs. Celles-ci sont, la plupart du temps, analysées à partir du contre-exemple qu'offrent les États totalitaires, sortes d'incarnations contemporaines de l'État absolutiste tel que l'imaginaire populaire l'avait forgé et de l'État de police des juristes.

[1297]Voir en ce sens A. M'PAKA, *L'Afrique noire face aux défis de la gouvernance démocratique,* Paris, L'Harmattan, 2016, pp. 31-32.

[1298]Y. A. MILLAGO, *La CEDEAO dans le changement politique. Les enjeux de la coopération et du développement régional, op. cit.,* p. 356.

[1299]M. MIAILLE, « Le retour de l'État de droit. Le débat en France », in *L'État de droit, travaux de la mission sur la modernisation de l'État de droit,* Dominique COLAS (dir.), PUF, 1987, p. 218.

[1300]*Ibid.,* pp. 225-226.

L'État totalitaire serait pourtant différent par nature, et pas seulement par degré d'oppression qu'il manifesterait du fait que, malgré des techniques répressives souvent comparables, il ne serait nullement inspiré des mêmes principes ».

Cette approche qui cherche à promouvoir l'État de droit dans le cadre de la CEDEAO vise en réalité un objectif : trouver le moyen de contrôler l'action des gouvernements dont la personnification accrue du pouvoir finit par pervertir. Dans un tel conteste, il était nécessaire que soit consacré un État de droit de type original, dépourvu de tout scepticisme tel qu'il s'est révélé dans certains États membres. En effet, on croyait, avec la consécration du pluralisme politique, à l'amorce d'une véritable voie démocratique avec comme corollaire, le développement économique de la région. Mais, à l'épreuve de la pratique, le système démocratique s'est révélé utopique et l'État de droit, pas plus que la démocratie, conservait certes toutes les apparences, mais sans aucune réalité qui le placerait au centre de la régulation des rapports sociaux et politiques. Le constat demeure donc celui d'un État qui échappe à tout contrôle en dépit des contraintes politiques liées à la gestion transparente des ressources économiques, financières, administratives, politiques et militaires les plus évidentes.

La nouvelle orientation politique de la CEDEAO fondée sur le concept de l'État de droit a d'abord pour objectif d'améliorer la gouvernance démocratique des États membres en les soumettant au contrôle de la Communauté par le biais de la Cour de justice. L'adoption du Protocole sur la démocratie et la bonne gouvernance participe de cet objectif. L'État de droit apparaît dès lors comme un instrument essentiel à l'action politique de la CEDEAO. Il est indispensable à la réalisation du projet "intégrationniste" ouest-africain.

Telle une Charte constitutionnelle, le Protocole sur la démocratie et la bonne gouvernance, considéré comme l'un des apports majeurs de la CEDEAO dans la promotion de l'État de droit, a été le point de départ d'un modèle démocratique communautaire avec l'introduction d'un nouveau mécanisme de sanctions permettant de garantir la stabilité des régimes étatiques. La reconnaissance des infractions à la démocratie devrait désormais dissuader les partisans d'un régime dictatorial et permettre le plein respect des valeurs de la démocratie et de l'État de droit. Dans cet objectif, plusieurs droits sont explicitement consacrés en faveur de la personne humaine tels par exemple les droits fondamentaux, le droit à l'éducation, le droit au travail. Dans le même esprit, des mécanismes sont prévus pour lutter efficacement contre la corruption, la pauvreté et l'inégalité.

En effet, « la précarisation de populations vulnérables et l'aggravation des inégalités, le recul ou la stagnation de divers champs du droit conçus pour protéger les salariés et les plus démunis [...], représentent autant de phénomènes qui sont interprétés comme les signes tangibles d'une diminution de la capacité d'action de l'État à protéger sa population. La question de l'État de droit serait donc inséparable de l'effectivité du droit et de la capacité des États à garantir par des moyens tangibles [recours, tribunaux, mécanismes, procédures] les droits et libertés, peu importe qu'ils soient reconnus au niveau national ou supranational »[1301].

Malgré le caractère ambitieux du Protocole sur la démocratie et la bonne gouvernance, aucun mécanisme d'implication directe des citoyens communautaires n'est prévu, ce qui ne favorise pas l'appropriation du processus d'intégration par les citoyens de la Communauté qui se sentent de loin concernés. L'indifférence quasi générale de la majorité des populations ouest-africaines, dont la plupart ignore tout, des enjeux liés à l'intégration communautaire, montre à quel point il est difficile de conférer à la Communauté le fondement démocratique nécessaire à la création d'un cadre juridique indispensable à l'institution d'un véritable pouvoir de contrôle. Dès lors, l'un des défis majeurs de l'État de droit consiste à encourager l'adhésion des citoyens des États membres à la cause communautaire, dans la mesure où l'un des objectifs ultimes de l'organisation est de leur assurer un meilleur niveau de vie[1302]. Une telle participation requiert l'intégration d'une culture démocratique fondée sur des valeurs de l'État de droit, c'est-à-dire un système dans lequel sont prévus des mécanismes juridiques et institutionnels aptes à garantir les droits fondamentaux des citoyens.

[1301]D. MOCKLE, « Mondialisation, Droits des peuples et État de droit », in *Mondialisation et État de droit, op. cit.*, p. 8.

[1302]Voir en ce sens Y. A. MILLAGO, *La CEDEAO dans le changement politique. Les enjeux de la coopération et du développement régional, op. cit.*, p. 312 et s.

Le projet de démocratie constitutionnelle introduit par le discours de l'État de droit offre incontestablement des nouveaux mécanismes de régulation de la sphère politique. L'expérimentation de mécanismes nouveaux a entraîné l'apparition de nouveaux enjeux qui imposent dorénavant aux États membres la nécessité d'une reconfiguration de leur espace politique et juridique. En effet, les difficultés liées à l'implantation de l'État de droit en Afrique subsaharienne ont amené la CEDEAO à exiger des États membres, de dépasser le cadre formel de l'adhésion apparente à l'État de droit pour garantir dans leurs systèmes internes, une effectivité aux normes juridiques et aux mécanismes institutionnels de contrôle du pouvoir et de protection des droits fondamentaux[1303].

Ce principe, dont l'application est attendue des États membres de la CEDEAO, encouragés à l'incorporer effectivement dans leur ordre juridique et à se donner les structures juridictionnelles et administratives nécessaires à sa mise en œuvre, n'a pu être effectif. C'est bien pourquoi la Communauté tente d'y remédier, en rendant les règles de l'État de droit obligatoires et en assurant un contrôle de leur application effective dans les différents États membres. En effet, c'est en raison de l'effectivité accordée aux normes juridiques et aux mécanismes institutionnels de contrôle du pouvoir et de protection des droits fondamentaux que peut s'affirmer de manière évidente, le principe de l'État de droit. L'institution dans les États membres, des commissions nationales des droits de l'homme, invitées à établir des rapports sur les comportements des États, participe de cet objectif de « surveillance des mécanismes d'application des normes de l'État de droit et des droits fondamentaux »[1304].

Mais il faudra beaucoup mieux que l'organisation théorique institutionnelle et juridique pour rendre opérantes, les règles de l'État de droit. La crainte d'une décadence de l'État de droit pouvant conduire à un désordre social, nécessite que soit affirmé, dans l'ordre juridique communautaire, un mécanisme de protection juridictionnelle du principe de l'État assorti de sanctions pour les États « récalcitrants ».

[1303]Voir en ce sens D. MOCKLE, « Mondialisation et État de droit », in *Mondialisation et État de droit, op. cit.*, pp. 27-80.
[1304]J.-Y. MORIN, « La Mondialisation, l'éthique et le droit », in *Mondialisation et État de droit, op. cit.*, p. 131.

Car, comme le note Jacques-Yavn MORIN, « Dans un ordre juridique, la force de la sanction est un indicateur partiel, mais significatif, de son degré d'effectivité »[1305]. C'est à cette condition que, dans l'espace CEDEAO, l'État de droit peut être un instrument d'affirmation de l'ordre juridique communautaire.

B. Un instrument d'affirmation de l'ordre juridique communautaire.

Si la CEDEAO postule un programme politique centré sur la question de l'État de droit, il est évident que des conditions objectives sont requises aux fins de sa réalisation. La consécration de la Cour de justice de la Communauté avait permis à la Communauté de donner une image rassurante fondée sur le triomphe apparent du constitutionnalisme et de l'État de droit[1306].

Comme le souligne Laurent GABA, « créer des tribunaux, des cours suprêmes, des cours ou conseils constitutionnels, décréter l'indépendance des juges est une bonne chose, les faire fonctionner effectivement et les rendre utiles à la société entière, mais non à une oligarchie, en est une autre. Bien des pays africains possèdent ces divers organes politiques et juridictionnels, mais cela n'a pas empêché l'arbitraire, les dénis de justice, les tortures, les disparitions, les exécutions sommaires ou les assassinats politiques »[1307].

La primauté du droit communautaire sur le droit interne des États membres oblige ces derniers à modifier leurs systèmes normatifs en abrogeant par exemple les normes contraires à la norme communautaire ou en transposant les directives communautaires dans leurs ordres juridiques. Sous l'influence du droit communautaire, plusieurs domaines échappent aujourd'hui au domaine étatique au bénéfice des

---

[1305]*Ibid.*, p. 136.
[1306]Voir en ce sens J. ALLARD, et A. GARAPON, *les juges dans la mondialisation : la nouvelle révolution du droit*, Paris, Seuil, 2005.
[1307]Laurent GABA, « L'État de droit et la démocratie en Afrique subsaharienne », in *Mondialisation et État de droit, op. cit.*, p. 246.

règles communautaires. Ainsi en-est-il par exemple de la liberté de circulation des marchandises, des personnes, et des capitaux, de la politique monétaire, etc. De même, certains droits fondamentaux ont été modifiés sous l'influence de la jurisprudence de la Cour de justice. C'est le cas par exemple du droit d'éligibilité à la direction politique des affaires de son pays[1308].

L'une des manifestations évidentes de la diffusion de la notion de l'État de droit dans le système communautaire CEDEAO se retrouve clairement exprimée dans le Protocole A/SP.1/12/01 sur la démocratie et la bonne gouvernance dont la section VII est consacrée à « L'État de droit, Droits de la personne et la bonne gouvernance ».

L'on peut ainsi constater que la volonté de la CEDEAO d'incorporer la notion de l'État de droit dans son système normatif l'a conduit à prendre des mesures susceptibles de contribuer à l'affirmation de son ordre juridique. La Communauté consacre une définition autonome de l'État de droit qui prend en compte les réalités propres aux pratiques politiques des États membres. La construction communautaire est désormais placée sous les auspices de la démocratie pluraliste fondée sur l'État de droit. L'amélioration des systèmes politiques des États membres favorisant un développement des droits fondamentaux de la personne, est donc privilégiée, même si la perspective économique demeure toujours parmi les objectifs fondamentaux de la Communauté. Mais c'est en raison principalement de l'instabilité récurrente et croissante dans l'espace CEDEAO que la conception économique de la construction communautaire semble avoir laissé place à une dynamique d'intégration juridique.

L'importance des préoccupations sécuritaires dans la construction communautaire est telle qu'elle ne peut être posée au détriment de l'État de droit. Ainsi on peut être frappé par les prérogatives accordées à la Cour de justice de la Communauté dont les décisions s'imposent sans possibilité de recours.

Dans un tel contexte, l'État de droit est perçu comme un instrument au service de l'ordre juridique communautaire dans son rôle gardien du respect des droits fondamentaux contre d'éventuelles atteintes. Pour mieux appréhender la notion et l'intégrer dans son ordre normatif, la

---

[1308]ECW/CCJ/JUG/16/15 CDP et autres c/ Burkina Faso, 13 juillet 2015.

CEDEAO, à l'instar de l'organisation des Nations unies à travers notamment le Conseil de sécurité, considère comme corollaires de l'État de droit, le respect des droits fondamentaux de la personne, le respect de l'ordre constitutionnel et la condamnation des changements anticonstitutionnels de régimes et le respect de la bonne gouvernance. Cette dernière exigence n'est pas sans évoquer la vocation initialement économique de l'organisation communautaire ouest-africaine. En effet tel qu'exprimée à l'article 33 du Protocole sur la démocratie et la bonne gouvernance, la satisfaction des exigences du « bon fonctionnement de l'État, de son administration publique et de la justice contribue à la consolidation de l'État de droit ».

Cette approche est emblématique des réalités propres à la Communauté d'autant que l'espace CEDEAO est constamment en proie à des conflits qui, très souvent, remettent en cause les principes et valeurs de l'État de droit. Ainsi, à l'occasion des crises politiques et des conflits armés dans la région, la CEDEAO a tenu à rappeler l'obligation qu'ont toutes les parties concernées de respecter les règles de l'État de droit telles que posées par le droit communautaire. Ce fut le cas, par exemple lors des deux crises majeures qu'a connues la Côte d'ivoire en 2002 et en 2011, à l'occasion des coups d'États militaires intervenus au Niger le 18 février 2010, en Guinée-Conakry en décembre 2008, en Guinée Bissau le 12 avril 2012 et au Mali le 22 mars 2012.

La hantise des coups d'État explique d'ailleurs la place particulière qu'occupe leur interdiction dans le Protocole de la CEDEAO sur la démocratie et la bonne gouvernance et dans la Charte africaine des élections, de la démocratie et de la gouvernance. C'est pour cette raison que leur juridicisation est apparue comme une évolution majeure de l'État de droit, en tant qu'ensemble normatif, dans le système communautaire CEDEAO. Cela est d'autant plus évident que la perspective d'une stabilité politique et sécuritaire à l'échelle régionale, gage de l'édification d'un véritable État de droit, indispensable à la construction du projet communautaire, a conduit à une restructuration de l'organisation communautaire.

En effet, la dynamique du constitutionnalisme a permis de mettre en lumière l'impossibilité d'une implantation communautaire de l'État de droit sans une stabilité nécessaire à la sauvegarde et à la protection des droits fondamentaux et à la réalisation de la bonne gouvernance. C'est d'ailleurs de ce discours que semble s'être saisie la CEDEAO dans sa perspective de développement et dans sa politique extérieure. L'État de droit est ainsi devenu un véritable enjeu de coopération, un instrument au service du développement.

CHAPITRE II

L' ÉTAT DE DROIT, INSTRUMENT DE COOPÉRATION AU SERVICE DU DÉVELOPPEMENT

À l'ère de la mondialisation, l'interdépendance entre les États est devenue indispensable dans les relations internationales. En effet, dans ce rendez-vous planétaire du « donner et du recevoir » selon la formule de Léopold Sédar Senghor, malheur à ceux qui se présenteront les mains vides[1309]. L'Afrique, souligne Laurent GABA, pour être crédible, devra se doter d'un pouvoir de négociation solide, lié essentiellement à son organisation institutionnelle et à sa performance économique. Or, ces deux conditions essentielles ne sont réalisables qu'à travers des régimes démocratiques, fondés sur l'État de droit. Car, constate-t-il, « plus de trente années de systèmes autoritaires ont conduit les pays de l'Afrique subsaharienne à la faillite sociale, politique et économique, eux à qui on a produit conseils, dicté, voire imposé des règles de conduite et des stratégies de développement »[1310].

Au regard de cette érosion étatique, il convient d'instaurer et de maintenir un espace de liberté et de sécurité, où les citoyens peuvent exiger le respect et la protection de leurs droits fondamentaux, et où les actes des gouvernements peuvent être soumis à un contrôle juridictionnel. Aussi, la CEDEAO a-t-elle assigné à ses institutions des finalités autres qu'économiques. Ainsi, les institutions communautaires veillent désormais à ce que règnent au sein de la Communauté et des États membres, le respect de la dignité humaine, le respect des droits des minorités, la liberté d'opinion, la liberté d'expression, la séparation des pouvoirs, la transparence dans la gestion des affaires publiques, etc. C'est à ce prix-là que peut être envisagée l'édification de l'État de droit et de la démocratie comme conditions essentielles au développement des États membres de la Communauté.

[1309]L. S. SENGHOR, cité par Laurent GABA, « L'État de droit et la démocratie en Afrique subsaharienne », in *Mondialisation et État de droit, op. cit.*, p. 244.
[1310]*Ibid.*, pp. 224-245.

L'État de droit apparaît donc aujourd'hui comme la condition nécessaire au développement des États membres de la CEDEAO et aussi comme le préalable à toute coopération avec ces derniers notamment dans leurs relations avec les institutions financières internationales.

Cette conditionnalité démocratique démontre l'effort manifeste de modernisation institutionnelle à l'échelle régionale et va produire ses effets sur la dynamique du développement politique au sein des États membres[1311]. Cette démarche empirique de l'organisation communautaire a permis de mettre en relief les finalités à la fois stratégiques (**Section 1**) et pragmatiques de l'État de droit (**Section 2**).

Section 1 : La fonction stratégique de l'État de droit

L'évolution croissante de l'État de droit, en tant que paradigme juridique à vocation universelle et dont le but est de prémunir et défendre les intérêts des citoyens contre l'arbitraire éventuel des puissances publiques[1312], a conduit à une forte mobilisation en vue de l'adhésion des États à ce concept.

Et la définition matérielle de l'État de droit, telle qu'elle ressort de l'article 34 du Protocole sur la démocratie et la bonne gouvernance, conduit également à penser que la satisfaction à l'exigence de l'État de droit est une conditionnalité à la réalisation de la bonne gouvernance. Par conséquent, l'État de droit est considéré comme un facteur de régulation, voire un critère d'évaluation des États membres de la CEDEAO en matière de bonne gouvernance (**§1**). Ce discours est d'autant plus persistant qu'il occulte la dimension hégémonique de l'État de droit dans le modèle de développement de la CEDEAO (**§2).**

[1311]Voir L. GABA, « L'État de droit et la démocratie en Afrique subsaharienne », in *Mondialisation et État de droit, op. cit.*, p. 253.
[1312]*Ibid.*, pp. 206-207.

§1 : L'État de droit face aux revendications de la bonne gouvernance

Le terme « gouvernance » est l'un des vocables les plus utilisés de nos jours, dans les relations internationales, notamment dans les rapports entre bailleurs de fonds et pays en développement, en matière d'analyse des modes de gestion et de gouvernement. Le concept de « gouvernance » a fait timidement son apparition dans les années 1980, mais c'est surtout à partir des années 1990 qu'il a commencé à se « propager », comme une expression clé de la doctrine officielle prônée par les bailleurs de fonds internationaux et destinée à inspirer et impulser l'action des gouvernements des pays en développement dans la gestion transparente de l'économique et du politique…

Il a été repris dans le vocabulaire de la Banque mondiale, lorsque celle-ci a dressé son bilan sur la politique d'ajustement structurel menée depuis lors dans les pays en développement, et plus particulièrement en Afrique[1313].

Cependant, la notion de « gouvernance » n'a jamais fait l'objet de définition précise dans le contexte de développement, notamment en ce qui concerne un nouveau paradigme politique pour les pays bénéficiaires de l'aide au développement.

C'est une notion fourre-tout et pleine d'ambiguïtés. Naviguant entre le monde des experts et celui des universitaires, entre vecteur d'analyses novatrices et simples déclinaisons de l'« idiome » libéral, la gouvernance demeure une notion aux définitions multiples et une notion inachevée[1314] au contenu polysémique.

Comme le souligne Ismael Aboubacar YENIKOYE, « […] Un tel "flou conceptuel" se révèle bien commode pour les institutions financières, car, en l'absence de standards, chacune fixera elle-même, au nom de la "gouvernance", ses exigences et ses conditions, appréciera les

---

[1313] A. M'PAKA, *L'Afrique noire face aux défis de la gouvernance démocratique, op. cit.*, pp. 163-164.

[1314] G. HERMET, A. KAZANCIGIL et J.-F. PRUD'HOMME (dir.), *La gouvernance : Un concept et ses applications*, Paris, Karthala, 2005, p. 7.

évolutions, pour déceler sans rendre compte à quiconque des politiques et programmes, des réformes de structures et d'institutions que les pays en développement devront mettre en œuvre »[1315]. Face au déficit constaté de l'État de droit dans les pays en développement, lequel déficit a été attribué aux spécificités culturelles africaines, le concept de gouvernance a été retenu par les bailleurs de fonds pour redéfinir les rapports avec les États bénéficiaires de l'aide au développement, notamment dans les domaines politique et économique. La gouvernance, et plus précisément la bonne gouvernance, est apparue comme un moyen efficace de lutte contre la corruption et la pauvreté. Elle est perçue comme contribuant efficacement à la réalisation des objectifs de développement durable fondés sur des valeurs de la démocratie et de l'État de droit. Devant l'évidence du succès de ce concept, la bonne gouvernance revendique un caractère multidimensionnel et dont la finalité serait i) -l'affirmation des valeurs démocratiques et l'instauration d'un véritable État de droit et ii) - l'élaboration des politiques publiques centrées sur la transparence et la réduction du champ d'intervention de l'État. Ce nouveau discours a mis en lumière le déficit de l'État de droit dans les systèmes des pays en développement comme c'est le cas des États membres de la CEDEAO (**A**). L'« offensive » lancée par les institutions financières internationales appuyées par les institutions d'aide bilatérales ; destinée à guider le comportement des États dans la problématique de développement, a provoqué la mutation de l'État de droit au profit du concept global de la bonne gouvernance (**B**).

A. Le déficit de l'État de droit dans les systèmes des États membres de la CEDEAO

Au plan institutionnel ou juridique, l'ensemble des États membres de la CEDEAO semblent attachés aux principes de l'État de droit. Mais dans la réalité, les normes juridiques manquent d'effectivité à commencer

[1315]I. A. YENIKOYE, « La mesure de la gouvernance au service de l'État de droit, de la démocratie et du développement humain durable », *communication au colloque d'Ouagadougou.* Disponible en ligne sur www.francophonie.fr.

par la loi fondamentale[1316]. Or, comme le souligne Marie-Joëlle REDOR, « la simple proclamation dans la Constitution des limites imposées ne suffit à garantir l'effectivité de l'État de droit, mais il faut aussi garantir le respect de ces limites établies par des moyens efficaces »[1317]. En effet, ajoute-t-elle, « un État de droit est un État moderne, opposé à la barbarie de l'État de police où l'on substitue le droit à la force dans les rapports entre l'État et les particuliers »[1318].

Selon la conception libérale, « l'État de droit présente l'avantage d'asseoir le pouvoir des institutions représentatives sans remettre en cause l'autorité de l'administration ; il était le substitut d'une impossible démocratie »[1319]. C'est là, très justement ce qui est reproché à la plupart des États membres de la CEDEAO dans lesquels le règne du droit est une simple vue de l'esprit, dès lors que les exigences posées par l'État de droit, lorsque ce dernier renvoie, selon les termes du professeur Jean-Pierre MACHELON, à la fois à la hiérarchie des normes, au règne du droit, au respect des droits fondamentaux et à la démocratie, ne sont que partiellement satisfaites. Or, seule la satisfaction complète de ces exigences permet la réalisation effective de l'État de droit. Toute autre considération ne peut que créer une situation favorable aux violations des droits fondamentaux et au développement de l'arbitraire, avec son cortège de violence politique. Cette situation a conduit à l'accroissement d'un « afroscepticisme » dans l'instauration de l'État de droit, au point que certains analystes se sont demandé « s'il ne fallait pas inventer pour l'Afrique une forme de démocratie, genre d'État de droit »[1320] sur mesure, capable de s'adapter aux spécificités africaines, comme si la démocratie et l'État de droit étaient incompatibles avec l'Afrique.

[1316]L. GABA, « L'État de droit et la démocratie en Afrique subsaharienne », in *Mondialisation et État de droit, op. cit.*, p. 213.

[1317]M.-J. REDOR, « Garantie juridictionnelle et droits fondamentaux », *CRDF,* n° 1/2002, p. 92 et s. Disponible en ligne : www.unicaen.fr.

[1318]*Ibid.,* p. 94 et s.

[1319]J.-P. MACHELON, « État de droit et démocratie. Sur une contradiction paradoxale », *Mélanges en l'honneur du professeur Dominique TURPIN, État du droit, état des droits,* Paris, L.G.D.J, 2017, pp. 46-47.

[1320]L. GABA, « L'État de droit et la démocratie en Afrique subsaharienne », in *Mondialisation et État de droit, op. cit.*, p. 245.

Des telles considérations semblent à notre avis, de l'ordre des préjugés que la réalité actuelle semble confirmer. Comme le souligne Laurent GABA, « Si accéder à la modernité, c'est être en mesure de satisfaire ses besoins fondamentaux, il n'existe aucun peuple, aucun individu sur la planète, qui délibérément refuse un tel bien. Ce sont les voies et les moyens d'y accéder qui diffèrent dans l'espace et dans le temps ». Pour illustrer sa thèse, l'auteur se fonde ainsi sur l'exemple significatif du Japon, pays d'Extrême-Orient qui « a mis moins de temps que bien des pays occidentaux à devenir un État de droit, économique développé au point de devenir un pays "occidental" »[1321].

Cependant, il nous paraît raisonnable d'admettre que l'État de droit a des difficultés d'implantation dans la plupart des États africains et particulièrement ceux de l'espace CEDEAO. Mais cet état de fait tient plus aux comportements des autorités locales qu'aux spécificités culturelles. En effet, bien que fréquemment invoqué par les États, l'État de droit s'est révélé être en réalité une marque théorique de légitimité dans les relations internationales en ce qu'il est apparu, à la faveur de la mondialisation, comme une conditionnalité à la coopération et au développement. L'État de droit est ainsi assimilé plus à un instrument de coopération qu'a un système normatif des États au service des droits individuels et collectifs.

Pourtant, le dégoût du totalitarisme et l'hostilité envers les dictatures ont joué un rôle majeur pour la diffusion mondiale de l'État de droit. Cela n'a pas empêché que ce concept soit utilisé au XXe siècle par des régimes autoritaires, voire totalitaires pour conforter leur autorité et rechercher, selon l'expression du professeur J.-P. MACHELON, un semblant de respectabilité juridique[1322]. L'État de droit, lorsqu'il se confronte à des régimes autoritaires, peut donc être utilisé au service de la négation des valeurs qu'il devrait promouvoir. Révéré à la manière d'un impératif catégorique, comme la démocratie, en suscitant parfois l'hommage ostentatoire du vice à la vertu, l'État de droit se trouve sous toutes les latitudes, dans toutes les nouvelles constitutions[1323]. Malgré la consolidation apparente des institutions démocratiques dans certains

---

[1321] *Ibid.*, p. 245.

[1322] J.-P. MACHELON, « État de droit et démocratie. Sur une contradiction paradoxale », *op. cit.*, p. 48.

[1323] *Ibid.*, p. 51.

États comme le Bénin, le Sénégal, le Ghana, le Nigeria, etc., les coups d'État militaires et les manipulations des constitutions persistent encore dans beaucoup d'États membres. Les cas du Togo, du Niger et, très récemment, de la Gambie sont à cet égard emblématiques.

Ainsi au Togo, en février 2005, à la suite de l'annonce de la mort du chef de l'État, le Général Gnassingbé Eyadema, un de ses fils, Faure Gnassingbé fut désigné par l'armée et le parti au pouvoir pour assurer la succession, au mépris des dispositions de l'article 65 de la Constitution togolaise qui confient l'intérim au Président de l'Assemblée nationale jusqu'à l'organisation d'une élection présidentielle dans les soixante (60) jours. Pour légitimer leur forfaiture et s'assurer un semblant de « respectabilité juridique », les nouvelles autorités togolaises, sous le couvert de l'État de droit, avaient simulé une succession constitutionnelle en réunissant dès le lendemain, en l'occurrence le 6 février 2005, l'Assemblée nationale qui procède à la révision de l'article 65 de la Constitution. Toute référence au caractère provisoire de la succession ainsi qu'à la période intérimaire fut extirpée et un nouvel article y fut introduit disposant que « le nouveau Président de la République exerce ses fonctions jusqu'aux termes du mandat de son prédécesseur ». Dans la même perspective, la loi électorale a également été modifiée pour permettre à M. Faure Gnassingbé alors ministre des travaux publics, des mines et des télécommunications, de pouvoir démissionner de ses fonctions pour retrouver son siège de député. Ce qui lui permettra d'être désigné à la présidence de l'Assemblée en remplacement du Président de l'Assemblée nationale absent du territoire national, et exercer l'intérim. Ce simulacre de succession qui est en réalité un « coup d'État constitutionnel », a mis en lumière les difficultés d'implantation de l'État de droit et sa faible capacité, face à l'activisme politique, à assujettir constamment l'État au respect des règles juridiques, notamment constitutionnelles[1324].

Au Niger, on a vécu l'obstination d'un Président de la République en fin de mandat, à modifier la Constitution pour se maintenir au pouvoir, en dépit des exigences constitutionnelles et des mises en garde de la Cour constitutionnelle. Cette situation s'est traduite nous l'avions

[1324]Voir pour plus de détails, El Hadji O. Diop, « Autopsie d'une crise de succession constitutionnelle du chef de l'État en Afrique. L'expérience togolaise (5-26 février 2005) », *Politeia, n°7*, Printemps 2005, p. 115.

souligné par une crise politique et sociale qui a débouché sur une interruption de l'ordre constitutionnel avec le coup d'État militaire intervenu en février 2010. En Gambie, en décembre 2016, à la suite de la proclamation des résultats de l'élection présidentielle consacrant la victoire du candidat de l'opposition Adama BARROW, le Président en fonction depuis vingt-deux (22) ans, Yahya Jammeh avait reconnu sa défaite en félicitant en direct de la télévision publique son adversaire avant de faire un volte-face une semaine plus tard. Cette situation n'a connu son épilogue que grâce à la pression de la CEDEAO.

A la lumière de ce tableau sombre de la pratique démocratique dans certains États de l'espace CEDEAO, l'on peut observer que les valeurs associées à l'État de droit sont consacrées, souvent de manière prolixe et parfois revendiquées opportunément dans les différentes constitutions des États membres. Mais, leur ancrage au sein de la Communauté demeure bien fragile. Cette fragilité s'explique, selon Albert M'PAKA, dont nous ne partageons que partiellement l'opinion, par le fait que « la crise de l'État en Afrique est une crise d'identité dans la mesure où l'histoire coloniale et postcoloniale de ce continent est généralement présentée à l'image d'une greffe qui aurait échoué, celle d'un modèle importé qui ne correspond à aucune réalité historique du pouvoir et de la culture des sociétés africaines »[1325]. Dès lors, poursuit l'auteur, « La crise de l'État en Afrique semble trouver particulièrement son explication dans le lien qui tient non seulement à la faiblesse institutionnelle mais aussi au sous-développement et aux obstacles structurels inhérents au capitalisme. Il résulterait indéniablement en grande partie de l'absence de linéarité entre les processus de construction de l'État et des sociétés en Afrique. C'est-à-dire qu'elle est productrice d'une déconnexion profonde entre les institutions politiques désincarnées et les dynamiques sociales qui semblent évoluer en parallèle. Les rapports entre l'État et les dynamiques sociales posent de ce fait la problématique essentielle de l'institutionnalisation du pouvoir étatique en Afrique »[1326].

Si les difficultés de la démocratisation en Afrique peuvent être en partie imputables à la crise de l'État, celle-ci ne doit cependant pas occulter

---

[1325] A. M'PAKA, *L'Afrique noire face aux défis de la gouvernance démocratique, op. cit.*, pp. 27-28.
[1326] *Ibid.*, p. 28.

les quelques réussites que l'État de droit a pu enregistrer dans certains États membres de la CEDEAO comme par exemple le Ghana, le Bénin, le Sénégal pour ne citer que ceux-là. Dès lors, l'argument tiré de l'absence de prise en compte des spécificités africaines dans le modèle institutionnel ne saurait suffire à justifier les difficultés d'instauration de l'État de droit que l'on observe dans plusieurs États membres. L'absence de sincérité des élites africaines, plus préoccupées par leur bien-être personnel que par la réalisation du bien-être collectif, se traduit par l'ingéniosité à s'assurer une légitimité artificielle leur permettant de rester éternellement au pouvoir, en refusant ainsi toute alternance démocratique propice à l'État de droit. Cette tendance à la manipulation des textes fondamentaux favorise le développement de certains facteurs conflictuels tels la pensée unique, l'exclusion des minorités, l'absence d'indépendance de la justice, la politisation de l'administration et de l'armée, les disparitions et assassinats d'opposants connus ou supposés etc., qui contribuent fortement au déficit de l'État de droit.

La persistance de telles situations traduit l'affaissement des systèmes étatiques très souvent incapables d'assurer la protection des droits fondamentaux des citoyens.

Partant de ce constat et d'une certaine idée doctrinale qui considère à tort les spécificités culturelles africaines comme incompatibles avec l'État de droit, il a été opposé à celui-ci un nouveau concept emprunté à une certaine doctrine américaine. Ainsi parle-t-on de « bonne gouvernance ». C'est pourquoi, aujourd'hui encore, certains auteurs l'assimilent volontiers à l'État de droit. Ainsi conçue, la « bonne gouvernance » devra, à l'entendement de ses concepteurs, se substituer à l'État de droit. Elle présente l'avantage d'être perçue comme le corollaire économique et financier de la démocratisation politique et est ainsi devenue synonyme d'une administration efficace et de bonne gestion des affaires publiques[1327]. Cela ressort de la définition communautaire de l'État de droit, posée à l'article 33 du Protocole de la CEDEAO sur la démocratie et la bonne gouvernance : l'État de droit a pour ainsi dire « muté » en « bonne gouvernance ».

[1327] L. GABA, « L'État de droit et la démocratie en Afrique subsaharienne », in *Mondialisation et État de droit, op. cit.*, p. 265.

B. La mutation de l'État de droit en « bonne gouvernance »

Dans le contexte africain, l'affirmation selon laquelle « L'État de droit est devenu le nouveau credo du discours politique universel, il remplace la démocratie d'hier et la République d'avant-hier »[1328] trouve ses limites face à la théorie de la « bonne gouvernance ». Ainsi pourrait-on dire, la bonne gouvernance, à l'image de l'État de droit hier, est devenu le terme en vogue du discours politique et économique en Afrique. Le concept de bonne gouvernance est, en effet, d'apparition récente, puisqu'il ne date véritablement que des années 90. Depuis, le concept a continué de s'enrichir en s'imprégnant des valeurs de l'État de droit qui lui étaient étrangères. Cette attraction lui a donné une force d'attraction nouvelle, dont les effets ne sont pas épuisés[1329].

Sur le plan politique, un lien de causalité entre l'État de droit et la bonne gouvernance a pu être établi en doctrine[1330], même si cela n'emporte pas l'adhésion unanime[1331], tant le concept reste à être élucidé, surtout qu'il est, à certains égards, ambivalent et intéresse bien des domaines : juridique, économique et politique, au point que l'on se demande s'il existe véritablement de différence entre les deux variantes, *État de droit* et *bonne gouvernance*.

Ainsi que le note Habib GHERARI, « l'ambivalence de la notion de bonne gouvernance est d'autant plus saisissante sur le plan politique qu'au regard de son côté unilatéral et intrusif, il peut alimenter des controverses, notamment dans les pays du Sud qui pourraient y voir là un nouvel outil de domination occidentale, et en même temps intriguer et intéresser en raison des enjeux et des promesses de développement

[1328]S. MILACIC, « À l'Est, l'État de droit pour induire la démocratie ? », in *Études offertes à Jean-Marie Auby,* Paris, Dalloz, 1992, p. 617.

[1329]J.-P. MACHELON, « État de droit et démocratie. Sur une contradiction paradoxale », *op. cit.*, p.45.

[1330]H. GHERARI, « Le respect de l'État de droit comme élément de la "bonne gouvernance" en droit international économique », *in l'État de droit en droit international, op. cit.*, p. 153.

[1331]D. SIMON, « Le principe de "bonne administration " ou la "bonne gouvernance" concrète », in *Le droit de l'Union européenne en principes, Mélanges Jean Raux,* Rennes, Apogée, 2006, p. 157.

dont elle est parée »[1332]. L'objectif étant de permettre l'acclimatation tropicale du concept de « bonne gouvernance » en amenant les pays en développement, bon gré mal gré, à adhérer à ce concept au caractère flou. Les multiples tentatives de définition du concept n'ont pas permis de dégager une approche doctrinale claire. Chacun y va de sa propre approche au gré des analyses à tel point que l'on a pu qualifier le concept de « contenu sans contenant précis »[1333] ou de « logorrhée pseudo-moderniste »[1334].

Pour mieux appréhender la notion de bonne gouvernance et pouvoir en consacrer sa juridicisation, la CEDEAO recourt à ses composantes, lesquelles constituent souvent des « indicateurs de gouvernance »[1335]. L'infraction à la bonne gouvernance est ainsi reconnue dans le champ normatif de la CEDEAO qui y consacre un mécanisme de sanction juridictionnelle dont la mise en œuvre est assurée par le juge communautaire.

Cette démarche s'inscrit dans la perspective déjà amorcée par le 19e sommet franco-africain de Ouagadougou[1336] sur la bonne gouvernance. Au cours de ce sommet, Jacques Chirac, alors Président de la République française, a, dans son discours, longuement insisté sur la bonne gouvernance, laquelle selon lui, « poursuit un idéal de dignité et de progrès.

Elle contribue à la satisfaction des besoins vitaux des populations. Elle concourt à la proclamation et au mieux-être des hommes et des femmes, en ayant pour vocation d'assurer à tous éducation, travail, soins et protection sociale. Elle permet une juste répartition des richesses nationales. Elle permet à l'initiative de se développer et s'épanouir. La

---

[1332]H. GHERARI, « Le respect de l'État de droit comme élément de la "bonne gouvernance" en droit international économique », *in l'État de droit en droit international, op. cit.*, p. 154.
[1333]*Id.*
[1334]D. SIMON, « Le principe de "bonne administration " ou la "bonne gouvernance" concrète », *op. cit.,* p.157 ; voir aussi C. GOUYOPGBIA-KONGBA-ZÉZÉ, « Faut-il abandonner la démocratie occidentale ? », *Jeune Afrique Économie,* 1995, n°206, p. 128.
[1335]H. GHERARI, « Le respect de l'État de droit comme élément de la "bonne gouvernance" en droit international économique », *in l'État de droit en droit international, op. cit.*, p.161.
[1336]Tenu les 4, 5 et 6 décembre 1996 et a regroupé 45 pays dont 26 chefs d'État.

bonne gouvernance, c'est une exigence de paix et de stabilité intérieure »[1337]. Dans le même sens, l'ancien sous-secrétaire d'État américain aux affaires africaines, Herman Cohen précisait que « le processus qui consiste à instaurer et à maintenir un environnement de liberté et de sécurité relatives est connu sous le nom de gouvernance »[1338].

Ces approches semblent largement être partagées dans le contexte africain face aux défis du développement. Comment pourrait-il en être autrement tant la « dépendance économique et financière des pays africains à l'égard des grandes puissances étrangères est renforcée par l'assimilation des principes de la rationalité économique néolibérale qui, paraît-il, lutte contre le phénomène de la mal gouvernance »[1339]. En effet, les politiques développementalistes qui ont caractérisé les différents régimes des pays africains au lendemain des indépendances avaient occulté toute préoccupation fondée sur la participation effective de la société civile à la gestion publique, toute idée d'alternance, de séparations des pouvoirs, de garantie des droits fondamentaux etc., pourtant propice à la démocratie et à l'État de droit dont la finalité commune est la « bonne gouvernance ».

À cet égard, il convient de rappeler les propos fort édifiants de Laurent GABA lorsqu'il explique les causes politiques de la réalité pathologique africaine de la gouvernance. Ainsi souligne-t-il, « Le développement politique, fondé sur les pratiques démocratiques et l'État de droit, a cédé le pas au monolithisme politique, à la violence aveugle et à l'arbitraire, avec pour conséquences la déperdition des cadres valables et de la main d'œuvre qualifiée, qui préfèrent aller offrir leurs services ailleurs en Occident [où les droits de l'homme sont respectés et où ils se sentent davantage en sécurité], sans compter les centaines de milliers de citoyens actifs qui franchissent les frontières nationales […] »[1340] et traversent la Méditerranée, avec tout ce que cela

---

[1337]J. CHIRAC, cité par L. GABA, « L'État de droit et la démocratie en Afrique subsaharienne », in *Mondialisation et État de droit, op. cit.*, p. 265.

[1338]H. COHEN, « Démocratie ou gouvernance : quelle voie l'Afrique doit-elle suivre ? », *Jeune Afrique Économie,* 1995, n°206, note 113, p. 90 et s.

[1339]A. M'PAKA, *L'Afrique noire face aux défis de la gouvernance démocratique, op. cit.*, p. 29.

[1340]L. GABA, « L'État de droit et la démocratie en Afrique subsaharienne », in *Mondialisation et État de droit, op. cit.*, p. 266.

comporte comme risques et humiliations, pour atteindre l'eldorado occidental. Aussi ajoute l'auteur, « Les décisions économiques irrationnelles des potentats irresponsables, doublées de la gestion patrimoniale des affaires publiques dans les pays de l'Afrique subsaharienne, ont conduit fatalement au délabrement économique ».

Ce constat d'une absence de performances techniques et de prospérité économique en Afrique, qui n'était d'ailleurs pas méconnu des acteurs eux-mêmes, a conduit dans un premier temps, les partenaires occidentaux, principalement les bailleurs de fonds, à exiger des États africains, une démocratisation rapide et accélérée de leurs systèmes politiques qui doivent être fondés sur le principe de l'État de droit.

Ainsi, parle-t-on du discours de la Baule de M. François MITTERAND de juin 1990 qui subordonnait désormais l'aide française au développement à la nature démocratique du régime.

Mais devant l'inefficacité évidente de la mesure, du fait des difficultés d'implantation du modèle démocratique libéral voulu par l'Occident, on a considéré, sous l'influence d'une certaine doctrine étrangère, les spécificités culturelles africaines comme incompatibles avec la démocratie, sans véritablement tenir compte des réalités sociales et des conditions de mise en œuvre d'un tel système qui nécessite un niveau d'alphabétisation et d'instruction de la population. Seul semble importer aux yeux des partenaires occidentaux le résultat que le système démocratique pourrait favoriser.

Cette exigence de résultat a conduit les élites au pouvoir à promouvoir l'image de leur régime avec une démocratisation artificielle, c'est-à-dire un système qui comporte en théorie tous les critères de la démocratie mais qui se révèle en pratique factice.

À la suite de cette expérience, le nouveau discours occidental à l'égard des pays du Sud a été orienté vers un nouveau paradigme, celui de la « bonne gouvernance ».

Il n'est plus question de se contenter de la seule obligation de résultat, mais aussi des obligations des moyens qui permettront de connaître l'action des États. C'est dans cette logique que le ministre allemand de la coopération économique et du développement, M. Carl DIETER

SPRANGER a énoncé en octobre 1991 cinq (5) nouveaux critères[1341] en matière de coopération au développement avec les pays du Tiers-monde. Ces derniers ne disposent plus du monopole de la gestion des ressources publiques. Ils vont être assistés par des experts internationaux et soumis à la discipline budgétaire des organisations internationales de financement et de développement économiques, notamment la Banque mondiale et le Fonds monétaire international (FMI) et au contrôle des partenaires bilatéraux comme l'Union européenne. Cette dernière s'est voulue inflexible dans sa résolution 981/1992 du 5 mai 1992 relative aux relations nord-sud en affirmant que « L'aide officielle doit en principe être réservée aux pays qui s'orientent vers la démocratie, le respect des droits de l'homme et la mise en place d'une administration responsable et efficace ».

La montée en puissance du concept de « bonne gouvernance » est telle qu'il sera consacré par les institutions financières internationales qui, à la suite des échecs des programmes d'ajustement structurel, ont fini par décider que leur aide aux pays en développement sera désormais tributaire de la « bonne gouvernance » et du respect des droits fondamentaux[1342].

S'agissant de la « bonne gouvernance », la Banque mondiale a en effet expliqué qu'il s'agissait d'un mode d'exercice du pouvoir pour gérer les ressources politiques, économiques et sociales d'un pays dans une perspective de développement[1343] avant d'affirmer plus tard qu'elle se caractérisait par des politiques prévisibles, transparentes et éclairées, par une fonction publique ayant le sens du devoir, par un pouvoir exécutif tenu de rendre des comptes, par une société civile dynamique participant aux affaires de l'État et par le fait que tous respectent la loi[1344].

[1341]Il s'agit principalement du respect des droits de l'homme, de la participation effective de la société civile à la gestion des affaires publiques, de la garantie de la sécurité juridique, de l'institution d'un système économique compatible avec le marché et de l'orientation de l'action de l'État sur le développement.

[1342]L. GABA, « L'État de droit et la démocratie en Afrique subsaharienne », in *Mondialisation et État de droit, op. cit.*, p. 267.

[1343]World Bank, *Governance and Development,* Washington DC, 1992, p. 1.

[1344]World Bank, *Governance The World Bank experience,* Washington DC, 1994, p. vii et Banque mondiale, *Des institutions pour les marchés, Rapport sur le développement dans le monde 2002,* Washington DC, 2003, pp. 229-230. Pour le FMI,

C'est ainsi que l'on parle désormais de « développement à visage humain » et que l'on s'accorde sur le fait que les défis qui restent à relever en Afrique requièrent de « bons gouvernements et des capacités institutionnelles considérables »[1345]. Comme le note Habib GHERARI, la définition retenue par la Banque mondiale emporte l'adhésion générale puisque dans tous les cas elle s'impose, car « son auteur jouit d'une position intellectuelle dominante certaine dans la Communauté du développement et sa conceptualisation puis sa promotion, vont influer sur les visions et pratiques des autres intervenants, banques régionales de développement ou agences d'aide bilatérale. De même les indicateurs de la gouvernance vont occuper une place centrale et les acteurs vont soit les utiliser en l'état, soit s'en inspirer pour tenter d'en élaborer d'autres, soi quasiment devoir expliquer pourquoi ils s'en écartent si tel est leur choix »[1346]. Les indicateurs de gouvernance tels qu'établis par l'Institut de la Banque mondiale, reprennent quasiment les critères de coopération déjà énoncés par le ministre allemand M. Carl DIETER SPRANGER, essentiellement axés sur « la représentativité et la responsabilité, la stabilité politique et l'absence de violence (terrorisme compris), l'efficacité du gouvernement, la qualité de la réglementation, la primauté du droit et la lutte contre la corruption »[1347].

Pareils critères sont également énoncés par l'Union européenne au travers du système dit de « programmation glissante » adopté le 23 juin 2000 à Cotonou dans le cadre du nouvel Accord de partenariat économique (APE). Ce système de programmation glissante réside dans le fait qu'il introduit une revue régulière de performances

---

voir *Good Governance, The IFM's Role,* Washington DC, 1997, cité par H. GHERARI, « Le respect de l'État de droit comme élément de la "bonne gouvernance" en droit international économique », *op. cit.*, p.155.

[1345]Voir en ce sens L. GABA, « L'État de droit et la démocratie en Afrique subsaharienne », in *Mondialisation et État de droit, op. cit.*, p. 267 ; voir aussi M. NDIR, « Le mea-culpa de la Banque mondiale », *Jeune Afrique Économie,* 1994, n° 184, p. 79.

[1346]Voir en ce sens H. GHERARI, « Le respect de l'État de droit comme élément de la "bonne gouvernance" en droit international économique », in *l'État de droit en droit international, op. cit.*, pp. 155-156 ; voir aussi World Bank, *Governance The world Bank experience,* Washington DC, 1994, p. xiv, Box 1.

[1347]H. GHERARI, « Le respect de l'État de droit comme élément de la "bonne gouvernance" en droit international économique », in *l'État de droit en droit international, op. cit.*, pp. 156.

annuelles liées aux revues de performances à mi-parcours, sur la base desquelles les subventions accordées à chaque pays dans le cadre de l'aide du Fonds européen de développement (FED) sont susceptibles de subir une modification. La programmation glissante met également en œuvre les Plans indicatifs nationaux (PIN), qui doivent faire l'objet d'un examen systématique[1348]. C'est en raison de ces critères d'évaluation de la performance des États et des conséquences que pourraient engendrer leur inobservation sur les économies des États déjà en difficultés, que le respect de l'État de droit comme un élément de la bonne gouvernance s'observe de manière générale.

Dès lors, la question qu'il importe de se poser est celle de savoir si cette adhésion forcée ne cache-t-elle pas un intérêt particulier ? La bonne gouvernance ne devrait-elle pas être un mode de gestion pragmatique et égalitaire tel qu'annoncé initialement ? La bonne gouvernance ne place-t-elle pas l'homme comme finalité de toute entreprise humaine ? N'est-ce pas cette prétention occidentale à l'universalisme, l'amenant à considérer ainsi tout acquis occidental comme étant universel, qui se trouve à la base des échecs des propositions occidentales même les plus satisfaisantes comme l'État de droit et la bonne gouvernance ? Le spectre d'une nouvelle colonisation plane toujours dans les esprits de la majorité des Africains.

En effet, la bonne gouvernance en tant que finalité de l'État de droit et de la démocratie, ne saurait donc être un privilège ou un monopole de certains à tel point qu'il faille l'imposer à des États.

Elle est un système de gestion des affaires publiques qui prône la transparence et la participation des populations, en tant que souverains primaires, au processus politique, c'est-à-dire au début et à la fin de toutes les décisions d'orientation politique. De notre point de vue, le processus d'incorporation de la bonne gouvernance comme enjeu majeur des relations économiques et politiques des États, doit s'inscrire dans une «démarche progressive d'intériorisation des croyances

---

[1348]A. M'PAKA, *L'Afrique noire face aux défis de la gouvernance démocratique, op. cit.*, pp. 32-33 ; voir aussi Publication de programmes adoptés en Comité, Représentation française auprès de l'UE, *L'aide extérieure de l'Union européenne 2014-2020*, Mars 2015 ; voir aussi P. BALLAN, « La programmation glissante appliquée aux investissements de l'État en Afrique. Objet, portée et limites. L'expérience guinéenne », disponible en ligne sur le lien suivant : www.dial.prd.fr.

fondatrices »[1349] et dont la finalité serait le consentement et l'adhésion des États, en dehors de toute conditionnalité manifeste. Or, en procédant comme elles le font, les puissances occidentales, à travers les organisations de développement, exercent pressions et chantages sur des États qui, dans une impréparation structurelle, mettent en œuvre sans aucune maîtrise de la démarche, des mesures propices aux entreprises au détriment de leurs populations. En témoigne l'implantation en Afrique, des grands groupes occidentaux comme AREVA, TOTAL, VEOLIA, SATOM pour ne citer que ceux-là, dont les activités mobilisent très souvent les gouvernements de leurs pays d'origine auprès des autorités des pays dans lesquels ils sont installés.

Au regard de ce qui résulte de l'analyse, nous sommes de ceux qui croient que la mondialisation économique est en train d'occulter l'aspect humaniste de la gouvernance ; ce qui explique cette rigidité des mesures à l'égard des États et les prédispose à des politiques d'austérité avec pour seules conséquences les troubles sociaux, la corruption et la violence. Ce constat du « darwinisme économique » nous amène à nous poser la question de savoir si ces pressions internationales en faveur de la bonne gouvernance, certes propices à la démocratisation des systèmes étatiques, ne cherchent pas à réactiver, à leur profit, un schéma structurel dans lequel se dessine un modèle hégémonique de la gouvernance ?

La bonne gouvernance serait-elle devenue un instrument de légitimation d'une politique hégémonique permettant à certaines puissances occidentales d'exercer un droit de regard sur des pays économiquement faibles ? C'est ce que la pratique semble révéler eu égard aux rapports de forces établis. Ainsi, peut-on croire que « la position d'infériorité occupée par la plupart des États d'Afrique noire dans le champ de la problématique internationale légitime, les conditionne ou les prédispose à la consommation des manières d'être ou de faire dont la définition est l'enjeu de la compétition entre les États »[1350] démocratiquement stables et économiquement fiables. C'est

---

[1349]Y. A. MILLOGO, *La CEDEAO dans le changement politique. Les enjeux de la coopération et du développement régional, op. cit.*, p. 280.

[1350]L.SINDJOUN, « Les nouvelles constitutions africaines et la politique internationale : contribution à une économie des biens polico-constituionnels », in *Afrique 2000*, n° 21, Avril-juin 1995, p. 42.

sous ce rapport qu'il convient d'aborder cette « dimension hégémonique » de la « bonne gouvernance ».

§2 : La dimension hégémonique de la « bonne gouvernance »

L'Occident, à travers les institutions financières internationales, le FMI et la Banque mondiale en particulier, avait imposé aux États qui avaient recours à leurs moyens de financement, notamment les États en développement comme l'ensemble des États de la CEDEAO, des politiques d'ajustement structurel en vue d'assainir leurs finances et de leur permettre de participer à l'économie de marché. La bonne gouvernance recommandée aux intéressés exprime bien les fonctions de l'État de droit à l'ère de la mondialisation. Au départ, l'objectif était, comme le note le professeur E. ROUCOUNAS, « d'exercer un droit de regard sur la destination des fonds avancés dans le cadre des programmes de développement en s'assurant que ces fonds ne soient dilapidés où détournés »[1351]. Mais très vite, cet objectif a été délaissé en faveur d'une politique a visée hégémonique consistant à imposer aux États en développement, l'application d'un modèle politique dont ils ne peuvent en réalité discuter le bien fondé.

C'est ce que dénonce à juste raison Ulrich Beck lorsqu'il affirme que le «faux cosmopolitisme qui instrumentalise la rhétorique cosmopolitique» [prônant la paix, les droits de l'homme, la justice mondiale] à des "fins d'hégémonie nationale", l'appel au droit recouvrant en fait les intérêts bien compris des grandes puissances »[1352].

[1351]Voir en ce sens J.-Y. MORIN, « La Mondialisation, l'éthique et le droit », in *Mondialisation et État de droit, op. cit.*, pp. 124-125 ; voir également, E. ROUCOUNAS, « Les Nations Unies et la fondation de l'État de droit », *in* J. SOUBEYROL (dir.), *L'ONU et l'État de droit* : Colloque du 1er décembre 1995, p. 45.

[1352]Ulrich Beck, Cité par J. CHEVALLIER, « État de droit et relations internationales », *AFRI,* 2006, p. 5 ; voir aussi G. HERMET, « Démocratisation, droits de l'homme et gouvernance », *in* Pierre Favre/Jack Hayward/Yves Schemeil (dir.), *Être gouverné. Études en l'honneur de Jean Leca*, Paris, Presses de Sciences Po, 2003, p. 302 et s.

La politique de coopération occidentale en Afrique dont le processus d'élargissement continu demeure encore perceptible, est rapidement devenue l'instrument de domination des États pour ménager l'option d'un pacte de préférence commercial. L'exigence arborée d'une bonne gouvernance comme condition de la coopération avec les États en développement, révèle en réalité un schéma économique dont la finalité serait d'avoir aussi longtemps que possible, une mainmise sur les matières premières africaines. L'objectif ultime demeure en réalité les mêmes, seules les méthodes pour y parvenir s'emblent fluctuer au gré des circonstances politiques. En ce sens, les propos d'Alexis de Tocqueville illustrent fort bien cette théorie. En effet, souligne-t-il relativement à la politique étrangère des États-Unis, « C'est principalement dans ses rapports avec les étrangers que le pouvoir exécutif d'une nation trouve l'occasion de déployer de l'habilité et de la force. Si la vie de l'union était sans cesse menacée, si ses grands intérêts se trouvaient mêlés à ceux d'autres peuples puissants, on verrait le pouvoir exécutif grandir dans l'opinion parce qu'on attendrait de lui, et parce qu'il exécuterait »[1353].

Au regard de ces développements, il est possible d'affirmer que ce sont ces considérations qui ont rendu nécessaire la consécration de la bonne gouvernance comme paradigme politique en Afrique de l'Ouest (**A**). La profonde dégénérescence du potentiel africain de développement en est la motivation, avec comme conséquence, la subordination de l'aide publique au développement au respect de la bonne gouvernance **(B)**.

A. La bonne gouvernance, nouveau paradigme politique en Afrique

Fondée sur les décombres des programmes d'ajustement structurel ainsi que sur ce que certains analystes ont considéré comme étant les ruines de l'État de droit, la « bonne gouvernance » devient ainsi le nouveau

[1353]A. DE TOCQUEVILLE, *De la Démocratie en Amérique*, cité par Clinton L. ROSSISTER, *The American Presidency* (1956), London, The Johns Hopkins University Press, 1987, p. 71.

modèle politique que les États en développement, à l'instar des États membres de la CEDEAO, sont invités à mettre en œuvre. Cette recommandation est compréhensible au regard de la situation des États de la CEDEAO longtemps restés sous l'égide des régimes d'exception et caractérisés par des gestions patrimoniales des ressources publiques. Cette pratique peu orthodoxe en démocratie est encore perceptible aujourd'hui dans plusieurs États membres de la CEDEAO qui se réclament pourtant du modèle démocratique. Cette conception utopique de la démocratie libérale dans sa conception originale, révèle des contradictions que la « bonne gouvernance » entend dissiper. Cette démarche fait de la « bonne gouvernance » un idéal de perfectionnement de la gestion publique vers lequel les États doivent tendre. Contrairement à la démocratie et à l'État de droit qui constituent des valeurs en soi, la bonne gouvernance se présente comme méthode d'exercice du pouvoir étatique permettant d'atteindre et d'incarner des valeurs. C'est en ce sens que le discours extérieur en faveur de ce concept s'est tonifié à tel point qu'il a été présenté, à l'instar de la démocratie, comme la seule voie de salut pour l'Afrique. Or, « une telle conception alimente un certain "missionnarisme" de conviction qui s'offrirait une responsabilité de transformer le monde par ce principe. Ce qui reviendrait à dire que tous ceux qui s'y opposeraient deviendraient systématiquement des hérétiques qui freineraient le bonheur »[1354]. Si cette méthode a incontestablement permis le changement politique dans l'espace CEDEAO, et plus généralement sur le continent, en favorisant l'affaiblissement de l'idéologie totalitaire, elle n'a cependant pas permis d'endiguer le phénomène de sous-développement considéré comme incompatible avec la démocratie. La conséquence de cette situation a été non pas d'appréhender la difficulté des États dont l'impréparation technique et politique n'a pas permis de concilier la démocratie et le développement, mais de conclure à une incompatibilité culturelle africaine avec le principe de la démocratie.

Ce constat s'illustre par le développement d'une théorie alternative qui soutient la création d'un système pour l'Afrique qui soit en phase non seulement avec ses spécificités culturelles mais aussi avec la pratique à la fois économique et politique des États. Pour ne pas entrer en contradiction avec la conception traditionnelle de la démocratie en tant

---

[1354] Y. A. MILLOGO, *La CEDEAO dans le changement politique. Les enjeux de la coopération et du développement régional, op. cit.*, p. 359.

que « configuration des valeurs universelles »[1355] et à laquelle prétendent tous les peuples, quelle que soit leur situation socio-économique, la « bonne gouvernance » a été présentée comme le moyen efficace et original permettant de construire le socle vertueux sur le prisme duquel la démocratie et l'État de droit doivent émerger. Cependant, à l'épreuve de la pratique, la bonne gouvernance s'est révélée être un instrument politique d'évaluation des activités économiques des États. Ce qui est frappant, c'est la manière autoritaire par laquelle sa mise en œuvre est requise. S'il est incontestable que le développement des États requiert la stabilité politique, économique, juridique et sociale, il n'en demeure pas moins que le processus doit prendre en compte la marge de souveraineté de ces États qui requiert de ces derniers une libre adhésion. Sans rejeter le rôle de la bonne gouvernance dans les progrès démocratiques en Afrique, il convient de rappeler l'importance de cette approche libérale dans une perspective pédagogique. Car, comme dirait Laurent GABA, « qui ne peut s'instruire du passé, ne peut comprendre le présent ni construire l'avenir »[1356].

Les pressions internationales auxquelles les pays en développement avaient été soumis à la fin de la guerre froide en vue de la démocratisation de leurs régimes se sont vu opposer, dans bien des cas, l'argument nationaliste. En effet, outre le spectre de l'impérialisme, l'ingérence démesurée de certaines puissances dans l'environnement politique des pays africains a fini par créer chez les populations, un réflexe de suspicion, voire de contestation de tout système occidental. De surcroît, ces ingérences étrangères illustrent les propos de certains analystes qui rappellent que « Les méthodes dont use le néo-colonialisme sont multiples, diverses et adaptées à toutes les situations. Dans les pays soumis au contrôle de l'impérialisme, le néo-colonialisme s'efforcera d'exploiter les difficultés locales, de favoriser les conflits internes, les motifs de désaccord et de division, d'augmenter le poids des facteurs négatifs, et ainsi en les empêchant, en permanence, de résoudre leurs problèmes, d'acculer ces pays à recourir à l'aide

[1355] *Ibid.*, p. 360.

[1356] L. GABA, « L'État de droit et la démocratie en Afrique subsaharienne », in *Mondialisation et État de droit, op. cit.*, p. 270.

croissante des nations impérialistes ; d'où une aliénation aggravée de leur indépendance »[1357].

L'impact de ces pratiques sur l'économie nationale est de ce fait désastreux et maintient les États dans une forme de dépendance perpétuelle. Pourtant, les agents de développement semblent toujours occulter ces contraintes en les reléguant au second plan dans les efforts de développement des États.

Les obstacles généralement évoqués concernent les spécificités socio-culturelles essentiellement liées aux traditions. Celles-ci constitueraient la variable-clé empêchant toute modernisation en Afrique[1358]. Et, sur la base des telles considérations, somme toute erronées, on dénie aux États africains la liberté de choisir librement leurs systèmes de gouvernance, pour autant qu'ils soient respectueux des droits fondamentaux de la personne.

Ces pesanteurs peuvent expliquer l'attitude de certains pays dont les chefs d'État qui, lorsqu'ils sont acculés ou lâchés par celui dont l'appui leur était jusque-là acquis pour s'assurer une longévité au pouvoir et avec qui généralement ils signent des accords commerciaux incluant le plus souvent des clauses d'exclusivité pour l'exploitation de leurs ressources, n'hésitent pas à recourir à l'argument nationaliste pour s'assurer le soutien de leurs populations. La crainte de la déchéance par l'Occident explique parfois la virulence des rapports entre les dirigeants et l'acharnement de la presse internationale sur les gouvernements de ces pays qui ne doivent pourtant leur puissance qu'à la faveur de ces puissances étrangères, pour peu qu'elles tirent profits de la situation. Ainsi, peut-on constater par exemple, que malgré les indépendances proclamées de ses anciennes colonies, « la France n'a jamais cessé de s'intéresser de très près à ces pays fraîchement libérés de sa tutelle et a souvent continué de les diriger en sous-main grâce aux conseillers français demeurés sur place »[1359].

[1357]G. DE BOSSCHERE, *Le Tiers-Monde : L'Afrique*, Paris, Seghers, 1987, p. 182 et s ; voir aussi K. NKRUMAH, *Le néo-colonialisme, dernier stade de l'impérialisme*, Paris, Présence Africaine, 1973, p. 13 et s.

[1358]L. GABA « L'État de droit et la démocratie en Afrique subsaharienne », in *Mondialisation et État de droit, op. cit.*, p. 224.

[1359]P. PESNOT, *Les dessous de la Françafrique – Les dossiers secrets de Monsieur X*, Paris, Nouveau Monde, 2010, p. 9.

Paradoxalement les pays occidentaux qui se montrent inflexibles sur les questions de démocratie, de l'État de droit et de la bonne gouvernance sont les mêmes qui assistent et soutiennent les pouvoirs autoritaires et dictatoriaux à conforter leur régime et asseoir leur autorité.

Il n'est donc pas surprenant que les concepts dont ils sont porteurs comme par exemple l'État de droit et la bonne gouvernance éprouvent des difficultés à s'« acclimater » dans bien des pays africains.

De surcroît, il semble absurde de soutenir les auteurs des violations des droits fondamentaux et de se plaindre ensuite des conséquences de celles-ci[1360].

Dès lors, en faisant de l'adhésion des États à ce concept une exigence, voire une condition de financement, des régimes aux pratiques despotiques n'auront aucun scrupule à engager des réformes institutionnelles d'envergure sans être sincères dans leurs engagements.

Seul importe à leurs yeux, le financement international dont ils dépendent, sans être liés en pratique, aux exigences de la bonne gouvernance.

Il en fut ainsi de la conditionnalité démocratique. L'élaboration des nouvelles constitutions et la proclamation à l'emporte-pièce de leur attachement aux valeurs de démocratie pluraliste et des droits fondamentaux n'ont pas empêché à ces États de perpétuer des méthodes de gestion patrimoniale des affaires publiques et de remettre quotidiennement en cause les valeurs de la démocratie et de l'État de droit.

En outre, la mise en œuvre de la bonne gouvernance suscite un certain scepticisme parce qu'elle n'est toujours pas en mesure de favoriser l'émergence démocratique telle qu'elle le prétend.

Car la mondialisation et l'économie de marché provoquent de plus en plus des tensions et des inégalités sociales qui conduisent à des situations de violences. La bonne gouvernance ne serait en fait qu'une idéologie au service de l'économie néolibérale et des intérêts du capital

---

[1360] L. GABA « L'État de droit et la démocratie en Afrique subsaharienne », in *Mondialisation et État de droit, op. cit.*, p. 268.

international[1361]. À cet égard, « l'Africain est-il en droit de s'insurger contre ceux-là mêmes qui ont semé les graines du totalitarisme sur le continent, qui, tout en soutenant les despotes tropicaux, s'érigent actuellement en censeurs avertis pour, non seulement décrier l'incapacité des Africains à se gouverner, à se développer, mais aussi, clamer l'impossibilité d'implanter la démocratie et l'État de droit sur le continent noir »[1362].

Cette focalisation sur l'Afrique a conduit à réinviter le mécanisme en subordonnant désormais l'aide au développement au respect de la bonne gouvernance. Encore faut-il que la mesure soit aussi efficace qu'elle le prétend.

B. La subordination de l'aide au développement au respect de la bonne gouvernance

Selon la définition consacrée par le Comité d'aide au développement, pour pouvoir être appelée « aide publique au développement », l'aide doit être l'émanation de structures publiques, financer des objets de développement, et prendre la forme de dons ou de prêts concessionnels (incorporant une subvention afin de réduire le coût pour l'emprunteur par rapport aux conditions des prêts de marché) comportant au moins 25 % d'éléments dons. Ce dernier étant calculé sur une base référentielle de 10 %[1363].

L'exigence d'une bonne gouvernance comme condition d'octroi de l'aide au développement a été consacrée de manière hésitante par la Banque mondiale pour la première fois, dans un rapport sur l'Afrique subsaharienne de 1989 qui, précisément, imputait les difficultés de cette

---

[1361]A. M'PAKA, *L'Afrique noire face aux défis de la gouvernance démocratique, op. cit.*, p. 171.

[1362]L. GABA « L'État de droit et la démocratie en Afrique subsaharienne », in *Mondialisation et État de droit, op. cit.*, p. 268.

[1363]OCDE, « La coopération au développement. Au-delà du CAD », disponible en ligne : www.oecd.org ; voir aussi P. JACQUET, « Les enjeux de l'aide publique au développement », *Politique étrangers,* 2006/4 (Hiver), pp. 951-952.

région à une « crise de la gouvernance », et évoquait également la question du respect de l'État de droit[1364]. Pour les Occidentaux, l'idée était que l'instabilité d'un seul pays dans le monde, était susceptible de favoriser le développement d'activités terroristes ailleurs, et par voie de conséquence, de menacer la sécurité internationale[1365]. La croisade mondiale engagée contre les pratiques désastreuses de gestion des affaires publiques sous l'étendard de la « bonne gouvernance » s'inscrit dans la logique des institutions de développement de faire de la démocratie et de l'État de droit les seuls leviers de la gouvernance en Afrique. La bonne gouvernance s'est donc révélée comme le moyen de contrôle des activités étatiques. L'objectif étant de réduire substantiellement leurs domaines d'intervention et leurs emprises traditionnelles sur toute la sphère publique. Cela est d'autant plus évident que le monolithisme qui a longtemps caractérisé le système politique des États africains a été un désastre pour les finances publiques et pour les droits fondamentaux. Ce constat d'un absolutisme étatique que la pression internationale a contraint, du moins en théorie, à un remodelage démocratique, a fini par convaincre aussi bien les analystes que les bailleurs de fonds, que l'Afrique devra se repenser et se réorganiser dans le sens des intérêts des populations pour éviter que la misère sociale ne prenne le pas sur le développement.

Ainsi, parmi les facteurs subjectifs de la bonne gouvernance, c'est-à-dire les éléments qui ont particulièrement concouru à sa mise en œuvre, se trouve l'évolution politique, notamment l'évolution des idées dans le domaine du développement.

En effet, la qualité institutionnelle est devenue un levier puissant de la bonne gouvernance dans la mesure où, « l'expérience et la réflexion économiques révèlent que sans celle-ci le développement est compromis et l'aide internationale inefficace »[1366].

1364Voir H. GHERARI, « Le respect de l'État de droit comme élément de la "bonne gouvernance" en droit international économique », in *l'État de droit en droit international, op. cit.*, p 159 ; voir aussi World Bank, *Sub-Saharan Africa: From Crisis to Sistainable Growth,* Washington,1989, p.61 et 192.

1365A. M'PAKA, *L'Afrique noire face aux défis de la gouvernance démocratique, op. cit.*, p. 29.

1366Voir pour plus de détails H. GHERARI, « Le respect de l'État de droit comme élément de la "bonne gouvernance" en droit international économique », in *l'État de droit en droit international, op. cit.*, pp. 159-160.

Comme le note à cet égard Patrick JACQUET, « C'est en réaction à ces différentes évolutions que le sommet du Millénaire, en 2000, réoriente clairement l'aide vers la réduction de la pauvreté et l'inscrit dans un contrat de huit objectifs précis et ambitieux, déclinés en 18 cibles et 48 indicateurs permettant un suivi. Le choc des attentats du 11 septembre 2001 remet les intérêts politico-stratégiques au premier plan et contribue à faire du développement une priorité en termes de sécurité nationale, aux côtés de la diplomatie et de la défense. L'impératif moral devient lui-même un impératif de sécurité. Le sommet de Monterrey, en mars 2002, confirme l'engagement des pays donateurs à accroître significativement leur effort et celui des pays bénéficiaires à améliorer leur gouvernance. Les sommets du G8 ont tous depuis repris ces thèmes et confirmé ces engagements, rivalisant d'initiatives sur les réductions de dettes et l'aide à l'Afrique »[1367].

Mais la question qu'il importe de se poser est celle de l'efficacité de la mesure. En faisant de la bonne gouvernance une condition d'attribution de l'aide au développement, pense-t-on véritablement contraindre les États à incarner les « pratiques vertueuses » recherchées et requises d'eux par les bailleurs de fonds et les organisations internationales ? De notre point de vue, ce procédé d'évaluation, s'il présente l'avantage de renseigner sur la pratique des États en matière de démocratie et d'État de droit, ne permet pas d'acquérir l'adhésion libre de ces États au concept de la bonne gouvernance. C'est ce que rappelle à juste raison Habib GHERARI lorsqu'il relève « l'asymétrie des forces en présence dans le cadre des rapports qui se nouent à cette occasion.

Outre qu'ils [les bénéficiaires] ne peuvent vraiment discuter les conditions fixées par les donateurs où les institutions financières lors de la demande de prêt, les États dont il s'agit sont en situation économique délicate et ont tout intérêt à accepter les conditions en cause pour ne pas se priver de nouveaux concours de ces mêmes institutions et ne pas envoyer un mauvais signal à la communauté financière internationale et à celle, ô combien convoitée, des investisseurs étrangers[1368]. Or, rien

---

[1367]P. JACQUET, « Les enjeux de l'aide publique au développement », *op.*cit., p. 944.

[1368]H. GHERARI, « Le respect de l'État de droit comme élément de la "bonne gouvernance" en droit international économique », in *l'État de droit en droit international, op. cit.*, p. 164.

ne peut être valablement acquis par la contrainte, pas même la bonne gouvernance.

En outre, la persistance de cette conditionnalité exigeante de la bonne gouvernance dont les défenseurs sont en nette augmentation depuis sa consécration ne doit-elle pas interpeller les acteurs sur le fondement même de cette politique d'assujettissement des pays pauvres à une aide artificielle qui leur occulte leurs capacités de développement. Même si la doctrine semble prêter une certaine efficacité à ce mécanisme, il ne faut cependant pas perdre de vue l'antinomie perceptible entre l'aide au développement et le développement proprement dit.

En effet, depuis son institution, l'aide au développement, dont nous ne partageons pas l'idéologie sous-jacente, puisqu'erronée, - nous aurons l'occasion d'y revenir plus tard -, « instrumentalise la reconstruction économique et le développement au profit d'intérêts politico-stratégiques supérieurs : les intérêts des pays donneurs d'aide seront d'autant mieux servis que les bénéficiaires se développeront de façon soutenue »[1369].

Le processus de construction d'une gouvernance positive revêt à notre avis une dimension pédagogique qui semble échapper à l'analyse doctrinale. Cet aspect pédagogique doit traduire la conviction réelle des États à mettre en œuvre les mécanismes de la bonne gouvernance non pas pour satisfaire à la conditionnalité prescrite par les institutions de développement mais parce qu'elle présente à leurs yeux, le seul mécanisme qui jure avec le principe « développementaliste » dans un processus de démocratie intégrée.

Cela d'autant plus que certains pays ont réussi par un décollage économique à se remettre sur la voie du développement sans épouser le concept occidental de la « bonne gouvernance ».

L'exemple de la Chine est à cet égard emblématique. Certains auteurs ont pu faire remarquer à ce propos que « l'idée de mesurer la gouvernance au regard de normes de « bonne gouvernance » inspirées de l'expérience des pays donateurs peut paraître trop déterministe. On ne sait toujours pas ce qui explique et détermine les processus de développement réussis. L'exemple du décollage chinois montre que les

---

[1369]P. JACQUET, « Les enjeux de l'aide publique au développement », *op. cit.*, p. 942.

idées reçues occidentales sur la bonne gouvernance n'épuisent pas le sujet »[1370].

Une des dimensions du débat concerne l'impact macroéconomique de l'aide. Dans un mécanisme qui s'apparente au « syndrome hollandais», l'afflux de ressources externes dans un pays peut conduire à une hausse des coûts locaux et à une surévaluation réelle du taux de change, pénalisant la compétitivité du pays et ses exportations[1371]. L'aide au développement peut parfois présenter des effets pervers et dans certains cas, se révéler nuisible à l'économie des États. Nous ne comptions pas revenir ici sur le débat relatif à la légitimité de la dette qui a longtemps occupé la doctrine, il nous semble tout de même important de rappeler deux éléments qui, de notre point de vue, traduisent la capacité de nuisance de l'aide au développement :

- d'une part, parce qu'elle est attribuée sous forme de prêt ou de don, l'aide au développement ne saurait faire abstraction, du moins totalement, d'éventuels conflits d'intérêts. Cela est d'autant plus évident qu'outre les intérêts à tirer des pays bénéficiaires qui suscitent la convoitise de plusieurs acteurs, il existe des critères d'évaluation sur la base desquels l'aide est allouée suivant une liste arrêtée, ce qui suppose un classement par ordre de mérite.

Or, dans de telles conditions, on pourrait bien imaginer les négociations qui peuvent avoir lieu en amont et qui sont fonction des intérêts en présence.

- d'autre part, parce qu'il s'agit d'une aide conditionnelle, celle-ci ne peut être librement consentie et nécessite l'intervention directe des pays donateurs dans le fonctionnement politique des États.

Aussi, faut-il souligner en conséquence, la dépendance des pays bénéficiaires de l'aide à l'égard des pays donateurs ; ce qui n'est pas de nature à encourager les premiers à se prendre en main, comme s'en indigne, à juste raison, Thomas sankara, lorsqu'il soutenait que c'est « cette aide qui nous bloque et qui installe dans nos esprits des réflexes d'assistés et de mendiants ».

[1370]P. JACQUET, « Les enjeux de l'aide publique au développement », *op. cit.*, p. 947.
[1371]*Ibid.*, p. 950.

L'aide au développement ne fait pas l'unanimité des politiques et intellectuels d'Afrique, à cause du relent néo-impérialiste[1372] qui s'y attache. Il en est de même en ce qui concerne la « bonne gouvernance » du fait de sa propension néocolonialiste. L'aide au développement est ainsi devenue la monnaie d'échanges du libéralisme économique et politique et s'efforce de démontrer l'influence du modèle occidental de gouvernance sur un large territoire, notamment en Afrique.

Mais, avec l'expansion de la coopération chinoise, les États africains ont trouvé là, un partenaire privilégié avec qui ils traitent désormais d'État à État, sans aucune conditionnalité exigeante de modèle de gouvernance. En effet, la Chine n'exige aucune conditionnalité politique ; elle privilégie plutôt les relations économiques et diplomatiques.

C'est dans cette optique que la Chine a été amenée à publier pour la première fois en janvier 2006, le Livre Blanc sur « *La politique africaine de la Chine* ». Elle prône la promotion d'un développement commercial équilibré, la diversification des investissements mutuels, l'importance des infrastructures, le renforcement des capacités de développement de l'Afrique, l'élévation du niveau de vie de la population et l'élévation des domaines de coopération notamment financière, touristique et environnementale. Et, depuis 2009, la Chine est devenue le deuxième partenaire commercial de l'Afrique après les États-Unis et tout juste devant la France[1373].

Les raisons du succès de cette coopération, convient-il de le souligner, résident dans l'absence de conditionnalité politique. C'est d'ailleurs ce qui semble inquiéter certains acteurs notamment les Occidentaux qui

---

[1372]*Cf.* A. M'PAKA, *L'Afrique noire face aux défis de la gouvernance démocratique, op. cit.*, pp. 102-103. Selon lui, le néo-impérialisme désigne l'entreprise économique menée par les firmes multinationales dont les intérêts sont greffés sur des États ou le contraire, sans pour autant que les colons y soient nécessairement associés ou impliqués. Le néocolonialisme désigne la domination que vise à rétablir l'ancienne puissance coloniale, sous des formes nouvelles, sur des territoires indépendants et politiquement souverains.

[1373]Voir pour plus de détails sur ce sujet A. M'PAKA, *L'Afrique noire face aux défis de la gouvernance démocratique, op. cit.*, p. 144 et s. Selon une étude publiée le 29 avril 2013 par le Center for Global Development, La Chine a investi plus de 75 milliards de dollars US en Afrique au cours de la période 2000-2011, s'approchant du des 90 milliards de dollars US dépensés par les États-Unis.

n'ont cessé de mettre en garde contre « un nouveau colonialisme en Afrique »[1374], voyant dans cette coopération, le risque d'un renforcement des régimes autoritaires et de soutien à la corruption. En effet, la Chine se préoccupe peu des valeurs occidentales de démocratie et de l'État de droit. Néanmoins, en raison de la réciprocité qui caractérise les relations avec la Chine, les États africains y voient une occasion de se soustraire du joug des institutions financières et des agences internationales de développement. C'est pourquoi, il est apparu nécessaire pour la Communauté ouest-africaine, d'inscrire sa démarche dans le sens d'un pragmatisme politico-juridique en réformant l'ordre communautaire. Persuadée que les tentatives pour produire un changement politique par la bonne gouvernance pourraient engendrer des impasses dans les États membres, lorsque le concept a pour fondement l'utopie, le mimétisme, le divorce avec les réalités locales[1375], la CEDEAO consacre un réajustement conceptuel de l'État de droit et de la bonne gouvernance en amenant ses États membres à les incorporer dans leurs systèmes internes de façon singulière: l'État de droit accomplit ici une fonction pragmatique.

Section 2 : La fonction pragmatique de l'État de droit

Dans la section qu'il consacre à l'État de droit et à la bonne gouvernance, le Protocole de la CEDEAO sur la démocratie et la bonne gouvernance n'opère pas véritablement de distinction entre les deux notions. Les rédacteurs du Protocole ont ainsi fait preuve d'un pragmatisme normatif lorsqu'ils rattachent l'État de droit à « une bonne législation respectueuse des droits fondamentaux, un système garantissant le bon fonctionnement de l'administration de la justice, une bonne administration publique et une bonne et saine gestion de l'appareil de l'État ». Cette consécration matérielle de l'État de droit

[1374]K. IGHOBOR, « La Chine au cœur de l'Afrique. Avantages et difficultés d'une relation en pleine expansion », *Afrique Renouveau*, janvier 2013. Consultable en ligne, sur le site : www.un.org.

[1375]Y. A. MILLOGO, *La CEDEAO dans le changement politique. Les enjeux de la coopération et du développement régional, op. cit.*, p. 364.

exprime la volonté des rédacteurs du Protocole de Dakar qui ont souhaité introduire une originalité conceptuelle dans l'environnement africain, compte tenu des obstacles à l'épanouissement de l'État de droit et de la bonne gouvernance tels qu'ils ressortent du modèle occidental. Cela est d'autant plus nécessaire que le concept de « l'État de droit, né en Europe, est profondément lié à une certaine culture et idéologie »[1376] qui la rend difficilement transposable en l'état, dans l'environnement juridique et politique africain.

Mais la poussée de la mondialisation a amené les bailleurs de fonds occidentaux à réévaluer les fondements de leur aide[1377] en exigeant des États bénéficiaires, des réformes politiques et institutionnelles de leurs systèmes. Cette conditionnalité a été confrontée à la résistance des systèmes autoritaires installés au lendemain des indépendances, qui y voient une démarche néocolonialiste des pays occidentaux rêvant toujours d'exercer leur politique hégémonique sur ce qu'ils considèrent encore comme leur pré-carré africain. Et comme l'illustrent bien les propos du professeur Jacques CHEVALLIER, « Cette valorisation d'un État de droit paré de toutes les vertus et doté d'un bien-fondé de principe interdit de s'interroger sur les ambigüités, voire les contradictions, que recèlent les discours et pratiques qui s'en réclament.[...] s'il est à première vue un élément de pacification des relations internationales, l'État de droit est aussi, dans le même temps, un vecteur d'hégémonie, en cela qu'il permet aux puissances dominantes dans les relations internationales de parer leur domination de l'autorité attachée au droit »[1378]. On constate donc une manipulation dans l'application du principe de l'État de droit par les institutions internationales.

Cette conception africaine est tout à fait pertinente, face aux thèses occidentales qui soutiennent que les difficultés d'implantation du modèle européen de l'État de droit s'expliquent par la singularité de la

---

[1376]Voir en ce sens A. MOYRAND, « Réflexions sur l'introduction de l'État de droit en Afrique noire francophone », *op. cit.*, p. 853.

[1377]Voir I. BIAGIOTTI, « Afrique, Droits de l'Homme, Démocratie et Conditionnalité: Éléments des discours allemands », in *L'Afrique Politique, Vue sur la Démocratisation à marée basse*, CEAN, Paris, Karthala, 1995, p. 203 ; voir aussi M. GAZIBO, *Les paradoxes de la démocratisation en Afrique : analyse institutionnelle et stratégique*, Presses de l'Université de Montréal, 2005, 294p.

[1378]J. CHEVALLIER, « État de droit et relations internationales », *AFRI,* 2006, p. 5.

culture africaine, au demeurant, incompatible avec la conception occidentale. Cet anticonformisme culturel africain est, de notre point de vue, tout à fait à l'honneur du continent dès lors qu'il révèle l'authenticité d'une culture imperméable à toute forme d'artifices. Car, faut-il le souligner, « la culture, n'est pas cet univers de valeurs et de normes incarnées et intouchables, guidant, ordonnant les comportements et rendant compte à un ordre. Constituée d'éléments de vie psychique et mentale, avec des comportements affectifs, cognitifs, intellectuels et relationnels, la culture est un instrument et une capacité que les individus acquièrent, utilisent et transforment en bâtissant et vivant leurs relations et leurs échanges avec les autres »[1379].

Il est intéressant de noter que la doctrine s'est beaucoup éloignée de la réalité. Elle a pendant longtemps insisté sur l'inadaptation du modèle occidental d'État de droit sur l'environnement africain et non du concept d'État de droit lui-même. Dans ce contexte, il fallait que soit consacré un concept adapté de l'État de droit aux réalités africaines. C'est ainsi que les rédacteurs du Protocole de Dakar ont voulu rattacher ce concept aux respects des droits fondamentaux, à une bonne administration publique, à une bonne justice et à une bonne et saine gestion de l'appareil de l'État. Cette démarche a permis d'affirmer, en Afrique de l'Ouest, une autonomisation de l'État de droit en tant qu'outil d'intégration que la CEDEAO inscrit désormais dans son action politique (**§1**) et depuis peu, dans ses relations extérieures **(§2)**.

§1 : L'État de droit dans l'action politique de la CEDEAO

À travers la nécessité observée d'incorporation de l'État de droit dans le système normatif des États membres, la CEDEAO a inscrit son action

[1379] Y. A. MILLOGO, *La CEDEAO dans le changement politique. Les enjeux de la coopération et du développement régional, op. cit.*, p. 311.

politique dans une démarche *sui generis* en s'appuyant sur les réalités régionales, notamment le défi institutionnel.

De ce point de vue, les États ont l'impression d'obéir plus à la règle communautaire qu'à une injonction internationale susceptible d'affecter profondément leur souveraineté. Cette conception permet d'insister sur la mise en œuvre d'un certain nombre de moyens d'action destinés à contraindre les États au respect des valeurs de l'État de droit. Il n'y a d'ailleurs rien d'étonnant à constater avec Alain MOYRAND que le modèle de l'État de droit qui a été forgé par la culture européenne puisse être importé en Afrique, tant les communications de masse semblent vouer à uniformiser les civilisations[1380]. L'on peut alors observer que l'État de droit est devenu, à la faveur de l'évolution du système communautaire, une condition d'appartenance à la CEDEAO (**A**), dont le respect est requis des États membres (**B**).

A. L'État de droit comme condition d'appartenance à la CEDEAO

L'évolution conceptuelle de l'État de droit en droit CEDEAO s'inscrit dans l'approche que l'on peut avoir du principe lui-même puisqu'il devient un principe fondateur et directeur de l'ordre communautaire. Désormais, le respect du principe de l'État de droit tel qu'il est consacré par le Protocole sur la démocratie et la bonne gouvernance, par les États candidats à l'adhésion à la CEDEAO est une condition impérative.

L'intérêt de la CEDEAO pour l'État de droit est donc indéniable. Pour autant, on ne peut véritablement affirmer que la protection de l'État de droit soit effective au sein de l'espace communautaire au point de reléguer à un rang subsidiaire, la pratique des États membres, et partant, des États, de plus en plus nombreux, à manifester leur intérêt pour la CEDEAO. Cette exigence normative résulte en effet, d'un souci d'harmonisation et de renforcement d'un socle juridique

---

[1380] Voir en ce sens A. MOYRAND, « Réflexions sur l'introduction de l'État de droit en Afrique noire francophone », *op. cit.*, p. 856.

communautaire encore fragile. Dans ce contexte, la CEDEAO n'a pas manqué d'exprimer dans son Protocole sur la démocratie et la bonne gouvernance, les principes vers lesquels elle entend faire converger son action politique, juridique, économique et sociale. Elle proclame ainsi dans ce texte son modèle de gouvernement dans un effort de construction démocratique de l'Afrique de l'Ouest. Dans le même processus, la CEDEAO a adopté une démarche pragmatique consistant non pas à enjoindre aux États membres un modèle unique de gouvernement, mais de définir les critères de détermination d'un État qui sera compatible avec ses objectifs. Ainsi, sont exclus de ce cercle vertueux, les États dont les gouvernements sont issus de régimes anticonstitutionnels. Tel est le cas des régimes d'exception, issus de coups d'État, qu'ils soient civils ou militaires. Ces différentes préoccupations, liées à une remise en cause des principes de l'État de droit, ont conduit la CEDEAO à se doter d'un texte au fondement constitutionnel, lui permettant d'assurer une protection particulière de ces principes.

La valeur particulière qui a pu être attachée aux principes constitutionnels communs aux États membres dans le Protocole de la CEDEAO sur la démocratie et la bonne gouvernance traduit une volonté collective d'appropriation matérielle des valeurs de l'État de droit dans l'ordre communautaire. Malgré l'utilisation abondante de sources externes, le Protocole de Dakar, par les valeurs qu'il consacre, est devenu une véritable source de droit communautaire. En effet, le Protocole, en tant que droit primaire de la CEDEAO, a une valeur contraignante dans l'ordre communautaire et apparaît comme un élément déterminant du patrimoine constitutionnel de la CEDEAO. Cette forte affirmation des convergences constitutionnelles des États signataires comme socle du Protocole lui fournit à la fois légalité et légitimité en plus de son évidente opportunité dans un contexte régional où les processus de démocratisation côtoient des dynamiques de conflits armés[1381].

[1381]M. DIALLO, « intervention », in *Le Protocole de 2001 de la CEDEAO : place et rôle dans la promotion de la démocratie et la gouvernance en Afrique de l'Ouest*, Atelier organisé conjointement par Club du Sahel et de l'Afrique de l'Ouest/OCDE et Communauté économique des États de l'Afrique de l'Ouest, Dakar-Saly, 16-19 octobre 2007.

L'adoption de ce Protocole met en relief l'autonomie de l'ordre communautaire ouest-africain, puisqu'il révèle l'objectif de la CEDEAO d'assurer une protection particulière des principes de l'État de droit et des valeurs démocratiques. Ce texte vient renforcer l'arsenal juridique déjà existant de la Communauté constitué essentiellement d'instruments internationaux et régionaux de protection des droits fondamentaux.

Cette évolution est la résultante d'une convergence politique des États membres de la CEDEAO en faveur des valeurs de démocratie et de l'État de droit. Le Protocole apparaît en ce sens comme l' « expression d'une nouvelle résolution politique collective des États membres de la CEDEAO à faire avancer la prévention et la résolution des crises et conflits violents et atteindre la paix et la sécurité par le développement de la démocratie et d'une bonne gouvernance »[1382]. Il vient ainsi renforcer le cadre juridique communautaire en matière de prévention, de gestion et de règlement des conflits dans la région. Le Protocole marque aussi « une étape importante dans l'évolution politique d'une sous-région caractérisée aussi, pendant une longue période, par une forte implication des forces armées dans la gestion du pouvoir politique. Il vient poser de manière forte l'incompatibilité entre la démocratie et la bonne gouvernance avec une gestion militaire du pouvoir d'État et toute implication des militaires dans la politique »[1383]. Il constitue à la fois un moment et une dimension importante dans le processus d'édification régionale d'un cadre de gouvernance politique démocratique en appui au développement économique et social de l'Afrique de l'Ouest.

Cette évolution normative s'inscrit dans la quête permanente de sens politique de l'intégration en Afrique de l'Ouest. Ainsi, le respect de la démocratie et de l'État de droit est élevé au rang d'« acquis communautaire ». Même si aucune disposition du Protocole ne subordonne explicitement l'adhésion à la CEDEAO au respect de l'État de droit, force est de constater que cette exigence est bien ancrée dans la pratique communautaire de la CEDEAO comme en attestent les cas

---

[1382]M. DIALLO, « intervention », in *Le Protocole de 2001 de la CEDEAO : place et rôle dans la promotion de la démocratie et la gouvernance en Afrique de l'Ouest*, *op. cit.*, p. 3.
[1383]*Id.*

de suspensions des États membres dans lesquels l'ordre constitutionnel avait été remis en cause.

En effet, c'est sur le fondement des principes constitutionnels communs aux États membres inscrits dans le Protocole sur la démocratie et la bonne gouvernance, notamment le principe d'interdiction de changement anticonstitutionnel de gouvernement et d'accession non démocratique au pouvoir ou de maintien au pouvoir, que la CEDEAO a pu s'autosaisir pour la première fois en 2009, à l'occasion de la crise politique au Niger[1384].

En 2009, la Guinée avait été suspendue des instances décisionnelles de la CEDEAO, notamment la Conférence des chefs d'État et de gouvernement et le Conseil des ministres à l'occasion de la prise du pouvoir par l'armée.

Cette suspension s'inscrivait en effet, dans l'application effective du Protocole sur la démocratie et la bonne gouvernance qui interdit la militarisation des régimes et encourage le processus démocratique dans l'espace CEDEAO.

Dans la même logique, la situation au Mali mérite que l'on s'y attarde puisqu'elle est emblématique de la détermination de la CEDEAO à rendre effectives les valeurs communautaires de l'État de droit.

Le coup d'État contre le régime démocratique d'Amadou Toumani Touré, en mars 2012, à deux mois de la fin de son mandat, a conduit la

[1384]La manipulation de la Constitution par le chef d'État sortant, souhaitant se maintenir au pouvoir par des voies non démocratiques avait conduit à une crise profonde qui avait débouché sur la démolition de tous les contrepouvoirs. On l'a déjà dit, le président Mamadou Tandja avait fait prolonger son deuxième et dernier mandat de trois (3) ans supplémentaires contre l'avis de toutes les institutions nationales, notamment l'Assemblée nationale et la Cour constitutionnelle – toutes deux dissoutes–, et contre l'avis de la CEDEAO qui prononça la suspension du Niger de ses instances. La durée de vie de la nouvelle Constitution voulue par le président Tandja et le mandat prolongé de ce dernier ont été écourtés par un coup d'État militaire réussi en février 2010. Ce coup d'État, même s'il avait permis de mettre fin au régime illégitime de Monsieur Tandja, n'était pas légitime en raison de son caractère antidémocratique et avait fait l'objet d'une condamnation de la CEDEAO qui appelait alors à un retour rapide à la démocratie. Après une transition de douze (12) mois, des élections libres et transparentes ont pu être organisées en vue d'une dévolution démocratique du pouvoir à un régime élu.

Conférence des chefs d'État et de gouvernement de la CEDEAO à se réunir en urgence. À l'occasion de ce mini-sommet[1385], la Conférence a pris plusieurs décisions en vue d'un retour à l'ordre constitutionnel. La volonté d'agir et de défendre les nouvelles valeurs de l'organisation communautaire s'est traduite par des mesures de nature à « dénier toute forme de légitimité » à la junte militaire regroupée au sein du Comité national de redressement pour la démocratie et la restauration de l'État (CNRDRE) et « exiger le rétablissement immédiat de l'ordre constitutionnel » ainsi que la « libération de tous les détenus politiques ». Dans le même ordre, la Conférence des chefs d'État et de gouvernement a aussi décidé de « suspendre le Mali de tous les organes de décision de la CEDEAO, avec effet immédiat, conformément aux articles 1 (e) et 45 (2) du Protocole additionnel sur la démocratie et la bonne gouvernance, et les dispositions de la Charte africaine sur la démocratie, les élections et la gouvernance et ce jusqu'au rétablissement effectif de l'ordre constitutionnel ». Pour dissuader la junte militaire de s'accaparer du pouvoir, la CEDEAO a fait du respect de ces mesures une condition intangible. Cette fermeté s'est traduite par sa décision, en cas de non-respect par la junte militaire des mesures prises, de prononcer une « interdiction de voyager ainsi qu'un embargo diplomatique et financier sur les membres du CNRDRE et leurs proches collaborateurs ». L'attention soutenue de la CEDEAO pour la mise en œuvre de ces décisions à conduit à l'adoption d'une liste de sanctions diverses susceptibles d'être appliquées au Mali en cas de non-respect des résolutions du sommet du 29 mars 2012. Il s'agit principalement :

- des sanctions de nature politiques et diplomatiques (i) Suspension du Mali de toutes les instances de la CEDEAO ; ii) Rappel des Ambassadeurs des États membres de la CEDEAO accrédités auprès de la République du Mali pour consultation ; iii) Interdiction aux membres du CNRDRE et leurs associés de voyager dans l'espace de la CEDEAO ; iv) Fermeture des frontières des États membres de la CEDEAO avec le Mali, sauf pour les cas humanitaires) ;

- des sanctions économiques : i) gel des avoirs des différents responsables du CNRDRE et de leurs associés dans les pays membres

[1385]Voir le Communiqué du Mini-Sommet d'urgence des chefs d'État et de gouvernement de la CEDEAO sur la situation au Mali, Abidjan, Côte d'ivoire, 29 mars 2012.

de la CEDEAO ; ii) Fermeture au Mali de l'accès des ports des pays côtiers de la CEDEAO) ;

- des sanctions financières : i) gel des comptes du Mali à la BCEAO ; ii) Non approvisionnement des comptes de l'État malien dans les Banques privées à partir de la BCEAO ; iii) gel des concours financiers à partir de la BOAD et de la BIDC)

- et d'autres sanctions comme par exemple le gel de la participation du Mali à toutes manifestations sportives et culturelles au sein de l'espace CEDEAO. Cette série de sanctions avait pour but de marginaliser la junte et de la priver de ressources indispensables à la gestion de l'État afin de décourager les éventuelles velléités d'activités politiques de certains militaires, comme on le constate souvent sur le continent.

Dès lors, convient-il de le constater, le principe de l'État de droit est désormais intégré dans les valeurs de la CEDEAO. Néanmoins, beaucoup d'observateurs considèrent que si la CEDEAO est intraitable dans la répression des coups d'État, elle l'est beaucoup moins en cas de maintien non démocratique au pouvoir. Cela explique la propension de plus en plus croissante à la manipulation constitutionnelle par des chefs d'État souhaitant se maintenir au pouvoir par des voies détournées et non démocratiques.

Or la démocratie ne se crée pas par la violation des principes de droit, soutenue par la violence, elle s'établit, au contraire, par une pratique paisible de bonne foi. Cette situation de deux poids deux mesures a fini par créer un sentiment de méfiance à l'égard de la Communauté dont le fonctionnement est soumis plus à la volonté des chefs d'État et de gouvernement qu'à la volonté des peuples. Cela est d'autant plus évident que le Parlement de la Communauté ne dispose d'aucun pouvoir de décision : il n'est doté que de compétences consultatives, qui ne lient en rien les instances décisionnelles et les organes de la Communauté.

En effet, l'émergence de l'État de droit en droit communautaire CEDEAO est beaucoup plus récente. Elle témoigne cependant d'une extension importante du principe dans l'espace communautaire, au point de devenir une condition d'appartenance à la Communauté. Ainsi seul un État qui respecte les principes de démocratie et les valeurs de l'État de droit tels qu'inscrits dans le Protocole sur la démocratie et la bonne gouvernance peut demander à devenir membre de la CEDEAO. Cette démarche s'inscrit dans un pragmatisme politique puisque sans ces principes et valeurs, tout l'édifice communautaire est appelé à s'écrouler, tant la région ouest-africaine est « tensiogène » et très souvent en proie à des crises politiques récurrentes. Le principe de l'État de droit gouverne dorénavant l'action politique interne de la Communauté.

B. Le respect de l'État de droit comme obligation communautaire

À l'heure où tous les États membres de la CEDEAO semblent s'engager dans la réalisation de l'État de droit, il nous paraît intéressant d'analyser le concept sous l'angle de l'exigence communautaire. En effet, au sens du Protocole de la CEDEAO sur la démocratie et la bonne gouvernance, l'État de droit est fortement imprégné par l'idéologie économique. Dans le contexte communautaire ouest-africain, l'État de droit est avant tout conçu comme un moyen au service de la restauration de l'État. Le constat de la fragilité des États africains et particulièrement des États membres de la CEDEAO traduit la nécessité de garantir au sein de la Communauté, des valeurs de l'État de droit. En effet, au sens de la définition des Nations Unies, l'État fragile est considéré comme « une érosion de la capacité d'un État à fournir à ses citoyens des services sociaux, un gouvernement efficace et/ou des perspectives économiques viables ». À cela s'ajoute le phénomène de « conflictualisation » des sociétés africaines consubstantiel aux crises politiques et sociales[1386]. Ainsi, l'État de droit n'est pas seulement un État libéral, c'est aussi un État social[1387]. Suivant cette conception, il n'y a pas d'État de droit qui ne prétende assurer des valeurs positives. Ainsi que le souligne le professeur J. CHEVALLIER « L'État de droit est en effet indissolublement lié à un ensemble de valeurs, de représentations qui,

[1386]A. M'PAKA, *L'Afrique noire face aux défis de la gouvernance démocratique, op. cit.*, p. 28.
[1387]A. MOYRAND, « Réflexions sur l'introduction de l'État de droit en Afrique noire francophone », *op. cit.*,p. 861.

traduites dans le droit positif, donnent au principe de la hiérarchie des normes sa véritable portée [...] »[1388]. Cependant, « toute société est portée à croire que son système de valeurs est le meilleur et souhaite qu'il soit adopté par les autres communautés régies par un système de croyances différent [...]. Ce sentiment s'est puissamment renforcé [...] depuis que les systèmes politiques communistes se sont effondrés. La faillite de l'économie dirigée autorise, en effet, les intellectuels occidentaux à clamer haut et fort que seuls l'économie de marché et le pluralisme constituent les recettes infaillibles du progrès »[1389].

Mais dans le cas précis de la CEDEAO, l'État de droit apparaît comme un instrument essentiel de l'action politique communautaire. Car, en tant que valeur intégrée, le concept d'État de droit est porteur de beaucoup d'espoirs aussi bien pour le développement des États membres que pour la réalisation de l'idéal communautaire d'intégration. En ce sens, il constitue une option stratégique de la CEDEAO dans la stabilisation de l'espace communautaire et dans le redressement économique des États membres. C'est ce qui explique le caractère contraignant de sa mise en œuvre. Cette contrainte porte notamment sur les comportements des États membres vis-à-vis de leurs populations et sur le fonctionnement de l'administration étatique.

L'attention particulière et croissante portée à l'État de droit tient au fait que ce dernier est considéré comme le meilleur moyen de faire participer les populations à la gestion des affaires publiques.

L'État de droit apparaît comme une réponse à la demande de plus en plus pressante de la bonne gouvernance démocratique, dont l'objectif principal est d'assurer l'efficacité étatique propice au développement économique et politique des États.

Il est dès lors conçu dans le cadre de la CEDEAO comme le facteur de la pacification des régimes internes des États membres et dont la finalité demeure le développement.

Dans cette logique, il faudrait alors garantir les moyens nécessaires à sa mise en œuvre fondés sur le triptyque : respect des droits fondamentaux,

---

[1388]J. CHEVALLIER, « L'État de droit », *Revue de droit public*, 1988, p. 364.
[1389]A. MOYRAND, « Réflexions sur l'introduction de l'État de droit en Afrique noire francophone », *op. cit.*, pp. 861-862.

bonne administration, bonne et saine gestion des affaires publiques. L'État de droit a, de manière évidente, transformé le discours politique de la CEDEAO et est devenu à l'épreuve des mutations régionales, une référence incontournable, un des attributs nécessaires[1390] de l'action politique de la Communauté.

Le changement d'orientation politique des États membres de la CEDEAO, en vue du développement, va ainsi de pair avec la transformation de l'action communautaire.

Cette dernière se fonde essentiellement sur l'État de droit comme élément de l'intégration juridique avec pour finalité la réalisation de l'objectif ultime de la CEDEAO : l'intégration économique.

Appréhendé dans le contexte communautaire Ouest-africain, le concept de l'État de droit renvoie à un certain nombre de comportements qui caractérisent les valeurs démocratiques de la CEDEAO.

Le juge communautaire prend-t-il ainsi appui sur le principe de l'État de droit pour s'ériger en régulateur des pouvoirs publics des États membres de la Communauté. Une fonction jadis dévolue selon le cas au seul juge constitutionnel[1391] ou au Président de la République[1392]. Cette révolution juridique marque un certain retrait par rapport à la conception traditionnelle que l'on a pu donner à l'État de droit. Elle permet à la Cour de justice de la Communauté d'exercer un pouvoir de contrôle sur l'organisation politique interne des États. Étant entendu que très souvent, les juridictions nationales, lorsqu'elles sont saisies, se sont limitées à la simple constatation d'un manquement au principe de l'État de droit sans en tirer nécessairement des conséquences concrètes d'interdictions ou d'obligations à agir[1393].

[1390]J. CHEVALLIER, « État de droit et relations internationales », *op. cit.*, p. 1.

[1391]L'article 114 de la Constitution du Bénin reconnaît que la Cour constitutionnelle « [...] est l'organe régulateur du fonctionnement des institutions et de l'activité des pouvoirs publics ».

[1392]L'article 46 de la Constitution nigérienne du 25 novembre 2010 dispose que : « Le Président de la République assure le fonctionnement régulier des pouvoirs publics et la continuité de l'État ».

[1393]A. LEGRAND, « contrôle de constitutionnalité et régulation de l'activité des pouvoirs publics. Le contrôle de l'exercice du droit de dissolution du bundestag par le Tribunal constitutionnel fédéral allemand. », in *L'État et le droit d'est en ouest,*

Dans cette perspective, le Protocole sur la démocratie et la bonne gouvernance, permet à la Cour de justice de connaître des litiges de nature très diverses y compris ceux impliquant les organes étatiques. Tel est le cas par exemple si les principes de convergence constitutionnelle venaient à être atteints. C'est aussi sur le fondement de ce texte que « les États membres s'engagent à lutter contre la corruption, à gérer les ressources nationales dans la transparence et à en assurer une équitable répartition »[1394].

Pour assurer l'effectivité de l'État de droit, les États membres ont été enjoints de procéder à « la création d'institution nationales indépendantes chargés de la promotion et de la protection des droits de la personne ». Ces institutions prennent généralement la forme d'une commission nationale des droits humains. Dans ce cadre, elles adressent des rapports sur l'état de la protection des droits fondamentaux sur le territoire national de chaque État membre, à la Commission de la CEDEAO. Cette dernière peut, lorsqu'un État membre est mis en cause, demander au gouvernement de cet État de s'expliquer. Néanmoins, tout justiciable peut, sur le fondement du Protocole, solliciter de la Cour de justice, un examen concret d'un droit garanti.

Les causes de cet « impérialisme constitutionnel » pourraient être recherchées dans l'instrumentalisation politique des normes juridiques qui sont devenues légion dans les pratiques internes des États. Pendant longtemps, les normes constitutionnelles n'ont servi qu'à enjoliver l'image des régimes sans aucune prérogative juridictionnelle. En effet, pendant longtemps, « l'absence d'institutionnalisation du pouvoir fait qu'il [était] difficile de contester, même par la voie juridictionnelle, les actes des autorités administratives »[1395], tant le pouvoir exécutif était expansif et ne laissait place à aucune forme de séparation des pouvoirs.

Même si la démocratisation amorcée depuis peu a permis de mettre en relief les vertus démocratiques en faveur de la paix et de la sécurité, on

Mélanges offerts au professeur Michel LESAGE, Société de législation comparée, Paris, 2006, p. 63.

[1394]Article 38 du Protocole A/SP.1/12/01 sur la démocratie et la bonne gouvernance signé à Dakar le 21 décembre 2001.

[1395]*Cf.* A. MOYRAND, « Réflexions sur l'introduction de l'État de droit en Afrique noire francophone », *op. cit.*, p. 875.

était loin des résultats escomptés. C'est pourquoi, en se saisissant de la notion de l'État de droit sous l'angle de la pratique administrative des États, les rédacteurs du Protocole de Dakar ont entendu assigner un rôle central à l'organe juridictionnel de la Communauté qu'est la Cour de justice, pour garantir le respect effectif du principe. C'est sous ce rapport que l'État de droit semble gouverner l'action extérieure de la CEDEAO.

§2 : L'État de droit dans l'action extérieure de la CEDEAO

La CEDEAO, en tant qu'organisation autonome dotée d'une personnalité juridique internationale[1396], entretient des rapports avec d'autres organisations tant au niveau international[1397], régional[1398] que communautaire[1399]. Elle entretient également des relations avec ses

---

[1396]Article 88 du traité constitutif de la CEDEAO du 28 mai 1975 dispose : « La Communauté a la personnalité juridique internationale. 2. La Communauté possède sur le territoire de chacun des États Membres : (a) la capacité juridique nécessaire à l'exercice de ses fonctions prévues par le présent Traité;(b) la capacité de conclure des contrats et d'acquérir des biens mobiliers et immobiliers, d'en jouir ou de les aliéner. 3. Dans l'exercice de sa personnalité juridique définie dans le présent article, la Communauté est représentée par le Secrétaire Exécutif. 4. Les privilèges et immunités qui sont reconnus et accordés par les États membres aux fonctionnaires de la Communauté, à ses institutions et à leurs sièges respectifs, sont ceux prévus dans la convention générale sur les privilèges et immunités de la Communauté et dans les accords de siège ».

[1397]On pense notamment aux relations avec l'ONU, l'Union africaine ou l'Union européenne dans le domaine sensible du maintien de la paix et de la sécurité. L'article 83 alinéa 2 du traité de la CEDEAO dispose en ces termes : « Dans le cadre de la réalisation de ses objectifs, la Communauté coopère également avec l'Organisation de l'Unité africaine, le Système des Nations unies, ainsi qu'avec toute autre organisation internationale ».

[1398]Article 78 du Traité de la CEDEAO : « L'intégration de la Région constitue une composante essentielle de l'intégration du continent africain. À cette fin, les États Membres s'engagent à faciliter l'harmonisation et la coordination des politiques et programmes de la Communauté avec ceux de la Communauté Économique Africaine ».

[1399]On pense à l'Accord de partenariat économique UE-CEDEAO/UEMOA inscrit dans le Programme indicatif régional pour la période 2014-2020.

États membres[1400] et peut, en vertu de l'article 83 alinéa du traité révisé, « conclure des accords avec des pays tiers ». Toutefois, il convient de noter que l'ambition suscitée par cette volonté a été de très courte durée puisqu'on a pu observer que l'organe exécutif de la Communauté n'a pas été doté des prérogatives nécessaires à l'extension de la philosophie communautaire au-delà de l'espace CEDEAO. À cet égard, certains auteurs ont pu affirmer que le rôle du président de la Commission (à l'époque secrétaire exécutif) consistait essentiellement à l'animation interne des organes administratifs de la Communauté puisqu'au niveau international, il n'était doté que d'un pouvoir de représentation[1401]. Ainsi, aux termes de l'article 88. 3 du Traité de Lagos, « Dans l'exercice de sa personnalité juridique […], la Communauté est représentée par le Secrétaire Exécutif ». Cette limitation volontaire des prérogatives du président de la Commission témoigne d'une résistance notable des États membres de la Communauté, aux « sacrifices de souveraineté »[1402] pourtant indispensable à la réalisation du projet d'intégration. La reconnaissance des limites de la compétence internationale de l'organe intégré est d'autant plus marquante, qu'elle provient des traités constitutifs eux-mêmes, qui attribuent ainsi la compétence aux organes intergouvernementaux que sont la Conférence des chefs d'État et de gouvernement et le Conseil des ministres.

C'est cet « interétatisme outrancier » que dénonce avec véhémence la doctrine[1403] qui voit là un motif de relâchement du processus d'intégration.

Il faudra alors attendre l'avènement du paradigme communautaire de l'État de droit pour que soit opéré une véritable réforme dans les relations extérieures de la CEDEAO. En effet, l'adoption du protocole A/SP.1/06/06 du 14 juin 2006 portant amendement du Traité révisé de la CEDEAO a constitué une étape majeure dans l'action externe de la Communauté.

Le constat d'une révolution normative peut être trouvé dans la transformation du « Secrétariat Exécutif » en une Commission dont le

---

[1400] Décision A/DEC. 9/03/14 du 29 mars 2014 portant création des représentations permanentes dans les États membres.
[1401] A. SALL, *Les relations extérieures de la CEDEAO*, *op. cit.*, p. 17.
[1402] *Ibid.*, p. 19.
[1403] *Id.*

mode de fonctionnement est soumis à une logique hiérarchique. En ce sens, le président de la Commission apparaît, aux termes de l'article 19 du protocole, comme le « fonctionnaire principal et le responsable en chef de la Commission ».

De façon désormais explicite, le Protocole du 14 juin 2006 consacre l'orientation de la politique extérieure de la CEDEAO parmi les prérogatives du président de la Commission qui est dès lors, « chargé des relations extérieures, la coopération internationale, de la planification stratégique et de l'analyse des politiques, ainsi que des activités d'intégration régionale dans la sous-région »[1404].

Le pouvoir d'engager la Communauté étant désormais reconnu au président de la Commission, il faut alors avant tout s'entendre sur les fondements axiologiques du concept d'État de droit dans l'action externe de la CEDEAO (**A**).

La reconnaissance d'une dimension communautaire de l'État de droit se traduit en effet, par une double exigence : celle du respect du principe de légalité et celle du respect des droits fondamentaux. Or, les relations internationales, dominées depuis, par le processus de mondialisation, restent cependant un foyer de résistance aux principes de l'État de droit[1405], notamment en matière de lutte contre le terrorisme (**B**).

A. Les fondements axiologiques de l'État de droit dans les relations extérieures de la CEDEAO

Pour entretenir des relations commerciales et politiques privilégiées avec d'autres organisations comme les Nations Unies, l'Union européenne ou l'Union africaine, les États membres de la CEDEAO étaient, en raison de leurs systèmes politiques d'alors, caractérisés par des violations des principes de l'État de droit. Á ce titre, ils avaient été amenés, dans le cadre de leurs politiques étrangères, à s'accommoder

[1404]Voir les articles 79 et 83 du Protocole A/SP.1/06/06 portant amendement du Traité révisé, signé à Abuja le 14 juin 2006.
[1405]J. CHEVALLIER, « État de droit et relations internationales », *op. cit.*, pp. 6-11.

du concept de « conditionnalité démocratique ». Pour critiquable qu'elle soit du point de vue du respect de la souveraineté des États, cette démarche s'inscrit dans une logique adoptée par les organisations internationales et régionales occidentales pour impulser une nouvelle orientation à la dimension économique des relations internationales. Cette dynamique a conduit à l'inclusion, dans de nombreux accords conclus avec des États en voie de développement, de clauses désignant la démocratie, l'État de droit et les droits fondamentaux comme faisant partie des "éléments essentiels" dont la violation pourrait conduire, le cas échéant à leur suspension[1406].

L'accord de partenariat économique (APE) conclu en 2014, après une décennie de négociations, entre l'Union européenne (UE) et la CEDEAO était en effet l'occasion indiquée pour les parties de réaffirmer leur attachement à un certain nombre de valeurs communes. L'APE est un accord commercial issu de la Convention de Lomé de 1975 puis remplacé par l'accord de Cotonou de 2000 visant à développer le libre-échange entre l'Europe et les pays d'Afrique, des Caraïbes et du Pacifique (ACP).

L'APE est le premier partenariat économique rassemblant non seulement les 16 pays de la région mais aussi les deux organisations régionales : la Communauté économique des États de l'Afrique de l'Ouest (CEDEAO) et l'Union économique et monétaire ouest-africaine (UEMOA).

Pour parvenir à cet accord, l'Union européenne a changé de stratégie en divisant le groupe ACP qui était jusqu'alors opposé à ces APE. L'Union européenne a alors opté pour des négociations régionales[1407]. Le

---

[1406]J.-F. DELILE, « L'État de droit dans les relations extérieures de l'Union européenne », *op.cit.*, p. 53.

[1407]L'Accord de partenariat économique exige de réduire les droits de douane de la CEDEAO sur 75 % des exportations de l'UE. La CEDEAO exporte vers l'UE essentiellement des matières premières et des produits agricoles et importe des produits manufacturés alors que l'Europe fait l'inverse. Les économies sont donc bien complémentaires. Il y a cependant compétition et non complémentarité entre les deux zones sur les produits agricoles. En effet, les produits agricoles européens importés concurrencent les productions locales, comme le lait, la viande, les huiles végétales, le concentré de tomate par exemple, ou s'y substituent (cas des céréales, des viandes). De plus, des produits agricoles exportés par l'Europe sont encore subventionnés par la politique agricole commune (PAC), directement ou indirectement. Cette

scénario de libéralisation privilégié par les acteurs repose sur une libéralisation asymétrique et une augmentation du tarif extérieur commun (TEC) pour les produits les plus sensibles[1408].

Ce schéma n'exclut cependant pas, de « conditionnement du partenariat à certains exigences, tenant par exemple au respect de certains standards démocratiques »[1409].

Dans la perspective de la coopération entre l'Union européenne et la CEDEAO, le cadre formellement établi, en l'occurrence le programme indicatif régional (PIR), s'étend sur la période 2014-2020 et intéresse principalement deux domaines : le domaine politique et le domaine économique.

Il détermine de manière essentielle, des priorités d'ordre politique sous l'empire des valeurs de la démocratie et de l'État de droit. Dès lors, la stabilité politique et la préservation de la paix et de la sécurité sous-régionales font l'objet d'une attention toute particulière. Il appert des dispositions du traité sur l'Union européenne (TUE) que celle-ci « est fondée sur les valeurs [...] de l'État de droit »[1410].

Le pouvoir constituant de l'Union rappelle de la sorte que, conçu comme un mode de fonctionnement de l'ordre juridique et comme un corpus de valeurs, l'État de droit oriente l'action de l'Union européenne[1411] sur la scène internationale. Ainsi que le souligne l'article 21 paragraphe 1 du traité, « [l]'action de l'Union sur la scène internationale repose sur les principes qui ont présidé à sa création, à son développement et à son élargissement et qu'elle vise à promouvoir dans le reste du monde » parmi lesquels figure en bonne place « l'État de droit ».

---

concurrence inégale favorise les changements d'habitudes alimentaires et représente donc une menace à long terme pour la production agricole ouest-africaine.

[1408]Voir pour plus de détails, B. FAUCHEUX, B. HERMELIN, J. MEDINA, *Impact de l'accord de partenariat économique UE- Afrique de l'Ouest*, Paris, Gret, 2005/12, 37 p.

[1409]A. SALL, *Les relations extérieures de la CEDEAO*, *op. cit.*, p. 203.

[1410]Article 2 TUE

[1411]J.-F. DELILE, « L'État de droit dans les relations extérieures de l'Union européenne », *op.cit.*, p. 47.

L'Union européenne considère en effet, comme un de ses objectifs, la construction d'une société internationale plus forte avec des institutions qui fonctionnent et avec un ordre international fondé sur un ensemble de règles[1412] qui tiennent compte des mutations sociales. Il s'agit là d'une ligne directrice de la politique étrangère de l'organisation européenne.

L'attachement de l'Union européenne aux valeurs de l'État de droit l'a conduit à inscrire celles-ci dans ses rapports de coopération avec les États tiers ou d'autres organisations internationales, et qui s'est traduite par l'insertion d'une clause démocratique dans le cadre des accords qu'elle peut être amenée à conclure. Cette position, justifiée par le désir de l'Union européenne d'influencer l'ordre international en projetant ses normes vers d'autres parties du monde[1413] a conduit à une remise en cause de l'approche moniste qui a longtemps gouverné les relations entre le droit international et le droit de l'Union européenne.

Ce dernier semble ainsi s'affranchir de la conception unitaire longtemps admise en pratique selon laquelle la validité du droit international ne peut en aucun cas, être remise en cause par une norme inférieure, telle celle issue du droit de l'Union européenne.

L'exigence de l'État de droit a pu servir ainsi de fondement à la jurisprudence de la Cour de justice de l'Union européenne qui a considéré, dans l'arrêt *Kadi,* que « les juridictions communautaires doivent, conformément aux compétences dont elles sont investies en vertu du traité CE, assurer un contrôle, en principe complet, de la légalité de l'ensemble des actes communautaires au regard des droits fondamentaux faisant partie intégrante des principes généraux du droit communautaire, y compris sur les actes communautaires qui, tel le règlement litigieux, visent à mettre en œuvre des résolutions adoptées par le Conseil de sécurité au titre du chapitre VII de la Charte des Nations unies »[1414].

[1412]Stratégie européenne de sécurité, doc. 15895/03 du Conseil.

[1413]M. BENLOLO-CARABOT, U. CANDAS, E. CUJO (dir.), *Union européenne et droit international*, Paris, Pédone, 2012, p. 81.

[1414]CJUE, Gde ch., 3 septembre 2008, *Yassin Abdullah Kadi, Al Barakaat International Foundation contre Conseil de l'Union européenne, Commission des Communautés européennes*, C-402 et 415/05 P, *Rec.*, p. I-6351.

Ce faisant, souligne Jean-Félix DELILE, la Cour a donné à la protection des droits fondamentaux de l'individu une priorité sur le principe de primauté du droit international, adoptant une approche dualiste des relations entre droit international et droit de l'Union européenne et donnant à l'État de droit sa première victoire sur le principe *pacta sunt servanda*[1415].

Cette volonté affichée par l'Union européenne de promouvoir les valeurs de l'État de droit à l'échelle mondiale, révèle une fois de plus, la propension européenne à s'ériger en modèle universel, au point que l'on a pu parler de l' « empire normatif »[1416]européen. Dès lors, on peut, sans exagéré, soutenir que l'État de droit, tel qu'il ressort du modèle européen, « ne serait rien d'autre que l'expression politique d'un particularisme culturel qui se prétendrait universel et qui aurait par là même vocation à imposer ses schèmes au reste du monde »[1417]. S'il est vrai que le modèle de l'intégration européenne est devenu une référence inévitable pour pratiquement toutes les initiatives régionales[1418], la pratique européenne d'exportation de son modèle ne doit pas perdre de vue une donnée essentielle : la spécificité propre à chaque État et à chaque organisation.

Tel que le rappelle fort justement S. PIERRE-CAPS, « il n'y a pas si longtemps, le colonialisme et l'impérialisme furent les principaux vecteurs européens de transplantation du droit constitutionnel aux réalités politiques exogènes »[1419].

Outre la coopération économique, la CEDEAO entretient des rapports sur la question de la sauvegarde de la paix et de la sécurité sous-régionales. Les objectifs spécifiquement visés dans le programme indicatif régional sont d'une part, le renforcement des mécanismes de promotion et de maintien de la paix et de la stabilité dans les situations post-crises, et, d'autre part, l'appui aux initiatives régionales visant à

[1415]J.-F. DELILE, « L'État de droit dans les relations extérieures de l'Union européenne », *op.cit.*, p. 51.
[1416]Z. LAÏDI, *La norme sans la force : l'énigme de la puissance européenne*, Paris, Presses de sciences pô, 2008, 296 p.
[1417]S. PIERRE-CAPS, « Droit constitutionnel européen : une notion ambivalente », *Revue de l'Union européenne, n° 590*, juillet- Août 2015, p. 456.
[1418]A. SALL, *Les relations extérieures de la CEDEAO*, *op.cit.*, p. 213
[1419]S. PIERRE-CAPS, « Droit constitutionnel européen : une notion ambivalente », *op.cit.*, p. 456 et s.

répondre aux principales menaces contre la paix et la sécurité[1420]. C'est un trait marquant du communautarisme Ouest-africain qui s'illustre par l'institutionnalisation, depuis 2003, de la coopération avec l'Union européenne. En effet, la décision A/DEC.12/01/03 du 13 janvier 2013 consacrant l'ouverture d'un bureau de liaison de la CEDEAO à Bruxelles marque incontestablement l'influence de l'Union européenne sur l'organisation ouest-africaine.

Cette démarche s'inscrit dans la logique définie par la décision A/DEC.8/12/99 du 10 décembre 1999 sur le renforcement du partenariat entre l'Afrique de l'Ouest et l'Union européenne et désignant la CEDEAO comme cadre régional de coordination des relations entre les États de l'Afrique de l'Ouest et l'Union européenne d'une part, et la recommandation des ministres du commerce de la CEDEAO lors de leur réunion sur les enjeux de l'après Seattle, tenue à Bamako le 29 janvier 2000 en marge de la réunion ministérielle CEDEAO-UEMOA sur l'accélération du processus d'intégration en Afrique de l'Ouest, relatif à la création de bureaux de représentation de la CEDEAO à Bruxelles et à Genève[1421], d'autre part.

L'approche communautaire de la coopération en Afrique de l'Ouest dépasse le seul cadre régional et s'étend également, dans le domaine sécuritaire, à des organisions internationales. Les relations de la CEDEAO avec les Nations unies et l'Union africaine sont à cet égard significatives. L'analogie des domaines d'intervention, avec l'investissement par la CEDEAO, du champ politique de la sécurité et de la gestion des conflits, a pu conduire à une logique hiérarchique supposant une subordination du système communautaire au système de l'Union africaine et plus largement au système onusien.

Cette logique centralisatrice se traduit au niveau international par une prévalence institutionnelle qu'exprime fort bien l'article 103 de la Charte des Nations Unies qui exprime sa supériorité sur tout traité avec lequel il pourrait entrer en conflit, et au niveau continental par l'existence d'une logique pyramidale entre l'organisation continentale, en l'occurrence l'Union africaine et les organisations d'intégration régionales à l'instar de la CEDEAO.

[1420]A. SALL, *Les relations extérieures de la CEDEAO*, *op.cit.*, p. 211.

[1421]Voir en ce sens A. SALL, *Les relations extérieures de la CEDEAO, op.cit.*, p. 214.

C'est en raison de cette logique de subordination que la CEDEAO a eu souvent recours à un mandat du Conseil de sécurité de l'ONU dans le cadre de ces multiples interventions en matière de maintien de la paix et de résolution des conflits. Il a fallu attendre l'avènement du constitutionnalisme qui a servi de fondement à la jurisprudence de la Cour de justice de l'Union européenne dans l'arrêt *Kadi* – qui a consacré la primauté du principe de l'État de droit sur la logique hiérarchique jusque-là admise de la norme internationale sur toute autre norme–, pour voir s'affirmer une véritable conviction du régionalisme sécuritaire[1422].

Il convient toutefois de souligner la faiblesse d'encadrement des relations extérieures de la CEDEAO avec comme corollaire une diffusion encore peu perceptible des valeurs de l'État de droit. Cependant, faut-il le préciser, dans le cadre de sa coopération avec les États membres, la CEDEAO réalise une avancée significative en matière de promotion de l'État de droit. Désormais, parée de son engament politique en faveur de l'État de droit, la CEDEAO mesure parfaitement l'importance d'une veille juridique dans le dispositif normatif et institutionnel des États membres. C'est pourquoi, elle s'est engagée à créer auprès des États membres, des cellules nationales[1423] et des représentations permanentes[1424]. Cette démarche aux relents

---

[1422] *Cf.* J.-M. THOUVENIN, « Á la rencontre des droits, les rapports de systèmes après l'affaire Kadi », R.M.C.U.E, n°529, juin 2009, pp.373-379.

[1423] Plusieurs textes ont consacré la mise en place et le fonctionnement effectif des cellules nationales. On citera notamment la recommandation C/REC.1/11/82 relative à la création d'une structure nationale chargée de la coordination et du suivi des activités de la CEDEAO dans les États membres, la décision C/DEC.3/1/90 relative au renforcement du statut des cellules nationales de la CEDEAO dans les États membres, la décision C/DEC/6/12/90 relative à l'institutionnalisation de la réunion des responsables des cellules nationales de la CEDEAO, le règlement C/REG.5/8/97 relatif aux conditions de paiement d'une subvention de 10.000 unités de compte aux cellules nationales, le règlement C/REG/4/06/05 relatif aux fonctions, à la mission et au rôle des cellules nationales de la CEDEAO, le règlement C/REG24/24/11/10 portant sur l'adoption de principes directeurs sur le fonctionnement des cellules nationales de la CEDEAO et le règlement C/REG.11/12/13 relatif à la nouvelle désignation des cellules nationales de la CEDEAO en bureaux nationaux et à l'adoption d'un manuel pour leur fonctionnement ; voir aussi A. SALL, *Les relations extérieures de la CEDEAO*, *op. cit.*, p. 114.

[1424] Décision A/DEC.9/03/14 portant création des représentations dans les États membres. Cette décision fait suite à la recommandation du Conseil des ministres du

anticipateurs, s'inscrit dans une logique déjà amorcée par le Protocole de Lomé en faveur de la paix sous-régionale. Il s'agit pour l'organisation sous-régionale, d'assurer sa présence effective dans les États membres. La mise en place de ces représentations permanentes permet à la CEDEAO, selon le préambule de la décision du 29 mars 2014, de se doter de « moyens d'assurer l'engagement total des États et des citoyens à la cause de l'intégration régionale ». Ces structures ont pour « vocation de veiller à la bonne participation des États au processus d'intégration et constituent en quelque sorte des relais de la Communauté sur les territoires nationaux »[1425].

Cette intégration de proximité vient confirmer l'ambition de la Communauté à amorcer une évolution objective d'une « CEDEAO des États » vers une « CEDEAO des peuples ». La création de ces représentations nationales répond de manière évidente à la promotion du processus d'intégration.

Mais par leur fonction de proximité, elles peuvent aussi se révéler comme sources importantes d'informations en ce sens qu'elles permettent de relayer, à titre préventif, des informations susceptibles de constituer une menace pour la paix ou la stabilité d'un État membre. Les représentations nationales assurent donc le rôle gardien de la sécurité régionale, au point que l'on a pu les considérer comme des « gendarmes préposés, au plan national, à la surveillance de la bonne application du droit de la Communauté en général »[1426]. Il résulte clairement que ces représentations nationales sont d'abord au service de la Communauté, avant de l'être éventuellement pour les États sur le territoire duquel elles se trouvent, comme l'illustre d'ailleurs la directive donnée aux cellules nationales de collecter et de transmettre toute information demandée par la Commission de la CEDEAO, relativement à l'État en cause.

Le devoir de représentation de la CEDEAO implique le devoir des cellules de veiller à la bonne application par l'État membre de ses

---

17 décembre 2013. Selon le calendrier joint en annexe à la décision, la mise en place de ces représentations devrait être effective en 2017 et s'étale sur une période de 3 ans comme suit : Burkina Faso 2014 ; Libéria 2014 ; Togo 2014 ; Niger 2015 ; Gambie 2015 ; Ghana 2016 ; Bénin 2016 ; Sénégal 2016 ; Cap-Vert 2017.

[1425]A. SALL, *Les relations extérieures de la CEDEAO*, *op. cit.*, p. 114.

[1426]*Ibid.*, p. 116.

obligations communautaires[1427]. On peut dès lors, aisément imaginer que ces représentations nationales jouent un rôle avant-gardiste dans la survenance et la gestion des crises dans les États membres.

Dans la même perspective, le Protocole de Dakar[1428] a institué, comme nous l'avions déjà souligné, des commissions nationales indépendantes chargées de la promotion et de la protection des droits fondamentaux de la personne et dont le but est d'adresser de rapports à la Commission de la CEDEAO, sur la situation des droits de l'homme sur le territoire de l'État en cause[1429].

Pris sous l'ange de la diplomatie interne, c'est-à-dire de ses relations envers les États membres, on remarque une répartition bipartite des fonctions. Les représentations nationales assurent la veille démocratique par la prévention des conflits et les commissions nationales sont chargées de veiller à la protection des droits fondamentaux.

Cependant, il apparaît à l'analyse du dispositif normatif de la Communauté, un déséquilibre institutionnel davantage perceptible dans la conduite des relations extérieures de la CEDEAO. La méthode décisionnelle suppose un ralliement des trois piliers institutionnels de la Communauté et qui en constitue le « temple démocratique de la CEDEAO ». Pourtant, on constate un effondrement du « triangle institutionnel »[1430] de la Communauté dans le cadre de sa politique extérieure. L'interétatisme persistant a pu inscrire l'action extérieure de la CEDEAO dans un processus largement intergouvernemental, déséquilibrant de la sorte, l'équilibre institutionnel souhaité par les rédacteurs du traité révisé. Les relations interinstitutionnelles à l'avantage des organes exécutifs de la Communauté, en l'occurrence la Conférence des Chefs d'État et de gouvernement, le Conseil des ministres et la Commission de la CEDEAO se sont traduites, dans le cadre de la politique extérieure de la CEDEAO, par une

[1427]A. SALL, *Les relations extérieures de la CEDEAO*, *op. cit.*, p. 116.

[1428]Protocole A/SP1/12/01 sur la démocratie te la bonne gouvernance, signé à Dakar le 21 décembre 2001.

[1429]Article 35 du Protocole.

[1430]S. ARTAUD-VIGNOLLET, *Le principe de l'équilibre institutionnel dans l'Union européenne*, thèse, Toulouse1, soutenue le 28 octobre 2003. Disponible ne ligne : www.publications.ut-capitole.fr.

« rétrogradation » du Parlement et de la Cour de justice. Ce faisant, il résulte de la logique diplomatique de la CEDEAO, une double représentation : sur le « traitement des crises politiques internationales » dévolue au président en exercice de la Conférence des chefs d'État et de gouvernement d'une part, et sur l'élaboration et la « conduite des politiques de coopération » dévolue au président de la Commission[1431] d'autre part.

L'absence de toute référence au Parlement et à la Cour de justice, dans les procédures d'engagement de la Communauté est étonnante à un double égard. D'une part, elle pose un problème de légitimité démocratique en ce qu'elle semble isoler l'institution censée assurer la représentation des peuples dans le triangle institutionnel de la CEDEAO.

D'autre part, elle pose un problème de sécurité juridique des engagements internationaux de la Communauté en ce qu'elle semble se satisfaire de l'inexistence d'un mécanisme de contrôle préalable de la Cour de justice, de tout projet d'accord que la CEDEAO serait susceptible de conclure avec d'autres organisations internationales ou des États tiers.

L'absence de mécanismes de concertation fait inévitablement apparaître des dissonances dans l'ordonnancement institutionnel de la CEDEAO. Pourtant, le Parlement permet, lorsqu'il est impliqué dans le processus prioritaire d'intégration, y compris la dimension internationale, d'observer avec une « vigilance solidaire »[1432] la portée des engagements internationaux de la Communauté. Dans une approche comparative, on peut souligner l'évolution, au gré des réformes, du Parlement européen dont les pouvoirs se sont ostensiblement accrus dans le domaine de la politique extérieure de l'Union européenne. Dès le Traité de Rome, la compétence du parlement, quoique consultative, était admise dans le cadre des engagements internationaux de la Communauté[1433]. Cette compétence consultative devenue obligatoire

---

[1431]Voir pour plus de détails, A. SALL, *Les relations extérieures de la CEDEAO*, *op. cit.*, p. 13 et s.

[1432]B. O. S.-O. KASSI, *Francophonie et justice : contribution de l'organisation internationale de la francophonie à la construction de l'État de droit*, *op.cit.*, p. 74.

[1433]Article 228 : « 1. Dans les cas où les dispositions du présent traité prévoient la conclusion d'accords entre la Communauté et un ou plusieurs États ou une

avec l'entrée en vigueur du traité d'Amsterdam[1434], requiert l'approbation du Parlement pour la conclusion d'un certain nombre d'accords internationaux à l'instar de ceux portant sur la « politique étrangère et de sécurité commune » de l'Union. Et tel que le fait remarquer le juge à la Cour de justice de la CEDEAO, Alioune SALL, « La valeur ajoutée par le traité de Nice aux compétences internationales du Parlement a d'abord consisté en un droit de suivi des accords conclus par l'Union, puisque désormais, il est "immédiatement et pleinement informé de toute décision prise au titre [d'accords internationaux] et concernant l'application provisoire ou la suspension d'accords, ou l'établissement de la position communautaire dans une instance créée par un accord".

De surcroît, l'institution parlementaire a le droit de saisir la Cour de justice pour l'interroger sur la compatibilité d'un accord envisagé avec le droit de l'Union »[1435]. Outre cet important dispositif normatif, le Traité de Lisbonne[1436] est venu consacrer de manière effective, l'implication du Parlement dans l'action extérieure de l'Union.

Ainsi, l'article 21.a) du traité prévoit que « Le haut représentant de l'Union pour les affaires étrangères et la politique de sécurité consulte régulièrement le Parlement européen sur les principaux aspects et les choix fondamentaux de la politique étrangère et de sécurité commune

---

organisation internationale, ces accords sont négociés par la Commission. Sous réserve des compétences reconnues à la Commission dans ce domaine, ils sont conclus par le Conseil, après consultation de l'Assemblée dans les cas prévus au présent traité. Le Conseil, la Commission ou un État membre peut recueillir au préalable l'avis de la Cour de justice sur la compatibilité de l'accord envisagé avec les dispositions du présent traité. L'accord qui a fait l'objet d'un avis négatif de la Cour de justice ne peut entrer en vigueur que dans les conditions fixées selon le cas à l'article 236. 2. Les accords conclus dans les conditions fixées ci-dessus lient les institutions de la Communauté et les États membres ».

1434Article J. 11 du Traité d'Amsterdam signé le 2 octobre 1997 : « La présidence consulte le Parlement européen sur les principaux aspects et les choix fondamentaux de la politique étrangère et de sécurité commune et veille à ce que les vues du Parlement européen soient dûment prises en considération. Le Parlement européen est tenu régulièrement informé par la présidence et la Commission de l'évolution de la politique étrangère et de sécurité de l'Union.

1435A. SALL, *Les relations extérieures de la CEDEAO*, *op. cit.*, pp. 56 et 57 ; voir également article 300 modifiée (article 2 point 46) a. du traité de Nice).

1436Le Traité de Lisbonne a été adopté le 13 décembre 2007, après l'échec de Traité instituant une Constitution pour l'Europe.

et de la politique de sécurité et de défense commune et l'informe de l'évolution de ces politiques. Il veille à ce que les vues du Parlement européen soient dûment prises en considération.

Les représentants spéciaux peuvent être associés à l'information du Parlement européen ». L'article88-C réaffirme la prérogative du Parlement en tant que codécideur lorsqu'il dispose que : « Le Parlement européen et le Conseil, statuant par voie de règlements conformément à la procédure législative ordinaire, adoptent les mesures définissant le cadre dans lequel est mise en œuvre la politique commerciale commune ».

En effet, qui mieux qu'un parlement élu, dispose de la légitimité nécessaire pour engager le destin communautaire. C'est en ce sens qu'il convient de comprendre les propos du juge Alioune SALL lorsqu'il affirme que « les relations internationales constituent une terre d'élection de l'interventionnisme parlementaire » et apparaissent comme « l'un des domaines qui se prêtent le mieux à l'expression de la légitimité démocratique incarnée par les parlements »[1437].

C'est dans cette optique que l'UEMOA a entendu doter le Parlement de l'Union « d'un pouvoir de contrôle sur l'organe intégré qu'est la Commission, selon les mécanismes du régime parlementaire, et plus explicitement d'un pouvoir, au moins partiel, de contrôle des relations extérieures de l'organisation à travers le pouvoir d'émettre des avis conformes.

Au titre de sa participation au processus décisionnel en effet, le Parlement peut être consulté sur les projets d'actes additionnels, de règlements et de directives. Cette consultation devient obligatoire dès lors qu'il est question, entre autres, d'adhésion de nouveaux États membres ou d'accords d'association avec des États tiers »[1438].

[1437]A. SALL, *Les relations extérieures de la CEDEAO*, *op. cit.*, p. 55.

[1438]Voir article 25 du Traité du 29 Juillet 2003 portant création du Parlement de l'union économique et monétaire ouest-africaine. Il dispose en effet que : « Le Parlement peut être consulté sur les projets d'actes additionnels, de règlements et de directives. Cette consultation est obligatoire dans les domaines suivants : - l'adhésion de nouveaux États membres ; - les accords d'association avec des États tiers ; - les budgets de l'Union ; - les politiques sectorielles communes ; - le droit d'établissement et la libre circulation des personnes ; - la procédure de l'élection des membres du

Cette raison pourrait suffire à elle seule à justifier l'implication du Parlement dans la politique extérieure de la CEDEAO dès lors que l'intervention parlementaire semble conforter le mieux le slogan communautaire d'une « vision 2020 » tendant à transformer « la CEDEAO des États en une CEDEAO des peuples ».

Dans cette perspective, l'intervention même mesurée de la Cour de justice serait d'une véritable importance. Cette dernière, à l'instar du Parlement, souffre de la même « damnation », dans la mesure où, sans fondement explicite, celle-ci est dépourvue de pouvoirs de contrôle des engagements de la Communauté. En l'état actuel, seule une sollicitation volontaire du président de la Commission, de la Conférence des chefs d'États et de gouvernement ou éventuellement d'un État membre, permettra d'intervenir dans le cadre des relations extérieures de la CEDEAO.

Dans ce contexte, se révèlent ainsi des indices conduisant à penser que la procédure de consultation prévue à l'article 15 du règlement intérieur de la Commission a pu laisser croire à l'existence d'un contrôle juridictionnel des engagements internationaux de la CEDEAO. En effet, aux termes du paragraphe 3 de cet article, « la consultation de la direction des affaires juridiques est obligatoire sur tous les projets d'actes juridiques pouvant avoir une incidence juridique ou judiciaire ». Or, faut-il le souligner, il n'y a pas de commune mesure entre la consultation d'un service technique de la Commission et un contrôle effectué par un organe judiciaire dont la neutralité organique et statutaire est incontestable[1439]. Car, les effets attachés aux engagements internationaux de la Communauté, en vertu du principe *pacta sunt servenda*, s'étendent non seulement à la Communauté elle-même mais aussi plus largement aux États membres s'il apparaît que ces derniers ont exprimé leur consentement à être liés par un accord conclu par la CEDEAO[1440]. Pourtant, malgré les intérêts en présence, il n'a pas semblé opportun au législateur communautaire, d'associer l'organe

---

Parlement ; - les impôts, taxes et tous prélèvements communautaires. L'avis conforme du Parlement est requis pour l'adhésion de nouveaux États membres, les accords d'association avec les États tiers, le droit d'établissement et la libre circulation des personnes » ; voir aussi A. SALL, *Les relations extérieures de la CEDEAO, op. cit.*, pp. 58-59.

[1439]A. SALL, *Les relations extérieures de la CEDEAO*, *op. cit.*, pp. 63-66.

[1440]*Ibid.*, p. 70.

juridictionnel, en tant qu'interprète naturel du droit communautaire, dans les relations extérieures de la Communauté. Une telle situation est en effet curieuse, quand on sait que la Cour de justice est le seul organe de la Communauté habilité à garantir l'application du droit communautaire y compris dans le cadre plus large de l'action extérieure de la Communauté. C'est pourquoi, suivant l'expérience de la Cour de justice de l'Union européenne dans l'arrêt *Kadi*, l'on pourrait inclure la possibilité d'une intervention de la Cour dans le cadre d'un accord international. Il semble résulter de l'article 9-6 du Protocole d'Accra, une possibilité d'intervention de la Cour sur des accords internationaux. Selon les dispositions de cet article, « la Cour peut avoir compétence sur toutes les questions prévues dans tout accord que les États membres pourraient conclure entre eux, ou avec la CEDEAO, et qui lui donne compétence ». Une double condition semble être requise dans ce cas : d'une part, l'accord doit avoir été conclu entre États membres, ou entre un ou plusieurs États et la CEDEAO, et d'autre part, l'accord doit avoir expressément prévu la compétence de la Cour en cas de litige. De plus, sur le fondement de l'article7 g) du traité de la CEDEAO, la Cour peut être saisie par la Conférence des chefs d'État et de gouvernement lorsqu'un « État membre n'a pas honoré l'une de ses obligations ». En considérant que cette obligation peut résulter d'un accord international, cette disposition consacrerait une opportunité d'intervention de la Cour sur des instruments internationaux[1441].

Mais la mise en exergue de la possibilité d'intervention de la Cour dans les relations extérieures de la CEDEAO s'est faite à l'article11 du protocole d'Abuja[1442] en ces termes : « La Cour peut, lorsqu'elle est saisie par la Conférence, le Conseil ou par un ou plusieurs États membres ou par [le président de la Commission] et toute autre institution de la Communauté, émettre à titre consultatif, un avis juridique sur des questions qui requièrent l'interprétation des dispositions du Traité ». Bien que cette compétence soit restreinte du fait de son caractère facultatif, elle présage, en dépit des quelques hésitations que l'on peut facilement déceler, la nécessité chez les rédacteurs du protocole, d'une implication de la Cour dans les relations extérieures de la Communauté. Pareille intervention est d'autant plus nécessaire que les défis de la mondialisation exigent une évolution

---

[1441] A. SALL, *Les relations extérieures de la CEDEAO*, *op. cit.*, p. 72.
[1442] Protocole A/P1/7/91 relatif à la Cour de justice de la Communauté.

institutionnelle pour adapter le dispositif normatif de la Communauté aux exigences des mutations de la société internationale notamment en matière de lutte contre le terrorisme.

B. L'État de droit à l'épreuve du terrorisme dans l'espace CEDEAO

En démocratie, le rapport sécurité/liberté renvoie à la problématique traditionnelle de conciliation de l'ordre et de la liberté et de la relation complexe que ces deux éléments indissociables entretiennent[1443]. Or, c'est bien évidemment cette tentative de conciliation qui semble poser des difficultés aux institutions politiques dans le cadre de la lutte contre le terrorisme en raison des graves atteintes portées parfois aux droits et libertés fondamentaux des individus. Ainsi que l'a précisé l'ancien Secrétaire général des Nations Unies Kofi Annan dans son discours prononcé devant le Conseil de sécurité le 18 janvier 2002, « Chacun d'entre nous devrait être pleinement conscient que la protection des droits de l'Homme ne doit céder le pas devant l'efficacité de l'action anti-terroriste. À l'inverse, si l'on se place sur le long terme, on voit que les droits de l'Homme, la démocratie et la justice sociale forment l'un des meilleurs remèdes contre le terrorisme ». Les valeurs de l'État de droit ne doivent en effet, céder face à l'impératif de sécurité. Il est dès lors indispensable que les mesures prises dans le cadre de la répression du terrorisme soient en conformité avec les valeurs de l'État de droit, c'est-à-dire dans le respect des droits fondamentaux de la personne.

Comme l'écrivent sans équivoque certains auteurs, « La lutte contre le terrorisme doit donc être conçue en intégrant le fait que la démocratie doit être particulièrement protégée contre le terrorisme.

Mais il est tout aussi essentiel, si ce n'est plus, de tout mettre en œuvre pour protéger la démocratie des moyens que les États entendent utiliser pour combattre ce fléau.

[1443]K. ROUDIER, A. GESLIN, D.-A. CAMOUS, *L'État d'urgence*, Paris, Dalloz, 2016, p. 104.

En d'autres termes, la nature démocratique des réponses étatiques au terrorisme est primordiale. Si par ces conséquences immédiates, le terrorisme affecte l'État dans son essence même, il affecte, par ses effets induits, les droits fondamentaux de manière plus importante, du fait des restrictions qui leurs sont imposées par les autorités publiques »[1444].

C'est pourquoi, dans le cadre de la croisade lancée contre le terrorisme, le juge est appelé à intervenir pour maintenir l'action politique des États dans la limite de l'État de droit afin d'assurer la protection des valeurs démocratiques[1445].

Cela témoigne du souci de préserver le cadre légal des opérations antiterroristes, car, plusieurs pays sont incriminés dans des rapports internationaux pour violation des valeurs de l'État de droit dans le cadre de leurs actions de lutte contre le terrorisme[1446]. L'espace CEDEAO, faut-il le préciser, est durement affecté par le phénomène terroriste[1447]. En cela, la lutte contre le terrorisme est devenue un véritable défi communautaire, une priorité des États. En ce sens, l'ancienne présidente du Liberia Ellen Johnson SIRLEAF, alors présidente en exercice de la CEDEAO, déclarait, peu après sa prise de fonction en juillet 2016 : « Nous devons nous assurer que le terrorisme ne puisse plus gagner du terrain tel que cela a été le cas au Burkina Faso, au Mali, en Côte d'Ivoire [...]. Nous devons également, à travers un effort collectif et déterminé, nous assurer que Boko Haram soit entièrement défait ». Cet état de fait a conforté les États membres de la Communauté

[1444]*Ibid.*, pp. 104-105.

[1445]Voir en ce sens K. ROUDIER, *Le contrôle de constitutionnalité de la loi antiterroriste : étude comparée des expériences espagnole, française et italienne*, thèse, Paris, L.G.D.J., 2012, 524 p., p. 1 et s.

[1446]Voir le rapport de la fédération internationale des ligues des droits de l'homme, « Mali, terrorisme et impunité font chanceler un accord de paix fragile », Mai 2017/N° 692f. Dans ce rapport, La FIDH et l'AMDH (Association Malienne des droits de l'homme) ont dénoncé des violations massives des droits humains par l'armée malienne dans le cadre de sa politique de répression du terrorisme. Ces violations comprennent des arrestations arbitraires, des cas de torture et d'exécutions sommaires. Plus de 300 personnes ont été arrêtées durant la seule année 2016 pour des raisons inhérentes au conflit.

[1447]Les pays de la CEDEAO les plus affectés par le terrorisme sont notamment le Niger et le Nigéria visés quotidiennement par des attaques de Boko haram ; le Mali, le Burkina Faso, la Côte d'ivoire, Sénégal sont menacés par les groupes agissant au Sahel, en l'occurrence Ansar Eddine et Aqmi.

dans leur démarche législative de répression du terrorisme. Pour autant, on ne peut laisser un champ libre aux États dans leurs efforts de lutte. Dès lors, une intervention mesurée du juge dont la mission est de concilier des intérêts opposés s'avère indispensable à la protection de la démocratie et à l'État de droit.

En effet, dans certains pays comme le Nigeria, la peine de mort est encore appliquée. Dans les pays où elle n'est pas d'application, les lois antiterroristes peuvent faire l'objet de manipulations politiques par les tenants du pouvoir pour assouvir des intérêts politiciens puisqu'ils n'hésiteraient pas à recourir à cette loi pour isoler des opposants sérieux.

Ainsi, constate-t-on, dans bien de pays en développement, « la lutte contre le terrorisme est détournée de son objectif premier pour réprimer toute forme d'opposition, ces critiques découlent plus du désir de réduire au silence des opposants politiques et défenseurs des droits humains que de celui de disposer de moyens efficaces pour contrer la menace terroriste »[1448]. Tel a été le cas par exemple au Niger, où un acteur de la société civile, très critique à l'égard des autorités avait été poursuivi pour « association de malfaiteurs en relation avec une entreprise terroriste » et gardé à vue pendant plus d'une semaine sans que lui soit notifié le chef d'accusation. Selon le nouvel article 605.5 du code de procédure pénale nigérien, en matière de terrorisme, « le délai de garde à vue est de cent vingt (120) heures » renouvelable une fois. Si le délai de la garde à vue paraît à cet égard raisonnable, les conditions de la garde à vue demeurent critiquables. En effet, l'alinéa 2 du même article dispose qu'« il est notifié au suspect son droit de prendre un avocat à partir de la 48ème heure de garde à vue ». Cette disposition n'est pas sans conséquences sur le droit de la défense et sur la situation de la personne gardée à vue, en dépit des dispositions prévues à l'alinéa 4 qui imposent que soit établi, à la fin de la garde à vue, un certificat médical attestant l'absence de sévices corporels.

En effet, si l'adoption en masse des lois en matière de lutte contre le terrorisme s'inscrit dans l'objectif d'un renforcement sécuritaire des États membres de la CEDEAO, celles-ci peuvent, lorsqu'elles ne sont

---

[1448]Rapport FIDH, *L'antiterrorisme à l'épreuve des droits de l'homme : les clés de la compatibilité*, n° 429, octobre 2005, p. 12.

pas soumises au contrôle du juge, se révéler attentatoires à certains droits fondamentaux des individus. En effet, dans de nombreux cas, ces mesures ont été prises dans l'urgence, généralement à la suite de la survenance d'un acte terroriste sur le territoire d'un État, pour combler le vide juridique ou dans certains cas, les lacunes des dispositions législatives existantes.

On constate aussi une absence de définition formelle de la notion de « terrorisme » dans la plupart des législations des États. Ce qui la rend facilement « malléable ». Par conséquent, il appartient au juge de déterminer la limite admissible dans la restriction des droits et libertés fondamentaux, dans des situations exceptionnelles comme celles qui relèvent du terrorisme.

Comme le relève fort bien Karine ROUDIER dans sa thèse, « L'expérience prouve que les dispositions antiterroristes en vigueur n'empêchent pas la perpétration d'attentats. Au mieux, lorsqu'un pays se trouve visé par une manifestation terroriste, la réaction spontanée de la classe politique et de la population des autres pays est de se demander si leurs outils législatifs sont suffisamment efficaces pour leur épargner cette douloureuse épreuve.

Dans le doute, ils agissent vite, en adoptant des mesures plus sévères que celles précédemment promulguées. Les gouvernements les veulent fermes, afin de rassurer la population qui, choquée, meurtrie et apeurée par les attentats, exige elle-même une répression symbolique de leurs auteurs, et consent, à ce titre, de voir son espace de liberté limité. La sévérité se trouve être affirmée, consolidée et acceptée par tous, tout en devenant quotidienne. Le bien-fondé de ces modifications n'est que peu discuté. L'urgence altère ainsi la perception de sévérité »[1449]. L'auteure met ainsi en évidence l'érosion des valeurs démocratiques et l'impact du terrorisme sur l'exercice des droits fondamentaux, lorsqu'elle fait remarquer que « L'urgence se généralise, ensuite, pour inonder l'exercice de la politique. Le terrorisme se trouve géré par à-coups et dans la démesure. Une loi vite faite reste, au demeurant, une loi. Le corpus normatif se voit ainsi agrégé de couches normatives, éparses, complémentaires ou contradictoires. Il en ressort un fort sentiment de

---

[1449]K. ROUDIER, *Le contrôle de constitutionnalité de la loi antiterroriste : étude comparée des expériences espagnole, française et italienne, op.cit.*, p. 17.

confusion et, surtout, d'ascension sur l'échelle de la sévérité, qui laisse la population et une partie de la classe politique, globalement indifférentes »[1450]. Or, combattre le terrorisme en violant des droits fondamentaux reviendrait à admettre que pour faire respecter ses propres droits il faut inévitablement bafouer ceux des autres[1451] et partant, prêter indirectement main forte aux actions terroristes dont le seul but est de détruire par la violence, les valeurs fondatrices de nos sociétés. En effet, « qu'il faille mener cette lutte, certes avec la plus grande détermination, mais toujours dans le respect des droits fondamentaux de la personne humaine »[1452] paraît une exigence fondamentale de l'État de droit.

C'est la raison pour laquelle, il est regrettable de constater que dans le dispositif normatif sécuritaire de la CEDEAO, la référence à la notion de terrorisme est d'une très faible portée. La notion n'apparaît que deux fois dans le socle normatif de la Communauté : d'abord, dans le préambule du Protocole de 2001 sur la démocratie et la bonne gouvernance qui renvoie à « l'acuité du terrorisme international », ensuite à l'article 13, paragraphe 6, alinéa b) du Protocole additionnelA/SP.1/06/06 portant amendement du Traité révisé de la CEDEAO adopté le 14 juin 2006 qui énonce la compétence du commissaire chargé des affaires politiques, de la paix et de la sécurité dans l'élaboration des politiques communautaires en matière de terrorisme international. On remarque également que la notion du terrorisme n'était nulle part définie dans le droit de la CEDEAO. Cette absence de définition explique sans doute la liberté qu'ont les États membres de définir la notion comme ils l'entendent et d'adopter chacun sa propre politique de répression du terrorisme parfois au mépris des droits fondamentaux. Cette confusion normative en matière de terrorisme est révélatrice de la nécessité de consacrer une définition formelle de la notion de terrorisme en droit communautaire. La pratique des États en matière de lutte contre le terrorisme, marquée par des

---

[1450]K. ROUDIER, *Le contrôle de constitutionnalité de la loi antiterroriste : étude comparée des expériences espagnole, française et italienne, op.cit.*, p. 18.

[1451]Voir en ce sens Centre international des droits de la personne et du développement démocratique, *Promouvoir les droits humains et la démocratie dans un contexte de terrorisme*, Rapport du groupe de réflexion, 30 mai 2002, Ottawa, p. 42.

[1452]H. MOCK, « "Guerre" contre le terrorisme et droits de l'homme. Réflexions à propos du rapport de la FIDH intitulé "L'anti-terrorisme à l'épreuve des droits de l'homme : les clés de la comptabilité" », *RTDH*, 65/2006, pp. 23-31.

atteintes de plus en plus graves aux droits fondamentaux de la personne humaine, illustre cette nécessité.

En effet, la lutte contre le terrorisme est devenue une priorité internationale, voire un instrument de coopération, à tel point que, « pour s'assurer du soutien des pays occidentaux, il suffit à n'importe quel gouvernement corrompu, antidémocratique de se joindre à la guerre contre le terrorisme et d'introduire une législation antiterroriste »[1453].

Le terrorisme apparaît ainsi comme la "chape de plomb" du nouvel ordre mondial au point que tout recours à la guerre antiterroriste est, à la quasi-unanimité, immédiatement approuvé, telle une simple opération de routine, quels que soient les niveaux, national, régional ou international. Il faut en effet se rendre à l'évidence que « les mesures prises par les États dans le cadre de la lutte antiterroriste, principalement depuis les attentats du 11 septembre 2001, sont souvent loin de satisfaire aux obligations internationales en matière des droits fondamentaux de la personne humaine »[1454] comme en témoigne les velléités récentes du président américain Donald TRUMP, d'interdire aux ressortissants de sept pays musulmans[1455], l'entrée sur le territoire américain.

Du reste, dans le contexte de la CEDEAO, le régime juridique du terrorisme a échappé à tout contrôle, puisque, malgré les violences terroristes qui affectent la sous-région, la Cour de justice n'a pas eu l'occasion de construire une jurisprudence en cette matière.

Cette carence jurisprudentielle peut être justifiée dans le choix de la Communauté dont la pratique consiste à privilégier l'option politique et/ou militaire, au détriment de la voie juridictionnelle.

[1453]R. SANKORE, cité par Ernest Harsch, « L'Afrique et la guerre contre le terrorisme », in *Afrique Renouveau*, vol. 23, octobre 2009, p. 16. Disponible en ligne : www.un.org

[1454]Voir en ce sens H. MOCK, « "Guerre" contre le terrorisme et droits de l'homme. Réflexions à propos du rapport de la FIDH intitulé "L'anti-terrorisme à l'épreuve des droits de l'homme : les clés de la comptabilité"», *op.cit.*, pp. 23- 26.

[1455]Il s'agit principalement des pays suivants : Irak, Iran, Libye, Somalie, Soudan, Syrie et Yémen. Le Tchad avait par la suite été ajouté à la liste.

Il n'est donc pas surprenant que le contentieux relatif au terrorisme soit quasi-inexistant devant l'office du juge communautaire, en dépit des violations avérées des droits fondamentaux dans les États membres dont la plupart font face depuis plusieurs années à ce fléau.

Les conclusions préliminaires de l'examen interne de la CEDEAO effectué en novembre 2013 à Lagos, avaient, du reste, « révélé d'importantes lacunes dans divers aspects des approches et des dispositifs de la Communauté visant la résolution de la crise malienne, aux plans stratégique, politique, diplomatique, militaire et institutionnel». Dès lors, l'approche juridique se révèle indubitablement la seule capable d'endiguer le phénomène terroriste dans l'espace communautaire.

Par-delà sa propension naturelle à être un idéal politique, l'État de droit est saisi, dans le contexte de la CEDEAO, non pas comme « une simple figure rhétorique, construite à des fins de légitimation »[1456], mais bien plus, comme un véritable levier de développement. À ce titre, l'État de droit investi au quotidien l'ordre communautaire en prescrivant ainsi l'instauration généralisée d'un contrôle de la hiérarchie des normes[1457] sur l'ensemble du territoire communautaire.

L'État de droit apparaît ainsi comme l'une des composantes et l'un des piliers du processus d'intégration ouest-africaine. Sa constitutionnalisation représente à cet égard, une véritable évolution du projet d'intégration. Plus qu'un idéal, l'État de droit est, depuis son incorporation dans le dispositif normatif de la Communauté par le Protocole de Dakar, considéré comme une valeur fondatrice de l'intégration en Afrique de l'Ouest. Désormais, il n'est plus question de la coopération économique comme seul socle du développement des États membres. Le processus doit s'accompagner d'une intégration juridique propice à la garantie d'un certain nombre de valeurs dont, entre autres, la protection des droits fondamentaux de la personne et de la primauté du droit. Ces valeurs sont consubstantielles à la philosophie communautaire, et dont aucun État membre ne peut se passer, au risque de s'exposer à des sanctions.

[1456]J. CHEVALLIER, « L'État de droit et les relations internationales », *op.cit.*, p. 4.

[1457]B. O. S.-O. KASSI, *Francophonie et justice : contribution de l'organisation internationale de la francophonie à la construction de l'État de droit, op.cit.*, p. 249.

Tel un indicateur politique de performance économique, l'État de droit s'est révélé être une unité de mesure, voire un critère d'évaluation du processus d'intégration. En ce sens, il a contribué à l'affirmation de l'autonomie de l'ordre communautaire favorisant ainsi une approche conceptuelle assez originale de la bonne gouvernance.

Dans la même logique, cette approche a permis de consacrer un authentique contentieux des droits de l'homme au niveau communautaire. Il suffit pour s'en convaincre, de suivre l'évolution normative de la Communauté qui consacre l'élargissement progressif du contrôle communautaire.

Conscient du rôle central de l'État de droit dans le maintien de la paix et la stabilité sous-régionales, le législateur communautaire a inscrit celui-ci au centre de la coopération internationale de la CEDEAO. Dans cette optique, il va même plus loin en incriminant désormais l'infraction à la démocratie et à l'État de droit[1458].

Dans ce contexte, l'approche communautaire consiste à adapter l'État de droit aux mutations qu'impose la mondialisation avec l'apparition des nouveaux défis comme la lutte contre le terrorisme international.

En somme, à travers les valeurs qu'il consacre, l'État de droit est en train de se révéler comme un « vecteur d'affirmation identitaire »[1459] de la CEDEAO. En d'autres termes, en incorporant les valeurs de l'État dans ses fondements philosophiques, la Communauté ouest-africaine entend s'appuyer sur ces valeurs pour préserver son patrimoine identitaire. Au fil des ans, la question de la protection des droits fondamentaux en droit communautaire s'est trouvée au cœur de l'activité normative de la CEDEAO, au point de devenir la mission centrale de la Cour de justice de la Communauté. Bien que la question ait été inscrite tardivement dans le champ de l'activité de la CEDEAO[1460], –car l'objectif principal à l'époque était de mettre en place le marché intérieur et les libertés inhérentes à sa réalisation–[1461],

---

[1458]Article 45 du Protocole A/SP1/12/01 sur la démocratie et la bonne gouvernance.

[1459]S. LABAYLE, *Les valeurs de L'Union européenne*, *op.cit.*, p. 161.

[1460]Protocole A/SP1/01/05 du 19 janvier 2005 portant amendement du Protocole relatif à la Cour de justice de la Communauté.

[1461]Il s'agit principalement de la libre circulation des personnes, des capitaux, des biens et des services.

elle a connu une rapide évolution, témoignant ainsi de l'importance primordiale que les États attachent au respect des droits fondamentaux.

Cette dimension politique du droit communautaire s'est affirmée dans l'incorporation de la Charte africaine des droits de l'homme et des peuples dans l'ordre juridique de la Communauté et dans le Protocole de la CEDEAO sur la démocratie et la bonne gouvernance. Ces bases juridiques ont permis l'adoption de la première génération de règles communautaires donnant une expression particulière aux droits fondamentaux[1462].

Dans l'ensemble hétéroclite de leur passé constitutionnel[1463], les États membres de la CEDEAO ont choisi de se doter d'un instrument politique de portée constitutionnelle dans lequel sont affirmés des principes qui feraient converger les pratiques constitutionnelles dans la même direction. Ces « principes de convergence constitutionnelle » déterminent en effet, le domaine de définition des valeurs démocratiques et de l'État de droit dont se réclame la CEDEAO.

Dans cette logique, les États membres, en retrait sur l'enracinement de la culture de l'État de droit, ont entamé des réformes constitutionnelles pour ouvrir la voie au développement des droits fondamentaux. Cette démarche a permis la consécration d'une réalité constitutionnelle désormais dominée par le règne du droit. Ce tournant s'est traduit par l'institution d'un contrôle de constitutionnalité permettant la consolidation de la Constitution en tant que norme suprême par rapport à laquelle est vérifiée la légitimité d'un acte juridique.

Cependant, l'action politique des États qui s'est développée à partir d'une interprétation extensive des règles de fonctionnement des pouvoirs publics[1464] a profondément affecté l'ordre communautaire

---

[1462]F. FERRARO, J. CARMONA, *Les droits fondamentaux dans l'Union européenne. Le rôle de la Charte après le traité de Lisbonne, analyse approfondie,* EPRS, Service de Recherche du Parlement Européen, Mars 2015. Disponible en ligne : www.europarl.europa.eu.

[1463]D. ROUSSEAU, « La notion de patrimoine constitutionnel européen », in *Mélanges Philippe Ardant, Droits et politiques à la croisée des cultures*, Paris, L.G.D.J., p. 32.

[1464]Voir en ce sens R. EL MOSSADEQ, « L'interaction de l'explicite et de l'implicite dans la réforme constitutionnelle au Maroc », in *Mélanges Philippe Ardant, Droits et politiques à la croisée des cultures, op.cit.,* p. 94 ; voir aussi l'arrêt n° 04/CC/ME du

entraînant ainsi des situations politiques qui, elles-mêmes ont favorisé la survenance des crises à l'occasion desquelles les principes de l'État de droit se sont trouvés quotidiennement remis en cause.

Au regard de cette situation, l'action de la CEDEAO s'est orientée vers le renforcement de la protection des principes de l'État de droit, notamment les droits fondamentaux et la légalité constitutionnelle. En ce sens, l'État de droit est apparu comme l'instrument du maintien de la stabilité de l'ordre communautaire, indispensable à la réalisation de l'intégration.

Cela a conduit à la mise en place de plusieurs mécanismes de recours permettant de faire intervenir la Cour de justice, chaque fois qu'un droit fondamental se trouverait atteint. La Cour de justice va encore plus loin en affirmant dans l'arrêt *CDP et autres contre Burkina Faso*, « qu'elle peut valablement se préoccuper de violations non encore réalisées, mais très imminentes »[1465].

Et, pour rendre effective l'affirmation de la protection des droits fondamentaux, le législateur communautaire a explicitement exclu des conditions de saisine du juge communautaire, la règle de l'épuisement interne des voies de recours[1466].

La Cour de justice de la CEDEAO l'a d'ailleurs rappelé dans l'arrêt *Dame Hadidjatou Mani c/ République du Niger*[1467] du 27 octobre 2008, consacrant ainsi, de manière définitive, l'attachement de la CEDEAO au respect des droits fondamentaux et, plus largement de l'État de droit. Ce principe intitialement abordé avec la plus extrême discrétion, puis au mieux, pour certains, avec une grande prudence, est aujourd'hui proclamé au plus haut niveau et assorti de mécanisme de sanctions

---

12 juin 2009 annulant le décret n° 2009-178/PRN/MI/SP/D du 5 juin 2009 portant convocation du corps électoral pour le référendum sur la Constitution de la sixième République au Niger ; Voir également arrêt N° ECW/ CCJ/ JUD/09/11 *Madame AMEGANVI Manavi Isabelle et autres c/ République du Togo*, 7 octobre 2011.

[1465]Jugement N° ECW/CCJ/JUG/16/15, *CDP et autres c/ Burkina Faso*, 13 juillet 2015, paragraphes 15 et 16.

[1466]Voir Protocole A/SP1/01/05 du 19 janvier 2005 portant amendement du Protocole relatif à la Cour de justice de la Communauté, article 10.

[1467]ECW/CCJ/APP/08/07 *Dame Hadidjatou Mani Koraou c/ République du Niger*, 27 octobre 2008.

juridictionnel et politique[1468]. Cette « ardeur communautaire » de l'État de droit prend tout son sens au regard de la corrélation désormais établie entre le concept d'État de droit et la stabilité régionale. La fragilité des États membres de la CEDEAO, généralement en proie à des crises politiques et sécuritaires, a conduit à l'affirmation de l'État de droit comme un levier de la construction communautaire. La dimension sécuritaire apparaît, en effet, comme un véritable vecteur de développement au point d'être appréhendée, dans le contexte de la CEDEAO, comme le défi prioritaire dans la perspective de la construction de l'État de droit, dans la mesure où, à l'évidence, il n'y a de développement possible sans sécurité minimale. L'insécurité est en effet, un facteur de ralentissement, voire de blocage de la dynamique de développement d'un État donné[1469].

De plus, outre l'idéal qui s'attache à l'État de droit, la conviction idéologique de la CEDEAO apparaît sous l'angle de l'affirmation de l'État de droit comme instrument de la coopération avec les États et autres organisations internationales. Dans sa quête pour l'affirmation effective de l'État de droit, la CEDEAO s'est engagée dans une démarche d'autonomisation de son ordre juridique. Dans cette optique, elle fonde sa propre approche de la bonne gouvernance afin de permettre à la Cour de justice d'assurer la pérennité du droit communautaire. Elle manifeste également sa volonté d'affranchir ses États membres de l'impérialisme occidental longtemps exprimé sous le prisme de la « conditionnalité démocratique » en garantissant elle-même les principes démocratiques et les valeurs de l'État de droit en tant que composantes essentielles de la bonne gouvernance. À ce titre, la bonne gouvernance constitue aujourd'hui le prisme par lequel s'effectue la protection des droits fondamentaux.

[1468]C. FLAESCH-MOUGIN, « Vers une Union entre les peuples européens, libre et démocratique », in *La liberté dans tous ses états, Liber amicorum en l'honneur de Jacques Georgel*, Paris, Apogée, 1998, pp. 383-407.

[1469]L. CISSÉ, *La problématique de l'État de droit en Afrique : analyse comparée de la situation de la Côte d'ivoire, de la Mauritanie, du Liberia et de la Sierra Léone*, Paris, L'Harmattan, 2013, p. 150.

CONCLUSION GÉNÉRALE

S'il nous était permis de paraphraser Tierno MONEMEMBO[1470], nous affirmerions qu'entre l'interrogation et l'exclamation, nous préférons encore hésiter. D'ailleurs, nous y sommes contraints. Il ne nous paraît pas évident de ponctuer le thème de cette étude, si, toutefois, la question de la protection des droits fondamentaux dans le contexte de l'intégration en Afrique en général et en Afrique de l'Ouest en particulier, peut encore inspirer le débat.

Parmi les facteurs jugés primordiaux pour assurer un processus cohérent de développement en Afrique, les droits fondamentaux, après avoir longtemps été tenus en lisière, sont progressivement inscrits parmi les vecteurs, et probablement les vecteurs essentiels de l'intégration en Afrique de l'Ouest.

Face à une poussée dynamique[1471] émanant d'un mouvement d'unification du droit, à tout le moins d'harmonisation des droits internes, notamment constitutionnels[1472], le temps se prête particulièrement à une analyse de la contribution des droits fondamentaux à la transformation d'une utopie en réalité bien tangible[1473].

Si le silence des traités constitutifs sur la place des droits fondamentaux dans le processus d'intégration a pu rendre utopique toute idée d'intégration par le droit en Afrique de l'Ouest, les menaces que font

[1470]T. MONEMEMBO, « Le romancier africain est ontologiquement monstrueux », in *Géopolitique africaine. Sahara, L'Algérie perd son atout maitre*, *op.cit.*, p. 291.

[1471]S. E. PERRAKIS, « Contribution au débat sur la protection communautaire des Droits de l'Homme : la déclaration des droits et libertés fondamentaux du Parlement européenne », *RMC*, 1990, p. 467 et s.

[1472]A. H. DIOMPY, *Le paradoxe de l'internationalisation du droit constitutionnel en Afrique : réflexions sur les interactions normatives, institutionnelles et politiques dans l'espace CEDEAO*, *op. cit.*, p. 914.

[1473]R. KOVAR, « La contribution de la Cour de justice à l'édification de l'ordre juridique communautaire », *Revue des Affaires Européennes (RAE)*, vol. IV, tome I, pp. 15-22.

planer l'accroissement des défis hystériformes sur la réalisation du projet communautaire ont entraîné, par un effet induit, le développement des droits fondamentaux dans le processus d'intégration.

Cependant, l'imperméabilité relevée du droit communautaire, dans l'ordre juridique des États membres, ne place-t-elle pas le système juridictionnel de la CEDEAO, en dépit de ses incontestables qualités intrinsèques, et des espoirs suscités, dans une forme d'isolement qui pourrait, à terme, provoquer son effondrement, et partant, celui de la construction communautaire dans son ensemble ?[1474].

En effet, il apparaît, à l'analyse des ordres juridiques nationaux et communautaires à l'aune de la protection des droits fondamentaux, une limite à l'articulation des systèmes.

Cette situation n'est pas sans rappeler l'expérience de la Cour de justice de l'Union européenne, de laquelle s'inspire fortement le juge de la CEDEAO. En effet, il convient de rappeler qu'à ses débuts, la Cour de justice des Communautés européennes qui ne disposait que de peu de compétences, a été confrontée à l'argument de la souveraineté des États, refusant tout impérialisme juridique de ce « droit venu d'ailleurs »[1475].

Pour ce faire, la Cour de justice a dû faire preuve d'ingéniosité, en élargissant son champ normatif à la Convention européenne des droits de l'homme, et, en intégrant des techniques d'interprétation originales comme par exemple celle des « principes généraux du droit » communautaire, tels qu'inspirés des traditions constitutionnelles communes aux États membres.

Mais très vite, la Cour va faire face à des critiques inhérentes à son activisme juridique et à son offensive jurisprudentielle, à tel point que certaines personnalités comme Roman HERZOG, ancien président de la République fédérale d'Allemagne et de la Cour constitutionnelle, par ailleurs président de la Convention sur la Charte des droits

---

[1474]R. MEDHI (dir.), « introduction générale. La justice communautaire : entre espoirs fondés et promesses déçues », in *L'avenir de la justice communautaire : enjeux et perspectives*, Paris, La Documentation française, 1999, p. 6.

[1475]J. CARBONNIER, *Droit et passion du droit sous la Vème République*, Paris, Flammarion, 1996, p. 44 ; L. COHEN-TANUGI, *L'Europe en danger*, Paris, Fayard, 1992, 252 p.

fondamentaux, aient appelés, dans une tribune, à « arrêter la Cour de justice »[1476]. La Cour de justice est ainsi accusée de se substituer au juge national pour interférer dans l'action interne des États.

Dans le cadre de l'intégration ouest-africaine, la diffusion des normes communautaires dans l'ordre juridique des États se trouvent confrontée à l'indifférence des juges nationaux qui peinent encore à se détacher du droit national à l'application duquel ils ont été formés. Or, c'est bien le juge national qui, à bien des égards, est l'élément pivot de l'intégration de la norme communautaire[1477], d'autant plus que le juge communautaire reste cantonné sur une position de principe qui limite son action. La Cour a, en effet, toujours rappelé, qu'elle n'était pas une instance chargée de trancher des procès dont l'enjeu est l'interprétation de la loi ou de la Constitution des États de la CEDEAO[1478].

En raison de l'absence de communicabilité entre les ordres juridiques, on assiste à un phénomène de déconstruction du droit communautaire. Or, comme l'explique Denys SIMON, l'obligation tirée des traités impose aux États membres, un « réflexe […] des droits au profit des individus qui doivent pouvoir exiger que le respect des obligations souscrites par les États membres soit assuré par les tribunaux nationaux »[1479]. Cette obligation d'adaptation qui pèse sur les ordres juridiques nationaux[1480] illustrée par les mécanismes que constituent le recours en manquement[1481] et le renvoi préjudiciel[1482], pose donc, dans notre cas, la question des véritables destinataires du droit

[1476]R. HERZOG, L. GERKEN, « Stop the European Court of justice ! », *Frankfurter Allgemeine Zeitung*, 8 septembre 2008, consulatble en ligne sur : www.euobserver.com ; voir aussi F. NIANG, *La fonction européenne du juge national*, Paris, L.G.D.J., 2013, 226 p. ; p. 2.

[1477]R. LECOURT, *L'Europe des juges*, Bruxelles, Buylant, 2008, 321 p. ; p. 12 ; A. BARAV, « La plénitude de la compétence du juge national en sa qualité de juge communautaire », in *L'Europe et le Droit, Mélanges en hommage à Jean Boulouis*, Paris, Dalloz, 1999, pp. 1- 20.

[1478]ECW/CCJ/JUG/16/15 CDP et autres c/ État du Burkina, 13 juillet 2015.

[1479]D. SIMON, *Le système juridique communautaire*, 3ème éd. ; Paris, PUF, 2001, 779 p. ; p. 32.

[1480]F. NIANG, *La fonction européenne du juge national*, *op. cit.*, p. 168.

[1481]Art. 9. d). et 10. a). du Protocole A/SP.1/01/05 relatif à la Cour de justice de la Communauté.

[1482]Art. 10. f). du Protocole A/SP.1/01/05 relatif à la Cour de justice de la Communauté.

communautaire. Est-ce un droit qui s'adresse essentiellement aux États membres ou un droit qui devient le « patrimoine juridique national »[1483] intégrant les droits des particuliers ? Cette problématique n'est pas nouvelle : elle avait déjà été mise en exergue par Robert LECOURT lorsqu'il fasait remarquer : « [...] ou bien la Communauté est pour les particuliers, une séduisante mais lointaine abstraction intéressant seulement les gouvernements qui leur appliquent discrétionnairement les règles, ou bien elle est pour eux une réalité effective et, par conséquent, créatrice de droit »[1484].

L'intégration effective, sous le prisme du droit, risquerait ainsi d'être un vœu pieux, aussi longtemps que le droit communautaire restera du domaine réservé du juge communautaire. L'efficacité de la règle juridique, ne peut être garantie qu'à travers une application effective de celle-ci, et le cas échéant, de la mise en œuvre de la sanction prévue lorsqu'elle est violée[1485].

Par conséquent, à travers la protection des droits fondamentaux dont elle est désormais la garante, la Cour de justice de la CEDEAO, par une interprétation extensive et dynamique de ses compétences[1486], a su identifier les besoins essentiels du système communautaire, en saisir l'essence profonde et tracer la voie d'un renforcement constant de l'intégration[1487].

La consécration des droits fondamentaux a constitué en ce sens une étape majeure dans la constitutionnalisation de l'ordre juridique communautaire. À ce titre, la jurisprudence de la Cour de justice semble progressivement susciter, selon l'expression de Rostane MEDHI, « le glissement d'une perception "internationaliste" des traités vers une vision explicitement "constitutionnaliste" qui n'a cessé depuis d'être

---

[1483]R. LECOURT, *L'Europe des juges*, *op. cit.*, pp. 260-261.

[1484]*Ibid.*, p. 248.

[1485]D. SANOU, *La juridictionnalisation des organisations d'intégration économique en Afrique*, *op. cit.*, p. 558.

[1486]La Cour a ainsi affirmé que l'absence de la condition de l'épuisement préalable des voies de recours internes est un « acquis communautaire ». Voir Arrêt ECW/CCJ/JUD/06/08, *Dame Hadijatou Mani koraou c/ République du Niger*, 27 octobre 2008.

[1487]R. MEDHI (dir.), « introduction générale. La justice communautaire : entre espoirs fondés et promesses déçues », *op. cit.*, p. 7.

affirmée »[1488]. C'est ainsi que la Cour de justice de la CEDEAO considère les droits fondamentaux comme l'un des vecteurs d'intégration en ce qu'ils participent à la garantie des principes démocratiques et à la diffusion des valeurs de l'État de droit. L'adoption du Protocole sur la démocratie et la bonne gouvernance participe clairement de cet objectif.

Dès lors, c'est sous l'angle de la protection des droits fondamentaux que la Cour de justice s'est révélée d'un activisme vigoureux. Le regain d'intérêt pour les droits fondamentaux dans le système d'intégration CEDEAO pousse à s'interroger sur ce qui fonde cette fulgurante ascension.

Les droits fondamentaux fournissent à la construction communautaire, les éléments d'une cohésion indispensable à l'Unité africaine. En s'appuyant sur les droits fondamentaux, la Cour de justice a discrètement réussi à orienter le processus d'intégration vers un socle de valeurs communes dont elle assure la sauvegarde. Cette réalité se pose avec plus d'évidence à mesure que se diversifient les ambitions de l'ordre juridique d'intégration mis en place par les traités[1489].

Dans cette perspective, le protocole sur la démocratie et la bonne gouvernance se situe dans une position que l'on pourrait qualifier, sans exagérer, de « Constitution communautaire ». Les principes et les valeurs qu'il consacre y sont définis comme des standards qui doivent être respectés en raison de leur dimension constitutionnelle.

Toutefois, la pertinence de ces énoncés constitutionnels est conditionnée par leur application effective. En effet, c'est précisément de l'inapplicabilité des normes communautaires que découle le faible ancrage du droit communautaire. Les innovations juridiques qui découlent de l'évolution normative ne suffisent pas à garantir à notre avis, la pleine effectivité des normes intégratives. Il faut, à cet effet, une véritable révolution culturelle aussi bien des juges que des justiciables. En effet, il est frappant de constater que malgré l'existence du

---

[1488]*Ibid.*, p. 8 ; voir aussi A. H. DIOMPY, *Le paradoxe de l'internationalisation du droit constitutionnel en Afrique : réflexions sur les interactions normatives, institutionnelles et politiques dans l'espace CEDEAO*, *op. cit.*, p. 447 et s.

[1489]R. MEDHI (dir.), « introduction générale. La justice communautaire : entre espoirs fondés et promesses déçues », *op. cit.*, p. 10.

mécanisme intégré, et sans doute plus fédérateur, que constitue le renvoi préjudiciel[1490], et plusieurs autres voies de droit offertes aussi bien aux États membres qu'aux particuliers, le contentieux communautaire est si rare, et relève, le cas échant, du seul domaine du juge communautaire.

Si la prise en compte des droits fondamentaux dans la dynamique d'intégration a pu servir à l'affirmation de l'ordre juridique communautaire et au développement des valeurs intégratives, elle peine encore à mettre en lumière la primauté du droit communautaire en tant qu'ensemble de dispositions normatives.

Par-delà ces considérations, l'analyse de l'évolution du « constitutionnalisme intégrationniste », sous l'angle de la protection des droits fondamentaux, confirme les impressions qui ont orienté la présente recherche. Il apparaît, à l'analyse que deux notions demeurent au centre des préoccupations communautaires : les droits fondamentaux d'une part, et la stabilité régionale indispensable à la réalisation de l'intégration d'autre part.

Il en résulte que dans cette organisation politique singulière[1491], la juridictionnalisation de la coopération extérieure de la Communauté, sans bouleverser fondamentalement l'équilibre institutionnel consacré dans la CEDEAO, est porteuse d'une sécurité juridique, donnée indispensable à la réalisation du projet communautaire.

[1490]F. NIANG, *La fonction européenne du juge national*, *op. cit.*, p. 168.
[1491]*Ibid.*, p. 200.

BIBLIOGRAPHIE GÉNÉRALE

Ouvrages généraux

- **ALLAND (D.)**, *Droit international public,* Paris, PUF, coll. Droit Fondamental, 2000.
- **ALLARD (J.), GARAPON (A.),** *les juges dans la mondialisation : la nouvelle révolution du droit*, Paris, Seuil, 2005.
- **ARDENT (P.), MATHIEU (B.)**, *Institutions politiques et droit constitutionnel,* 26e édition, L.G.D.J, 2014.
- **ASSANE (S.)**, *Une République africaine au XIX e siècle*, Présence Africaine, I-II, 1955.
- **AUER (A.), MALINVERNI (G.)** et **HOTTELIER (M.)**, *Droit constitutionnel Suisse, les droits fondamentaux,* Berne, 2ème éd., Staempfli, vol. II, 2006.
- **BECK (U.)**, *Pouvoir et contre-pouvoir à l'heure de la mondialisation*, Paris, Flammarion, 2003.
- **CARBONNIER (J.)**, *Droit et passion du droit sous la Vème République*, Paris, Flammarion, 1996.
- **CHALTIEL (F.)**, *La souveraineté de l'État et l'Union européenne, l'exemple français. Recherches sur la souveraineté de l'État membre*, Paris, L.G.D.J., 2000.
- **CISSÉ (L.)**, *La problématique de l'État de droit en Afrique : analyse comparée de la situation de la Côte d'ivoire, de la Mauritanie, du Liberia et de la Sierra Léone*, Paris, L'Harmattan, 2013.
- **COHEN-TANUGI (L.),** *La métamorphose de la démocratie française. De l'État jacobin à l'État de droit*, Paris, Gallimard, 1993.
- **COLLIARD (C.-A.)**, *Libertés publiques*, Paris, Dalloz, 6ème éd., 1982.
- **DE BOSSCHERE (G.)**, *Le Tiers-Monde : L'Afrique*, Paris, Seghers, 1987.
- **DE LAUBADÈRE (A.), MATHIOT (A.), RIVERO (J.) *et al.***, *Aux sources du droit, l'État et la politique*, Paris, L.G.D.J., 1980.

- **DUBOS (O.)**, *Les juridictions nationales, juge communautaire : contribution à l'étude de la fonction juridictionnelle dans les États membres de l'Union européenne,* thèse Paris, Dalloz, 2001.
- **EISENMANN (C.)**, *La justice constitutionnelle et la Haute cour constitutionnelle d'Autriche*, thèse, Paris, Economica, 1986.
- **FANON (F.)**, *Les Damnés de la Terre*, Éditions François Maspero, 1961.
- **FAVOREU (L.) *et alii.***, (dir.), *Droit des libertés fondamentales*, Paris, Dalloz, « coll. », Précis, 7ème éd., 2015.
- **FAVOREU (L.)**, *Droit constitutionnel*, 12e édition, Paris, Dalloz, 2009.
- **FAVOREU (L.), GAÏA (P.), GHEVONTIAN (R.), MESTRE (J.-L.), PFERSMANN (O.), ROUX (A.), SCOFFONI (G.)**, *Droit constitutionnel*, Paris, Dalloz, 18e éd., 2016.
- **FAVOREU (L.), PHILIP (L.)**, *Les grandes décisions du conseil constitutionnel*, 15e édition, Dalloz, 2009.
- **FLAVIER (H.)**, *La contribution des relations extérieures à la construction de l'ordre constitutionnelle de l'Union européenne*, Bruxelles, Bruylant, thèse, 2012.
- **FOMBAUSTIER (L.)**, *John Locke, [Texte imprimé], le droit avant l'état*, Paris, Michalon, 2004.
- **FROMONT (M.)**, *La justice constitutionnelle dans le monde*, Paris, Dalloz, 1996.
- **GAZIBO (M.)**, *Les paradoxes de la démocratisation en Afrique : analyse institutionnelle et stratégique*, Presses de l'Université de Montréal, 2005.
- **GENEVOIS (B.)**, *La jurisprudence du conseil constitutionnel, principes directeurs*, Paris, Ed. Sciences et Techniques Humaines (STH), 1988.
- **GIQUEL (J.), HAURIOU (A.), GÉLARD (P.)**, *Droit constitutionnel et institutions politiques*, Paris, Montchrestien, 1985.
- **GIRARD (C.), HENNETTE-VAUCHEZ (S.)**, *La Dignité de la personne humaine, essai sur le processus de juridicisation*, PUF, Paris, 2005.
- **HABERMAS (J.)**, *Droit et démocratie*, Paris, Gallimard, 1997.
- **HABERMAS (J.)**, *La Paix perpétuelle. Le bicentenaire d'une idée kantienne*, Paris, Cerf, 1996.

- **HAURIOU (A.)**, *Droit constitutionnel et Institution politiques*, 4ème éd., Paris, Montchrestien, 1970.
- **ISAAC (G.), BLANQUET (M.)**, (dir.), *Droit Général de l'Union européenne*, Paris, Sirey, 2012.
- **JULIEN (F.)**, *De l'universel, de l'uniforme, du commun et du dialogue entre les cultures*, Paris, Fayard, 2008.
- **KAMPANG (H.)**, *Au-delà de la Conférence nationale pour les États-Unis d'Afrique*, Paris, L'Harmattan, 1993.
- **KENYATTA (J.)**, *Au pied du mont Kenya*, Accra, 1937.
- **KI-ZERBO (J.)**, *Histoires de l'Afrique noire : D'hier à demain*, Paris, Hatier, 1978.
- **LAFERRIÈRE (J.)**, *Manuel de droit constitutionnel* [Texte imprimé], 2ème éd., Paris, Domat-Monchrestien, 1947.
- **LEVINET (M.)**, *Théorie générale des droits et des libertés*, 2ème éd., Bruxelles, Bruylant, 2008.
- **LUCHAIRE (F.)**, *Le Conseil constitutionnel*, Paris, Economica, 1997.
- **MAGNON (X.)**, *Théorie (s) du droit*, 2008, coll. Université droit, Ellipses.
- **MILACIC (S.)**, *La réinvention de l'État : démocratie te ordre juridique en Europe centrale et orientale*, Actes du colloque international du Sénat, Paris, 5 et 6 octobre 2002, Bruxelles, Bruylant, 2003.
- **MILLET (F.-X.)**, *L'Union européenne et l'identité constitutionnelle des États membres*, L.G.D.J., thèse, 2013.
- **MODERNE (F.)**, *Les institutions constitutionnelles des États d'Afrique francophones et de la République Malgache*, Paris, Economica, 1979.
- **Nations Unies**, *Droits économiques, sociaux et culturels, Manuel destiné aux institutions nationales des droits de l'Homme*, New York et Genève, 2004, disponible en ligne, site des Nations Unies, rubrique : www.ohchr.org.
- **NEME (J.)**, *Les organisations économiques internationales*, Paris, PUF, 1972.
- **NKRUMAH (K.)**, *I Speak of freedom,* Londres, Heinemann, 1961.
- **NKRUMAH (K.)**, *L'Afrique doit s'unir*, traduction de l'anglais aux Éditions Payot, Paris, 1964 et aux Éditions Présence Africaine, Paris, 1994.

- **NKRUMAH (K.)**, *Le néo-colonialisme, dernier stade de l'impérialisme*, Paris, Présence Africaine, 1973.
- **OBERDORFF (H.)**, *Droits de l'Homme et libertés fondamentales*, 2ème éd., L.G.D.J., Paris, 2010.
- **PARIENTE (A.)**, (dir.), La séparation des pouvoirs : théorie contestée et pratique renouvelée, Paris, Dalloz, 2007.
- **PESNOT (P.)**, *Les dessous de la Françafrique – Les dossiers secrets de Monsieur X*, Paris, Nouveau Monde, 2010.
- **Publication de programmes adoptés en Comité**, Représentation française auprès de l'UE, *L'aide extérieure de l'Union européenne 2014-2020*, Mars 2015.
- **RENOUX (T.)**, Le Conseil Constitutionnel et l'autorité judiciaire, l'élaboration d'un droit constitutionnel juridictionnel, thèse de doctorat, droit public, Aix-Marseille 3, 1982, Paris-Economica, 1984.
- **ROSSISTER (C. L.)**, *The American Presidency* (1956), London, The Johns Hopkins University Press, 1987.
- **ROUDIER (K.), GESLIN (A.), CAMOUS. (D.-A.)**, *L'État d'urgence*, Dalloz, 2016.
- **ROUDIER (K.)**, *Le contrôle de constitutionnalité de la loi antiterroriste : étude comparée des expériences espagnole, française et italienne*, thèse, L.G.D.J., 2012.
- **SANTOLINI (Th.),** *Les parties dans le procès constitutionnel*, Bruxelles, Bruylant, 2010.
- **SCHNAPPER (D.)**, *Une sociologue au Conseil constitutionnel,* Paris, Gallimard, 2010.
- **SEVERINO (C.)**, *La doctrine du droit vivant*, thèse, Paris-Aix-en-Provence, Economica-PUAM, Collection Droit Public Positif, 2003.
- **STUART (J.)**, *On Liberty*, Londres, Longman, 1869, [première édition, 1850].
- **TERRÉ (F.)**, *Introduction générale au droit*, Paris, Dalloz, 5ème éd., 2000.
- **TROPER (M.), CHAGNOLLAUD (D.)**, (dir.), *Traité international de droit constitutionnel : Théorie de la constitution*, vol. I, Paris, Dalloz, 2012
- **VEDEL (G.)**, *les bases constitutionnelles du droit administratif, Études et Documents du Conseil d'État*, 1954.

- **VEDEL (G.)**, *Manuel élémentaire de droit constitutionnel*, Paris, Sirey, 1949.
- **WAUTHIER (C.)**, *L'Afrique des Africains. Inventaire de la négritude,* Paris, Seuil, 1964.
- **YOUSSEF (N.)**, *La transition démocratique et la garantie des droits fondamentaux*, éditions publibook, thèse, Paris, 2011.
- **ZARKA (Y. Ch.)**, (dir.), *Repenser la démocratie*, Paris, Armand Colin, 2010.
- **ZOLLER (E.)**, *Aspects internationaux du droit constitutionnel*, Recueil des Cours de l'Académie de droit international de la Haye, t. CCXCIV, 2002.

Ouvrages Spécifiques

- **AIVO (F. J.)**, *Le juge constitutionnel et l'État de droit en Afrique : l'exemple du modèle béninois*, Paris, L'Harmattan, 2006.
- **ANDRIANTSIMBAZOVINA (J.)**, *L'autorité des décisions de justice constitutionnelles et européennes sur le juge administratif français : Conseil constitutionnel, Cour de justice des communautés européennes et Cour européenne des droits de l'homme*, Paris, L.G.D.J., 1998.
- **ARDANT (P.), MATHIEU (B.)**, *Institutions politiques et droit constitutionnel*, 27eme éd., Paris, L.G.D.J, 2017.
- **BANGOURA (D.)**, (dir.), Observatoire Politique et Stratégique de l'Afrique (O.P.S.A), *L'Union africaine face aux enjeux de paix, de sécurité et de défense,* Collection sociétés africaines et diaspora, Paris, L'Harmattan, 2003.
- **BARAV (A.)**, *Études sur le renvoi préjudiciel dans le droit de l'Union* européenne, Coll. « Droit de l'Union européenne », Bruxelles, Bruylant, 2011.
- **BARDELEBEN (V.), DONNAT (F.), SIRITZKY (D.)**, *La Cour de justice de l'Union européenne et le droit du contentieux européen*, Paris, *La Documentation française*, 2012.
- **BASILIEN-GAINCHE (M.-L.)**, *État de droit et états d'exception, une conception de l'État*, Paris, PUF, 2013.

- **BENLOLO-CARABOT (M.), CANDAS (U.), CUJO (E.)**, (dir.), *Union européenne et droit international*, Paris, Pédone, 2012.
- **BERGÉ (J.-S.), ROBIN-OLIVIER (S.)**, *Introduction au droit européen*, thémis. Coll., PUF, 1er édition, Paris, 2008.
- **BLOETZER (S.)**, *L'Union européenne – un ordre cosmopolitique européen en émergence,* Institut européen de l'université de Genève, Genève 2004
- **BOCAR BA (I.), SANGA (D.)**, (dir.), *La CEDEAO a 40 : une évaluation des progrès vers l'intégration régionale en Afrique de l'Ouest*, Nations Unies, Commission Économique pour l'Afrique, CEDEAO, 2015, Publication Nations Unies/CEDEAO, disponible en ligne, www.uneca.org.
- **BONNET (B.)**, *Repenser les rapports entre ordre juridiques*, Paris, Lextenso, 2013.
- **BOUTET (D.)**, *Vers l'État de droit. La Théorie de l'État et du droit*, Paris, L'Harmattan, 1991
- **BURGORGUE-LARSEN (L.), UBEDA DE TORRES (A.)**, *Les Grandes décisions de la Cour interaméricaine des droits de l'homme,* Bruxelles, Bruylant, 2008.
- **CABANIS (A) et MARTIN (M.-L.)**, *Les Constitutions d'Afrique francophone. Évolutions récentes,* Paris, L'Harmattan, 1999.
- **CAPPELLETTI (M.)**, *Le pouvoir des juges*, coll. Droit public positif, Economica- Presses Universitaires d'Aix-Marseille, 1990.
- **CAPRANO (E.)**, *État de droit et droits européens. L'évolution du modèle de l'État de droit dans le cadre de l'européanisation dés système juridiques*, Paris, L'Harmattan, 2006.
- **CARRÉ DE MALBERG (R.)**, *Contribution à la théorie générale de l'État,* t. I, Paris, Sirey, 1920, rééd. 1962.
- **CHEVALLIER (J.)**, *L'État de droit*, 4ème éd., Paris, Montchrestien, 2003.
- **CHRISTAKIS (T.)**, *Le droit à l'autodétermination en dehors des situations de décolonisation*, CERIC, La Documentation française, Paris, 1999
- **COHEN-TANUGI (L.)**, *L'Europe en danger*, Paris, Fayard, 1992.

- **CONSTANTINESCO (V.)**, *Compétences et pouvoirs dans les Communautés européennes. Contribution à l'étude de la nature juridique des Communautés européennes*, Paris, L.G.D.J., 1974.
- **D'ASPREMONT (J.)**, *L'État démocratique en droit international,* Paris, Pedone, 2008.
- **DAVIDSON (B.)**, *West Africa before Colonial Era: A histroy before 1850*, Londres, Addition Wesley Longman Ltd., 1998.
- **DE WILDE D'ESTMAEL (T.)**, *La dimension politique des relations économiques extérieures de la Communauté européenne*, Bruylant, 1998
- **DOUMBE-BILLE (S.), METOU (B.-M.)**, (dir.), *Regards sur le droit public en Afrique, Mélanges en l'honneur du doyen Joseph-Marie Bipoun Woum*, l'Harmattan, 2016.
- **DU BOIS DE GAUDUSSON (J.), CONAC (G.), et DESOUCHES (Ch.),** (dir.), *Les Constitutions africaines publiées en langue française*, tomes I et II, Paris, La Documentation française, 1997 et 1998.
- **DUBOS (O.)**, *Les juridictions nationales, juge communautaire*, thèse, Paris, Dalloz, 2001
- **DUBOUT (V. E.), TOUZÉ (S.)**, (dir.), *Les droits fondamentaux : Charnières entre ordres et systèmes juridiques*, Paris, Pedone, 2010.
- **ESPLUGAS (P.)**, « Protection des droits et libertés » *in* P. SEGUR (dir), *Droit constitutionnel,* Ellipses, 2002
- **FAUCHEUX (B.), HERMELIN (B.), MEDINA (J.)**, *Impact de l'accord de partenariat économique UE- Afrique de l'Ouest*, Paris, Gret, 2005.
- **FAVOREU (L.)**, (dir), *Droit des Libertés fondamentales*, Paris, Dalloz, 2000.
- **FAVOREU (L.)**, (dir.), *Cours constitutionnelles européennes et droits fondamentaux*, Paris-Aix-en-Provence, Economica-Presses universitaires d'Aix-Marseille, 1982.
- **FAVOREU (L.)**, ***et al.***, *Droit constitutionnel*, Paris, Dalloz, 1998.
- **FAVOREU (L.)**, *Les Cours constitutionnelles*, coll. Que sais-je ?, 3ème éd., Paris, PUF, 1996.
- **FERRARO (F.), CARMONA (F.)**, *Les droits fondamentaux dans l'Union européenne. Le rôle de la Charte après le traité de Lisbonne, analyse approfondie*, EPRS, Service de Recherche du

Parlement Européen, Mars 2015. Disponible en ligne : www.europarl.europa.eu.
- **FLAESCH-MOUGIN (P.) et LEBULLENGER (J.)**, (dir.), *Regards croisés sur les intégrations régionales : Europe, Amériques, Afrique*, Bruxelles, Bruylant, 2010.
- **FLAUSS (J.-F.)**, *L'influence de la CEDH sur les États tiers*, Bruylant/Nemesis, Bruxelles 2002.
- **FREUND (J.-N.)**, *L'essence du politique*, 3ème éd., Sirey, 1986, Réimpression, Dalloz 2004.
- **FROMONT (M.)**, *La justice constitutionnelle dans le monde*, Paris Dalloz, 1996
- **GERKRATH (J.)**, *L'émergence d'un droit constitutionnel pour l'Europe*, Bruxelles, éd. De l'Université de Bruxelles, 1997.
- **GICQUEL (J.)**, *Droit constitutionnel et institutions politiques*, 18ème éd., Paris, Montchrestien, 2002.
- **GICQUEL (J.), GICQUEL (J.-E.)**, *Droit constitutionnel et institutions politiques*, 31ème éd., Paris, L.G.D.J., 2017-2018.
- **GONIDEC (P.-F.)**, *Les organisations internationales africaines, Étude comparative*, Paris, L'Harmattan, 1989.
- **GONIDEC (P.-F.)**, *Relations internationales africaines*, Paris, LGDJ, 1996, t. LII.
- **HENNEBEL (L.), TIGROUDJA (H.)**, *Traité de droit international des droits de l'homme*, Paris, Pedone, 2016.
- **HERMET (G.), KAZANCIGIL (A.) et PRUD'HOMME (J.-F)**, (dir.), *La gouvernance : Un concept et ses applications*, Paris, Karthala, 2005.
- **HEUSCHLING (L.)**, *État de droit, Rechtsstaat, Rule of Law*, Paris, Dalloz, 2002.
- **KAMTO (M.)**, (dir), *La Charte africaine des droits de l'homme et des peuples et le protocole y relatif portant création de la cour africaine des droits de l'homme. Commentaire article par article,* coll. Droit international, Bruxelles, Bruylant, 2011.
- **KAMTO (M.)**, *Pouvoir et Droit en Afrique noire, essai sur les fondements du constitutionnalisme dans les États d'Afrique noire francophone*, L.G.D.J., Paris, 1987.
- **KAUFFMANN (P.) et YVARS (B.)**, *Intégration européenne et régionalisme dans les pays en développement*, Paris, L'Harmattan, 2004.

- **KOUASSI (E. K.)**, *Organisations internationales africaines*, Paris, Berger Levrault, 1987.
- **LAÏDI (Z.)**, *La norme sans la force : l'énigme de la puissance européenne*, Paris, Presses de sciences pô, 2008.
- **LEBON (V.)**, *Le constitutionnalisme européen*, Pulim, Coll. Droit public, 2007
- **LECOURT (R.)**, *L'Europe des juges*, Bruxelles, Bruylant, 2008.
- **LÉCUYER (Y.)**, *L'européanisation des standards démocratiques*, Presses Universitaires de Rennes, 2011.
- **LEROY (E.)**, *Les Africains et l'Institution de la justice : entre mimétismes et métissages, état des droits*, Paris, Dalloz 2004.
- **LOCHAK (D.)**, *Les Droits de l'homme*, 3e éd., Paris, La Découverte, 2002.
- **M'BAYE (K.)**, *Les droits de l'homme en Afrique*, 2e éd., Paris, Pedone, 2002
- **M'PAKA (A.)**, *L'Afrique noire face aux défis de la gouvernance démocratique*, Paris, L'Harmattan, 2016
- **MATHIEU (B.) et VERPEAUX (M.)**, *Contentieux constitutionnel des droits fondamentaux*, L.G.D.J., 2002.
- **MATHIEU (B.) et VERPEAUX (M.)**, *Droit constitutionnel*, Paris, PUF, 2004.
- **MAUS (D.), MASCLET (J.-C.)**, (dir.), *Les Constitutions nationales à l'épreuve de l'Europe*, Paris, La Documentation française, 1993.
- **MICHEL (V.)**, *Recherches sur les compétences des Communautés européennes*, Paris, L'Harmattan, 2003.
- **MOLINIER (J.), LOTARSKI (J.)**, *Droit du contentieux européen*, 2ème éd., L.G.D.J, 2009 ; voir aussi *Droit du contentieux de l'Union européenne*, L.G.D.J, 4ème éd., 2012.
- **NIANG (F.)**, *La fonction européenne du juge national*, L.G.D.J., 2013.
- **OBERDORFF (H.)**, *Droits de l'homme et libertés fondamentales*, 2ème éd., Paris, L.G.D.J, 2010.
- **OUGERGOUZ (F.)**, *La Charte africaine des droits de l'homme et des Peuples. Une approche juridique des droits de l'homme, entre tradition et modernité*, Paris, PUF, 1993.
- **PACTET (P.)**, *Institutions politiques Droit constitutionnel*, 22éme éd., Paris, Armand Colin, 2003

- **PESCATOR (P.)**, *L'ordre juridique des Communautés européennes*, Liège, 1973, réimpression, Bruxelles, Buylant, 2006.
- **RENOUX (T.-S.)**, (dir.), *Protection des libertés et droits fondamentaux*, La Documentation française, Paris, 2007
- **RIDEAU (J.), (dir.)**, *De la Communauté de droit à l'Union de droit. Continuité et avatars*, Paris, L.G.D.J., 2000.
- **RIDEAU (J.)**, (dir.), *Les États membres de l'Union européenne, adaptations, mutations, résistances*, Paris, L.G.D.J., 1997.
- **RIDEAU (J.)**, *Droit institutionnel de l'Union et des Communautés européennes*, Paris, L.G.D.J., 3e éd., 1999.
- **ROUSSEAU (C.)**, *Droit international public*, Paris, Sirey, 1953.
- **ROUSSEAU (D.)**, *La justice constitutionnelle en Europe,* Paris, Montchrestien, 3e éd., 1998.
- **SALL (A.)**, *L'affaire Hisséne Habré. Aspects judiciaires nationaux et internationaux,* Paris, L'Harmattan, 2013.
- **SALL (A.)**, *La justice de l'intégration : réflexions sur les mutations de la CEDEAO et de l'UEMOA*, Dakar, CREDILA, 2011.
- **SALL (A.)**, *Les mutations de l'intégration des États en Afrique de l'Ouest. Une approche institutionnelle*, Paris, L'Harmattan, 2006.
- **SALL (A.)**, *Les relations extérieures de la CEDEAO*, Paris, L'Harmattan, 2016.
- **SCHMITT (M.)**, *Autonomie collective des partenaires sociaux et principe de subsidiarité dans l'ordre juridique communautaire,* Presses Universitaires d'Aix-Marseille, 2009.
- **SCHWARZE (J.)**, *la naissance d'un ordre constitutionnel européen : l'interaction du droit constitutionnel national et européen*, Baden-Baden : Nomos, Bruxelles : Bruylant, 2001.
- **SIMON (D.)**, *Le Système juridique communautaire*, 3ème éd. ; Paris, PUF, 2001.
- **SOUARÉ (I. K.)**, *Guerres civiles et Coups d'état en Afrique de l'Ouest : comprendre les causes et identifier des solutions possibles*, Paris, l'Harmattan, 2007.
- **STEFANINI (F.-R.), LEVADE (A.), MICHEL (V.), MEDHI (R.)**, (dir.), *L'identité à la croisée des États et de l'Europe. Quels sens ? Quelles fonctions ?* Bruxelles, Bruylant, 2015.

- **SUDRE (F.)**, *Droit européen et international des droits de l'homme,* Coll. droit fondamental, 12ème éd., Paris, PUF, 2015.
- **SY (M. M.)**, *La protection Constitutionnelle des droits fondamentaux en Afrique : l'exemple du Sénégal,* Paris, L'Harmattan, 2007
- **TEHINDRAZANARIVELO (D. L.)**, *Les sanctions de l'Union africaine contre les Coups d'État et autres changements anticonstitutionnels de gouvernements : potentialités et mesures de renforcement, African Yearbook of International Law*, Genève, Graduate Institute Publications, 2006.
- **TENIER (J.)**, *Intégrations régionales et mondialisation : Complémentarité ou contradiction ?* Paris, La Documentation française, 2003.
- **TROPER (M.)**, *La séparation des pouvoirs et l'Histoire constitutionnelle française*, L.G.D.J., Paris, 1973
- **VERGNE (A.)**, *La notion de Constitution d'après les cours et les assemblées à la fin de l'Ancien Régime (1750-1789),* Paris, De Brocard, 2007.
- **WING (S.)**, *Démocratie malienne et dialogue constitutionnel (1991-2007)*, Paris, Karthala, 2013
- **YABI (G. O.)**, *Le rôle de la CEDEAO dans la gestion des crises politiques et des conflits : cas de la Guinée et de la Guinée-Bissau,* Abuja, Friedrich-Ebert-Stiftung, 2010.
- **YEMET (V. E.)**, *La Charte africaine des droits de l'homme et des Peuples,* Paris, L'Harmattan, 1996.
- **YSUF (A.), OUGUERGOUZ (F.)**, (dir.), *L'Union Africaine, cadre juridique et institutionnel. Manuel sur l'Organisation Panafricaine*, Paris, Pedone, 2013.

Dictionnaires

- **ALLAND (D.) et RIALS (S.)**, (dir.), *Dictionnaire de la culture juridique*, PUF, Paris, 2003.
- **ARNAUD (A.-J.)**, *Dictionnaire encyclopédique de théorie et de sociologie de droit*, L.G.D.J, 1998.
- **BURDEAU (G.)**, *Démocratie,* in Encyclopedia Universalis, corpus 7.

- **COHEN-JONATHAN (G.)**, *Droits de l'homme,* in Encyclopedia Universalis, corpus 7.
- **CORNU (G.)**, *Vocabulaire juridique,* Paris, PUF, 8éme éd., 2007.
- **MÉNY (Y.), DUHAMEL (O.)**, (dir.), *Dictionnaire constitutionnel*, PUF, Paris, 1992.
- **MONJAL (P.Y.)**, *Glossaire des termes juridiques européens*, Paris, Gualino, 2006.
- **RAYNAUD (P.), RIALS (S.)**, (dir.), *Dictionnaire de philosophie politique*, PUF, Paris, 1996.
- **SALMON (J.)**, (dir.), *Dictionnaire de Droit international public,* Bruxelles. Bruylant/AUF, coll. « Universités francophones », 2001.

Thèses

- **ARTAUD-VIGNOLLET (S.)**, *Le principe de l'équilibre institutionnel de l'Union européenne*, Thèse, Toulouse 1, 2003.
- **AUDOUY (L.)**, *Le principe de subsidiarité au sens du droit de la Convention européenne des droits de l'homme,* thèse, Montpellier, soutenue le 11 septembre 2015.
- **BARAV (A.)**, *La fonction communautaire du juge national*, thèse, Strasbourg, 1983.
- **CISSÉ (L.),** *La problématique de l'État de droit en Afrique de l'Ouest : analyse comparée de la situation de la Côte d'Ivoire, de la Mauritanie, du Libéria et de la Sierra Léone*, thèse, Paris XII, 2009.
- **DIOMPY (H.)**, *Le Paradoxe de l'internationalisation de droit constitutionnel en Afrique : réflexions sur les interactions normatives, institutionnelles et politiques dans l'espace CEDEAO*, thèse, Bordeaux, 2017.
- **ETOA (S.)**, *Le passage des « libertés publiques » au « droits fondamentaux ». Analyse des discours juridiques français,* thèse, Caen, 2000.

- **GNIMPIEBA TONNANG (E.)**, *Droit matériel et intégration sous régionale en Afrique centrale*, thèse, Nice, 2004.
- **KASSI (B. O. S.-O.)**, *Francophonie et justice : contribution de l'organisation internationale de la francophonie à la construction de l'État de droit*, thèse, Bordeaux, soutenue le 16 décembre 2015.
- **LABAYLE (S.)**, *Les valeurs de l'Union européenne*, thèse, Aix-Marseille, Laval, soutenue le 12 décembre 2016.
- **LAMPRON (L.-P.)**, *L'existence d'une hiérarchie juridique favorisant la protection religieuse au sein des droits fondamentaux au Canada*, thèse, Avignon, 2011.
- **MATHIEU (C.)**, *La séparation des pouvoirs dans la jurisprudence du Conseil constitutionnel*, thèse, Montpellier, 2015.
- **MILLOGO (Y.)**, *La CEDEAO dans le changement politique. Les enjeux de la coopération et du développement régional,* thèse de doctorat de science politique, Paris 1, 1999.
- **MOINE (A.)**, *L'émergence d'un principe d'élections libres en droit international,* thèse, Nancy II, 1998.
- **PLATON (S.)**, *La coexistence des droits fondamentaux constitutionnels et européens dans l'ordre juridique français*, thèse, Bordeaux, 2007.
- **PRISSO-ESSAWE (S.-J.)**, *Intégration économique et droit en Afrique centrale : « étude de la Zone UDEAC »*, thèse, Montpellier I, 1997.
- **REMEDEM (A.)**, *La protection des droits fondamentaux par la Cour de justice de l'Union européenne,* thèse, Clermont 1, 2013.
- **SANGHARE (M.)**, *La réception du droit international des droits de l'homme au Sénégal,* thèse de doctorat, Grenoble, 2014.
- **SANOU (D.)**, *La juridictionnalisation des organisations d'intégration économique en Afrique*, thèse, Université Paris 1, 2012.
- **SOW (I.)**, *La protection de l'ordre juridique sous régional par les Cours de justice : contribution à l'étude de la fonction judiciaire dans les organisations ouest-africaines d'intégration*, thèse, Bordeaux IV, 2013.
- **TABALA KITENE (F.)**, *Le statut des sanctions contre les changements anticonstitutionnels de gouvernement dans les textes et la pratique de l'Union africaine. Contribution à l'étude*

de la production des normes par les organisations internationales, thèse de doctorat, Gand, 2013.
- **TORCOL (S.)**, *Les mutations du constitutionnalisme à l'épreuve de la construction européenne : essai critique sur l'ingénierie constitutionnelle*, thèse, Toulon, 2002.

Mémoires

- **KANE (T.)**, *La Cour de justice de la CEDEAO à l'épreuve de la protection des droits de l'homme*, mémoire de maitrise en sciences juridiques, Université Gaston Berger, Saint-Louis, 2012.
- **NDIAYE (M.)**, *La Protection des droits de l'homme par la Cour de justice de la CEDEAO*, Mémoire de master II, IEP, Université de Bordeaux, 2014.

Articles, notes de jurisprudence

- **ABDELHAMID (H.)**, « Le paradoxe de l'État de droit en Égypte », *in* ARSAC (P.), CHABOT (J.-L.) et PALLARD (H.), (dir.), *État de droit, droits fondamentaux et diversité culturelle,* Paris, L'Harmattan, 1999, pp. 99-135.
- **ABRAHAM (R.)**, « Les incidences de la CEDH sur le droit constitutionnel et administrative des États parties », *Revue universelle des droits de l'homme*, v. 4, nos. 10-11, 1992, p.409-418.
- **ADAM (A.)**, « Sur les valeurs juridiques fondamentales », in *Mélanges en l'honneur de Slobodan Milacic, Démocratie et liberté : tension, dialogue, confrontation,* Bruxelles, Bruylant, 2008, pp. 25- 37.
- **ADJOVI (R.)**, « Union africaine et démocratie : aspects constitutionnels internes et internationaux », *in* BANGOURA (D.), (dir.), *Observatoire Politique et Stratégique de l'Afrique (O.P.S.A), L'Union africaine face aux enjeux de paix, de sécurité et de défense,* Collection sociétés africaines et diaspora, Paris, L'Harmattan, 2003, pp. 67-88.

- **AHANHANZO (M. G.)**, « Introduction à la Charte africaine des droits de l'homme et des peuples », in *Droits et libertés à la fin du XXe siècle, Études offertes à Claude-Albert COLLIARD*, Paris, Pedone, 1984, pp. 511-537.
- **AÏVO (F. J)** « Les constitutionnalistes et le pouvoir politique en Afrique », *Revue française de droit constitutionnel*, vol. 104, no. 4, 2015, pp. 771-800.
- **AKACHA (N.)**, « Crise électorale et changement anticonstitutionnel de gouvernement », *in* BEN ACHOUR (R.), (dir.), *Les changements anticonstitutionnels de gouvernement. Approche de droit constitutionnel et de droit international,* Actes du colloque organisé les 4 et 5 avril à Tunis, Cahiers de l'Institut Louis FAVOREU, Vol.1., PUAM, 2014, pp. 93-98.
- **AKANDJI-KOMBÉ (J.-F.)**, « Le juge de la CEDEAO et la révolution démocratique Burkinabé. Brèves remarques préoccupées sur une décision inquiétante », article de blog, publié le 21 juillet 20015. Disponible en ligne : www.jfakiblog.com.
- **ALEN (A.) et MELCHIOR (M.)**, « Les relations entre Cours constitutionnelles et les autres juridictions nationales, y compris l'interférence en cette matière, de l'action des juridictions européennes », RUDH, 2002, pp. 333-360.
- **ANDRIANTSIMBAZOVINA (J.)**, « Droits fondamentaux communautaires et champ d'application personnel du droit communautaire », *Revue des affaires européennes*, 2003-2004/1, pp. 57-94.
- **ANDRIANTSIMBAZOVINA (J.)**, « l'élaboration progressive d'un ordre public européen des droits de l'homme - réflexions à propos de la jurisprudence de la Cour européenne des Droits de l'Homme de 1988 à 1995 », Cahiers de droit européen, n°5-6/1997, pp.655-739.
- **ANDRIANTSIMBAZOVINA (J.)**, « L'enrichissement mutuel de la protection des droits fondamentaux au niveau européen et au niveau national, vers un contrôle de « fondamentalité » ? », *Revue française de droit administratif*, janvier-février 2002, pp. 124-138.
- **ANDRIANTSIMBAZOVINA (J.)**, « Les droits de nature politique selon la Cour européenne des droits de l'homme. Le

droit constitutionnel entre droit national et droit européen : retour aux sources ou renouvellement ? », in *Les dynamiques du droit européen en début de siècle. Mélanges en l'honneur de Jean-Claude GAUTRON*, éditions Pedone, 2004, pp. 3-18.
- **ANDRIANTSIMBAZOVINA (J.)**, « Une force qui va ? Tendances générales de la jurisprudence de la CEDH en 2003 », Cahiers de droit européen, n° 3-4/2004, pp. 405-436.
- **ARDANT (P.)**, « Les constitutions et les libertés », *Pouvoirs n° 84*, 1998, pp. 61-74.
- **ARENDT (E.)**, « la procédure selon l'article 177 du traité instituant la Communauté économique européenne », SEW 1965, pp. 385-421.
- **ARNOLD (R.)**, « L'État de droit comme fondement du constitutionnalisme européen », *RFDC*, 2014/4 (n°100), pp. 769-776.
- **ATANGANA AMOUGOU (J.-L.)**, « Avancées et limites du système africain de protection des droits de l'homme : la naissance de la Cour africaine des droits de l'homme et des Peuples », *Droits fondamentaux*, n° 5, Janvier-décembre 2003. Disponible sur la revue en ligne : www.droitsfondamentaux.org.
- **AUVRET-FINCK (J.)**, « Les procédures de sanction internationale en vigueur dans l'ordre interne de l'Union et la défense des droits de l'homme dans le monde », *Revue trimestrielle de droit européen*, 39 (1), janvier-mars 2003, pp. 1-21.
- AVRIL (P.), « Une revanche du droit constitutionnel ? », *Pouvoirs* n° 49, la Ve République – 30 ans, Avril 1989, pp. 5-13.
- **AZOULAI (L.)**, « Les réformes de la sanction juridictionnelle », *in* PINGEL (I.), ROSENBERG (D.), (dir.), *Les sanctions contre les États en droit communautaire,* coll. « contentieux européen », Paris, Pedone, 2006, pp. 17-28.
- **AZOULAI (L.), DUBOUT (E.)**, « Repenser la primauté. L'intégration européenne et la montée de la question identitaire », disponible en ligne : www.google.fr.
- **GUÈYE (B.)**, « L'insertion d'une clause relative aux droits de l'homme dans la Convention Lomé – L'attitude des États africains », *Revue internationale de droit africain, Édition juridiques africaine, EDJA*, n° 28, 1996, pp. 7- 42

- **BAKER DJOUMESSI KENFACK (S.)**, « La Charte africaine de la démocratie, des élections et de la gouvernance ; disponible en ligne : www.fr.slideshare.net.
- **BALDE (H.)**, « L'Union africaine et la Prévention des conflits » *in* BANGOURA (D.), (dir.), Observatoire Politique et Stratégique de l'Afrique (O.P.S.A), *L'Union africaine face aux enjeux de paix, de sécurité et de défense,* Collection sociétés africaines et diaspora, Paris, L'Harmattan, 2003, pp. 89-108.
- **BALLAN (P.)**, « La programmation glissante appliquée aux investissements de l'État en Afrique. Objet, portée et limites. L'expérience guinéenne », disponible en ligne sur le lien suivant : www.dial.prd.fr.
- **BALMOND (L.)**, « De la tentative de coup d'État (sept. 2002) aux accords de Marcoussis (janv. 2003) », Chroniques des faits internationaux, RGDIP, 2003, p. 443 et s.
- **BAMBA (L. N.)**, « Post-Préface », *in* Lambert N'galadjo Bamba, John O. Igué et Kalilou Sylla (dir.), *Sortir du sous-développement : quelles nouvelles pistes pour l'Afrique de l'ouest ? Aspects historiques, institutions et intégration régionale, t. I, Actes du Symposium de la CEDEAO sur le développement,* Ouagadougou, 3-5 Octobre 2010, Paris, L'Harmattan, 2011, pp. 11-12.
- **BARAV (A.)**, « La plénitude de la compétence du juge national en sa qualité de juge communautaire », in *L'Europe et le Droit, Mélanges en hommage à Jean Boulouis*, Paris, Dalloz, 1999, pp. 1- 20.
- **BEDJAOUI (M.)**, « Bref survol historique des accomplissements vers l'Unité Africaine », *in* Abdulqawi. A. YSUF, F. OUGUERGOUZ (dir.), *L'Union Africaine, cadre juridique et institutionnel. Manuel sur l'Organisation Panafricaine*, Paris, Pedone, 2013, pp. 21-34.
- **BELL (J.)**, « Le règne du droit et le règne du juge : Vers une interprétation substantielle de l'État de droit », in *l'État de droit, Mélanges en l'honneur de Guy Braibant*, Paris, Dalloz, 1996, pp. 15-28.
- **BEN ACHOUR (R.)**, « Pour des standards internationaux en matière d'élections » *in* Karel VASAK, *Amicorum Liber : Les droits de l'homme à l'aube du XXIe siècle,* Bruxelles, Bruylant, 1999, pp. 63-74.

- **BEN ACHOUR (R.)**, (dir.), « Rapport introductif », in *Les changements anticonstitutionnels de gouvernement. Approche de droit constitutionnel et de droit international,* Actes du colloque organisé les 4 et 5 avril à Tunis, Cahiers de l'Institut Louis FAVOREU, Vol. 1., PUAM, 2014, pp. 11-28.
- **BEN ACHOUR (R.)**, « La Charte africaine des droits de l'homme et des peuples : Histoires et Problèmes », in *Études internationales,* 1998, n°8, pp. 10- 23.
- **BENCHIKH (M.)**, « commentaire article 22 » *in* Maurice KAMTO (dir)*, La Charte africaine des droits de l'homme et des peuples et le Protocole y Relatif portant création de la Cour africaine des droits de l'homme, commentaire article par article,* coll. Droit international, Bruxelles, Bruylant, 2011, pp. 586-598.
- **BENHAMOU (A.)**, « Les mutations du régionalisme dans les pays en développement », RADIC, 1996, pp. 871- 903.
- **BERNARD (E.)**, « La séparation des pouvoirs remise en cause : le cas de l'Union européenne », in *Les mutations du principe de la séparation des pouvoirs.* Disponible en ligne : www.jus.uio.no.
- **BERNHARDT (R.)**, « Les sources du droit communautaire : la « Constitution » de la Communauté », in *trente ans de droit communautaire, Office des publications officielles des Communautés européennes (OPOCE),* Coll. Perspectives européennes, Bruxelles-Luxembourg, 1982, pp.73-86.
- **BERTRAND (C.)**, « La démocratie participative dans le système institutionnel de l'Union européenne », *Siècles* [en ligne], 37|2013, mis en ligne le 12 décembre 2013.
- **BIAGIOTTI (H.)**, « Afrique, Droits de l'Homme, Démocratie et Conditionnalité : Éléments des discours allemands », in *L'Afrique Politique, Vue sur la Démocratisation à marée basse*, CEAN, Paris, Karthala, 1995, pp. 203-215.
- **BIAGIOTTI (I.)**, « Discours allemands et conditionnalité démocratique », consultable en ligne sur : www.politique-africaine.com.
- **BLANQUET (M.)**, « La Coopération entre les États membres et les institutions communautaires », in *L'Union européenne. Carrefour de coopérations,* Josiane AUVRET-FINCK (dir.), Paris, L.G.D.J., 2002, pp. 115-181.

- **BLECKMANN (A.)**, « L'État de droit dans la Constitution de la République Fédérale d'Allemagne », *Pouvoirs, n° 22*, septembre 1982, pp. 5-27.
- **BLUMANN (C.)**, « Caractéristiques générales de la coopération interinstitutionnelle », in *l'Union européenne. Carrefour de coopérations,* Josiane AUVRET-FINCK (dir.), L.G.D.J., 1998, pp. 29-61.
- **BLUMANN (C.)**, « un mimétisme à l'envers : le contrôle de constitutionnalité des engagements externes en droit constitutionnel et en droit communautaire », *in mélanges offerts à L. Favoreu, Renouveau du droit constitutionnel*, Dalloz, 2007, pp.1039-1064.
- **BOLLE (S.)**, « La conditionnalité démocratique dans la politique africaine de la France », *Revue Afrilex*, septembre 2001.
- **BOLLE (S.)**, « Le Code électoral saisi par la Cour constitutionnelle », article de blog, in *La Constitution en Afrique*, disponible ne ligne : www.la-constitution-en-afrique.org.
- **BOLLE (S.)**, « Quand la Cour de justice de la CEDEAO s'autolimite » in commentaire de blog, disponible en ligne : www.ddata.over-blog.com.
- **BOULOUIS (J.)**, « La fonction normative de la jurisprudence », Droit Social, 1989, pp. 524-525.
- **BOURGI (A.)**, « L'évolution du constitutionnalisme en Afrique : du formalisme à l'effectivité », *RFDC*, 2002/4 (n°52), pp. 721-748.
- **BOURNE (R.)**, « High Level Review of the future of the Commonwealth », Londres, Commonwealth Policy Studies Unit, 2001.
- **BRAIBANT (G.)**, « De la CEDH à la Charte des droits fondamentaux de l'UE », in *Libertés, justice, tolérance, mélanges en hommage au Doyen Gérard Cohen-Jonathan*, Bruxelles, Bruyant, 2004, Vol. I, pp. 327-333.
- **BULTRINI (A.)**, « La responsabilité des États membres de l'UE pour les violations de la CEDH imputables au système communautaire », *Revue trimestrielle des droits de l'homme*, n° 49/2002, 1 janvier 2002, pp. 5-43.
- **BURGORGUE-LARSEN (L.)**, « De l'internationalisation du dialogue des juges : missive doctrinale à l'attention de Bruno Genevois », *in* BONICHOT (J.-C.), DELVOLVE (P.),

GLAZER (E.), MAUGUE (Ch.), MODERNE (F.), ROUX (A.), (dir.), *Le dialogue des juges, Mélanges en hommage à B. Genevois,* Dalloz, Paris, 2008, pp. 95-130.
- **BURGORGUE-LARSEN (L.)**, « La coopération interinstitutionnelle. Approche comparative et tentative de systématisation», in *L'Union européenne. Carrefour de coopérations*, Josiane-A-FINCK (dir.),Paris,L.G.D.J.,2002, pp.13-28.
- **BURGORGUE-LARSEN (L.)**, « Le fait régional dans la juridictionnalisation du droit international », in *La juridictionnalisation du droit international*, Colloque de Lille, SFDI, Paris, Pedone, 2003, pp. 203-226.
- **BURGORGUE-LARSEN (L.)**, « Les résistances des États de droit », *in* J. RIDEAU (dir), *De la Communauté de droit à l'Union de droit*, Paris, L.G.D.J., 2000, spéc. pp. 423- 458.
- **BURGORGUE-LARSEN (L.)**, « Ombres et lumières de la constitutionnalisation de la Charte des droits fondamentaux de l'UE », Cahiers de droit européen, n°5-6/2004, pp. 663-690.
- **BURGORGUE-LARSEN (L.)**, « Prendre les droits communautaires au sérieux ou la force d'attraction de l'expérience européenne en Afrique et en Amérique Latine », in *Les dynamiques du droit européen en début de siècle, Études en l'honneur du professeur Jean-Claude GAUTRON*, Paris, Pedone, 2004, pp. 263-580.
- **CAMBY (J.-P.)**, « Le droit communautaire est-il soluble dans la Constitution ? », Revue du droit public, 2004 (4), pp. 878-888
- **CANIVET (G.)**, « Le droit communautaire et l'office du juge national », *Droit et société* n° 20 et 21, 1992, pp. 133-141.
- **CARCASSONE (G.)**, « changer de régime sans changer de Constitution : l'initiative des acteurs », in *mélanges offerts à L. Favoreu, Renouveau du droit constitutionnel*, Dalloz, 2007, pp. 543-552.
- **CARCASSONNE (G.)**, « Société de droit contre État de droit », in *État de droit, Mélanges en l'honneur de Guy BRAIBANT*, Paris, Dalloz, 1996, pp. 37-45.
- **CARIAT (N.), LEBOEUF (L.)**, « Renvoi préjudiciel à la Cour de justice de l'Union européenne et droit à un procès équitable », in *Strada Jurisprudence*, *Journal des tribunaux, VoL 131,* n°64922-32/2012, pp. 673-677.

- **CASSIA (P.)**, « Le juge administratif, la primauté du droit de l'Union européenne et la Constitution française », *RFDA*, 2005, pp.465-471.
- **CAVARE (L.)**, « L'idée sanction et sa mise en œuvre en droit international public », t.11, *RGDIP* 1937, pp. 385-424.
- **CEREXHE (E.)**, « L'intégration juridique comme facteur d'intégration régionale », in *Avancées et confins actuels des droits de l'homme aux niveaux international, européen et national, Mélanges offerts à SILVIO MARCUS HELMONS*, Bruxelles, Bruylant, 2003, pp. 29-39.
- **CERNA (M. C.)**, "*Universal democracy: an international legal right or the pipe dream of the west?*", New York University journal of international law and politics, Vol. 27, No. 2, pp. 289-329.
- **CHAIGNEAU (P.)**, « Préface », *in* AÏVO (F. J.), *Le juge constitutionnel et l'État de droit en Afrique. L'exemple du modèle béninois,* Paris, L'Harmattan, 2006, pp. 9-12.
- **CHALTIEL (F.)**, « Les bases constitutionnelles du droit communautaire » in *Mélanges en l'honneur de Pierre Pactet, L'esprit des institutions et l'équilibre des pouvoirs*, Dalloz, 2003, pp. 551-568.
- **CHALTIEL (F.)**, « Le principe de subsidiairité dix ans après le traité de Maastricht », RMCUE, 2003, pp. 365-374.
- **CHALTIEL (F.),** « Droit constitutionnel européen. 2004-2006 », RFDC, 2007, vol. 69, n°1, pp. 161-173.
- **CHALTIEL (F.)**, « Constitution française, constitution européenne, vers l'osmose des ordres juridiques ? », RMCUE, 2005, pp. 280-288.
- **CHALTIEL (F.)**, « Les rapports de systèmes entre le droit constitutionnel et le droit européen : développements récents », *RMCUE*, 2007, pp.361-372.
- **CHALTIEL (F.),** « Constitution et droit européen : Le Conseil constitutionnel, juge européen ? », Rev. UE, 2013, pp. 261-262.
- **CHAMPEIL-DESPLATS (V.)**, « Le Conseil constitutionnel, protecteur des droits et libertés ? », *CRDF*, n° 9, 2011, pp. 11-22.
- **CHAMPEIL-DESPLATS (V.)**, « Réflexions sur les portées respectives de la Convention européenne des droits de l'homme

et la Charte des droits fondamentaux de l'Union européenne », in *Traités des rapports entre ordres juridiques, B. BONNET (dir.)*, L.G.D.J., 2016, pp. 1145-1146.

- **CHARPENTIER (J.)**, « Éléments de cohérence entre ordres juridiques distincts », in *carrefour des droits, Mélanges en l'honneur de Louis DUBOUIS,* Dalloz, 2002, pp. 293-307.
- **CHARPENTIER (J.)**, « L'humanité : un patrimoine mais pas de personnalité juridique », in *Les hommes et l'environnement,* Éd. Frison-Roche, 1998, pp. 17-21.
- **CHEMMILLIER-GENDREAU (M.)**, « L'État de droit au carrefour des droits nationaux et du droit international », in *État de droit mélanges en l'honneur de Guy BRAIBANT,* Paris, Dalloz, 1996, pp. 57-68.
- **CHEVALIER (J.)**, « État de droit et relations internationales », *in Annuaire Français de Relations Internationales,* 2006*,* vol. VII, pp. 4-17.
- **CHEVALIER (J.)**, « L'État de droit », RDP, 1988, pp. 313-380.
- **CHRISTIANOS (V.) et PICOD (F.)**, « L'insertion de l'arbitrage dans le système juridictionnel communautaire », *Revue des Affaires européennes*, 2005/2, pp. 161-168.
- **CHRISTOPHE TCHAKALOFF (M.-F.)**, « Les principes généraux du droit communautaire », *in* Jacques BOURRINET (dir), *Droits nationaux, Droit communautaire : influences croisées, Mélanges en hommage à Louis DUBOUIS,* La Documentation française, Paris, 2000, pp. 83-96.
- **CKRISTAKIS (T.)**, « La violation du droit interne en tant que menace contre la paix ? », in *l'État de droit en droit international*, Colloque de Bruxelles, *SFDI*, Paris, Pédone, 2009, pp. 107-122.
- **CLARET (Ph.)**, « La marche forcée des États postcommunistes vers l'État de droit et la démocratie pluraliste », *in* S. MILACIC (dir.), *La réinvention de l'État : démocratie te ordre juridique en Europe centrale et orientale*, Actes du colloque international du Sénat, Paris, 5 et 6 octobre 2002, Bruxelles, Bruylant, 2003, pp. 93-111.
- **COHEN (D.)**, « Le juge, protecteurs des libertés ? », *Pouvoirs, 2009/3, n°130*, pp. 113-125.

- **CONAC (G.)**, « Les difficultés d'acclimatation de l'État de droit en Afrique », *in G. CONAC (dir.), État de droit et démocratie : L'Afrique en transition vers le pluralisme politique,* Paris, Economica, coll., la vie du droit en Afrique, 1993, pp. 494-497.
- **CONAC (G.)**, « Le juge constitutionnel en Afrique, censeur ou pédagogue ? », *in* Gérard CONAC (dir), *Les Cours suprêmes en Afrique, Tome II, la jurisprudence*, Paris, Economica, 1989, p. VII et s.
- **CONAC (G.)**, « Le juge et la construction de l'État de droit en Afrique francophone », in *L'État de droit, mélanges en l'honneur de Guy BRAIBANT*, Paris, Dalloz, 1996, pp. 105-119.
- **CONAC (G.)**, « Le présidentialisme en Afrique noire. Unité et diversité. Essai de typologie », in *L'évolution récente du Pouvoir en Afrique noire,* Bordeaux IEP-CEAN, 1977, pp. 14-37.
- **CONAC (G.)**, « Portrait du chef de l'État », in *Les pouvoirs africains, Pouvoirs.* n° 25. 1983. pp. 121- 130.
- **CONAC (G.)**, « Quelques réflexions sur le nouveau constitutionnalisme africain », in *Actes Symposium international de Bamako*, novembre 2000, disponible sur le site de l'Organisation internationale de la Francophonie : www.democratie.francophonie.org.
- **CONSTANTINESCO (V.)**, « L'article 5 du traité CEE : la bonne foi à la loyauté communautaire », *Liber amicorum* Pierre PESCATORE, Baden-Baden, Nomos Verlagsgesellschaft, 1987, pp. 97-111.
- **CONSTANTINESCO (V.)**, « Les sanctions politiques contre les États membres », *in* PINGEL (I.), ROSENBERG (D.), (dir.), *Les sanctions contre les États en droit communautaire,* coll. « contentieux européen », Paris, Pedone, 2006, pp. 39-54.
- **CORTEN (O.) et DENIS (C.)**, commentaire « Article 13 », *in* Maurice KAMTO (dir), *La Charte africaine des droits de l'homme et des peuples et le protocole y relatif portant création de la cour africaine des droits de l'homme. Commentaire article par article,* coll. Droit international, Bruxelles, Bruylant, 2011, pp. 309-326.
- **COSTA (J.-P.)**, « La Convention européenne des droits de l'homme et la Constitution de la France », in *Mélanges en*

l'honneur de G. Conac, Le nouveau constitutionnalisme, Economica, 2001, pp. 249-253.
- **COSTA (J.-P.)**, « La Cour européenne des droits de l'homme : vers un ordre juridique européen ? » in *Mélanges en hommage à Louis Edmond PETTITI,* Bruxelles, Bruylant, 1998, pp. 197-206.
- **COSTA (O.)**, « La Cour de justice et le contrôle démocratique de l'Union européenne », *Revue française de science politique* 2001/6 (Vol. 51), pp. 881-902.
- **CÔTE-HARPER (G.)**, « L'État de droit et l'indépendance judiciaire », *Revue québécoise de droit international,* 1998, 11. 2, pp. 151-154.
- **D'ALLIVY KELLY (D.)**, « Le juge africain est entré dans l'histoire (Cour de justice de la CEDEAO, 27 octobre 2008, Hadidjatou Mani Koraou c/Niger) », 10 mai 2009, disponible en ligne : www.combatsdroitshomme.blog.lemonde.fr.
- **DEHOUSSE (R.)**, « Naissance d'un constitutionnalisme transnational », *Pouvoirs 2001/1*, n° 96, pp. 19-30.
- **DELILE (F.-J.)**, « L'État de droit dans les relations extérieures de l'Union européenne », *Civitas Europa* 2016/2, (n° 37), pp. 47-64.
- **DELMA-MARTY (M.)**, « Du dialogue à la montée en puissance des juges », *in* BONICHOT (J.-C.), DELVOLVE (P.), GLAZER (E.), MAUGUE. (Ch), MODERNE (F.), ROUX (A.), (dir.), *Le dialogue des juges*, *Mélanges en hommage à B. Genevois,* Dalloz, Paris, 2008, pp. 305-316.
- **DELZANGLES (B.)**, « Le rôle du juge national comme garant de la Convention européenne des droits de l'homme : renforcement ou affaiblissement ? », *in* LOCHAK (D.), (dir), *Mutation de l'État et protection des droits de l'homme,* Presses Universitaires de Paris Ouest, 2007, pp. 101- 114.
- **DENQUIN (J.-M.)**, « Situation présente du constitutionnalisme. Quelques réflexions sur l'idée de démocratie par le droit », *Jus Politicum,* n° 1, disponible ne ligne sur : www.juspoliticum.com.
- **DIARRA (A.)**, « La protection constitutionnelle des droits et libertés en Afrique noire francophone depuis 1990. Les cas du Mali et du Benin », disponible sur la revue en ligne *Afrilex* : www.afrilex.u-bordeaux4.fr, pp. 1-30.
- **DIOP (E. O.)**, « Autopsie d'une crise de succession constitutionnelle du chef de l'État en Afrique. L'expérience

togolaise (5-26 février 2005) », *Politeia, n°7*, printemps 2005, pp. 115-173.
- **DIOUF (A.)**, « L'action politique de la Francophonie », *Géoéconomie,* 4/2010 (n°55), pp. 15-22.
- **DJOGBENOU (J.)**, « Le contrôle de constitutionnalité des décisions de justice : une fantaisie de plus ? », *Revue Afrilex* : www.afrilex.u-bordeaux4.fr, publié en avril 2014.
- **DOSSO (K.)**, « Les pratiques constitutionnelles dans les pays d'Afrique noire francophone : cohérences et incohérences », *RFDC* 2012/2 (n° 90), p. 57-85.
- **DU BOIS DE GAUDUSSON (J.)**, « Constitution sans culture constitutionnelle n'est que ruine du constitutionnalisme », *Mélanges en l'honneur de Slobodan Milacic,* Bruxelles, Bruylant, 2008, pp. 333-348.
- **DU BOIS DE GAUDUSSON (J.)**, « Les procédures de garantie et leurs limites dans les constitutions francophones africaines », *RTDH*, n° 2, 1990, pp. 249-256.
- **DU BOIS DE GAUDUSSON (J.)**, « La justice en Afrique : nouveaux défis, nouveaux acteurs. Introduction thématique », *Afrique contemporaine* 2014/2 (n°250), pp. 13-28.
- **DU BOIS DE GAUDUSSON (J.)**, « Le constitutionnalisme en Afrique », in *Les Constitutions africaines*, t. II, Bruxelles, Bruylant, 1998, pp. 9-12.
- **DU BOIS DE GAUDUSSON (J.)**, « Point d'actualité sur les modalités de production du droit constitutionnel dans les États africains francophones » in *Droit constitutionnel, Mélanges Patrice GELARD,* Paris, 1999, pp. 341- 346.
- **DU BOIS DE GAUDUSSON (J.)**, « Avant-propos », *in* FAÏVO (J. F.), *Le juge constitutionnel et l'État de droit en Afrique. L'exemple du modèle béninois,* Paris, L'Harmattan, 2006, pp. 12-19.
- **DU BOIS DE GAUDUSSON (J.)**, « Les élections à l'épreuve de l'Afrique », *Cahiers du Conseil constitutionnel,* 2002, n° 13, pp. 100- 103.
- **DU BOIS DE GAUDUSSON (J.)**, « Les nouvelles constitutions africaines et le mimétisme », in *la création du droit en Afrique*, Paris, Karthala, 1997, pp. 309-316.
- **DU BOIS DE GAUDUSSON (J.)**, « Quel statut constitutionnel pour le chef d'État en Afrique », in *Le nouveau*

Constitutionnalisme, mélanges en l'honneur de Gérard CONAC, Paris, Economica, 2001, pp. 229-337.
- **DUBOUIS (L.)**, « introduction », *in* Jacques BOURRINET (dir), *Droits nationaux, Droit communautaire : influences croisées, Mélanges en hommage à Louis DUBOUIS,* La Documentation française, Paris, 2000, pp. 5-15.
- **DUHAMEL (O.)**, « Élections et Partis », *in* S. DARNTON, O. DUHAMEL (dir.), *Démocratie,* Paris, Rocher, 1998, pp.140-144.
- **DUPEUX (J.Y.)**, « La dissolution des partis liberticides dans la jurisprudence de la Cour européenne », in *Les Partis liberticides et la Convention européenne des droits de l'homme,* Bruxelles, Bruylant, 2005, p. 75 et s.
- **DUTHEIL DE LA ROCHÈRE (J.)**, « Droit au juge, accès à la justice européenne », *Pouvoirs*, 96, janvier 2001, pp. 123- 141.
- **EL MOSSADEQ (R.)**, « L'interaction de l'explicite et de l'implicite dans la réforme constitutionnelle au Maroc », in *Mélanges Philippe Ardant, Droits et politiques à la croisée des cultures,* Paris, L.G.D.J., pp. 91-101.
- **ESSONO OVONO (A.)**, « Armée et démocratie en Afrique, une relation ambivalente à normaliser », Afrique contemporaine 2012/2 (n°242), pp. 120-121.
- **FALL (A. B.)**, « Le juge, le justiciable et les pouvoirs publics : pour une appréciation concrète de la place du juge dans les systèmes politiques en Afrique », in *Le statut du juge en Afrique,* Actes des Journées scientifiques, Québec du 29 septembre au 3 octobre 1999, Universités francophones, Bruxelles, Bruylant, 2000, pp. 309- 346.
- **FALL (A. B.)**, « La Charte africaine des droits de l'homme et des peuples : entre universalisme et régionalisme », Pouvoirs, vol. 129, no. 2, 2009, pp. 77-100.
- **FALL (I. M.), SALL (A.)**, « Une Constitution régionale pour l'espace CEDEAO : le Protocole sur la démocratie et la bonne gouvernance de la CEDEAO », disponible en ligne sur : jaga.afrique-gouvernance.net.
- **FAU-NOUGARET (M.)**, « Manipulations constitutionnelles et coup d'État constitutionnel en Afrique francophone », disponible sur la revue en ligne *Afrilex* : www.afrilex.ubordeaux4.fr.

- **FAVOREU (L.)**, « Propos d'un néo-constitutionnaliste », in *Le constitutionnalisme,* Paris, Economica, 1984, p. 23 et s.
- **FELDMAN (J.-P.)**, « Le constitutionnalisme selon Benjamin CONSTANT », *RFDC 2008/4* (n°76), pp. 675-702.
- **FERRO (F.), CARMONA (J.)**, « Les droits fondamentaux dans l'Union européenne. Le rôle de la Charte après le Traité de Lisbonne», pp. 1- 29, disponible en ligne : www.europarl.europa.eu.
- **FLAESCH-MOUGIN (C.)**, « Vers une Union entre les peuples européens, libre et démocratique », in *La liberté dans tous ses états, Liber amicorum en l'honneur de Jacques Georgel,* Paris, Apogée, 1998, pp. 383-407.
- **FLAUSS (J.-F.)**, « La contribution de la jurisprudence des organes de la Convention européenne des droits de l'homme à la formation d'un droit constitutionnel européen », *in* FLAUSS (J.-F.), (dir.), *Vers un droit constitutionnel européen. Quel droit constitutionnel européen ?* Colloque de Strasbourg des 18 et 19 juin 1993, *RUDH,* 1995, n°11-12, pp. 373- 383.
- **FLAUSS (J.-F.)**, « Principes généraux du droit communautaire dans la jurisprudence des juridictions constitutionnelles des États membres », *in* Jacques BOURRINET (dir), *Droits nationaux, Droit communautaire : influences croisées, Mélanges en hommage à Louis DUBOUIS,* La Documentation française, Paris, 2000, pp. 49-60.
- **FORTEAU (M.)**, « Existe-t-il une définition et une conception univoques de l'État de droit dans la pratique des organisations régionales ou politiques ? », in *L'État de droit en droit international, SFDI,* Colloque de Bruxelles, *SFDI,* Paris, Pédone, 2009, pp. 263-286.
- **FORUCHER (P.)**, « Contrôle de constitutionnalité au nom des droits fondamentaux dans les États de droit : convergence des solutions en Occident et idées pour l'Afrique », *in* MORIN (J.-Y.), (dir.), *Les droits fondamentaux*, Bruxelles, Bruylant, 1997, pp. 345-360.
- **FRAISSEIX (P.)**, Les droits fondamentaux, prolongement ou dénaturation des droits de l'homme ? *R.D.P.*, 2001, pp. 531-553.
- **GAÏA (P.)**, «Le contrôle de constitutionnalité des normes communautaires», *in Hélène GAUDIN (dir.), Droit*

constitutionnel, Droit communautaire. Vers un respect réciproque mutuel ? coll. « Droit public positif », Paris, Economica, p. 39 et s.

- **GAUD (M.) et DU BOIS DE GAUDUSSON (J.)**, « Les solutions constitutionnelles des conflits politiques », in *Afrique contemporaine*, n° spécial, 4e trimestre 1996, pp. 250-256.
- **GAUDEMET (Y.)**, « L'occupant privatif du domaine public à l'épreuve de la loi », in *État de droit, Mélanges en l'honneur de Guy BRAIBANT,* Dalloz, 1996, pp. 309-322.
- **GAUDIN (H.)**, « Un espace juridique unique », *in* H. GAUDIN, (sous la dir.), *Droit constitutionnel droit communautaire – vers un respect réciproque mutuel ?* Paris et Aix-en-Provence, Économica et P.U.A.M., 2001, pp. 9-10.
- **GAUDIN (H.)**, « Le statut contentieux du droit constitutionnel devant la Cour de justice de l'Union européenne », disponible en ligne : www.droitconstitutionnel.org.
- **GBEHO (V. J.)**, « Préface », *in* Lambert N'galadjo Bamba, John O. Igué et Kalilou Sylla (dir.), *Sortir du sous-développement : quelles nouvelles pistes pour l'Afrique de l'ouest ? t. I, Actes du Symposium de la CEDEAO sur le développement,* Ouagadougou, 3-5 Octobre 2010, Paris, L'Harmattan, 2011, pp. 9-10.
- **GENEVOIS (B.)**, « Le Conseil constitutionnel et le droit communautaire dérivé », *RFDA*, 2003, n°4, pp.651-661.
- **GHEVONTIAN (R.)**, « La notion de sincérité du scrutin », in *Cahiers du Conseil constitutionnel,* 2002, n° 13, pp. 63-73.
- **GHOZALI (N. E.)**, « L'introuvable bonne gouvernance démocratique dans les pays du Maghreb : le déni de liberté », *in* BENACHOUR (Y.), HENRY (J. R.), MEDHI (R.), (dir.), *Le Débat juridique au Maghreb, de l'étatisme à L'État de droit, Études en l'honneur d'Ahmed Mahiou,* Éditions publisud-Iremam, pp. 260-271.
- **GICQUEL (J.)**, « Le présidentialisme négro-africain. L'exemple camerounais », in *Mélanges Georges Burdeau, Le Pouvoir*, Paris, L.G.D.J., 1977, pp. 701-725.
- **GIORGI (F.)**, « Pour une révolution théorique douce : la figuration du pluralisme constitutionnel en réseau », *Civitas Europa,* n° 21, numéro spécial 7e Congrès de l'association française de droit constitutionnel, disponible en ligne sur www.droitconstitutionnel.org.

- **GITTLEMAN (R.)**, « The African Charter of Human and People's Rights. A legal Analysis », *Virginia Journal of International Law*, Vol. 22:4, 1982, p. 667-714.
- **GOGUEL (F.)**, « Objet et portée de la protection des droits fondamentaux : Conseil constitutionnel français », in *Cours constitutionnelles et droits fondamentaux*, Aix-Marseille, Economica, 1982, pp. 225-240.
- **GONIDEC (P.-F.)**, « À quoi servent les Constitutions africaines ? Réflexion sur le constitutionnalisme africain », *Revue juridique et politique : indépendance et coopération (RJPIC)*, octobre-décembre 1988, n° 4, pp. 849-866.
- **GONIDEC (P.-F.)**, « Constitutionnalisme Africain », *African Journal of International and Comparative Law*, vol. 8, 1996, p. 13, spéc., pp. 12-37.
- **GREWE (C.)**, « Cours constitutionnelles européennes et droits fondamentaux », disponible sur internet : www.coleurope.eu.
- **GREWE (C.)**, « Réflexions comparatives sur l'État de droit », *in* J. RIDEAU (dir.), *De la Communauté de droit à l'Union de droit – Continuités et avatars européens*, Paris, L.G.D.J., 2000, pp. 18-19.
- **GRIMM (D.)**, « La Cour européenne de justice et les juridictions nationales vues sous l'angle du droit constitutionnel allemand », Cahiers du Conseil constitutionnel n°4 (Dossier : Droit communautaire –droit constitutionnel), avril 1998, pp. 70-77.
- **GROUSSOT (X.), PECH (L.)**, « La protection des droits fondamentaux dans l'Union européenne après le Traité de Lisbonne », Fondation Robert Schuman, question d'Europe n° 173, 14 juin 2010.
- **GUARINO (G.)**, « Autodétermination des peuples, respect de la volonté populaire et charte africaine de la démocratie » *in* R. BEN ACHOUR (dir.), *Les changements anticonstitutionnels de gouvernement. Approche de droit constitutionnel et de droit international,* Actes du colloque organisé les 4 et 5 avril à Tunis, Cahiers de l'Institut Louis FAVOREU, Vol. 1., PUAM, 2014, pp. 115-140.
- **GUASTINI (R.)**, « La primauté du droit communautaire : une révision tacite de la Constitution italienne », Cahiers du Conseil constitutionnel, n°9 (Dossier : Souveraineté de l'État et hiérarchie des normes), 2000, pp. 119-125.

- **GUELDICH (H.)**, « L'ingérence démocratique : peut-on imposer la légitimité démocratique par la force armée ? », *in* BEN ACHOUR (R.), (dir.), *Les changements anticonstitutionnels de gouvernement. Approche de droit constitutionnel et de droit international,* Actes du colloque organisé les 4 et 5 avril à Tunis, Cahiers de l'Institut Louis FAVOREU, Vol. 1., PUAM, 2014, pp. 115-124.
- **GUÈYE (B.)**, « La démocratie en Afrique : succès et résistances », *Pouvoirs* n°129, 2009, pp. 5-26.
- **GUILLAUME (G.)**, « De l'indépendance des membres de la Cour internationale de justice », *in Boustros-Boutros-GHALI, Amicorum, Discipulorumque, Liber, « Paix, développement, démocratie »*, Bruylant, Bruxelles, 1998, pp. 475-487.
- **GUISELIN (E.-P.)**, « l'âge, variable juridique des élections politiques », *RDP*, 2009, n° 1, pp. 99-124.
- **HAMON (L.)**, « L'État de droit et son essence », *RFDC*, n° 4, 1990, pp. 609- 712.
- **HARSCH (E.)**, « L'Afrique et la guerre contre le terrorisme », in *Afrique Renouveau*, Vol. 23, octobre 2009, p.16. Consultable en ligne : www.un.org.
- **HERMAN (P.)**, « Le monde selon Bush : genèse d'un nouvel ordre mondial », *in* CORTEN (O.) *et al., A la recherche du nouvel ordre mondial,* t. I, *Le droit international à l'épreuve ;* Bruxelles, complexes, 1993, pp. 7-10.
- **HERMET (G.)**, « Démocratisation, droits de l'homme et gouvernance », *in* Pierre Favre/Jack Hayward/Yves Schemeil (dir.), *Être gouverné. Études en l'honneur de Jean LECA*, Presses de Sciences Po, Paris, 2003, pp. 30-313.
- **HEUSCHLING (L.)**, « L'État de droit », », *in* J.-B. Auby (dir.), *L'influence du droit européen sur les catégories du droit public*, Paris, Dalloz, 2010, pp. 541-552.
- **IMBERT (P. H.)**, « l'apparente simplicité des droits de l'homme : réflexions sur les différents aspects de l'universalité des droits de l'homme », *Revue Universelle des Droits de l'Homme*, VI, 1989, pp. 34- 50.
- **JACQUÉ (J.-P.)**, « La pratique des institutions communautaires et le développement de la structure institutionnelle communautaire », *in* BIEBER (R.), RESS (G.), (dir.), *Die*

Dunamik des Europaïschen Gemeinschaftsrechts, Nomos Baden-Baden, 1987, pp. 377-401.
- **JACQUÉ (J.-P.)**, « La protection des droits fondamentaux dans l'Union européenne après Lisbonne », in *L'Europe des libertés, Revue d'actualité juridique,* n° 26, pp. 2-12.
- **JACQUET (P.)**, « Les enjeux de l'aide publique au développement », *Politique étrangers,* 2006/4 (Hiver), pp. 941-954.
- **JAFFRELOT (C.)**, (dir.), « Comment expliquer la démocratie hors Occident ? », in *Démocraties D'ailleurs,* Paris, Karthala, 2000, pp. 5-57.
- **JEUGUE DOUNGUE (M.)**, L'intégration des conventions internationales relatives aux droits de l'homme en droit interne : Brève analyse comparée entre les États d'Europe et d'Afrique, *Annales scientifiques de l'Université Alexandru Ioan Cuza de Iasi*, 2011, t. LVII, Sciences juridiques, Roumanie, pp. 113-136.
- **KAMARA (M.)**, « La promotion et la protection des droits fondamentaux dans le cadre de la Charte africaine des droits de l'homme et des Peuples et du Protocole facultatif additionnel de juin 1998 », *RTDH n°63*, 2005, pp. 709- 727.
- **KAMTO (M.)**, « Charte africaine, instruments internationaux de protection des droits de l'homme, constitutions nationales : articulations respectives », *in* FLAUS (J.-F.) et LAMBERT-ABDELGAWAD (E.), (dir.), *L'application nationale de la Charte africaine des droits de l'homme et des peuples*, Bruxelles, Bruylant, Némésis, 2004, pp. 11-47.
- **KANTÉ (B.)**, « Le constitutionnalisme à l'épreuve de la transition démocratique en Afrique », *in* Carla M. Zoetbout et als*., Constitutionnalism in Africa, A quest for autochtthonous principles*, Sanders Instituant, Gouda Quint-Deventer, Rotterdam, 1996, pp. 17-32.
- **KANTÉ (B.)**, « les droits fondamentaux constituent-ils une nouvelle catégorie juridique en Afrique ? », in *L'homme et le droit, Mélanges en hommage au professeur J.-F. FLAUSS,* Paris, Pédone, 2014, pp. 445-462.
- **KANTÉ (B.)**, « Les juridictions constitutionnelles et la régulation des systèmes politiques en Afrique », in *Constitutions et Pouvoirs, Mélanges en l'honneur de Jean GICQUEL*, Paris, Montchrestien, 2007, pp. 265-276.

- **KASSE (M.)**, « Le cinquantenaire des indépendances africaines : quelles leçons pour l'Afrique ? », *in* Lambert N'galadjo Bamba, John O. Igué et Kalilou Sylla (dir.), *Sortir du sous-développement : quelles nouvelles pistes pour l'Afrique de l'ouest ? t. I, Actes du Symposium de la CEDEAO sur le développement,* Ouagadougou, 3-5 Octobre 2010, Paris, L'Harmattan, 2011, pp. 21-27.
- **KELSEN (H.)**, « La garantie juridictionnelle de la Constitution (La justice constitutionnelle) », *RDP*, n° 9, 1928, pp. 197-257.
- **KELSEN (H.)**, « Les rapports de systèmes entre le droit international et le droit interne », R.C.A.D.I, 1926-IV, vol. 14 pp. 231-337.
- **KISS (A.)**, « La CEDH a-t-elle créé un ordre juridique autonome? », in *Mélanges en hommage à Louis Edmond Pettiti*, Bruxelles : Bruylant, 1998, pp. 493-505.
- **KLEIN (P.)**, « L'administration internationale : quelle place pour l'État de droit ? », in *L'État de droit en droit international,* Colloque de Bruxelles, *SFDI*, Paris, Pédone, 2009, pp. 385-402.
- **KODJO (E.)**, « La Communauté Économique des États de l'Afrique de l'Ouest CEDEAO », in *Géopolitique africaine. Sahara, L'Algérie perd son atout maître*, Albin Michel, juin 1986, pp. 135-148.
- **KOKOROKO (D.)**, « L'idée de Constitution en Afrique », *Afrique contemporaine, 2012, n°242,* p. 117-117.
- **KOUDE (R. M. K.)**, « Peut-on, à bon droit parler d'une conception africaine des droits de l'homme ? », *RTDH*, n° 62, 2005, pp. 539-561.
- **KOVAR (R.)**, « La contribution de la Cour de justice à l'édification de l'ordre juridique communautaire », *Revue des Affaires Européennes (RAE)*, vol. IV, tome I, pp. 15-22.
- **KPODAR (A.)**, « Bilan sur un demi-siècle de constitutionnalisme en Afrique noire francophone », *Revue Afrilex* [En ligne], janvier 2013 : www.afrilex.u-bordeaux4.fr.
- **KREIS (G.)**, « L'émergence de la notion « d'identité » dans la politique de la Communauté européenne. Quelques réflexions autour de la Déclaration du sommet de Copenhague de 1973 », *Relations internationales*, 4/2009, n°140, pp. 53-72.
- **KRIDIS (N.)**, « La CEDEAO et les changements anticonstitutionnels », *in* BEN ACHOUR (R.), (dir.), *Les*

changements anticonstitutionnels de gouvernement. Approche de droit constitutionnel et de droit international, Actes du colloque organisé les 4 et 5 avril à Tunis, Cahiers de l'Institut Louis FAVOREU, Vol. 1., PUAM, 2014, pp. 53-62.
- **KRUK (M.)**, « Progrès et limites de l'État de droit », *Pouvoirs* 2006/3,(n°118), pp. 73-88.
- **KUKAH (M. H.)**, « Politics of Good Governance: Challenges for Africa Today », *in* Oyedele. E (ed), *Africa: National Unity, Stability, and Development,* Abuja, Yakubu Gowon Center Sibon Books Ibadan, 1998, pp. 93-108.
- **LABAYLE (H.)**, « Architecte ou spectatrice ? La Cour de justice de l'Union dans l'Espace de liberté, sécurité et justice », *RTDE*, 2006, pp. 1-46.
- **LALI (A.)**, « La perception de l'État de droit dans le droit et la pratique de l'Union africaine », in *l'État de droit en droit international*, Colloque de Bruxelles, SFDI, Paris, Pédone, 2009, pp. 287-300.
- **LAVROFF (G. D.)**, « l'évolution constitutionnelle et politique des États d'Afrique noire », Annales Africaines, 1972, p.11 et s.
- **LE BARBIER-LE BRIS (M.)**, « L'obligation de renvoi préjudiciel revisitée par la Cour constitutionnelle espagnole », in *Mélanges en l'honneur du Professeur Joël MOLINIER, Liber amicorum*, Paris, L.G.D.J, 2012, pp. 387-404.
- **LECLAIR (J.)**, « L'avènement du constitutionnalisme en Occident : fondements philosophiques et contingence historique », *R.D.U.S.*, 2011 (41), pp. 163-164.
- **LECOURT (R.)**, « Quel eut été le droit des Communautés sans les arrêts de 1963 et 1964 ? », in Mélanges Jean Boulouis, Paris, Dalloz, 1991, pp. 349-361.
- **LEGRAND (A.)**, « contrôle de constitutionnalité et régulation de l'activité des pouvoirs publics. Le contrôle de l'exercice du droit de dissolution du bundestag par le Tribunal constitutionnel fédéral allemand », in *L'État et le droit d'est en ouest, Mélanges offerts au Professeur Michel LESAGE*, Paris, Société de législation comparée, 2006, pp. 61-74.
- **LEVADE (A.)**, « le Conseil constitutionnel aux prises avec le droit communautaire dérivé », RDP, 2004, pp. 894-895.
- **LEVADE (A.)**, « Constitution et Europe ou le juge constitutionnel au cœur des rapports de systèmes », Cahiers du

Conseil constitutionnel n°18 (Dossier : Constitution et Europe), juillet 2005, pp. 133-137.

- **LOUKAKOU (D.)**, « De la diversité des sources du droit et quelques implications sur le processus d'intégration juridique dans l'espace OHADA », *Mélanges en l'honneur de Jerry Sainte-Rose*, DBB12078.book, pp. 821- 841.
- **LUCHAIRE (F.)**, « Le Conseil constitutionnel et la protection des droits et libertés du citoyen », in *Mélanges offerts à Marcel Waline*, Paris, L.G.D.J., 1974, pp. 563-574.
- **LUISIN (B.)**, « "Le mythe de l'État de droit" et "l'État de droit, rétrospectivement" », Civitas Europa, 2016/2 (n° 37), pp. 155-182.
- **LUMU (N. L.)**, « La faiblesse du cadre institutionnel décisionnel comme frein à l'intégration régionale africaine », in *État, Sociétés et Pouvoirs à l'aube du XXIème siècle, Mélanges en l'honneur de François Borella*, Presses Universitaires de Nancy, pp. 335-364.
- **M'BAYE (K.)**, « Droits de l'homme et pays en développement, Humanité et droit international », in *Mélanges en l'honneur de René-Jean DUPUY*, Paris, Pedone, 1991, pp. 211-222.
- **MABAKA (P. M.)**, « L'incorporation de la Convention européenne des droits de l'homme dans l'ordre juridique britannique », RTDH, 2000, pp. 11-41.
- **MACHELON (J.-P.)**, « État de droit et démocratie. Sur une contradiction paradoxale », in *Mélanges en l'honneur du Professeur Dominique TURPIN, État du droit, état des droits*, L.G.D.J, 2017, pp. 46-47.
- **MAMADOU (H.)**, commentaire « article 20 », *in* M. KAMTO (dir), *La Charte africaine des droits de l'homme et des peuples et le protocole y relatif portant création de la cour africaine des droits de l'homme. Commentaire article par article,* coll. Droit international, Bruxelles, Bruylant, 2011, pp. 452-487.
- **MAMPUYA KANUNK'A-TSHIABO (A.)**, « Le respect des textes légaux comme problème d'éthique de gouvernance au Congo », *Revue de l'U.K.A, éthique et reconstruction de la nation congolaise*, Volume I, n°1, (février 2013), Université Notre-Dame de Kasayi KANANGA, pp. 146-165.

- **MANANGOU (V.-R.)**, « Le néo-présidentialisme africain : entre paternalisme et superposition », *RFDC*, 2015/3 n° 103, pp. 26- 53.
- **MASCLET (J.-C.)**, « Rapport introductif », *in* MAUS (D.), MASCLET (J.-C.), (dir.), *Les Constitutions nationales à l'épreuve de l'Europe,* Paris, La Documentation française, 1993, p. 7 et s.
- **MATHIEU (B.)**, « L'appréhension de l'ordre juridique communautaire par le droit constitutionnel français », in *Les dynamiques du droit en début de siècle—Études en l'honneur de J-C. GAUTRON,* Paris, Pédone, 2004, p. 169-176.
- **MATHIEU (B.)**, « Les rapports normatifs entre le droit communautaire et le droit national. Bilan et incertitudes relatifs aux évolutions récentes de la jurisprudence des juges constitutionnel et administratif français », *Revue française de droit constitutionnel,* 2007/4 (n°72). pp. 675-693.
- **MATHIEU (B.)**, « Qu'est-ce que la Constitution ? La Constitution en 20 questions : question n°1 cinquantième anniversaire de la Constitution (2008) », disponible sur le site du conseil constitutionnel.
- **MATHIEU (B.)**, « Question prioritaire de constitutionnalité - La question de l'interprétation de la loi au cœur de la QPC, Libres propos », *JCP G*, n°44, 1er novembre 2010, pp. 2038-2039.
- **MATHIOT (A.)**, « Bureaucratie et démocratie », in *Aux sources du droit, l'État et la politique*, A. DE LAUBADÈRE, A. MATHIOT, J. RIVERO et al., Paris, L.G.D.J., 1980, t.1, pp. 223-253.
- **MAUBERNARD (C.)**, « Vers une possible démocratie « transnationale » européenne ? Du discours à la méthode dans l'établissement d'une démocratie européenne », *Revue de l'Union européenne*, mars 2012, pp. 185-191.
- **MAUS (D.)**, « L'influence du droit international contemporain sur l'exercice du pouvoir constituant », in *Le nouveau Constitutionnalisme, mélanges en l'honneur de Gérard CONAC,* Paris, Economica, 2001, pp. 87-102.
- **MCBRIDE (M.)**, «Crisis, Coups, and Entry-deterring Refforms in Sub-Saharan Africa », *European Journal of Politcal Economy*, Vol. 21, (2005), pp. 688-707.

- **MEHDI (R.)**, (dir.), « introduction générale. La justice communautaire : entre espoirs fondés et promesses déçues », in *L'avenir de la justice communautaire : enjeux et perspectives*, Paris, La Documentation française, 1999, pp. 3-24.
- **MEHDI (R.)**, « Le respect de l'État de droit en droit européen et dans les relations extérieures de l'Union européenne », in *L'État de droit en droit international*, Colloques de Bruxelles, *SFDI*, Paris, Pédone, 2009, pp. 219-238.
- **MEUNIER (P.)**, « La Communauté européenne du charbon et de l'acier est morte, vive la fédération européenne !», *RMCUE*, 2001, pp. 509-515.
- **MEYER-BISCH (P.)**, « Redéfinition de l'État de droit par la reconnaissance des droits culturels et des droits économiques », in *État de droit, droits fondamentaux et diversité culturelle*, L'Harmattan, 1999, pp. 256-257.
- **MIAILLE (M.)**, « Le retour de l'État de droit. Le débat en France », in *L'État de droit, travaux de la mission sur la modernisation de l'État de droit,* Dominique COLAS (dir.), PUF, 1987, pp. 215-251.
- **MICHAUD (N.)**, « Le Canada et l'idée du Commonwealth : nécessité, mission ou outil de politique étrangère ? » *Revue Internationale de politique Comparée* 2007/1 (Vol. 14), pp. 19-40.
- **MICHEL (V.)**, « L'autonomie du droit de l'Union européenne au regard de la jurisprudence récente de la CJCE », in *Approche critique du vocabulaire juridique européen : l'autonomie du droit de l'Union européenne en débat, Chronique de droit européen et comparé n° XXV, disponible en ligne : www.cejec.u-paris10.fr.*
- **MILACIC (S.)**, « À l'Est, l'État de droit pour induire la démocratie ? », in *Études offertes à Jeam-Marie Auby,* Paris, Dalloz, 1992, pp. 617-631.
- **MILLARD (E.)**, « Précision et effectivité des droits de l'homme », *La Revue des droits de l'homme*, n° 7, Centre de recherche et d'études sur les droits fondamentaux, Nanterre, 2015. Disponible en ligne sur : www.revdh.revues.org.
- **MILLET (F.-X.)**, « Á la Lumière de la Charte », in *La Charte des droits fondamentaux,* Laurence BURGORGUE-LARSEN (dir.), *Cahiers européens, n° 10*, Paris, Pedone, 2017, pp. 12-16.

- **MOCK (H.)**, « "Guerre" contre le terrorisme et droits de l'homme. Réflexions à propos du rapport de la FIDH intitulé "L'anti-terrorisme à l'épreuve des droits de l'homme : les clés de la comptabilité" », *RTDH*, 65/2006, pp. 23-31.
- **MOCKLE (D.)**, (dir.), « Mondialisation, Droits des peuples et État de droit », in *Mondialisation et État de droit,* Bruxelles, Bruylant, 2002, pp. 1-23.
- **MOCKLE (D.)**, « L'État de droit et la théorie de la rule of law », Cahiers de Droit, vol. 35, n° 4, 1994, pp. 823-904.
- **MOINE (A.)**, « L'État de droit, un instrument international au service de la paix », *Civitas Europa,* 2016/2 (n° 37), pp. 65-93.
- **MONEMEMBO (T.)**, « Le romancier africain est ontologiquement monstrueux », in *Géopolitique africaine. Sahara, L'Algérie perd son atout maître*, Albin Michel, juin 1986, pp. 289-293.
- **MOREAU (J.)**, « la liberté individuelle dans la jurisprudence du Conseil constitutionnel », in *mélanges offerts à L. Favoreu, Renouveau du droit constitutionnel*, Dalloz, 2007, pp.1661-1674.
- **MORIN (J.-Y.)**, « Organisations internationales et droits de l'Homme : vers de nouvelles exigences de légitimité de l'État », Actes de Colloque de la société française pour le droit international, *L'État souverain à l'aube du XXIe siècle*, Paris, Pedone, 1994, pp. 233-300.
- **MOULY (J.)**, « Les droits sociaux à l'épreuve des droits de l'homme », Dr. Soc., 2002, pp. 799-805.
- **MOURGEON (J.)**, « L'universalité des droits de l'homme entre foi et droit », pp.1265-1282, in *Liberté, justice, tolérance, Mélanges en hommage au Doyen G. Cohen-Jonathan*, Bruxelles, Bruylant, 2004, pp.1265-1282.
- **MOUSSIS (N.)**, « Théorie de l'intégration : les politiques communes comme fondement de l'intégration multinationale », *RMCUE*, 2001, pp. 536-545.
- **MOYRAND (A.)**, « Réflexions sur l'introduction de l'État de droit en Afrique noire francophone », *Revue international de droit comparé*, vol. 43, n° 4, 1991, pp. 853-878.
- **MOYSE (F.)**, « La cour de justice de l'union européenne et la juridiction nationale, le rôle de l'avocat. CJUE et droits

fondamentaux : Quo Vadis ?», disponible en ligne : www.uianet.org.
- **MUBIALA (M.)**, « La Cour africaine des droits de l'homme et des peuples : mimétisme institutionnel ou avancée judicaire ? », R.G.D.I.P, vol. 102,1998/3, pp.765-780.
- **MUNENE KABAMBA (D.)**, « Le contrôle de constitutionnalité des normes et la protection des droits fondamentaux en République démocratique du Congo : tentatives d'évaluation et perspectives », disponible en ligne : www.chizzolinionlus.it.
- NABLI (B.), « La figure du « législateur » de l'Union européenne », RFDC 2007/4 (n° 72), pp. 695-717.
- **NACIRI (K.)**, « Les révolutions arabes à l'assaut de systèmes constitutionnels obsolètes. Un pouvoir constituant originaire nouveau », *in* R. BEN ACHOUR (dir.) *Les changements anticonstitutionnels de gouvernement. Approche de droit constitutionnel et de droit international,* Actes du colloque organisé les 4 et 5 avril à Tunis, Cahiers de l'Institut Louis FAVOREU, Vol. 1., PUAM, 2014, pp. 73-76.
- **NICAISE (M.)**, « La fonction de régulation des juridictions constitutionnelles en Afrique francophones », in *Annuaire internationale de justice constitutionnelle*, AICJ, XXIII-2007, pp. 45-66.
- **OBERDORFF (H.)**, « La reconnaissance des droits fondamentaux par l'Union européenne », in *L'odyssée des droits de l'homme : Fondations et naissances des droits de l'homme*, Paris, L'Harmattan, 2003, p. 368 et s.
- **OBERDORFF (H.)**, « Le Conseil constitutionnel et l'ordre juridique communautaire : coopération et contrôle (à propos de la décision du Conseil constitutionnel n° 2004-496 du 10 juin 2004 relative à la loi pour la confiance dans l'économie numérique) », *Revue du droit public*, 2004 (4), pp. 869-877.
- **OBERDORFF (H.)**, « La séparation des pouvoirs », *in* AUBY (J.-B.), (dir.), *L'influence du droit européen sur les catégories du droit public*, Paris, Dalloz, 2010, p. 185 et s
- **OLINGA (A. D.)**, « l'aménagement des droits dans la Constitution Camerounaise révisée », *Revue universelle des droits de l'homme*, 1996, p. 116-126
- **PALLARD (H.)**, « L'État de droit devant la diversité culturelle. Construction et déconstruction d'une troisième voie », *in*

ARSAC (P.), CHABOT (J.-L.) et PALLARD (H.), (dir.), *État de droit, droits fondamentaux et diversité culturelle,* Paris, L'Harmattan, 1999, pp. 307-320.

- **PAMBOUKIS (C. P.)**, « État de droit et intégration européenne », *in* HEUZÉ (V.), HUET (J.), (dir.), *Construction européenne et État de droit*, Actes du colloque, Paris, Panthéon Assas, 2012, pp. 9- 20..
- **PAPADIMITRIOU (T.)**, « Constitution européenne et constitutions nationales : l'habile convergence des juges constitutionnels français et espagnol - À propos des décisions n°2004-505 DC du Conseil constitutionnel français », Cahiers du Conseil constitutionnel n°18 (Dossier Constitution et Europe) - juillet 2005, disponible sur le site du Conseil constitutionnel français : www.conseil-constitutionnel.fr.
- **PARDINI (J.-J.)**, « Brèves réflexions sur les interactions entre les ordres juridiques », in *liber Amicorum J-C Escarras. La communicabilité entre les systèmes juridiques*, Bruxelles, Bruylant, 2005, pp. 131-159.
- **PAVIA (M.-L.)**, « Éléments de réflexions sur la notion de droit fondamental », *L.P.A.*, 6 mai 1994, n° 54, pp. 6-13.
- **PELLISSIER TANON (A.)**, « La subsidiarité, ce qu'elle n'est pas, ce qu'elle devrait être », Extraits de Liberté économique et Progrès social, le bulletin d'information et de liaison des libéraux, 1999, n°90, pp. 21-33.
- **PERRAKIS (S. E.)**, « Contribution au débat sur la protection communautaire des Droits de l'Homme : la déclaration des droits et libertés fondamentaux du Parlement européenne », *Revue du Marché Commun (RCM)*, 1990, pp. 467-474.
- **PESCATORE (P.)**, « La coopération entre la cour communautaire, les juridictions nationales et la CEDH dans la protection des droits fondamentaux », *Revue du Marché commun et de l'Union européenne*, n° 466/mars 2003, pp. 151-159.
- **PFERSMANN (O.)**, « Le recours direct entre protection juridique et constitutionnalité objective », in *L'accès des personnes à la justice constitutionnelle : droit, pratique, politique,* études réunies et présentées par Otto PFERSMANN, Cahiers du Conseil constitutionnel, 2001, n°10, pp. 65-71.

- **PHARO (P.)**, « Naturalisation de la vie politique et vertus démocratiques », *in* Yves Charles ZARKA, *Repenser la démocratie*, Paris, Armand Colin, 2010, pp. 38-49.
- **PHILIPPE (X.)**, « L'émergence de la protection et du contrôle des droits fondamentaux en Afrique Australe », in *Les droits fondamentaux : Universalité et Diversité*, collection actualité scientifique réseau AUPELF-UREF droits fondamentaux, Bruxelles, Bruylant, 1997, pp. 317- 344.
- **PICARD (E.)**, « Construction européenne et droit constitutionnel », in *Construction européenne et État de droit,* HEUZÉ (V.) et HUET (J.), (dir.), Actes de Colloques, éditions Panthéon Assas, 2012, pp. 36-103.
- **PICARD (E.)**, « L'émergence des droits fondamentaux en France », in *Les droits fondamentaux une nouvelle catégorie juridique ? A.J.D.A.*, 1998, n° spécial, pp. 6- 43.
- **PICARD (E.)**, « L'influence du droit communautaire sur la notion d'ordre public », AJDA, *Droit administratif et droit communautaire. Des influences réciproques à la perspective d'un droit administratif européen : les données du débat contemporain, AJDA,* 1996, n° spécial juin, pp. 55- 75.
- **PICOD (F.)**, « La normativité du droit communautaire », in Cahiers du Conseil constitutionnel, n° 21, Janvier 2007, pp. 94-100.
- **PICOD (F.)**, « Le contrôle de constitutionnalité des actes de droit dérivé de l'Union européenne », *Cahiers du Conseil constitutionnel, n° 18,* juillet 2005, pp. 144-147.
- **PICOD (F.)**, « Préface », *in* BARAV (A.)*, Études sur le renvoi préjudiciel dans le droit de l'Union* européenne, Coll. « Droit de l'Union européenne », Bruxelles, Bruylant, 2011, p. I et s.
- **PIERRE-CAPS (S.)**, « Droit constitutionnel européen : une notion ambivalente », *Revue de l'Union européenne, n° 590,* juillet- Août 2015, pp. 456-464.
- **PIERRE-CAPS (S.)**, « La Constitution comme ordre de valeurs », in *Mélanges en l'honneur de Dimitri Georges LAVROFF, La Constitution et les valeurs*, Dalloz, 2005, pp. 283-296.
- **PIGNEROL (B.)**, « Le crépuscule des Lumières : Excès de droit, abus de droit », *in* Mathieu DOAT, Jacques LE GOFF et

Philippe PÉDROT, *Droit et complexité. Pour une nouvelle intelligence du droit vivant*, Actes du colloque de Brest du 24 mars 2006, Presses Universitaires de Rennes (Coll. « L'Univers des Normes »), 2007, pp. 63-76.

- **PINGEL (I.)**, « Rapport introductif », *in* PINGEL (I.), ROSENBERG (D.), (dir.), *Les sanctions contre les États en droit communautaire,* coll. « contentieux européen », Paris, Pedone, 2006, pp. 5-16.
- **POIRMEUR (Y.), ROSENBERG (D.)**, « La doctrine constitutionnelle et le constitutionnalisme français », disponible sur : www.u-picardie.fr.
- **POTOCKI (A.)**, « l'organisation des juridictions Communautaires est-elle porteuse d'enseignement pour les juridictions nationales ? », *Mélanges offerts à P. DRAI, le juge entre deux millénaires*, Paris, Dalloz, 2000, pp.109-119.
- **PRISO-ESSAWE (S.-J.)**, « Les "espaces juridiques" de sécurisation des investissements en Afrique : entre droits communautaires et droit uniforme », *Revue Lamy Droit Civil*, janvier 2010, pp. 59-67.
- **PRISO-ESSAWE (S.-J.)**, « L'intégration régionale dans le droit constitutionnel des pays d'Afrique sub-saharienne », *in* S. DOUMBÉ-BILLE, B. M. METOU (dir.), *Regards sur le droit public en Afrique, Mélanges en l'honneur du Doyen Joseph-Marie Bipoum Woum*, Paris, L'Harmattan, 2016, pp. 341-361.
- **PUISSOCHET (J.-P.), LEGAL (H.)**, « Le principe de sécurité juridique dans la jurisprudence de la Cour de justice des Communautés européennes », *Cahiers du Conseil constitutionnel*, n° 11, décembre 2001, pp. 98-105.
- **PUISSOCHET (J.-P.), RODRIGUEZ IGLESIAS (G. C.)**, « Rapport de la CJCE », in Cahiers du Conseil Constitutionnel, n°4 (Dossier : Droit communautaire – droit constitutionnel) – avril 1998, pp. 78-89.
- **QUERMONNE (J.-L.)**, « L'émergence d'un droit constitutionnel européen », *Revue international de droit comparé,* 2006, v.58, n°2, avril-juin, pp.581-591.
- **RAUX (J.)**, « Le respect des droits de l'homme, des principes démocratiques et de l'État de droit sous le régime de la « bonne gouvernance », principe fondamental « essentiel » de l'après Lomé IV », in *liber amicorum en l'honneur de Jacques*

Georgel, la liberté dans tous ses états, Apogée, 1998, pp. 409-425.

- **RAYNAL (J.-J.)**, « Conférences nationales, État de droit et démocratie, quelques réflexions à propos d'une occasion manquée », *in* D. DARBON, J. DU BOIS DE GAUDUSSON (dir.), *La création du droit en Afrique*, Paris, Karthala, 1997, pp. 157-175.
- **REDOR (M.-J.)**, « Garantie juridictionnelle et droits fondamentaux », *CRDF,* n° 1/2002, pp. 91-101.
- **REDOR (M.-J.)**, « l'État dans la doctrine publiciste française du début du siècle », *Droits* n° 15, 1992, pp. 91-100.
- **RÉMOND (R.)**, « Les cycles révolutionnaires au XIXe Siècle en Europe », *in* S. DARNTON, O. DUHAMEL (dir.), *Démocratie,* éditions du Rocher, 1998 ; pp. 41-64.
- **REMOND (R.)**, « Les français et leur Constitution », in *Le nouveau constitutionnalisme, Mélanges en l'honneur de Gérard CONAC,* Paris, Economica, 2001, pp. 23-30.
- **RENOUX (T.)**, « Théorie des droits fondamentaux, hiérarchie des normes et séparations des pouvoirs *», in* Thierry-S. RENOUX (dir.), *Protection des libertés et droits fondamentaux*, La Documentation française, Paris, 2007, p. 32 et s.
- **RICHARD (P.)**, « L'émergence et la réalisation de l'État de droit. L'exemple du Bénin », *in* ARSAC. P, CHABOT. J.-L et PALLARD. H (dir.), *État de droit, droits fondamentaux et diversité culturelle,* Paris, L'Harmattan, 1999, pp. 137-164.
- **RIDEAU (J.)**, (dir.), « Introduction. Quinze États membres en quête d'Union », in *Les États membres de l'Union européenne, adaptations, mutations, résistances*, Paris, L.G.D.J, 1997, p. 5.
- **RIDEAU (J.)**, « Fin d'un absolutisme », *Pouvoirs n°13*, Le Conseil constitutionnel, pp. 5- 16.
- **RIDEAU (J.)**, « Le développement de la protection juridictionnelle des droits de l'homme dans l'Union européenne : symboles et effectivité », in *L'Avenir de la justice communautaire. Enjeux et perspectives*, coll. « Monde européen et international », Paris, *La Documentation française*, 1999, pp. 83-115.
- **RIDEAU (J.)**, « Le rôle de l'Union européenne en matière de protection des droits de l'homme », *RCADI,* 1997, p. 282 et s.

- **RITLENG (D.)**, « Cours constitutionnelles nationales et renvoi préjudiciel », in *Mélanges en l'honneur du Professeur Joël MOLINIER, Liber amicorum,* Paris, L.G.D.J., 2012, pp. 585-604.
- **RIVERO (J.)**, Note sous la décision du 16 juillet 1971, *L'Actualité juridique. Droit administratif,* 1971.
- **RIVERO (J.)**, « Fin d'un absolutisme », *Pouvoirs, n°13, Le Conseil constitutionnel*, avril 1980 (juillet 1991), pp. 5-16.
- **RIVERO (J.)**, « L'État de droit, état du droit », in Mélanges en l'honneur de Guy Braibant, Paris, Dalloz, 1996, pp. 609-614.
- **ROBERT (J.)**, « L'ingénierie constitutionnelle et l'Europe de l'Est : le rôle de la Commission européenne pour la démocratie par le droit », *in* S. MILACIC (dir.), *La réinvention de l'État : démocratie te ordre juridique en Europe centrale et orientale*, Actes du colloque international du Sénat, Paris, 5 et 6 octobre 2002, Bruxelles, Bruylant, 2003, pp. 195-204.
- **ROUCOUNAS (E.)**, « Les Nations Unies et la fondation de l'État de droit », *in* SOUBEYROL (J.), (dir.), *L'ONU et l'État de droit* : Colloque du 1er décembre 1995, p. 45 et s.
- **ROUSSEAU (D.)**, « Constitutionnalisme et démocratie », article de blog, 19 septembre 2008, disponible sur : www.laviedesidees.fr.
- **ROUSSEAU (D.)**, « La notion de patrimoine constitutionnel européen », in *Mélanges Philippe Ardant, Droits et politiques à la croisée des cultures*, Paris, L.G.D.J., 1999, pp. 27-46.
- **ROUSSEAU (D.)**, « La notion du patrimoine constitutionnel européen », in *Le patrimoine constitutionnel européen*, Strasbourg, Conseil de l'Europe, 1997, pp.16- 37.
- **ROUSSEAU (D.)**, « Une résurrection, la notion de constitution », *RDP*, 1990, pp. 5-22.
- **SALLES (D.)**, « Michel Debré et la protection de la liberté individuelle par l'autorité judiciaire », *Cahiers du Conseil constitutionnel*, n° 26, 2009. Disponible sur le site du Conseil constitutionnel français.
- **SAUNDERS (C.)**, « La séparation des pouvoirs : Montesquieu en Australie », in *Droit constitutionnel, Mélanges Patrice GELARD, LGDJ*, Paris, 1999, pp. 467- 473.

- **SAUVÉ (J.-M.)**, « Le juge administratif et la protection des droits et libertés fondamentaux », *in Mélanges Serge Guinchard,* Paris, Dalloz, 2010, p. 545-570.
- **SCHMIDT (V. A.)**, « L'Union européenne crée-t-elle ou détruit-elle la démocratie ? » *Politique étrangère* 2007/3 (Automne), pp. 517-528.
- **SENOU (J. I.)**, « Le nouvel avatar démocratique en Afrique : l'obsession du second mandat », *Revue française de droit constitutionnel (RFDC)* 2016/3 (N°107), pp. 633-653.
- **SEVERINO (C.)**, « Le Conseil constitutionnel et le droit vivant : mythe ou réalité ? », *in mélanges offerts à L. Favoreu, Renouveau du droit constitutionnel*, Dalloz, 2007, pp.1429-453.
- **SICILIANOS (L.-A.)**, « le respect de l'État de droit comme obligation internationale », in *l'État de droit en droit international*, Colloque de Bruxelles, SFDI, Paris, Pédone, 2009, pp. 143-152.
- **SIMON (D.)**, « Des influences réciproques entre la CJCE et CEDH : « je t'aime, moi non plus » ? », *Pouvoirs*, 2001/1 n° 96, pp. 31-49.
- **SIMON (D.)**, « État de droit et compétences de l'Union européenne », in *Construction européenne et État de droit,* V. HEUZÉ et J. HUET (dir.), Actes de Colloques, éditions Panthéon Assas, 2012, pp. 21-35.
- **SIMON (D.)**, « La Communauté de droit », *in* F. SUDRE et H. LABAYLE (dir.), *Réalité et perspectives du droit communautaire des droits fondamentaux*, Bruxelles, Bruylant, 2000, pp. 97-98.
- **SIMON (D.)**, « Le principe de "bonne administration " ou la "bonne gouvernance" concrète », in *Le droit de l'Union européenne en principes, Mélanges Jean Raux,* Rennes, Apogée, 2006, pp. 155-176.
- **SIMON (D.)**, « Les fondements de l'autonomie du droit communautaire », in *Droit international et droit communautaire, Perspectives actuelles*, SFDI, 2000, p. 45 et s.
- **SIMON (D.)**, « Y a-t-il des principes généraux du droit communautaire ? », in *l'Europe et le droit*, *Droits*, 1991, n° 14, pp. 73-86.
- **SINDJOUN (L.)**, « Les nouvelles Constitutions africaines et la politique internationale : contribution à une économie des biens

politico-constitutionnels », *Études internationales*, Vol. 26, n° 2, 1995. Disponible en ligne : www.id.erudit.org.

- **SOMA (A.)**, « L'applicabilité des Traités internationaux de protection des droits de l'homme dans le système constitutionnel du Burkina Faso », *African Yearbook of international law*, 2008, vol. 16, pp. 313-342.
- **SOMA (A.)**, « modélisation d'un système de justice constitutionnelle pour une meilleure protection des droits de l'homme : trans-constitutionnalisme et droit constitutionnel comparé », *RTD*, n° 78, 2009, pp. 437-466.
- **SOW (A.)**, « La diffusion du droit communautaire ouest-africain », in *L'État de droit,* Civitas Europa, n° 37, déc. 2016, pp. 361-362.
- **SPADARO (A.)**, « Les évolutions contemporaines de l'État de droit », *Civitas Europa,* 2016/2 (n° 37), pp. 95-120.
- **SUDRE (F.)**, « L'Union européenne et les droits et les droits de l'homme. De quelques interrogations... », R.A.E–L.E.A., 2006/1, pp. 7-9.
- **SUDRE (F.)**, « Les libertés protégées par la Cour européenne des droits de l'homme », *in* D. ROUSSEAU et F. SUDRE (dir.), *Conseil constitutionnelle et Cour européenne des droits de l'homme : droits et libertés en Europe*, Paris, STH, 1990, p.18
- **SY (D.)**, « La renaissance du droit constitutionnel en Afrique : question de méthode », *Droit sénégalais n°* 3, juin 2004, pp. 36-52.
- **SZUREK (S.)**, « commentaire de l'article 1 de la Charte africaine » *in Maurice KAMTO (dir), La Charte africaine des droits de l'homme et des peuples et le Protocole y relatif portant création de la Cour africaine des droits de l'homme, commentaire article par article*, Coll., Bruxelles, Bruylant, 2011, pp. 81-117.
- **TATY (G.)**, « La procédure de renvoi préjudiciel en droit communautaire », *Revue de droit uniforme africain, Actualités trimestrielle de droit et de jurisprudence*, n° 004, 2011, p. 28 et s.
- **TAVERNIER (P.)**, « Les organisations internationales et les changements anticonstitutionnels de gouvernement », *in* R. BEN ACHOUR (dir.), *Les changements anticonstitutionnels de gouvernement. Approche de droit constitutionnel et de droit*

international, Actes du colloque organisé les 4 et 5 avril à Tunis, Cahiers de l'Institut Louis FAVOREU, Vol. 1., PUAM, 2014, pp. 29-36.

- **THOUVENIN (J.-M.)**, « Á la rencontre des droits, les rapports de systèmes après l'affaire Kadi », R.M.C.U.E, n°529, juin 2009, pp. 373-379.
- **TOMUSCHAT (C.)**, « Les rapports entre le droit communautaire et le droit interne allemand dans la jurisprudence récente de la Cour constitutionnelle allemande », *Cahiers de droit européen*, 1989, pp. 163-178.
- **TORCOL (S.)**, « Partager des valeurs communes, préalable à l'émergence d'un droit constitutionnel européen », *Revue de L'Union européenne*, n° 610, Juillet-Aout 2017, Dalloz, pp. 389-395.
- **TROPER (M.)**, « Le Concept d'État de droit », *Droits* n° 15, 1992, pp. 51-63.
- **TROPER (M.)**, « Le concept de constitutionnalisme et la théorie moderne du droit », *in* Terence Marshall (dir.), *Théorie et pratique du gouvernement constitutionnel ; la France et les États-Unis,* La Garenne-Colombes, éd. de l'Espace européen, 1992, p. 35 et s.
- **TROPER (M.)**, « Le constitutionnalisme entre droit et politique », disponible sur : www.u-picardie.fr.
- **TROPER (M.)**, « Constitutionnalisme et démocratie *», Du droit interne au droit international, Mélanges en l'honneur de Raymond GOY,* Publications de l'Université de Rouen, 1998, pp. 143-150.
- **TULKENS (F.), CALLEWAERTS (J.)**, « Le point de vue de la Cour européenne des droits de l'homme », *in* CARLIER (J.-Y.), DE SCHUTTER (O.), (dir.), *La Charte des droits fondamentaux de l'Union européenne, son apport à la protection des droits de l'homme en Europe,* Bruylant, Bruxelles, 2002, p. 219 et s.
- **TULKENS (F.), VAN DROOGHENBROECK (S.)**, «L'évolution des droits garantis et l'interprétation jurisprudentielle de la Convention Européenne des droits de l'homme », disponible en ligne : www.cejm-grenoble.fr.
- **TZITZIS (S.)**, « Démocratie postmoderne et État de droit », *in* ARSAC (P.), CHABOT (J.-L.) et PALLARD (H.), (dir.), *État de*

droit, droits fondamentaux et diversité culturelle, Paris, L'Harmattan, 1999, pp. 333-342.

- **VALLAÇON (F.)**, « De l'État de droit au droit de l'État », *in* ARSAC(P.), CHABOT (J.-L.) et PALLARD (H.), (dir.), *État de droit, droits fondamentaux et diversité culturelle,* Paris, L'Harmattan, 1999, pp. 213-216.
- **VALTICOS (N.)**, « Préface » in *La protection des droits sociaux fondamentaux dans les Etats membres de l'Union européenne : étude de droit comparé, Julia Iliopoulos-Strangas (dir)*, Human Rights-Menschenrechte, Vol. 3. p. VIII et s.
- **VEDEL (G.)**, « Le Conseil constitutionnel, gardien du droit positif ou défenseur de la transcendance des droits de l'Homme », *Pouvoirs n° 13*, avril 1980 (juillet 1991), pp. 209-219.
- **VEDEL (G.)**, « Les racines de la querelle constitutionnelle sur l'élection du parlement européenne », *Pouvoirs*, 1977, pp. 23-36.
- **WACHSMANN (P.)**, « Participation, communication, pluralisme », *AJDA,* 1998, n° spécial, p.173 et s.
- **WADE (A.)**, *Afrique Noire et Union Française, Présence Africaine,* 1953/1 (n° 14), p. 124 et s.
- **WALTER (C.)**, « Le contrôle de constitutionnalité des actes de droit communautaire dérivé par la Cour constitutionnelle fédérale allemande », *RDP*, 1997, n° 5, pp. 1285-1300.
- **WATHELET (M.), VAN RAEPENBUSCH (S.)**, « La protection des droits fondamentaux au sein de l'Union européenne après le traité de Nice », in *Avancées et confins actuels des droits de l'homme aux niveaux international, européen et national,* Bruxelles, Bruylant, 2003, p. 349 et s.
- **WEILER (J. H. H.)**, « The Community System: the dual character of supranationalism », *Yearbook of European Law*, 1981, pp. 267-306.
- **ZAMBRANO (V.)**, « L'Union européenne et les changements antidémocratiques de gouvernement », *in* R. BEN ACHOUR (dir.), *Les changements anticonstitutionnels de gouvernement. Approche de droit constitutionnel et de droit international,* Actes du colloque organisé les 4 et 5 avril à Tunis, Cahiers de l'Institut Louis FAVOREU, Vol. 1., PUAM, 2014, pp. 45-52.

- **ZINZINDOHUE (A. D.)**, « Autorité juridictionnelle des Cours internationales à l'égard des cours nationales : le cas de la Cour de justice de l'UEMOA », in *internationalisation du droit, internationalisation de la justice,* 3e Congrès de l'AHJUCAF, Ottawa, 21-23 Juin 2010, pp. 22- 29. Disponible en ligne : www.ahjucaf.org.
- **ZOGO NKADA (S.-P.)**, « Le nouveau constitutionnalisme africain et la garantie des droits socioculturels des citoyens : cas du Cameroun et du Sénégal », *RFDC* 2012/4 (n° 92), pp. 1-17.

Communication et contributions

- **BENTIROU MATHLOUTHI (R.)**, « Le dialogue des ordres juridiques européens : prometteur d'un « *jus commune* » ou d'un « *jus singulare* » des droits fondamentaux ? », communication présentée dans le cadre du ProDoc « Fondements du Droit Européen », organisé les 16 et 17 septembre 2011, à l'Université de Genève, sur le thème : *Désordres juridiques européens – European Legal (Dis) order.*
- **BOLLE (R.)**, « Les juridictions constitutionnelles et les crises électorales », *Actes du 5e Congrès de l'ACCPUF*, Cotonou, juin 2009.
- **Colloque organisé par le Sénat et le centre d'études comparatives des élections**, *L'encadrement financier du processus électoral,* Paris, 18 février 2010. Disponible sur le site du Sénat français.
- **CONAC (G.)**, « Quelques réflexions sur le nouveau constitutionnalisme africain », *Symposium international de Bamako*, 2000, disponible sur : www.francophonie.org.
- **COSSI SOSSA (D.)**, « Les concurrences de compétence entre les hautes juridictions communautaires de l'Afrique de l'ouest et du centre : réalités et approches de solutions », communication à la Deuxième Rencontre Inter-juridictionnelle des Cours Communautaires de l'UEMOA, de la CEDEAO, de la CEMAC et de l'OHADA, Bamako, du 9 au 13 février 2009.
- **DARGENT (F.)**, « Les échecs du mimétisme constitutionnel en Afrique francophone », communication, VIIIe Congrès national

de l'AFDC, Nancy 16, 17 et 18 juin 2011, p. 8 et s. Disponible en ligne sur www.droitconstitutionnel.org.

- **DIALLO (M.)**, « intervention », in *Le Protocole de 2001 de la CEDEAO : place et rôle dans la promotion de la démocratie et la gouvernance en Afrique de l'ouest*, Atelier organisé conjointement par Club du Sahel et de l'Afrique de l'ouest/OCDE et Communauté économique des États de l'Afrique de l'Ouest, Dakar-Saly, 16-19 octobre 2007.
- **DUBOUT (E.)**, « De la primauté « imposée » à la primauté « consentie ». Les incidences de l'inscription du principe de primauté dans le traité établissant une Constitution pour l'Europe », contribution aux Actes du IVe Congrès de l'Association française de droit constitutionnel, des 9, 10 et 11 juin 2005 à Montpellier, disponible sur : www.droitconstitutionnel.org.
- **GAUTRON (J.-C.)**, « Le renvoi préjudiciel. Changements et continuité », in *Les juges nationaux et la Cour de justice des Communautés – quelle interaction ?* Colloque de Sofia, 2010, pp. 123-142, disponible en ligne sur : www.eubg.eu.
- **IGLESIAS (G. C. R.)**, « intervention », in Commission européenne pour la Démocratie par le Droit, « Le rôle de la Cour de justice en tant que Cour constitutionnelle », 55eme Session plénière, Commission de Venise, 13 juin 2003.
- **LECA (I.), MILLION (M.)**, conférence sur le contentieux communautaire, « Le juge communautaire et les droits de l'homme », in *droits fondamentaux et juge communautaire*, 12 mars 2004. Disponible sur : www.droitfil.free.fr.
- **MORALES (R.)**, « La protection juridictionnelle des droits fondamentaux : révélation d'une entente conceptuelle », contribution au VIe Congrès français de droit constitutionnel des 9, 10 et 11 juin 2005 à Montpellier, disponible sur : www.droitconstitutionnel.org.
- **NDIAYE (I. Y.)**, « L'accès à la justice constitutionnelle par le citoyen », actes du 6e Congrès de l'association des cours constitutionnelles des pays ayant en partage l'usage du français (ACCPUF), Marrakech, juin, 2015.
- **PEIFFERT (O.)**, « l'encadrement des règles constitutionnelles par le droit de l'Union européenne », VIIIe Congrès français de droit constitutionnel, AFDC, Nancy, 16-18 juin 2011.

- **SAKHO (P. O.)**, « Allocution d'ouverture du deuxième congrès de l'Association des juridictions de cassation des pays ayant en partage l'usage du français », in *Actes du deuxième congrès de l'AHJUCAF*, Dakar, 7 et 8 novembre 2007.
- **SAUVÉ (J.-M.)**, « Y a-t-il trop de droits fondamentaux ? », Rentrée solennelle de la faculté de droit de Montpellier, le 18 septembre 2012, p. 4, Disponible en ligne sur le site du conseil d'État. www.conseil-etat.fr.
- **SAUVÉ (J.-M.)**, « La subsidiarité : une médaille à deux faces ? », séminaire organisé par la Cour européenne des Droits De de l'homme, Strasbourg, 30 janvier 2015, disponible sur le site du Conseil d'État.
- **SAUVÉ (J.-M.)**, « La dynamique de protection des droits fondamentaux en droit national et en droit européen », conférence prononcée à l'université de Jagellonne de Cracovie (Pologne), 22 octobre 2012, disponible sur le site du Conseil d'État.
- **SAUVÉ (J.-M.)**, « Le rôle du "Comité 225" dans la séparation des pouvoirs au sein de l'Union européenne », *130e anniversaire du Conseil supérieur de la Magistrature, séparations des pouvoirs et droit de l'Union européenne*, 24 octobre 2013, disponible sur le site du Conseil d'État.
- **SAUVÉ (J.-M.)**, « propos introductif » à la table ronde organisée sur la thématique de « La protection des droits fondamentaux au niveau de l'Union européenne et des États membres », *in La protection des droits fondamentaux après Lisbonne : L'interaction entre la Charte des droits fondamentaux de l'Union européenne, la Convention européenne des droits de l'homme et les constitutions nationales*, XXVème Congrès de la Fédération internationale de droit européen (FIDE), Tallinn, 30 mai - 2 juin 2012.
- **SAUVÉ (J.-M.)**, Allocution prononcée au colloque organisée par le Conseil d'État et la Cour de cassation, « L'ordre juridique national en prise avec le droit européen et international : questions de souveraineté ? », Conseil d'État, 10 avril 2015.
- **SAUVÉ (J.-M.)**, intervention au colloque organisé par la Commission européenne : « La Charte des droits fondamentaux de l'Union européenne : évaluer et répondre aux besoins de

formation des juristes et des autorités publiques », Bruxelles, décembre 2014, disponible sur le site du Conseil d'État.
- **SINDJOUN (L.)**, « La formation du patrimoine constitutionnel commun des sociétés politiques : éléments pour une théorie de la civilisation politique internationale », Dakar, Conseil pour le Développement de la Recherche en Sciences sociales en Afrique (CODESRIA), 1997.
- **YENIKOYE (I. A.)**, « La mesure de la gouvernance au service de l'État de droit, de la démocratie et du développement humain durable », *communication au colloque d'Ouagadougou. Disponible en ligne sur :* www.francophonie.fr.

Articles de Presse

- **BADINTER (R.)**, « Le pouvoir et le contre-pouvoir », in *Le Monde,* 23 novembre 1993, pp. 92-93.
- **CHEMILLIER-GENDREAU (M.)**, «Le principe de subsidiarité : enjeu majeur, débat confus», *Le Monde Diplomatique*, édition de juillet 1992, p. 13.
- **COHEN (H.)**, « Démocratie ou gouvernance : quelle voie l'Afrique doit-elle suivre ? », *Jeune Afrique Économie,* 1995, n°206, note 113, p. 90 et s.
- **GOUYOPGBIA-KONGBA-ZÉZÉ (C.)**, « Faut-il abandonner la démocratie occidentale ? », *Jeune Afrique Économie,* 1995, n°206, p. 128.
- **HERZOG (R.), GERKEN (L.)**, « Stop the European Court of justice! », *Frankfurter Allgemeine Zeitung*, in *Opinion*, 10 septembre 2008, consultable en ligne sur: www.euobserver.com.
- **IGHOBOR (K.)**, « La Chine au cœur de l'Afrique. Avantages et difficultés d'une relation en pleine expansion », *Afrique Renouveau*, janvier 2013. Consultable ne ligne sur le site : www.un.org.
- **Le Monde Afrique**, « L'opposant Buhari remporte la présidentielle au Nigéria », 1 avril 2015. www.lemonde.fr.
- **Le Monde**, Discours prononcé par Nicolas Sarkozy, le 26 juillet 2007 à Dakar, disponible en ligne sur : www.lemonde.fr.
- **NDIR (M.)**, « Le mea-culpa de la Banque mondiale », *Jeune Afrique Économie,* 1994, n° 184, p. 79.

Notes, Rapports et Études

- **Action commune 2004/523/PESC du Conseil** du 28 juin 2004 relative à la mission « État de droit » menée par l'UE en Géorgie, EUJUST THEMIS, *JOUE* L 228, 29 juin 2004.
- **Action commune 2005/190/PESC du Conseil** du 7 mars 2005 relative à la mission intégrée « État de droit » de l'UE pour l'Irak, EUJUST LEX, *JOUE* L 62, 9 mars 2005, p. 37 (modifiée et prorogée par l'Action commune 2007/760/PESC du 22 novembre 2007, *JOUE* L 305, 23 novembre 2007.
- **Action commune 2008/124/PESC du Conseil** du 4 février 2008 relative à la mission « État de droit » menée par l'UE au Kosovo, EULEX KOSOVO, *JOUE* L 42, 16 février 2008.
- **Banque Mondiale**, « L'Ajustement en Afrique », *Rapport de la Banque Mondiale sur les politiques de développement,* 1993.
- **Banque Mondiale**, « S'attaquer aux problèmes mondiaux cruciaux », *Rapport annuel* 2016.
- **BOUTROS-GHALI (B.)**, *Agenda pour la paix, diplomatie préventive, rétablissement de la paix, maintien de la paix,* Rapport présenté par le Secrétaire général en application de la Déclaration adoptée par La Réunion au Sommet du Conseil de sécurité le 31 janvier 1992, 17 juin 1992.
- **BUNDU (A.)**, *Paix et stabilité régionale : préalables à l'intégration,* rapport annuel 1992/1993 du secrétaire exécutif de la CEDEAO, Lagos, juin 1993.
- **CEDEAO** (mai 2000), *vingt cinquième anniversaire (1975 – 2000) : Bilan & perspectives,* Abuja, Secrétariat Exécutif de la CEDEAO.
- **Centre international des droits de la personne et du développement démocratique**, *Promouvoir les droits humains et la démocratie dans un contexte de terrorisme*, Rapport du groupe de réflexion, Ottawa, 30 mai 2002.
- **Commission européenne pour la démocratie par le droit**, 11-12 mars 2016, 'Liste des critères de l'État de droit », Études n° 711/2013, CDL-AD (2016) 007, § 15, Strasbourg, 18 mars 2016.
- **Commission interaméricaine des droits de l'homme**, *Rapport annuel,* 1990-1991, Chapitre VIII.

- **Déclaration finale** et le « Programme d'action de la Conférence mondiale sur les droits de l'homme », Vienne 14-25 juin 1993, Doc. A/Conf 157/23 – 12 juillet 1983.
- Document cadre sur la prévention des conflits de la CEDEAO, adopté par la Commission de la CEDEAO, Abuja, janvier 2008.
- **FALL (A.), SOUARÉ (I. K.), ZOUNMENOU (D.)**, *Rapport sur la sécurité humaine dans l'espace CEDEAO. Les Cas du Bénin, du Burkina Faso, de la Guinée et du Togo. Situation Report, Institute for Security Studies*, 2012.
- Note du parlement européen « Le respect des droits fondamentaux dans l'Union européenne » disponible sur : www.europarl.europa.eu.
- **OUINSOU (C. D.)**, premier rapport de synthèse, « Le droit au recours », in *L'accès au juge constitutionnel : modalités et procédures, 2e Congrès de l'Association des Cours Constitutionnelles ayant en partage l'usage du français (ACCPUF)*, Libreville-Septembre 2000, disponible sur le site de l'association : www.accpuf.org.
- **OYANE-ONDO (P.)**, Document de réflexion de l'AFP à l'occasion de Bamako +10, XXVIe Session de l'Assemblée Parlementaire de la Francophonie, Document n° 8, Commission politique, Dakar, 5-8 juillet 2010.
- **PASCAL (J.)**, Rapport du Conseil constitutionnel français de mars 2000, « l'accès au juge constitutionnel : modalités et procédures », in Actes du 2e congrès de l'ACCPUF, Libreville-Septembre 2000, p. 235 et s.
- **PNUD**, *Rapport mondial sur le développement humain*, Paris, Economica, 1994
- **PNUD**, *Rapport sur le développement humain en Afrique 2012 : Vers une sécurité alimentaire durable*.
- **PNUD**, *Rapport sur le développement humain en Afrique 2016, Accélérer les progrès en faveur de l'égalité des genres et de l'autonomisation des femmes en Afrique*, disponible en ligne, sur : www.undp.org.
- **Projet de rapport de 54e session ordinaire du Conseil des ministres de la CEDEAO**, Doc. ECW/LIV/12, Abuja, juin 2005.
- **Rapport annuel de l'Union européenne** sur les droits de l'homme, 2006.

- **Rapport de la Cour suprême du Cameroun**, *L'accès au juge constitutionnel : modalités et procédures, 2é Congrès de l'Association des Cours Constitutionnelles ayant en partage l'usage du français (ACCPUF)*, Libreville-Septembre 2000, disponible sur le site de l'association : www.accpuf.org.
- **Rapport de la Mission d'Analyse La Cadence du Développement Démocratique au Burkina Faso**, International IDEA, *La Démocratie au Burkina Faso*, Stockholm, International IDEA, 1998.
- **Rapport des délégations participantes**, *Protection constitutionnelle et protection internationale des droits de l'homme : concurrence ou complémentarité ?* IXe Conférence des Cours constitutionnelles. Volume I, Paris, 10-13 mai 1993, éd. Scientifique.
- **Rapport du Secrétaire général des Nations Unies** sur l'activité de l'organisation, doc. A/52/1, 3 septembre 1997.
- **Rapport du Secrétaire général des Nations Unies** sur l'Organisation, A/52/5 du 13 septembre 1997, A/53/1 du 27 août 1998, A/53/554 du 29 octobre 1998.
- **Rapport du Secrétaire Général des Nations Unies** sur le renforcement du principe d'élections périodiques et honnêtes, 4 novembre 1991, A/46/609/Add.1.
- **Rapport du Secrétaire général des Nations Unies**, « Dans une liberté plus grande : développement, sécurité et respect des droits de l'homme pour tous », Doc. A/59/2005.
- **Rapport du Secrétaire général des Nations Unies**, Doc. S/2004/616.
- **Rapport du Secrétaire Général des Nations Unies**, *Les causes des conflits et la promotion de la paix et d'un développement durable s'en Afrique,* 16 avril 1998.
- **Rapport FIDH**, « Mali, terrorisme et impunité font chanceler un accord de paix fragile », n° 692, Mai 2017.
- **Rapport FIDH**, *L'antiterrorisme à l'épreuve des droits de l'homme : les clés de la compatibilité*, n° 429, octobre 2005.
- **Rapport Gorée Institue 2010**, *élections, paix et sécurité en Afrique de l'Ouest.* Disponible sur le site internet www.goreeinstitut.org.
- **World Bank**, *Governance and Development,* Washington DC, 1992.

- **World Bank**, *Governance The World Bank experience,* Washington DC, 1994, p. vii et Banque mondiale, *Des instituions pour les marchés, Rapport sur le développement dans le monde 2002,* Washington DC, 2003, pp. 229-230. Pour le FMI, *Good Governance, The FMI's Role,* Washington DC, 1997.
- **World Bank**, *Governance The World Bank experience,* Washington DC, 1994, p. xiv, Box 1.
- **World Bank**, *Sub-Saharan Africa: From Crisis to Sistainable Growth,* Washington, 1989.

Communiqués et Déclarations

- AHG/Decl. 1 (XXVI), 26éme session ordinaire, Addis-Abeba, 11 juillet 1990.
- AHG/Décl. 5 (XXXVI), Déclaration sur le cadre pour une réaction de l'OUA face aux changements anticonstitutionnels de gouvernement, Lomé, 10-12 Juillet 2000.
- Communiqué du Mini-Sommet d'urgence des chefs d'État et de gouvernement de la CEDEAO sur la situation au Mali, Abidjan, Côte d'ivoire, 29 mars 2012.
- Communiqué du président de la Commission de la CEDEAO du 12 avril 2012, relativement à la tentative de coup d'État en Guinée Bissau. Disponible en ligne sur le lien suivant : www.operationspaix.net.
- Communiqué final du Sommet extraordinaire des Chefs d'État et de gouvernement tenu à Abidjan le 27 mars 2012 en réaction au coup d'État intervenu au Mali le 22 mars 2012.
- Déclaration S/PRST/2006/28, 22 juin 2006, Président du Conseil de Sécurité de l'ONU.
- Déclaration sur l'identité européenne, *Bull., CE n°12,* 1973.

Recommandations, Règlements et Résolutions

- Assemblée Générale des Nations unies, *Promotion et consolidation de la démocratie,* Résolution 55/96, cinquante-cinquième session, 81e séance plénière du 4 décembre 2000.

- Recommandation C/REC.1/11/82 relative à la création d'une structure nationale chargée de la coordination et du suivi des activités de la CEDEAO dans les États membres.
- Recommandation du Conseil des ministres du 17 décembre 2013.
- Règlement C/REG.11/12/13 relatif à la nouvelle désignation des cellules nationales de la CEDEAO en bureaux nationaux et à l'adoption d'un manuel pour leur fonctionnement.
- Règlement C/REG.5/8/97 relatif aux conditions de paiement d'une subvention de 10.000 unités de compte aux cellules nationales.
- Règlement C/REG/4/06/05 relatif aux fonctions, à la mission et au rôle des cellules nationales de la CEDEAO.
- Règlement C/REG24/24/11/10 portant sur l'adoption de principes directeurs sur le fonctionnement des cellules nationales de la CEDEAO.
- Résolution A/RES/55/96, *Promotion et consolidation de la paix*, 28 février 2001.
- Résolution S/RES 1688, 16 juin 2006, Conseil de Sécurité de l'ONU.
- Résolution S/RES 1739, 10 janvier 2007, Conseil de Sécurité de l'ONU.
- Résolution S/RES 1750, 30 mars 2007, Conseil de Sécurité de l'ONU.
- Résolution S/RES 61/39, 4 décembre 2006, sur l'état de droit aux niveaux national et international.
- Résolution S/RES/60/1, 24 octobre 2005, Assemblée Générale de l'ONU, Document final du Sommet mondial de 2005.

Décisions de justice

- **Cour Constitutionnelle Bénin**

✓ Décision El 07-024, 23 mars 2007

- **Cour constitutionnelle du Niger**

✓ Arrêt n°006/CC/MC DU 15 MAI 2014

- ✓ Arrêt n° 05/CC du 26 juin 2009
- ✓ Arrêt n° 04/CC/ME du 12 juin 2009
- ✓ Avis n°02/CC du 25 mai 2009

- **Cour constitutionnelle du Togo**

- ✓ Décision N°C-003/09 du 09 juillet 2009
- ✓ Décision N°E-018/10 du 22 novembre 2010

- **Conseil constitutionnel Sénégalais**

- ✓ Décision 12/93-Affaire n° 3/C/93

- **Conseil Constitutionnel français**

- ✓ Décision n° 2004-496 DC du 10 juin 2004, *Loi pour la confiance dans l'économie numérique.*
- ✓ Décision Bioéthique –n° 343-344 DC, 17 juillet 1994
- ✓ Cons. const., n° 80-127 DC, des 19 et 20 janv. 1981, cons. 64, *Rec.* 15,
- ✓ Cons. const., n° 84-181 DC, des 10 et 11 oct. 1984, cons. 51, *Rec.* 73.

- **Cour Constitutionnelle italienne**

- ✓ Arrêt *Frontini et Pozzani*, sentence n° 183/1973, 7 décembre 1973, *cah. dr. eur.*, n° 1-2/1975, pp. 114-148.

- **Cour Constitutionnelle Allemande**

- ✓ Cour constitutionnelle fédérale d'Allemande, 29 mars 1974, « Solange I »

- **Cour de justice de la CEDEAO**

- ✓ Arrêt n°ECW/CCJ/APP/01/03, *AFOLABI OLAJIDE c/ République Fédérale du Nigeria*, 27 avril 2004
- ✓ Arrêt n°ECW/CCJ/APP/02/05, *HON. Jerry Ugokwe c/ Federal Republic of Nigeria*, 7 octobre 2005

- ✓ Affaire n°ECW/CCJ/APP/05/05, *Etim Moses Essien C/ République de Gambie,* 14 mars 2007
- ✓ Arrêt n°ECW/CCJ/APP/05/06, *Moussa Léo Keïta c/ République du Mali*, 22 mars 2007
- ✓ Arrêt n°ECW/CCJ/APP/01/06, *Al Hadji Hammani Tidjani c/ Republic Fédérale du Nigeria*, 28 juin 2007
- ✓ Arrêt n° ECW/CCJ/JUD/3/08, *Chief Ebrimah MANNEH c/ République de Gambie*, 5 Juin 2008.
- ✓ Arrêt n°ECW/CCJ/JUD/06/08, *Dame Hadidjatou Mani Koraou c/ République du Niger*, 27 octobre 2008.
- ✓ Arrêt n°ECW/CCJ/JUD/05/10, *Mamadou Tandja c/ General Salou Djibo et l'État du Niger,* 8 novembre 2010
- ✓ Arrêt n°ECW/CCJ/APP/07/08, *Hissène Habré c/ État du Sénégal*, 18 novembre 2010
- ✓ Arrêt n°ECW/CCJ/JUD/01/11, *Sidi Amar Ibrahim c/ République du Niger,* 8 février 2011
- ✓ Arrêt n°ECW/CCJ/APP/09/09, *Bakarry Sarré et 28 autres c/République du Mali*, 17 mars 2011
- ✓ Arrêt n°ECW/CCJ/JUD/09/11, *Madame AMEGANVI Manavi Isabelle et autres c/ L'État du Togo, CE,* 07 octobre 2011
- ✓ Arrêt n°ECW/CCJ/JUG/06/12, *Madame AMEGANVI Manavi Isabelle et autres c/ L'État du Togo,* 13 mars 2012
- ✓ Arrêt n°ECW/CCJ/APP/14/14 *Société AGRILAND c/ État de Côte d'Ivoire*, 24 avril 2014
- ✓ Arrêt n°ECW/CCJ/JUD/03/15, *Convention Démocratique et Sociale Rahama c/ République du Niger*, 23 avril 2015
- ✓ Arrêt n°ECW/CCJ/JUD/06/15, *Bodjona AKOUSSOULELOU c/ République du Togo*, 24 avril 2015
- ✓ Affairen°ECW/CCJ/APP/19/15,Jugement n°ECW/CCJ/JUD/16/15, *Congrès pour la Démocratie et le Progrès (CDP) et autres c. L'État du Burkina*, CE 13 juillet 2015
- ✓ Arrêt n°ECW/CCJ/JUD/17/15 *Maître DJELOU Kodjovi Agbelengo et autres c/ République du Togo*, 06 octobre 2015
- ✓ Arrêtn°ECW/CCJ/APP/05/13, ECW/CCJ/JUD/22/15,*Mamadou Baba DIAWARAc/République du Mali,* 23 octobre 2015
- ✓ Arrêt n° ECW/CCJ/JUD/23/15, *Les ayants droit Ibrahim BARÉ MAÏNASSARA C/ République du Niger,* 23 octobre 2015

- ✓ Arrêt N° ECW/CCJ/JUD/02/16, *Konso kokou PAROUNAM c/ République Togo*, 16 février 2016.

Cour de justice de l'UEMOA :

- ✓ Avis n° 01/2003, Recueil des textes fondamentaux de la Cour, p. 471

- **Cour de justice de l'Union européenne**

- ✓ CJCE, 15 juill. 1960, *Comptoirs de vente du charbon de la Ruhr, aff.* 36 à 38/59 et 40/59, Rec.
- ✓ CJCE, 5 février 1963, *Van gens & Loos c. Pays Bas, aff. 26/62.*
- ✓ CJCE, 27 mars 1963, *Da Costa*, Aff. jtes 28 à 30/*62* , Rec. 1963, IX-1.
- ✓ CJCE, 15 juillet 1964, arrêt *Costa c. E.N.E.L, aff. 6/64.*
- ✓ CJCE, 30 juin 1966, *Vaassen-Göbbels*, *Aff.* 61/65, Rec. 1966, p. 337
- ✓ CJCE, 19 décembre 1968, *Salgoil contre Ministère du commerce extérieur de la République italienne, Aff. 13/68.*
- ✓ CJCE, 12 novembre 1969, aff. 29/69, *« Erich Stauder/ville d'Ulm Sozialamt »*, *Rec.*, p. 419
- ✓ CJCE, 6 octobre 1970, *Franz Grad contre Finanzamt Traunstein, Aff. 9/70*
- ✓ CJCE, 17 décembre 1970, *Internationale Handelsgesellschaft mbH contre Einfuhr- und Vorratsstelle für Getreide und Futtermittel*, *aff.* 11/70, *Rec.* 1135.
- ✓ CJCE, 19 juin 1973, *Carmine Capolongo contre Azienda Agricole Maya, aff. 77/72*
- ✓ CJCE, 27 novembre 1973, Aff. 36/73 *Nederlandse Spoorwegen*, *Rec.* 1973, p. 1299
- ✓ CJCE, *Rheinmühlen,* 16 janvier 1974, aff. n° 166/73, *Rec.* 1974
- ✓ CJCE, 14 mai 1974, *Nold/H.A. CECA, 4/73, Rec.* p. 491
- ✓ CJCE, 28 oct. 1975, *Rutili*, aff. 36/75
- ✓ CJCE, 9 mars 1978, arrêt *Simmenthal*
- ✓ CJCE, 11 mars 1980, *Foglia/Novello*, 104/79, *Rec.*, p. 745
- ✓ CJCE, 26 juin 1980, *National Panasonic,* aff. 136-79
- ✓ CJCE, 29 octobre 1980, *Aff.* C-228/92, Roquette Frères, Rec. 1994, p. I-1445

- ✓ CJCE, 6 octobre 1981, *Aff.* 246/80, *C.* Broekmeulen *contre Huisarts Registratie Commissie*, Rec. 1981, p. 1331
- ✓ CJCE, 6 octobre 1982, *srl Cilfit et Lanicifio di Gavardo*, Aff. 283/81, *Rec.*, 1982, p. 3415.
- ✓ CJCE, 1re Ch., 29 février 1984, *Cilfit,* 77/83, Rec., 1984, p. 1257
- ✓ CJUE, 23 avril 1986, *Les verts c/ Parlement européen, aff.* 294/83
- ✓ CJCE, 17 octobre 1989, *Aff.* 109/88, *Dansk Arbeijdsgiverforening, Rec.* 1989, p. 3199
- ✓ CJCE, ord. 26 janvier 1990, *Falciola*, aff. C-286/88, *Rec.*,
- ✓ CJCE, 18 octobre 1990, *Dzodzi*, C-297/88 et C-197/89, Rec. p. 3763
- ✓ CJCE, 23 mars 1993, *Weber c. Parlement européen,* affaire C 314/91, *Rec.*, p. I-01093,
- ✓ CJCE, 30 mars 1993, *Aff.* C-24/92, *Corbiau*, Rec. 1993, p. I-1277
- ✓ CJCE, 11 juillet 1996, *Aff.* C-39/94, *SFEI c/ La Poste*, Rec. 1996, p. I-3551
- ✓ CJCE, 12 nov. 1996, Royaume-Uni c/ Conseil, C-84/94
- ✓ CJCE, 11 décembre 2007, *Leur-Bloem*, C-280/06 Rec. p. I-10983
- ✓ CJUE, Gde ch., 3 septembre 2008, *Yassin Abdullah Kadi, Al Barakaat International Foundation contre Conseil de l'Union européenne, Commission des Communautés européennes*, C-402 et 415/05 P, *Rec.*, p. I-6351
- ✓ CJUE, 22 juin 2010, *Melki* et *Abdeli*
- ✓ CJUE, 18 décembre 2014, Projet d'accord d'adhésion à la Convention européenne des droits de l'homme, avis 2/13, EU:C :2014/2454, spéc

- **Cour européenne des droits de l'homme**

- ✓ Commission EDH, *Autriche c/Italie,* 11 janvier 1961, Ann. Conv. Vol. 4, p. 139
- ✓ Commission EDH, *Req.* n°1065/61, *X c. Belgique,* décision du 30 mai 1961, Annuaire de la Convention, vol. 4, pp. 260-261
- ✓ CEDH, Cour plénière, 23 juillet 1968, *affaire « relative à certains aspects du régime linguistique de l'enseignement en Belgique »,* n°1474/62, série A n°6, 1. B.

- ✓ CEDH, *De Wilde, Ooms et Versup c/ Belgique,* 18 juin 1971
- ✓ CEDH, *Handyside c. Royaume-Uni*, 7 Décembre 1976
- ✓ CEDH, *Sunday Times*, 26 avril 1979, §66.
- ✓ CEDH, *Mathieu Mohin c/ Belgique,* 2 mars 1987, *rec.* A113
- ✓ CEDH, *Soering c/ Royaume-Uni* du 7 juillet 1989, Série A, n°161, Spéc.
- ✓ CEDH, *Drozd et Janousek c. France et Espagne* du 26 juin 1992
- ✓ CEDH, *Parti communiste unifié c/Turquie,* 30 janvier 1998, rec. 1998-I
- ✓ *CEDH, A. c. Royaume-Uni* du 23 septembre 1998
- ✓ CEDH, *Matthews c/ Royaume-Uni,* 18 février 1999, rec. 1999I
- ✓ Cour EDH, arrêt *Wille c. Lichteinstein* du 28 octobre 1999
- ✓ CEDH, arrêt *Chypre C/ Turquie*, 10 mai 2001
- ✓ CEDH, arrêt *Pellegrini c. Italie* du 20 juillet 2001
- ✓ CEDH, 21 septembre 2001, *Ullens de Schooten et Rezabek c. Belgique*
- ✓ CEDH, *Hirst c/. Royaume-Uni*, 6 octobre 2005
- ✓ CEDH, *Siliadin c/ France*, 26 Octobre 2005, requête n° 73316/01
- ✓ CEDH, *Parti national basque c/ France*, 7 juin 2007
- ✓ CEDH, *Adamsons c/ Lettonie,* 24 juin 2008
- ✓ CEDH, *Parti travailliste Géorgien c. Géorgie,* arrêt du 8 juillet 2008
- ✓ CEDH, *Rantsev C/ Chypre et la Russie*, 07 janvier 2010, requête n° 25965/04
- ✓ CEDH, arrêt *Namat Aliyev c. Azerbaïdjan,* 8 avril 2010
- ✓ CEDH, *M. et autres C/ Bulgarie et Italie*, 31 juillet 2012, requête n° 40020/03
- ✓ CEDH, *L. E. c/ Grèce*, 21 janvier 2016, requête n° 71545/12

Cour internationale de justice

- ✓ Arrêt *Nicaragua c/ États-Unis d'Amérique*, 27 juin 1986, Rec. *CIJ*, 1986

LISTE DES PRINCIPALES ABRÉVIATIONS

A- Juridictions

Ass. Assemblée du contentieux du Conseil d'État Conseil d'Ét.,

C.A.J. Cour africaine de justice

C.E.D.H. Cour européenne des droits de l'homme

C.I.J. Cour internationale de justice

C.J.C.E. Cour de justice des Communautés européennes

C.J.C.E.D.E.A.O. Cour de justice de la Communauté économique des États de l'Afrique de l'Ouest

C.J.U.E. Cour de justice de l'Union européenne

C.J.U.E.M.O.A. Cour de justice de l'Union économique et monétaire ouest-africaine

Comm. A.D.H.P. Commission africaine des droits de l'homme et des peuples

Comm. E.D.H. Commission européenne des droits de l'homme

Cons. Constit. Conseil Constitutionnel

Cons. d'Ét. Conseil d'État

Cour .A.D.H.P.Cour africaine des droits de l'homme et des peuples

Cour constit. Cour Constitutionnelle

Cour. A.J.D.H. Cour africaine de justice et des droits de l'homme

Sect. Section du contentieux du Conseil d'État

T.P.I.C.E. Tribunal de première instance des Communautés européennes

Trib. Tribunal

B- Annuaires, Recueils, Revues

A.D.E. Annuaire de droit européen

A.D.U.E. Annuaire de droit de l'Union européenne

A.F.D.I. Annuaire français de droit international

A.I.D.H. Annuaire international des droits de l'Homme

A.I.J.C. Annuaire International de Justice Constitutionnelle

A.I.J.C. Annuaire internationale de justice constitutionnelle

AIPLF Assemblée internationale des parlementaires de langue française

A.J.D.A. L'Actualité juridique, Droit administratif

A.J.I.C.L.African Journal of International and Comparative Law

C.D.E. Cahiers de droit européen

C.M.L.R. Common Market Law Review

C.R.D.F. Cahiers de la recherche sur les droits fondamentaux

D. Recueil Dalloz

Dr. adm. Droit administratif

Dr. Soc. Droit social

E.J.P.E. European Journal of Politcal Economy

J.D.I. Journal du droit international

J.O. Journal Officiel

J.O.C.E. Journal officiel des Communautés européennes

J.O.C.E.D.E.A.O. Journal officiel de la Communauté économique des États de l'Afrique de l'Ouest

J.O.U.E. Journal officiel de l'Union européenne

Jurisclasseur, Éd. G. Jurisclasseur, Édition générale, La semaine juridique

R. M. C. Revue du marché commun

R.A.E. Revue des affaires européennes

R.A.J. Revue d'actualité juridique

R.C.A.D.E. Recueil des cours de l'Académie de droit européen

R.C.A.D.I. Recueil des cours de l'Académie de droit international

R.C.D.I.P. Revue critique de droit international privé

R.D.P. Revue de droit public

R.D.U.A. Revue de droit uniforme africain

R.D.U.E. Revue du droit de l'Union européenne

R.F.D.A. Revue française de droit administratif

R.F.D.C. Revue française de droit constitutionnel

R.F.S.P. Revue française de science politique

R.G.D.I.P. Revue générale de droit international public

R.G.D.I.P. Revue générale de droit international public

R.J.P.I.C. Revue juridique et politique : indépendance et coopération

R.M.C.U.E. Revue du marché commun et de l'Union européenne

R.M.U.E. Revue du marché unique européen

R.Q.D.I. Revue québécoise de droit international

R.T.D.Civ. Revue trimestrielle de droit civil

R.T.D.E. Revue trimestrielle de droit européen

R.T.D.H. Revue trimestrielle des droits de l'homme

R.U.D.H. Revue universelle des droits de l'homme

R.U.E. Revue de l'Union européenne

Recueil des Cours de l'académieinternationale de la Haye, aussi

Recueil des textes fondamentaux de la Cour de justice de l'Union économique et monétaire Ouest-africaine ;

Recueil des arrêts de la Cour de justice de l'Union européenne également Recueil des arrêts de la Cour européenne des droits de l'homme, des arrêts du Conseil d'État et des décisions du Conseil Constitutionnel

Rééd. Rééditer

Rev. dr. U.E. Revue du droit de l'Union européenne

Rev. Int. Dr. Comp. Revue internationale de droit comparé

Rev. Inter. Po. Comp. Revue internationale de politique comparée

Rev. Lamy. Dr. Civ. Revue Lamy Droit civil

Rev. U.K.A. Revue de l'Université Kasayi KANANGA

C- Éditeurs

D. Dalloz

L.G.D.J. Librairie générale de droit et de jurisprudence

P.U.A.M. Presses universitaires d'Aix-Marseille

P.U.F. Presses universitaires de France

U.L.B. Université libre de Bruxelles

TABLE DES MATIÈRES

Structures éditoriales du groupe L'Harmattan

L'Harmattan Italie
Via degli Artisti, 15
10124 Torino
harmattan.italia@gmail.com

L'Harmattan Hongrie
Kossuth l. u. 14-16.
1053 Budapest
harmattan@harmattan.hu

L'Harmattan Sénégal
10 VDN en face Mermoz
BP 45034 Dakar-Fann
senharmattan@gmail.com

L'Harmattan Cameroun
TSINGA/FECAFOOT
BP 11486 Yaoundé
inkoukam@gmail.com

L'Harmattan Burkina Faso
Achille Somé – tengnule@hotmail.fr

L'Harmattan Guinée
Almamya, rue KA 028 OKB Agency
BP 3470 Conakry
harmattanguinee@yahoo.fr

L'Harmattan RDC
185, avenue Nyangwe
Commune de Lingwala – Kinshasa
matangilamusadila@yahoo.fr

L'Harmattan Congo
67, boulevard Denis-Sassou-N'Guesso
BP 2874 Brazzaville
harmattan.congo@yahoo.fr

L'Harmattan Mali
Sirakoro-Meguetana V31
Bamako
syllaka@yahoo.fr

L'Harmattan Togo
Djidjole – Lomé
Maison Amela
face EPP BATOME
ddamela@aol.com

L'Harmattan Côte d'Ivoire
Résidence Karl – Cité des Arts
Abidjan-Cocody
03 BP 1588 Abidjan
espace_harmattan.ci@hotmail.fr

L'Harmattan Algérie
22, rue Moulay-Mohamed
31000 Oran
info2@harmattan-algerie.com

L'Harmattan Maroc
5, rue Ferrane-Kouicha, Talaâ-Elkbira
Chrableyine, Fès-Médine
30000 Fès
harmattan.maroc@gmail.com

Nos librairies en France

Librairie internationale
16, rue des Écoles – 75005 Paris
librairie.internationale@harmattan.fr
01 40 46 79 11
www.librairieharmattan.com

Lib. sciences humaines & histoire
21, rue des Écoles – 75005 Paris
librairie.sh@harmattan.fr
01 46 34 13 71
www.librairieharmattansh.com

Librairie l'Espace Harmattan
21 bis, rue des Écoles – 75005 Paris
librairie.espace@harmattan.fr
01 43 29 49 42

Lib. Méditerranée & Moyen-Orient
7, rue des Carmes – 75005 Paris
librairie.mediterranee@harmattan.fr
01 43 29 71 15

Librairie Le Lucernaire
53, rue Notre-Dame-des-Champs – 75006 Paris
librairie@lucernaire.fr
01 42 22 67 13

www.ingramcontent.com/pod-product-compliance
Lightning Source LLC
LaVergne TN
LVHW011217061026
849535LV00001BA/65
* 9 7 8 2 3 4 3 1 8 6 9 1 7 *